Predigen

ANDREAS WOLLBOLD

PREDIGEN

Grundlagen und
praktische Anleitung

Verlag Friedrich Pustet
Regensburg

Bibliografische Information der Deutschen Nationalbibliothek
Die Deutsche Nationalbibliothek verzeichnet diese Publikation in
der Deutschen Nationalbibliografie; detaillierte bibliografische Daten
sind im Internet über http://dnb.dnb.de abrufbar.

ISBN 978-3-7917-2890-2
© 2017 by Verlag Friedrich Pustet, Regensburg
Umschlag: Martin Veicht, Regensburg
Umschlagbild: Fra Angelico, Die Bergpredigt. Fresko, Florenz, S. Marco
© akg-images / MPortfolio / Electa
Satz: Martin Vollnhals, Neustadt a. d. Donau
Druck und Bindung: Friedrich Pustet, Regensburg
Printed in Germany 2017

Diese Publikation ist auch als eBook erhältlich:
eISBN 978-3-7917-7149-6 (pdf)

Weitere Publikationen aus unserem Verlagsprogramm finden Sie auf
www.verlag-pustet.de
Informationen zu diesem Buch auf www.awollbold.de

INHALT

Vorweg 11

A. Theorie: Grundlegung einer rhetorischen Homiletik 15

1. Predigt – im Namen Gottes und mit menschlichen Worten 15
  1.1 Predigt – von umstürzenden und von verpuffenden Worten 16
    1.1.1 Ruf nach der guten Predigt 17
    1.1.2 Bedeutungslosigkeit der Predigt? 18
      Exkurs: Empirische Predigtforschung 20
      1.1.2.1 Verhängnis – kulturelle Ursachen 26
      1.1.2.2 Entscheidung – individuelle Ursachen 29
  1.2 Mensch sein ist reden 34
    1.2.1 Sprache als das Menschlichste des Menschen 34
    1.2.2 Gespräch und Rede, die zwei Grundformen der Sprache 35
      1.2.2.1 „Ja, aber" – die zwei Seiten von Gespräch und Rede 35
      1.2.2.2 Rede ja – aber wahr und gut 39
  1.3 Rhetorik des Glaubens – eine biblische Annäherung 43
    1.3.1 „Neue Botschaft und neue Rhetorik" – Zwischen göttlicher Autorität und menschlichem Argument 43
    1.3.2 „Totaliter aliter" – im Namen Gottes reden 44
      1.3.2.1 Mose als Beispiel 44
      1.3.2.2 „... nichts zu wissen außer Jesus Christus, und zwar als den Gekreuzigten" (1 Kor 2,2) 48
      1.3.2.3 Integration und Gestaltung menschlicher Redekunst 51
    1.3.3 Sieben Thesen zur Erneuerung der Predigt 52
      1.3.3.1 Gottes Autorität in menschlicher Schwachheit 53
      1.3.3.2 Beglaubigung durch die Gnade 53
      1.3.3.3 Göttliche Botschaft 54

1.4 Definitionen der Predigt 56
1.5 Kann man Predigen lernen? 62
    1.5.1 Üben, üben, üben? 62
    1.5.2 Homiletik als Wissenschaft 68
        1.5.2.1 Themen, Konfessionen, Diskussionen und Desiderate 69
        1.5.2.2 Formen der Predigtausbildung 75

2. Rhetorik als Bezugswissenschaft der Homiletik 78

2.1 Klassische Rhetorik und christliche Predigt 78
    2.1.1 Antike Rhetorik 79
        2.1.1.1 Primäre Rhetorik – Quellgebiete der Rede 81
        2.1.1.2 Sekundäre Rhetorik: Die technische Rhetorik und die Sophisten 84
        Exkurs: „Asianismus" und die Gefahr der Hypertrophie des Rhetorischen 88
        2.1.1.3 Philosophische Rhetorik – das Dreigestirn Sokrates, Platon und Aristoteles 89
        2.1.1.4 Römische Rhetorik – das Beispiel Cicero 94
        Exkurs: Das rhetorische Konzept Ciceros in seiner Bedeutung für das Christentum 95
    2.1.2 Judentum und Christentum 95
        2.1.2.1 Predigt im Judentum der Zeitenwende 95
        2.1.2.2 Anfänge der christlichen Predigt 97
    2.1.3 Konzepte, Stationen und Namen der Predigtgeschichte 100
        2.1.3.1 Die erste Homiletik: „De doctrina christiana" des Augustinus 104
        2.1.3.2 Geschichte der Predigt und große Prediger 108

2.2 Vom Nutzen der Rhetorik für die Homiletik 112
    2.2.1 Homiletik und Rhetorik – ein theologisch aufgeladenes Verhältnis 113
    2.2.2 Rhetorik, Theologie und Pastoral – drei Problemzonen 118
        2.2.2.1 Rhetorik 119
        Exkurs: Hegels Verständnis von Rhetorik und Poesie und die Konturen einer modernitätsfähigen Predigt 122
        2.2.2.2 Theologie 126
        2.2.2.3 Pastoral 131

Inhalt

3. Formen der Predigt und liturgierechtliche Regelungen 134
  3.1 Drei Grundformen der Predigt 134
    3.1.1 Schriftpredigt 140
      3.1.1.1 Die klassische Homilie als Vers-für-Vers-
                Auslegung 140
      3.1.1.2 Schriftauslegung als Wortereignis 142
    3.1.2 Themapredigt 143
      3.1.2.1 Thematische Lehrpredigt und Katechese 144
      3.1.2.2 Erweckungs- und Umkehrpredigt 145
    3.1.3 Hörerpredigt 145
      3.1.3.1 Mystagogische Predigt 146
      3.1.3.2 Predigt als Intervention 148
    3.1.4 Anlassbezogene Predigtformen 150
      3.1.4.1 Kasualpredigt 151
      3.1.4.2 Kinderpredigt 153
      3.1.4.3 Trauerpredigt 159
      3.1.4.4 Fastenpredigt 161
      3.1.4.5 Missionspredigt 165
      3.1.4.6 „Büttenpredigt" und Predigt mit Witz 168
      3.1.4.7 Dialogpredigt 170
      3.1.4.8 Umstürzende Aktualität 171
      3.1.4.9 Politische Predigt 172
      3.1.4.10 Ansage 174
      3.1.4.11 Kurzpredigt 175
  3.2 Liturgie- und kirchenrechtlicher Rahmen 176
    3.2.1 Vorgaben des II. Vatikanums und der nachkonziliaren
           Ordnung der Liturgie 177
      3.2.1.1 Predigt vor dem II. Vatikanum 177
      3.2.1.2 Dokumente der Liturgiereform 179
      Exkurs: „Pars ipsius liturgiae"? 184
    3.2.2 Regelungen des CIC von 1983 187
    3.2.3 Einige Nachbesserungen zur Predigt in der Liturgie 191
      Exkurs: Laienpredigt 192

4. Prediger – Hörer – Schrifttext: das homiletische Dreieck 200
  4.1 Kommunikationswissenschaftliche Erkenntnisse zum
       Predigtgeschehen 201
    4.1.1 Karl Bühlers Organonmodell als Ausgangspunkt 202
    4.1.2 Die Sprechakttheorie von John L. Austin und John Searle .. 206
    4.1.3 Kognitionspsychologie 208

4.2 Prediger 213

4.3 Hörer 221

4.4 Schrifttext 227

B. Praxis: Schritte der Predigtarbeit 235

5. *Status*-Frage und inhaltliche Füllung 236

5.1 Der *status quaestionis* – Worum geht es in der Predigt? 236
    5.1.1 Die Grundentscheidung: von der Darstellung zur Überzeugung übergehen *(ars persuadendi)* 239
    5.1.2 Die eigentliche Bestimmung des *status quaestionis* 240
    5.1.3 Zwei Konkretheitsgrade 243
    5.1.4 Die dominante Kommunikationsebene 244
    5.1.5 Der Vertretbarkeitsgrad 245

5.2 *Inventio* – Einige wichtige inhaltliche Elemente der Predigt 248
    5.2.1 Auslegung 248
    5.2.2 Definition 251
    5.2.3 Appell 251
    5.2.4 Lobpreis 253
    5.2.5 Erzählung 253
    5.2.6 Biografie 256

5.3 Hilfen beim Finden von Gedanken *(loci)* 257
    Exkurs: Predigt und Literatur 259

6. DISPOSITIO: Gliederung der Predigt 263

Exkurs: Dauer der Predigt 265

6.1 Makrostruktur 266
    6.1.1 Klassischer Redeaufbau 266
        6.1.1.1 Exordium: „Aller Anfang …" 267
        6.1.1.2 Narratio: die „Katze aus dem Sack" .. 274
        6.1.1.3 Argumentatio: begründen statt beschwören 282
        6.1.1.4 Peroratio: „den Sack zubinden" 288
    6.1.2 Alternative: Predigt als Lernprozess 291

6.2 Eins, zwei oder drei – die Mikrostruktur 293
    6.2.1 Ein wenig Mathematik der Rede 293
    6.2.2 Natürliche und künstliche Ordnung 295

7. ELOCUTIO: Gedanken sprachlich ausformen ... 298

7.1 Sprachrichtigkeit, Klarheit und Schönheit ... 299

7.2 Die Mittel der Rede: Tropen, Sprach- und Gedankenfiguren ... 302
    7.2.1 Tropen und Wortfiguren ... 305
    7.2.2 Gedankenfiguren ... 309

8. MEMORIA: Gedanken verinnerlichen ... 312

8.1 Nicht auswendig, sondern inwendig lernen ... 312

8.2 Predigten aus der Retorte? ... 316

9. ACTIO: Das Predigtereignis ... 318

9.1 Predigen praktisch ... 320
    9.1.1 Die Voraussetzungen beachten ... 320
        Exkurs: Die Kanzel ... 321
    9.1.2 Das Predigtereignis ... 325

9.2 Predigtkritik oder das Echo in der Kirche ... 337

Zum Schluss ... 340

Abgekürzt zitierte Literatur ... 343

Anmerkungen ... 346

VORWEG

Predigt ist eine Überlebensfrage der Kirche. Denn nur das Wort Gottes kann den Glauben wecken (vgl. Röm 10,14), und nur der Glaube kann Menschen zu lebendigen Gliedern der Kirche machen. Evangelisierung kann man nicht mehr Milieus überlassen, ebenso wenig Institutionen und Professionalisierungen, erst recht nicht Kirchensteuerströmen oder Muntermachersprüchen. Im Letzten geht es immer darum, ob das Wort *mitten ins Herz trifft* (vgl. Apg 2,37) oder nicht. Predigt ist eine Überlebensfrage der Kirche. Aber predigen, wie geht das?
- Ist es wie ein *Airbag*, den eine Sprechblase im Nu gewaltig aufbläht – also viele Worte, die den Hörern vor den Kopf fliegen, so dass ihnen Hören und Sehen vergeht?
- Ist es wie ein *Schwimmring*, der Nichtschwimmern die Illusion verleiht, sich aus eigener Kraft über Wasser halten zu können – also bloß für die Dauer der Predigt das Gefühl zu vermitteln: „Alles wird gut"?
- Ist es wie alle jene *pharmakologischen Mittel und Mittelchen,* die ein langes, beschwerdefreies und genussvolles Leben versprechen – also die Predigt von Schönwetterpropheten, die das „Weiter so!" als Motto verbreiten?

Predigen, wie geht das? Das ist die Frage der Praxis. Also keine Theologie der Verkündigung, keine Metaphysik des Wortes Gottes, keine Ästhetik des Gottesdienstes. Sondern die schlichte Wie-Frage: Wie predige ich so, dass das Wort wirklich von Gott her kommt und dass es wirklich – geb's Gott! – Glauben weckt? Dass die Predigt nicht immer wieder eine verpasste Chance darstellt? Die hier vorgelegte Homiletik will auf diese Wie-Frage Antwort geben. *Eine* Antwort natürlich, nicht *die* Antwort. Was darf man von ihr erwarten?
- Eine Antwort aus römisch-katholischer Sicht, die aber die breiten und leidenschaftlichen Debatten evangelischer Homiletik aufnimmt und die aus einem gewissen Abstand heraus vielleicht auch für die protestantischen Prediger und Predigerinnen[1] mit Gewinn lesbar ist – das wäre dann vielleicht gar nicht der schlechteste Beitrag zu 500 Jahren Reformation und Suche nach Einheit der Kirche.
- Eine Antwort also, die aktuell sein will und gerade darum alles Gute aus zweieinhalb Jahrtausenden rhetorischer Kunst und christlicher Predigtpraxis behält. Hier soll der gesamte Erfahrungsschatz der Rhetorik aus christlicher und vorchristlicher Zeit genutzt werden. Natürlich könnte man auch darauf verzichten und stattdessen ausschließlich die neuesten kommunikationswissenschaftlichen Diskussionen darstellen. Doch wäre das nicht so wie der Hotel-Pool mit

künstlichen Palmen und ans Wasser servierten Cocktails, wenn hundert Meter weiter der Ozean lockt?
– Eine Antwort schließlich, die sich von Praktikern gebrauchen lassen will: So viel Theorie wie nötig und so viel Praxisnähe wie möglich. Dabei sind die Gewichte der zwei Großabschnitte des Handbuchs klar verteilt: zuerst in A. eine praxisorientierte Theorie und dann in B. eine theoriegestützte Praxis. Beides also weder unvermischt noch ungetrennt – das darf man auch an den Stilebenen merken, die zwischen Reflexion und einfacher Darstellung nicht immer fein säuberlich trennen wollen. *Honi soit qui mal y pense!* – „Ein Schelm, wer Böses dabei denkt!"

Wer sind die Adressaten dieses Buches? Predigtpraxis, das geht die Prediger an, aber ebenso die Predigthörer. Auch wer nicht selbst zu predigen hat, soll das Buch mit Gewinn zur Hand nehmen können. Das ist wie beim Hören von Musik: Wer sich in Harmonielehre, Instrumentenkunde und Stilistik kundig macht, wird auch besser, gezielter und letztlich sogar genussreicher musikalische Darbietungen anhören können als jemand, der die Musik „einfach nur so hört".

In Internet- und *WhatsApp*-Zeiten lesen wir für gewöhnlich sprunghaft. Also nicht Seite für Seite, Zeile um Zeile, sondern wir beginnen mit dem, was als Erstes ins Auge springt, und dann geht es in lustigem Zickzackkurs weiter. Doch Bücher sind da geradezu trotzig anders: von links nach rechts zu lesende Zeilen, fest eingebundene Seiten. Gott sei Dank gibt es Bücher! Denn zur Geistigkeit des Menschen gehört eben doch mehr als die ein wenig arg einfachen Reiz-Reaktions-Mechanismen, die schon die Zecke auf dem Grashalm beherrscht: Buttersäuregeruch vom Schweiß eines Säugetiers – Achtung: fallen lassen! Geist ist Bereitschaft zur Komplexität, zum vielfältigen Vernetzen, zur Durchdringung des scheinbar Reiz-losen. Der Komplexitätsgewinn ist unermesslich. Darum liegt hier ein ausgewachsenes Buch vor und kein bloßer Flyer. Was nicht die Freiheit des Lesers beschränken soll, auszuwählen, zu blättern und zu springen. Geistvoll lesen kann auch heißen, auszuwählen und sich auf die eigenen Interessen zu beschränken. Die Verweise im Text sollen helfen, dabei den Zusammenhang im Blick zu behalten.

Der Löwenanteil des Buches ist der Text. Doch daneben gibt es sprechende Zitate zum Thema („Gut gesagt"), Literaturhinweise zu Beginn ausgewählter Abschnitte (keine erschöpfenden Bibliografien, auch nicht bloß die eigenen Lieblingstitel, sondern Einladungen, verschiedene Aspekte auch kontrovers zu erkunden), Übungen zur Umsetzung in die Praxis und Denkanstöße zum eigenständigen Verarbeiten. Am Ende jedes Kapitels steht eine Zusammenfassung („Kurz und bündig").

Autoren haben breite Schultern, hinter denen man die vielen nicht sieht, ohne deren Hilfe ihr Buch nie entstanden wäre. Im vorliegenden Fall sind es zunächst die Unzähligen, die seit vierunddreißig Jahren meine eigenen Predigten gottergeben ertragen und mir durch das Wunder ihrer Aufmerksamkeit die Freude am Predigen nicht genommen haben. Für Hinweise, Diskussion und Korrektur danke ich neben unzähligen Mitbrüdern außerdem namentlich Regina Frey, Anja Schulze und Dagmar Biechele, für das Besorgen und Abtragen der Bücherberge Nikolaus Albert und Konstantin Kamp, schließlich für das sorgfältige Lektorat Dr. Rudolf Zwank. Früher hat man sich am Ende der Predigt vor den Zuhörern verneigt. Dasselbe tue ich vor den Genannten und Ungenannten ebenso wie vor denen, die diesen Seiten ein kritisches Wohlwollen nicht verweigern.

Andreas Wollbold

A. THEORIE: GRUNDLEGUNG EINER RHETORISCHEN HOMILETIK

1. Predigt – im Namen Gottes und mit menschlichen Worten

Das Evangelium ist verklungen. Der alte Pfarrer tritt an den Ambo. Nur knapp über dem Rand des Ambos ist er zu erkennen, so klein ist er. Er trägt eine dicke Brille. Seine Stimme ist klar artikuliert, wenn auch im Lauf der Jahre etwas heiser geworden. Er räuspert sich einmal, beinahe verlegen, als wolle er sich dafür entschuldigen, dass er kein Löwe auf der Kanzel ist. „Liebe Brüder und Schwestern!", beginnt er und schaut dabei in die Versammelten. Keine bloße Menschenmenge sind sie für ihn, sondern gut hundert Einzelpersonen, die er mit Namen und Geschichte kennt und denen er Vater und Bruder, Freund, Autorität, Reibungsfläche, Mann Gottes und noch manches andere ist. Er spricht über das Gleichnis vom Schatz im Acker (Mt 13,44). Würde man seine Worte irgendwo abgedruckt lesen, man legte sie rasch beiseite: keine theologische Gewagtheit, kein rhetorisches Feuerwerk und erst recht kein *Fun*. Und doch, wenn sich jetzt ein Vogel in das Haus Gottes verirren würde, mehr als einem käme spontan der Gedanke: „Oh, der Heilige Geist!" Da ruhen die Augen des Pfarrers auf Jochen, der todunglücklich mit seiner Ausbildung zum Kfz-Mechaniker ist. Nun sieht er mitten in seinem Jammer das Gold des Schatzes im Acker glitzern und fasst Mut, seinem Leben die entscheidende Wende zu geben. Und Frau Rossmann, ganz der Typ „alte Juffer", die wieder einmal ihr Hörgerät vergessen hat (wie immer auch ein bisschen mit Absicht!) und die ihre Gedanken nicht mehr beieinanderhalten kann? Sie bekommt nur die groben Linien der Auslegung des Gleichnisses mit. Doch das genügt ihr. Mit einem Mal kommt ihr der verrückte Gedanke: Bald wird sie selbst im Acker Gottes begraben werden, 1,80 Meter unter der Erde (sie weiß es genau, es ist schon alles geregelt), und was wird das dann für ein Jubel sein, wenn ihr dort unten dieser Schatz ans Herz gelegt wird wie ein Kind, nach dem sie sich ein Leben lang vergebens gesehnt hat!

Das Evangelium ist verklungen. Der alte Pfarrer tritt an den Ambo. Allgemeines Räuspern unter den Anwesenden. Der siebzehnjährige Martin, Oberministrant und Weihrauchschwenker, zieht ab in die Sakristei. Das Fass ist schnell aufgehängt, aber jetzt zückt er sein Smartphone. Heute will er seinen Rekord brechen. Noch bevor der erste Satz der Predigt verklungen ist, findet er die Predigtvorlage im Internet und kann sie Satz für Satz mitverfolgen. Am interessantesten ist, was der Pfarrer auslässt. Etwa die Anspielung auf die baldige Bundestagswahl, die ja nun schon zehn Monate zurückliegt. Klar, ein ganz Dummer ist er nicht! Aber die Passage mit dem Papst als Donaudampfschifffahrtsgesellschaftskapitän wäre doch wenigstens ein Glanzlicht gewesen. Aber dafür hätte er sich die Predigt wohl doch drei Mal laut vorsprechen müssen, und das wäre doch effektiv des Guten zu viel gewesen ...

Das Evangelium ist verklungen, die Predigt beginnt. Das Schriftwort selbst ist „Evangelium unseres Herrn Jesus Christus", so viel steht fest. Bei seiner Auslegung ist das nicht so sicher. Nichts ist garantiert und alles ist möglich – sanftes Säuseln des Heiligen Geistes oder reine Stupidität. Predigt kann wunderbar, aufreizend, todlangweilig, verstockt, ungläubig, denkwürdig, über die Köpfe hinweg, nett, kindgemäß, lustvoll, häretisch und noch unendlich viel anderes sein. So viel, dass alle Adjektive des Dudens nicht hinreichen, sie zutreffend zu beschreiben. All das kann sie sein. Aber wie *soll* sie sein? Das ist die Frage. Die Antwort verlangt mehr als einen Satz. Sicher auch mehr als die folgenden Seiten. Aber einen Versuch ist es wert.

1.1 Predigt – von umstürzenden und von verpuffenden Worten

Literatur: *Dannowski* 16–23 (mit weiterer Literatur); *Härtner/Eschmann* 52–59 (Überblick); *Ehrenfried Schulz,* „Wo ein Christ ist, da predigt er". Pastoraltheologische Erwägungen zur derzeitigen Verkündigungssituation, in: Diak 24 (1993) 21–28 (treffende, weiterführende Analyse).

Die Predigt ist das erste Instrument der Seelsorge, so sehr, dass die Predigt des Evangeliums ein Synonym für die gesamte Pastoral werden konnte. Zur Zeit Papst Gregors des Großen (um 540–604) war *praedicatio* der Inbegriff für Seelsorge überhaupt, und noch der Ordensname der Dominikaner, *Ordo Praedicatorum* (O. P.), bedeutet eigentlich nicht „Predigerorden" im engeren Sinn, sondern „Seelsorgerorden" oder „Orden des Apostolates". Die Predigt als erstes Instrument der Seelsorge – ist das aber Feststellung, Forderung oder Fehlanzeige? Vielleicht von jedem etwas. Unverkennbar ist der Ruf nach einer guten Predigt. Doch gleichzeitig steht die Predigt selbst nicht im besten Ruf. Es gibt für die Predigt eine Gunst der Stunde – aber es gibt auch eine Ungunst der Stunde.[2]

- Fragen wir also zunächst nach der *Situation der Predigt heute* zwischen Wohl (1.1.1) und Wehe (1.1.2).
- Stellen wir die Predigt in den *Kontext des menschlichen Redens* überhaupt: Was bedeutet Sprache für den Menschen (1.2.1) und welche Bedeutung haben ihre Grundformen Rede und Gespräch (1.2.2)?
- Konfrontieren wir die Predigt danach mit dem *biblischen Ideal:* Wie spricht Gott zu seinem Volk und wie sprechen Menschen in seinem Namen (1.3.1 und

1.3.2)? Leiten wir aus den biblischen Einsichten *sieben Thesen zur Erneuerung der Predigt* ab (1.3.3).
– Wie spiegeln sich in verschiedenen *Definitionen der Predigt* theologische Auffassungen in der Spannung von göttlichem Auftrag und menschlichem Reden sowie dementsprechende Gestaltungsmöglichkeiten wider (1.4)?
– Verschaffen wir uns schließlich einen ersten Einblick in die theologische Disziplin, die sich der Predigt widmet, die *Homiletik* (1.5).

1.1.1 Ruf nach der guten Predigt

Der Ruf nach der guten Predigt hat viele Gründe. Nennen wir die drei derzeit wichtigsten.

1. Als Reinform der Wortverkündigung steht die **Predigt an der ersten Stelle des Verkündigungsdienstes.** Beim dreifachen Amt Christi, des Priesters, Propheten (Lehrers) und Königs (Hirten), verkörpert die Predigt wie nichts anderes sein zweites Amt, das *munus propheticum* bzw. die μαρτυρία *(martyria)*.[3] In der Predigt spricht Christus, der Lehrer und Prophet. Nirgendwo sonst kommen so viele Christen regelmäßig zusammen und hören das Wort Gottes. Nirgendwo sonst können sie so ungestört das Evangelium hören und es zu verstehen suchen.[4] Überhaupt hören wohl nirgendwo so viele Menschen regelmäßig auf eine öffentliche Rede *face-to-face* wie bei der Predigt.[5] Zudem ist die Predigt meist in die Feier eines Sakramentes eingegliedert. Nirgendwo sonst sind Handeln Gottes und Sprechen in seinem Namen so eng miteinander verbunden. Auch entscheidet sich heute zunehmend für Menschen die Qualität eines Gottesdienstes an der Predigt. Der Ruf „Evangelium unseres Herrn Jesus Christus" ist für sie alles andere als das Signal zu einer mentalen Raucherpause.

2. Glaube und Kirchlichkeit können nicht mehr auf eine traditionelle, soziale und autoritätsgestützte Motivation bauen, sondern orientieren sich an der **persönlichen Überzeugung.** Menschen wollen sich angesprochen fühlen, und wo wäre das unmittelbarer möglich als bei einer geistlichen Ansprache, einer Predigt? Wo Tradition somit nur durch Überzeugung verpflichtet, verlangt die *traditio symboli*, die Lehre des Glaubens, die *explicatio symboli*, also ihre Auslegung.

> In der Tat bestätigen viele Untersuchungen die „hohe Wertschätzung der Predigt seitens der Kirchenmitglieder, und zwar auch solcher, die sich in großer Nähe zur christlichen Religion sehen, aber selten am Sonntagsgottesdienst teilnehmen. Die Wertschätzung der Predigt ist also innerhalb der volkskirchlichen Pluralität ungebrochen. [...] Grundsätzliche Wertschätzung bedeutet umgekehrt nicht kritiklose Akzeptanz. [...] Eine überwältigende Mehrheit hält die Predigt grundsätzlich für wichtig, eine deutliche Minderheit ist mit den tatsächlichen Predigten zufrieden, aber nur eine Minderheit akzeptiert die Predigten schweigend und kritiklos."[6] Das

> gilt auch für katholische Christen: „[…] aus der Sicht der Mitfeiernden kommt der Predigt ein hoher Stellenwert zu. Im Durchschnitt erreicht die Wichtigkeit der Predigt in der Umfrage einen Mittelwert von 7,5 [sc. auf der Skala von 0 bis 10]. Die Qualität der Predigt hat auch einen beachtlichen Einfluss auf den Kirchgang (5,8). […] Für die meisten Christinnen und Christen stellt sie die regelmäßigste Form dar, einen Impuls für den eigenen Glauben zu erhalten."[7]

Unter evangelischen Christen ist vor allem eine gute Predigt für den Gottesdienst wichtig, so die Meinung von 77 % der Ostdeutschen (höchste Zustimmung) und von 63 % der Westdeutschen (zweithöchste Zustimmung) bei der vierten EKD-Mitgliedschaftserhebung.[8] Auch für evangelische Jugendliche war eine ansprechende Predigt mit 91 % eine zentrale Erwartung bei einem Gottesdienst.[9]

3. Überzeugungen, Identifikationen und Bindungen werden heute sehr stark **über Personen** vermittelt. Popstars werden vermarktet, Parteien punkten durch Politiker, und auch religiöse Wahrheiten wirken vermittelt durch diejenigen, die sie verkörpern, gleich ob ein Dalai-Lama oder ein Anselm Grün. Das Was transportiert sich über das Wer. Nirgendwo verschmelzen Person und Botschaft aber so stark wie bei der Predigt. Sie kann Menschen gewinnen, Herzen aufbrechen, Gedanken anregen oder gar dem Leben eine Wende geben – einfach dadurch, dass da jemand auftritt, der andere anspricht und überzeugt. Nicht selten kommen der Kirche Fernstehende, Nichtgläubige oder Fundamentalkritiker nach einer Taufe, Trauung oder Beerdigung auf den Zelebranten zu und sprechen ihm ihre Anerkennung aus: „Dass jemand von der Kirche mich so anspricht, hätte ich nie gedacht." So wird Predigt zur persönlichen Herausforderung:

> „Tiefer noch geht es um den Predigenden als Person. Es muss der ganze Mensch in seiner Predigt spürbar werden, der nicht nur eine intellektuelle Botschaft vermittelt. Wer predigt, muss sich in Dingen des Glaubens selbst auch ins Herz schauen lassen. Gott selbst muss in der Person des Predigenden auffindbar sein – die eigentliche Herausforderung an die Predigt ist eine zutiefst spirituelle."[10]

Übung
> Wenn Sie „Predigt" hören, haben Sie wahrscheinlich bestimmte Prediger vor Augen und Ohren. Ihre Art zu sprechen, ihre Lieblingsideen, ihre Sternstunden und Ausfälle, ihre 5, 10 oder 20 Minuten Predigtlänge, ihre typischen Anfänge und letzten Sätze und vieles andere haben das Bild der Predigt für Sie geprägt. Was sind solche einzelnen Züge? Wie beurteilen Sie diese?

1.1.2 Bedeutungslosigkeit der Predigt?

So weit, so wunderbar. Aber könnte man nicht auch ganz das Gegenteil behaupten: „Die Predigt ist bedeutungslos und wirkungslos"? So viele hören ihr zu, so sagten wir eben. Hören sie nicht zumeist auch ebenso entschlossen weg?[11] Wie viele Teilnehmer eines Gottesdienstes können am Ende noch wiedergeben, worüber der Prediger vor nur einer halben Stunde gesprochen hat? Laut einer (allerdings bereits 1967 durchgeführten) Studie von Osmund Schreuder „konnten noch an der Kirchentür zwei Drittel keine oder nur unzutreffende Angaben über den Inhalt der eben gehörten Predigt machen, drei Viertel beurteilten sie gleichwohl mit ‚gut' oder ‚sehr gut'."[12] Wenn man früher die Kinder zu Hause fragte: „Worüber hat der Pfarrer heute gesprochen?", konnten sich die Gewitzteren noch in die Aussage retten, die doch immer irgendwie zutraf: „Über die Sünde!" Und wenn dann jemand hartnäckig nachfragte: „Und was hat er dazu gesagt?", lautete die hundertprozentige Antwort: „Er war dagegen!" Sünde und Erlösung, *das* Thema der traditionellen Predigt, auch davon kann man inzwischen kaum mehr ausgehen.[13]

Stehen bei der Predigt die Ohren also auf Durchzug? Nennen wir einige Gründe, weshalb die Predigt nicht den besten Ruf hat. Manche von ihnen sind kulturbedingt, andere dagegen selbstverschuldet – gewissermaßen Verhängnis und Entscheidung also:
– *Verhängnis* (1.1.2.1), also kulturelle Ursachen, d. h. die Bedingungen öffentlichen Redens und näherhin der religiösen Kommunikation heute. Sie setzen Grenzen, die kaum zu verrücken sind. Man kann sie nur in christlicher Gelassenheit annehmen und daraus das Beste zu machen versuchen.
– *Entscheidung* (1.1.2.2), also selbstverschuldete Ursachen, an denen es zu arbeiten gilt. Denn innerhalb der kulturellen Grenzen existieren durchaus Spielräume dafür, ob die Predigt gut wird oder nicht.[14] Sie hat jeder Sprecher persönlich zu verantworten: Es wäre eine allzu bequeme Ausrede, den Misserfolg christlicher Verkündigung allein auf die Zeitverhältnisse zu schieben und achselzuckend, aber eigentlich ganz zufrieden zu sagen: „Da kann man eben nichts machen." Nein, da kann man durchaus etwas machen. Was, das wollen wir sehen.

Predigt ist wichtig – und gerade darum verbesserungsbedürftig. Zielsicher formuliert diese Einsicht Papst Franziskus:

> „[…] in Bezug auf diesen wichtigen Dienst gibt es viele Beschwerden, und wir dürfen unsere Ohren nicht verschließen. Die Homilie ist der Prüfstein, um die Nähe und die Kontaktfähigkeit eines Hirten zu seinem Volk zu beurteilen. In der Tat wissen wir, dass die Gläubigen ihr große Bedeutung beimessen; und sie, wie die geweihten Amtsträger selbst, leiden oft, die einen beim Zuhören, die anderen beim Predigen. Es ist traurig, dass das so ist. Dabei kann die Homilie wirklich eine intensive und glückliche Erfahrung des Heiligen Geistes sein, eine stärkende Begegnung mit dem Wort Gottes, eine ständige Quelle der Erneuerung und des Wachstums."[15]

Exkurs: Empirische Predigtforschung

Literatur: *a) Literaturüberblick: Jan Hermelink,* Bibliographie zur Predigtanalyse seit 1945, in: *Rudolf Bohren/Klaus-Peter Jörns* (Hg.), Die Predigtanalyse als Weg zur Predigt, Tübingen 1989, 179–186 (sowie der ganze Sammelband, die Dokumentation des Heidelberger Symposiums „Predigtforschung" von 1986 unter Leitung von Rudolf Bohren; die Beiträge verbinden eine dezidiert theologische Zugangsweise zum Predigtproblem). – *b) Einzelabhandlungen: Peter Bukowski,* Predigt wahrnehmen. Homiletische Perspektiven, Neukirchen-Vluyn 1990 (Problembewusstsein); *Karl Wilhelm Dahm,* Hören und Verstehen. Kommunikationssoziologische Überlegungen zur gegenwärtigen Predigtnot, in: Predigtstudien IV/2, Stuttgart-Berlin 1970 (großer Impulsgeber); *ders.,* Hören und Verstehen. Kommunikationssoziologische Überlegungen zur gegenwärtigen Predigtnot, in: Lesebuch 242–252 (Zusammenfassung von Dahms wichtigsten Anliegen); *Klaus Eickhoff,* Die Predigt beurteilen. Gemeinde denkt mit, Wuppertal 1998 (praxisnah und am Ziel der Evangelisation orientiert); *Engemann* 422–448 (inhaltsanalytisch, pastoralpsychologisch, kommunikationspsychologisch, sprechakttheoretisch, rhetorisch und semantisch); *Ernst Lerle,* Grundriß der empirischen Homiletik, Berlin 1975 (präsentiert auf 81 Seiten Ergebnisse der Empirie für die Predigtpraxis in allen Aspekten, allerdings ohne Einzelbelege und deren Diskussion); *Frank M. Lütze,* Absicht und Wirkung der Predigt. Eine Untersuchung zur homiletischen Pragmatik (= APrTh 29), Leipzig 2006 (anhand von 23 Mustern der Predigtpraxis Versuch, Predigtabsicht und -wirkung wieder zusammenzubringen); *Wöhrle* (ausgezeichneter Überblick); *Hans-Christoph Piper,* Predigtanalysen. Kommunikation und Kommunikationsstörungen in der Predigt, Göttingen 1976 (pastoralpsychologischer Klassiker).

Die Predigt ist ein Grundpfeiler der Pastoral. So ist sie mitsamt der sie beeinflussenden Faktoren seit den 1960er Jahren vielfach zum Gegenstand empirischer Untersuchungen geworden. Empirie kann dabei allerdings sehr Verschiedenes meinen.

1. *Predigtanalyse*: Am Anfang stand der Wunsch, die gehaltenen Predigten zu untersuchen. Wie von selbst stellte sich dabei die Frage nach den Kriterien der Analyse: Genügt es, sie nach vorgegebenen Prinzipien wie Schrifttreue, Verständlichkeit oder sprachlicher Gestaltung zu bewerten, etwa so, wie ein Englischlehrer Schülerübersetzungen mit dem Rotstift zensiert? Oder verwandelt sich dadurch Analyse unter der Hand in Kontrolle? Werden die Prediger dadurch auf Linie gebracht, dient das Instrument gar der Durchsetzung bestimmter theologischer Positionen und Auffassungen vom Pfarrer, der Gemeinde und der Liturgie? Gegen diese Gefahr entwickelte der Hannoveraner Pfarrer und Ausbilder Hans-Christoph Piper ein psychologisches Modell der Predigtanalyse aus den Kursen des „Clinical Pastoral Training" (CPT; Klinische Seelsorgeausbildung), die die kommunikativen Verzerrungen zwischen Absicht und Selbstverständnis des Predigers und seinen Hörern in den Mittelpunkt der Analyse stellt.[16] Dabei setzt er voraus, „dass die inneren Konflikte des Predigers seine Wahrnehmung des Textes dermaßen beeinträchtigen können, dass er den Predigttext als Bestätigung der eigenen Problematik versteht. Wenn er dann gegen seine eigene Problematik anpredigt, predigt er gegen den Text."[17] Daraus schließt Piper, dass „die Ursachen der Kommunikationsstörun-

gen in der Predigt bereits in dem Gespräch zu suchen sind, das der Prediger während seiner Predigtvorbereitung mit dem Text führt, über den er zu predigen gedenkt"[18]. Methodisch hörte eine Kursgruppe einige Tage nach der Predigt einen Tonbandmitschnitt an (oder vergegenwärtigte sich den emotionalen Eindruck von ihr) und zeichnete seitens Prediger und Hörern auf, welche Botschaft seitens des Predigers beabsichtigt und wie diese bei den Hörerinnen und Hörern tatsächlich angekommen war; dies wurde gleichzeitig in Beziehung gesetzt zur Befindlichkeit beim Anhören der Predigt, also ihrem intendierten und tatsächlichen affektiven Gehalt. Die (im Nachhinein wohl doch ein wenig simplifizierende) Voraussetzung dabei war, „daß die Voten der Predigthörer in den hier wiedergegebenen Beispielen repräsentativ sind"[19]. Bei aller eindringlichen Erinnerung an die Bedeutung der inneren Konflikte des Predigers für seine Kommunikation mit dem Text ebenso wie mit den Hörern bleiben doch auch Anfragen an Pipers Vorgehen: (a) Die genannte Voraussetzung der Kursgruppe als zuverlässiger Seismograf für die Predigthörer wird wissenschaftlich nicht validiert und bleibt fragwürdig. (b) Die Einwirkungen der Gruppendynamik eines Kurses auf die Emotionen und die Wahrnehmung und Äußerung von Reaktionen wird weithin ausgeblendet. (c) Piper bringt unreflektiert eine letztlich antinomistische Theologie als normativen Maßstab des Predigens ein, der vom eher vagen Axiom der Übereinstimmung von unserer Wirklichkeit und Gottes Wirklichkeit ausgeht und dem gegenüber die Predigten, „die von autoritätsfixierten Verhaltensmustern beeinflußt sind", in die Falle der Gesetzlichkeit gerieten: „Unsere Wirklichkeit wird nicht akzeptiert – Gottes Wirklichkeit wird zur Forderung an den Menschen."[20] Es ist aber ein Denkfehler, die Verkündigung von Gottes „So nicht!" über den faktischen Zustand unserer Wirklichkeit als deren fehlende Akzeptanz zu interpretieren. – In diesem Zusammenhang der Predigtanalyse sind auch verschiedene Ansätze zur schriftlichen Auswertung einer Predigt, zum Predigtnachgespräch und zur Evaluation im Rahmen der Predigtausbildung zu sehen.[21]

2. Neuartige Zugriffe werden möglich durch *sprachwissenschaftliche Methoden* der Sprechakttheorie (s. u. 4.1.2), des Strukturalismus, der Semantik, der Rhetorik und der Inhaltsanalyse, wobei nur Letztere im eigentlichen Sinn zu den empirischen Methoden gezählt werden kann.[22]

3. Schließlich die *eigentliche empirische Forschung* im engeren Sinn, d. h. die methodisch abgesicherte Untersuchung des tatsächlichen Predigtgeschehens. Nur ihr soll hier noch etwas eingehender nachgegangen werden, während erst an der entsprechenden Stelle in 9.2 auf die Predigtanalyse einzugehen ist. Nicht dass es an empirischen Studien fehlt. Dennoch bleibt die empirische Predigtforschung bis heute seltsamerweise eher ein Randgebiet der Homiletik.[23] Dafür sind mehrere Gründe ausschlaggebend. (a) Bereits die empirische Vergewisserung des Predigtgeschehens als solchem stellt eine theologische Vorentscheidung dar. Im evangelischen Raum verband sie sich mit der Kritik an der Predigttheorie der Dialektischen Theologie, die jede Berücksichtigung des menschlich-subjektiven Faktors ablehnte (vgl. 2.2.1).

Ähnlich drückte die empirische Wende in der katholischen Theologie die Hinwendung zur Weltwirklichkeit in ihrer Eigengesetzlichkeit im Umkreis des II. Vatikanums aus. Eine solche Vorentscheidung belastete das Analyseinstrument Empirie mit Grundsatzfragen, hohen Erwartungen und ebenso großen Befürchtungen und kategorischer Ablehnung. (b) Damit hängt die Beobachtung zusammen, dass empirische Forschung den strikt geisteswissenschaftlich orientierten, auf Texte und Textauslegung spezialisierten Theologen oft fremd bleibt und darum entweder vernachlässigt oder umgekehrt verklärt wird. Das gilt übrigens bisweilen sogar für diejenigen Theologen, die sie verwenden. Häufig geht die Interpretation der Daten weit über diese hinaus, ja sie liest sich manchmal so, dass sie auch unabhängig vom Befund hätte geschrieben werden können. (c) Doch auch die methodische Qualität und die Validität der Studien sind unterschiedlich. Die typischen Rückkoppelungseffekte der Wahl der empirischen Verfahren und des Untersuchungsdesigns auf die Ergebnisse (z. B. Art der Fragestellung, Persönlichkeit des Untersuchers, Interaktionen während der Untersuchung, latente Suggestionen oder auch schlicht unzureichende Methodenkenntnis oder ihre fehlerhafte Anwendung) werden nicht selten unterschätzt oder einfach ignoriert. Auch die Komplexität der beeinflussenden Faktoren – z. B. das Image eines Predigers[24], die generell weitgehend loyale Einstellung treuer Kirchgänger zu ihren Seelsorgern oder die Gestaltung der Liturgie[25] – gerät oft gar nicht erst in den Blick. (d) Schließlich findet sich – angesichts des genannten Gewichts theologischer Vorentscheidungen – ein Überhang an allgemeinen und damit wenig präzisen Fragestellungen wie etwa folgenden: Welche rhetorischen Mittel erhöhen die Aufmerksamkeit? Wie ist die Hörerzufriedenheit? Dabei fällt noch etwas auf: Die empirische Homiletik hat bislang die Einzelfragen eher vernachlässigt. Die Empirie wirkt da manchmal wie beim „Faust" der „Prolog im Himmel" (oder in diesem Fall eher ein Prolog auf der Erde) für den durchschnittlichen Leser: als ein nettes Vorgeplänkel, aber das eigentliche Stück beginnt erst mit dem „Habe nun, ach". Mit einer solchen Randposition der Empirie vergibt man sich allerdings einiges an Realitätsbezug und an nüchterner Überprüfung der eigenen Entwürfe. Unsere Überlegungen sollen darum bei verschiedenen Einsichten zur Situation der Predigt, ihren Problemen und ihren Chancen ihren Ausgang nehmen. In diesem Exkurs sollen dafür zunächst einige Studien im Zusammenhang vorgestellt werden. In 1.1.2.2, wo es um die Ursachen für die Predigtkrise geht, die der einzelne Prediger selbst in der Hand hat, nehmen wir dann jeweils auf eine von ihnen Bezug.

Eine nicht unbeträchtliche Zahl von Untersuchungen besteht aus Sekundäranalysen anderer Studien. Das ist vollkommen legitim und kommt durchaus zu aufschlussreichen eigenen Einsichten. Allerdings handelt es sich dabei zumeist um kleinere Studien, die allenfalls explorativen Charakter besitzen können, oder um Zweitauswertungen religionssoziologischer Untersuchungen, deren Übertragbarkeit auf die Predigtforschung methodisch überprüft werden muss.[26] Angesichts dieser Anforderungen erscheinen nicht alle Studien ausreichend methodisch und inhaltlich reflektiert. So überwiegt in den Fragestellungen die Perspektive der

Prediger („Wie komme ich an und was bewirke ich?"), während die Rezipientenperspektive der Hörer nicht selten ausgeblendet bleibt (einige Ausnahmen werden unten noch angeführt). Darum bewusst zuerst die Frage: Was erwarten die Hörer von der Predigt? Denn die Rezipientenperspektive öffnet wenigstens einen Spalt breit die Tür zum unbekanntesten Element des Predigtgeschehens, dem Hörer. Nun, offensichtlich erwarten zumindest Gemeindemitglieder nicht viel anderes als das, was man sich für gewöhnlich von einem Zusammensein mit Freunden und Verwandten verspricht, nämlich dass diese angenehm anzuhören sind und das Miteinander kurzweilig bleibt, dass es eigene Überzeugungen bestätigt und Erfahrungen zu Wort bringt und dass es nicht zu lange dauert. „Das tröstliche und auch bedrückende Endergebnis: Es predige wer da wolle was auch immer, Predigthörer reagieren gleichbleibend unbestimmt positiv."[27] Die Predigt mag auch einfach als Teil des Ritus empfunden werden und ihren Teil dazu beitragen, dass man weiterhin Glauben, Kirche und Gottesdienst als befriedigend erlebt.[28] Untersuchungsmethoden, die etwa aus der Werbungswirkungsforschung oder aus politischen Wählerbefragungen stammen, wo Marken oder Parteien um die Gunst von Käufern bzw. Wählern buhlen, lassen sich darum nicht einfach auf die Predigt übertragen – man wählt sich ja auch nicht seine Verwandten alle vier Jahre neu.[29] Vielleicht setzt die Predigt (wenigstens die Sonntagspredigt in der Gemeinde) in der Regel eben doch bereits die Bindung der Hörer an die Kirche und oft auch an den einzelnen Zelebranten voraus und muss diese nicht erst herstellen.

* Das Klischee will es, dass Jugendliche nichts mit Predigten anfangen können. Eine amerikanische Studie mit 651 *High School*-Schülern suchte mittels Fokusgruppen, Befragung von Geistlichen, Beobachtung sowie Literatur- und Statistikauswertung nach Faktoren, die das Klischee als unzutreffend herausstellen.[30] 55 % der jungen Predigthörer, die regelmäßig den Gottesdienst besuchten, konnten aus dem vergangenen Jahr ein persönliches Glaubenswachstum angeben, das von einer Predigt ausgelöst wurde. Überraschenderweise war dabei aber nicht die Persönlichkeit und spirituelle Ausstrahlung des Predigers entscheidend, sondern die Qualität der Predigt.

Ein anderes Problem in diesem Zusammenhang: Das konfessionelle und das persönliche Predigtverständnis wird von den Forschern häufig kaum ins *Setting* der Untersuchung einbezogen. Fragt sie dann aber etwa im evangelikalen Sinn danach, ob eine Predigt zu Umkehr, spontanem Lobpreis oder Bibelstudium angeregt hat, so wird eine an Lehre und Glaubensvertiefung ausgerichtete Predigt schlecht abschneiden – und doch kann sie ihre selbst gesetzten Ziele bestens erreicht haben.[31] Was also soll eine Predigt bewirken – aus der Sicht der Kirchenleitungen, aus der der Prediger und der der Hörer? Diese Frage verweist auf die Definition der Predigt (vgl. 1.4). Dort ist eine operationalisierbare Definition zu entwickeln, d. h. sie muss empirisch erkennbare und objektivierbare Akte bezeichnen, eine angesichts der oft hochtheologischen und nicht selten sehr postulatorischen Art von Definitionen überaus anspruchsvolle Aufgabe.[32] Ein letztes Problem: Die meisten

Studien haben aufgrund ihres begrenzten Umfangs und ihrer Anlage kaum mehr als explorativen Charakter. So kann in der einen Studie der höhere Bildungsgrad mit einer sinkenden Bedeutung der Predigt korrelieren, in der anderen aber wachsen. Das ist kein Widerspruch, denn je nach Art der Fragen fühlen sich die unterschiedlichen Bildungsgruppen verschieden angesprochen.

Dennoch sind die vorliegenden Studien von großem Wert. Explorativ bedeutet ja, dass hier gezielt Hinweise zur Wahrnehmung in einem unbekannten Land gegeben werden, und genau dies ist für den Prediger von nicht zu unterschätzender Bedeutung.

* In Deutschland sind es vor allem zwei Studien, die wichtige Ergebnisse hervorbrachten, die des Teams von Karl-Fritz Daiber[33] und die neuere Heidelberger Predigtwirkungsstudie.[34] Erstere wurde bereits 1976 durchgeführt und hat darum nur noch eine eingeschränkte Aussagekraft. Dennoch setzt sie bis heute unerreichte Maßstäbe und bleibt in inhaltlicher wie methodischer Hinsicht weiterhin aufschlussreich. Sie untersuchte die Wirkung von Predigten zu zwei Bibelstellen in 94 Gemeinden mithilfe von Fragebögen und Selbsteinschätzungen der Prediger.

* Die neuere Predigtwirkungsstudie der Heidelberger „Abteilung für Predigtforschung" von 2008 durch Helmut Schwier und Sieghard Gall benutzt das „Reactoscope"-Verfahren, das es den 212 Probanden in acht evangelischen Gemeinden als Predigthörern erlaubte, sekundengenau ihre Reaktionen auf das Gehörte unter der Leitfrage „Inwieweit spricht Sie die Predigt an?" mithilfe eines Handgerätes aufzeichnen zu lassen. Dadurch entstanden erstmals genau aufgezeichnete Hörverläufe. Diese wurden zudem mithilfe einer Befragung auf die soziologischen Hintergründe der Hörer, ihre Einstellungen und Erwartungen und ihre Auffassung von der Predigt im Gottesdienst bezogen, um möglichst individualisierte Auskünfte zu erhalten. Angewandt wurden sie auf vier Predigtpaare, die jeweils Alternativen der Predigtmöglichkeiten darstellen: narrative vs. Textpredigt, theologisch anspruchsvolle Lehrpredigt vs. populäre, eher volksnahe Predigt, an Glaubensstärkung orientierte Gemeindepredigt vs. glaubenweckende (evangelistische) Predigt sowie Themapredigt vs. politische Predigt.[35]

* Das Land, wo Milch und Honig empirischer Studien mit religiösen Themen reichlich fließen, sind und bleiben jedoch die USA. Nach einer Metaanalyse einer evangelikalen Umfrage durch William M. Newman und Stuart A. Wright[36] zu einer unter katholischen Laien in den USA durchgeführten schriftlichen Befragung (mit der Vorgabe standardisierter Antworten aus dem Jahre 1976) berichteten nur 21,8 % der Befragten häufig oder sehr häufig sowie 37,4 % manchmal von Wirkungen der Predigt, am meisten bei Punkten wie: „Geben Predigten Ihnen einen Sinn für die Liebe Gottes?" und „Hat eine Predigt Ihnen das Bedürfnis gegeben, Gott zu loben und zu danken?" Interessanter als die eigentlichen Wirkungen erscheint die Faktorenanalyse. Danach reduzierten das Bildungsniveau (-.24) und (leider ohne Diskussion der möglichen Gründe) das Leben in einer Ehe (-.13) die Wirkung der Predigt, die Beteiligung an pfarrlichen Aktivitäten steigerte diese jedoch (.12).

Alter, Geschlecht und Schulbildung in einer katholischen Bildungseinrichtung spielten dagegen keine signifikante Rolle.

* Zu spezifischeren Ergebnissen kam eine bald darauf durchgeführte Befragung von 262 katholischen Laien in 15 Pfarreien durch Kenneth I. Pargament und William H. Silverman zu Predigtwirkungen.[37] Sie bestätigte zunächst das generelle Ergebnis von Newman und Wright, wonach die Befragten der Predigt einen begrenzten Einfluss zumaßen. Interessanter aber erscheint die Tatsache, dass der Predigtakt selbst dafür offensichtlich ausschlaggebend ist, deutlich mehr als soziokulturelle Faktoren der Hörerschaft. Ebenso zeigte sich, dass ein klares und konzentriertes Thema der Predigt die Wirkung deutlich erhöhte – eine Ermutigung für jede homiletische Arbeit!

* Doch eine Studie von William D. Howden zur Zustimmung und zur Beurteilung von presbyterianischen Predigten durch 89 Hörer nennt andere Faktoren und legt den Einfluss der großen demografischen Variablen Alter, Geschlecht und (mit Vorbehalt) Bildung auf die Predigtwirkung nahe: Ältere Christen waren einer Predigt in der Regel gewogener als jüngere, Frauen ließen sich mehr als Männer von ihr beeinflussen und Menschen mit höherem Bildungsabschluss waren den Predigten gegenüber etwas kritischer eingestellt.[38]

* Eine neuere Einzelfallstudie zu Predigten verschiedener Konfessionen am Ostersonntag 2006 präsentieren die kanadischen Forscher David M. Haskell, Kenneth Paradis und Stephanie Burgoyne.[39] In den Wochen zuvor waren auf Kanadas Bestsellerlisten Bücher wie „The *Da Vinci* Code" von Dan Brown, das „Judasevangelium" und „The Jesus Papers" erschienen, welche die christlichen Glaubensaussagen zur Auferstehung Jesu radikal leugneten. Browns sicherer Instinkt für Pop-Klischees ließ Jesus Maria Magdalena heiraten und eine Ein-Kind-Ehe führen; eine Auferstehung nach der Kreuzigung verwirft er. Ähnlich warfen die „Jesuspapiere" von Michael Baigent dem Christentum den größten Vertuschungsversuch der Geschichte vor und entwarfen – das ist kein Brown-Plagiat! – die Kleinbürgeridylle eines trauten ehelichen Lebens Jesu mit Maria Magalena und einem Kind in Ägypten, später in Südfrankreich. Nach dem „Judasevangelium" stiftete Jesus selbst Judas zum Verrat an, weil er seinen Leib verachtete und sterben wollte. Die drei Veröffentlichungen fanden ein außerordentliches Medienecho; Kanadas drei nationale Zeitungen brachten in den drei Wochen vor Ostern 91 Artikel dazu. Griffen die Prediger diese Herausforderung auf? Wie war das Verhältnis von biblischen Inhalten zu einem Aufgreifen dieser populärkulturellen Vorstellungswelt? In der Tat setzten sich 22 % der Predigten explizit damit auseinander; weitere 12 % griffen inhaltlich die Herausforderung auf. Dabei war der Anteil bei konservativen Predigern beinahe ebenso hoch wie bei liberalen. Erstere begnügten sich auch nicht damit, auf die Inspiriertheit und Wahrheit der Heiligen Schrift zu verweisen, sondern legten in teilweise differenzierter Gedankenführung Argumente für die Wahrheit der Auferstehung Jesu vor. Und während liberale Pfarrer der weltlichen Umgebungskultur, ihren Werten und Gewohnheiten gegenüber ansonsten deutlich

positiver eingestellt waren, blieben sie angesichts der massiven Leugnung der Auferstehung Jesu durchweg abwehrend.

* Eine gewisse Annäherung Konservativer und Liberaler konnte bereits 1993 Marsha Witten in einer Studie zu 47 Predigten über den verlorenen Sohn (Lk 15,11–32) presbyterianisch-liberaler und konservativer Pfarrer der *Southern Baptists* feststellen. Beide Gruppen zeigten ein ähnliches „soft peddling" (etwa: das Klavier mit dem linken Pedal spielen und so dämpfen) weg von theologischen hin zu psychologisch aufbauenden Inhalten. Allerdings griffen die liberal Eingestellten deutlich häufiger auf nichtbiblische Beispiele und Anschauungen zurück und „fütterten" ihre Rede mit alltagsnahen Bildern wie „ein Haustier kaufen, Abendessen am Familientisch, Vereinsversammlungen, privates und gemeinschaftliches Gebet, der Arbeitstag von 9 Uhr morgens bis 5 Uhr abends, Angeln, Footballspielen, Zelten und Essengehen"[40].

* Doch auch diesseits des Atlantiks lassen sich bemerkenswerte Untersuchungen finden. An den Eckpfeilern eines katholischen Predigtverständnisses, dem Gebrauch der Schriftlesungen in der Eucharistiefeier, ihrer Einbettung in die Liturgie und das Kirchenjahr, dem Brückenschlag zur Lebenswelt der Gläubigen und dem Verhältnis von *intellectus scripturarum* und *applicatio* arbeitet Élisabeth Gueneley in der Untersuchung von 39 Predigten zweier französischer Geistlicher.[41] Vom ersten Wort bis zum Predigtschluss kann sie bei beiden zwei deutlich verschiedene Ansätze nachweisen, die wir in 3.1.1–3.1.3 als Schrift- bzw. Thema- und als Hörerpredigt unterscheiden werden: der eine eher ethisch in das Leben der Menschen hinein sprechend, der andere das Heilswirken Gottes ergründend, so wie es in der Schrift zur Sprache kommt. Auf die sprachliche Form der Predigt geht die Dissertation von Simona Borello ein.[42] Kristian Fechtner hat im Rahmen eines Habilitationsprojektes den vom besonderen Anlass geprägten Charakter von etwa 150 Predigten zum Jahreswechsel in der Evangelischen Kirche von Hessen und Nassau herausgearbeitet.[43]

* Eine kleine Studie zur Sprache der Predigt anhand einer Auswertung des Materials des „Bonner Predigtpreises" aus dem Jahr 2000 legen Katja Moscho und Reinhard Schmidt-Rost vor.[44] Ihre Analyse bestimmter Denkmuster hat das Ziel der Wertung, um nicht zu sagen der Warnung vor ihnen und verlässt damit bereits das Feld der empirischen Analyse.

1.1.2.1 Verhängnis – kulturelle Ursachen

1. **Dozieren und Belehren trifft auf generelles Misstrauen.** Wer etwa als angehender Lehrer ein Referendariat absolviert, für den stellt der Frontalunterricht bei einer Lehrprobe den *sudden death* dar. Denn schon Kinder sollen selbstbestimmt lernen und nicht bloß horchend-gehorchend etwas entgegennehmen, sondern mitreden lernen, sich auseinandersetzen, kritisch erwidern können. Früher brachte man den Kindern bei: „Du musst auch hören!", und heute:

„Sag, was du denkst!" „Ich weiß selbst, was für mich gut ist", so lautet Paragraf eins der Charta des glücklichen Lebens. Dahinter erkennt man ein philosophisches Grundproblem von Metaphysik und Erkenntnislehre: kantianisch gesprochen den Wandel vom „Ding an sich" zum „Ding für mich", von der reinen Wahrheit zu dem, „was für mich wahr ist". Ja mehr noch, die eigentliche Philosophie unserer Zeit ist der Pragmatismus. „Was für mich wahr ist", bemisst sich an dem, „was es mir bringt". Wahrheit ist Wirkung, und Wirklichkeit ist das Geflecht von Wenn-dann-Verbindungen. Ein Beispiel: Von der Unauflöslichkeit der Ehe zu sprechen, von der verpflichtenden Kraft des Ehebandes, das kommt meistens nicht gut an. Doch keine Zeitschrift lässt sich Themen entgehen wie „Was Partner miteinander glücklich macht" oder „Nach Seitensprung wieder zueinander finden".[45]

Angesichts von Selbstbestimmung und Pragmatismus hat der Prediger einen schweren Stand. Der Ambo mag aus schwerem Granit gehauen sein, wer an ihn tritt, meint doch, er wanke und schwanke. Verkünder wirken verunsichert, auch wenn sie ganz unterschiedlich mit dieser „ersten allgemeinen Verunsicherung" umgehen. Der eine biedert sich an, der andere plustert sich auf, der Dritte beschränkt sich auf Allerweltsweisheiten, und der Vierte …

2. Reizüberflutung macht es schwer, sich auf einen ausführlicheren Gedankengang zu konzentrieren.[46] Bei den Musikvideos dauert eine Einstellung meist nur wenige Sekunden. Ähnliches gilt mittlerweile selbst bei den Nachrichtensendungen des öffentlich-rechtlichen Fernsehens. Zum einen Ohr hinein, zum anderen wieder hinaus, das ist bei der Flut der Worte eine Tugend und kein Laster. Ständig hat man auf Reize und Schlagwörter zu reagieren, selten jedoch einem zusammenhängenden Gedankengang zu folgen. Vorlesungsgewohnte Studenten sind da die Ausnahme von der Regel. Nebenbei bemerkt, geht die Reizüberflutung, wenn man ihr nicht gegensteuert, mit Manipulierbarkeit, mangelnder Differenzierungsfähigkeit und schließlich Fundamentalismus einher. Denn wer sich hauptsächlich von Reiz-Reaktions-Mustern steuern lässt, verhält sich nicht anders als ein dressierter Hund, genauer der berühmte pawlowsche Hund, dem auf ein Klingelzeichen hin das Wasser im Maul zusammenlief, weil er es gelernt hatte, dass er dann immer sein Futter bekam. Der Mensch zeichnet sich dagegen durch sprachliche Bewältigung der Wirklichkeit aus, und das ist die Fähigkeit, in ihr einen Sinn zu erkennen, ihn zu benennen und dementsprechend sich selbst frei und nicht bloß konditioniert zu verhalten. Sollte diese Menschlichkeit in der Flut der Reize untergehen?

Prediger intensivieren dagegen häufig die Reizüberflutung nur noch durch eine Flut von Worten. Um noch einmal den Vergleich mit dem Hund zu bemühen, ist es wie bei einem der häufigsten Fehler bei der Hundeerziehung: Man wiederholt einen Befehl mehrmals in rascher Folge in der Hoffnung, dass der Hund irgendwann in der gewünschten Weise reagiert. „Sitz!", „Sitz!", „Sitz!" heißt es mit wachsender Lautstärke. Der Hund aber lernt dagegen: Wenn ich nicht aufs Wort folge, dann wendet sich mir mein Herrchen nur umso intensiver zu. Zurück zum Menschen: Wiederholung derselben Gedanken entwertet und Redundanz schadet dem Sinn. Je mehr man etwas wieder und wieder sagt, umso mehr drängt sich der Eindruck auf, man habe eigentlich nichts dazu zu sagen.

3. **Institutionendistanz belegt amtliches Sprechen mit einem Generalverdacht:** „Die da oben sollen sich nicht in mein Leben einmischen!" Dafür ein Beispiel. Eine Biologin sollte zur „Woche für das Leben" in der Kirche sprechen und erzählt danach: „Als ich in all die verschlossenen Gesichter geschaut habe, blieb mir erst einmal die Stimme weg. Wie halten die Prediger das nur Sonntag für Sonntag aus?" In der Tat sind die Gründe für die Gottesdienstteilnahme in der Regel gemischt. Man ärgert sich zwar über eine schlechte Predigt, aber man kommt (wenigstens in die eigene Gemeinde) normalerweise nicht allein wegen der Predigt. Deren Wirkung scheint meist nicht sehr nachhaltig, allzu oft bleibt einem nur der vage Eindruck: „Ich glaube, er wollte uns etwas sagen."

4. **Der religiöse Bildungsstand ist denkbar gering, selektiv und synkretistisch.** Ein Kollege berichtete von einem Referat in einem exegetischen Seminar, wo ein Student der Theologie allen Ernstes behauptete: „Jesus ist an Golgota gestorben." Was „Golgota" denn für eine Krankheit sei, fragte der Professor nach. „Dazu steht leider nichts in der Bibel", lautete die prompte Antwort. Oder ein Akademiker schwärmt gegenüber einem Seelsorger von der Kathedrale in Chartres. „Ein schöner Anknüpfungspunkt", denkt dieser, nur um dann zu hören: „Das ist ein Ort mit einer wahnsinnig hohen spirituellen Energie!"

So muss die Predigt immer irgendwie am Nullpunkt anfangen. Sie kann nicht umhin, die Hörer wie Katechumenen anzusehen, vielleicht sogar wie solche, die eine Erstevangelisierung nötig hätten. Sie kann sich gar nicht wie ein Rabbiner vor lauter schriftkundigen Juden in die feinsten Verästelungen der Schriftauslegung hineinsteigern. Aber auch die komfortable Situation eines Predigers noch vor hundert Jahren, der vor lauter Gläubigen sprach, die den Katechismus gelernt hatten, ist nicht mehr die unsere. Die Predigt gibt Milch und keine feste Speise – und immer nur Milch statt Essen *à la carte* ist eben auch nicht sehr reizvoll.

5. **Die pastorale Situation lässt kaum Zeit zur Predigtvorbereitung.** Es gibt einen Teufelskreis von fehlender Motivation des Predigers und schlechter Predigt. Wenn die Predigt in der Vorbereitung den Reiz auslöst „Auch das noch!", dann wird alles andere wichtiger als sie, und das Ende vom Lied ist eine Predigt, die alles andere als wichtig ist. „The weekly sleeping pill – die wöchentliche Schlaftablette" karikiert ein sehr sympathischer anglikanischer Reverend in einer Agatha-Christie-Verfilmung sein eigenes sonntägliches Wort. Doch muss das wirklich sein?

Es gibt Menschen, die zwar das Gute wollen, die Anwendung der dafür erforderlichen Mittel aber bis zur Sterbestunde aufschieben, meinte schon der hl. Ignatius.⁴⁷ Dann dürfte ihnen allerdings auch nicht mehr nach Predigten zumute sein. Die Situation reizt zum Lamento. „O ihr Kleingläubigen!", müssten wir dann aber vom Herrn und Meister hören. Ist denn die Predigt nur Menschenwort, menschlichen Bedingungen und Beschränkungen unterworfen? Sollte Gott selbst denn nicht zum Sprechen kommen, wenn ein Prediger ihn nur in aller Demut und Liebe auch zu Wort kommen lassen würde? Papst Franziskus ermutigt dagegen, der Aufgabe der Predigtvorbereitung Priorität zu geben:

> „Die Vorbereitung auf die Predigt ist eine so wichtige Aufgabe, dass es nötig ist, ihr eine längere Zeit des Studiums, des Gebetes, der Reflexion und der pastoralen Kreativität zu widmen. In aller Freundlichkeit möchte ich hier nun einen Weg der Vorbereitung auf die Homilie vorschlagen. Es sind Hinweise, die einigen als selbstverständlich erscheinen mögen, aber ich halte es für angebracht, sie zu empfehlen, um an die Notwendigkeit zu erinnern, diesem wertvollen Dienst eine bevorzugte Zeit zu widmen. Manche Pfarrer pflegen dagegen einzuwenden, das sei aufgrund der vielen Obliegenheiten, die sie erledigen müssen, nicht möglich. Dennoch wage ich zu bitten, dass dieser Aufgabe jede Woche persönlich wie gemeinschaftlich eine ausreichend lange Zeit gewidmet wird, selbst wenn dann für andere, ebenfalls wichtige Aufgaben weniger Zeit übrig bleibt. Das Vertrauen auf den Heiligen Geist, der in der Verkündigung wirkt, ist nicht rein passiv, sondern aktiv und *kreativ*. Es schließt ein, sich mit allen eigenen Fähigkeiten als Werkzeug darzubieten (vgl. Röm 12,1), damit sie von Gott genutzt werden können. Ein Prediger, der sich nicht vorbereitet, ist nicht ‚geistlich', er ist unredlich und verantwortungslos gegenüber den Gaben, die er empfangen hat."⁴⁸

1.1.2.2 Entscheidung – individuelle Ursachen

Wo aber liegen die Probleme, die der Prediger selbst in der Hand hat? Hier kann nur eine knappe Problemanzeige in neun Punkten gegeben werden. Sie verweist zugleich auf die neun Kapitel dieses Handbuchs, in denen eine Lösung wenigstens in Ansätzen versucht wird. Im „Exkurs: Empirische Predigtforschung" wurden wir durch verschiedene Studien auf neun Schwachstellen aufmerksam gemacht.

1. Die Predigt ist **weltlich** geworden. Sie bleibt weitgehend bei menschlich-freundlichen Worten, verkündet Gemeinplätze und umgeht alles Widerständig-Herausfordernde des Glaubens – „soft peddling" nannte dies Marsha Witten.⁴⁹ Zum Beispiel Wunderpredigt. Entweder reduziert man sie auf das Wunder der Mitmenschlichkeit, frei nach dem Schlager zur Brotvermehrung „Wenn jeder gibt, was er hat, dann werden alle satt ..." Oder man führt das eigentliche Wundergeschehen auf existenziale Haltungen zurück – Rudolf Bultmanns „Entmythologisierung" lässt grüßen. Dann ist die Wunder-„Erzählung" nichts anderes als ein Aufruf zu Gottvertrauen in der Not. Jedes Mal wird das Wunder zerredet und

in innerweltliche Plausibilitäten aufgelöst. – Dagegen wird 1.3 die Eigenart des göttlichen Überzeugens in der Heiligen Schrift setzen.

2. Viele Prediger gelangen rasch zu einer gewissen **Routine**. Sie „wissen, wie man's macht". Aber dann bleibt ihre Entwicklung stehen und ihre Predigt wird und wird nicht besser.[50] Lange vorbei sind die Tage der ersten Predigt, als man schon Tage zuvor aufgeregt war, als man vor dem Gottesdienst eifrig das Mikrofon testete und den Küster mit endlosen Verschlimmbesserungen der Einstellungen tyrannisierte, als man trotz kühler Kirche schweißige Hände hatte und nach dem Gottesdienst erwartungsvoll jeden fragte: „Und, wie war's?" Nein, die Aufregung des ersten Mals verfliegt mit der Zeit, und dann wird Predigen zum Alltag. Alltagsroutine aber schafft das Problem: Es tut sich nichts mehr. Man verbessert sich nicht mehr. Das ist typisch für Lernverläufe, die sich bloß auf Anschauung und Übung stützen. Man kennt das etwa beim Fremdsprachenerwerb ausschließlich durch einen Aufenthalt im Land und ohne Lehrbuch. Man kann sich bald fließend verständigen, jedoch beim Sprachtest bleibt man erstaunlich mittelmäßig, weil man nie systematisch Grammatik oder Vokabeln gepaukt und stattdessen eine Menge typischer Fehler internalisiert hat. Es fehlt die Theorie, darum auch die nichtintuitiven Kriterien der rechten Praxis. Lori Carrell hat dagegen gezeigt, wie eine gezielte homiletische Ausbildung das Predigen effektiv verbessern kann.[51] – Kapitel 2 wird dafür die Rhetorik als Bezugswissenschaft der Homiletik vorstellen (2.1) und fragen, wie Judentum und Christentum sie in Gebrauch genommen haben, zunächst historisch (2.1.2) und dann systematisch in Auseinandersetzung mit einigen Einwänden gegen die Rhetorik (2.2).

3. Die Predigt bleibt **monoformal** und bietet dadurch „immer dieselbe Leier". Die „Reactoscope"-Untersuchungen von Sieghard Gall konnten sekundengenau nachweisen, wie Interesse und Aufmerksamkeit der Hörer nachlassen, sobald nicht etwas Ansprechendes geboten wird. Wer also die Predigt stets auf ausgetretenen Bahnen ablaufen lässt, riskiert, dass die Hörer sich rechts und links in die Büsche schlagen. Die häufigste formale Verarmung dürfte das schlichte Zweierschema bilden: (1) „Im heutigen Evangelium haben wir gehört …", und nun wiederholt man das eben erst Gehörte, eben weil man den Hörern unterstellt, dass sie eben doch nicht wirklich zugehört haben. (2) „Das bedeutet für uns: …" Es ist, als würde man auf einer Domorgel stets nur ein und dasselbe Register ziehen. Auf diese Weise verarmt die geistliche Rede, und man bringt sich selbst um den Anreiz zum Zuhören. – Predigten weisen dagegen eine beinahe chaotische Vielfalt von Formen auf. Hier soll eine Ordnung vorgeschlagen werden, die den real existierenden Formen abgelauscht ist. Dazu dienen drei Gegensatzpaare: Schrift- und Themapredigt, Glaube und Leben sowie kursorische und punktuelle Behandlung (3.1.1–3.1.3). Daneben sollen aber auch außerhalb dieser Systematik elf anlassbezogene Predigtformen vorgestellt werden, die häufig in der Praxis vorkommen (3.1.4).

4. Die Predigt leidet unter einer **Autoritätskrise**. *Wer euch hört, der hört mich* (Lk 10,16) – gefühlt gilt das schon lange nicht mehr. Zum einen fehlt das Vertrauen, dass der Amtsträger wirklich im Namen der Kirche spricht und nicht *sich selbst verkündet* (2 Kor 4,5). Zum anderen hat die Personalisierung, ja manchmal Subjektivierung zur Folge, dass das Predigthören riskanter wird: Man weiß nie, was einen erwartet. Vielleicht allerpersönlichste Ansichten, fernab des gemeinsamen kirchlichen Bekenntnisses? „Der risikofreie Besuch eines Sonntagsgottesdienstes erscheint vielen Christen als die glückliche Ausnahme. In den Städten suchen sie lange, bis sie die Kirche gefunden haben, in der sie sich nicht ärgern müssen."[52] Schließlich halten auch Laien Predigten, manche sogar eine eucharistische Homilie. „Das ist doch eine Bereicherung!", diese pragmatisch daherkommende Begründung scheint zur Rechtfertigung zu genügen. – In 3.2 sind darum die liturgie- und kirchenrechtlichen Regelungen zur Predigt vorzustellen. Dafür gehen wir – nach einem Seitenblick auf die ältere Predigtordnung – auf das liturgische Predigtverständnis des II. Vatikanums ein (3.2.1) und erschließen von daher die nachkonziliaren Ordnungen (3.2.2).

5. Die **„moderne"** Predigt steht in der Gefahr, für die Menschen zu predigen, die zumeist gar nicht in der Kirche anwesend sind. So stellte eine Studie zu lutherischen Pfarrern in Bayern fest, dass sie sich in ihrem Selbstverständnis eher mit den Kirchenfernen als den Kirchgängern identifizieren.[53] Dahinter dürfte ein latent volkskirchlicher Anspruch stehen, eigentlich müssten doch alle Christen sein, und wenn dies nicht der Fall ist, müsse das Christentum eben nur von allem „Ballast" befreit werden und ohne „Missverständnisse" dargelegt werden. Die **„neokonservative"** Predigt auf der anderen Seite verbleibt in geschlossenen theologischen Sprachspielen. Damit ist ein Predigtstil gemeint, der in Reaktion auf die verbreitete nachkonziliare Predigt entstand. Diese wollte lebensnah und weltlich sein, verflachte dabei aber leicht die theologische Aussage und verweltlichte sie. Neokonservatives Predigen vermeidet diese Gefahr, schafft aber dafür andere Probleme: Von Anfang bis Ende kreist es in biblischen Welten, in Grundüberzeugungen und Lieblingsideen, etwa von Gottes Barmherzigkeit oder der trinitarischen *communio* als Inbild aller Gemeinschaft. Kaum wird ernsthaft der Sprung in die Lebenswelt der Hörer gewagt, und wenn, dann bleibt er klischeehaft. Das ist wie auf der berühmten Brücke von Avignon, die mitten über der Rhone aufhört. „Sur le pont d'Avignon, l'on y danse, l'on y danse tout en rond. – Auf der Brück' von Avignon wird getanzt und getanzt im Kreis." Ja, da führt man geistige Tänze vielleicht gar akrobatischen Charakters auf, aber der schlichten Aufgabe der Predigt, vom Evangelium in die Hörerwelten zu führen, kommt man nicht nach. Ihr Gestus ist nicht Überzeugung, sondern Beschwörung: „Das ist ganz wichtig." „Glauben ist schön!", ruft man – doch nur wer's glaubt, wird selig ...! Élisabeth Gueneley hat beide Predigtstile, den „modernen" und den „neokonservativen", an durchaus überzeugenden Bei-

spielen nachgewiesen und gleichzeitig auf ihre möglichen Probleme aufmerksam gemacht. – Kapitel 4 wird im Rahmen des „homiletischen Dreiecks" den Hörerbezug als wesentlich für jede Predigt festhalten. Damit stellt dieses Kapitel das Scharnier zwischen „*Theorie* der Praxis" und „Theorie der *Praxis*" dar: Was geschieht innerhalb dieses Dreiecks von Hörer, Prediger und Text? Wie verhalten sich diese drei Pole zueinander? Dazu werden zunächst einige neuere Einsichten der Sprach- und Kommunikationswissenschafen zum Predigtgeschehen vorgestellt (4.1): das Organonmodell von Karl Bühler, die Sprechakttheorie von John L. Austin und John Searle sowie ausgewählte Forschungsergebnisse der Kognitionspsychologie. Danach werden die drei Pole im Einzelnen behandelt: Prediger, Hörer und Schrifttext.

6. „Man kann über alles predigen, nur nicht über zehn Minuten." Dieses Diktum zum **Inhalt der Predigt** lässt schmunzeln, aber es drückt nur die halbe Wahrheit aus. Oft ist der Kern der Predigt diffus und nicht zu greifen. Nach Marsha Witten war der allgemeine Trend bei Liberalen ebenso wie Konservativen, dem Alltagsleben einen weiten Raum zu geben. Doch dann kann eine Predigt tatsächlich von allem Möglichen handeln, und am Ende fragt man sich nur: „Was war eigentlich ihr Thema?" – Mit Kapitel 5 beginnt nun die eigentliche Arbeit an der Predigt, entsprechend den klassischen fünf Schritten *(partes artis)*:
– intellectio und inventio
– dispositio
– elocutio
– memoria
– actio

Die Predigtarbeit beginnt mit dem ersten und wichtigsten Schritt, nämlich der Frage: Was will ich sagen? Damit erhebt man den *status quaestionis*, d. h. man stellt die Kernfrage (5.1: *intellectio*) und füllt sie inhaltlich (5.2: *inventio*): Worum geht es? Was sage ich dazu? Obwohl beide Aufgaben in der Rhetorik voneinander getrennt werden, spielen sie in der Predigtarbeit doch so sehr ineinander, dass sie auch miteinander dargestellt werden. Die *inventio* soll zunächst einige wichtige Elemente der Predigt vorstellen (5.2), um dann mithilfe der Lehre von den *loci* („Topik") zu zeigen, wie man Gedanken finden und die eigene Kreativität beflügeln kann (5.3).

7. Lernen braucht **Struktur**, braucht Klarheit. In der Daiber-Studie ebenso wie in der Heidelberger Predigtstudie schätzten die Hörer es sehr, wenn Aufbau und Gedankengang problemlos nachvollziehbar waren. Diesen Vorzug kennt schon ein Student bei der Prüfungsvorbereitung. Viele Predigten aber sind wie Strände, die schön anzusehen sind, bei denen aber große rote Schilder „Baden verboten" vor gefährlichen untergründigen Strömungen und Wirbeln warnen. Sobald man in das Wasser der Predigt eintaucht, wird die Aufmerksamkeit weggeführt, denn ihr Fluss ist unberechenbar und führt die Hörer weitab vom Ziel. – Der zweite

Schritt der Predigtarbeit im Kapitel 6 ist somit die *dispositio*, also die Gliederung der Predigt als Ganzes (6.1: Gesamtstruktur) und in ihren einzelnen Teilen (6.2: Detailgliederung). Aus Gedanken wird nun Struktur. Bei der Grobgliederung wird die klassische Redestruktur ebenso wie einige neuere Konzepte wie das der Predigt als Lernprozess vorgestellt. Bei der Detailgliederung lernt man, bis drei zu zählen – und die Zahlen dabei gut zu unterscheiden. Und als ob das noch nicht genug wäre, wird auch der Unterschied zwischen natürlicher und künstlicher Struktur eingeführt.

8. Die Predigt vernachlässigt die **Sprache**. Die Wortwahl ist eintönig, einfallslos, klischeehaft und langweilig. Die italienischen Studien von Simona Borello und von Paolo Sator belegen dies eindrucksvoll. Durch diese Einfallslosigkeit aber wird alles grau in grau – kein Wunder, dass dann wenig Begeisterung aufkommt! – Kapitel 7 wird sich darum mit der sprachlichen Gestaltung beschäftigen. Denn Struktur ohne Worte wäre kein kleines Manko. So legt dieses Kapitel dar, wie man seine Gedanken sprachlich ausformulieren kann *(elocutio)*. Und weil eben schon einmal von der Dreizahl die Rede war, zeigen sich hier sofort drei sprachliche Haupteigenschaften einer guten Predigt, nämlich Sprachrichtigkeit, Klarheit und Schönheit (7.1). Doch damit nicht genug. Mit welchen Mitteln lassen sich Ideen ansprechend ausdrücken? Dazu werden Rede- und Gedankenfiguren unterschieden (7.2).

9. Nicht selten meint man, in eine **Vorlesung** und nicht in eine Predigt geraten zu sein. Der Prediger klebt am Konzept, ja man merkt ihm an, dass er von vornherein seine Gedanken verschriftlicht hat, anstatt sie als Rede vorzutragen. Er schaut hauptsächlich aufs Papier und überzeugt sich nur in regelmäßigen Abständen durch einen skeptischen Blick auf die Hörerschaft, ob diese nicht vielleicht inzwischen die Kirche verlassen hat. Damit hängt auch zusammen, dass sein Auftreten je nach Charakter und Tagesform zwischen stocksteif und unmotiviert hektisch schwankt. Was Karla J. Bellinger aber für Jugendliche belegte, gilt wohl generell: Die Predigt wirkt vor allem durch die Person des Predigers, die es versteht, intensiv mit den Zuhörern zu kommunizieren. – Die Kapitel 8 und 9 geben daraufhin Hilfen für die freie Rede und das Halten einer Predigt. Denn bis dahin steht die Predigt zwar, allerdings erst auf dem Papier, noch nicht im Kopf und – beinahe noch wichtiger – im Herzen *(memoria)*: *Wovon das Herz voll ist, davon spricht der Mund* (Mt 12,34). Es gilt, sie zu verinnerlichen, und dieser Aufgabe widmet sich Kapitel 8. Doch was nützt die schönste Predigt, wenn man sie nicht hält *(actio)*? Wie macht man das, wie macht der Vortrag das Beste aus meinem Konzept? Was alles ist bei der freien Rede zu beachten (9.1)? Und wie geht man nach der Predigt mit dem Echo um – oder holt es sich gezielt (9.2)?

Ein langer Weg ist es, den wir uns da vorgenommen haben. Aber was sind die nächsten Schritte? Am Anfang steht die Frage: Was ist überhaupt eine Predigt? Eine Predigt ist eine Rede, und damit hat sie teil an dem, was menschliches Reden überhaupt ist – in der Spannung von Rede und Gespräch (1.2). Dann ist die Predigt aber auch eine Rede im Namen Gottes, und so müssen wir nach dem fragen, was in der Heiligen Schrift ein solches Reden ausmacht (1.3). Und weil man auf einfache Fragen wie „Was ist überhaupt eine Predigt?" auch einfache Antworten in einem Satz geben soll, sind diese Überlegungen in eine Definition zu kondensieren (1.4). Nicht ganz zufällig steht erst am Ende dieses Kapitels schließlich eine Vorstellung der Homiletik als Wissenschaft (1.5), denn auch beim Predigen gilt die goldene Regel: zuerst die Sache und dann erst das Nachdenken über die Sache. Anthropologie, Bibel, Definition und Fachwissenschaft, das also ist die nächste Schrittfolge.

1.2 Mensch sein ist reden

Gut gesagt

Die spätere Schriftstellerin Helen Keller (1880–1968) wurde im Alter von nur neunzehn Monaten infolge einer Hirnhautentzündung blind und taub. Mit Hilfe einer Lehrerin, Anne Sullivan, lernt sie die Bedeutung der Sprache: Diese zeichnet ihr die Buchstaben in die offene Hand. Zunächst denkt Helen, es sei nur ein Spiel, und reagiert darauf nur wie auf einen Tastreiz. Doch am 5. April 1887 ereignet sich der Durchbruch: Am Brunnenhaus hält Anne Sullivan Helen die Hand unter das fließende Wasser und zeichnet die Buchstaben W-A-S-S-E-R in ihre Hand. Keller erinnert sich: „Während der kühle Strahl über die eine Hand lief, buchstabierte sie in die andere das Wort Wasser, erst langsam, dann schnell. Ich stand still, meine gesamte Aufmerksamkeit auf die Bewegung ihrer Finger gerichtet. Auf einmal fühlte ich ein undeutliches Bewußtsein wie von etwas Vergessenem – den Schauder zurückkehrender Gedanken; und irgendwie wurde mir das Geheimnis der Sprache offenbart. Ich wußte jetzt, daß ‚W-a-s-s-e-r' das wunderbare kühle Etwas meinte, das über meine Hand floß. Dieses lebendige Wort weckte meine Seele auf, gab ihr Licht, Hoffnung, Freude, befreite sie! Natürlich, es gab noch Barrieren, aber Barrieren, die mit der Zeit aufgelöst werden konnten."

Walker Percy, Ach, Sie sind katholisch? Essays zu einer Weise, die Welt zu sehen, Würzburg 1999, 72

1.2.1 Sprache als das Menschlichste des Menschen

„Unser Kind kann schon reden." In der Entwicklung eines Kindes stellen die ersten Worte einen großen Sprung dar. Von nun an verständigt es sich nicht mehr bloß durch Schreien oder behagliches Nuckeln, sondern durch Worte. Zum ersten

1. Predigt – im Namen Gottes und mit menschlichen Worten   35

Mal gibt es sich als Mensch auf diese Weise zu erkennen. Denn Mensch sein ist reden. Helmuth Plessner (1892–1985), einer der Großen der philosophischen Anthropologie, hebt deshalb die Sprache von sonstigem lautlichem Ausdruck ab:

> „Sprache sagt aus und stellt dar. Sie ist also immer auf Sachverhalte bezogen, denen Worte und Wortverbindungen zugeordnet sind. [...] Ein Schrei, ein Juchzer, Schluchzen und Stöhnen, Gurgeln und Grunzen gehören zu Zuständen und Situationen, haben also von daher Sinn, aber sie tragen ihn nicht. Ihre Ansteckungskraft (man denke an Lachen, Weinen, Gähnen, Husten) übermittelt nichts. [...] Sprachliche Mitteilung läuft somit über eine Darstellung. Diese setzt die Fähigkeit voraus, das Gemeinte und das Mittel, mit dem man es meint, voneinander abzuheben, das heißt, das Wovon der Rede und das Womit der Rede als zueinander passende oder nicht passende, adäquate oder inadäquate Sachbereiche zu behandeln. Ohne das Vermögen der Versachlichung gibt es ebensowenig Sprache und Sprechen wie Werkzeugerfindung."[54]

So ist Sprache das, was den Menschen zum Menschen macht: zu einem Geistwesen, das durch die einzigartige leibliche Funktion der Sprachartikulation einen Freiraum des Denkens und Handelns erwirbt. Er ist nicht mehr eingesperrt in bloße Reiz-Reaktions-Mechanismen, sondern eröffnet sich eine neue Ebene des Verhaltens: Sinn und Bedeutung, somit auch Erkennen und Verstehen und damit letztlich die Freiheit, sich so zu verhalten, wie es der eigenen Erkenntnis entspricht. So ist auch die Predigt viel mehr als eine bloße Pastoraltechnik. Sie dient der Menschlichkeit des Menschen, und dies in ihrem tiefsten theologischen Sinn, nämlich indem dieser sich vor Gott in seiner ewigen Berufung zum Heil versteht.

1.2.2   Gespräch und Rede, die zwei Grundformen der Sprache

1.2.2.1 „Ja, aber" – die zwei Seiten von Gespräch und Rede

Gut gesagt

Obwohl Freund des Dialoges, weiß auch Sokrates um dessen Gefahren:
Ich nehme an, Gorgias, auch du hast schon an vielen Gesprächen teilgenommen und dabei die Beobachtung gemacht, daß es nicht leicht vorkommt, daß die Leute das Thema, über das sie zu diskutieren beginnen, einander klar bestimmen können, sich gegenseitig belehren und belehren lassen und so das Gespräch zu Ende führen. Im Gegenteil, wenn sie über irgendetwas streiten, und der eine behauptet, der andere sage etwas Falsches oder Unklares, dann werden sie böse und meinen, die anderen redeten aus Mißgunst gegen sie, werden rechthaberisch und kümmern sich nicht mehr um das gestellte Thema. [...] Zu welchen aber gehöre ich? Zu denen, die sich gerne widerlegen lassen, wenn sie etwas Falsches sagen, die aber auch

gerne einen anderen widerlegen, wenn er etwas Falsches sagen sollte, die sich aber doch viel lieber widerlegen lassen, als daß sie selber widerlegen.

Platon, Gorgias (ed. Rufener, s. Anm. 56) 213 f.

Worte kann man in zweifacher Form gebrauchen, als Gespräch und als Rede. Derzeit steht eindeutig das Gespräch höher im Kurs als die Rede. Ist darum aber auch schon die Redeform Predigt mega-out? Es *scheint* so, *ist* aber keineswegs so. Fragen wir darum: Was ist daran an diesem Schein und wo verdeckt sein Glanz aber auch seine Schatten? Was ist darum die bleibende Bedeutung der Rede und wie kann sie selbst gerade das Beste des Dialogs berücksichtigen?

1. **Gespräch**, Dialog, Unterhaltung, Sich-Austauschen, Hören und Reden, Hin und Her, Geben und Nehmen, das ist die Kommunikation unter Gleichen. Nicht umsonst signalisiert das Redeverbot ein Autoritätsgefälle. „Stillgestanden!", heißt es beim militärischen Appell. „Jetzt sei endlich still!", fahren Eltern ihren Kindern über den Mund. Zensur, fehlende Meinungs- und Pressefreiheit, Kontrolle der öffentlichen Meinung u. v. a. sind die Mittel jeder Diktatur. Die „Weiße Rose" verteilte Flugblätter und stellte so das freie Wort wieder her – um den höchsten nur denkbaren Preis, den des eigenen Lebens. Internet, Twitter, soziale Netzwerke und E-Mail sind, gerade weil in ihnen die Kommunikation so schwer zu kontrollieren ist, in autoritären Regimen das wichtigste Mittel der Demokratisierung geworden. Christlich gesehen scheint dem mündigen Glaubensvollzug allein der Dialog angemessen zu sein: Beichte wird zum Beichtgespräch, die Gruppe tauscht sich über die Bibel und den Glauben aus, die Gemeinschaft lebt von den christlichen Zeugnissen ihrer Mitglieder und Bistümer betreiben ihre Erneuerung über Gesprächsprozesse. Nur noch als historische Reminiszenz und recht lieblos spricht die Fundamentaltheologie vom alten „instruktionstheoretischen Modell" der Offenbarung von „Dei Filius" im I. Vatikanum, das durch ein kommunikationstheoretisches „Selbstmitteilungsmodell" von „Dei Verbum" im II. Vatikanum abgelöst worden sei. Wenig überraschend ist Dialog auch eines der Leitworte der Modernisierung durch das II. Vatikanum geworden. Auch zwischen Gott und Mensch – also eigentlich *die* Situation der Ungleichheit schlechthin, nämlich zwischen Schöpfer und Geschöpf: *In seiner Gegenwart schweige alles Fleisch* (Hab 2,20 Vulgata) – finde ein „Heilsdialog" statt.

Hat der Dialog also den Alleinvertretungsanspruch der christlichen Verkündigung errungen? Nein, längst hat der Dialog vielmehr seinen Zauber verloren. Bereits vor Jahrzehnten hat Alfred Kardinal Bengsch (1921–1979), Bischof von Berlin, drastisch von einer „Dialogbesoffenheit" gesprochen. In der Tat, die Kirche leidet unter der Inflation der Worte, dem unablässigen „Wir müssen mal darüber reden", der Unzahl von Räten, Gremien, Gruppen, Kommissionen und synodalen Prozessen, die vor allem Papiere produzieren und Diskussionen perpetuieren. Ein „Dialogprozess" kann notwendige Entscheidungen auch zerreden,

1. Predigt – im Namen Gottes und mit menschlichen Worten 37

kann klare Positionen abschleifen und an die Stelle von Wahrheit Mehrheit setzen. Und es hat etwas Symbolisches, wenn die Post zwingend den Euphemismus „Dialogpost" – auf Deutsch: Werbemüll – anstelle des neutraleren Begriffs „Infopost" verlangt. „Der Worte sind genug gewechselt. Lasst mich auch endlich Taten sehen", wer kennt diesen Stoßseufzer aus Goethes „Faust" nicht?

> Es zeigt sich auch bei der Predigt, dass sie heute „als monologische Rede nicht mehr unhinterfragt gilt, von daher gesehen diese Kommunikationsform eben begründungsnotwendig ist. In jedem homiletischen Seminar läßt sich dies heute beobachten. Dort spielen insbesondere zwei Argumente eine Rolle: Der Monolog gilt als autoritätsbezogene Rede. Der Hörer will sich dieser Autorität nicht mehr ohne weiteres beugen, zudem will der Pfarrer als Prediger auch diese Autorität nicht ohne weiteres ausüben. Der Monolog [...] gilt als relativ ineffektiv, wenn von der Predigt Lernprozesse erwartet werden. Sowohl auf der kognitiven wie der emotionalen und pragmatischen Ebene wird dem Gespräch eine höhere Bedeutung eingeräumt. Kommunikationstheoretische Einsichten bestätigen bekanntlicherweise diesen Sachverhalt. Wird die Predigt als monologische Kommunikationsform beibehalten, müssen also jedenfalls dafür Gründe benannt werden."[55] In den reformvernarrten 1970er Jahren experimentierte man darum mit gesprächshaften Formen der Predigt: Dialogpredigt zwischen zwei Rednern (oft der eine als Verkünder und der andere als Anwalt der Skepsis, vgl. 3.1.4.7), Predigtgespräch (nach dem Gottesdienst in offener Runde), Nachbesprechung (mit einem Experten oder in einer Lerngruppe, vor allem in der Ausbildung) und mit persönlichen Glaubenszeugnissen (bei einer so autoritätsbewussten Gemeinschaft wie dem „Neokatechumenalen Weg" dennoch ein unverzichtbares Element). Doch all das ist Ausnahme geblieben, Regel dagegen die monologische Predigt, nach wie vor.

2. Die **Rede,** so meint man weithin, schaffe ein Gefälle – einer redet, andere schweigen und hören zu: ein Lehrer und viele Schüler, ein Experte und viele Laien, ein Mann Gottes und viele Weltleute. Schon allein dieses Gefälle, so scheint es, müsste die monologische Rede in demokratischen Kulturen obsolet machen. In der Tat ist die Rede einem doppelten Verdacht ausgesetzt, der sich mit dem Namen Sokrates verbindet: Die Rede verschleiert, die Wahrheit bringt erst der Dialog ans Tageslicht. Und zum Zweiten ist die Rede Macht, der Dialog dagegen Verständigung.

> In Platons Dialog „Gorgias", einem der großen Dokumente der Auseinandersetzung mit Leistung und Grenzen der Rhetorik, werden Rede und Dialog einander entgegengestellt. Gorgias, der berühmte Redelehrer, hat bei einem eleganten Fest „viel Schönes zum besten gegeben"[56]. Doch Sokrates und Chairephon haben sich auf dem Markt aufgehalten und die Rede verpasst. Chairephon will den Gorgias dazu bewegen, seine Rede ein zweites Mal im Haus des Kallikles zu halten. Doch

Sokrates schlägt den Dialog als Alternative vor: „Aber wird er auch Lust haben, sich mit uns zu unterhalten?"[57] Nun gut, Gorgias hält sich auch im Dialog für den ungeschlagenen Meister. Gerade eben bei seinem Vortrag hat er ja „seine Hörer aufgefordert, ihm beliebige Fragen zu stellen. Er werde auf alles antworten."[58] Dialog versteht er also als Fortsetzung der Rede mit anderen Mitteln, d. h. als Gelegenheit, sich selbst und das eigene Wissen zur Schau zu stellen. Doch Sokrates erkennt, dass Gorgias „mehr in der sogenannten Redekunst geübt ist als in der Kunst der Unterredung"[59], weil er sich damit brüstet, einen Vortrag über jedes Thema halten zu können, aber nicht in der Lage ist, präzise Rede und Antwort zu stehen. Sokrates dagegen will „das Gespräch fortführen, bald fragend, bald antwortend – die langen Reden aber, mit denen auch Polos schon angefangen hat, für ein andermal aufheben"[60]. Erst die Prüfung jeder einzelnen Aussage führt also der Wahrheit näher, das viele Reden dagegen verschleiert sie nur. Hinter diesem leichten Anfang des Dialogs voll Ironie steht eine überaus ernste Frage, die nach der Wahrheit. Gorgias behauptet leichtfertig: „Ich kann dir sagen, dass mich seit vielen Jahren niemand mehr etwas Neues gefragt hat."[61] Der Redner glaubt also, bereits alles zu wissen. Fragen sind nur noch Schülerfragen an einen Lehrer, der über alles sowieso am besten Bescheid weiß. So beansprucht der Redner Autorität, eben weil er zu reden versteht und nicht weil er begründet, warum das Gesagte wahr ist. Aber es kommt noch heftiger. An einer Stelle lässt der Anspruch der Redekunst die Maske fallen. Bindung an Sitte und Gesetz, Tugend und Rücksicht auf andere, das ist für Gorgias nur das Ressentiment der Schwachen, die die Starken moralisch fesseln – man meint, Nietzsche zu hören. Nein, frei zu sein und über andere zu herrschen ist für ihn das höchste Gut. Es zu verwirklichen, dafür ist die virtuose Kunst der Rede da: „Dass man imstande ist, mit Worten zu überreden, vor Gericht die Richter, im Rat die Ratsherren, in der Volksversammlung die versammelten Bürger und so bei jeder anderen Zusammenkunft, wo es nur eine politische Versammlung geben mag. Und dank dieser Fähigkeit wird der Arzt dein Sklave sein und der Gymnastiklehrer wird es sein, und bei dem Geschäftsmann wird sich herausstellen, dass er nicht für sich selbst, sondern für einen anderen Geld verdient: für dich, der du reden und die Menge überzeugen kannst."[62] Rede also als Kunst der Verführung, damit stellt sich neben der Wahrheitsfrage auch die Frage nach der ethischen Bindung der Sprache, also die nach der Gutheit.

So ist die Rede zwei Gefahren ausgesetzt: der Verschleierung der Wahrheit und der Missachtung der Gutheit.

(a) **Verschleierung der Wahrheit**: Wahr ist das, was der Redner sagt und einfach weil er es sagt – das ist die Gefahr der Rede. Seine Behauptungen setzen sich während der Rede keiner weiteren Prüfung mehr aus. Sie wirken definitiv. Im Grenzfall wird die Rede in ihrem Geltungsanspruch performativ: Was sie sagt, ist eben darum auch wahr, weil es unwidersprochen vorgetragen wird. Die Wahrheit ist nichts als der Redner selbst. Sie kann ihn zur Selbstvergöttlichung verführen, bis er die Aura dessen verbreitet, der allein sagen konnte: *Ich bin der Weg, die Wahrheit und das Leben* (Joh 14,6).

(b) **Missachtung der Gutheit**, d. h. die Rede dient der Durchsetzung eigener Interessen auf Kosten anderer, und zwar infolge von Ichsucht und Geltungsstreben:

1. *Ichsucht:* Setzt die Rede nicht fast wie von selbst das Ich über das Ihr? So sehr, dass sie durch Worte vollendete Tatsachen schafft – in einer Perversion des schöpferischen Wortes Gottes: *Es werde, und es ward* (Gen 1,3)?
2. *Geltungsstreben:* Vergisst die Rede beim Buhlen um die Gunst der Menschen nicht alle Maßstäbe des Wahren und des Rechten, wie man im Dialog „Gorgias" nur zu deutlich erkennt?

Warum ist die Rede besonders für Ichsucht und Geltungsstreben anfällig? Weil sie Zeit und Raum beherrscht und dadurch ein Machtgefälle unterstützt:

– Sie ist *raumgreifend:* Der Redner schafft in seiner Person einen Blick-Punkt, er wird unweigerlich zum Mittelpunkt, und aller Augen sind auf ihn gerichtet. Häufig unterstützt dies auch die Architektur des Versammlungsortes – denken wir in der Kirche etwa an die oft schwergewichtigen Orte der Predigt, Kanzel und Ambo. Stellen wir uns auch etwa die Angewohnheit mancher Lehrer und Referenten vor, vor den still Sitzenden hin und her zu schreiten, manchmal auch auf die ersten Reihen zuzutreten und einzelne Hörer unmittelbar anzusprechen. All das signalisiert Autorität und Macht.

– Sie ist *zeitstiftend:* Die Rede beherrscht die Zeit, sie setzt selbständig Anfang und Schluss, sie bildet Rhythmen und Stufen und beschleunigt und verlangsamt den Redefluss – sehr zum Leidwesen der Hörer, deren Hoffnung auf den doch längst angekündigten Schluss dann doch immer wieder enttäuscht wird.

1.2.2.2 Rede ja – aber wahr und gut

Diese Anfragen an die Rede scheinen nur allzu berechtigt. Sie scheinen es – entspricht diesem Schein aber auch ein Sein? Zweifellos, und doch sind sie weit davon entfernt, die Rede als solche unmöglich zu machen. Alles Große ist gefährdet und verlangt den verantwortlichen Umgang. Gefahren treten nicht zwangsläufig ein. Man kann sie vermeiden, wenn man um sie weiß. Führen wir darum gewissermaßen selbst einen Dialog über die Frage: Ist die Rede immer ein Feind der Wahrheit und Gutheit, so wie der Dialog deren Freund ist? Zunächst lässt sich der hohe Anspruch des Dialogs entzaubern. Ein Gespräch kann durchaus zum Kampf um Macht werden – manchmal brutal (etwa im Verhör der Geheimen Staatspolizei) und manchmal subtil (etwa mit Tränen und Betroffenheit, mit Verlockung und Verführung). Dann will man den anderen zu etwas bewegen, ihn „herumkriegen", „totreden", „zum Schweigen bringen" und „nichts mehr zu sagen haben lassen", ihn „abgemeldet sein lassen" und seinen Widerstand brechen. Das Gespräch wird zum Mittel der Dominanz. Geschickt nutzt es die Tatsache aus, dass der Gesprächspartner viel mehr als bei der Rede involviert ist; er muss Rede und Antwort stehen. Ein Verdächtiger beim Verhör würde sich lieber lange Belehrungen anhören, als selbst Auskunft geben zu müssen. Bei kommerziellen Beratungsgesprächen werden die Berater geschult, auf jeden Fall „den Fuß in der Tür zu behalten", also das Gespräch nicht abbrechen zu lassen – Immobilienmakler etwa wollen meistens sofort die Telefonnummer eines Interessenten, bevor sie Informationen preisgeben, um dann auf ihn einreden zu können. Das Gespräch kennt die Strategie des Psychologisierens, dass also Sachprobleme zu Persönlichkeitsproblemen umdefiniert werden und der andere so zunehmend in das Rede-und-Antwort-Spiel verstrickt werden kann. Aller hehren Didaktik zum Trotz dient an Schule und Hochschule das Unterrichtsgespräch doch immer wieder der Manipulation der Lernenden im Sinn der Überzeugungen des Lehrenden. Das ist wohl auch der Grund, warum der Hausbesuch in der Seelsorge keineswegs auf allseitige Zustimmung stößt.

Und die Predigt? Verstößt sie nicht gegen die dialogische Struktur des Glaubens? *Der Glaube kommt vom Hören* (Röm 10,17), und darum kommt vor dem Reden das Hören. Ob nicht mancherlei Verflachung und Verweltlichung gerade daher rührt, dass jeder meint, mitreden zu können, bevor er sich wie Maria von Betanien lange genug demütig zu Füßen Jesu gesetzt und ihm zugehört hat (vgl. Lk 10,38–42)? In der Tat entwickeln viele Gesprächsprozesse im kirchlichen Raum fast zwangsläufig eine Tendenz zur Anpassung an die herrschenden Auffassungen, z. B. bei Reizthemen wie Zölibat oder wiederverheirateten Geschiedenen. „Herrschend" – der Dialog ist also keineswegs so unschuldig in Fragen der Macht, wie es den Anschein hatte. Und ob nicht manchmal der Ertrag der vielen Glaubensgespräche aus dem Grund dürftig bleibt, dass alle nur von sich, ihren Erfahrungen, Bedürfnissen und Betroffenheiten sprechen, keiner dagegen von dem, was Gott selbst *denen bereitet hat, die ihn lieben* (1 Kor 2,9)? Und noch praktischer: Die Predigt differenziert, sie argumentiert, sie eröffnet Perspektiven und schafft Bezüge, ganz einfach weil sie mehr Zeit hat, etwas auszufalten, als das knappe Statement eines Gesprächsbeitrages. Damit trägt sie unverzichtbar dazu bei, die Gründe des Glaubens zu erkennen *(intellectus fidei)* und sich nicht mit der Aufforderung abfinden zu müssen: „Das muss man eben glauben."

So dringt das Gespräch auf jemanden ein, die Rede dagegen wahrt Distanz und verlangt vergleichsweise wenig vom Hörer. Er kann sich immer seinen Teil denken, kann gute Miene zum bösen Spiel machen, kann Fassaden aufbauen.[63] Und ein guter Redner steht immer auch unter seinem Auditorium – an ihm liegt es, seine Hörer zu verstehen, sich in sie hineinzuversetzen, ihre Gunst zu erringen. „Eure Gunst – unser Streben" lautet darum der sprechende Slogan des „Circus Krone". Verfällt der Redner dagegen in Selbstbeschäftigung, breitet er bloß seine Lieblingsthemen aus, so wird er unweigerlich mit mangelnder Aufmerksamkeit abgestraft. Insofern ist die Rede auch wieder die demütigere, altruistischere Form. Es ist darum auch kein Zufall, dass Platons spätere Dialoge immer mehr zu Lehrvorträgen werden.

> Für die alte Kirche sind die Grenzen zwischen Monolog und Dialog bei der Predigt durchlässiger als heute.[64] Häufig sprechen die Prediger die Gläubigen direkt an, stellen ihnen gelegentlich sogar Fragen[65] oder lassen die einen den anderen etwas aus der Predigt erklären. Sie werden von Zwischenrufen, Applaus, Gesten der Zustimmung, manchmal regelrechten Ovationen, aber auch (seltener) von Unmutsäußerungen unterbrochen und gehen darauf ein. Sie reagieren auf die Stimmungen ihrer Hörer – bei dem mittelmeerischen Temperament benötigten sie da keine tiefere Seelenkunde, sondern lesen Furcht, Rührung, Reue und Schmerz unmittelbar aus den Gesichtern oder begreifen es aus Gemurmel und Bewegung – und fühlen sich von einem großen Zuspruch der Predigt ermutigt. Überhaupt liebten damals viele die Predigt – gewiss auch als sinnvollen Zeitvertreib – und drängten ihre Hirten, das Wort zu ergreifen.[66] Was nicht heißt, dass nicht immer wieder die Mahnung zu Stille und Aufmerksamkeit notwendig gewesen wäre! Vielfach ist man einander vertraut, und das große Ideal der *familia Dei* wird greifbar, wenn die Gläubigen mit „caritas vestra", „vestra sanctitas" oder mit dem beliebten schlichten „fratres" angesprochen werden, oft auch „fratres carissimi" oder „fratres amati".

Des Sokrates Sympathien lagen beim Dialog – freilich bei wirklichem Dialog, der mit Sympathie und Offenheit gemeinsam nach Wahrheit sucht. Nicht zuletzt diese Tatsache hat unserer Kultur ein schlechtes Gewissen geschaffen, was die Rede angeht. Doch trotz Sokrates sind Dialog und Rede nicht wie Licht und Schatten zu sehen. Sachgemäßer erscheint die gemäßigtere Position des Aristoteles, der programmatisch den ersten Satz seiner Rhetorik so formuliert: „Die Rhetorik ist die *antistrophe* (ἀντιστροφή, also analog der ‚Gegenstrophe' des Chores bei der Tragödie) der Dialektik."[67] D. h. die Redekunst und die dialektische, durch Rede und Gegenrede zu prüfende Wahrheit schließen sich nicht aus, sondern ergänzen sich. Doch damit ist die doppelte Anfrage nach Wahrheit und Gutheit in der Rede nicht schon obsolet geworden. Was haben wir daraus für die Predigt gelernt?

1. **Wahrheit:** Das Gefälle zwischen Redner und Hörern hat nur einen Sinn, wenn es etwas erschließt, dem alle sich zu beugen haben, nämlich der Wahrheit. Augustinus hat von seinem berühmten Gespräch mit seiner Mutter Monika in Ostia das Wort geprägt, sie hätten sich „inter nos apud praesentem veritatem – unter uns im Angesicht der Wahrheit"[68] gefragt. Wenn schon jeder Redner sein Sprechen unbedingt am Maßstab der Wahrheit ausrichten muss, so gilt das noch viel mehr für den Prediger: Allzeit steht sein Sprechen vor den Augen Gottes, der die Wahrheit selbst ist, und es hat nur Wert, insofern es vor ihm Gefallen findet. So entwickelte Augustinus in seiner Auslegung zu Psalm 19 (18),15 („Möge dem

Herrn mein Dichten gefallen") eine Ethik der Predigt, die sich allein an Gott ausrichtet und so den Gläubigen erst das rechte Wort zu geben weiß:

> *„Damit dadurch die Worte meines Mundes Gefallen finden, und das, was mein Herz bedenkt, allezeit vor deinem Angesicht.* Denn wenn ich von diesem großen Vergehen [sc. der Geltungssucht] nicht gereinigt werde, werden meine Reden vor den Augen der Menschen gefallen, nicht aber vor deinen Augen. Eine stolze Seele will vor den Augen der Menschen gefallen, eine demütige Seele dagegen will im Verborgenen, wohin Gott schaut, gefallen, so dass, wenn sie den Menschen aufgrund eines guten Werkes gefallen würde, sie von denen, denen ein gutes Werk gefällt, Lob erhielte, mit sich selbst aber nicht zufrieden sein dürfte, weil sie ein gutes Werk getan hat: ‚Unser Ruhm, so steht geschrieben, ist der: das Zeugnis eines guten Gewissens' (2 Kor 1,12)."[69]

Um Gottes willen den Menschen zu Gott helfen, das also ist Predigt. Darum ersetzt sie auch Ichsucht und Geltungsstreben durch den Hörerbezug. Sie ist wie ein virtueller Dialog zu gestalten. „Predigen heißt: Ich rede mit dem Hörer über sein Leben", forderte Ernst Lange in den 1960er Jahren programmatisch und verwirklichte sein Prinzip der „homiletischen Situation" auch in der „Ladenkirche" am Brunsbütteler Damm von Berlin-Spandau (Predigtkritik und -vorgespräch für den nächsten Sonntag bereits am vorherigen Montag; Predigtnachgespräch in der Teestunde nach dem Gottesdienst und bei anderen Gelegenheiten; Erarbeitung der Bibeltexte in wöchentlichen Gemeindeabenden und Wochenend-Seminaren).[70] Predigt als virtueller Dialog bedeutet, dass die Hörer darin sich selbst und ihr Erleben ausgedrückt finden („Sie haben genau das ausgedrückt, was ich empfinde!"). Unbedingt muss sie den Eindruck vermeiden, der Prediger habe nun Gelegenheit, sich selbst zu produzieren, anstatt *nichts zu wissen außer Jesus Christus, und zwar als den Gekreuzigten* (1 Kor 2,2), mahnt Paulus. Schließlich: Die geistliche Rede verbreitet keine subjektiven Ansichten, sondern schöpft aus dem, was Redner und Hörer verbindet, dem gemeinsamen Gut des Glaubens der Kirche. Dazu muss die Predigt eingebettet sein in eine Vielfalt von Sprach- und Handlungsvollzügen der Pastoral, u. a. in Katechese, Seelsorgsgespräch, Zusammenkünfte von Gruppen, gemeinsamen Einsatz und nicht zuletzt in die informellen Lernorte des Glaubens in Familie und Freundeskreis.[71]

2. **Gutheit:** Sich beugen unter die Wahrheit (und damit letztlich unter Gottes Wort) fordert eine hohe Ethik des Sprechens. Wollten Gorgias und Kallikles sich ausgiebig selbst produzieren und ihre Interessen durch geschickte Rhetorik anderen aufoktroyieren, so will derjenige, der um die Wahrheit weiß und sich vor ihr zu verantworten hat, mit seiner Rede den Hörern dienen. Er gibt allen Gelegenheit, sich auf sprachliche (und das heißt nach Plessner geistige) Art und Weise mit einer Sache auseinanderzusetzen. Das ist wahrhaftig kein geringer Dienst. Denn die sprachliche Auseinandersetzung ermächtigt auch diejenigen, die materiell nicht an

den Schalthebeln der Macht stehen. Sie müssen sich nicht mit der faktischen Übermacht der Verhältnisse, der Sachzwänge oder der Androhung von Sanktionen abfinden („Friss, Vogel, oder stirb!"), sondern sie erhalten Gelegenheit, eigenständig und mit dem eigenen Verstand Einsicht zu gewinnen. Dies wird allerdings nur unter der Bedingung zu mehr als einer schönen Idealisierung, wenn die Rede aus Formen der aktiven Auseinandersetzung mit allen Beteiligten erwächst und wieder in sie mündet. Die Predigt muss somit wesentlich dem Denken, Fühlen, Leben und Erleiden der Hörer Raum geben, und zwar gerade auch derer, die sonst keine Stimme haben, und sie muss dies so tun, dass diese dazu ermächtigt werden, glauben zu können. *Gesandte an Gottes statt* zu sein (2 Kor 5,20), das also ist in einem Wort das Ethos der Predigt. Durch sie will Gott die Menschen erreichen, nicht aber ein Mensch anderen seine Sichtweise „aufdrücken".

Die Frage nach Wahrheit und Gutheit wird uns auch weiterhin begleiten. Diese Doppelfrage nämlich ist die Grundfrage aller Rhetorik. Historisch kehrt sie in der Auseinandersetzung zwischen der griechischen Sophistik und der philosophischen Rhetorik von Sokrates, Platon und Aristoteles (2.1.1.3) und später in der Synthese des Cicero (Exkurs in 2.1.1.4) wieder, systematisch wird sich im gesamten Kapitel 2 zeigen, dass die Kunst der Rede die Vernünftigkeit und die Achtung vor dem Hörer bis in die Methodenfragen hinein im Blick behalten muss. In einprägsamer Begrifflichkeit legte Cicero dafür das Ideal des Redners vor, der die *eloquentia* (Beredsamkeit) mit der *sapientia* (Weisheit) verbindet.[72]

Übung

Sprache eröffnet eine neue Dimension im Ausdruck von Gefühlen. Sie kann in einen gewissen Abstand zu ihnen treten, sie gewissermaßen von außen anschauen und dadurch auch anderen die Chance geben, diese Gefühle zu achten und zu verstehen, auch wenn sie sie (noch) nicht teilen. Dazu muss man aber lernen, den Gefühlen nicht bloß sprachlich Luft zu machen (z. B. durch das S-Wort), sondern sie in sinnvollen, nachvollziehbaren Zusammenhängen darzustellen. Glaubensverkündigung hat es wesentlich auch mit Gefühlen zu tun. Wie könnte dabei der Unterschied zwischen bloßem Gefühlsausdruck und nachvollziehbarer Gefühlsbedeutung aussehen? Finden Sie mehrere Beispiele.

1.3 Rhetorik des Glaubens – eine biblische Annäherung

1.3.1 „Neue Botschaft und neue Rhetorik" – Zwischen göttlicher Autorität und menschlichem Argument

„Wir tragen euch keine donnergewaltigen und dichterischen Worte vor, nicht mithilfe einer Kunst der Sprachlehrer abgefasst und in einer entsprechend der weltlichen Redekunst geschminkten Predigt. Vielmehr ‚verkündigen wir Christus, den

Gekreuzigten, den Juden ein Ärgernis, den Heiden eine Torheit, den berufenen Juden wie Griechen aber Christus, Gottes Kraft und Gottes Weisheit' (1 Kor 1,18). Diese Torheit der Welt hat Gott erwählt, um die Weisen zuschanden zu machen; dieses Ungeformte, um die Starken zu überwältigen. Das ist die Schule, in die die Armen im Geiste geführt werden, damit sie vom himmlischen Meister lernen, nicht am Gewaltigen Geschmack zu finden, sondern mit den Demütigen eines Sinnes zu sein."[73]

Philosophie und Rhetorik sind eines, die Heilige Schrift ein anderes. Wie geschieht in ihr Verkündigung: genauso wie bei menschlicher Überzeugungsarbeit oder „totaliter aliter" (ganz anders), so wie Gott selbst ganz anders als alles Menschliche ist? Wie bei Rede und Gespräch, so gilt auch hier vom Verhältnis von menschlicher Rede zur Rhetorik des Glaubens der Bibel: Scheinbar schließt das eine das andere aus, in Wirklichkeit aber entwickelt die Rhetorik des Glaubens zwar eigene Formen des Überzeugens, bleibt jedoch offen für die menschliche Kunst des überzeugenden Redens.

1.3.2 „Totaliter aliter" – im Namen Gottes reden

Die Heilige Schrift kann man als eine einzige Predigt ansehen: Gottes Wort kleidet sich in menschliche Worte, um Gottes Volk anzusprechen, und wer es gläubig aufnimmt und danach handelt, erlangt das Heil. Die Bibel kennt zwar eine Vielzahl literarischer Formen, doch stets geht es dabei um mehr als um bloße Information. Ihre Worte wollen Glauben und Bundestreue wecken, bewahren, klären und bestärken. An welcher Stelle man die Bibel auch aufschlägt, stets begegnet einem dabei eine Trias von Eigenschaften der Verkündigung:
– Der Verkünder erhält seine *Autorität* von Gott, nicht kraft eigenen Charismas, Persönlichkeit oder Macht.
– Seine Botschaft wird durch Gottes *Gnade*, seine Kraft in Zeichen und Wundern beglaubigt.
– Inhalt seiner Verkündigung sind nicht menschliche Gedanken über Gott, seine religiösen Überzeugungen, sondern er übermittelt das, was Gott den Menschen zu sagen hat, also *die göttliche Botschaft* in menschlichen Worten.

Veranschaulichen wir diese Trias zunächst im Alten Testament an der Gestalt des Mose[74] (1.3.2.1) und gehen wir ihr dann im Neuen Testament nach (1.3.2.2).

1.3.2.1 Mose als Beispiel

1. Gottes Autorität in menschlicher Schwachheit. Es ist paradox: Das sehr wortbetonte Judentum und Christentum entwickelt doch keine ausdrückliche Rhetorik. Dieses Paradox klärt sich rasch auf, wenn man die Macht des göttlichen

Wortes bedenkt, gegenüber der jeder Mensch geradezu verschwindend klein ist. Das Wort Gottes ist nicht auf geschickte Wortwahl angewiesen, es überwältigt dadurch, dass machtvoll das geschieht, wovon es spricht. Wort und Ereignis verschmelzen miteinander. Sprechend sind die Berufungserzählungen des Jesaja (Jes 6) und des Jeremia (Jer 1,4–10): *Wen soll ich senden? Wer wird für uns gehen? Ich antwortete: Hier bin ich, sende mich!* (Jes 6,8). *Hiermit lege ich meine Worte in deinen Mund* (Jer 1,9). Das Sprechen Gottes stiftet einen radikalen Anfang: *Und Gott sprach: Es werde* (Gen 1,3). So spricht Gottes Wort von seinen großen Taten. Wort und Tat, Offenbarung und Geschichte gehören also untrennbar zusammen. Dabei handelt Gott auf unvergleichliche Weise; das hebräische ברא *(bara)* etwa ist allein für sein Schöpfungshandeln reserviert und wird nicht auf menschliches Tun angewandt. Damit erhält das Wort eine ganz andere Bedeutung als in den rituell bestimmten Religionen Griechenlands und Roms. Im griechisch-römischen Polytheismus vollzogen die Priester Riten und sprachen dabei die entsprechenden Formeln, aber sie predigten nicht. Religiöse Lehren und Weisungen wurden im Wesentlichen durch die Dichtung weitergegeben; am bekanntesten sind die Werke eines Homer und eines Hesiod.[75] Ihre Worte sprechen *über* die Götter, aber sie *sind* nicht das Wort Gottes. Darum sind sie auch der vornehmste Anlass dafür, alle Register menschlicher Rhetorik zum Klingen zu bringen. Anders in der Heiligen Schrift. Dort „ergeht" (ἐγένετο/*egeneto*) das Wort Gottes an Menschen, d. h. es ereignet sich. Denn es ist göttlich und nicht menschlich.

Nirgendwo wird das deutlicher als dort, wo seitens des Menschen nicht Macht und Glanz herrschen, sondern Ohnmacht und Elend. So tritt im biblischen Sprechen der Gegensatz zwischen der Macht des Gotteswortes und menschlicher Schwachheit in Erscheinung, ja er wird konstitutiv. Gerade der Verzicht auf eine professionelle, das eigene Können in den Mittelpunkt stellende Redekunst ist dafür typisch – und dies hielt sich durch alle Jahrhunderte hindurch. Gerade die Ohnmacht und Schwachheit des Verkündigers zeugt von der Macht des Gotteswortes. Exemplarisch lässt sich dies bei der Berufung des Mose zeigen:

> Doch Mose sagte zum Herrn: Aber bitte, Herr, ich bin keiner, der gut reden kann, weder gestern noch vorgestern, noch seitdem du mit deinem Knecht sprichst. Mein Mund und meine Zunge sind nämlich schwerfällig. Der Herr entgegnete ihm: Wer hat dem Menschen den Mund gegeben und wer macht taub oder stumm, sehend oder blind? Doch wohl ich, der Herr! Geh also! Ich bin mit deinem Mund und weise dich an, was du reden sollst. Doch Mose antwortete: Aber bitte, Herr, schick doch einen andern! (Ex 4,10–13).

So erwählt Gott den wenig redebegabten Mose, weil gerade dadurch seine Autorität umso souveräner in Erscheinung tritt.

2. **Gottes Gnade als Bekräftigung.** Wenn Mund und Zunge des Mose „schwerfällig" sind, dann liegt die Frage nahe: Wie soll es ihm dann gelingen,

sein geknechtetes Volk vom baldigen Eingreifen Gottes zu überzeugen, ganz zu schweigen den verstockten Pharao? So beklagt sich Mose umgehend: *Ach, sie werden nicht auf meine Stimme hören, denn sie werden sagen: Der Herr ist dir nicht erschienen* (Ex 4,1). Mose bräuchte felsenfeste Argumente, doch woher soll er sie nehmen? Aber Worte werden hier nicht durch Worte beglaubigt, sondern durch Taten – wieder zeigt sich der enge Zusammenhang beider in der jüdisch-christlichen Offenbarung. *Mächtig in Wort und Tat* (Lk 24,19), die Verbindung beider, also Offenbarung und Geschichte, das ist das *signum* der jüdisch-christlichen Offenbarung. So bekräftigt der Herr den Mose mit der Wundergabe. Sie ist verkörpert in seinem Stab, dem Wunderstab, der die Ägypter machtvoll zu strafen versteht – man erinnere sich nur an den geradezu witzigen Augenblick, da er sich in eine Schlange verwandelt und die Schlangen der ägyptischen Zauberer verschlingt (vgl. Ex 7,12; interessantes Detail: Es handelt sich hier um Aarons Stab auf Geheiß des Mose). Wenn der menschliche Verkünder also hinter Gottes Macht geradezu verschwindet, wie kann es ihm dann gelingen, die Ohren und noch mehr die Herzen der Hörer zu gewinnen? Nicht mithilfe von *gewandten und klugen Worten* (1 Kor 2,8), sondern Gott selbst bekräftigt sein Wort mit Zeichen und Wundern.

> Der hl. Justin (100–165) beschreibt seine Bekehrung in ähnlicher Art und Weise. Irgendwann kam er bei seiner Suche nach der Wahrheit mit Argumenten nicht mehr weiter. Da überzeugten ihn die Wunder der Christen. Nachdem er nämlich als Philosoph bei Lehrern verschiedener Philosophenschulen nicht den Weg zur Wahrheit gefunden hat, vertieft er sich in die platonische Philosophie, die ihn Wichtiges lehrt. Aber der Durchbruch zur wahren Erkenntnis steht noch aus. Da trifft er bei einem einsamen Spaziergang am Strand des Meeres einen alten Mann, der ihn in die Botschaft der Schriften des Alten und des Neuen Testamentes und in die Lehre der Christen einführt. Von den Büchern der Heiligen Schrift sagt er nun: „Niemals nämlich verfassten sie ihre Worte argumentativ (μετ'ἀποδείξεως *[met'apodeixeos]*), da sie der Wahrheit würdig sind oberhalb jeglicher argumentativen Beweisführung. […] Durch Wundertaten (δυνάμεις *[dynameis]*), die sie vollbrachten, erwiesen sie sich als glaubwürdig."[76]

Die Bekräftigung geschieht aber nicht mit stummer Brachialgewalt, also durch die Übermacht von Gottes starkem Arm, so als würde Gott bloß die Fäuste sprechen lassen. Nein, schon gegenüber Pharao richtet Mose zunächst Gottes Bedingungen aus und dann erst, als er auf taube Ohren stößt, geschieht das Strafwunder. In der Regel lösen die Taten Gottes also selbst wieder Worte aus – Worte der Erinnerung in Bezug auf frühere Taten und der Ankündigung im Blick auf zukünftige.

– *Vergangenheit:* Das, was Gott einst gewirkt hat, verpflichtet die Gegenwart. Immer wieder erinnert die Schrift an die großen Taten Gottes, denn unter ihrem Anspruch steht das Heute. „Gott, deine uralten Wunder leuchten noch in unseren Tagen", betet die Kirche darum nach der Lesung des Auszugs aus Ägypten in der Osternacht. Paradigmatisch wird diese Erinnerung im Eröffnungswort der Zehn Gebote aufgegriffen: *Ich bin Jahwe, dein Gott, der dich aus Ägypten geführt hat, aus dem Sklavenhaus* (Ex 20,2). Israel wird an Gottes Großtaten erinnert, und ihm wird die Verpflichtung zur Bundestreue im Halten der Gebote ans Herz gelegt. Ähnliches gilt von der gesamten „Bundesrede" (Dtn 1–5; 5–28; 29–30; vgl. Jos 24,2–13; 1 Sam 12): An die Erzählung der Vergangenheit schließen sich die Gebote für die Gegenwart und Warnungen bzw. Verheißungen für die Zukunft an.

— Das Wort zielt aber auch auf die *Zukunft*, und zwar die unmittelbar ins Hier und Jetzt hineinwirkende Zukunft. Dabei kommt es auf das Verhalten im Heute an: *Heute, wenn ihr seine Stimme hört, verhärtet nicht euer Herz* (Ps 94,7 f. Vulgata). Auch die Verheißung von Lohn oder die Androhung von Strafe sind häufig gebrauchte Argumente, etwa beim zweiten der Zehn Gebote: *Du sollst den Namen des Herrn, deines Gottes, nicht missbrauchen; denn der Herr lässt den nicht ungestraft, der seinen Namen missbraucht* (Ex 20,7). Und wenn die Propheten ein Unheil androhen oder eine Verheißung aussprechen, so deshalb, damit das Volk Gottes oder seine Führer jetzt ihr Verhalten ändern. Seitens des Menschen gibt es dabei keinen Verhandlungsspielraum, so groß ist die Autorität Gottes. Wenn Gott spricht, ist der Mensch aufgerufen, sein Wort zu hören und dementsprechend zu handeln.

Dieses Handeln Gottes trägt eine eigene Evidenz mit sich. Es ist klar und eindeutig. Es muss nur unmissverständlich bezeugt werden. Darum führt die Predigt auch nicht in etwas Unbekanntes, schwer Verständliches oder für gewöhnliche Sterbliche zu Hohes ein. Sie vergegenwärtigt, was vom Wort Gottes her für alle auf der Hand liegt – wenn sie sich nur seinem Anspruch nicht verweigern und „ihr Herz verhärten": *Der Ochse kennt seinen Besitzer und der Esel die Krippe seines Herrn; Israel aber hat keine Erkenntnis, mein Volk hat keine Einsicht* (Jes 1,3 – genialerweise hat die kirchliche Kunst und Volksfrömmigkeit dieses Bild in der Krippe des neugeborenen Erlösers wiedergefunden).

Freilich schließt der Verweis auf Gottes große Taten das logische Argument und damit Formen und Möglichkeiten menschlicher Redekunst nicht aus. Dafür steht Aaron, der redegewandte Bruder des Mose. *Ich kann nicht reden* (Ex 4,11 f.), wendet Mose ein. Doch aus diesem Grund wird ihm Aaron beigegeben. Er wird zum Sprecher der Juden und „ist eine wichtige Beschreibung der hebräischen Rhetorik. Im Sinn der *inventio* legt er vor allem Wert auf eine Verkündigung, die sich auf die göttliche Autorität des Sprechers stützt; er unterstützt diese jedoch mit dem logischen Argument."[77]

Gut gesagt

Gebet zum Sich-Erheben nach der Predigt

„Gott, unser Retter" (Ps 26,9), Gott des Alls, Herr und Schöpfer aller Dinge, Vater des eingeborenen Sohnes, der du dein lebendiges und wahres Bild (vgl. Hebr 1,3) gezeugt und es zum Wohl des Menschengeschlechtes ausgesandt hast, der du die Menschen durch es rufst und heimholst! Wir bitten dich für dieses Volk. Sende deinen Heiligen Geist, und der Herr Jesus suche es heim, er spreche in den Herzen aller Anwesenden und bereite sie zum Glauben. Er selbst ziehe die Seelen zu dir, du Gott des Erbarmens. Erwirb dir ein Volk auch in dieser Stadt, erwirb dir eine treue Herde. Durch deinen eingeborenen Sohn Jesus Christus im Heiligen Geist, durch den dir Ehre und Macht sei, jetzt und in alle Ewigkeit. Amen.

Serapion von Thmuis, Euchologion 2 (F. E. Brightman,
The Sacramentary of Serapion of Thmuis, in: The Journal of Theological Studies 1 und 2
[1899 und 1900] 88–113. 247–277, hier 99 f.)

3. **Gottes Wort als Inhalt.** Schließlich fragt sich, worin der Inhalt der Verkündigung besteht. Sie trägt nicht menschliche Gedanken über Gott vor (wie etwa in den Dichtungen Homers und Hesiods), sondern die Verkündigung ist Übermittlung des göttlichen λόγος *(logos),* d. h. die göttliche Botschaft in menschlichen Worten. „So spricht/sprach Gott, der Herr" ist die typische sogenannte Botenformel, mit der ein Prophet die Übermittlung eines göttlichen Wortes ankündigt. Er stellt nicht die eigene Persönlichkeit, seine Überzeugungen und Erfahrungen in den Mittelpunkt, sondern er ist Kanal für das Wort Gottes selbst. Er ist Übermittler, aber nicht Urheber dieses Wortes.

1.3.2.2 „ ... nichts zu wissen außer Jesus Christus, und zwar als den Gekreuzigten" (1 Kor 2,2)

Auch im Neuen Testament beruht die Verkündigung auf den drei Pfeilern Autorität, Gnade und verkündete Botschaft, nicht auf Vernunftbeweis oder gar Eloquenz.

1. **Autorität Gottes.** Schon die entsprechenden Begriffe sind aussagekräftig: „Predigen" (Mk 13,10) wird mit κηρύσσω *(kerysso)* bezeichnet, also dem Ausrufen eines wichtigen Ereignisses durch einen Herold oder Boten. Ebenso ist εὐαγγέλιον *(euangelion)* die öffentlich auszurufende Siegesmeldung.[78] Ihr Glauben zu schenken oder ihr nicht zu glauben ist die alles entscheidende Alternative. Ganz wie im Alten Testament steht auch nun die mit Vollmacht vorgetragene göttliche Botschaft im Vordergrund, nicht rationale Beweise und Argumente:

> „Sie verkündete eine geoffenbarte Wahrheit und stützte sich dabei weniger auf rationale Überzeugungen und intellektuellen Beweis als auf eine vollmächtige ‚Verkündigung' (κήρυγμα *[kērugma]*). Dabei arbeitete sie eher mit absoluten Aus-

1. Predigt – im Namen Gottes und mit menschlichen Worten 49

> sagen, Paradoxen, Bildern (Erzählungen und Gleichnissen) und biblischen Zitaten als mit Hilfe der klassischen Mittel der heidnischen Rhetorik [...]"; trotz einiger Ähnlichkeiten drängt sich im Neuen Testament darum „der Eindruck eines großen sprachlichen und literarischen Unterschieds im Vergleich zu den zeitgenössischen heidnischen Texten auf"[79].

Der Verkündiger erhält von dem her Auftrag und Amt, der ihn gesandt hat, nicht aus eigener Macht- und Persönlichkeitsfülle. So sagen die Leute zwar von Jesus selbst: *Er spricht wie einer, der Vollmacht hat, und nicht wie einer der Schriftgelehrten* (Mt 7,29). Doch der von ihm verheißene Geist wird *nicht aus sich selber heraus reden, sondern er wird sagen, was er hört* (Joh 16,13). Christus selbst lebt vom Gehorsam gegenüber seinem Vater: *Meine Speise ist es, den Willen dessen zu tun, der mich gesandt hat* (Joh 4,34). Für die Apostel drückt Paulus die Gewissheit aus, als Gottes Gesandte auch mit seiner Autorität sprechen zu können. Als *Gesandten an Gottes statt* bezeichnet sich Paulus (2 Kor 5,20), und er sagt den Thessalonichern: *Wir danken euch, dass ihr unsere Botschaft nicht als Menschenwort, sondern – was es in Wahrheit ist – als Gotteswort angenommen habt* (1 Thess 2,13). Dadurch wird der Gesandte Gottes aber keineswegs selbst zu einem übermenschlichen Wesen. Ganz im Gegenteil, gerade in seiner menschlichen Schwachheit bezeugt er am besten die göttliche Kraft. Dieser Gegensatz kommt übrigens besonders den kleinen Leuten entgegen, die sich selbst ja nie auf eigene Überlegenheit stützen können und umso dankbarer auf die Seite dessen treten, der sich ohne eigene Machtdemonstrationen doch als der Stärkere erweist, Jesus Christus. Die Macht Gottes erweist sich gerade in der Stunde der Bedrohung: *Wenn man euch abführt und vor Gericht stellt, dann macht euch nicht im Voraus Sorgen, was ihr sagen sollt; sondern was euch in jener Stunde eingegeben wird, das sagt! Denn nicht ihr werdet dann reden, sondern der Heilige Geist* (Mk 13,11).[80] Wie bei Mose und Aaron geschieht die christliche Predigt nach Paulus darum stets in Vollmacht bei menschlicher Schwachheit:

- *durch die Torheit der Verkündigung gerettet werden* (1 Kor 1,21);
- *Christus, den Gekreuzigten, den Heiden Torheit, den Juden Skandal* (1 Kor 1,23);
- *nicht, um glänzende Reden oder gelehrte Weisheit vorzutragen, sondern um das Zeugnis Gottes zu verkündigen* (1 Kor 2,1);
- *die Weisheit der Welt ist Torheit bei Gott* (vgl. 1 Kor 3,19).

Beinahe wie eine neutestamentliche Kurz-Homiletik wirkt im gleichen Sinn 1 Kor 2,1–5:

> Als ich zu euch kam, Brüder, kam ich nicht, um glänzende Reden oder gelehrte Weisheit vorzutragen, sondern um euch das Zeugnis Gottes zu verkündigen. Denn ich hatte mich entschlossen, bei euch nichts zu wissen außer Jesus Christus, und

zwar als den Gekreuzigten. Zudem kam ich in Schwäche und in Furcht, zitternd und bebend zu euch. Meine Botschaft und Verkündigung war nicht Überredung durch gewandte und kluge Worte, sondern war mit dem Erweis von Geist und Kraft verbunden, damit sich euer Glaube nicht auf Menschenweisheit stützte, sondern auf die Kraft Gottes.

Gottes Kraft in menschlicher Schwachheit, das ist das Grundgesetz des Kreuzes, das sich in der Verkündigung spiegelt. In dieser Kraft kann in der Predigt Menschenunmögliches geschehen. Darauf seine Hoffnung zu setzen, auch wenn menschlich gesehen die Mächte der Finsternis die Oberhand zu behalten scheinen, das gelingt nur in der Erinnerung an das, was in Christi Kreuz und Auferstehung bereits geschehen ist. So zu überzeugen ist in der Tat ganz anders als in gewöhnlicher menschlicher Rede. Predigt besitzt darum ein markantes Proprium, das anstößig wirkt und abseits der Bereitschaft zu Glauben und Umkehr unverstanden bleibt. Knapp fasst Paulus diese Erfahrung zusammen: *Der irdisch gesinnte Mensch (ψυχικός/psychikos) aber lässt sich nicht auf das ein, was vom Geist Gottes kommt. Torheit ist es für ihn, und er kann es nicht verstehen, weil es nur mit Hilfe des Geistes beurteilt werden kann* (1 Kor 2,14). Dennoch heißt das nicht, dass diese Rede für den Hörer bloß fremdartig, ja befremdlich bleibt. Sie ist nichts bloß Kurioses und Weltfremdes, vielmehr schaut sie der Welt in ihrer Gesamtheit ins Auge, spricht in sie hinein und will sie verwandeln. Darum muss die Predigt sich möglichst allen verständlich machen. So wird sie auch alle Mittel der Rede nutzen, die diese Verständlichkeit verbessern.

2. **Gnade.** Die Verkündigung Jesu wird durch seine Wunder beglaubigt. Das größte aller Wunder aber ist seine Auferstehung. Sie bestätigt ihn vor aller Welt als den κύριος *(kyrios)*, den Herrn, den Sohn Gottes. Zu Recht kommt ihm alle Autorität zu. *Mir ist alle Macht gegeben im Himmel und auf Erden* (Mt 28,20). In seiner Person verschmelzen Wort und Tat: Er *ist* die Offenbarung Gottes selbst. Die Tat aber ist nun radikaler: Es ist der Anbruch der Gottesherrschaft, und sie lässt diese Welt zum alten Äon werden, der nun vergeht, während die neue Welt Gottes anbricht. Auch das Neue Testament schöpft aus der Erinnerung und kennt die Prophetie des Zukünftigen. Doch beides ist nun in der Person und Sendung Jesu Christi zusammengefasst.

- Die *Vergangenheit* enthüllt sich nun als eine einzige Vorbereitung der Ankunft des Erlösers. So legt der Auferstandene den Emmausjüngern den Sinn der Schrift aus: *Musste nicht der Messias all das erleiden, um so in seine Herrlichkeit zu gelangen? Und er legte ihnen dar, ausgehend von Mose und allen Propheten, was in der gesamten Schrift über ihn geschrieben steht* (Lk 24,26 f.).
- Die *Zukunft* dramatisiert sich im nahegekommenen Anbruch des Reiches Gottes (vgl. Mk 1,15), das nicht nur Rettung aus einer unmittelbaren Gefahr bringt, sondern die ganze Wirklichkeit unter ein neues Gesetz stellt.

3. **Göttliche Botschaft.** Nun fallen Offenbarung und Person Jesu Christi in eins. Gottes große Taten sind nichts anderes als *das mit Jesus aus Nazaret* (Lk 24,19). Er *ist* das Wort Gottes an die Menschen: *Wer mich sieht, sieht den Vater* (vgl. Joh 12,45). Doch trotz dieser Transparenz auf den Vater hin gibt es auch weiterhin Verstockung. Nicht alle nehmen das Wort an, wie etwa das Sämanngleichnis in Mk 4 vor Augen führt. Es kommt zum Paradox des *sehen und doch nicht sehen, hören und doch nicht verstehen* (Lk 8,10). Das macht die christliche Rhetorik zu einer „radikalen Rhetorik", wie es der bedeutende amerikanische Rhetorikforscher George A. Kennedy genannt hat.[81] Sie überzeugt nicht bloß, sondern sie überwältigt: „Eine neue Botschaft und eine neue Rhetorik. Für eine göttliche Botschaft eine Rhetorik jenseits der menschlichen Rhetorik."[82]

1.3.2.3 Integration und Gestaltung menschlicher Redekunst

So erscheint das biblische Sprechen einzigartig und unvergleichlich gegenüber aller außerbiblischen Redeweise. Dennoch wird die menschliche Seite der Rede nicht vernachlässigt. Im Gegenteil, gerade die radikale christliche Rhetorik in der Heiligen Schrift hat ein Sprechen von unvergleichlicher Schönheit hervorgebracht.[83] Das Sprechen von Gott, ja in seinem Namen ist nicht form- und schmucklos, sondern ist durchbebt von der Ehrfurcht und dem Hingerissensein von Gottes Herrlichkeit ebenso wie dem Ernst des Dramas der Erlösung. Da ist jedes Mittel recht, um den Hörern Gott und seine Erlösung klar und eindringlich vor Augen zu stellen. So ist schon literaturgeschichtlich die Bibel das großartigste Buch der Menschheit. Unzählige Male gelesen, ausgelegt, benutzt und selbst missbraucht, ist ihr Wirken doch *neu an jedem Morgen* (vgl. Klgl 3,23). Sie kennt eine Fülle von Stilmustern, denkt man etwa an die einzigartige Poesie der Psalmen und die so bildreiche Sprache der Propheten.[84]

Das biblische Reden von Gott ist kein bloßes Statement: „Hier stehe ich. Das ist meine Meinung. Nun denkt, was ihr wollt!" Sondern es ist ein Angebot, das Wort in sich aufzunehmen, es zu verstehen, ihm Wohnung zu geben: *Der Menschensohn aber hat keinen Ort, wo er sein Haupt hinlegen kann* (Mt 8,20). *Er kam in sein Eigentum, aber die Seinen nahmen ihn nicht auf. Allen aber, die ihn aufnahmen, gab er Macht, Kinder Gottes zu werden* (Joh 1,11 f.). *Das Wort ist dir nahe. Es ist in deinem Mund und in deinem Herzen* (Röm 10,9). Die Offenbarung drängt zur Inkulturation, sie möchte alle Welt erfüllen, ihre Anliegen aufgreifen, reinigen und zu Gott zurückführen. Darum kann sie sich in gelehrter Rede ebenso ausdrücken wie im derben Spruch, in nüchternen Gesetzestexten ebenso wie im schwärmerischen Brautlied.

> Schön legt Augustinus anhand der auf- und niedersteigenden Engel auf der Jakobsleiter dar, wie christliche Verkündigung sich in Ehrfurcht zu Gott erhebt und gleich-

zeitig alle Mittel ergreift, den Menschen nahe zu kommen[85]: „Was aber sah er damals auf der Leiter? Auf- und niedersteigende Engel [vgl. Gen 28,12–18, was Augustinus hier auslegt]. So ist auch die Kirche: Engel Gottes, gute Verkündiger, die Christus verkündigen, d. h. sie steigen über dem Menschensohn auf und nieder (Joh 1,51). Wie steigen sie auf und wie steigen sie nieder? An einem haben wir ein Beispiel. Höre den Apostel Paulus: Was wir an ihm sehen, das wollen wir auch von den übrigen Verkündigern der Wahrheit annehmen. Sieh, wie Paulus aufsteigt: ‚Ich weiß, dass ein Mensch in Christus vor vierzehn Jahren bis in den dritten Himmel entrückt worden ist – ob im Leib oder außerhalb des Leibes, weiß ich nicht – und unaussprechliche Worte gehört hat, die ein Mensch nicht in den Mund nehmen darf' (2 Kor 12,2–4). Den aufsteigenden habt ihr gehört, nun hört den niedersteigenden: ‚Ich konnte mit euch nicht wie mit geistlichen Menschen reden, sondern wie mit fleischlichen; wie solchen, die in Christus noch kleine Kinder sind, habe ich euch Milch zu trinken gegeben, nicht Speise' (1 Kor 3,1 f.). Seht, da steigt hinab, der hinaufgestiegen war. Frage einmal, wohin er hinaufgestiegen war: ‚bis in den dritten Himmel'. Frage, bis wohin er hinabsteigt: bis dahin, kleinen Kindern Milch zu geben. Höre, dass er hinabgestiegen ist: ‚Ich bin in eurer Mitte wie ein kleines Kind geworden, wie wenn eine Amme ihre Kinder pflegt' (1 Thess 2,7). Wir sehen nämlich, dass Ammen und Mütter zu den kleinen Kindern hinabsteigen. Und wenn sie Lateinisch sprechen können, dann verstümmeln sie die Wörter und zerbröckeln gewissermaßen ihre Sprache, damit so aus einer normalen, verständlichen Sprache kindliche Koseworte werden können. Denn wenn sie so [sc. wie Augustinus gerade in diesem Moment, also eben normal] reden, dann hört das Kind nicht darauf, und es macht keine Fortschritte. Und ein geschickter Vater, selbst wenn er ein solcher Redner ist, dass von seiner Sprache der Marktplatz erdröhnt und die Tribünen beben, legt, wenn er einen kleinen Sohn hat, sobald er nach Hause kommt, die öffentliche Beredsamkeit, durch die er hinaufgestiegen war, ab und steigt mit einer kindlichen Sprache zu dem Kleinen hinab. Höre eine Stelle, wo der Apostel Paulus in einem einzigen Satz zugleich hinauf- und hinabsteigt: ‚Sei es nämlich, dass wir im Geiste uns erhoben haben zu Gott oder uns mäßigen für euch' (2 Kor 5,13). Was bedeutet: ‚wir haben uns im Geiste erhoben zu Gott'? Eben damit wir die Dinge sehen, ‚die ein Mensch nicht in den Mund nehmen darf'. Und was bedeutet ‚wir mäßigen uns für euch'? ‚Meinte ich denn, unter euch etwas zu wissen, außer Jesus Christus, und diesen als den Gekreuzigten?' Wenn der Herr selbst hinauf- und hinabgestiegen ist, so ist klar, dass auch seine Verkündiger in seiner Nachfolge hinaufsteigen und in der Verkündigung hinabsteigen."

1.3.3 Sieben Thesen zur Erneuerung der Predigt

Der Blick in die Heilige Schrift war knapp und alles andere als umfassend. Doch er stellte auch mehr als bloß eine unerlässliche Pflichtübung für den Theologen dar. Er setzt Maßstäbe. Welche Kriterien folgen somit aus der biblischen Besinnung für eine gute Predigt? Wie gesehen, zeigte das Sprechen im Namen Gottes drei Eigenschaften: die göttliche Autorität in menschlicher Schwachheit (1.3.3.1), die Beglaubigung durch die Gnade (1.3.3.2) und das göttliche Wort als Inhalt (1.3.3.3). Dadurch wird die Predigt zum einen „totaliter aliter", also ganz anders als ein menschliches Überzeugen. Andererseits will sie jeden Menschen erreichen und passt sich deshalb an sein Denken und Sprechen an. So ist sie stets in eine Spannung gestellt, und die Thesen sind demzufolge auch jedes Mal zwischen zwei Polen formuliert. Gerade im Aushalten dieser Spannung können diese Pole heute den Weg zu einer Erneuerung weisen.

1.3.3.1 Gottes Autorität in menschlicher Schwachheit

These 1: In der Predigt kommen Person und Überzeugung des Predigers in jedem Wort zur Geltung – gleichzeitig aber muss sie sich alles Subjektiven entäußern und sich demütigen unter die mächtige Hand Gottes (1 Petr 5,6). Diesen persönlichen Charakter unterstreicht Papst Paul VI. in „Evangelii nuntiandi" mit einem beinahe schon geflügelten Wort: „Der heutige Mensch hört lieber auf Zeugen als auf Gelehrte, und wenn er auf Gelehrte hört, dann deshalb, weil sie Zeugen sind."[86] Der Zeuge ist ganz er selbst, er steht mit seiner Erfahrung, seinem Lebenseinsatz, seiner Glaubwürdigkeit für das ein, was er bekundet. Zugleich sagt er nichts Subjektives und vertritt nicht bloß seine eigene Meinung, sondern er steht für die objektive Wahrheit und die Lehre der Kirche ein.

These 2: Die Predigt muss schlicht sein, gleichzeitig aber muss sie jedes erdenkliche sprachliche Mittel ergreifen, um ihre Botschaft möglichst wirkungsvoll und klar übermitteln zu können.[87]

These 3: Die Predigt muss Sprecher wie Hörern den Anspruch Gottes an sie vor Augen führen, gleichzeitig aber erfinderisch sein in Argumenten, ihn verständlich zu machen.

1.3.3.2 Beglaubigung durch die Gnade

These 4: Der Predigt kommt eine Schlüsselstellung bei der Neuevangelisierung zu – aber nur, indem sie Teil eines umfassenden Projektes der Evangelisierung wird. – In der Tat spielt sie in allen Phasen der Evangelisierung eine unverzichtbare Rolle: als missionarische Erstverkündigung des christlichen Kerygmas an Ungläubige, als katechetische Darlegung des Glaubens in seinem organischen Zusammenhang, als seine Durchdringung im *intellectus fidei,* als seine Begründung und Vertiefung im Dialog mit anderen Religionen und Weltanschauungen, schließlich als Vision der Verbindung von Glaube, Kultur und Leben, die dem „Bruch von Evangelium und Kultur"[88] entgegenwirkt. Angesichts dieser durchgängigen Bedeutung der Predigt muss man aber auch erkennen, wie wirkungslos das gesprochene Wort bleibt, wenn es nicht in eine Vielfalt von christlichen Erfahrungen und Vollzügen eingebettet ist. Die Predigt ist ein Hebel, aber das christliche Leben ist der Angelpunkt, an dem er ansetzen kann. Wovon sie spricht, das sollte man möglichst auch an bestimmten Orten erfahren können, nur dann kann die Predigt ihre Wirkung entfalten.

These 5: Die Predigt muss ihr ureigenes Thema finden – dies aber nicht durch Eingrenzung auf bloß explizit religiöse Inhalte oder eine bloße Nacherzählung biblischer Aussagen, sondern durch ein „Gott finden in allen Dingen – *invenire Deum in omnibus*" (Ignatius von Loyola).

1.3.3.3 Göttliche Botschaft

These 6: Jede Predigt muss den Primat des Logos vor dem Ethos wahren, muss primär das Heilsgeschehen bezeugen und nicht Forderungen und Gebote vorlegen – und doch stets wenigstens implizit Moralpredigt sein, insofern sie zu einem neuen Verhalten gegenüber dem Anspruch Gottes aufruft. Denn die „radikale Rhetorik" stellt den Menschen als Ganzen vor den Anspruch Gottes: Vertraut er glaubend sein Leben dem Herrn an? Ist er bereit zur μετάνοια *(metanoia)*? Oder verhärtet er sein Herz? Die Wahrheit Gottes ruft in ein neues Verhalten. Es gibt keinen Gegensatz zwischen Theorie und Praxis, zwischen Lehre und Moral.

These 7: Die Predigt muss reden – gleichzeitig aber auch auf die Inflation der Worte, die πολυλογία *(polylogia)*, verzichten. So sagt Maximus Confessor in einem tiefgründigen Satz:

> „Kein Wort Gottes besteht aus vielen Worten oder ist endloses Reden, sondern es ist ein einziges, besteht dabei aber doch aus verschiedenen einen tieferen Sinn enthaltenden Schriftstellen, von denen wiederum jede ein Teil dieses einen Wortes ist. Wer folglich über die Wahrheit spricht, könnte er auch so reden, dass er restlos alles Gesuchte erfassen würde, so hätte er doch nur das einzige Wort Gottes ausgesprochen."[89]

Ein Beispiel: In einem Zisterzienserkloster war der Festtag des hl. Bernhard, der 20. August, und der Zelebrant der Messe ließ es sich nicht nehmen, eine sicher zehn Minuten lange Statio zu Beginn zu halten. Am Tag darauf wird der hl. Papst Pius X. gefeiert. Nun war die Statio Inbild von Kürze: „,Alles in Christus erneuern.' Davon kann auch uns niemand dispensieren. Wir sprechen das Schuldbekenntnis ..." Diese Worte konnte man behalten, was dagegen zum hl. Bernhard gesagt wurde, nicht!

Es gibt also die Gefahr des Zuviel, des Zerredens, des *taedium* (Überdruss, Langeweile), wovor die alten Redelehrer am meisten warnten. Denn das Zuviel macht auch das bereits Gewonnene wieder zunichte und schafft am Ende nur Gleichgültigkeit oder gar Ablehnung. Diese Klippe ist auf sympathisch-ironi-

1. Predigt – im Namen Gottes und mit menschlichen Worten

sche Art in Theodor Fontanes Erstlingsroman „Vor dem Sturm" wiedergegeben. Dort will Pastor Seidentopf die Brücke von Weihnachten zur napoleonischen Besatzung 1809/1810 schlagen:

> „Er sprach von dem Engel des Herrn, der den Hirten erschien, um ihnen die Geburt eines neuen Heiles zu verkünden. Solche Engel, so fuhr er fort, sende Gott zu allen Zeiten, vor allem dann, wenn die Nacht der Trübsal auf den Völkern läge. Und eine Nacht der Trübsal sei auch über dem Vaterlande; aber ehe wir es dächten, würde inmitten unseres Bangens der Engel erscheinen und uns zurufen: ‚Fürchtet euch nicht, siehe, ich verkündige euch große Freude.' Denn das Gericht des Herrn habe unsere Feinde getroffen, und wie damals die Wasser zusammenschlugen und ‚bedeckten Wagen und Reiter und alle Macht des Pharao, daß nicht einer aus ihnen übrigblieb', so sei es wiederum geschehen.
> An dieser Stelle, auf das Weihnachtsevangelium kurz zurückgreifend, hätte Pastor Seidentopf schließen sollen; aber unter der Wucht der Vorstellung, daß eine richtige Predigt auch eine richtige Länge haben müsse, begann er jetzt, den Vergleich zwischen dem alten und dem neuen Pharao bis in die kleinsten Züge hinein durchzuführen. Und dieser Aufgabe war er nicht gewachsen. Dazu gebrach es ihm an Schwung der Phantasie, an Kraft des Ausdrucks und Charakters. Schemenhaft zogen die Ägypterscharen vorüber. Die Aufmerksamkeit der Gemeinde wich einem toten Horchen, und Lewin, der bis dahin kein Wort verloren hatte, sah von der Kanzel fort und begann seine Aufmerksamkeit dem Fenster zuzuwenden, vor dem jetzt ein Rotkehlchen auf der beschneiten Eibe saß und in leichtem Schaukeln den Zweig des Baumes bewegte."[90]

Die Macht des Wortes Gottes – besser als in theologischen Erörterungen kommt sie in einer Legende über den englischen Priestermönch Beda Venerabilis (7. Jahrhundert) zum Ausdruck. Sie ist in der „Legenda aurea" des Jakobus Voragine überliefert und erzählt die Geschichte zu Bedas Beinamen „ehrwürdig" *(venerabilis)*. Im Alter sei er erblindet und musste darum von einem Führer durch Dörfer und Städte geleitet werden, um dort zu predigen. Einmal kamen sie durch ein Tal mit vielen Steinen. Um sich mit ihm einen Spaß zu erlauben, sagte ihm der Führer, hier sei eine große Volksmenge, die andächtig auf seine Worte lauschte. Da predigte Beda Venerabilis den Steinen, so leidenschaftlich wie noch nie zuvor. Doch dann, am Ende der Predigt, auf sein „in Ewigkeit" hin, als der Führer an sich halten musste, um nicht in Lachen auszubrechen, da wurde von den Steinen ein „Amen" gesungen „und ging einem durch Mark und Bein".[91] „Andere sagen, daß ihm die Engel hätten geantwortet ‚Du hast wohl gesprochen, ehrwürdiger Vater.'"[92]

Übung

Auftrag Gottes, Beglaubigung durch seine Gnade und Bindung an seine Botschaft sind die großen Eckpfeiler der christlichen Predigt. Sie gelten aber nicht nur im

Großen, sondern auch im Kleinen ganz persönlich. So kann man fragen (und die Antwort dazu in die Mitte der eigenen Motivation zur Predigt stellen):
– Was ist meine eigene Berufung angesichts der Predigt des Evangeliums? Wozu will Gott mich dabei gebrauchen?
– Auf welche machtvollen Zeichen der Führung und des Beistandes Gottes kann ich verweisen?
– Welche Botschaft ist mir anvertraut? Manchmal wird auch ein Primizspruch oder ein biblisches Schlüsselwort genau diese Botschaft zum Ausdruck bringen.

Anthropologisch haben wir die Predigt im Menschlichsten des Menschen grundgelegt, dem Redenkönnen. Dabei behält die monologische Rede ihre Bedeutung. Diese Menschlichkeit der Rede wird in der Heiligen Schrift nicht aufgehoben, jedoch einer „radikalen Rhetorik" unterstellt, dem Sprechen im Namen Gottes. Doch wie verbindet die Predigt diese menschliche mit der göttlichen Seite? An dieser Stelle müssen die Definitionen der Predigt Farbe bekennen.

1.4 Definitionen der Predigt

Definitionen stehen im Ruf von Stimmungstötern. Staubtrocken, pedantisch und phantasielos, das sind noch die freundlicheren Adjektive, die manch einem dazu einfallen. Leider, denn in Wirklichkeit sind sie wie der Bildschirm beim PC: Ist er ausgeschaltet, bleibt alles grau und man sieht nichts von dem, was der tapfere Prozessor des PC erarbeitet. Definitionen, also wörtlich Abgrenzungen (lat. definitio, griech. ὅρος *[horos]*), machen etwas erst erkennbar und geben einem Sachverhalt Kontur und Klarheit. Dadurch sind sie unverzichtbar für jede Theoriebildung. Jedoch auch für eine verantwortliche Praxis sind sie unverzichtbar. Letzteres zeigt sich bei der Predigt geradezu überdeutlich. Wer sich nicht klarmacht, was Predigt ist und (beinahe noch wichtiger!) was sie nicht ist, wird sie beinahe zwangsläufig mit anderen Redeformen verwechseln, die einem geläufig sind: Entertainment, Vorlesung, Stammtischgerede, Seelenentblößung, Standpauke, Bibelkommentar, Rede zur Lage der Nation ... oder einfach „Geblubber". Wer hätte für all das nicht schon selbsterlebte Beispiele vor Augen? Natürlich sagt er: Das kann mir nicht passieren!, oder wenn er vorsichtiger ist: Das *soll* mir nicht passieren! Aber es passiert doch immer wieder, und es gibt nur ein wirksames Gegengift dazu, und das ist eben die Definition der Predigt. Sie grenzt ab und zeigt damit, in welchem Rahmen sich die Predigt bewegen kann und wann sie aus dem Rahmen fällt.

Nun sind Definitionen allerdings alles andere als unschuldige Wesen. Wer ist ein Deutscher? Dies genau abzugrenzen ist ein Politikum ersten Grades. Gehört dazu die Volkszugehörigkeit, die Geburt in Deutschland oder einfach die Bereitschaft, das Grundgesetz zu respektieren? Wie bis hierher gesehen, ist auch die Predigt vielfachen Spannungen ausgesetzt: der zwischen Wertschätzung und Bedeutungslosigkeit, zwischen Dialog und Monolog, zwischen Manipulation und Bindung an Wahrheit und Gutheit, zwischen Gotteswort und Menschenwort, zwischen Vollmacht und Ohnmacht und zwischen erlernbarer Technik und Gnade. Theologiegeschichtlich entwickelte die Predigt konfessionstypische Merkmale, und auch innerhalb der Konfessionen wurde sie zur Projektionsfläche für Grundauffassungen vom Verhältnis von Gott und Welt, Amt und Gläubigen, Kirche und Welt. In solchen Spannungsgefügen bezieht jede Definition unweigerlich Position. Sie beschreibt nicht nur, sondern sie schreibt vor. Sie geht von einer deskriptiven zu einer normativen Definition über. Weil hier ein integratives Konzept von Homiletik verfolgt wird, das vorschnelle Alternativen zu vermeiden sucht, seien gleich mehrere Definitionen vorgestellt und kurz kommentiert. Dabei sollen sie nicht bloß auf ihre theologische Richtigkeit abgeklopft werden, sondern ganz schlicht auf ihre Brauchbarkeit für die Praxis oder vornehmer ausgedrückt: auf ihre Operationalisierbarkeit. D. h. wenn man eine bestimmte Definition als Leitbild hat, was verändert sich dann für die Predigtarbeit? Mit diesem Verfahren lassen sich bei historisch, kulturell oder theologisch ganz unterschiedlichen Definitionen zwar verschiedene Akzente, durchaus aber auch gemeinsame Grundlinien herausarbeiten. In praktischen Zusammenhängen genügt das an Genauigkeit, so dass die Definition nicht so messerscharf wird, dass sie jede Lebendigkeit und Vielfalt abschneidet. Dadurch wird ein Feld mit „Familienähnlichkeiten" (Ludwig Wittgenstein) abgesteckt und nicht auf einen Punkt reduziert. Fragen wir zunächst nach der Herkunft des Wortes „Predigt" und seiner vielen Synonyme im christlichen Griechisch und Latein. Stellen wir dann eine klassische Definition aus dem Mittelalter vor und diskutieren schließlich einige moderne Predigtdefinitionen.

1. **Etymologie.** Ein beliebtes Verfahren beim Erstellen einer Definition ist die Frage nach der Herkunft des Wortes. Die Etymologie erhellt diese Herkunft und deutet bereits an, wie das Wort heute verwendet wird. Predigt ist offensichtlich das eingedeutschte Lehnwort aus der lateinischen *praedicatio*, also einer Rede *(dicatio)*, die vor *(prae)* anderen gehalten wird.[93] Das neutestamentliche und das patristische Griechisch sowie das altchristliche Latein kennen dagegen eine Vielzahl von Begriffen für die Predigt. Sie entsprechen im Wesentlichen vier Wortstämmen.[94] Interessanterweise weisen sie genau auf die bisher erarbeiteten Grundzüge der Predigt hin, nämlich auf die anthropologischen Grundlagen im Menschsein als Reden (1.2) und die drei biblischen Elemente Autorität, Gnade und göttlicher Inhalt (1.3):

– λεγ-/λογ- *(leg-/log-):* λαλεῖν τὸν λόγον *(lalein ton logon),* διάλεξις *(dialexis),* …: reden, sprechen, Worte gebrauchen → der menschliche Akt der Rede bzw. der monologischen sprachlichen Kommunikation.

- ἀγγελ- *(angell-):* ἀπ-, ἐξ-, καταγγέλειν, εὐαγγελίζειν *(apangellein, exangellein, katangellein, euangellizein)* und die entsprechenden Nomen: eine Botschaft ausrichten, etwas übermitteln → das Sprechen im Namen Gottes und mit seiner Beauftragung und Autorität.
- κηρυγ- *(keryg-):* κηρύσσειν *(keryssein)*, ...: etwas als Herold ausrufen, dem Herrscher vorweggehen und seine Gegenwart ausrufen → die Beglaubigung durch die Gnade und Gegenwart Gottes selbst (auch Predigt als Teil der Liturgie, in der Christus gegenwärtig ist).
- μαρτ- *(mart-):* διαμαρτυρεῖν *(diamartyrein)*, ...: das Zeugnis, der wahrheitsgetreue Bericht von dem, was geschehen ist → der Inhalt ist das Wort Gottes, das sich hier und heute an seine Gemeinde und die ganze Welt richtet.

Der seit dem II. Vatikanum gerne gebrauchte Ausdruck „Homilie" oder genauer „eucharistische Homilie" für die Predigt innerhalb der Messfeier wird noch nach Herkunft und Bedeutung zu klären sein und darf an dieser Stelle einfach als eine spezifische Unterform der Gattung Predigt stehen bleiben.[95] Auch die sehr vielfältige Begrifflichkeit für die Predigt in der alten Kirche (*sermo* und *tractatus* sowie seltener *expositio* und *enarratio* und als Lehnwort aus dem Griechischen *homilia* bzw. griechisch ὁμιλία *[homilia]* und διάλεξις *[dialexis]*) wird in 2.1.2 noch ausgeführt.

2. **Eine maßgebliche Definition des Mittelalters.** Das erste größere Werk, das ausschließlich der Predigtkunst gewidmet ist, ist die „Summa de arte praedicatoria" des Alain de Lille (Alanus de Insulis, gest. 1202). Seine Definition ist sehr ausgewogen und wohlüberlegt, so dass man alle späteren Umschreibungen der Predigt auf ihre Elemente beziehen kann:

> „Praedicatio est manifesta et publica instructio morum et fidei, informationi hominum deserviens, ex rationum semita et auctoritatum fonte proveniens. – Die Predigt ist eine öffentliche Einweisung in Sitten und Glauben mit dem Ziel der Bildung der Menschen, gestützt auf die Vernunft und geschöpft aus den Quellen der Autoritäten."[96]

Alain de Lille trägt einige Elemente der Predigt vor, die bei aller unterschiedlichen Akzentsetzung späterer Predigtlehrer in der Tat so etwas wie ihren „common ground" bilden[97]:

- *Redeakt:* Unterscheidend ist der Öffentlichkeitscharakter („manifesta et publica – öffentlich"), d. h. die Predigt setzt eine größere Versammlung voraus, die über eine private Gemeinschaft oder Vereinigung hinausgeht. Als Teil der Öffentlichkeit erhebt sie damit auch den Anspruch, private Bedürfnisse z. B. nach religiöser Erbauung und Erfahrung zu überschreiten und etwas zum Ganzen der *conditio humana* zu sagen zu haben.
- *Kontext:* Interessanterweise erwähnt Alain die Liturgie mit keinem Wort. Man mag sie als *cultus publicus* zwar indirekt mit dem Öffentlichkeitscharakter

angesprochen sehen, aber grundsätzlich erkennt er jede Form der öffentlichen geistlichen Rede als Predigt an. Ebenso wenig erwähnt er die Kirche. Das ist gut mittelalterlich gedacht – und gerade darin auch sehr modern! –, insofern die Predigt keine kirchlich-gemeindliche Eigenwelt bzw. einen entsprechenden sozialen und organisatorischen Rahmen voraussetzt, sondern den Anspruch erhebt, der Welt als solcher etwas zu sagen zu haben.
— *Inhalt:* Gut biblisch verschränkt Alain Glaube und Praxis miteinander, ja er nennt Letztere zuerst („instructio morum et fidei – Einweisung in Sitten und Glauben"). Somit handelt die Predigt von dem, was Gott für uns getan hat (Glaube), ebenso wie von dem, was wir ihm entsprechend tun sollen (Sitten). Dem entsprechen nach Alanus die beiden Teile der Theologie, die *theologia rationalis* (systematische Theologie) und die *theologia moralis* (Moraltheologie). Damit ist auch eine doppelte Blickrichtung eingeschlossen: auf Gott und sein Heilswirken ebenso wie auf den Menschen und seine Lebenswirklichkeit, in der er sich nach dem Willen Gottes ausrichten soll.[98]
— *Ziel:* Die genaue Formulierung des Predigtziels („utilitas praedicationis") nach Alain de Lille gilt es wohl zu beachten („informationi hominum deserviens – mit dem Ziel der Bildung der Menschen"). „Informatio" ist alles andere als „Information" – das wäre ein „faux ami", ein „falscher Freund", wie die Franzosen solche irreführenden Wortgleichheiten benennen. Es ist vielmehr „Formation", also Bildung im umfassenden Sinn. Wichtig ist auch die Ausrichtung auf den Menschen: Predigt ist ein pastorales Mittel, das bei den Menschen etwas im Sinne Gottes bewirken will. Sie wäre defizitär, wenn sie sich etwa darauf beschränken würde, eine Bibelstelle oder einen Glaubenssatz korrekt auszulegen.
— *Quelle:* Auch hier überrascht, dass zunächst die Vernunft und dann erst die Autorität steht („ex rationum semita et auctoritatum fonte proveniens – gestützt auf die Vernunft und geschöpft aus den Quellen der Autoritäten") – mit Letzterem sind hauptsächlich Bibel- und Kirchenväterzitate, aber auch das Vorbild der Heiligen und die geistliche Lehre bewährter Autoren gemeint. Damit kommt der Anspruch zur Geltung, dass die Predigt nicht primär wie die *doctrina* den Glauben der Kirche sichern und klären soll – das ist Aufgabe des Lehramtes und der Fachtheologie, die der Predigt vorausliegen –, sondern ihn den Menschen verständlich, konkret und nachvollziehbar machen, kurz: ihn in ihre Welt übersetzen soll. Dies verlangt eben zunächst, dass das Gesagte vernünftig nachvollziehbar und in diesem Sinn überzeugend wirkt. Erst auf dieser Grundlage erhalten auch Zitate aus Schrift und Tradition ihr homiletisches Gewicht.[99]

3. Einige heutige Definitionen mit unterschiedlichen Akzenten.
(a) Machen wir nun einen gewaltigen Sprung in eine typische heutige katholische Definition aus einem *Lexikon der Pastoral:*

> „Predigt im allgemeinen ist die öffentliche Verkündigung des Wortes Gottes durch die bevollmächtigten Amtsträger in der Form einer Rede mit dem Ziel, die Hörer dazu zu bewegen, in bewusster und freier Weise die Heilsbotschaft aufzunehmen und die Kirche auf- und weiterzubauen."[100]

Wie Alain de Lille erkennt auch diese Beschreibung den Öffentlichkeitscharakter der Predigt. Ein wenig überraschend fehlt auch hier der Kontext der Liturgie. Dafür ist die „Form einer Rede" ausdrücklich erwähnt – für Alain war dies noch selbstverständlich. Auch hier wird als Ziel die Bildung des Hörers im christlichen Vollsinn angegeben („die Hörer dazu zu bewegen ..."). Doch die Akzente werden nun recht anders gesetzt, und daran erkennt man den Einfluss des II. Vatikanums: Der Schriftbezug wird wesentlich („Verkündigung des Wortes Gottes" – „ex textu sacro", sagt SC 52), und der Hinweis auf den „bevollmächtigten Amtsträger" ist ein Reflex auf die Diskussion um die Laienpredigt (3.2.3). Der Ausfall der Quelle der Vernunft verlagert den Schwerpunkt nun sehr stark auf ein Ausloten der Welt der Bibel und ihrer Aussagen: Sie sollen relevant gemacht werden, die Lebenswelt der Hörer dagegen könnte u. U. nur insoweit Beachtung finden, wie sie in die biblischen Überlegungen hineinpasst. „Sitten und Glaube" bei Alain verlagert sich deutlich hin zu Letzterem („die Heilsbotschaft aufzunehmen"), und wiederum II. Vatikanum „pur" ist der Hinweis, dass alle Gläubigen dazu berufen sind, „die Kirche auf- und weiterzubauen". Allerdings gerät dadurch die ethische Predigt und mit ihr das konkrete Leben der Gläubigen etwas aus dem Blick, und in der Tat hat sie in den letzten Jahrzehnten deutlich an Bedeutung verloren. Kurz, Predigt soll hier für Glauben und Kirche motivieren, leistet aber nur sekundär Lebenshilfe und -orientierung. Ein überraschender Befund also: Eine solche Predigt unserer Tage zieht sich viel mehr als die mittelalterliche des Alanus in eine eigene Welt aus Bibel, Glauben und Kirche zurück. Ob sich in dieser Definition nicht auch ein Grundproblem heutiger katholischer Predigtpraxis widerspiegelt?

(b) Anders lautet die Beschreibung der über Jahrzehnte hin einflussreichen Predigtlehre des evangelischen Theologen *Wolfgang Trillhaas* – hier in der letzten Fassung von 1983:

> „Die Predigt ist die ganz und gar gegenwartsgebundene Rede, in welcher der christliche Glaube, das ‚alte' Evangelium, im Horizont des heutigen Bewußtseins für die christliche Gemeinde ebenso wie für die Gesellschaft zur Aussage kommen soll."[101]

Dominant ist hier die Spannung zwischen Evangelium und Heute. Was sagt uns der Text im Kontext unserer Zeit?, das ist die alles bestimmende Frage. Beinahe schon mit dem Holzhammer wird diese Aufgabe der Übersetzung unterstrichen: „die ganz und gar gegenwartsgebundene Rede" und der Gegensatz von Glauben bzw. „‚alte[m]' Evangelium" und dem heutigen Bewusstsein. Aufschlussreiches Detail: Anders als das katholische Pastorallexikon nennt Trillhaas einen doppelten Adressaten, die christliche Gemeinde ebenso wie die Gesellschaft. Damit steuert er der genannten Gefahr einer Selbstverschließung in biblisch-kirchlichen Sonderwelten entgegen. Freilich, als würde ihn der eigene Mut zur Grenzüberschreitung am Ende doch wieder verlassen, bleibt Trillhaas – nun wieder in gut evangelischer Tradition – dabei: Inhalt ist das Evangelium, das im Heute „zur Aussage kommen soll" (also wohl im Sinn von: „auf das Heute angewendet werden soll"). Zumindest explizit kommt jedoch die Lebenswelt und ihre Bewältigung als eigenständiges Thema nicht vor.

(c) An der zentralen Stellung des Heute merkt man bereits: Hier setzt die *de-finitio* Grenzen, sie grenzt sich ab. Wovon? Ganz offensichtlich von der Dialektischen Theologie, in deren Umkreis Trillhaas sein Handbuch früher selbst entwickelt hatte! Was ist deren Predigtverständnis? *Karl Barth*, das ungekrönte Haupt dieser theologischen Bewegung, hat 1932/33 eine eigene Predigtlehre entworfen, deren Mitschrift allerdings erst 1966 in Buchform veröffentlicht wurde. In ihr heißt es in einer Doppeldefinition:

> „Die Predigt ist Gottes Wort, gesprochen von ihm selbst unter Inanspruchnahme des Dienstes der in freier Rede stattfindenden, Menschen der Gegenwart angehenden Erklärung eines biblischen Textes durch einen in der ihrem Auftrag gehorsamen Kirche dazu Berufenen.
> Die Predigt ist der der Kirche aufgegebene Versuch, dem Worte Gottes selbst durch einen dazu Berufenen so zu dienen, daß ein biblischer Text Menschen der Gegenwart als gerade sie angehend in freier Rede erklärt wird als Ankündigung dessen, was sie von Gott selbst zu hören haben."[102]

Gotteswort im Menschenwort – hier ist diese Spannung programmatisch auf Ersteres hin aufgelöst: „Die Predigt ist Gottes Wort." Sie setzt es also nicht voraus, legt es aus, bleibt an es gebunden, sondern das Wort Gottes ereignet sich in der Predigt, ist es doch selbst Predigt, wie wir eingangs von 1.3.2 bemerkten. Alles Weitere ergibt sich daraus wie die Folge aus der Ursache, so die ihrem Auftrag gehorsame Kirche als Garantin, dass wirklich das Evangelium gepredigt wird, und ihre Beauftragung des Predigers. Dieses Verständnis ist nun keineswegs naiv oder auch nur theologisch stur. Wie bei Trillhaas soll die Definition nämlich die Spannung zwischen biblischem Text und „Menschen der Gegenwart" überwinden. Er soll sie „angehen", wie beide Male gesagt wird. Was aber heißt „angehen"? Es heißt das ankündigen, was diese Menschen „von Gott selbst zu hören haben". Das biblische Wort ist kein toter Buchstabe, geschrieben in einer fremden Sprache, Kultur und religiösen Vorstellungswelt, aus dem man nun ein „Wesen des Christentums" herausdestillieren könnte, das die Zeiten überdauert. Nein, es ist lebendiges Wort Gottes, das bezeugt werden will und als solches auch heute göttlich-unmittelbar den Menschen anspricht und aufruft, sich ihm entsprechend zu verhalten – unwillkürlich kommt einem die „radikale Rhetorik" aus 1.3.2 wieder in den Sinn. Unverkennbar ist auch dies *de-finitio*, Abgrenzung, und zwar nicht nur von der liberalen Theologie, sondern von jeder Auffassung, nach der der Prediger den biblischen Text wie einen Gegenstand behandelt, zu dem er selbst Abstand wahrt und aus dem er nach Gutdünken auswählt, was ihm für seine Rede sinnvoll erscheint.

Gibt es also *die* Definition der Predigt? Wohl kaum. So vielgestaltig menschliches Reden und so vielfältig die literarischen Formen der Bibel sind, so plural und keineswegs alternativlos können auch heutige Predigtverständnisse sein. Sucht man für diese Pluralität jedoch einen Rahmen, um nicht in Beliebigkeit zu verfallen, scheint die Definition des Alain de Lille bis heute am ausgewogensten zu sein.

Übung
Es gibt die Dreistufung der Evangelisierung von Kerygma, Katechese und Predigt. Welche Inhalte würden Sie auf jeder dieser Stufe vortragen?

1.5 Kann man Predigen lernen?

Bis jetzt haben wir die Spannung zwischen göttlichem Auftrag und menschlichem Sprechen geklärt und sie in verschiedenen Definitionen wiedergefunden. Was ist Predigt, diese Frage stand dabei im Mittelpunkt. Doch dabei darf es die Einleitung einer praxisorientierten Homiletik nicht belassen. Sie fragt nun: Wie kann man das Predigen erlernen – durch bloßes Üben oder auch durch gezielte theoriegestützte Intervention (1.5.1)? Und welche Grundlinien und Tendenzen der Predigtwissenschaft, der Homiletik, gibt es in Theorie und Ausbildung (1.5.2)?

1.5.1 Üben, üben, üben?

Im Rahmen der Energiewende setzt ein Landkreis auf wohnortnahe erneuerbare Energien. Wer würde da nicht in Jubel ausbrechen? Doch der Mensch wäre kein Mensch, wenn nicht im Nu genau diejenigen zu Bedenkenträgern würden, vor deren Wohnzimmerfenster sich ein hundert Meter hohes Windrad erheben soll. Und so kommt es zum „Bürgergespräch" mit dem Landrat, der die Maßnahme mit der geschliffenen Rhetorik eines erfahrenen Mannes des öffentlichen Lebens verteidigt. Doch auf einmal erhebt sich ein Ureinwohner der Ortschaft. „Jetzt red i!", verkündet er und macht dem Ärger der Anwohner Luft. Am Ende erhält er *standing ovations*, und dem Landrat ist klar: Hier ist heute nicht mehr viel für seine Sache auszurichten.

1. Predigt – im Namen Gottes und mit menschlichen Worten

Dieses kleine Beispiel zeigt: Reden kann jeder. Eine Rede zu halten ist nicht den Experten vorbehalten, so als würde es sich um eine Herzoperation oder um eine Umrundung des Globus im Fesselballon handeln. *Just do it.* Übung macht den Meister, und der Redemeister fällt zwar nicht vom Himmel, aber wenn er aus seinem Herzen keine Mördergrube macht und einfach spricht, wie ihm der Schnabel gewachsen ist, wird er seine Wirkung schon nicht verfehlen. In der Tat, Martin Luthers „dem Volk aufs Maul schauen" dürfte das beliebteste Zitat des Wittenberger Professors sein (sicher deutlich bekannter als der Wortlaut seiner fünfundneunzig Thesen).[103] Wie also meistert man eine Rede? Offensichtlich durch Alltagslernen, d. h. indem man darauf schaut, wie es andere machen, und es dann so macht, wie es einem recht erscheint: durch Nachahmen anderer und durch Lernen aus eigener Erfahrung. So lernt man etwa die Bedienung eines DVD-Players oder den Gang zur Kasse in einem Selbstbedienungsrestaurant. Wenn wir uns also in diesem Werk daranmachen, das Predigen zu lernen, dann wissen wir, wo dieses Lernen zuerst und vor allem stattfindet: in der Praxis. Denn die Predigtausbildung ist vor allem eine Aufgabe des Alltagslernens.

Reicht aber zum Predigen das Alltagslernen aus? Wenn das so wäre, dann würde die Homiletik Eulen nach Athen tragen. Übungen, verbunden mit einigen Tipps der Kenner und Könner, würden vollauf genügen. Genau darauf beschränken sich ja auch die meisten Ratgeber à la „Hilfe, ich muss reden!" oder die sogenannten Rhetorik-Seminare. Doch Nachahmen und Mitmischen kann sein Ziel auch völlig verfehlen. Denken wir etwa an die beeindruckende Kampagne des Linus van Pelt von den *Peanuts* bei seiner Bewerbung um das Amt eines *School President*. In allem gibt er sich als perfekter Nachahmer der amerikanischen Präsidentschaftskandidaten. Doch als er den Wahlsieg schon sicher in der Tasche hat, kommt er endlich auf sein Herzensanliegen zu sprechen: *the great pumpkin,* der große Kürbis, der wie ein Weihnachtsmann in der Nacht von Halloween zu allen guten Kindern kommt und sie mit Geschenken überschüttet. Die Stimmung schlägt genau in dem Moment um, da er sich keinen Zwang antut und nur das ausspricht, woran ihm liegt und wovon er zutiefst überzeugt ist.

Die Beispiele zeigen: Reden lernen ist auch eine theoretische Aufgabe. Ein Redner benötigt Kriterien für die Gestaltung seiner Ansprache. Er muss sich verlässlich Rechenschaft geben können, warum er so und nicht anders spricht. Reden hat somit mehr etwas von einem Marathonlauf als von einem Hundert-Meter-Sprint: Beim Sprint – so stellt sich das zumindest ein *Couch-Potato* vor – muss man nur blindwütig die Beine so schnell wie möglich bewegen, auch wenn einem dabei die Luft ausgeht. Bei der langen Strecke dagegen braucht es eine Strategie, und das schließt umfassende Kenntnisse eines realistischen Ziels („Muss ich wirklich den Äthiopier spielen und alle anderen abhängen?"), der zu bewältigenden Strecke, der eigenen Läuferpersönlichkeit, der Lauftechnik, der Physiologie einer mehrstündigen Kraftanstrengung, der Dosierung der Kräfte und der Risikoanalyse ein. Reden hat darum auch eine theoretische Seite. Dafür gibt es eigene Wissenschaften: die Rhetorik und heute die Kommunikationswissenschaften sowie in unserem Fall speziell die Homiletik. Darunter verstehen wir die theologische Disziplin, die sich mit wissenschaftlichen Mitteln allen Fragen der gottesdienstlichen Predigt und der außergottesdienstlichen geistlichen Rede zuwendet.

Natürlich könnte man nun umgekehrt einen wissenschaftstheoretischen Elefanten aufmarschieren lassen und das Alltagslernen unter ihm begraben. Aber dieses ist zäh wie eine Ameise und marschiert ungerührt von zehn Tonnen Gewicht einfach weiter. Denn das Alltagslernen will ja nicht mehr und nicht weniger, als dass es funktioniert. In unserem Fall reicht es ihm, wenn man predigen kann. Und welches andere Ziel hätte die Homiletik für diejenigen, die sie nicht zum Anlass nehmen, dicke Bücher zu schreiben, sondern für die, die predigen oder Predigten anhören wollen? Und aus diesem Grund tut auch die wissenschaftliche Homiletik gut daran nachzuweisen, dass jemand schlicht besser predigt, wenn er über die Predigt auf wissenschaftliche Weise nachdenkt. Das Ziel ist das gleiche – besser predigen –, doch die wissenschaftlichen Mittel führen effektiver und störungsfreier dazu hin. Die Theorie bringt die besseren Praktiker hervor. Doch soll das wirklich stimmen, oder ist es selbst nur graue Theorie? Zum Beleg seien drei Beispiele genannt.

– Prediger beginnen gerne mit einem *weltlichen Einstieg* – einem Streit am Frühstückstisch, einer Räuberpistole aus den „Vermischten Meldungen" oder dem, was neulich erst gerade um die Ecke passiert ist. Dabei könnte der Redner u. U. jedoch eine *insinuatio* gebraucht haben, d. h. er lenkt vom eigentlichen Anliegen ab, wenn er die Schwäche der eigenen Position vertuschen will. Könnte das auch auf Prediger und Theologen zutreffen? Wenn sie also betont weltlich auftreten, wäre zu fragen: Gehen sie im Grunde davon aus, dass das Evangelium der Welt nichts zu sagen hat?

– Predigten sollen *lebendig* sein. So legt man sich mächtig ins Zeug, macht zwischendrin auch gerne einen Witz (mancherorts in den USA ein absolutes *must*) und entwickelt sich zu einem regelrechten Dampfplauderer vor dem Herrn. Doch es gilt das homiletische Dreieck von Text, Redner und Hörer zu beachten (Kap. 3). Keine der drei Seiten darf vernachlässigt werden. Eine Profilierung des Redners zu Lasten des Themas aber würde die Predigt im wahrsten Sinn des Wortes nichtssagend werden lassen.

– Predigten sollen das Fremde durch *Alltagserfahrungen* erschließen. Eine Blindenheilung Jesu vergleicht man dann mit gewöhnlichen Erlebnissen wie damit, dass es einem „wie Schuppen von den Augen fällt", dass einem „ein Licht aufgeht" oder dass jemand einem anderen „heimleuchtet". Durch Alltagserfahrungen zu erschließen heißt aber nun nicht, die Botschaft in Alltagserfahrungen aufgehen zu lassen. Grundsätzlich gesprochen: Jeder Rede muss eine mögliche Differenz von Meinungen zugrunde liegen: Die Worte stehen für etwas ein, was man auch anders einschätzen könnte. Sie wollen überzeugen und keine bloßen Selbstverständlichkeiten verbreiten. Wenn nicht, dann sind sie nichtssagend und redundant. Fachlich gesprochen: Ohne eine *controversia* ist der *status* bzw. die *constitutio* der Rede nichtig. Dieser Grundsatz, auf die Wunderpredigt angewendet, bedeutet: Wunder erlebt man gerade nicht alle Tage, sie sind erstaunlich (θαυμαστά *[thaumasta]*) und nicht alltäglich. Die Differenz besteht zwischen dem „Das ist doch unglaublich, was da geschehen ist!" und dem „Ja, ich glaube, dass der Sohn Gottes hier etwas Außergewöhnliches vollbracht hat!". Zwischen diesen beiden Polen kann sich eine spannende Predigt entwickeln.

Theorie ist praktisch, gerade in der Homiletik. Ihr Studium soll am Ende mit Fug und Recht behaupten lassen: „Jetzt weiß ich besser, was für eine gute Predigt zu beachten ist, und kann die Qualität von Predigten nicht nur ‚aus dem Bauch heraus' beurteilen." In der Beschränkung zeigt sich der Meister. Darum werden schlicht alle Inhalte daraufhin reduziert, was sie für ein besseres Predigen bringen.

Praxisorientierung als Maßstab also.[104] In der Logik unterscheidet man eine theoretische und eine anwendungsbezogene Logik: Die *logica docens* (lehrende Logik) entwickelt ein umfassendes theoretisches System, die *logica utens* (benutzende Logik) stellt dem rechten Denken Regeln bereit. Ebenso könnte man hier von einer anwendungsbezogenen Homiletik sprechen. Sie belässt dem Alltagslernen *(exercitium)* und der persönlichen Anlage und Begabung *(natura)* ihr Recht, unterstützt sie aber durch die Entwicklung von Prinzipien, Strukturen und Bearbeitungsschritten und Prüfkriterien *(ars)*. Zwischen diesen drei Faktoren vermittelt sie:

– *natura* (Natur bzw. Anlage, Begabung, Persönlichkeit und Prägung des Redners),
– *ars* (Kunstlehre, d. h. „ein auf Kenntnis beruhendes Können"[105] bzw. rhetorisch-homiletische Wissenschaft) und
– *exercitium* (Übung bzw. die einübende, reflektierte und daraus lernende Praxis).

Wer reden lernen will, bringt darum sich selbst mit und muss an sich selbst arbeiten *(natura)*, er erhält Kriterien guter Rede aus der Theorie *(ars)* und verbessert seine Redefähigkeit durch kontinuierliche Praxis *(exercitium)*. Diese drei Faktoren sollen reibungslos zusammenspielen. Das aber ist alles andere als selbstverständlich. Einzelne Rednerpersönlichkeiten, bestimmte Redeanlässe oder sogar ganze Epochen entwickeln eine Vorliebe für einen einzelnen der drei Faktoren. Eine typische Wellenbewegung ist dabei diejenige zwischen *ars* und *natura*, d. h. zwischen einer sehr kunstvollen (aber dadurch auch leicht gekünstelt, affektiert und „gemacht" wirkenden) Redeweise und im Gegenzug und im Überdruss daran einer „Naturrhetorik". Was geschieht, wenn sich einer der drei Faktoren verselbständigt? Solche Prozesse kann man am leichtesten in der Literaturgeschichte nachzeichnen, aber sie finden sich nicht weniger in der Predigtpraxis.

- *Natura:* Man setzt auf den Reichtum der eigenen Persönlichkeit, auf die Wärme eines gutes Herzens oder auf das eigene Genie, das keine Regeln mehr benötigt („Genieästhetik"). Abgewandelt findet sich Letzteres etwa in der Verklärung der Volkspoesie durch die Romantik oder schon vorher in der französischen „Querelle des anciens et des modernes" um 1700, in der die freie Gestaltungskraft des Genies gegen die Nachahmung der klassischen Antike gesetzt wurde. Beim Predigen meinen die Leute dann anerkennend: „N. kann wirklich gut predigen", und sie halten ihn für eine markante „Predigerpersönlichkeit". Doch die Gefahren liegen auf der Hand: Man überschätzt sich selbst, lässt es an der Vorbereitung fehlen, schaut bloß auf die eigene Begabung und verlässt sich auf spontane Einfälle.

Gut gesagt
Natural abilities are like natural plants, that need pruning by study. – Natürliche Fähigkeiten sind wie wilde Pflanzen, die man mit Sorgfalt kultivieren muss.
Francis Bacon (1561–1620), Essays: Of Studies (zit. Webster 1846)

- *Ars:* „Poetae nascuntur, oratores fiunt – Zum Dichter ist man geboren, zum Redner wird man", lautet eine alte Redewendung. In der Literatur war diese Verselbständigung der Theorie *(ars)* lange die Dominanz der Akademie, der Lehrer und Zensoren, der Anwälte des „guten" Schreibens und Redens. Heute nimmt diese Funktion sicher eher die Literatur-„Szene" wahr, in der Erfolgsautoren, einflussreiche Verleger, Lektoren, Literaturkritiker und -preise bestimmen, wie man heute schreiben muss. Beim Predigen schätzen die Gläubigen hier den klugen, belesenen, gedankenreichen und gebildeten Theologen; er gilt als anspruchsvoll und „macht kein bloßes Bla-bla". Allerdings gleitet er leicht ins Oberlehrerhaft-Besserwisserische ab oder er schließt sich in Fachfragen und -ausdrücke ein, die weit von der Lebenswelt seiner Hörer entfernt sind. Die schlichte Frage: „Und was sollen wir jetzt machen?" ist unter seiner Würde.
- *Exercitium:* Ob Thriller oder „Schmachtfetzen", bei der Unterhaltungsliteratur setzen die Verlage am liebsten auf die Routiniers unter den Autoren. Und beim Predigen sieht sich der Routinier als Praktiker, als erfahrenen Prediger, dem niemand „ein X für ein U vormachen kann". Für die Hörerschaft heißt dies aber manchmal auch, „immer dieselbe alte Leier" anhören zu müssen. Man weiß schon im Voraus, was und wie er sprechen wird. Überraschungen und Aha-Effekte bleiben aus.

In der Ausbildung des Redners ist die Spannung zwischen Theorie und Praxis also nur eine scheinbare, wenn man an der inneren Einheit beider im genannten Verständnis eines ‚auf Kenntnis beruhendes Können[s]' festhält. Denn Übung verlangt Kriterien, nach denen man die dabei gemachten Erfahrungen auswertet und seine Fertigkeiten schrittweise verbessert. Eine angehende Eiskunstläuferin erlernt einen perfekten doppelten Rittberger nicht dadurch, dass sie krampfhaft die Arme anzieht und alle Kraft in eine Rechtsdrehung des Körpers wirft – das Resultat wird nur eine wachsende Zahl von blauen Flecken und am Ende eine eher bemitleidenswerte als faszinierende Figur sein, dem die Preisrichter höchstens die Note 6,2 verleihen werden. Nein, sie braucht den Trainer, der genau weiß, worauf es ankommt. Er muss Bescheid wissen über Muskeln und Fliehkräfte, über Konzentration und Überwindung der Angst vor dem Sprung u. v. a. Ebenso besteht der wohl häufigste Fehler von Personen, die professionell häufig zu reden haben, darin, sich damit zu begnügen, nach der zwanzigsten Rede cool am Pult zu stehen anstatt dass ihre Stimme aufgeregt piepst wie ein im Nest allein gelassenes Küken. Sie arbeiten nicht gezielt an sich, weil sie nicht wissen, worauf es ankommt. Umgekehrt sind die Kriterien zur Verbesserung der Praxis nur so viel wert, wie sie operationalisierbar sind. Gutgemeinte Tipps und Kritiken wie „Du musst begeisterter reden!", „Du sprichst ja über die Köpfe der Leute hinweg!" oder „Wenn du die Hörer nur gern hast, findest du auch den Weg zu ihrem Herzen!" hinterlassen das schlechteste von allen Gefühlen beim Lernen: Unzufriedenheit mit sich selbst, ohne eine klare Aussicht, wie man es verbessern kann. Wie effektiv ein gezieltes Training der kommunikativen Kompetenz die Predigtkompetenz verbessern kann, erwies sich in einer Studie mit 46 protestantischen Geistlichen, die an einer zweieinhalbjährigen Schulung ihrer Führungskompetenzen, darunter auch ihrer homiletischen Fähigkeiten, teilnahmen.[106] Die positiven Wirkungen im Sinn von nachhaltiger Beschäftigung der Hörer mit der Predigt konnten durch Feedback-Befragungen bei diesen sowie Expertengesprächen nachgewiesen werden. Besser predigen zu lernen ist damit möglich, und zwar für jeden. Das schuldet man zuerst und vor allem Gott, ist die Predigt doch Teil der öffentlichen Verehrung für ihn, und da ist das Beste gerade gut genug! Man schuldet es auch den Hörern, die hier geistliche Nahrung und kein junk-food erhalten wollen. Die Folter ist abgeschafft, und darum darf auch die Predigt niemanden quälen.[107] Sie darf nicht zur „institutionell gesicherte[n] Belanglosigkeit"[108] verkommen. Doch nicht jeder findet die Größe eines hl. Augustinus zur Selbstkorrektur: „Meine Predigt gefällt mir fast nie. So gerne möchte ich mich besser ausdrücken."[109]

Noch eine kurze Bemerkung zum Adressatenkreis. Homiletik ist nicht nur für angehende oder praktizierende Prediger wichtig. Denn wenn Predigt die Nahrung für das christliche Leben ist – Robert Bellarmin versteht die Bitte um das tägliche Brot im Vaterunser auch als Bitte um das nährende Wort der Predigt[110] –, dann liegt die Sorge um die Nahrhaftigkeit dieses Brotes in der Verantwortung aller. Es ist nicht einfach eine beliebige pastorale Tätigkeit neben anderen, sondern das tägliche Brot des Glaubens (und es ist wahrhaftig oft ein hartes Brot, für Hörer ebenso wie für Prediger). Bei unseren Darlegungen legen wir aufgrund ihrer Bedeutung den Schwerpunkt auf die eucharistische Homilie („Messpredigt") als Hochform. Doch daraus soll etwas für jede Form der geistlichen Rede zu lernen sein.

1.5.2 Homiletik als Wissenschaft

Literatur: NB: Einen umfassenden Einblick in die äußerst umfangreiche homiletische Literatur zu geben ist nahezu unmöglich. Darum sind an dieser Stelle verschiedene Autoren und Ansätze ausgewählt, die diese Breite repräsentieren. – *a) Literaturüberblicke (chronologisch geordnet): Ernest Henau,* Hoe te preken voor de moderne mens? Recente ontwikkelingen in de homiletiek, in: Tijdschrift voor theologie 17 (1977) 48–67; *Bernhard Klaus,* Predigtpraxis. Der Stand der gegenwärtigen homiletischen Diskussion, in: Zeitschrift für Religions- und Geistesgeschichte 29 (1977) 266–271; *Rudolf Landau,* Predigt in der Zeit des Geistes. Ausgewählte neuere Untersuchungen zur Geschichte der Predigt und Homiletik, in: Verkündigung und Forschung 23 (1978) 73–100; *Henning Schröer,* Von der Genitiv-Theologie zur Adverb-Homiletik. Zu den Tendenzen gegenwärtiger Predigtlehre, in: ThPr 17 (1982) 146–156; *Ernest Henau,* Die homiletische Diskussion auf katholischer Seite, in: ThPr 17 (1982) 157–163; *Hans Martin Müller,* Zwei Jahrzehnte Predigtlehre. Evangelische und katholische Entwicklungen und Aufgaben, in: Materialdienst des Konfessionskundlichen Instituts Bensheim 37 (1986), H. 1, 3–7; *Friedrich Wintzer,* Tendenzen in der Homiletik, in: ThR 52 (1987) 182–211 (umfangreiche Vorstellung und Diskussion der Ansätze hauptsächlich der 80er Jahre); *Manfred Josuttis,* Predigt – Rede – Mythos. Einsichten und Aufgaben heutiger Homiletik, in: Verkündigung und Forschung 35 (1990) 59–84; Alcuni studi recenti relativi alla predicazione apparsi su „Ephemerides liturgicae", in: Ephemerides liturgicae 111 (1997) 103; *Brigitte Schwens-Harrant,* Kultur des Wortes. Anmerkungen zur Literatur, in: PThI 21 (2001) 116–131; *Frank T. Brinkmann,* Predig(t)en nach der Wende. Beobachtungen an neuerer Literatur zur homiletischen Theorie und Praxis, in: PTh 90 (2001) 260–271; *Frederik G. Immink,* Homiletics. The current debate, in: International journal of practical theology 8 (2004) 89–121; *Albert Biesinger,* Literaturbericht zur Homiletik, in: ThQ 186 (2006) 336–342; *Wilfried Engemann,* Homiletische Literatur zu Beginn des 21. Jahrhunderts. Schwerpunkte, Problemanzeigen und Perspektiven, in: ThR 75 (2010) 163–200 [Teil 1]. 304–341 [Teil 2]. – *b) Lexikonartikel* (pars pro toto)*: Martin Nicol u. a.,* Art. „Predigt", in: RGG (Brill Online, 2016: Universitaetsbibliothek Muenchen [LMU]. 29 February 2016 <http://referenceworks.brillonline.com.emedien.ub.uni-muenchen.de/entries/religion-in-geschichte-und-gegenwart/predigt-COM_024459> [29.11.2016]). – *c) Handbücher (in alphabetischer Reihenfolge): Karl Barth,* Homiletik. Wesen und Vorbereitung der Predigt, Zürich ³1986 (Veröffentlichung seiner Seminarprotokolle von 1932/33 im Jahre 1966, ein *must read* seiner kraftvollen Position); *Bieritz* (16 Beiträge von Experten aus Predigtausbildung in den neuen Bundesländern und somit aus dem Kontext verstärkter Säkularität); *Brinkmann* (sehr hilfreicher Versuch eines Brückenschlages zwischen homiletischer Theorie und Pragmatik); *Bohren* (Klassiker eines pneumatologisch erneuerten dialektisch-theologischen, sehr eigenständigen Ansatzes, jeweils sehr biblisch fundiert und mit Leidenschaft geschrieben); *Peter Bukowski,* Predigt wahrnehmen. Homiletische Perspektiven, Neukirchen-Vluyn 1990 (gut lesbarer Versuch, Theologie reformierter Tradition und praktische Predigtarbeit miteinander zu verbinden); *Dannowski* (zuverlässiger Überblick über die Diskussion seiner Zeit und ausgleichender, Alternativen vermeidender Ansatz); *Engemann* (umfassendes Handbuch mit gründlicher theoretischer Fundierung, doch stets am Predigtprozess orientiert); *Manfred Entrich,* Ins Wort genommen. Ein Leitfaden für den Prediger, Graz-Wien-Köln 1997 (erfahrene, gut argumentierende und ermutigende katholische Skizze zum Predigen); *Erich Garhammer,* Verkündigung als Last und Lust. Eine praktische Homiletik, Regensburg 1997 (kenntnis- und praxisnahe Handreichung); *Wilhelm Gräb,* Predigtlehre. Über religiöse Rede, Göttingen 2013 (Summe einer religionshermeneutischen Predigtlehre, die eine breite Hörerschaft außerhalb der Kerngemeinden erreichen will); *Härtner/Eschmann* (evangelisch-methodistisch, allgemeinverständlich und praxisorientiert); *Mildenberger* (eine Vorlesung mit systematisch-theologischem Zugriff); *H. M. Müller* (sehr reflektiert und vor allem historisch orientiert mit dem deutlichen Bemühen um eine theologisch profilierte Predigt); *K. Müller* (sprachphilosophisch orientierte Grundlegung der Predigt aus katholischer Sicht); *Martin Nicol,* Grundwissen Praktische Theologie. Ein Arbeitsbuch, Stuttgart 2000, 73–98 (knappe, didaktisch vorbildliche Ersteinführung in Themen der Homiletik); *Paul Oskamp/Rudolf Geel,* Gut predigen. Ein Grundkurs. Aus dem Niederländischen übersetzt von Klaus Blömer, Gütersloh 2001 (pragmatisch auf die Predigttechnik konzentriertes Lernbuch, das stark aus der klassischen Rhetorik schöpft); *Werner Schütz,* Probleme der Predigt, Göttingen 1981 (eher ein – besonders historisch – kenntnisreicher Überblick über Probleme der Predigt als ein eigenständiger Zugriff, was aber der Vielgestaltigkeit der faktischen Predigt gerechter wird); *Trillhaas* I und II (das frühere Handbuch ist deutlich anders konzipiert als das spätere, beide stellen damit ein Stück Homiletikgeschichte dar); *Friedrich Wintzer,* Praktische Theologie. Unter Mitarbeit von Manfred Josuttis, Dietrich Rössler, Wolfgang Steck (= Neukirchener Arbeitsbücher), Neukirchen-Vluyn 1982, 81–115 (mit weiterer Literatur). – d) *Textsammlungen:* Lesebuch; *Lars Charbonnier* (Hg.), Homiletik. Aktuelle Konzepte und ihre Umsetzung, Göttingen-Bristol 2012 (homiletische Konzeption und Arbeitsproben von vierzehn bekannten evangelischen Homiletikern); *Wintzer.* – e) *Lexika: William H. Willimon/ Richard Lischer* (Hg.), Concise Encyclopedia of Preaching, Louisville (KY) 1995 (umfassend, gut lesbar und konzentriert); Dizionario (umfassendes, sehr brauchbares Lexikon im Umfang von 1700 Spalten).

1.5.2.1 Themen, Konfessionen, Diskussionen und Desiderate

Literatur: a) *Römisch-katholisch: Maria Elisabeth Aigner* u. a. (Hg.), Wie heute predigen? Einblicke in die Predigtwerkstatt, Würzburg 2014 (Sammlung verschiedener Aspekte österreichischer Homiletiker); *Alois Schwarz,* Praxis der Predigterarbeitung. Neue Homiletik, Graz 1986 (praxisnah und handlich). – b) *Evangelisch: Hans Martin Müller,* Zwei Jahrzehnte Predigtlehre. Evangelische und katholische Entwicklungen und Aufgaben, in: Materialdienst des Konfessionskundlichen Instituts Bensheim 37 (1986), H. 1, 3–7 (kenntnisreich und positioniert); *Ulrich Nembach,* Predigen heute. Ein Handbuch, Stuttgart 1996, 70–134 (reichhaltig und mit entschiedenem lutherisch-theologischem Zugriff).

Homiletik stellt das weite Feld der praktischen Theologie unter Laborbedingungen dar. Denn deutlicher als bei anderen pastoralen Feldern zeigt die Predigt, was das theologische Selbstverständnis des kirchlichen Handelns ist, welche Faktoren zu bedenken sind, unter welchen gesellschaftlichen Bedingungen es steht, wie die Akteure im Gesamt des kirchlichen Handelns angemessen zu begreifen sind, wie sich die psychologische, kommunikationswissenschaftliche und soziokulturelle Konstitution des Handelns mit ihrer theologischen Sinngebung verbinden lässt und wie die Pastoral im Detail zu gestalten ist.

Zudem wurde das Predigtverständnis traditionell geradezu zu einem konfessionsbegründenden Symbol aufgeladen. Differenziert beurteilt dies freilich Hans Martin Müller: „Traditionell wird die katholische Kirche als Kirche des Sakraments, die evangelische hingegen als Kirche des Wortes verstanden. Dass die Unterscheidung von Wort und Sakrament beiden Kirchen geläufig ist, jedoch mit einem je verschiedenen Inhalt gefüllt wird, ist bei dieser traditionellen Bestimmung der kirchlichen Eigenarten meist übersehen worden. So sind denn auch beide Kirchen bemüht gewesen, diese etwas grobe Unterscheidung zurückzuweisen: Schließlich habe man in der katholischen Kirche von jeher auch die Wortverkündigung hoch geschätzt, und die evangelische Kirche habe von ihren Anfängen an das Sakrament der Taufe und das Altarsakrament heilig gehalten. Wie dem auch sei, es läßt sich nicht übersehen, dass die Bedeutung der Predigt für die kirchliche Praxis und den Frömmigkeitsstil in beiden Kirchen sehr verschieden war und ist."[111] Doch verbindet nicht gerade die Predigtpraxis über alle Konfessionsgrenzen hinaus alle, die dieses Amt auszuüben haben? Dann wäre die Herausforderung einer guten Predigt heute eines der wichtigsten konfessionsverbindenden pastoralen Felder geworden.

Um weit mehr als um bloße Predigttechnik geht es der Homiletik. Nicht selten dominiert das Grundsätzliche so sehr, dass die schlichte Aufgabe in den Hintergrund zu treten scheint, die konkrete Predigt zu verbessern. Dementsprechend weit verzweigt und schwer zu überschauen ist die homiletische Wissenschaft. Fragen wir an dieser Stelle nur nach wichtigen Tendenzen der Forschung in den letzten Jahrzehnten (1.) sowie nach den zentralen Themen (2.), und widmen wir schließlich einige Überlegungen den verschiedenen Modellen der homiletischen Aus- und Fortbildung in einem eigenen Kapitel (1.5.2.2).

1. **Forschungsgeschichte:** (a) *Römisch-katholisch:* Katholische Predigtlehre in den letzten Jahrhunderten wird oft fälschlich als pragmatisches Reden-Lernen abgetan, dessen Erlernen weitgehend dem Einzelnen überlassen gewesen sei.[112] Dabei gab es durch die Jahrhunderte hindurch eine rege und vielgestaltige Lehre und Diskussion der *ars praedicandi* (oder *ars praedicatoria*) zu allen Fragen der Verkündigung, von den grundsätzlich theologischen über praktisch-rhetorische bis hin zu kirchenrechtlichen Fragen.[113] Vor allem gab es ein beständiges Bemühen um eine wirksame, die Herzen der Gläubigen erfassende Predigt und dementsprechend viele Hilfsmittel. Überhaupt gewinnt man den Eindruck, dass man über den Grundsatzfragen doch nicht die einfachen Wie-Fragen vernachlässigte, sondern die Prediger vielfältig unterstützte.

1. Predigt – im Namen Gottes und mit menschlichen Worten

Ein weiterer blinder Fleck: Leider bilden bis heute die Sprachgrenzen auch in der Homiletik häufig Grenzen der Rezeption. Dabei haben sich außerhalb des deutschen Sprachraums Predigtkulturen ebenso wie homiletische Reflexionen entwickelt, welche die hiesige Praxis und Reflexion bereichern könnten. Was Martin Nicol für die US-amerikanische „new homiletic"[114] geleistet hat, steht etwa für Frankreich und Italien noch weithin aus.[115] Dabei wäre die Beschäftigung mit deren Predigtkulturen besonders interessant, da sie die „anthropozentrische Wende" der 1960er Jahre nicht so radikal durchgeführt haben und sich stattdessen einer Erneuerung des biblischen Predigens gewidmet haben. Auch die außereuropäischen Predigtstile etwa Afrikas oder Asiens werden allenfalls in missionswissenschaftlichen Kreisen zur Kenntnis genommen.

(b) *Protestantismus:* Angesichts der Schlüsselstellung der Predigt im evangelischen Raum hatte und hat die protestantische Homiletik von jeher mehr Grundsatzfragen zu bewältigen.[116] Dabei wird Predigtlehre zur programmatischen Ekklesiologie. Im 20. Jahrhundert spiegelt sie die großen Auseinandersetzungen zwischen liberaler und Dialektischer Theologie.[117] Ersterer ging es um das, was der Mensch von heute mit der biblischen Botschaft anfangen kann, Letzterer darum, diese Botschaft aktuell und unverkürzt zu verkünden. Hans Martin Dober spricht hier vom jeweiligen Schwergewicht auf der regulativen oder der begründenden Funktion der Homiletik.[118] Liberale (später auch deutlicher empirische) und Dialektische Theologie entfalten eine diametral entgegengesetzte Auffassung vom Verhältnis zwischen Theologie und Rhetorik (vgl. 2.2.1). Bis in die 1960er Jahre gab die Dialektische Theologie weithin den Ton an. Man suchte die reine Wortverkündigung ohne Rücksicht auf Psychologie und Auffassungsgabe der Hörer, auf kommunikationswissenschaftliche Einsichten und Menschenkenntnis – zumindest im Prinzip, denn in der Predigtpraxis dämpfte schon immer ein Sinn des Redners für die Resonanz der Hörer allzu grundsätzliche Positionen. Grundsätzlich aber, ja da stehe all dem die Unverfügbarkeit des Wortes Gottes entgegen: „Den Tod des Menschen und alles Menschlichen zu verkünden, ist die Aufgabe der Predigt. Wo diese Predigt wirklich erschallt, da antwortet Gott mit dem Worte, das Auferstehung heißt und ist, und dieses Auferstehungswort ist dann das Wort im Worte."[119] Predigt war weniger Kommunikationsgeschehen als eschatologische, richtend-rettende Offenbarung des Gotteswortes. „Das Evangelium auf den Kopf zu sagen" (Eduard Thurneysen[120]) wurde die Devise. Einflussreich hat Rudolf Bohren diese Grundanschauung pneumatologisch weiterentwickelt und die Predigt als Ort des Geistwirkens dargestellt, der unableitbar und nicht mit rhetorischen Mitteln machbar Menschen vom Wort Gottes angerührt sein lässt.

Die Tradierungskrise des Glaubens, das Bewusstsein für den Abstand zwischen der Botschaft und den Adressaten der Predigt und der Boom der Sozialwissenschaften lösten bereits ab den 1960er Jahren eine Gegenbewegung aus.

Man befürchtete, dass sich die hohe Auffassung von der Predigt von ihrem realen Geschehen entfernte. Die Distanz zum Hörer war unverkennbar, und es stand zu befürchten, dass die kraftvolle Wort-Gottes-Verkündigung am Ende nichts anderes war als ein Sich-Verschließen im theologischen Elfenbeinturm. Diesen Abstand suchte man nun durch intensive Beschäftigung mit verschiedenen Humanwissenschaften zu überbrücken. Die Orientierung am Hörer und seinen wahren Bedürfnissen, das wurde nun leitend.[121] In der Predigt konnten nun Alltagsszenen belauscht werden, Zubettgehrituale junger Familien und Szenen aus dem Bierzelt. Zeitgenössische Kultur, auch die Popkultur und deren Sprache, sollten ihre Welthaftigkeit unter Beweis stellen. Zunehmend wurde sie auch politisiert. Die katholische Predigt zog bei diesem Umschwung rasch nach. Jenseits mancher Auswüchse ist festzuhalten, was Ernst Lange programmatisch sagte:

> „Predigen heißt: Ich rede mit dem Hörer über sein Leben. Ich rede mit ihm über seine Erfahrungen und Anschauungen, seine Hoffnungen und Enttäuschungen, seine Erfolge und sein Versagen, seine Aufgaben und sein Schicksal. Ich rede mit ihm über seine Welt und seine Verantwortung in dieser Welt, über die Bedrohungen und Chancen seines Daseins. Er, der Hörer, ist mein Thema, nichts anderes; freilich: er, der Hörer vor Gott. Aber das fügt nichts hinzu zur Wirklichkeit seines Lebens, die mein Thema ist, es deckt vielmehr die eigentliche Wahrheit dieser Wirklichkeit auf."[122]

Doch wie geht das: den „Hörer vor Gott" zu begreifen und mit ihm ins Gespräch zu kommen? Allzu oft war das Resultat nur eine Predigt, in der Gott zur Chiffre verkam und kein lebendiges, persönliches Gegenüber mehr darstellte. Verweltlichung und Verflachung, das hat man darum dieser Strömung vorgeworfen.

Eine eigenständige Weiterentwicklung dieses Bemühens um die Realitätsnähe der Predigt entstand in Auseinandersetzung mit dem Problem des Verhältnisses von Form und Inhalt. Sie stellte die Rhetorik in den Mittelpunkt der Aufmerksamkeit. Denn die wissenschaftsbegründende Einsicht der Rhetorik ist ja die Untrennbarkeit von Form und Inhalt. Man kann nicht zunächst die Was-Frage beantworten und dann die Wie-Frage nachschieben, so als ginge es nur um die Verpackung einer Ware. Diese Entdeckung verbindet sich mit so unterschiedlichen Namen wie Manfred Josuttis, Gert Otto, Gerhard Marcel Martin, Wilfried Engemann und Martin Nicol. Josuttis lässt sich am ehesten aus einer kritischen Neugewinnung der Überzeugungen der Dialektischen Theologie verstehen – er begann als Assistent des darin führenden Rudolf Bohren. Durch manche Wandlungen seines Denkens hindurch kam er wie dieser zu einer pneumatologisch-„energetischen" Auffassung der Predigt: Es geht in ihr darum, „die Anwesenheit göttlicher Atmosphären zur Wirkung" kommen zu lassen.[123] Ausdrücklicher als die anderen Genannten benennt er jedoch den Charakter des

Überwältigtseins, des Erfasst- und Verwandeltwerdens durch den Heiligen Geist. So belegt Josuttis eindrucksvoll, dass der Sinn für die Form der Predigt keineswegs zu einer theologischen Verflachung und Horizontalisierung führen muss. Gert Ottos entschiedene Hinwendung zu einer kritischen Rhetorik soll in 2.2.1 noch gewürdigt werden.[124]

Gerhard Marcel Martin, Wilfried Engemann und Martin Nicol verbindet der Versuch, die Predigt als ein Sprachkunstwerk zu betrachten. Sie markieren eine „ästhetische Wende in der Homiletik"[125]. Wie jede Kunst ist sie in sich vieldeutig, und sowohl im Entstehen wie in der Rezeption ereignen sich offene Prozesse des Umgangs und des Verstehens. Martin brachte dafür das Stichwort der Predigt als „offenes Kunstwerk" ein, Engemann im Anschluss an die Semiotik von Umberto Eco die Vielschichtigkeit des Gehörten.[126] Bemerkenswert ist, wie überraschend nahe diese Positionen der pneumatologisch erweiterten Dialektischen Theologie kommen können: Das Ereignis Sprache ist letztlich das Hier und Jetzt des Heiligen Geistes, der das Wort zu Gehör bringt. Nirgendwo ist dies so deutlich wie bei der „dramaturgischen Homiletik" des Erlanger Homiletikers Martin Nicol[127]. Unverkennbar sind aber auch die Spannungen und Bruchlinien dieses Ansatzes, so möglicherweise eine gewisse inhaltliche Beliebigkeit und das Fehlen einer lehrmäßigen Bindung der Verkündigung oder die Verwechslung von Heiligem Geist und Willkür.

2. **Zentrale Themen:** Im evangelischen Raum findet die Einteilung der Homiletik nach Alexander Schweizer (1808–1888), der darin die Anregungen Friedrich Schleiermachers systematisierte, eine gewisse Akzeptanz[128]:
– Wesen der Predigt (*prinzipielle* Homiletik): Selbstverständnis als Kult und im Gegenüber zum Kult und mit einer eigenen Rhetorik; Definition und Ziel, theologische Einordnung, Verhältnis zum Wort Gottes und zur Kirche, zur Rhetorik und zu anderen Nachbardisziplinen usw.
– Inhalt der Predigt (*materielle* Homiletik) – die Was-Frage bzw. der Zweck: Verhältnis der Predigt zum Kirchenjahr und zum Schrifttext, Prinzipien und Kriterien der Auslegung, Verfahren von der Exegese zur Predigt, Verhältnis von kirchlicher Lehre und persönlichem Zeugnis, inhaltliche Bestimmung der einzelnen Predigt usw.
– Gestaltung (*formelle* Homiletik) – die Wie-Frage bzw. die Mittel: 1. Didaktik und Aufbau, 2. Rhetorik und Stil und 3. sprachliche und nichtsprachliche Hilfsmittel.[129]
– [Nach Wolfgang Trillhaas, allerdings bei Schweizer noch nicht eigens genannt:] *Pastorale* Homiletik: Stellung der Predigt im Gesamt der Pastoral, Verhältnis von Prediger und Gemeinde, Kasualien, seelsorgliche Anlässe usw.

Schweizer versucht mit seiner Einteilung, eine eigenständig-theologische Gliederung zu entwickeln und damit die Homiletik aus der Abhängigkeit von der Rhetorik zu befreien, ohne diese rundweg zurückzuweisen. Diesen Mittelweg soll die prinzipielle Homiletik erschließen, so dass die materielle Homiletik vom theologischen Inhalt, die formelle Homiletik dagegen von der rhetorischen Form geprägt ist – allerdings in Abhängigkeit vom theologisch bestimmten Zweck der Predigt: „Die Form kommt also nicht bloß von außen her an den Stoff heran, sondern aus dem Stoff selbst, indem er seine Wirkungen hervorbringt. Das bloße Auftragen einer für sich irgendwo gemachten Form ist immer Verfall, Scholasticismus in der Homiletik, und tritt ein, wo man die Predigten nicht erzeugen kann, sondern machen muss."[130] Angesichts heutiger Fragestellungen erweist sich diese Einteilung jedoch weitgehend als untauglich. Denn wenn die Predigt ihrem Wesen nach Kommunikation mit dem Hörer ist, dann sind diese vier Teile so eng ineinander verschränkt, dass man sie unmöglich getrennt voneinander abhandeln kann.[131] Ja, bei aller Breite der Diskussion dürfte ein Grundkonsens heute darin zu finden sein, dass jeder Versuch einer Trennung von Inhalt und Form und damit von materialer und formaler Homiletik, von Wesen und Vollzug oder auch von Theologie und Humanwissenschaft dem Phänomen Predigt nicht gerecht wird:

> „Ein Vorurteil begleitet die homiletische Arbeit wie ein Schatten. Weder im Bereich der Kirche noch im Bereich der Theologie ist es bis heute gelungen, diesen Schatten gründlich abzuschütteln. Das Vorurteil besteht darin, dass Inhalt und Form der Predigt separat bestimmbar erscheinen. Dabei kommt üblicherweise der Bestimmung des Inhalts theologische Würde zu, während die Bestimmung der Form scheinbar äußerlichen Vorgehensweisen wie der Rhetorik zugeordnet wird. Eine bestimmte Weise der Rhetorikverachtung äußert sich so: Es gibt den Inhalt, der allein wesentlich ist, und die Form, die als etwas Äußerliches, mitunter Gefährliches und Verführerisches hinzukommt."[132]

An der Stelle der Schweizer'schen Einteilung konnte sich aber noch keine Alternative durchsetzen. Eine Vielzahl von Themen wird abgehandelt, ohne dass diese durchgängig strukturiert werden:
- *Bibeltheologisch* werden Grundlagen der Offenbarung und Verkündigung erarbeitet und aus einzelnen Perikopen Modelle dafür entwickelt;
- *systematisch-theologisch* wird aus Leitideen wie Rechtfertigung, Zeugnis, Erfahrung, Dialog, Kunst oder Kommunikation das Verständnis der Predigt gewonnen und daraus Konsequenzen für Einzelfragen gezogen;
- *kommunikationswissenschaftlich* werden Einsichten der Sprachwissenschaften und Sprachphilosophie, der Kognitions- und der Lernpsychologie, der *neuro sciences,* der Kommunikationswissenschaften und der Rhetorik auf das Predigtgeschehen übertragen;
- *empirisch* werden alle Elemente der Homiletik auf ihre tatsächlichen und mit Mitteln der sozialwissenschaftlichen Forschung nachweisbaren Wirkweisen hin untersucht;

– *pragmatisch* werden schließlich Kriterien für alle Schritte der Vorbereitung, für das Halten der Predigt und für ihre Auswertung entwickelt.

Mit dieser thematischen Fülle hängt auch eine gewisse Methodenvielfalt zusammen. Steil theologische Leitideen konkurrieren mit pragmatischem Erfahrungswissen, Auseinandersetzungen mit Positionen innerhalb der Homiletik mit der Rezeption fachfremder Erkenntnisse, apriorische Entwicklungen mit empirischen Verifikationen usw. Das hat allerdings auch zur Folge, dass trotz intensivem Gespräch innerhalb der Homiletik jeder Ansatz ein wenig isoliert für sich steht und sich letztlich nicht wirklich in der regelgeleiteten, nachprüfbaren Auseinandersetzung bewähren muss. Für den Leser bzw. den Lernenden legt dies den Eindruck nahe, wie man predige sei eben Ansichtssache, und so sucht man sich das heraus, was am ehesten dem eigenen Stil entspricht. „Jeder soll die Leute nach seiner Fasson abkanzeln!", diese Devise aber darf sicher nicht das letzte Wort behalten!

Die Überlegungen dieser Homiletik wählen die klassische Rhetorik als Bezugsfeld für den Aufbau der Homiletik (die fünf *partes artis*) ebenso wie für den Theorie-Praxis-Bezug (besagte anwendungsbezogene Homiletik) und als methodischen Rahmen (Überzeugung als Primärziel der *ars persuadendi*, auf die hin alle Themen ausgerichtet sind). Diese methodische Vorentscheidung ist jedoch keineswegs exklusiv zu verstehen, so als würden ihre Auffassungen vom Geschehen zwischen Redner und Hörer nun wieder an die Stelle etwa von kommunikationswissenschaftlichen Einsichten oder theologischen Grundprinzipien gesetzt. Im Gegenteil, Rhetorik ist zwar dank ihrer jahrtausendealten Wissenschaftsgeschichte eine sehr geformte und strukturierte Disziplin, aber sie ist und bleibt eine offene Wissenschaft und darum inklusiv. Die Integrationsfähigkeit für Erkenntnisse unterschiedlichsten Ursprungs macht ihre Stärke aus. Aus welchem Grund? Wenn das Stiften von Überzeugung ihr Ziel ist, auf das alles andere hingeordnet ist, dann ist der Erfolg dabei stets offen. Deshalb kann die Rhetorik niemals „todsichere" Verfahren bereithalten, sondern sie muss sich jeweils neu auf das Redegeschehen einlassen und daran herausstellen, was und wie bestimmte Faktoren wirken (Kap. 2). Jede Art gleich welchen Ursprungs, diese Faktoren genauer zu fassen, ist ihr willkommen. So versteht sich die hier vorgelegte Homiletik als integrativer Entwurf.

1.5.2.2 Formen der Predigtausbildung

Franz Kamphaus formuliert drei Kompetenzen eines Predigers, die in der Ausbildung gefördert werden können, die theologische, die geistliche und die kommunikative Kompetenz.[133] Doch zugleich ist er sich dessen bewusst, dass Predigtausbildung alles andere als das Erlernen einer Technik ist. Im Letzten muss sie um die Ungeheuerlichkeit wissen, dass ein Mensch sich unterfängt, im Namen Gottes zu sprechen. Und darum schließt er:

"Für das Unfaßbare ist Schweigen das beredtste Zeugnis. Wer nicht zu schweigen gelernt hat, darf eigentlich nicht von Gott sprechen. Es könnte sein, dass wir in der Kirche zu viel reden. Wir sind pausenlos in Betrieb, andere zur Besinnung zu bringen! Die Flut der Wörter in unseren Gottesdiensten, die Flut kirchlicher Verlautbarungen nimmt kein Ende, sie steigt immer noch an. Ob wir mit all unserem Reden nicht schließlich und endlich Gott totreden?"[134]

Damit steht jede Predigtausbildung vor dem Dilemma, über den reden zu lernen, den alle Sprache nicht erfassen kann: Gott. Mehr noch, wenn dieser Gott sich offenbart und der Menschheit sein Wort zu hören gibt, dann verlangt dieses Redenlernen nichts Geringeres als ein Sprechen wie Gott, nein: *in* Gott und seinem Wort. Dieses Dilemma ist jedoch nicht unlösbar. Der dreifaltige Gott gibt mit seinem Wort auch seinen Heiligen Geist. Er löst die Zunge zu Zeugnis und Bekenntnis, zu Lehre und Mahnung, zu Trost und Ermutigung. Wie aber kann man dazu ausbilden?

Nach einer Phase intensiver Diskussionen in den 1970er und Anfang der 1980er Jahre ist es um die Reflexion auf die Predigtausbildung in Studium, Ausbildung, Berufseinführung und -begleitung auffällig still geworden. Das mag mit einer allgemeinen Ideologieermüdung zu tun haben, gewiss auch mit den kleinen Zahlen der Lerngruppen sowie mit der Institutionalisierung des Erreichten und schließlich mit einem gewissen Hang zur Pragmatik. Derzeit kann man bei allen Unterschieden einige Grundelemente der Ausbildung wiedererkennen:
– Hinführung zu einem hörerorientierten, realitätsnahen Sprechen;
– Aufmerksamkeit auf die äußeren Aspekte der Predigt, insbesondere die sogenannte Sprecherziehung;
– verschiedene Formen der Anreicherung des Predigens durch nichthomiletische Quellen, insbesondere der Literatur;
– theologische Vergewisserung der Predigt, die häufig vor allem das Subjektive, das persönlich Erlebte und damit Zeugnis und Erfahrung in den Vordergrund hebt, weniger dagegen Lehre und den amtlichen Charakter der Predigt;
– reflektierte Predigtübungen (oft auch mit Video aufgezeichnet und anschließend analysiert).

Eine Pragmatik ohne allgemein akzeptierte theologische Grundlagen schafft allerdings gerade in der Alltagspraxis der Predigtausbildung ein nicht unbeträchtliches Problem: die innere Emigration der Lernenden und das „U-Boot-Fahren" während der Ausbildung, um dann, wenn sie endlich unbeaufsichtigt so reden dürfen, wie sie es selbst für richtig finden, leider gerade so zu reden, als hätten sie das Predigthandwerk nie gelernt! Damit sei allerdings mitnichten alle Verantwortung für schlechte Predigten auf die störrischen Ohren der Predigtschüler gewälzt. Dahinter erhebt sich das Sachproblem (übrigens aller Pastoralausbildung): Wie verlässlich sind die Anleitungen der Ausbilder? Es braucht also Objektivierbarkeit von Zielen, Grundsätzen, Methoden und Didaktiken. Eine Schlüsselstellung für einen durchgängigen Realitätsbezug könnte die stärkere Einbeziehung der empirischen Homiletik und, auf sie gestützt, ein nachvollziehbarer und zugleich operationalisierbarer Kriterienkatalog der Predigtanalyse einnehmen. Dadurch könnten die Lernenden verlässlicher auf Fehler aufmerksam gemacht werden, und die Kritik erschiene nicht als Ansichtssache oder gar als persönliche Missachtung. Generell wünschenswert wäre die Ausrichtung der gesamten Theologie auf die Pastoral und damit näherhin auch auf den Verkündigungsauftrag der Predigt, wie es das II. Vatikanum gewünscht hat (vgl. OT 19 f.). Denn faktisch können die explizit homiletischen Anteile im Theologiestudium und selbst auch in der pastoralen Ausbildung nur einen marginalen Anteil ausmachen.[135] Andernfalls werden angehende Theologen beinahe zwangsläufig zu „Verpackungsdidaktikern" ausgebildet, die gelernt haben, sich zunächst rein theoretisch und unabhängig von kirchlichen Vermittlungsprozessen z. B. in der Exegese einer Schriftstelle mit der Sache zu beschäftigen und sie danach in einem eigenen (und natürlich bei weitem weniger respektablen) Schritt für ihre Hörer aufzubereiten – womit die Trennung von Form und Inhalt durch die Hintertür wieder Einzug hält, allen Prinzipien der Homiletik und Predigtausbildung zum Trotz.

Übung

Jeder kann wenigstens eine Fertigkeit ziemlich gut, gleich ob es Tanzen ist, Chinesisch oder Kunstpfeifen. Wie sind Sie zu dieser Fertigkeit gekommen? Welche Rolle haben dabei *natura*, *ars* und *exercitium* gespielt, als eine gewisse Anlage und Naturbegabung, Anleitung oder formelle Ausbildung und allmähliche Vervollkommnung durch Üben und Wiederholen? Wie stark wuchs die Motivation durch die Erfahrung, es gut zu können und damit auch andere zu beeindrucken?

Kurz und bündig

1.1 Predigt heute ist aktuell und gefragt – und gleichzeitig mit vielen Problemen behaftet. Diese ambivalente Situation wird durch die empirische Predigtforschung nachgewiesen.
1.2 Zur Grundlegung der Homiletik ist zuerst der Grundakt der Predigt zu untersuchen, nämlich die Sprache. Sie geschieht in den zwei Weisen von
– Rede (Monolog) und
– Gespräch (Dialog).
Entgegen dem ersten Anschein ist auch die Rede weiterhin zeitgemäß. Sie muss sich allerdings als virtueller Dialog mit den Hörern verstehen und sich selbst an Wahrheit und Gutheit binden, um die Hörer nicht zu manipulieren.
1.3 Die Bibel zeigt eine Rhetorik sehr eigener Art, wie sich anhand der paradigmatischen Gestalt des Mose zeigte. Sie beruht auf:

- der Autorität, im Namen Gottes sprechen zu dürfen,
- dem Erweis von gottgewirkten Zeichen der Glaubwürdigkeit und
- der Treue zur anvertrauten Botschaft.

1.4 In verschiedenen Definitionen der Predigt spiegeln sich verschiedene Selbstverständnisse. Sie variieren einige Grundelemente: Rede, Öffentlichkeit, Kirche und Amtlichkeit, Beziehung zur Schrift, zur Lehre der Kirche und zur Lebenswelt der Hörer und Argumente aus Schrift und Vernunft bzw. Lebenserfahrung.

1.5 Homiletik als Wissenschaft ist ein unverzichtbares Element beim Erlernen von Predigtkompetenz. Sie ist der älteste und wohl prominenteste Teil der praktischen Theologie. Historisch weist sie starke konfessionelle Prägungen, heute dagegen starke ökumenische Gemeinsamkeiten auf.

2. Rhetorik als Bezugswissenschaft der Homiletik

2.1 Klassische Rhetorik und christliche Predigt

Literatur: *a) Lexika und Handbücher:* HWRh (ein Wunder an Gelehrsamkeit und Information, leider ohne Personenartikel); *Lausberg* (unübertroffen minutiös aus den Quellen zusammengestelltes System der Rhetorik); *Heinrich F. Plett,* Systematische Rhetorik. Konzepte und Analysen (= UTB für Wissenschaft: Uni-Taschenbücher 2127), München 2000 (sprachwissenschaftliche „moderne" Rhetorik auf antiker Grundlage, systematisch erschöpfend – Letzteres allerdings ein wenig im doppelten Sinn des Wortes); *Ueding/Steinbrink* (Standardwerk!). – *b) Geschichte:* Duden 15–64 (leicht lesbare Einführung); *Werner Eisenhut,* Einführung in die antike Rhetorik und ihre Geschichte, Darmstadt ⁵1994 (ausgezeichneter Überblick mit einem Sinn für den Geist der Rhetorik und ihre treibenden Kräfte); *Gudrun Fey,* Das Antike an der modernen Rhetorik, Stuttgart 1979 (knapper Überblick über das rhetorische System mit Aktualitätsbezug); *Fuhrmann* (zu Recht eine der beliebtesten Hinführungen zu Geschichte und System der antiken Redekunst, kenntnisreich, aber auf 160 Seiten nicht überfrachtet); *Kennedy* (eine der besten historischen Einführungen, die auch das Fortleben der Rhetorik im Christentum und der abendländischen Kultur nachzeichnet); *ders.,* A New History of Classical Rhetoric, Princeton 1994 (konzentriert auf Antike und frühes Christentum darum ausführlicher als das Vorgängerwerk); *Porter.*

Übung
Führen Sie sich drei Prediger vor Augen, deren Stil Ihnen besonders markant erscheint. Was charakterisiert ihr Sprechen, ihren Auftritt und ihre Art, Theologie in Sprache umzusetzen oder die verschiedensten Menschen anzusprechen?

Im ersten Kapitel waren wir grundsätzlich: Was ist die Predigt – als Menschenwort und als Wort im Namen Gottes? Im zweiten Kapitel beginnen wir, uns der

2. Rhetorik als Bezugswissenschaft der Homiletik

Wie-Frage zu stellen: Wie predigt man gut? Dafür schauen wir uns nach Hilfe um und lernen die klassische Rhetorik kennen, die wichtigste Nachbardisziplin zur Homiletik. Was sie bereits in der griechischen und römischen Antike an Einsichten gewonnen hat (2.1.1), ist klassisch geworden und ist mit dem Christentum in Predigt und Bildung eine bleibende Synthese eingegangen (2.1.2). Doch diese Synthese wird heute hinterfragt: Verfälscht die Rhetorik nicht die christliche Verkündigung? Darum muss das Verhältnis von Homiletik und Rhetorik noch einmal eigens erörtert werden (2.2).

2.1.1 Antike Rhetorik

Literatur: *Die hier am meisten angeführten Quellen: Aristoteles; Cicero; M. Tullius Cicero, De inventione/De optimo genere oratorum. Hg. und übersetzt von Theodor Nüßlein (= Sammlung Tusculum), Düsseldorf 1998; Quintilian; Rhetorica ad Herennium. Hg. und übersetzt von Theodor Nüßlein, Darmstadt 1994.*

Zu Beginn seines Werkes „De inventione" erzählt Cicero (106–43 v. Chr.) eine Art Kunstmythos vom Ursprung der Kultur.[136] Darin beschreibt er den Urzustand der Menschheit. Doch dieser ist alles andere als die „aurea aetas", das goldene Zeitalter, das dann etwa ein Ovid als Gegenbild zur Gegenwart entwarf. Nein, nicht Paradies, sondern Hölle auf Erden. Im Anfang herrschten Barbarei, Brutalität, Ausspielen körperlicher Überlegenheit, Hingabe an niedrige Instinkte und Sittenlosigkeit. Jeder Mensch verfolgte rücksichtslos das Eigeninteresse, und die „caeca ac temeraria dominatrix animi cupiditas – die blinde und rücksichtslose Herrin der Seele, das Begehren", beherrscht alles – Thomas Hobbes' „bellum omnium contra omnes" (Krieg aller gegen alle) lässt grüßen.[137] Doch während der englische Staatsphilosoph als einzigen Ausweg aus sittlichem Chaos und drohendem Untergang die Bündelung der Macht in der Hand des Königs sieht, tritt in diesem Mythos ein Redner als Retter auf. „Sine vi – ohne Gewalt", allein mit der Macht des Wortes, mit der Kraft der Überzeugung und – das ist besonders wichtig! – mit der Schönheit seiner Sprache erhebt er die Menschheit zur Tugend und zur Herrschaft des Rechts. So steht die Rede Pate bei der Geburt von Kultur, Menschlichkeit und Veredelung der Sitten. Der Zauber der Sprache also – mächtig genug, die Herzen zu bilden und zu formen.

Cicero oder Hobbes, Wort oder Macht, Schönheit oder Zwang, wer von beiden hat recht? Das ist eine falsche Alternative, denn so einfach lassen sich die Gewichte nicht verteilen. Gewiss, das Ideal sagt, andere Menschen seien zu gewinnen durch das Wort; dahinter steht für die Griechen die göttliche Macht der Πειθώ (*Peitho*, Überzeugung).[138] Doch Überzeugung geschieht keineswegs bloß in der Kraft logischer Argumente, sondern auch durch die abgründige Macht der Verführung: Das Wort ist das subtilste aller Machtinstrumente (vgl. 1.2.2). Das wussten auch die so wortverliebten Griechen: In ihrer alten Kunst findet man die Macht der Überzeugung manchmal zusammen mit Aphrodite abgebildet, der Göttin der Liebe; die Dichterin Sappho sah in dieser sogar die Mutter der Πειθώ. Die vorklassischen Vorstellungen von der Göttin Peitho kreisen damit eher um die Verführungskünste der Liebe als um die geistigen Genüsse einer gelungenen Rede, wie dies erst später dominierte. Darin sind Faszination und Erschrecken vor der Gewalt des Wortes zu spüren, überwältigend wie der Eros: „Die Rede ist ein machtvoller Herr, der mit dem kleinsten und höchst unsichtbaren Leib die am meisten göttergleichen Werke vollbringt. Sie kann Furcht verbannen und Trauer beseitigen, sie kann Lust verleihen und Mitleid erregen."[139] Der Zauber des Wortes ist darum dem Zauber einer Frau artverwandt. Das könnte ihn der Aphrodite beigesellt haben. Das Wort überzeugt nicht allein durch das Argument, sondern ebenso sehr durch seine Schönheit, also durch das Wie einer Rede. Dieses Wie greift neben den verbalen auch auf nonverbale Mittel zurück. Daran zeigt sich allerdings auch bereits die Kehrseite der Redekunst: Sie kann nicht nur überzeugen, sie kann auch verführen und verderben. Auch Cicero weiß davon, wie der ursprüngliche Segen der Beredsamkeit sich zum Fluch verwandelte, weil sie nicht mehr an Weisheit und Tugend gebunden war.

Die Griechen besaßen darum genug Bodenhaftung, um nicht in Schwärmerei zu verfallen.[140] So berichtet Herodot, Themistokles habe die Mission der Athener bei den Bewohnern der Insel Andros im frühen 5. Jahrhundert damit eingeführt, dass diese mit den beiden großen Gottheiten zu ihnen kämen: Πειθώ τε καὶ Ἀναγκαίη (*Peitho* und *Ananke*, also überzeugende Rede und ordnender Zwang [auch *Bia,* also Zwang]). Zwang ist dabei aber nicht bloß militärische Überlegenheit, wie in Ernst Fischers Revolutionsdrama „Lenin. Die Tragödie einer Revolution" von 1928, wo Lunatscharski, ein Mitstreiter, meint: „Kennen Sie die Gewalt der Begeisterung, die flammende Größe einer Idee?" Darauf der Revolutionsführer: „Was nützt das gegen Kanonen und Maschinengewehre?"[141] Nein, *Ananke* ist zuerst und vor allem die ordnende Gewalt. Ursprünglich erkannten die Mythologen darin die eherne Ordnung der Natur, der selbst die Götter unterworfen sind. In einem weiteren Sinn darf man darin jedoch auch jede Ordnung erblicken, die der Willkür des Menschen entzogen ist. Sie erst gibt dem Handeln Sinn, setzt der Verführung Grenzen und orientiert die Überzeugungskunst am Wahren und Guten. Im Miteinander der Menschen leistet dies zuerst und vor allem die Rechtsordnung. In der westlichen Hemisphäre kamen „Überzeugung und Notwendigkeit" 1945 im Angebot der USA an das in Naziherrschaft und Zweitem Weltkrieg ins Bodenlose gesunkene deutsche Volk: Wiederaufbau im Zeichen der parlamentarischen Demokratie und des offenen Streits der Meinungen (Πειθώ) und der Herrschaft des Rechtes (*rule of law,* Ἀναγκαίη).

Wie Aphrodite verführen und die Macht der Liebe vernichten kann, so kann die Πειθώ auch in die Irre leiten, den Kopf verdrehen, anstacheln und aufhetzen.

2. Rhetorik als Bezugswissenschaft der Homiletik

Das säuselnde Spiel des Rattenfängers von Hameln ist geradezu zum Gleichnis dafür geworden. Damit also Überzeugung nicht zur Manipulation wird, muss sie gebunden bleiben an eine Ordnung, welche die Macht der Rede auf das rechte Ziel hin ausrichtet – wir sprachen bereits in 1.2.3 von der „Doppelfrage nach dem Wahren und dem Guten".

Wie entwickelte sich nun die griechische Redekunst? Sinnvollerweise wird man mit dem amerikanischen Rhetorikforscher George A. Kennedy verschiedene Stufen unterscheiden[142]:
– *Primäre Rhetorik:* Die Ausbildung einer Redekultur noch ohne explizite Reflexion auf deren Kunstregeln.
– *Sekundäre Rhetorik:* a) Technische Rhetorik: Die Spezialisierung von Redelehrern, die Kunstregeln und eine entsprechende Didaktik entwickeln. b) Philosophische Rhetorik: Die Gegenbewegung, um gegenüber den Gefahren einer Instrumentalisierung der Rede die Würde der Überzeugung durch das Wort wieder herzustellen (Bezug zu Wahrheit und Gutheit, vgl. 1.2.2.2). c) Literarisierung: Schriftliche Edition von vorbildlichen oder bedeutsamen gehaltenen Reden, allmählich aber auch Verselbständigung zu von vornherein schriftlich konzipierten Reden und Einfluss der Redekultur auf das literarische Leben überhaupt.

2.1.1.1 Primäre Rhetorik – Quellgebiete der Rede

Die Rhetorik als πειθοῦς δημιουργός *(peithous demiurgos)*, als „Stifterin von Überzeugung", so hat der Sophist Gorgias die Kunst der Rede definiert.[143] Sie ist die „Kunst zu überzeugen", die *ars persuadendi,* wie die klassisch knappe Definition lautet. Doch lange bevor die Griechen auf diese Kunst reflektierten, ihre Regeln theoretisch erhoben und systematisierten, lange also vor dem Aufkommen einer theoretisch und systematisch entwickelten „sekundären Rhetorik" stand die Rede selbst in Blüte („primäre Rhetorik"). Alle Kultur kennt Gespräch und Rede als wichtigste Mittel eines zivilisierten Miteinanders der Menschen. In Griechenland aber offenbaren schon die vorklassischen literarischen Zeugnisse geradezu einen Kult der Rede. Das homerische Doppelopus von Ilias und Odyssee ist von Götter- und Heldenreden durchzogen, und in diesen vollzieht sich die eigentliche Dramatik des Geschehens viel mehr als durch die Heldentaten des Kampfes und der Bewährung. Diese Reden sind so kunstvoll gestaltet und stilisiert, dass man zur Zeit Homers bereits von einer Hochkultur der großen Rede ausgehen kann. Sie war eine Kultur der Mündlichkeit, von der die homerischen Reden nur einen verschriftlicht-stilisierten Reflex darstellen. Vor allem drei Orte sind es, an denen die Rede lebte: die Volksversammlung, das Gericht und der Vorabend einer Schlacht. Daraus sind die drei Hauptgattungen der Rede entstanden, die politische, die Gerichts- und die Feldherren- bzw. Lobrede. Diese drei

Orte verbindet eines: Sie schaffen eine Stunde der Wahrheit. Es geht um Entscheidendes, und die Gunst der Stunde wird demjenigen zufallen, der die größeren Überzeugungen zu stiften versteht.[144]

1. **Die Volksversammlung – die politische Rede:** Sobald die politischen Verhältnisse eine echte Beratung und öffentliche Entscheidungsfindung zulassen, sobald also strenge, auf einen einzigen Monarchen zulaufende Hierarchien zugunsten gemeinschaftlicher Abstimmung – im Bund der Könige, im Rat der Fürsten oder schließlich in der demokratischen Volksversammlung – abgeschmolzen sind, erhält die Rede eine Schlüsselposition[145], erkannte man doch, „daß das Schicksal der Rhetorik, als einer Tochter der Republik, die sich allein in Freiheit entfalten könne, untrennbar mit dem Schicksal der Demokratie verbunden sei. Herrscht das Volk, regiert die Rede; herrscht Despotismus, dann regiert der Trommelwirbel."[146] Wenn es einem Redner gelingt, eine Mehrheit hinter seine Sicht der Dinge zu bringen, dann wendet sich das Blatt zu seinen Gunsten. So ist bis heute die politische Rede einer der großen Orte der Rede überhaupt. Und im Umkehrschluss muss man mutmaßen, dass der Verfall eben dieser Rede, das bloße Sprechen auf den in den „Tagesthemen" zitierfähigen Halbsatz hin, für das Funktionieren der Demokratie bedenklich ist.[147] Hier wird nicht mehr auf Freiheit und Rationalität hin argumentiert und werden kritische Bürger nicht auf Einsicht hin angesprochen, sondern es werden Reize gesetzt, die von selbst Reiz-Reaktions-Mechanismen in Gang setzen sollen (genauer gesagt, dass die Bürger am nächsten Wahltag das Kreuzchen an der richtigen Stelle machen sollen).[148] Das ist letztlich nichts anderes mehr als das Reizwort für den dressierten Hund, der daraufhin aufspringt und tut, was das Herrchen von ihm will.[149]

2. **Die Gerichtsrede**[150]: Diese Art der Rede wird in Griechenland vor allem durch zwei Umstände wichtig: die Ausbildung des Volksgerichtes in der Demokratie, also der Entscheidung von Rechtsstreitigkeiten oder bei Verbrechen vor einer Versammlung von Bürgern, und das Erfordernis, seine Sache persönlich in einer Rede zu verteidigen. So wird vor den Schranken des Gerichtes um das Urteil gerungen, und welche Partei ihre Auffassung als gerecht und plausibel hinzustellen vermag, trägt den Sieg davon. Auch an dieser Stelle gilt: Die große Gerichtsrede – man hat hier unwillkürlich das gerade in den USA so beliebte *genus* des Gerichtsfilms mit den dramatischen Kämpfen zwischen Verteidigung und Staatsanwaltschaft im Angesicht einer skeptischen Jury vor Augen – ist der Lackmustest einer funktionierenden Rechtsordnung, und ihr Verfall in Hetze und Schauprozess (etwa Freislers Volksgerichtshof) oder auch schlichter Langeweile zeigt deren Perversion an.

3. **Der Vorabend einer Schlacht – die Feldherrenrede:** Wo die Soldaten keine bloßen Sklaven und Söldner sind, wo sie als freie Bürger ihre Heimat verteidigen, da kommt alles darauf an, dass sie im Schlachtenlärm wissen, wofür sie kämpfen. Sich dieses Zieles, seines hohen Gutes und darum auch des höchsten

Preises, der Hingabe des eigenen Lebens zu vergewissern, das ist der Sinn der Feldherrenrede, die jedem Lateinschüler seit Caesars „De bello Gallico" vertraut (und oft „vergrault") ist. Eine Variante dieser Gattung ist die „Leichenrede" zur Ehre der Gefallenen nach dem Ausgang der Schlacht, in einem weiteren Sinn aber auch jede Form der Ehrung für einen Lebenseinsatz („Lobrede" bzw. „Gelegenheitsrede").

Mit diesen drei Quellorten der Rede haben wir auch schon ihre drei großen Gattungen bestimmt: die politische, die Gerichts- und die Gelegenheitsrede. Sie stehen für drei paradigmatische Situationen: die gemeinschaftliche Beratung, der Streit und der Lebenseinsatz.[151] Bereits an dieser Stelle lässt sich fragen: Was haben diese drei Orte für das Selbstverständnis einer christlichen Redelehre zu sagen?

1. Die politische Versammlung erinnert an den **kirchlichen Charakter** der Predigt. Wie diese tritt die Predigt nicht vor Fremde, sondern sie erhebt die Stimme um eines gemeinsamen, alle verbindenden Gutes willen, nämlich des Evangeliums. So ergreift der Prediger das Wort innerhalb der „Gemeinschaft der Heiligen", um auf der Grundlage der Zusammengehörigkeit im Herrn und der Bindung an die drei *vincula* der kirchlichen Gemeinschaft – Lehre, Sakramente und kirchliche Autorität – eben diese Grundlagen zu sichern und daraus Weisung für den Weg zu geben. Im Namen der Kirche spricht er also, nicht bloß auf eigene Faust.[152] Hier erhält auch die Zusammengehörigkeit von Πειθώ und Ἀναγκαίη ihren christlichen Sinn. Das um Zustimmung ringende Wort der Predigt (Überzeugung) und das bindende Glaubensgut der Kirche (vorgegebene Ordnung) gehören zusammen. Sie sind wie *intellectus fidei* und *fides* oder auch wie persönlicher Glaubensakt des Predigers und gemeinsames Glaubensbekenntnis der Kirche. Die Predigt zeichnet sich damit nicht nur durch Treue zur kirchlichen Lehre aus – das bleibt ihre Grundlage –, sondern sie bemüht sich um ihre betende Durchdringung: Was bedeutet das Evangelium für uns? Wie kann es heute gelebt werden? Welche Antwort gibt es auf unsere Fragen?[153] Am greifbarsten wird dieser Zusammenhang in der eucharistischen Homilie: Die feste Gestalt der Liturgie, ihre Gesten, Gebete und Leseordnung, geben dem Prediger den Inhalt seiner Rede vor. Er hat zuvor die Texte der Liturgie meditiert und möchte nichts als ein Mann des Wortes Gottes sein. Auf dieser Grundlage spricht er nun aber ganz persönlich und versucht, seine Hörerschaft persönlich anzusprechen. Die Personalisierung des Glaubensgutes aber mündet abschließend wieder in das gemeinsam gebetete Glaubensbekenntnis und in die Feier der Liturgie[154].

2. Die Gerichtsverhandlung erinnert an den **prophetischen Charakter** der Predigt. In der christlichen Verkündigung geht es um den letzten Ernst von Umkehr und Glauben (vgl. Mk 1,15). Sie spricht von der alles entscheidenden Wirklichkeit: Ist ein Leben im Herrn gelebt oder an ihm vorbei, ja vielleicht gegen ihn? Davon hängt das letzte, ewige Geschick ab, wie die Lehre vom Gericht bezeugt.

3. Bei der Gelegenheitsrede denkt man unwillkürlich an die **Heiligenpredigt**. Ein im Herrn gelebtes Leben ist vollendet, und sein Glanz wird nun ins Wort gehoben: Was war das, dass ein gewöhnlicher Mensch in der Kraft Gottes zu so Außergewöhnlichem fähig war, etwa dem Blutzeugnis für Christus? Aber auch jede *Festrede* ist Gelegenheitsrede. Das Fest feiert, was im Herrn bereits geschehen ist, etwa seine Menschwerdung, sein Kreuz oder seine Auferstehung. Preisend erfasst die Predigt diese Heilswirklichkeit und bezeugt sie als gegenwärtig.

Die „sekundäre Rhetorik" als theoretische Reflexion auf die in der Redepraxis entwickelten Einsichten ist nie ohne die ausgeübte Redekunst („primäre Rhetorik") selbst zu verstehen. Dennoch darf man nicht der naiven Ansicht erliegen, als wäre das eine nur die Anwendung des anderen. So übten die großen Redner, etwa die großen attischen Redner wie Demosthenes und Lysias, weiterhin einen nicht zu unterschätzenden Einfluss auf andere Redner als Vorbilder des Stils aus, während umgekehrt die Theorie der Rede wie jede Wissenschaft mit ausgiebigem Schulbetrieb sich in einen elfenbeinernen Turm verschließen konnte, dessen Lehren, Debatten und Methoden ohne Blick auf die sich verändernden Bedingungen der faktischen Rede tradiert wurden.

Denkanstoß
> Die Feldherrenrede ermutigt zur Lebenshingabe. Darin entwickelt sie eine besondere Nähe zur religiösen Aufforderung zur Ganzhingabe. So finden sich in der Heiligen Schrift neben der eigentlichen Ermutigung vor einer Schlacht – etwa bei Judas, dem Makkabäer (1 Makk 3,18–22) – auch unzählige Worte, die zur Umkehr und Neuausrichtung des ganzen Lebens, zu ungeteilter Bündnistreue, Nachfolge und Jüngerschaft aufrufen. Inwiefern enthalten solche Passagen – etwa die Aussendung der zwölf Jünger (Lk 9,1–6) oder die Nachfolgeworte aus Lk 9,23–27 – analoge Elemente? Worin unterscheiden sie sich von der Feldherrenrede?

2.1.1.2 Sekundäre Rhetorik: Die technische Rhetorik und die Sophisten

Bei einer solchen Bedeutung der öffentlichen Rede nimmt es nicht wunder, dass sich bald schon Experten zu Wort meldeten, welche die τέχνη τῶν λόγων (*techne ton logon* – „Kunst der Worte") zu lehren vorgaben oder die etwa einem Mann, der vor Gericht zu erscheinen hatte, seine Rede kurzerhand gegen Entgelt aufsetzten.[155] Fließend sind somit die Übergänge hin zu einer „technischen Rhetorik", wie sie die Sophisten seit dem 5. vorchristlichen Jahrhundert vertraten.[156] Die Anfänge liegen in der *magna Graeca* Siziliens, besonders in Syrakus nach 467. Als Erstem wird Empedokles der Anspruch zugeschrieben, ein Redelehrer zu sein, doch dürfte dies legendarisch sein. Teisias und Korax in der 2. Hälfte des 5. Jahrhunderts gelten als die ersten professionellen Redelehrer, allerdings könnte

2. Rhetorik als Bezugswissenschaft der Homiletik

κώραξ (*korax* – der Rabe) auch nur der Spitzname des Teisias sein, mit dem seine frechen Mitbürger dessen krächzende Stimme aufs Korn nahmen.

Bald um 400 v. Chr. aber entfaltet die Redekunst ihren eigenen Glanz, und sie erschafft sich ihre Stars. Nun schlägt die Stunde der Sophistik. Namen wie Thrasymachos von Chalkedon, Lysias, Protagoras, Gorgias, Kallikles, Hippias und Prodikos sind uns fast ausschließlich aus den sokratischen Dialogen geläufig – leider, so muss man sagen, denn das ist etwa so, wie wenn man einen eingefleischten Fan von „1860 München" nach seiner Einschätzung von „Bayern München" befragt. Wie auch immer, was die Sophisten verlockt, das ist die Macht der Πειθώ. In einer Zeit des Umbruchs und der Traditionskrise gehört um 400 v. Chr. in Athen die Zukunft dem, der die gesellschaftlichen Kräfte zu nutzen und die Massen hinter sich zu bringen versteht – also in vielerlei Hinsicht eine der Gegenwart vergleichbare Zeit. Die sie zügelnde Kraft der Ἀναγκαίη, also von Ordnung und Gesetz, ist geschwächt, und umso mehr scheint der Πειθώ-Gewalt der Rede nichts unerreichbar. Da ist sie übrigens wieder, die Aphrodite-Seite des Wortes: allgewaltig und allzerstörend wie der Eros! So führt ein Thrasymachos von Chalkedon den Prosarhythmus ein, also eine Art Musikalisierung der Sprache, die sich dadurch ins Ohr schmeichelt, und Gorgias das Postulat, die Rede dem Charakter des Redners anzupassen (πρέπον/*prepon*) und sie so zur Überhöhung seiner Persönlichkeit zu nutzen. Theodorus von Byzanz entwickelte sich zum Spezialisten des Redeaufbaus, Alkidamas zu dem der Stegreifrede („extemporieren") und Antiphon zu dem der Beweistechnik, die er anhand von Musterreden für drei verschiedene Fälle von für oder gegen einen des Mordes Angeklagten veranschaulichte – alles Techniken, auf die sich alles andere als der Staub der Jahrhunderte gelegt hat! Zur gleichen Zeit erschienen auch erste Handbücher der Redekunst, knappe Ratgeber ohne tieferen Anspruch – ganz „technische Rhetorik" im Sinn Kennedys, und die Rhetorik wurde ein Wissenschaftssystem mit vielen Forschungsfeldern. Das wichtigste Zeugnis dieser technischen Rhetorik ist die bis heute lesenswerte „Rhetorik an Alexander", die lange Aristoteles zugeschrieben wurde, für die heute aber eher Anaximenes von Lampsakos als Autor angenommen wird.

Gleich ob man nun ein 1860er- oder ein Bayern-Fan ist, eines steht fest: Bei alldem zeigen die Sophisten eine geradezu beängstigende Modernität. Der Mensch steht im Mittelpunkt, „der Mensch ist das Maß aller Dinge", wie der berühmte *homo-mensura*-Satz des Protagoras lautet.[157] Diese Anthropozentrik heißt aber nun nicht Maßnehmen an einer unveränderlichen Menschennatur, an unveräußerlicher Menschenwürde oder auch nur kosmopolitisch am Sinn für die Gemeinsamkeit aller Menschen jenseits von Sprach- und Völkergrenzen. Nein, der Mensch, das ist nun der konkrete Mensch, das Bedürfniswesen, seine Interessen, sein Durchsetzungswille, das Recht des Stärkeren, der Geldwert der Bildung und nicht zuletzt seine Leidenschaft und Irrationalität – beinahe möchte man dafür schon das Marx'sche Diktum vom Menschen als „kein abstraktes, außer der Welt hockendes Wesen" in den Mund nehmen.[158] Geschichtlichkeit, Relativismus, Veränderbarkeit und Machbarkeit, das sind die Maximen. Gutheit und Wahrheit haben nur Bedeutung, insofern sie im Spiel der gesellschaftlichen Kräfte Anerkennung erlangen. Kaum eine denkerische Bewegung des Abendlandes erscheint dadurch so sehr als Spiegel der Gegenwart. Vor allem zwei Protagonisten verdeutlichen diese weltanschauliche Position in ihrer Auffassung von der Rede, Gorgias und Protagoras:

– *Gorgias von Leontinoi* (ca. 480–380 v. Chr.) kam 427 von Sizilien nach Athen und darf als der Begründer der sophistischen Rhetorik in Athen und als ihr Großmeister gelten. Seine Neuerungen schließen die bewusste Erregung von Affekten ein. Zwei Musterreden sind von ihm überliefert, „Palamedes", der sich vom Vorwurf des Verrates durch die Schilderung seines Ansehens reinigt, und „Helena", deren aphrodisischer Πειθώ bekanntlich viele Kämpfer vor Troja ihr Leben hinopferten, die Gorgias aber nun – das ist der Stolz seines Rednertalentes – entgegen der allgemeinen Verurteilung von jeglichem Tadel freizusprechen versucht. Damit zeigt er gut sophistisch, dass das Wort alles vermag. Der Zauber der Πειθώ führt den Sophisten auch dazu, sich der schönen, zweckfreien Rede zu widmen – *l'art pour l'art* gewissermaßen. Das geistreiche Genießen der eigenen Bildung, der treffenden Formulierung, des Spiels mit den Redefiguren, des klangvollen Flusses der Sätze („gorgianische Periode", d. h. der kunst- und klangvolle Satzbau), dafür steht dieser Meister.

– *Protagoras* (487–412 v. Chr.) ist demgegenüber philosophisch-grundsätzlicher. Seinen *homo-mensura*-Satz haben wir bereits erwähnt.[159] Nach ihm ist es Aufgabe des Redners, mithilfe seiner Kunst „den schwächeren λόγος zum stärkeren zu machen"[160]. Der Relativismus der Wahrheit schlägt sich bei ihm darin nieder, dass er das Wahrscheinliche (εἶκος/eikos) höher stellt als das Wahre.[161] Und die Tatsache, dass die Rede alles entscheidet, spiegelt sich in seiner Überzeugung wider, dass es von jeder Sache stets zwei entgegengesetzte Meinungen gibt – nichts also ist evident und unbestritten, alles muss sich erst im Streit der Meinungen als wahr und richtig erweisen.[162]

„Sophistik" klingt heute pejorativ. Sophisten erscheinen als hinterlistige, geldgierige Betrüger und Scharlatane, gerissen wie Werbefachleute und hohl wie Modegecken. Doch dies ist die Sophistik in den Augen der platonischen Kritik. Wir werden darauf noch eingehen. Zunächst jedoch muss ihre Leistung anerkannt werden.[163] Denn es gelingt ihnen ein Mehrfaches:

– Die *Verbegrifflichung und Systematisierung* der Redekunst, ihrer Teile und ihrer Mittel. So kommt es zur Ausbildung einer eigentlichen rhetorischen Wissenschaft: „Die Rhetorik ist in zweifacher Hinsicht eine formale Disziplin: Sie befaßt sich einmal mit den sprachlichen Formen (den klanglich-rhythmischen, den semantischen und den syntaktischen Mitteln) einer über die Alltags-

konversation hinausragenden Kunstprosa. Sie befaßt sich zum anderen mit den logischen Formen (den die Wahrheit zutage fördernden oder verschleiernden Strukturen) einer möglichst überzeugenden Argumentationstechnik."[164]
- Die *Pädagogisierung* der Rhetorik, die nun als eine τέχνη *(techne)* lehrbar gemacht wird.
- Die *Ästhetik* der Rede gewinnt nun ein reiches Repertoire an Stil- und Ausdrucksmitteln, die nicht nur den Geist, sondern vor allem die Sinne und Affekte anrühren sollen: „Die Wirkung der Rede verhält sich zur Stimmung der Seele ebenso wie die Bestimmung der Gifte zur Natur des Körpers. Denn wie jedes Gift wieder andere Säfte aus dem Körper ausscheidet und das eine der Krankheit, das andere dem Leben ein Ende macht, so bewirkt auch die Rede bei den Zuhörern bald Trauer bald Freude, bald Furcht bald Zuversicht, manchmal aber vergiftet und verzaubert sie die Seele durch Verführung zum Bösen."[165]
- Doch auch die *inhaltliche Seite* der Rede profitiert von der sophistischen Professionalisierung, welche eine logische Durchdringung der Argumentation in Dialektik und Eristik (Streitkunst) leistet. Dabei ist sie geleitet von der radikalen Identifikation von Wahrheit und Wahrscheinlichkeit, von Sein und Schein, von Innen und Außen und damit letztlich von Inhalt und Form: „Sein ist gleich jemandem Erscheinen."[166]
- Schließlich wird die Rhetorik zu einer Art *Universalwissenschaft*, sie wird gleichbedeutend mit Bildung schlechthin. Wer sich im öffentlichen Leben bewähren will, muss reden können, und wer mitreden will, muss in allen Aspekten dieses Lebens bewandert sein.[167] So werden einerseits die Grundlagen der Sprachwissenschaft gelegt; Grammatik wird zu einem festen Bestandteil des Lehrstoffs. Andererseits werden auch Themen der Natur- und der Moralphilosophie in den Unterricht aufgenommen, so dass das Programm des Redeunterrichts eine regelrechte enzyklopädische Bildung umfasst. Damit wird die Rhetorik zu einer Art Philosophie, allerdings einer solchen, die nicht an Dialektik und Argument, sondern an Auftritt und Wirkung orientiert ist. Damit ist von vornherein eine Nähe und gleichzeitig Konkurrenz zur Philosophie gegeben, die ebenso einen Universalanspruch vertritt.

Halten wir einen Moment inne und fragen uns: Kann eine solche geradezu provozierend moderne Bewegung wie die der Sophisten die christliche Predigt etwas lehren? Ihre eben genannten fünf Errungenschaften lassen sich durchaus ins Christliche transponieren. Im Sinn von Πειθώ und Ἀναγκαίη vertritt die Predigt Erstere. Bei aller Bindung an die Vorgaben des Glaubens und der liturgischen Ordnung (Ἀναγκαίη) ist sie doch das Feld der Freiheit, der offenen Kommunikation, der Personalisierung und des stets unsicheren Geschäftes, die Herzen zu gewinnen. Gegen die Versuchung, die Predigt bloß als nette, ansprechende Verpackung des Glaubensinhalts zu verstehen, provoziert die Sophistik. Beim Predigen steht alles auf dem Spiel: Springt der Funke des Glaubens über oder nicht? In der Begegnung und Auseinandersetzung, im Streit der Meinungen und im Suchen und Fragen aller Beteiligten kommt alles darauf an, dass die Predigt ihre Sache ernst nimmt und nicht vertändelt. Der Prediger muss begreifen: Recht haben allein bringt nichts, er muss es angesichts der oft widersprüchlichen Bedürfnisse, Ansichten und Interessen seiner Hörer auch glaubhaft, ja anziehend machen. Dabei sollte er schließlich die ästhetische Seite, die Affektivität und das Irrationale nicht unterschätzen, sondern in den Dienst der Evangelisierung stellen.

Denkanstoß

Die Sophistik stellte die Rede in den Mittelpunkt einer Universalwissenschaft, d. h. Ausbildung, Wissen und Kultur waren darauf ausgerichtet, in der Öffentlichkeit die eigenen Anliegen wirkungsvoll präsentieren zu können. In mancherlei Hinsicht steht in der Gegenwart das Bild im Mittelpunkt – vom Logo über den Blickfang einer Website bis zu den Fernsehbildern eines Großereignisses („iconic turn"). Sind also Wort und Rede nur noch Instrumente im Kampf um visuelle Dominanz? Oder erkennen Sie einen bleibenden Mehrwert einer primär sprachlichen Kultur? Inwieweit kommen dabei auch Faktoren zum Tragen, die wir in 1.2.2 zu Rede und Gespräch angeführt haben?

Exkurs: „Asianismus" und die Gefahr der Hypertrophie des Rhetorischen

Unter den vielen Bewegungen und Modeströmungen der nachklassischen Zeit sei nur die von der Rhetorik- (und Literatur-)Geschichte aller Zeiten offenbar untrennbare Kontroverse zwischen einem asianischen Stil der Üppigkeit, des Effektes und der sprachlichen Grenzüberschreitung (mit weitausgreifenden Phrasen, Spiel mit Worten und Wortbildungen, Rhythmus- und Klangeffekten, aber auch häufiger dialektischer Zuspitzung eines Gedankens [Sentenzenstil], begründet durch Hegesias von Magnesia [um 320–280 v. Chr.], ohne dass es jedoch zu einer einheitlichen Schulbildung kam) und einem attizistischen Stil des Maßes, des Regelbewusstseins und der Sprachreinheit erwähnt (etwa bei Gaius Licinius Macer Calvus [82–47 v. Chr.] und den „Jungattikern" Dionysios von Halikarnassos [1. Jahrhundert v. Chr.] und Lukian von Samosata [120–180]).[168] Im 1. Jahrhundert v. Chr. erreichte die Kontroverse ihren Höhepunkt – am bekanntesten in Ciceros Werken „Brutus" und „Orator" –, begleitete seitdem über Jahrhunderte die Diskussion und wirkte noch in der Renaissance nach. Attizismus verlangte die Orientierung am Vorbild der Redner Athens in der klassischen Zeit um 400 v. Chr., insbesondere des unaufdringlichen, sachbezogenen Stils des Isokrates oder des Lysias. Damit wandte er sich gegen die für seine Begriffe modische Entartung des Asianismus (im Sinn Kleinasiens), der die Rede effekthascherisch, pathetisch und affektgeladen überfrachte. Abseits aller Polemik legt die Kontroverse allerdings ein Grundprinzip guter Rhetorik frei: die Bindung der Mittel an das Ziel der Rede. Sprachliche und gedankliche Gestaltungsmittel sind darum mit Maß und Ziel zu verwenden. Gegen dieses Prinzip können aber beide Richtungen verstoßen. Der Asianismus kann zur Hypertrophie des Rhetorischen führen, ebenso wie der Attizismus zur Vernachlässigung der kommunikativen Aufgabe, die Hörer mit den eigenen Anliegen zu erreichen. Auch unter den christlichen Predigten finden sich solche des asianischen Typs (etwa Ignatius von Antiochien und Melito von Sardes), häufiger aber ein gemilderter attizistischer Typ, der aber gerade um seiner Volkstümlichkeit willen häufig stilistisch eher pragmatisch vorgeht.

2.1.1.3 Philosophische Rhetorik – das Dreigestirn Sokrates, Platon und Aristoteles

Sophistik war in mancherlei Hinsicht jugendlicher Überschwang. Ihre Einseitigkeit, Unerfahrenheit und Selbstgefährdung rief geradezu nach dem Korrektiv:

„Denn wenn es zwei Arten von Redekunst gibt, dann ist eben wohl die eine davon Schmeichelei und üble Volksrednerei. Die andere dagegen ist schön: zu bewirken, dass die Seelen der Mitbürger möglichst gut werden, und sich zu bemühen, immer das Beste zu sagen, ob es den Zuhörern angenehm oder unangenehm ist. Aber hast du diese Art von Redekunst je angetroffen?"[169]

Was kam, war aber weit mehr als dies: Es war das große Dreigestirn Sokrates, Platon und Aristoteles, also die klassische Konstellation abendländischer Philosophie.

„Diese Skepsis, dieser Relativismus der Sophisten stieß auf den Widerspruch des Sokrates und Platons: Sokrates und Platon glaubten zwar auch, dass es mit der unbefragt hingenommenen Tradition für immer vorbei sei; sie waren indes der Überzeugung, dass die durch diese Erkenntnis bedingte Krise der Werte gemeistert werden müsse, dass es die Aufgabe der Vernunft sei, die Tradition auf höherer Ebene durch die Schaffung eines neuen, unwiderleglichen, krisenfesten Systems von Werten zu ersetzen. Sie sahen sich daher vom Opportunismus, von der Standpunktlosigkeit der Sophistik durch einen tiefen weltanschaulichen Graben getrennt, und eine der vornehmsten Zielscheiben ihrer Angriffe war die Rhetorik, das formale Instrument, mit dem sich beliebige Auffassungen durchsetzen und beliebige Ziele erreichen ließen."[170]

1. **Sokrates** (469–399 v. Chr.) tritt zunächst noch weitgehend bloß als Korrektiv der Sophistik auf. Ihre Voraussetzungen teilt er durchaus: den Vorrang des Individuums, die Lehrbarkeit der Tugend und den jugendpädagogischen Anspruch, die Herausforderung der Traditionskrise und des Wertewandels. Innerhalb dieses Rahmens versteht er sich jedoch als Überprüfer der vollmundig vorgetragenen sophistischen Ansprüche auf Wissen und seine Lehrbarkeit. Dabei demaskiert er

die vielen ungedeckten Schecks der Redelehrer. Während ein Gorgias stolz behauptet, er könne jede Frage beantworten und niemand habe ihn seit vielen Jahren mehr etwas Neues, ihn in Verlegenheit Setzendes gefragt,[171] weist Sokrates ihm nach, dass er nicht einmal weiß, was die Redekunst selbst ist. So führt Sokrates letztlich alles auf sein Credo der Demut hin: „Ich weiß, dass ich nichts weiß." Gleichzeitig weist er der weiteren Reflexion den Weg: Jede Rede muss sich am Sinn der Rede messen lassen, an ihrer Bedeutung, letztlich an ihrer Wahrheit anstatt der durch rhetorische Kniffe erzeugten Wahrscheinlichkeit. Damit fordert er zugleich den Primat des λόγος *(logos)* vor dem πάθος *(pathos)*, also der Rationalität vor der Leidenschaft. Diese Wahrheit fällt nämlich nicht mit dem Akt des Sprechens zusammen, auch nicht mit seiner faktischen Wirkung, die ja doch auch bloße Verführung sein kann. Sie steht ihm gegenüber und bemisst ihn. Mehr noch, sie bemisst auch den Sprecher: Führt er ein Leben, das auf die Wahrheit und Gutheit hin ausgerichtet ist oder nicht? Das ist das sokratische Ideal der guten und schönen Existenz, der καλοκἀγαθία *(kalokagathia)*. Damit erhebt sich über der Redekunst eine neue Macht, der diese unterworfen ist: die Macht der Wahrheit und Gutheit. Und solange deren Maßstäbe noch nicht verlässlich erkannt sind – am Ende der Überprüfungen durch Sokrates steht die Aporie und noch nicht die Lösung –, hat die Rede buchstäblich noch keinen Sinn; sie bewegt sich in einer Welt des Scheins und Selbstbetrugs. Darum verzichtet Sokrates auf die Rede und erschöpft seine Tätigkeit in der Prüfung von Ansprüchen im Dialog.

2. **Platon** (428/427–348/347 v. Chr.) interessiert sich vor allem für das Woraufhin der Rede, ihren Sinn und ihre Bedeutung. Es muss aus der Welt des Scheines und Betruges heraustreten. Es darf nicht dem Hin und Her der Meinungen, der faktischen Veränderung der Sitten und Auffassungen, dem Spiel der Interessen unterworfen sein. So wie er darum die Rede von ihrem Woraufhin abhebt, so unterscheidet er die faktische Erscheinung (φαινόμενον/*phainomenon*) von der unveränderlichen Idee (νοούμενον/*nooumenon*). Bildung, Jugenderziehung, überhaupt öffentliches Wirken haben nur Sinn, wenn sie sich von dieser Welt der Idee, dem Bereich der Wahrheit, in Dienst nehmen lassen. Rhetorik wird darum zur Seelenführung (ψυχαγωγία/*psychagogia*), zur Besserung der Seelen anderer in der Anerkennung des wahren Seins.

Später hat Platon seine Position noch einmal verfeinert („Phaidros") und differenziert („Nomoi" [Die Gesetze]) und damit Einseitigkeiten und mangelnder Realitätsnähe entgegengearbeitet. Der „Phaidros" entwirft positiv eine gute Art von Rhetorik, die auf Wahrheit aufgebaut ist. In den „Nomoi" legt er ein Erziehungsprogramm vor, das man als ein Seelsorgsprogramm im eigentlichen Sinn des Wortes bezeichnen kann. Denn alles öffentliche Leben wird daraufhin neu gestaltet, dass es die Seelen der Bürger zum rechten Leben hinführt. Dieses Programm setzt „ein eingehendes Studium der Seele, ihres Wesens, ihrer Eigenschaften und Funktionen voraus", weiß aber, dass dieses Erziehungswerk „von

2. Rhetorik als Bezugswissenschaft der Homiletik

den gleichen Kräften bedroht ist, die es ermöglichen"[172]. Braucht es nämlich auf der einen Seite einen edlen Zorn, um gegen Übergriffe und Ungerechtigkeit anderer vorzugehen, so kann die gleiche Zorneskraft, der θυμός *(thymos)*, alles Erziehungswerk wieder zunichte machen und den Menschen in einer Art Regression wieder zum von Leidenschaften getriebenen, irrationalen Wesen machen. In diesem Zusammenhang erhält auch die Redekunst eine ambivalente Bewertung:

> „Aus leicht hingeworfenen Reden erwachsen schwerwiegende Wirklichkeiten, nämlich Haß und tiefste Feindschaft. Wer solchen Ton in der Rede anschlägt, der zeigt sich nachgiebig gegen etwas sehr Unnachgiebiges, gegen den Jähzorn, indem er dieser seiner Leidenschaft nur weitere verderbliche Nahrung zuführt, so dass, was die Erziehung etwa zur Milderung seiner Seelenbeschaffenheit leistete, nun wieder der Verwilderung anheimfällt und er ein trübes Leben führt, mehr wie ein Tier denn als ein Mensch, wahrlich ein bitterböser Dank, den er von dem Jähzorn für seine Nachgiebigkeit gegen ihn erntet."[173]

Dass die Sophistik die Kritik nicht unerwidert ließ, lässt sich leicht begreifen. Vor allem Isokrates (436–338 v. Chr.), ein Schüler des Gorgias, setzte sich mit den Thesen Platons auseinander und legte nun ein Verständnis der Redekunst vor, das ein praktisches, Übertreibungen und Einseitigkeiten vermeidendes, stilistische Mittel maßvoll und gezielt einsetzendes und dem gesunden Menschenverstand verpflichtetes Bildungsideal vor Augen hat – ein Ideal, das viele heutige Zeitgenossen teilen würden. So wird dieser in gewisser Weise zum Vollender einer reif gewordenen Sophistik.[174]

3. Während Sokrates und Platon vor allem als überbietende Gegenbewegung zu den Aporien der Sophistik zu verstehen sind, unternimmt **Aristoteles** (384–322 v. Chr.) den Versuch einer Synthese – freilich unter den Prämissen seiner beiden philosophischen Vorgänger. Bei aller Orientierung am Wahren und Guten wie durch Sokrates und Platon begreift er doch, dass die Rede eine Wirklichkeit *sui generis* ist. Darum gilt sein Interesse auch der sichtbaren Erscheinung und der faktischen Wirksamkeit der Rede, und so schöpft er auch gerne aus den rhetorischen Werken etwa des Isokrates. Vor allem zwei seiner eigenen Werke widmen sich der Sprache als eigenständiger Wirklichkeit, die „Poetik" und die für unsere Zusammenhänge entscheidende „Rhetorik".[175] Programmatisch eröffnet er diese mit der viel diskutierten Bestimmung: „Die Rhetorik ist die *antistrophe* zur Dialektik."[177] Wie der Chor der griechischen Tragödie nach einer Strophe eine ihr komplementäre Gegenstrophe („Anti-strophe") vorträgt, so ruft die Dialektik, also die wie bei Sokrates durch prüfendes Erwägen aller Aspekte gewonnene Erkenntnis über allgemeine philosophische Fragen, nach einer ebenbürtigen Ergänzung, nämlich der Vermittlung der darin gewonnenen Wahrheit an andere. Konsequenterweise bestimmt der Stagirit darum die Rhetorik als die Fertigkeit,

„in jedem Einzelfall die erreichbaren Mittel der Überzeugung (πιθανά/*pithana*) zu sehen"[177], wie man das in freier Übersetzung wiedergeben könnte. Es reicht also nicht, die Wahrheit an sich zu erkennen, man muss sich auch der Aufgabe stellen, sie anderen zu vermitteln.

Rede ist somit weit mehr als bloße Verpackung. Der Redner steht vor der Aufgabe, das Gesamt der Wirklichkeit daraufhin anzuschauen, wie es bei anderen Überzeugung hervorrufen kann. Von Ferne deuten sich hier bereits moderne sprachphilosophische (Ludwig Wittgenstein) und sozialphilosophische (Jürgen Habermas) Wahrheitstheorien an, welche die kommunikative, konsensorientierte Seite zu würdigen versuchen. Mehr noch, ein solches Überzeugen muss den Menschen als Menschen ernstnehmen, also ihn nicht auf reine Rationalität verkürzen, sondern ihn mit seinen Emotionen, seinen Bedürfnissen und seinen Prägungen ernstnehmen. Λόγος *(logos)*, also Vernunft und Argument, steht nicht gegen πάθος *(pathos)*, also die Emotionen des Publikums, sondern die Vernunft verpflichtet sich, die Erregung der Affekte und irrationalen Seiten beim Hörer verantwortlich zu gebrauchen. Das Bindeglied beider ist das ἦθος *(ethos)*, nämlich die persönliche Integrität und Glaubwürdigkeit des Redners. Ein Beispiel dafür ist das „Enthymem" (ἐνθύμημα), d. h. die spezifische Art eines verkürzten logischen Schlusses in der Rede. Ein Redner könnte etwa folgenden Zusammenhang vortragen: „Alle Menschen sind sterblich. Wer du auch bist, ob jung oder alt, ob gesund oder gebrechlich, gedenke also stets des Todes!" In einer strikt logischen Betrachtung wäre ein solcher Schluss unvollständig, denn zu einem exakten Syllogismus fehlt diesem „Enthymem" der Mittelsatz: „Auch du bist ein Mensch." Dennoch ist derart verkürzt zu reden nicht unzulässig oder fahrlässig, wenn sich der Redner nur des vollständigen Zusammenhangs seiner Schlussfolgerung bewusst bleibt. Denn im Zusammenhang der Rede ist dieser Mittelsatz implizit eingeschlossen, und allen ist er als stille Voraussetzung bewusst. Dadurch kann sehr viel unmittelbarer und packender die existenzielle Bedeutung einer allgemeinen Wahrheit („Alle Menschen sind sterblich") ins Wort gebracht werden – nicht zuletzt für die Predigt ein unverzichtbares Mittel der Argumentation. Bei Aristoteles kommt nun weiterhin schon eine zweifache Ausweitung der philosophischen Rhetorik in den Blick, die Ausbildung einer Metarhetorik und die Literarisierung der Rede.

- Die *Metarhetorik* reflektiert auf Selbstverständnis und Voraussetzungen der technischen Rhetorik und klärt ihre Ansprüche, ihre Berechtigung, ihre Grenzen und ihre Gefährdungen.
- Zum anderen richtet sich seine Aufmerksamkeit in der aristotelischen „Poetik" auf einen Prozess, der in Griechenland schon früh eingesetzt hat, die *Literarisierung* der Rede. Aus der Mündlichkeit wird Schriftlichkeit, ja Letztere kann auch auf die eigentliche Rede abfärben, so dass nun das Ideal die außerhalb einer Redesituation zu lesende, an sich gelungene und schöne Rede wird.[178]

2. Rhetorik als Bezugswissenschaft der Homiletik

Gut gesagt

In der Rede des Antonius nach der Ermordung Cäsars führt Shakespeare die Verführungskraft demagogischer Rede vor. Antonius gibt zunächst vor, die Mörder als ehrenhafte Männer zu achten. „Denn Brutus ist ein ehrenwerter Mann", heißt es litaneihaft. Doch geschickt lässt er nach und nach die Stimmung umschlagen. Am Ende enthüllt er triumphal, dass Cäsar mit seinem Testament zugunsten des Volkes dessen wahrer Freund war – und seine Mörder darum Volksfeinde!

Antonius. Mitbürger! Freunde! Römer, hört mich an:
Begraben will ich Cäsarn, nicht ihn preisen.
Was Menschen Übles tun, das überlebt sie,
Das Gute wird mit ihnen oft begraben.
So sei es auch mit Cäsarn! Der edle Brutus
Hat euch gesagt, daß er voll Herrschsucht war;
Und war er das, so war's ein schwer Vergehen,
Und schwer hat Cäsar auch dafür gebüßt.
Hier, mit des Brutus Willen und der andern
– Denn Brutus ist ein ehrenwerter Mann,
Das sind sie alle, alle ehrenwert! –
Komm' ich, bei Cäsars Leichenzug zu reden.
Er war mein Freund, war mir gerecht und treu,
Doch Brutus sagt, daß er voll Herrschsucht war,
Und Brutus ist ein ehrenwerter Mann.
Er brachte viel Gefangne heim nach Rom,
Wofür das Lösegeld den Schatz gefüllt.
Sah das der Herrschsucht wohl am Cäsar gleich?
Wenn Arme zu ihm schrien, so weinte Cäsar:
Die Herrschsucht sollt' aus härterm Stoff bestehn.
Doch Brutus sagt, daß er voll Herrschsucht war,
Und Brutus ist ein ehrenwerter Mann.
Ihr alle saht, wie am Lupercusfest
Ich dreimal ihm die Königskrone bot,
Die dreimal er geweigert. War das Herrschsucht?
Doch Brutus sagt, daß er voll Herrschsucht war,
Und ist gewiß ein ehrenwerter Mann.
Ich will, was Brutus sprach, nicht widerlegen,
Ich spreche hier von dem nur, was ich weiß.
[…]
Antonius. Nun, Freunde, wißt ihr selbst auch, was ihr tut?
Wodurch verdiente Cäsar eure Liebe?
Ach nein, ihr wißt nicht. – Hört es denn! Vergessen

Habt ihr das Testament, wovon ich sprach.
[...]
Antonius. Hier ist das Testament mit Cäsars Siegel;
Darin vermacht er jedem Bürger Roms,
Auf jeden Kopf euch, fünfundsiebzig Drachmen.
[...]
Antonius. Auch läßt er alle seine Lustgehege,
Verschloßne Lauben, neugepflanzte Gärten
Diesseits des Tiber euch und euren Erben
Auf ew'ge Zeit, damit ihr euch ergehn
Und euch gemeinsam dort ergötzen könnt.
Das war ein Cäsar! Wann kommt seinesgleichen?
[...]
Antonius. Nun wirk' es fort. Unheil, du bist im Zuge:
Nimm, welchen Lauf du willst!

William Shakespeare, Julius Cäsar (Dritter Aufzug, zweite Szene); Übersetzung: August Wilhelm von Schlegel; Quelle: http://gutenberg.spiegel.de/buch/-2189/10 [15.3.2017]

2.1.1.4 Römische Rhetorik – das Beispiel Cicero

Wir haben den kurzen Durchgang durch die antike Rhetorik mit dem Kunstmythos des Cicero (106–43 v. Chr.) in „De inventione" eröffnet, nach welchem die Kultur ihren Ursprung in der Rede hat. Dieser große Staatsmann, Redner und Philosoph der ausgehenden römischen Republik ist der wichtigste Repräsentant der römischen Rhetorik.[179] Denn zum einen findet sich bei ihm die Vollendung lateinischer Klassizität, und zwar sowohl sprachlich (das ciceronianische Latein ist bis heute Maßstab des Lateinunterrichts) als auch gedanklich. Zum anderen ist er – nicht zuletzt vermittelt durch Augustinus – der entscheidende Gewährsmann für die Übertragung antiker Rhetorik ins Christentum. Was bringt er nun Neues gegenüber der griechischen Rhetorik? Nichts wirklich und doch auch wieder alles! Ähnlich wie in der Philosophie, so erwies sich auch in der Rhetorik das griechische Erbe als so maßgeblich für das römische kulturelle Leben, dass dieses sich nur in Rezeption und eklektischer Synthese dieses Erbes artikulierte. Cicero selbst erhielt eine hellenistische Ausbildung, u. a. durch Studienaufenthalte in Athen und auf Rhodos; noch im „Brutus" hatte er sich gegen die Vorwürfe der Attizisten zu verteidigen, sein üppiger Redestil sei ein Zeichen des Asianismus. Andererseits hat der römische Republikanismus ein neues Ideal entwickelt: den Philosophen als Staatsmann. Nicht die kontemplative Muße ist ihm das Höchste, sondern die Bewährung im Kampf um das Gemeinwesen – man denke etwa an Ciceros Einsatz in der Verschwörung des Catilina.[180] Schon der genannte Kunstmythos handelt ja von der staatsbildenden Kraft der Rede. Weisheit, Beredsamkeit und Staatskunst gehören zusammen, und ihr Ideal ist der „vir bonus" bzw. der „orator sapiens"[181]. Ethische Exzellenz und wahre Weisheit bewähren sich in der „vita activa" (etwa: „politisch engagiertes Leben im Dienste des Staates"), also der Praxis. *Sapientia* und *eloquentia* gehören zusammen, und Cicero scheut sich nicht, Sokrates das „Zerwürfnis zwischen Zunge und Verstand" anzulasten.[182] Die philosophische Lebensweise ist nicht die des weltabgewandten Theoretikers, sondern die des ebenso engagierten wie prinzipientreuen Mannes der Öffentlichkeit. Von dieser Einheit von Philosophie und Politik, von Theorie und Praxis her werden die traditionellen Lehrbestände der Rhetorik neu geordnet. Naturgemäß tritt im politischen Kampf und in der staatsmännischen Bewährung die Persönlichkeit des Redners vor die theoretischen Lehrgebäude und der persönliche Redestil vor die minutiös ausgearbeiteten Regeln. Nur der in der Praxis Bewährte vermag auch anzugeben, was mit welchen Mitteln in welchen Umständen zu sagen ist.

Exkurs: Das rhetorische Konzept Ciceros in seiner Bedeutung für das Christentum

Der an Cicero hervortretende paradigmatische Unterschied zwischen griechischer und römischer Rhetorik hat sich in den zwei Stilen der Ost- und der Westkirche fortgesetzt. Dies lässt sich mit allem Recht der Verallgemeinerung, aber auch der Vergröberung sagen.

Der *Osten* hat weithin das Ideal der platonischen Theorie in ihrem tiefsten Sinn entwickelt, der Gottesschau. Darum gilt der beschauliche Mönch auch als höchste Verwirklichung des Christseins. Die Liturgie wird zum Abbild der himmlischen Liturgie, und selbst die Pastoral besteht weithin darin, die Wahrheit einfach allen vor Augen zu führen.

Der *Westen* dagegen hat immer deutlicher die „vita mixta", also das ciceronianische Ideal der Einheit von Theorie und Praxis, in die Mitte gestellt. Darum ist das Mönchtum und das geweihte Leben im Lauf der Jahrhunderte deutlich apostolischer geworden, und das Ideal der Seelsorge ist der nimmermüde Kampf um jede einzelne Seele. Und wie die reine ostkirchliche *theoria* die Gefahr der Untätigkeit begleitet, so die im Westen oft allzu sehr betonte Praxis Aktivismus und Verflachung.

2.1.2 Judentum und Christentum

2.1.2.1 Predigt im Judentum der Zeitenwende

Literatur: *Arnold Goldberg,* Die „Semikha". Eine Kompositionsform der rabbinischen Homilie, in: *ders.,* Rabbinische Texte als Gegenstand der Auslegung. Gesammelte Studien. Bd. 2. Hg. von Margarete Schlüter und Peter Schäfer, Tübingen 1999, 347–394.

Unter allen monotheistischen Religionen hat allein das Judentum und in seinem Gefolge das Christentum im Herzen des Kultes die Predigt (hebr. *derasha*) entwickelt. Dies geschah im Synagogengottesdienst – der Tempel dagegen war nur sekundär ein Ort der Lehre.[183] Der Synagogengottesdienst besteht bis heute aus biblischen Lesungen, dem Gesang von Psalmen und Hymnen, Gebet und eben der Auslegung der Thora *(parashah,* erstmals greifbar in Neh 8–9) oder einer damit zusammenhängenden Lesung *(haftarah)* – Predigt als Schriftauslegung also, die „den Hörenden dieses ‚Gesetz' sowohl (als Text) beizubringen wie zu seiner Umsetzung im Alltag anzuleiten"[184] hatte. Sie schloss mit einer *nechemta* (ähnlich spricht Apg 13,15 von einem *Wort des Trostes für das Volk*) und flehte dann mit dem Gebet des *Kaddish* um das Kommen des Reiches Gottes. Doch neben der Synagogalliturgie kannte das Judentum noch einen weiteren gottesdienstlichen Ort, die „Chavurah". Sie bestand in einer religiösen Tischgemeinschaft zu festlichen Anlässen, die gewöhnliche Juden den Mählern der Priester im Tempel annäherte. Diese Form der Feier hielt übrigens auch Jesus beim Letzten Abendmahl zusammen mit seinen Jüngern. Nach der Zerstörung des Tempels im Jahre 70 n. Chr. wurden Synagoge und Chavura die beiden jüdischen Gottesdienstorte. Die christliche Liturgie entwickelte sich daraus und fügte ihrer Gestalt die Eucharistie hinzu. Schön beschreibt Philo die Predigt: „Ein anwesender Priester oder einer der Ältesten liest ihnen die heiligen Gesetze vor und legt sie Punkt für Punkt aus bis zum späten Nachmittag, wenn sie wieder auseinander gehen und nun eine ausgezeichnete Kenntnis der heiligen Gesetze und einen beträchtlichen Gewinn an Frömmigkeit erhalten haben."[185] Der Christ denkt hier etwa an den Auftritt Jesu in der Synagoge seiner Heimatstadt Nazaret (Lk 4,16–30), wo er aus der Jesajarolle liest und dann erläutert: *Heute hat sich dieses Schriftwort, das ihr eben gehört habt, erfüllt* (Lk 4,21), oder an das Gespräch Jesu mit den Emmausjüngern, in dessen Verlauf er ihnen aus Schrift und Propheten den Sinn von Kreuz und Auferstehung darlegt (Lk 24,14–49).

Die Synagogenpredigt hat die Gestalt einer Homilie, die einer familiären Unterhaltung nahekommt. Der jüdische Aristeiasbrief[186] (Nr. 171) etwa bezeichnet mit Homilie die Erläuterungen, die der Jerusalemer Hohepriester einer Gruppe von Besuchern gibt. Der Stil der Homilie ist schmucklos, direkt und familiär. Folker Siegert führt diese Einfachheit und den Verzicht auf rhetorische Mittel auf den ursprünglich ländlichen Charakter der jüdischen Kultur zurück, der die urban bestimmte hellenistische Rhetorik zumeist eher fern lag. Aber bedeutender dürfte der gemeinschaftliche Charakter der synagogalen Versammlung selbst sein: Hier kommen nicht Fremde zusammen, es handelt sich um die Zusammenkunft derer, die durch das eine Band der Erwählung zu einem heiligen Volk verbunden sind. Diese Nähe und Verbundenheit schafft einen Familiensinn, der wie von selbst einen direkten, umstandslosen und unmittelbar auf das Ziel von Erkenntnis und Erbauung zusteuernden Stil hervorbringt. Dass das

Christentum als Gemeinschaft von Brüdern und Schwestern in der Familie Gottes diesen Charakter willig aufgriff, bedarf kaum der Erwähnung. Dass sich damit keine grundsätzliche Ablehnung großer Rhetorik verband, beweisen Beispiele jüdischer panegyrischer Predigten über Jona und über Samson ebenso wie vergleichbare christliche Predigten ab der zweiten Hälfte des 2. Jahrhunderts wie die berühmte Osterpredigt des Melito von Sardes oder die Epiphanie-Predigt des Ps.-Hippolyt, das von Cyprian geschriebene „Adversus Iudaeos", vielleicht auch das anonyme „Adversus aleatores", das Ende des „Briefes an Diognet" und die Predigt des Clemens von Alexandrien „Quis dives salvetur".[187] Seit dem 4. Jahrhundert hat die „große", kunstvoll ausgeschmückte Predigt ihren festen Platz im christlichen Gottesdienst.

2.1.2.2 Anfänge der christlichen Predigt

Literatur: *a) Lexika: Guido Genero,* Art. „Predicazione: dopo il Vaticano II", in: Dizionario 1246–1249; *Carlo Ghidelli,* Art. „Predicazione: nella chiesa apostolica", in: Dizionario 1211–1216; *Réginald Grégoire,* Art. „Omelia", in: DPAC 2467–2472; *Keppler,* Art. „Predigt", in: WWKL 314–348 (viele Namen und Sachen, doch deutlich antibarock); *Hans Martin Müller,* Art. „Predigt", in: TRE 15 (1986) 526–565; sieben Artikel „Predicazione" in: Dizionario 1211–1249 (viele Details und neuere Literatur, allerdings Schwerpunkt auf der Entwicklung in Italien); *Alexandre Olivar,* Art. „Predicazione: nella chiesa antica", in: Dizionario 1216–1222; *Francesca Onnis,* Art. „Predicazione: nel Sei-Settecento", in: Dizionario 1233–1239; *Ottorino Pasquato,* Art. „Predicatione: nel medioevo", in: Dizionario 1222–1230; *Roberto Rusconi,* Art. „Predicazione: nel Quattro-Cinquecento", in: Dizionario 1230–1233; *Roberto Rusconi u. a.,* Art. „Predicazione", in: DIP 7 (1969) 513–572 (breiter Überblick); *Maurice Sachot,* Art. „Homilie", in: RAC 16 (1994) 148–175; *Giuseppe Tuninetti,* Art. „Predicazione: nel Otto-Novecento", in: Dizionario 1239–1245. – *b) Monografien: Otis Carl Edwards,* A History of Preaching, Nashville (TN) 2004 (beinahe 900-seitige Predigt- [und nicht so sehr Prediger-]Geschichte, bei der Neuzeit mit Schwerpunkt auf angelsächsischem Predigen, bei dem sich die Virulenz der klassischen Rhetorik zeigt; mit Dokumententeil auf CD-ROM); *Réginald Grégoire,* Homéliaires liturgiques médiévaux. Analyse des manuscrits, Spoleto 1981; *Leclercq; Albert Lecoy de la Marche,* La chaire française au moyen age, Genf 1973 (Reprint von 1886); *Longère* (ein Meisterwerk an Gründlichkeit und Quellenkenntnis); *Olivar* (unübertroffen gründlicher Überblick über altkirchliche Predigt und Prediger in allen Aspekten); *Johann Baptist Schneyer,* Geschichte der katholischen Predigt, Freiburg i. Br. 1969 (enzyklopädischer, sehr gut nach Phasen, Geografie und Orden gegliederter Überblick auf der Grundlage einschlägiger Literatur; eine hervorragende Einführung); *Werner Schütz,* Geschichte der christlichen Predigt, Berlin-New York 1972 (prägnant und an Namen und Strömungen orientiert, mit einem protestantischen Schwerpunkt, aber auch mit einem Seitenblick auf die konfessionell katholische Predigt).

Wer das Christentum verstehen will, muss das Judentum kennen. Das gilt ganz besonders für die Ursprünge der christlichen Wortverkündigung, die nun in engem Anschluss an die jüdische Predigt (2.1.2.1) entwickelt werden soll. Drei Formen der Verkündigung markieren diese Kontinuität zwischen Judentum und Christentum: die jüdische Homilie, die missionarische Predigt und die Prophetie.

1. Die jüdische **Homilie** als schmucklose Auslegung der Schriftlesung stand bei der christlichen Predigt Pate. Sie weist einige Eigenschaften auf, die wir schon gestreift haben und die sie deutlich von der großen öffentlichen Rede der Antike unterscheiden.

- Die Homilie war *familiär.* Die jüdische Gottesdienstgemeinde sah sich als Kreis von Vertrauten und im Herrn Verbundenen an, und die christliche Gemeinde erkannte sich als Familie des Herrn, als Brüder und Schwestern. Nicht umsonst knüpfte die Eucharistiefeier nicht nur an den Synagogalgottesdienst an, sondern gründete auch im häuslichen rituellen Mahl, der *Chavurah*[188]. Noch durch die ganze Väterzeit hindurch liest man (selbst in der Schriftfassung von Predigten) immer wieder davon, wie die Prediger wie in einer Familie davon berichten, was sie gerade bewegt. Selbst ein so feierlicher Redner wie Papst Leo der Große (ca. 400–461) verstand seine Predigten als „väterliche Ermahnungen wie in einer Familie"[189]. Und noch Gregor der Große erzählt von seinen Magenschmerzen, er gibt Geschichten wieder und erwähnt Familienerinnerungen.[190]
- Die Homilie war zumindest in ihren Anfängen eher *form- und schmucklos*. Hier redete ein Gläubiger kraft des gemeinsamen Glaubens, er schöpfte daraus und knüpfte daran an. Ein schönes Beispiel ist ein unbekannter Bischof und Prediger der zweiten Reihe, Ps.-Fulgentius (5. oder 6. Jahrhundert). Seine Gedanken sind nicht originell, doch sie folgen ganz treu der jeweiligen Perikope. Er ist „ein gewöhnlicher Prediger, ohne Talent wie ohne Anspruch, jedoch ein Hirte der Seelen, der den Gläubigen hilft, in Verbindung mit den Heilsgeheimnissen zu bleiben"[191].
- Die Homilie folgte eng der *Schriftlesung*, oft „Punkt für Punkt"[192]. Die Schriftrolle (vgl. Lk 4,17) oder das Buch der Heiligen Schrift *(volumen)* in der Hand, bemüht sich der Prediger, das Gelesene (den „Buchstaben") ansprechend auszulegen („Geist"). Diese Bindung an den heiligen Text ist bei Juden und Christen sehr viel ausgeprägter als in jeder sonstigen antiken Rede, wo autoritative Texte nur im Sinn von Argumenten (etwa aus einschlägigen Gesetzen) oder einfach als Illustration oder als Beweis der eigenen Bildung eingefügt werden. Schön kommt dieses Selbstverständnis der Predigt als Schriftauslegung in den einleitenden Worten der berühmten Osterpredigt des Melito von Sardes (gest. um 180) zum Ausdruck: „Der Bericht der Schrift vom Auszug der Hebräer wurde verlesen und die Worte des Mysteriums wurden verkündet [...]. Nun begreifet also, Geliebte, wie neu und wie alt [...] es ist, das Mysterium des Passa."[193] Das Neue an diesem Mysterium aber ist die Erfüllung alttestamentlicher Worte in Christus. Darum weist die christliche Predigt im Gegensatz zur jüdischen nicht nur in ein Leben nach der Thora ein, sondern richtet alles auf Christus hin aus.[194]

2. Rhetorik als Bezugswissenschaft der Homiletik

2. Missionspredigt. Mit dem Diasporajudentum teilt das frühe Christentum die missionarische Ausrichtung. Ein Klischee ist es, sich diese Diaspora als ein geschlossenes Milieu und ihre Predigt demzufolge gewissermaßen als Beschwörung im kleinen Kreis der Getreuen vorzustellen. Vielmehr standen die Juden außerhalb des Mutterlandes in regem Austausch mit ihrer heidnischen Umgebung, und so gab es auch vielerlei Bemühungen, dieser das Wesen der jüdischen Religion in der Art einer popularphilosophischen „Diatribe" nahezubringen, einer eher lockeren, das Gespräch nachahmenden Vortragsweise (so schon die Areopagrede des Paulus in Apg 17,22–31). Dabei konnte man natürlich nicht mehr auf das familiäre Einverständnis wie unter Gläubigen zählen, sondern musste überzeugen und Einwände widerlegen. Die hellenistisch-jüdischen Predigten sind durchaus argumentativ und nicht bloß schlicht narrativ, denn sie wollen ja (zunächst skeptische) Proselyten gewinnen. Dadurch konnten denn auch viele rhetorische Mittel der Überzeugung Eingang in die Missionspredigten finden. Doch dadurch verwandelten sie sich noch nicht in eine antike Diatribe, also philosophische Lehrvorträge. Vielmehr appellierten sie an die Hörer und sprachen sie direkt an, ging es doch um nicht weniger als um ihr Heil.[195] Daran konnte das Christentum in seiner Heidenmission anknüpfen, und so finden wir bereits bei den Aposteln die Hinwendung zu den Außenstehenden (vgl. etwa Kol 4,5 f.). Dadurch entwickeln sich zwei unterschiedliche christliche Typen/Predigttypen. Den Juden musste nachgewiesen werden, dass sich die Schriften des Alten Bundes in Christus erfüllen. Die Heiden dagegen waren zur Abkehr von ihren Göttern und ihrer *sinnlosen, von den Vätern ererbten Lebensweise* (1 Petr 1,18) und zum Glauben an den einen Gott Israels, der sich in seinem Sohn geoffenbart hat, zu bewegen. So teilen sich die vielen Reden der Apostelgeschichte etwa zur Hälfte in Reden mit Aufforderungen an Juden zur Anerkennung Jesu und in protreptische Reden an Heiden auf. Einen Höhepunkt Letzterer stellt der Aufenthalt des Paulus in Athen mit seiner Areopagrede dar (Apg 17,15–34). Bei ihr erkennen wir auch einige Spezifika der Missionspredigt an die Heiden:

– Die *fehlende gemeinsame Basis des Glaubens* – der Prediger muss Brücken zur fremden Kultur und religiösen Auffassung bauen.
– Das *Risiko* – der Prediger exponiert sich und riskiert, dass er ausgelacht wird, wie die ironische Reaktion der spottlustigen Athener beweist: *„Darüber wollen wir dich ein andermal hören. Kommt uns nicht mit der Auferstehung des Fleisches! Wir sind doch froh, wenn wir diesen elenden Leib und seine Gebrechen einmal hinter uns lassen, und nun willst du uns eine Ewigkeit lang an einen solchen ketten?!"*
– Die Abhängigkeit von der *Gnade* Gottes, die der Rede erst die Salbung verleiht, ihr den Weg in die Ohren und Herzen öffnet und die Gnade des Glaubenslichtes *(lumen fidei)* verleiht.

3. **Prophetie.** Diese besondere Form der Wortverkündigung im frühen Christentum darf nicht unerwähnt bleiben. Propheten, also mit einem entsprechenden Charisma begabte Gläubige, teilten der Gemeinde ein Wort, eine Weisung, eine Mahnung oder Ankündigung von Gott mit. Die Ausgießung des Heiligen Geistes nach Ostern bedeutete für die ersten Christen ja auch, dass nun die Weissagung des Joël erfüllt war: *Danach aber wird es geschehen, dass ich meinen Geist ausgieße über alles Fleisch. Eure Söhne und Töchter werden Propheten sein, eure Alten werden Träume haben und eure jungen Männer haben Visionen* (Joël 3,1; Apg 2,17). So wird in Apg 11,27 f. berichtet: *In jenen Tagen kamen von Jerusalem Propheten nach Antiochia hinab. Einer von ihnen namens Agabus trat auf und weissagte durch den Geist, eine große Hungersnot werde über die ganze Erde kommen. Sie brach dann unter Klaudius aus.* Die frühchristliche Literatur besitzt bedeutende literarisierte Zeugnisse solcher Prophetie, so das letzte Buch des Neuen Testamentes, die Offenbarung des Johannes, oder den Zweiten Clemensbrief, die Schriften des Hermas und die reiche apokalyptische Literatur der Apokryphen (einschließlich der christlichen Sibyllinen und der weithin verlorengegangenen Literatur des Montanismus des ausgehenden 2. Jahrhunderts). Darin kommen noch einmal die drei Elemente der spezifisch biblischen Rhetorik geradezu provokativ zum Tragen, die wir in 1.3 kennengelernt haben: die Überwältigung durch die Gnade Gottes, die Beglaubigung durch Machttaten und die göttliche Botschaft. Der Prophet soll *hören, was der Geist den Gemeinden sagt* – die Schlussformel der sieben Sendschreiben (Offb 2,7; 2,11; 2,17; 2,29; 3,6; 3,13; 3,22) –, und nicht eigene Gedanken vortragen.

Übung

Wie könnten Sie im vertrauten Kreis von Gläubigen über Tod und Vollendung sprechen und wie bei Menschen, deren Glaubenseinstellung Sie zumindest nicht kennen? Finden Sie darin Elemente der Homilie, der Missionspredigt und der Prophetie wieder?

2.1.3 Konzepte, Stationen und Namen der Predigtgeschichte

Literatur: *Basil Studer,* Schola christiana. Die Theologie zwischen Nizäa (325) und Chalzedon (451), Paderborn 1998 (darin auch weitere Literatur zur Väterzeit); außerdem vgl. Literatur zu 2.1.2.2.

In der christlichen Literaturgeschichte nimmt die Predigt den ersten Platz ein. Das gilt für alle Zeiten, ganz besonders aber für die Zeit der Kirchenväter.[196] Da sind im Osten die großen Namen wie Melito von Sardes und Origenes vor Nizäa und dann die großen Prediger wie Johannes Chrysostomus, die drei Kappadokier Basilius, Gregor von Nazianz und Gregor von Nyssa, Ephräm der Syrer und der Verfasser der katechetischen und besonders der berühmten mystagogischen Predigten, Cyrill von Jerusalem (gest. 386). Unter den Lateinern glänzen Ambrosius, Augustinus, Leo der Große und Gregor der Große. Doch gerade auch die Bischöfe und Theologen der zweiten Reihe, etwa ein Zeno von Verona, Gaudentius von Brescia, Fulgentius von Ruspe, Maximus von Turin oder ein Petrus Chrysologus, sie waren vor allem Prediger. Ihre Art zu predigen – oder sollte man angesichts ihrer Vielfalt eher sagen: ihre Art*en*? – prägt das christliche Predigen bis heute. Vergleicht man sie jedoch mit der schlichten Homilie des Anfangs, drängt sich die Frage auf: Ist das noch dieselbe Predigt, oder hat das Christentum in der Ablösung vom Judentum auch die schlichte, familiäre und formlose Homilie preisgegeben und stattdessen das Evangelium der Armut mit dem Glanz antiker Rhetorik bekleidet – oder gar entfremdet? Packend, aber sicher einseitig beschreibt Jean Leclercq dieses ursprüngliche Ideal „eines familiären Gesprächs eines Hirten mit dem seiner Sorge anvertrauten Volk im Rahmen der Liturgie und über einen Text, den diese vorlegte"[197], das er der großen Versuchung gegenüberstellt, „Rhetorik zu betreiben (faire de la rhétorique)"[198]. Die Begegnung eines Bischofs mit seinen Gläubigen im Gottesdienst stellte nur eine Form der Predigt dar. Leclercq selbst erwähnt etwa, dass es ja auch eine breite Predigtpraxis außerhalb des Gottesdienstes gab; die umfangreichen Auslegungen des Augustinus zu den Psalmen und zum Johannesevangelium verdanken ihren Ursprung etwa solchen regelmäßigen Zusammenkünften zur Predigt.[199] Ebenso kannte das Christentum auch andere Formen der christlichen Rede: Vortrag, Panegyrikum, Kontroversrede, Apologie (*collatio, declamatio, dictio* usw.), nicht zu vergessen die katechetischen und die mystagogischen Predigten an die Katechumenen bzw. Neugetauften.[200] Vor allem seit dem 4. Jahrhundert entfaltete sich auch die „große" Form des *sermo*, des λόγος *(logos)*, also der ausgefeilten, später auch literarisierten Predigt. Liest man etwa die „Traktate" von Papst Leo dem Großen (ca. 400–461), so hört man eher die feierlich-klassische Sprache der römischen Liturgie als das schlichte Gespräch des geistlichen Hausvaters mit seiner Familie. Hellenisierung (bzw. Romanisierung) der Predigt also? Das ist eine Frage, die nicht nur die Patrologen vom Fach interessiert. In der Tat hat die Theologie der Predigt in den Jahren um das II. Vatikanische Konzil sehr stark das Bild einer ursprünglich einfachen Predigt entworfen. „Nicht wie die Gelehrten reden: eher wie die Ungelehrten", dieses Ideal des Augustinus galt als zeitloser Maßstab für die echt christliche Predigt.[201] Es wurde gegen die sprachlich ausgefeilte große Predigt etwa der französischen Tradition eines Bossuet, Massillon oder Lacordaire ausgespielt. Doch unverkennbar wurde dieses Bild zur Projektionsfläche für alles, was der Zeit des letzten Konzils lieb und wert war: die Kirche als Gemeinschaft, zusammengehalten eher durch innere Verbundenheit denn durch äußere Form; der Bischof und Priester als Vater der geistlichen Familie, der Leben und Glauben mit den Seinen teilt; die persönliche Echtheit, die sich bisweilen selbst durch eine gewisse Ungeschliffenheit ausweisen konnte; ein biblisches Menschen- und Weltbild, das sich deutlich vom antiken abhob. Infolgedessen griff man die passenden Elemente altkirchlicher Predigtkultur heraus. Den enormen Einfluss der allgegenwärtigen antiken Rhetorik dagegen, die Durchdringung auch des Judentums davon, den Bildungsanspruch des Christentums angesichts der noch weithin unbekehrten gehobenen Schichten im 4. und 5. Jahrhundert und überhaupt den Willen zur Inkulturation übersah man. Historisch kann man wohl eher von einem breiten, viele zum Teil widerstrebende Elemente umfassenden Prozess sprechen[202]:

„Insofern gehört das Thema ‚Rhetorisierung der christlichen Literatur' zu dem umfassenderen der Hellenisierung bzw. Romanisierung des Christentums. […] Je mehr das Christentum vom 2. bis 5. Jahrhundert im Römischen Reich an Boden gewinnt und zugleich auch in die weitgehend von der Nobilität bestimmte Bildungsschicht vordringt, umso mehr nimmt die Rhetorisierung der christlichen Literatur in der Praxis und selbst noch in der Theorie zu."[203]

In diesem Prozess kann man zwei Stufen unterscheiden: zunächst eine instrumentelle Nutzung der Redekunst zur Mission durch bekehrte Rhetoren und Philosophen wie die griechischen Apologeten, dann der systematische Aufbau einer christlichen Kultur in der christlichen Reichskirche des 4. und 5. Jahrhunderts.[204] Doch bereits bei Autoren wie Tertullian finden wir einen reichen und voll entwickelten Gebrauch der Rhetorik.[205]

Ähnlich der antiken Philosophie, diente die Rhetorik aber auch als Vermittlungsinstanz zwischen den sehr unterschiedlichen Kulturen der wachsenden Weltkirche und als Verständigungsbasis zwischen Christen und Heiden.[206] Dennoch verlor die christliche Predigt dabei nicht ihr Gesicht: Sie blieb im Wesentlichen Schriftauslegung, sie behielt ihr appellatives Wesen im Blick auf das Heil der Menschen, und sie stützte sich auf den gemeinsamen Glauben. So wurde die Rhetorik mehr als eine bloße *ancilla praedicationis;* sie durchdrang die christliche Wortverkündigung ebenso tief wie die antike Philosophie. Andererseits bediente sich die christliche Predigt ihrer so selbstbewusst, dass die Synthese beider etwas originär Neues bildete. Wodurch zeichnete es sich aus? Drei Charakteristika fallen besonders auf:

1. Insofern Rhetorik mehr war als Redetechnik, nämlich ein ganzes **Bildungssystem**, brachte ihr Eindringen in das Christentum die Auseinandersetzung mit antiken Stoffen und Anschauungen mit sich. Die Spannung zwischen „amour des lettres" (Bildungshunger) und „désir de Dieu" (Gottverlangen), wie es Jean Leclercq treffend für das mittelalterliche Mönchtum ausgedrückt hat[207], begleitet das Christentum von Anfang an. Sie besteht eigentlich in einem doppelten Problem:
– Wie *gebildet* darf die Predigt sein? Je mehr sie nämlich in Inhalt und Sprache in die Bildungswelten eintauchte, umso mehr musste der Verdacht aufkeimen, hier werde die Schlichtheit des Evangeliums verraten, seine Klarheit verwäs-

sert und die Wärme seiner Gottesliebe verkopft. Andererseits hätte der Verzicht auf den Bildungsanspruch auch insinuiert, dass das Christentum unfähig sei, sich zu inkulturieren.
– Wie stark darf sich die Predigt *antiker Stoffe und Anschauungen bedienen*? Verrät sie damit nicht die Reinheit des Evangeliums, verweltlicht das Himmelreich und verfälscht die Wahrheit? Andererseits konnte sich das Christentum dadurch als Reinigung und Vollendung all dessen präsentieren, was die Antike an Großem und Gültigem hervorgebracht hatte. Nur auf diesem Weg konnte schließlich das entstehen, was wir heute das „christliche Abendland" (bzw. nicht weniger das christliche Byzanz!) nennen.

Es kam darum immer wieder in Wellen zu Gegenbewegungen, welche die Predigt vor Verweltlichung und Substanzverlust bewahren sollten. Insofern gehört das „Zurück zum einfachen Wort Gottes", der Widerstand gegen selbstgefällige, formverliebte „Konzertredner"[208] auf der Kanzel (wie bereits Paul von Samosata, seit 260 Bischof von Antiochien[209]), das *„sine glossa"* eines Franziskus wesentlich in die christliche Predigtgeschichte.[210] „Ciceronianus es, non christianus", hört Hieronymus die warnende Stimme im Traum.[211] Diese Gegenbewegung kennt aber bereits die Antike im Kampf der philosophischen gegen die sophistische Rhetorik. So konnte das Christentum auch manche *topoi* dieses alten Kampfes aufgreifen, etwa die Gefahren der *eloquentia* ohne *sapientia*, der Gegensatz von Schein und Sein, von Blendwerk der Rede und sachbezogener Argumentation und schließlich von Gotteswort und menschlicher Überredung im Anschluss an Paulus (1 Kor 1,17; 2,1 f.).[212] Eines aber ist allen klar: Der rhetorischen Technik kann in einer geistlichen Rede eine bloß instrumentelle, sekundäre Bedeutung zugewiesen werden.

2. Die Glaubensgemeinschaft bildet eine **Überzeugungsgemeinschaft**. So benötigt die Predigt keine *ars persuadendi* mehr, sondern sie verkörpert die schon bestehende *persuasio* und bestärkt sie. Dadurch erhält die Predigt einen affirmativen, ja doxologischen und liturgischen Charakter. Sie kann vom gemeinsamen Glauben ausgehen, sie stellt ihn dar und vertieft ihn, muss ihn aber nicht mehr erst begründen. Gleichzeitig bekleidet der Redner ein Amt in der Gemeinschaft der Gläubigen. Es gibt ihm Autorität, denn im Namen der Kirche spricht er.

3. Das Christentum hat keineswegs bloß einen feststehenden Kanon der Rhetorik mehr oder minder stark rezipiert, es hat ihn auch in wichtigen Punkten weiterentwickelt. Die **Rückwirkungen** dieser kreativen Aufnahme der Rhetorik durch das Christentum auf eine erneuerte, christianisierte Kunst der Rede sind in der Tat unverkennbar. Die Forderungen der philosophischen Rhetorik nach Wahrheit und Gutheit vertieften sich in der Bindung an die Wahrheit von Schrift und Offenbarung und an die Notwendigkeit eines guten, d. h. bekehrten und der Weisung Gottes treuen Lebens. Weiter: Predigt legt die Schrift aus. Von Anfang bis zum Ende stellt sie damit eine Rede über das Wort dar, also wesent-

lich einen interpretatorischen (und nicht bloß affirmativen) Akt, der sich an der Überzeugungskraft seiner Auslegung messen lassen muss. Weiter: Neue Gattungen entstanden (Missionspredigt, mystagogische Predigt, Heiligenpredigt usw.), und alte wurden tiefgreifend umgewandelt (etwa das *genus laudativum* zur liturgischen Festpredigt). Schließlich hat erst das Christentum eine Rhetorik der kleinen Leute gebracht, weil es sich dem Volk zuwandte: Es war nicht bloß mit „panem et circenses" abzuspeisen, sondern gerufen zum „Brot des Himmels". Das Christentum machte die „Rede für alle" zur Grundform und zum Maßstab aller Rede. Es nahm bildungsferne Schichten ernst. Sie sollten nicht bloß populistisch zu bestimmten Anliegen aufgepeitscht werden, sondern besaßen als Gottes Ebenbilder und Glieder der Kirche die Würde von Kindern Gottes und Hörern des Wortes.

So entsteht die christliche Predigt mithilfe der Rhetorik, aber nicht aus der Rhetorik. Sie hat ihre eigenen Ursprünge, Ziele, Orte und Formen, die sie über zwei Jahrtausende zur mit Abstand bedeutendsten Gattung der Rede werden lassen – und vollendet gleichzeitig die Vision Ciceros von der kulturschaffenden Kraft der Rede: Die Predigt hat den Ländern des Christentums die Würde des Wortes (und damit letztlich die Gewaltfreiheit ebenso wie den Primat von Geist und Sinn vor Gewalt und Macht) bewahrt. Und mehr noch: Die Predigt schuf den Völkern nicht nur Kultur, sie öffnete ihnen auch den Himmel.

2.1.3.1 Die erste Homiletik: „De doctrina christiana" des Augustinus

Wohl nicht weniger als 8000 Predigten hat der Bischof von Hippo und bedeutendste lateinische Kirchenlehrer gehalten, von denen aber nach heutigem Stand der Forschung nur 559 erhalten sind.[213] „Sein tatsächliches Predigtcorpus war also mindestens dreimal umfangreicher als alles andere zusammen, was er geschrieben hat. Dieser Umstand wird selten, wenn überhaupt je, bedacht."[214] Diese Bemerkung eröffnet auch die angemessene Perspektive auf den Beitrag des Augustinus zur Entwicklung einer christlichen Homiletik. Mit seinem großen Werk „De doctrina christiana" (Die christliche Lehre)[215] hat er, der ehemalige Rhetorikprofessor, zwar erstmals überhaupt eine Reflexion auf die Prinzipien der Schriftpredigt vorgelegt und damit nachhaltig die weitere Entwicklung – auch die des ehemaligen Augustinermönchs Martin Luther! – beeinflusst. Und doch muss man dieses Werk der Predigttheorie von seiner umfangreichen Predigtpraxis her lesen. Dann werden auch manche Missverständnisse und Etikettierungen hinfällig, mit denen der nordafrikanische Kirchenlehrer auch in diesem Bereich häufig versehen wird, etwa dass mit ihm der „Sündenfall" eines bloß instrumentellen, letztlich manipulativen Gebrauchs der Redekunst begonnen habe; darum sei sein Weg für die christliche Predigt zugunsten einer kritischen Rhetorik zurückzuweisen.[216]

Oft zitiert wird in diesem Zusammenhang „De doctrina christiana" IV,2 [3][217], wonach die Rhetorik an sich wertneutral sei („in medio posita facultas eloquii") und erst durch den Gebrauch gut oder böse werde: „Rhetorik verleiht sowohl der Wahrheit als auch der Lüge Überzeugungskraft – per artem rhetoricam et uera suadentur et falsa." Selbstverständlich schließt dies für Augustinus aber die Forderung eines hohen Ethos des Redens ein, das für ihn Teil der *ars persuadendi* ist. Ihr bloß instrumentelles Verständnis zu manipulativen Zwecken wäre dagegen eine Perversion der Rhetorik. So übersieht man dabei, dass die klassische Rhetorik selbst eine intensive Metarhetorik zum Ethos des guten Redens entwickelte – sie ist uns im Antagonismus von Sophistik und philosophischer Rhetorik oder bei Cicero im Ideal des *vir bonus* begegnet. Aktiv greift Augustinus eine solche hochentwickelte Metarhetorik auf im Verhältnis von *sapientia* und *eloquentia* und der Forderung nach der Übereinstimmung von Leben und Botschaft des Predigers.[218] Auch bleibt der Prediger inhaltlich an das Schriftwort gebunden und kann die Predigt keineswegs zur Manipulation des Publikums nach seinen eigenen Interessen gebrauchen: „Was wir euch zu sagen haben, ist nicht unser Wort, sondern das Wort Gottes."[219]

Nein, Augustinus hat das Erbe der Rhetorik in den Dienst der christlichen Verkündigung gestellt und ihm dabei an einigen neuralgischen Punkten ein neues Gravitationszentrum gegeben, das die einzelnen Elemente der *ars persuadendi* neu gewichtet. Sieben Faktoren der Predigtpraxis standen Pate bei der Entwicklung seiner Predigttheorie:

1. **Schriftauslegung:** Zuerst erklingt die *lectio*, dann erst die Predigt. Augustinus predigt sitzend, das Wort der Heiligen Schrift auf einem Pult auf den Knien. Sein ältestes erhaltenes Bild zeigt ihn gerade so, die Augen auf den Text gerichtet. Damit kommt die christliche Predigt der Auslegung klassischer Texte im antiken Lehrbetrieb näher als die Rede vor Gericht oder in der politischen Versammlung.

2. **Liturgie:** Der Ort der Predigt sind die christlichen Mysterien, in denen der Herr seinem Volk seine Gegenwart schenkt. Der Gottesdienst ist durchgängig auf Christus bezogen, und dadurch ergibt sich wie von selbst eine christologische Deutung der Schrift in der Predigt.

3. **Die Tradition der jüdischen Homilie**[220] (s. o. 2.1.2.1 und 2): Schon äußerlich war das Predigen eine familiäre Angelegenheit, selbst wenn eine große Schar Gläubiger zusammenkam. Der Bischof sprach frei, in kolloquialem Stil, immer wieder unterbrochen von Zwischenrufen, Fragen, Applaus, Kommen und Gehen Einzelner oder selbst den Erklärungen, die die Verständigen den Begriffsstutzigen gaben. Die ersten Gläubigen befanden sich kaum fünf Meter von ihm entfernt, gerade auf Augenhöhe (die *cathedra* stand etwas erhöht). Die Anrede „caritas vestra", das vertrauliche „Wir" anstelle des „Ihr", das gemeinsame Forschen nach dem Sinn der Schrift[221], der „ständige Einbezug menschlicher, kosmischer, wirtschaftlicher, natürlicher, häuslicher und alltäglicher Gegebenheiten der

Umwelt, bei deren Erwähnung in den Homilien den Hörern ihre Welt und ihr Leben vor ihren Augen vorüberziehen"[222], das alles unterstreicht die Tatsache, dass hier die Familie Gottes unter sich ist. Doch Augustinus vertieft dies noch einmal: „So groß ist die Macht der Liebe des mitfühlenden Herzens, dass wir, wenn wir unsere Hörer – und uns selbst beim Lehren – durch unsere Worte bewegt sehen, einander gegenseitig einwohnen (habitamus in invicem). Unsere Worte scheinen von den Lippen der Hörer zu kommen und wir in ihnen in gewisser Weise das zu lernen, was wir ihnen vortragen."[223]

4. **Volkspredigt:** Nicht zu übersehen ist die Verschiebung des soziologischen Schwerpunkts der Predigt gegenüber der antiken Rede. Sie will alle im Volk Gottes erreichen, gerade auch die Ungebildeten – und will sie nicht aufpeitschen, sondern ihnen die Lehre der Schrift nahebringen. Nicht zu vergessen ist ebenso, dass Augustinus auch den Bildungsstand der Prediger vor Augen hat: Nur die wenigsten waren im vorherigen Leben Professoren der Rhetorik wie er, und doch können sie zu guten Predigern werden. Deshalb veranschlagt er das nötige rhetorische Fachwissen für sie von vornherein nicht höher als das, was ein Schnellkurs im Stil eines *Readers Digest* bieten kann.

5. **Das Heil als Ziel:** Von Cicero übernimmt der nordafrikanische Kirchenlehrer die Unterscheidung der drei Stilarten, nämlich des erhabenen, des mittleren und des einfachen Stils (*genus grande/sublime, genus medium/mixtum* und *genus subtile/humile*).[224] Doch im gleichen Atemzug relativiert er diese Unterscheidung auch wieder: Jede Predigt, wie einfach sie sprachlich auch gehalten sein mag, behandelt doch immer das höchste aller Themen, das ewige Heil. Nach klassischer Lehre müsste sie darum stets im erhabenen Stil vorzutragen sein. Doch entscheidend ist allein, wodurch sie am besten ihre Hörer erreicht. Die Wahl des passenden Stils ist deshalb nur Mittel zum Zweck, allein davon abhängig, wie das Wort am besten aufgenommen werden kann: „Je nachdem, wie es sich vom Thema her anbietet, soll man die Rede abwechseln und dabei alle drei Stilarten verwenden; das darf für niemanden als Verstoß gegen die Regeln der Kunst gelten. Denn ein einziger Stil fesselt auf Dauer die Aufmerksamkeit des Hörers weniger. Geht man dagegen von einem zum anderen über, kann selbst eine längere Rede sich leichter entfalten, wenn sie mit mehr Kunstfertigkeit entwickelt wird [...]."[225] In diesem Zusammenhang formuliert er auch sein Bild des einfachen *sermo humilis*, in dem der Prediger die Menschwerdung des göttlichen Wortes nachahmt. Wie schon Cicero kennt auch er den Primat von Klarheit und Verständlichkeit (*perspicuitas*, vgl. 7.1):

> „Wer primär Klarheit (evidentia) anstrebt, lässt schon einmal die gewählteren Begriffe beiseite und achtet nicht auf deren guten Klang, sondern darauf, dass sie seine Absicht gut zum Ausdruck bringen. Darum meint einer [sc. Cicero] bei der Behandlung dieser Art zu sprechen, in ihr finde sich eine gewisse ‚sorgfältige

Nachlässigkeit'. Sie verzichtet allerdings nicht derart auf den Redeschmuck, dass sie eine schmutzige Sprache wählen würde. Aus diesem Grund verwenden gute Lehrer (oder sie sollten es zumindest tun!) so viel Mühe auf die Vermittlung ihrer Inhalte, dass sie im Falle, dass nur ein unverständliches oder vieldeutiges lateinisches Wort zur Verfügung steht, volkssprachlich dagegen eine Wendung beides vermeidet, sie nicht so reden, wie es die Gebildeten, sondern eher wie es die Ungebildeten ausdrücken würden."[226]

Dieser übernatürliche Aspekt zeigt sich schließlich darin, dass der Erfolg der Predigt vom Heiligen Geist geschenkt wird; darum muss der Prediger „zuerst ein Beter sein, bevor er ein Redner ist (orator antequam dictor)"[227]. So wird die Redekunst für das Heil der Seelen in Dienst genommen, sie wird instrumentell und verliert damit auch allen falschen Glanz. „Rasch wechselt Augustinus zwischen Annahme, Ablehnung und Verwandlung der klassischen Beredsamkeit."[228]

6. **Das Ethos eines Dieners des Wortes:** Große Redner waren die Stars der Antike, und sie wussten es auch. Von deren Eitelkeit grenzt sich Augustinus unmissverständlich ab, ja überhaupt von dem Wunsch, den Menschen mit der Rede gefallen zu wollen. Noch mehr als Ciceros Ideal des *vir bonus* findet sich bei Augustinus stattdessen der rechte Lebenswandel als *conditio sine qua non* der Predigt.[229]

"Meine Gefahr besteht darin, dass ich meine Aufmerksamkeit darauf richte, wie ihr mich lobt, und darüber hinwegsehe, wie ihr lebt. [...] Von Leuten, die ein schlechtes Leben führen, will ich kein Lob hören [...] Wenn ich dagegen sagen würde, dass ich von denen, die ein gutes Leben führen, nicht gelobt werden möchte, würde ich lügen. Wenn ich aber sagen würde, ich will, fürchte ich, mehr nach Eitelkeit zu trachten als nach dem Eigentlichen."[230]

Alles entscheidend ist die Hirtenliebe („caritas pastoralis"), die alles dafür tut, die Menschen zum Heil zu führen. Und weil diese Liebe den ganzen Menschen erreichen will, greift Augustinus auch das „triplex officium oratoris (dreifache Aufgabe des Redners)" des Cicero auf, nämlich *docere, delectare* und *flectere,* also die Ebenen von Kopf, Herz und Hand bzw. Intellekt, Affekt und Tat.[231]

7. **Schrift, Auslegung und Kirche:** Der liturgische Ort, das Erbe der jüdischen Homilie, der Maßstab des Heils in Christus, das Ethos eines Dieners des Wortes – all das ist zusammengefasst in einem theologischen Leitgedanken des Augustinus, auf den Joseph Ratzinger wiederholt hingewiesen hat: Das Wort der Schrift ist sachgerecht nur in der Kirche, ihrem Glauben, ihrem Leben und ihrer Liturgie auszulegen.[232] Darauf weist auch der Aufbau von „De doctrina christiana" hin: Wohl besteht das Werk aus zwei Teilen, nämlich Buch 1–3 zur *inventio* und Buch 4 zur *elocutio*.[233] Doch beide Teile sind nur zwei Elemente einer einzigen Aufgabe: das Wort Gottes im Glauben der Kirche zu hören und zu verstehen.

So hat Augustinus den Weg gebahnt zu einer christlichen Kultur der Rede, die das antike Erbe gebraucht, ohne die Sorge um Stil und Raffinesse zum Selbstzweck werden zu lassen. Der Bischof des 5. Jahrhunderts war viel zu beschäftigt, um selbst eine abgeklärte Synthese vorzulegen. Wohl aber hat er den Weg gewiesen, auf dem sich die christliche Predigt und ihre Reflexion in der Homiletik entfalten konnte:

> „Er ließ seine Vergangenheit (sc. als Rhetorikprofessor) als solche hinter sich, und versuchte, jegliche Spur davon in seiner neuen christlichen Identität auszulöschen. Zu gut war er sich der Unmöglichkeit eines solchen Unterfangens bewusst ebenso wie der Allgegenwart, Bedeutung und Nützlichkeit der weltlichen Kultur auch für das Christentum, um dies auch nur zu versuchen. Er bemühte sich vielmehr darum, mit der weltlichen Kultur ins Reine zu kommen: sie wertzuschätzen, aber sie auch zu kritisieren, sie zu assimilieren, aber auch zurückzuweisen und mit anderen Worten sie zu seinem Nutzen zu bekehren, gerade so wie er es in seiner eigenen Person getan hatte."[234]

Dieser von ihm gewiesene Weg ist breit. In seiner Nachfolge konnte sich die deftige Volkspredigt ebenso entwickeln wie große Kunstwerke, die die Sprachen Europas geformt haben, die mitten ins Herz treffende, auf Umkehr und Entscheidung drängende Predigt ebenso wie die umfassende Lehrpredigt.

2.1.3.2 Geschichte der Predigt und große Prediger

Predigtliteratur – die schriftliche Aufzeichnung von Predigten – ist die prominenteste und reichste christliche Literatur überhaupt. Sie angemessen darzustellen oder auch nur einen zuverlässigen Überblick zu geben, kann hier nicht der Ort sein. Wohl aber sollen einige wirkende Kräfte der Predigtgeschichte herausgestellt werden, die sich bereits in der Väterzeit finden und die in unendlichen Variationen ihre zwei Jahrtausende durchziehen und sie lebendig und spannend erhalten.[235]

1. Auch wenn die Schriftpredigt den Anfang der christlichen Predigt bildete, entwickeln sich bald **zwei Gruppen:** die eigentliche Schriftauslegung (zumeist Vers für Vers) und die thematische Predigt, die allerdings in der Väterzeit oft anhand eines Schrifttexts entwickelt wird (s. u. 3.1). Erst der systematische Geist der Scholastik brachte die strikt um ein Thema herum durchkomponierte Predigt hervor, also die thematische bzw. die Lehrpredigt.[236]

2. Das **Ziel** weist die ganze Bandbreite auf, von der den Glauben darstellenden Katechese und Lehrpredigt sowie der lebenspraktischen paränetischen Moralpredigt (einschließlich der Scheltrede) über die apologetische oder antihäretische Predigt bis hin zur Fest- und Heiligenpredigt, die einen Anlass mit Worten zu feiern versteht.

3. Die **Sprachgestalt** reicht von der schlichten, kolloquialen Homilie bis zum literarischen Glanzstück, und zwar je nach Publikum: Eliten oder Volk. Zuzeiten warf die eine Seite der anderen Verrat an der Sache vor, also bloß Bauernsprache oder die Sprache der Paläste und Salons zu gebrauchen. Im Nachhinein darf man dankbar sein, dass keine Seite dauerhaft den Sieg davongetragen hat, denn so verschieden die Menschen sind, so verschieden dürfen auch die Sprachniveaus auf der Kanzel sein. Glanzpunkte waren ohnehin die, wenn Prediger alle Register zogen, um gerade möglichst breite Schichten anzusprechen, etwa der süddeutsche Wander- und Missionsprediger Berthold von Regensburg (gest. 1272):

> „Gepredigt hat Berthold in silvis et campis, unter einer Linde, auf dem Platz vor dem Stadttor, von einem Ambo aus auf freiem Feld, nachdem er vorher mit einer Feder die Windrichtung geprüft hat. [...] Die Predigten sind dem wirklichen Leben nahe, sie sind anschaulich, verständlich und plastisch. [...] Realistisch und dramatisch streiten sich Gott und der Teufel um die Menschenseele. ‚Lieber Berthold', redet der Sünder drein, der verfolgt wird, bis er mit dem Rücken gegen die Wand steht. Raffiniert wird die Spannung geweckt, raten muß der Hörer und ahnen, worum es geht, dann werden die Andeutungen immer konkreter, bis endlich die Sache mit Namen genannt wird."[237]

4. Die **Prediger** sind anfangs hauptsächlich die Bischöfe (allerdings nicht ausschließlich: die Priester Origenes und Hieronymus sowie Augustinus, Chrysostomus und Basilius vor ihrer Bischofsweihe sind bekannte Ausnahmen) und seit dem 3. Jahrhundert zunehmend auch die Priester, insbesondere im sich entwickelnden Pfarreiwesen. Diakone konnten nur ausnahmsweise predigen (Ephräm der Syrer mit seinen zahlreichen Homilien steht einzigartig da), und noch seltener (und teilweise von Diskussionen begleitet) war die Predigt anderer Kleriker, Mönche und männlicher oder weiblicher Laien. Mit den Bettelorden und dann noch einmal in einer zweiten Welle mit den großen Orden der katholischen Reform (Jesuiten und Kapuzinern) wird die eigentliche Spannung in der Predigtauffassung – die zwischen Welt- und Ordensklerus – ein endloser, häufig geradezu verbissen kanonistisch um Predigtrechte und -pflichten tobender Streit, allerdings zumeist dergestalt, dass die Orden die herausragenden Prediger stellten und der Weltklerus sich ihnen gegenüber wie Aschenputtel gegenüber seinen Schwestern zurückgesetzt empfand und darum über Jahrhunderte nicht gerade eine Liebe zum Predigen entwickelte.[238]

5. So unterscheiden sich bald auch die **großen von den gewöhnlichen Predigern**. Nur von Ersteren haben wir in der Regel auch schriftliche Aufzeichnungen, so dass das Bild von der Geschichte der christlichen Predigt einseitig geblieben ist. Der wenig begabte, einfache Bischof oder Pfarrer war jedoch die Regel, der herausragende Prediger die Ausnahme – zu dem aber bald die Scharen strömten und der sich zur schriftlichen Edition seiner geistlichen Reden meistens nicht lange drängen lassen musste. Doch der Predigt-„Star" war nicht immer der glän-

zende Rhetoriker, nicht selten vielmehr der Charismatiker, der Heilige, der herausragende Zeuge. Der Aufschwung der Predigt seit dem 17. Jahrhundert hat zur Folge, dass „die Gläubigen damals begannen, den gewöhnlichen Priester, der belehrt, vom wortgewaltigen Prediger zu unterscheiden"[239]. Später kennt man in Städten und an Wallfahrtsorten die bedeutenden Predigtkirchen oder man weiß, wo der beliebte Pater N. am Sonntag auf der Kanzel steht.

6. Neben die eigentlich liturgische Predigt tritt bald auch die **außerliturgische Predigt** (nicht selten „verpackt" in eine Art Lesegottesdienst), am sakralen Ort oder auch unter freiem Himmel (von der Außenkanzel einer bedeutenden Kirche[240], in den Hörsälen der mittelalterlichen Universität und in Palastkapellen, auf Friedhöfen, Straßen und Plätzen[241] oder ab etwa 1950 in Rundfunk und Fernsehen wie bei P. Riccardo Lombardi, dem „Mikrofon Gottes" [1908–1979; er ist der Onkel des langjährigen Vatikansprechers P. Federico Lombardi], Father James Keller [1900–1977], dem Gründer der Christopher-Bewegung und Pionier der Verkündigung in Film und Fernsehen, dem amerikanischen Bischof Fulton Sheen [1895–1979] oder wie beim Volksprediger und Jesuiten P. Johannes Leppich vom Dach seines VW-Kombi aus). Doch bereits die alte Kirche predigte nicht nur im Gottesdienst. Noch liturgienah waren etwa katechetische oder mystagogische Predigten für die Katechumenen oder Neugetauften. Daneben liebte man aber auch Predigtzyklen zu ganzen biblischen Büchern. Auf diese Weise sind etwa Augustinus' maßgebliche Auslegungen zu den Psalmen („Enarrationes in psalmos") oder zum Johannesevangelium („Tractatus in Ioannem") entstanden. Im Hochmittelalter dann machten die Bettelorden die außerliturgische Predigt gar zu ihrem Markenzeichen: Prozessions-, Buß-, Andachts-, Fasten-, Passions- und anlassgebundene Predigten (etwa bei öffentlichen Ereignissen und Unglücken) eroberten sich ihren Platz in der katholischen Kultur. Im Barock – und modifiziert teilweise bis zur Zeit des II. Vatikanums – traten die Volksmissionen hinzu, nicht zu vergessen die Exerzitien-„Predigten". Frankreich kennt die „Konferenz"-Prediger wie den Dominikaner Jean Baptiste Henri Lacordaire (1802–1861) an Notre-Dame in Paris, d. h. solche, die die große, ausgefeilte Predigt an zentralen Orten zur höchsten Blüte brachten.

7. Predigt hat **Kulturgeschichte** geschrieben und ist selbst Teil der Kultur geworden. Wo sie Wurzel gefasst hat und hochgewachsen ist, haben viele Vögel des Himmels sich auf ihren Zweigen niedergelassen – und ist manchmal auch mancherlei Wildwuchs daneben hochgeschossen. Doch was ist bleibend Kultur geworden?

– Da sind zunächst die vielen Hilfsmittel der Prediger, die ganze Literaturgattungen angestoßen haben: die Homiliare, d. h. Sammlungen bedeutender Prediger zum Vorlesen anstelle einer eigenen Predigt (sehr beliebt, wie etwa der sprechende Titel einer mittelalterlichen Sammlung belegt: „Dormi secure" [Schlafe ruhig!], heute in manchen Predigtzeitschriften und Websites fortgesetzt), und die Studienbücher, angefangen mit der homiletischen Theorie in teils schlanken,

2. Rhetorik als Bezugswissenschaft der Homiletik

teils voluminösen *artes praedicandi* oder der *rhetorica sacra* (anspruchsvoll!), über (sehr nützliche!) Hilfsmittel wie Stellensammlungen zu bestimmten Themen, Kurzauslegungen der ganzen Bibel und der Feste des Kirchenjahres bis hin zur Geheimwaffe beinahe jedes Predigers, den Exempelbüchern (zumeist von Heiligen, prominent darunter die *Vitae Patrum*-Sammlungen der Wüstenväter, aber auch von Wundern oder einfach von religiösen oder menschlich-allzumenschlichen Geschichten mit moralisch-didaktischem *touch*).
- Da ist die Verbindung der Predigt mit dem Bildprogramm einer Kirche (die *biblia pauperum*).[242]
- Auch entwickelten sich neue Formen geistlicher Rede wie die *concetti*-Predigt (durchgängige Entfaltung eines Bildes in vielen Einzelheiten, bekannt etwa im erfolgreichsten Buch der vorreformatischen Zeit, „Das Narrenschiff" von Sebastian Brant [1494][243]).
- Wichtig für die Ausbildung der europäischen Nationalsprachen war der Übergang von der lateinischen Predigt (vor Klerikern und Gebildeten) zur volkssprachlichen.
- Nicht zu vergessen ist das sich rasch entwickelnde Repertoire von Schaueffekten, insbesondere in der Volkspredigt (Grimassen, über dem Kopf zusammengeschlagene Hände, Lachen und Weinen, Veränderung der Stimme, Imitation usw.).[244]
- Sicheres Anzeichen einer tiefen Inkulturation ist das Aufblühen des Humors, etwa in den „Ostermärlein" (nicht immer etwas für den verfeinerten Geschmack!) oder in den Witzen und Wortspielen eines Abraham a S. Clara (1644–1709) und vieler anderer.

Einige wenige Namen müssen einfach fallen, die Unsterblichen der Predigt. Dabei müssen wir uns auf die katholische Konfession beschränken, um die Darstellung nicht über die Ufer eines solchen Buches treten zu lassen.
- In der alten Kirche sind es unter den Griechen Origenes (185–254), der in der geistlichen Schriftauslegung Maßstäbe gesetzt hat, die drei großen Theologen der Kappadokier, Basilius (330–379), Gregor von Nazianz (329–390) und Gregor von Nyssa (335–394), sowie der Goldmund und große Moralist Johannes Chrysostomus (347–407). Bei den Lateinern steht an erster Stelle Ambrosius, dessen Predigten zur Bekehrung des bedeutendsten altkirchlichen Predigers, Augustinus, beigetragen haben, sodann die Päpste Leo der Große (390–461) und Gregor der Große (590–604 Papst) – Leo in feierlichem Stil, Gregor einfacher und vor allem das geistliche Leben nährend. Bei den Syrern wurde Ephräm (306–373) mit seiner warmen, hymnischen Sprache bereits genannt.
- Im Mittelalter gehört Bernhard von Clairvaux[245] (1090–1153) zweifellos zu den Stars – bei seiner Deutschland-„Tournee" hingen ihm Tausende an den Lippen, ohne seine Sprache überhaupt zu verstehen –, dann natürlich die Vertreter der Bettelorden, angeführt von Dominikus und Franziskus selbst, gefolgt

vor allem vom überaus volkstümlichen Antonius von Padua (1195–1231). Daneben gibt es den Typus des Gelehrten-Predigers, etwa Erzbischof Antoninus von Florenz (1389–1459) oder der Kanzler der Pariser Sorbonne, Johannes Gerson (1363–1429) – bei Thomas von Aquin selbst sind die Auslegungen zum Glaubensbekenntnis aus Predigten in der Kirche *San Domenico Maggiore* von Neapel hervorgegangen.

- Nach Trient erlebt die Predigt eine neue Blüte. Neben dem gelehrten Jesuiten Robert Bellarmin (1542–1621) stehen die ausgesprochenen Volksprediger wie Paolo Segneri[246] (1624–1694), aber auch die Klassiker ihrer Sprache wie das französische Dreigestirn: der gedankentiefe, Eleganz mit Prägnanz verbindende Jacques Benigne Bossuet (1627–1704), der zugleich mitreißende und präzise Louis Bourdaloue (1632–1704) und der tiefgründige, warmherzige Jean-Baptiste Massillon (1663–1742).[247] Auch das 19. Jahrhundert ist reich an bemerkenswerten Gestalten, etwa der erwähnte Lacordaire ebenso wie der unermüdliche Jean-Marie Vianney, der hl. Pfarrer von Ars (1786–1859).
- Und die Gegenwart? Seltsamerweise ist es eher still geworden um die katholische Predigt. Große Namen gibt es innerhalb von Bewegungen und Kreisen, aber kaum solche, die in der Breite ansprechen, geschweige denn bei Nichtchristen Gehör finden, sieht man einmal von der Ausnahmegestalt Benedikt XVI. (* 1927) ab.

Nicht immer war Predigt große Predigt. Oft genug war sie mühsam, eintönig, manchmal auch banal, skurril oder schlichtweg irrig. Und doch, die Geschichte der christlichen Predigt gehört zum Schatz der Kirche. Kaum irgendwo ist die Handschrift des Christentums so unverkennbar wie bei ihr. Christen werben, Christen lehren, Christen lenken und ermutigen, das geschah nicht (oder zumindest doch nicht genuin) durch Schwert, Zepter oder Knute. Aus dem Wort ist der christliche Glaube geboren und durch das Wort wächst er bis zur Wiederkunft dessen, der selbst das fleischgewordene Wort ist.

Übung

Geschichte ist immer auch Horizonterweiterung, ja Einladung, sich im historisch Fernen mit neuen Seiten selbst zu entdecken. Finden Sie in einzelnen der beschriebenen Strömungen, Persönlichkeiten und Predigtformen und -kulturen Anregungen, selbst einmal anders als üblich zu predigen?

2.2 Vom Nutzen der Rhetorik für die Homiletik

Bisher wurden Geschichte, Prinzipien, Kriterien und Hintergründe einer rhetorischen Homiletik erarbeitet. Doch wir gehen praxisorientiert vor und nicht bloß grundsätzlich-theoretisch oder gar schöngeistig. Darum die Frage: Welchen

2. Rhetorik als Bezugswissenschaft der Homiletik

Nutzen hat die Rhetorik für die Homiletik? Gilt nur das Sprichwort: „Satis eloquentiae, sapientiae parum. – Viel Rhetorik, aber wenig Weisheit"? Diese Frage dient gleichzeitig der Überprüfung des bisher Erarbeiteten. Es werden ernsthafte Einwände gegen ihren Nutzen vorgebracht. Sie können jedoch auf der Grundlage der bisherigen Überlegungen aufgegriffen und bearbeitet werden. Darin klärt sich abschließend systematisch, worin genau der Beitrag der Rhetorik zu einer heutigen Homiletik besteht.

2.2.1 Homiletik und Rhetorik – ein theologisch aufgeladenes Verhältnis

Literatur (Positionsbeschreibung im Text): *a) Monografien: Brinkmann*; *Wolfgang Grünberg,* Homiletik und Rhetorik. Zur Frage einer sachgemäßen Verhältnisbestimmung, Gütersloh 1973; *Josuttis*; *Gert Otto,* Rhetorische Predigtlehre. Ein Grundriss, Leipzig-Mainz 1999; *Otto H. Pesch,* Wortverkündigung und Rhetorik. Beobachtungen zur evangelischen Predigt, in: *Friedemann Green* (Hg.), Um der Hoffnung willen. Praktische Theologie mit Leidenschaft (= FS Wolfgang Grünberg) (Kirche in der Stadt 10), Hamburg 2000, 207–217; *Olivier Reboul,* Introduction à la rhéthorique. Théorie et pratique, Paris 1991; *Alois Schwarz,* Praxis der Predigterarbeitung. Neue Homiletik, Graz 1986; *Zerfaß*; *Wollbold*. – *b) Artikel: Klaus Berger,* Antike Rhetorik und christliche Homiletik, in: *Carsten Colpe/Ludger Honnefelder/Matthias Lutz-Bachmann* (Hg.), Spätantike und Christentum. Beiträge zur Religions- und Geistesgeschichte der griechisch-römischen Kultur und Zivilisation der Kaiserzeit, Berlin 1992, 173–187; *Albrecht Grözinger,* Das Verständnis von Rhetorik in der Homiletik. Bemerkungen zum Stand der Diskussion, in: ThPr 14 (1979) 265–274; *Albrecht Grözinger,* Homiletik und Rhetorik, in: Deutsches Pfarrerblatt 87 (1987), H. 1, 8–11; *James F. Kay,* Reorientation: Homiletics as theologically authorized rhetoric, in: Princeton Theological Seminary: Princeton Seminary bulletin 24 (2003) H. 1, 16–35; *Rebekka A. Klein,* Evangelische Predigtrhetorik. Überlegungen zum hermeneutischen Kontrast von Internität und Externität in der Rede, in: FZPhTh 56 (2009) 212–227; *Siegfried Kreuzer,* Homiletik und Rhetorik am Beispiel der Predigt des Deuteronomiums, in: Deutsches Pfarrerblatt 87 (1987) H. 9, 369–373; *Frankie J. Melton,* Preaching and Melito's use of Greco-Roman rhetoric, in: Bibliotheca sacra 167 (2010), H. 668, 460–480; *Gert Otto,* Homiletik zwischen Theologie und Rhetorik. Ein Problembericht, in: ThPr 24 (1989) 214; *Peter Schneider,* Gert Otto. Rhetor und Rhetoriker, in: Praktische Theologie 33 (1998) 4 f.; *Friedrich Wintzer,* Tendenzen in der Homiletik, in: ThR 52 (1987) 182–211, hier 186–190, hier 193–197 (Literaturüberblick).

„Während Politiker und Topmanager heutzutage eigene Rhetorikkurse besuchen, um überzeugend reden zu lernen, wird man in modernen Lehrbüchern der Homiletik vergebens nach den klassischen Regeln der Rhetorik suchen. Warum eigentlich? Weil sich irgendwie scheinbar selbstverständlich und vernünftig die Ansicht durchgesetzt hat, Rhetorik könnte der Predigt den Anstrich des Gekünstelten, des hohlen Wortgeklingels, ja sogar des Demagogischen geben. Unsere Idealvorstellung einer Predigt erwartet eher, dass sie ungekünstelt, zu Herzen gehend, rein evangeliumsgemäß spricht."[248]

Grundsatzdiskussionen sind herrlich – und gehen fast immer ohne Sieger und noch viel mehr ohne wirklichen Gewinn für die Sache aus! Die evangelische Homiletik des 20. Jahrhunderts durchzieht eine solche Diskussion: die nach dem Verhältnis von Predigt und Rhetorik. Als römisch-katholischer Homiletiker hat man dabei das Privileg eines interessierten Zuschauers – auch wenn man für die Kämpen selbst allenfalls als Banause gelten kann, der bestenfalls ein wenig Lärm für die eine oder andere Seite macht, ohne vom edlen Wettstreit mehr als die groben Züge zu begreifen.[249] Aber sehen wir es uns einmal an: Worum geht es[250]? Zum Generalangriff auf die Rhetorik in den 1920er Jahren setzte die Dialektische Theologie an. Dabei stand die Redekunst für den „bösen Buben" schlechthin, den sogenannten „Anknüpfungspunkt"[251] bzw. das Menschliche. Gott selbst sei das Subjekt der Offenbarung, er allein schaffe sich seine Hörer, nicht die Beachtung von menschlichen Voraussetzungen für die Vermittlung der Offenbarung. „Die Rhetorik ist nicht vom Teufel, doch versteht er sich am besten auf sie und hält mehr vom steineverwandelnden Wort als viele frommen Leute."[252] Das sei das eigentliche Problem aller Homiletik, „nicht wie *macht* man das? sondern: wie *kann* man das?"[253] Damit schloss man jegliche Reflexion auf die Bedingungen menschlicher Kommunikation in der Predigt aus. „Keine Beredsamkeit!", forderte Eduard Thurneysen die Exkommunikation der Rhetorik aus der Homiletik.[254] „Diese Revolution in der Predigttheorie bedeutet, dass Homiletik keine Art Rhetorik ist, sondern ein Teilgebiet der Dogmatik."[255] Freilich, selbst in der Dialektischen Theologie wurde nichts so heiß gegessen, wie es gekocht wurde, und so finden sich in ihr sehr wohl Überlegungen zur Wie-Frage der Predigt, also etwa zum Respekt vor der Eigenart der Hörer, zum Redeaufbau, zur Sprache oder zum Umgang mit dem Schrifttext, ja selbst zu psychologischen Fragen (wenn Barth etwa von Predigteinleitungen als Ablenkung und Zeitvergeudung spricht). „Neu ist also Barths Versuch, dieses rhetorische Wie vom dogmatischen Was oder besser Wer abzuleiten, so dass die Rhetorik vom Wort Gottes in Beschlag genommen und zu seinem Dienst gedrängt wird."[256] So schafft der Schweizer reformierte Theologe eine Art von „theologischer Rhetorik"[257] – grundsätzlich in der Art, wie wir in 1.3 von der „Rhetorik des Glaubens" gesprochen haben.

Doch die 1960er Jahre mit ihrer schier unaufhaltsamen Wende zum Menschen, zum Sozialen und zur empirischen Realität und gleichzeitig ihrem Verdacht gegen alles Übernatürliche brachten auch die Gegenbewegung gegen diese dezidiert theologisch bestimmte Homiletik. Der *rocher de bronze* des Angriffs war der Vorwurf, die dialektische Predigt vernachlässige den wirklichen Hörer und seine Situation, predige also im wahrsten Sinn über seinen Kopf hinweg.[258] Dem entsprach die in dieser Zeit bereits deutlich wahrnehmbare Kluft zwischen christlichem Glauben und Alltagsverhalten und -kultur. Wie lassen sich die Menschen erreichen, so wie sie sind?, das wurde nun zur Schlüsselfrage – und wie von selbst feierte die Rhetorik ihr triumphales *Comeback*. Manfred Josuttis mit

2. Rhetorik als Bezugswissenschaft der Homiletik 115

seinem programmatischen Vortrag „Homiletik und Rhetorik" von 1968 und vor allem Gert Otto wurden zu ihren Dioskuren[259]:

> „Was ich zu sagen habe, etwa als Prediger, wird allererst vernehmbar in der Hinwendung zum redenden und hörenden Menschen in seiner, meiner jeweiligen konkreten Situation. Theologie, die sich auf Rhetorik einläßt, kennt also den Glauben nicht als fertige, situationslose Substanz, sondern erfährt ihn in vielfältigen Dialogen, die über die Mauer der Theologie hinausführen."[260]

Damit deckten sie die grundlegende Schwäche des dialektischen Ansatzes auf. Selbst wenn man alle Ansprüche einer theologischen Rhetorik einräumt, bleibt doch immer noch bestehen: Predigt ist ein Akt der öffentlichen Rede, und als solcher unterliegt er allen Gesetzen dieser Art von sprachlicher Kommunikation. Hier war den Dialektikern ein einfacher Denkfehler unterlaufen – Gert Otto diagnostizierte ihnen ein „Abgrenzungssyndrom"[261]: Auch wenn Gott allein Subjekt der Predigt ist, schließt das nicht aus, dass die Predigt selbst in der Form eines solchen sprachlichen Aktes geschieht. Das ist evident: Auch die Gewissheit „Gesundheit liegt allein in Gottes Hand" schließt keineswegs die Forderung aus, dass dann der Chirurg nach allen Regeln der Kunst ans Werk geht.

Jedoch auch diese Wende zur Rhetorik ist weit davon entfernt, alle Probleme zu lösen. Nennen wir drei Problemzonen aus Rhetorik, Theologie und Pastoral:

1. **Rhetorik:** Was die anthropologische Wende unter „Rhetorik" versteht, bleibt teilweise vage. Zumeist grenzt man sich von der klassischen Rhetorik als einer angeblich bloß instrumentellen, auf Macht und Manipulation bedachten Rhetorik ab und fordert eine kritische Rhetorik im Sinn der Frankfurter Schule. Instrumentelle Rhetorik, so meint Rolf Zerfaß, beschränke sich bloß auf die Frage nach den geeigneten Mitteln, die „man einsetzen muß, um sich selbst gegenüber der Hörerschaft durchzusetzen"[262]. Nach Gert Otto sucht die kritische Rhetorik dagegen „nach chancengleicher Kommunikation zwischen unterschiedlich starken Partnern, nach Möglichkeiten der Verhinderung von Manipulation, nach Stärkung der Kritik- und Urteilsfähigkeit"[263]. Diese Kritik ist nicht neu. So wirft der syrische Apologet und Schüler des Justin, Tatian (gest. ca. 170), in seiner „Rede gegen die Griechen" diesen vor: „Ihr habt die Rhetorik für Ungerechtigkeit und Verleumdung erfunden, da ihr für Geld die Willensfreiheit eurer Worte verkauft und oftmals etwas jetzt als gerecht und dann wieder als schlecht darstellt."[264] Doch Manipulation ist kein Wesensmerkmal der Redekunst. Im Gegenteil, bereits in 1.2 haben wir die Bindung an Wahrheit und Gutheit als Ethik der Rede herausgearbeitet.

Doch Gert Otto (und auf katholischer Seite vor allem Rolf Zerfaß) gehen noch einen Schritt weiter. Sie setzen diese Ethik weitgehend mit der Diskurs- und Konsenstheorie der Wahrheit gleich, die auf gemeinsame Einsicht durch „herrschaftsfreie Kommunikation" (Jürgen Habermas) setzt[265] und „deren zentrale These lautet, dass es kein konsensunabhängiges Kriterium für Wahrheit gibt. Wahrheit ist immer nur durch die zwanglose Zustimmung aller Beteiligten zu begründen."[266]

> Manfred Fuhrmann fasst dieses neue Paradigma der Rhetorik präzise zusammen: „Wenn somit wahre, legitime Rhetorik nur dort zu Hause ist, wo es Freiheitlichkeit und Systeme mit verteilten Rollen gibt, dann folgt daraus, dass alle Beeinflussung, die dieser Voraussetzungen überhoben ist, nicht als wahre, legitime Rhetorik gelten darf."[267] Damit verschiebt sich freilich die antike Selbstkritik der Rhetorik und ihre Abgrenzung von ihren Missbräuchen – Fuhrmann nennt Werbung und totalitäre Agitation – in eine neuzeitliche: Die Rede muss die Freiheit und Selbstbestimmung der Hörer und Hörerinnen wahren und darauf verzichten, sie unbewusst zu beeinflussen. Darin ist der Kern der Rhetorik-Kritik Kants erhalten geblieben. Doch dieses Kriterium lässt sich nur schwerlich von außen überprüfen und bleibt letztlich ein Appell an das Ethos des einzelnen Redners. Insbesondere dort, wo es um die Arbeit an letzten Einstellungen des Menschen geht – etwa in der Pädagogik, aber gewiss auch in der christlichen Verkündigung –, wird die Grenze oft nur schwer zu ziehen sein: Was ist heilsame Provokation zum Überdenken der eigenen Lebenshaltung, und was ist Manipulation?

Kann eine Konsenstheorie aber je dem Evangelium angemessen sein? „Das Wort vom Kreuz ist die Nachricht von einer mißlungenen Kommunikation, und seine Gestalt wird von dieser mißlungenen Kommunikation geprägt. Würde das Leiden an ihr aufhören, würde das Wort vom Kreuz seinen Informationswert verlieren", bemerkt Rudolf Bohren präzise.[268] So kann und muss Konsens Ziel der Predigt sein (das „cor unum et anima una" der Apostelgeschichte), taugt aber nicht als ihr Kriterium.

2. **Theologie:** Auch „eine strikt rhetorische Homiletik ist niemals theologisch neutral"[269]. Hier wird die Hörerorientierung unter der Hand dazu hergenommen, um vorgängige Wahrheitsansprüche des Glaubens, ja überhaupt ein *depositum fidei* zu verwerfen. Das an sich berechtigte Axiom, Inhalt und Form seien unmöglich voneinander zu trennen, kann auch überzogen werden, wenn dadurch der Inhalt der Glaubensverkündigung selbst in Abhängigkeit von der kommunikativen Situation gerät. Dann ersetzt Kommunikation Wahrheit, und die Suche nach dem Einverständnis aller endet beim kleinsten gemeinsamen Nenner. Anders und noch einmal theologischer formuliert: Gewiss ist die Sprache der Predigt menschliche Sprache und damit auch allen Gesetzen der menschlichen Kommunikation unterworfen. Gleichzeitig aber hat sie dem Wort Gottes Raum zu geben, das „totaliter aliter" (1.3.2) ist und wirkt. Darum hat jede Homiletik „die Reflexion auf den Zusammenhang von Wort Gottes und Sprache einzuüben", wie Wolfgang Grünberg es treffend ausgedrückt hat.[270]

3. **Pastoral:** Auch praktisch-theologisch ist dieser rhetorische Ansatz darum weitaus voraussetzungsvoller, als er mit Hörerorientierung, Wirklichkeitsbezug

und Empirie den Eindruck zu erwecken versucht. Er hebt die Spannung zwischen Wort Gottes und Hörer, zwischen Evangelium und Kultur, auf oder genauer: Er lässt sie sich in subjektiven, vom Individuum selbst bestimmten Prozessen austragen. Letztlich definiert sich jeder seinen eigenen Glauben und lässt sich dabei von der Predigt bestenfalls anregen. Damit erscheint diese Fassung des rhetorischen Ansatzes als großangelegter Versuch, angesichts sich beschleunigender Säkularisierung (oder zumindest der Entkirchlichung und Entchristlichung der Religiosität) institutionalisierte Volkskirchen unter Aufgabe ihrer Bekenntnisbindung zu retten. Gert Otto definierte das Fach Praktische Theologie bekanntlich als Reflexion der religiösen Praxis in der Gesellschaft[271], verwarf also programmatisch den Bezug zur Kirche als Ort und Medium des Glaubenslebens.

So zeigt die Auseinandersetzung um Homiletik und Rhetorik manche Züge eines Stellvertretergefechtes. Sie trägt fundamentaltheologische Grundsatzfragen aus wie die des Verhältnisses von Offenbarung und Erfahrung, Vorgabe und Aneignung, Theorie und Praxis, Glaubensgehorsam und Freiheit und nicht zuletzt – wie die Bemerkungen zur Pastoral zeigen – von Glaube und Welt. Gerade bei Letzterem hat auch die katholische Diskussion um die Predigt im Umfeld und nach dem II. Vatikanum ihr Pendant zu dieser Diskussion entwickelt, die sich zwar vierzig Jahre später, aber gewiss nicht vierzig Grad kühler entspann.

Ja, das alles ist spannend (einmal nicht bloß im Sinn des abgegriffenen Kirchenjargons, in dem alles „spannend" genannt wird, was zu diskutieren man nicht vermeiden kann). Nur – für die Predigtpraxis bringt es vielleicht doch eher wenig. Oder genauer gesagt: Dafür sind die dahinterstehenden Fragen selbst abzuhandeln. Diese sind in der Tat von höchster Bedeutung. Gerade darum dürfen sie aber nicht in die Frage nach der Legitimität der rhetorischen Gestaltung der Predigt eingetragen werden. Denn zumindem dem schlichten Verstand geht es nicht ein, wieso die Predigt des Wortes Gottes gegen die Sorgfalt bei der Wahl der menschlichen Worte auszuspielen sei – zudem haben abseits des Pulverdampfes gerade die Dialektiker selbst ja eine eindrucksvolle Predigtrhetorik entwickelt!

Was also bleibt vom Streit? Zunächst die Mahnung, falsche Alternativen zu vermeiden. Eine noch so steile Theologie der Predigt schließt die Reflexion auf ihren kommunikativen Vollzug in allen Einzelheiten des Prozesses nicht aus. Beide Seiten sind vielmehr wichtig – und erlauben gewiss auch innerhalb eines Rahmens eine Pluralität von Ansätzen. Umso wichtiger ist es, den Rahmen zu bestimmen. Treffend formuliert ihn Rebekka A. Klein in der Spannung zwischen Wahrheit und Mitteilung: „Wahrheit ist nicht ohne Mitteilung, genauso wie Mitteilung nicht ohne Wahrheit ist, wenn sie von ihrer Sache getragen wird."[272] Eine gute Predigttheorie wird dabei die Spannung von Evangelium und Kultur halten – das Wort Gottes bleibt für alle, Fromme wie Gottlose, *die Herausforderung, ja Überforderung schlechthin*[273] –, gleichzeitig aber herausarbeiten, wie eben dieses Wort seine *Freude daran hat, bei den Menschen zu sein* (vgl. Spr 8,31), ihnen nahekommt, ja sich ihnen angleicht und ihnen innerlich wird. Durch den äußeren Akt der Predigt, verbunden mit dem inneren Wehen des Heiligen Geistes – Augustinus sprach hier vom „inneren Lehrer (magister interior)" –, kann Gott selbst im Herzen derer, die nicht verstockt bleiben, die Gnade der Antwort bilden.

Eine theologische Bemerkung zur Debatte *muss* jedoch aus katholischer Sicht gemacht werden: zur Bedeutung der Kirche als Vermittlerin zwischen Evangelium und Hörer. Die Kirche steht unter dem Wort, gewiss, aber sie trägt auch das Wort. Die Göttlichkeit des Wortes bleibt dadurch gewahrt, dass alle Verkünder *ministri*, also Diener, sind. Sie dürfen nicht frei über es verfügen oder es nach dem Maß ihrer eigenen Einsicht verformen, sondern sie sind Teil der *traditio*, d. h. der Weitergabe dessen, was sie selbst von den Aposteln empfangen hat: *Denn vor allem habe ich euch überliefert, was auch ich empfangen habe* (1 Kor 15,3). Darum zeichnet sich ein katholisches Predigtverständnis durch einige typische Elemente aus:

- Einfügung in die amtlich-sakramentale Ordnung: Predigt bedarf ebenso wie Liturgie einer eigenen Ermächtigung, einer *sacra potestas*, wie die Scholastik es griffig ausdrückte – wir werden die Frage der notwendigen kirchlichen Sendung zur Predigt noch in 3.2 zu behandeln haben.
- Bindung an das *depositum fidei* bzw., wie es in den ersten Jahrhunderten hieß, die *regula fidei*.
- Sicherung aller Stufen der Ausbildung (Auswahl, Studium, Seminar, Pastoralausbildung, *Cura*-Examen usw.) und des Einsatzes der Verkünder im Sinn der Kirchlichkeit.

Diese Kirchlichkeit der Verkündigung befreit dazu, alle Mittel und Wege zu wählen, durch welche die Menschen auch wirklich erreicht werden können. Kurz: Katholische Homiletik ist weniger zimperlich. Dieses Selbstverständnis verleiht ihr eine typische Pragmatik, ja Volkstümlichkeit, eine Aufmerksamkeit auf die Wie-Frage und eine Reichhaltigkeit an Prediger-Typen und Predigt-Formen.

Denkanstoß
>Inwiefern dürfte die Aufnahme der Grundsatzfragen in die katholische Homiletik in den letzten Jahrzehnten (vor allem in der Spannung von Glaube und Welt) dazu beigetragen haben, dass die Predigt an Pragmatik, Volkstümlichkeit, Sorgfalt im Wie und Bandbreite wohl eher verarmt ist?

2.2.2 Rhetorik, Theologie und Pastoral – drei Problemzonen

Ja zur Rhetorik in der Predigt also, ohne Wenn und Aber. Doch damit sind die drei Problemzonen Rhetorik, Theologie und Pastoral noch nicht aus der Welt geschafft. Im Gegenteil, alle drei begleiten die Diskussion zum Teil schon seit den Anfängen der christlichen Predigt. Ein kurzer Blick darauf kann darum helfen, Aufgabe und Grenze der Rhetorik in der Homiletik klarer zu bestimmen.

2.2.2.1 Rhetorik

Da ist zunächst der Einwand des gesunden Menschenverstandes: „Wer überhaupt etwas zu sagen hat, weiß auch, wie er es sagen kann." Mensch sein ist reden, so sagten wir in 1.2. Markant und mit der Gabe zum geflügelten Wort hat Cato der Ältere (234–149 v. Chr.) diesen Anspruch des *common sense* so ausgedrückt: „Rem tene, et verba sequuntur. – Hab nur vor Augen, was du sagst, dann werden die passenden Worte sich schon finden."[274] Nur, dieser Ausspruch ist selbst schon ein Glanzstück an Rhetorik:

- der Antagonismus der Gedanken (*res – verba* und *tenere – sequi*), der sich im Parallelismus der sprachlichen Form niederschlägt (Objekt – Prädikat, Subjekt – Prädikat),
- die äußerst wirksame Verknappung (ein besonderes Steckenpferd der Lateiner, sie hätten die „Bild"-Zeitung geliebt!) und
- schließlich das eingängige Spiel mit dem Prosarhythmus: zwei betonte Staccatoschläge („rém té-ne") – man hat die beiden Hände, die die Sache beherzt ergreifen, unmittelbar vor Augen – und dann ein leichtfüßiger Auslauf wie das Versende eines Hexameters („et vér-ba se-quún-tur"), beinahe schon ein Wiener Walzer. Ebenso leicht sprudeln für den, der weiß, was er zu sagen hat, die Worte hervor.

Mit dieser meisterlichen Miniaturarbeit verdient Cato den Oscar der Rhetoriker, denn ihre Maxime lautete ja: „artem arte tegere – mit Kunstfertigkeit alles Gekünstelte verschwinden lassen"[275]. Stellen wir uns dagegen vor, Cato hätte zu einer Philippika auf den Rummel um die Redekunst angehoben, endlos, gedankenschwer und sterbenslangweilig. Dann hätte er bloß ein mitleidiges Lächeln geerntet: „Der ist doch im vorigen Jahrhundert steckengeblieben!"

So weit der gesunde Menschenverstand. Er widerlegt nur die Auswüchse und lässt allein den Windbeuteln die Luft dünn werden. Charakterköpfe, Persönlichkeiten und Hundertprozentige ermutigt er eher, auch das passende Sprachgewand für ihre Überzeugungen zu suchen, anstatt ihre Sache in verbale Konfektionsgrößen von der Stange hineinzuzwängen. Aber der Kampfzug gegen die Rhetorik wurde in der Neuzeit zum Glaubenskrieg, und als sein Hauptkampffeld erwählte er sich – wen wundert es? – Deutschland. Er unternahm einen Zangenangriff auf zwei Flügeln:

- *Anthropologisch*: Es gilt, das Herz am rechten Fleck zu haben, und darum zeigt sich: „Wenn ihrs nicht fühlt, ihr werdet's nicht erjagen" (Faust).
- *Philosophisch*: Reden muss authentisch sein, also der eigenen Persönlichkeit entsprechen, alles andere wirkt dagegen bloß gekünstelt.

1. **Anthropologisch:** Rede, wird gesagt, zumal wenn sie von etwas so Persönlichem handelt wie bei der Predigt, erwächst aus dem Herzen, aus der rechten Gesinnung. Ebenso kann sie nur etwas bewirken, wenn die Hörer sich in ihrem Innersten angesprochen fühlen. Humorvoll ist dies im Dialog des Faust mit seinem Famulus Wagner ausgedrückt, der die Kunst der Überredung lernen will:

> WAGNER. [...]
> Wie soll man sie durch Überredung leiten?
> FAUST. Wenn ihrs nicht fühlt, ihr werdet's nicht erjagen,
> Wenn es nicht aus der Seele dringt
> Und mit urkräftigem Behagen
> Die Herzen aller Hörer zwingt.
> Sitzt ihr nur immer! leimt zusammen,
> Braut ein Ragout von andrer Schmaus
> Und blast die kümmerlichen Flammen
> Aus eurem Aschenhäufchen 'raus!
> Bewundrung von Kindern und Affen,
> Wenn euch darnach der Gaumen steht –
> Doch werdet ihr nie Herz zu Herzen schaffen,
> Wenn es euch nicht von Herzen geht.
> WAGNER. Allein der Vortrag macht des Redners Glück;
> Ich fühl es wohl, noch bin ich weit zurück.
> FAUST. Such Er den redlichen Gewinn!
> Sei Er kein schellenlauter Tor!
> Es trägt Verstand und rechter Sinn
> Mit wenig Kunst sich selber vor;
> Und wenns euch Ernst ist, was zu sagen,
> Ists nötig, Worten nachzujagen?
> Ja, eure Reden, die so blinkend sind,
> In denen ihr der Menschheit Schnitzel kräuselt,
> Sind unerquicklich wie der Nebelwind,
> Der herbstlich durch die dürren Blätter säuselt![276]

„Wenn ihrs nicht fühlt", das hat gerade im Religiösen eine breite Anhängerschaft, sei es dezidiert antirational (nicht die Vernunft erkennt Gott, sondern das Herz spürt ihn) oder sei es kommunikativ (nur das persönliche Zeugnis überzeugt). Doch für die Predigt hilft beides nicht viel. Denn der Respekt vor dem Hörer gebietet Distanz. Distanz, damit er nicht bloß durch Gefühlsansteckung mitgerissen wird, ohne zu wissen wie und wohin, sondern sich selbst orientiert. Dafür schuldet der Redner ihm ein argumentatives, strukturiertes Zur-Sache-Kommen und nicht bloß die seit der Romantik sprichwörtlich gewordenen „Herzensergüsse". Dass die Sache selbst nicht kalt wie Stahl dargestellt werden muss, dass

2. Rhetorik als Bezugswissenschaft der Homiletik

man erkennen kann, dass der Redner selbst von ihr gepackt ist, ist selbstverständlich und darum kein Grund, die Predigt nicht auch rhetorisch möglichst ansprechend zu gestalten.

2. **Philosophisch:** Eine wichtige Strömung der neuzeitlichen Philosophie gab sich ausgesprochen rhetorikfeindlich, am folgenschwersten bei Kant und im Deutschen Idealismus. Zunächst also der Königsberger Aufklärer:

> „Die Beredsamkeit, sofern darunter die Kunst zu überreden, d. i. durch den schönen Schein zu hintergehen (als ars oratoria), und nicht bloße Wohlredenheit (Eloquenz und Stil) verstanden wird, ist eine Dialektik, die von der Dichtkunst nur soviel entlehnt, als nötig ist, die Gemüter, vor der Beurteilung, für den Redner zu dessen Vorteil zu gewinnen, und dieser die Freiheit zu benehmen; kann also weder für die Gerichtsschranken, noch für die Kanzeln angeraten werden. [...] Denn, wenn sie gleich bisweilen zu an sich rechtmäßigen und lobenswürdigen Absichten angewandt werden kann, so wird sie doch dadurch verwerflich, daß auf diese Art die Maximen und Gesinnungen subjektiv verderbt werden, wenngleich die Tat objektiv gesetzmäßig ist: indem es nicht genug ist, das, was Recht ist, zu tun, sondern es auch aus dem Grunde allein, weil es Recht ist, auszuüben. Auch hat der bloße deutliche Begriff dieser Arten von menschlicher Angelegenheit, mit einer lebhaften Darstellung in Beispielen verbunden, und ohne Verstoß wider die Regeln des Wohllauts der Sprache, oder der Wohlanständigkeit des Ausdrucks, für Ideen der Vernunft (die zusammen die Wohlredenheit ausmachen), schon an sich hinreichenden Einfluß auf menschliche Gemüter, als daß es nötig wäre noch die Maschinen der Überredung hiebei anzulegen; welche, da sie ebensowohl auch zur Beschönigung oder Verdeckung des Lasters und Irrtums gebraucht werden können, den geheimen Verdacht wegen einer künstlichen Überlistung nicht ganz vertilgen können. In der Dichtkunst geht alles ehrlich und aufrichtig zu. Sie erklärt sich, ein bloßes unterhaltendes Spiel mit der Einbildungskraft, und zwar der Form nach, einstimmig mit Verstandesgesetzen treiben zu wollen; und verlangt nicht, den Verstand durch sinnliche Darstellung zu überschleichen und zu verstricken."[277]

Diese Kritik ist ebenso leicht nachzuvollziehen wie verfehlt, zumindest was die Predigt angeht. Die „Maschinen der Überredung" in der Beredsamkeit lenken danach nur von der Wahrheit einer Sache ab. Sie ist darum unaufrichtig und hinterlistig und hintergeht die Freiheit der Hörer. Hinter dieser Abwertung ist leicht Kants Pflichtenethik zu erkennen: Das Sollen darf allein aus freier Selbstbestimmung der Vernunft abgeleitet werden, jeder Einfluss der Sinnlichkeit – hier der „Gemüter" – könnte es nur verfälschen bzw. es würde, in Kants eigenen Worten, „den Verstand durch sinnliche Darstellung zu überschleichen und zu verstricken" versuchen. Es geht also um den berühmten, von Schiller kritisierten Gegensatz von Pflicht und Neigung.[278] Genau hier kann aber auch die Gegenkritik an Kant einsetzen.

- Zum einen erscheint seine Radikalkritik an der Beredsamkeit als *Neuauflage der alten Spannung* zwischen technischer und philosophischer Rhetorik. Sie ist selbst Teil der Selbstkritik einer verantwortlichen Rhetorik und hat gerade innerhalb dieser die fruchtbarsten Entwicklungen angestoßen.
- Zum anderen kann Freiheit nur *konkrete Freiheit* sein, d. h. eine sich in vielerlei Bindungen und Bedingungen erst erweisende. Vernunft und Natur, Geist und Sinnlichkeit müssen zur Identität gebracht werden – genau bei dieser Aufgabe setzt dann das Dreigestirn des Idealismus Fichte, Schelling und Hegel an. Eine verantwortliche, der Freiheit der Hörer verpflichtete Rhetorik wird also die Bewegung des Gemüts gerade dazu nutzen, dass die Menschen klar sehen und selbstbestimmt zu handeln vermögen.[279]

Exkurs: Hegels Verständnis von Rhetorik und Poesie und die Konturen einer modernitätsfähigen Predigt

Ähnlich wie Kant verweist auch Hegel die Rhetorik in die niedere Sphäre der Zweckmäßigkeit, d. h. als ein sprachliches Mittel zur Erreichung bestimmter von der Rede selbst verschiedener Ziele beim Hörer. Dabei müsse die Rede auf bestimmte ihr vorgegebene allgemeine Gesetze, Anschauungen oder, wie bei der Predigt, Glaubensinhalte Bezug nehmen und zudem auch noch die Situation der Hörer berücksichtigen. All das hebt die Beredsamkeit von der sich selbst genügenden, das Schöne in Freiheit darstellenden Poesie ab – Aristoteles spricht hier von herstellender *poiesis* anstelle von darstellender *praxis*. So bleibt Hegel gegenüber der Kunst der Beredsamkeit sehr zurückhaltend: „Nach allen diesen Richtungen nun hat die Beredsamkeit ihren Begriff statt in der freien poetischen Organisation des Kunstwerks vielmehr in der bloßen Zweckmäßigkeit zu suchen. Der Redner muß es sich zum Hauptaugenmerk machen, der subjektiven Ansicht, aus der sein Werk hervorgeht, sowohl das Ganze als auch die einzelnen Teile zu unterwerfen, wodurch die selbständige Freiheit der Darstellung aufgehoben und dafür die Dienstlichkeit zu einem bestimmten, nicht mehr künstlerischen Zweck an die Stelle gesetzt wird. [...] [So] wird sich in allem und jedem ein bloß zweckmäßiger Zusammenhang hervortun, der unter der Herrschaft von Ursache und Wirkung, Grund und Folge und anderen Verstandeskategorien bleibt."[280] Diese Beschränkung gilt ausdrücklich auch für den geistlichen Redner, „denn für ihn sind die allgemeinen religiösen Lehren und die daraus folgenden moralischen, politischen und sonstigen Grundsätze und Verhaltensregeln das, worauf er diese verschiedenartigsten Fälle zurückzuführen hat, da diese Lehren im religiösen Bewusstsein wesentlich auch für sich, als die Substanz von allem Einzelnen, sollen erfahren, geglaubt und erkannt werden."[281] Mit dieser Bindung an allgemeine Vorgaben hält Hegel noch an der Grenze zwischen Beredsamkeit und näherhin Predigt und Poesie fest. Doch damit zeichnet er gleichzeitig den Weg vor, den die Predigt in den vergangenen zwei Jahrhunderten vielfach eingeschlagen hat: Lehren, Grundsätze und Verhaltensregeln zu subjektivieren, d. h. sie aus einer „geistigen Innerlichkeit" nach dem „Prinzip des Sichvernehmens des Inneren als Inneren"[282] – also dem, was theologisch gerne als „Erfahrung" bezeichnet wird – zu gestalten. Danach überzeugt die Predigt in dem Maß, wie es dem Prediger gelingt, seine Glaubenserfahrung authentisch in Worte zu kleiden und sie anderen mitzuteilen. Damit hat die Predigt gewissermaßen eine Selbst-Poetisierung im Sinn Hegels vollzogen, d. h. sie ist „am tiefsten die ganze Fülle des geistigen Gehalts auszuschöpfen imstande", weil von ihr „auch die tiefste und reichhaltigste innere Durchlebung des Stoffes gefordert werden [darf], die er zur Darstellung bringt"[283].

Subjektivierung bedeutet allerdings keineswegs notwendigerweise Relativierung der objektiven Gehalte des Glaubens. Dass diese Gefahr besteht, darauf hat die Dialektische Theologie zurecht mit aller Macht hingewiesen. Dass diese Gefahr nicht dort am größten ist, wo die Predigt schlicht verweltlicht und verflacht und damit bloß an vordergründigen Bedürfnissen ausgerichtet ist, sondern gerade da, wo sie in höchstpersönlicher Erfahrung gründet – dies und nicht die genannte Verflachung ist ja die eigentliche Herausforderung liberaler Theologie –, wird nach diesen Überlegungen verständlich. Und doch ist der Gegensatz von Botschaft und Erfahrung nicht alternativlos. So hat Philipp Müller programmatisch vorgeschlagen, Predigt durchgängig als Zeugnis zu verstehen.[284] Der Zeugnisbegriff verbindet ja glücklich eine transsubjektive (Zeugnis von etwas wirklich Geschehenem, etwa als gerichtliche Zeugenaussage) und eine subjektive Ebene (Zeugnis als Überzeugtsein von etwas).

Bei aller Berechtigung dieses Ansatzes sind aber auch seine Grenzen unübersehbar und können mithilfe der hegelianischen Bestimmung der Poesie leicht nachvollzogen werden. 1. Sprache erhält ihren Gehalt einseitig als Selbstausdruck. Das verkürzt das kommunikative Geschehen, wie wir etwa noch anhand von Karl Bühlers Organonmodell sehen werden (4.1.1). 2. Sprache ist nicht nur Selbstausdruck, sondern auch Selbstentäußerung – Augustinus sprach dabei gerne von der Spannung zwischen „verbum internum" und „verbum externum". Das Gesagte entwickelt autonome und vom Sprecher losgelöste Wirkungen, wie wir mit Blick auf die Rezeptionsästhetik und das Konzept von der „Predigt als offenem Kunstwerk" bereits in 1.5.2.1 gesehen haben. 3. Theologisch darf das Reden von Gott nicht primär durch Authentizität, sondern durch die göttliche Bevollmächtigung bei den Gläubigen Gehör verlangen, wie die „Rhetorik des Glaubens" in 1.3 festgehalten hat. Es muss diesen also nachvollziehbar machen, inwiefern jemand wirklich im Namen Gottes das Wort ergreift. Dazu muss er zum einen der von der Kirche gesandte Prediger sein, zum anderen aber auch in seinen Ausführungen alles auf anerkannte Prinzipien des Glaubens zurückzuführen verstehen. All das macht die Forderung der „inneren Durchlebung des Stoffes" alles andere als obsolet, befreit sie jedoch aus der Alternative zur Bindung an „die allgemeinen religiösen Lehren und die daraus folgenden moralischen, politischen und sonstigen Grundsätze und Verhaltungsregeln".

Vielleicht ist aber das Apriori Hegels (und in diesem Fall wohl des Deutschen Idealismus insgesamt) zu überdenken. Wie alles andere, so ist danach auch die Rede aus dem freien Ich im Prozess der Selbstverwirklichung am Nicht-Ich zu entwickeln. Damit wird aber die unhintergehbare Sozialität der Sprache zum bloßen Epiphänomen der sich selbst ausdrückenden Innerlichkeit. Geht man aber hinter Hegel zurück, so erkennt man, dass der Rückgriff auf das Ich selbst wieder Teil eines sozialen Prozesses ist, genauer der Krise der Tradition in der Aufklärung. In diesem Punkt wiederholte sich das, was sich in Griechenland um 400 v. Chr. abspielte, nämlich dass die ‚‚uralten heimischen Sitten' (πάτρια καὶ παντάπασιν ἀρχαῖα νόμιμα, Leges 739b) [...] ihre Bestimmungsmacht verloren hatten. Das Gute war fraglich, die Unterscheidung zwischen gut und schlecht war nicht nur in Einzelfällen (das galt von je), sondern überhaupt undeutlich geworden. Jene Denk- und Sprachverwirrung war eingebrochen, die Thukydides als Folge der Revolutionierung der hellenischen Staatenwelt schildert: ‚Die Bedeutung der Worte hatte die Beziehung zu den Dingen verloren und wurde nach Belieben geändert. Wildes Draufgängertum wurde für opferbereiten Mut gehalten, vorausblickende Sorgfalt für versteckte Feigheit, Besonnenheit für einen Vorwand der Unmännlichkeit, allseitig offenes Verständnis für unentschlossene Trägheit.'"[285] Diese Krise der Tradition hat sich seitdem noch ausgeweitet und hat längst auch Glaube und Kirche erfasst, zweifellos auch den Katholizismus. „Die Bedeutung der Worte hatte die Beziehung zu den Dingen verloren und wurde nach Belieben geändert", das ist das eigentliche Apriori der Predigt in der Moderne. Um sie modernitätsfähig zu machen, genügt es also nicht, diese Beziehung zu reaffirmieren oder gegen das Belieben zu polemisieren. Der Prediger muss sich mit seiner Person an die Stelle des gerissenen Bandes zwischen Glaubensworten und Glaubensinhalten („Dingen") begeben und beide für seine Hörer glaubwürdig miteinander verbinden. Das erfordert die Anstrengung des Begriffs – also seine theologische Kompetenz – ebenso wie seine Sprach- und Auskunftsfähigkeit, was man als seine kommunikative Kompetenz bezeichnen könnte.

So hat sich seit der zweiten Hälfte des 18. Jahrhunderts eine typisch deutsche Rhetorikverachtung entwickelt:

„Da war jene subjektivistische Bewegung, die als ‚Sturm und Drang', als ‚Genie-Epoche' in die Geschichte eingegangen ist: Individualität galt als höchster Wert und höchstes Ziel, und alle Regeln und Rezepte der überkommenen Rhetorik stellten sich nunmehr – exakt so wie die Regeln und Rezepte der überkommenen Dichtungstheorie – als Unnatur und Künstelei, als kalter Formalismus und unnützer Flitterkram dar, als ein Apparat, der den instinktiven Regungen der Seele und ihrer spontanen Treffsicherheit nur hinderlich sei."[286]

In religiöser Hinsicht sekundierte dieser Strömung der Pietismus, dessen Suche nach der Unmittelbarkeit des Gefühls und dessen Primat des Gemütes vor dem

2. Rhetorik als Bezugswissenschaft der Homiletik

Verstand jede Suche nach der sprachlichen Form der Rede als unecht ansah.[287] So bildete sich das heraus, was Charles Taylor treffend als „Ethik der Authentizität" bezeichnete.[288] An diesem entscheidenden Punkt hat die Romantik der Aufklärungsphilosophie die Treue gehalten, so sehr sie sich auch ansonsten durch ihren Sinn für die Sprachlichkeit des Menschen auszeichnete. Und so bleibt es auch im beginnenden 19. Jahrhundert bestehen: Das kulturell geprägte, das geschliffene Wort, das darum weiß, dass es öffentliches Wort ist und darum niemals einfach spontan und schlicht von Herzen kommend sein kann, gerät unter Generalverdacht. Dagegen wird das ganz von innen kommende Wort gesetzt. Rückblickend sagt Manfred Fuhrmann: „Die deutsche Spielart der Rhetorik-Verachtung ging fehl, weil sie auf einem extremen Personalismus beruhte: auf der Überzeugung, dass die einzelne Person, das Individuum, der einzige Bezugspunkt menschlichen Tuns sei – sowohl auf ästhetischem als auch auf moralischem Gebiet."[289] Doch auch dieses Ausspielen der Innerlichkeit gegen die sprachliche Form ist in der klassischen Rhetorik bereits vorweggenommen.

– Die drei Säulen des Erlernens der Rede sind *natura*, *ars* und *exercitium* (s. o. 1.5.1). Entscheidend ist ihre Harmonie, d. h. Kunst und Übung dürfen die Natur und Persönlichkeit eines Redners nicht verzerren, sondern sollen sie vollendet zur Geltung bringen.

– Wer hätte besser um die Lächerlichkeit eines gekünstelten Sprechens, um die Gefahren einer manipulativen Rede wissen können als diejenigen, die sich täglich mit allen Aspekten der Rede beschäftigten? Bloßes Theater, Effekthascherei, Tun-als-ob um einer angezielten Wirkung willen, das geißelt schon Quintilian:

> „Denn keineswegs soll der Knabe, mit dessen Unterweisung wir beschäftigt sind, mit dünner Weiberstimme unmännlich säuseln oder wie ein Greis zittern. Auch ahme er nicht die Sprachfehler nach, die die Trunkenheit zeigt, noch lasse er seine Stimme vom Ton des Sklavengesindes beeinflussen oder lerne, den Gefühlston der Verliebten, Habgierigen oder Angsthasen zu treffen: das ist für einen Redner nicht nötig und birgt gerade in dem frühen, noch unerfahrenen Jugendalter die Gefahr der Ansteckung in sich; denn häufige Nachahmung färbt auf die Sitten ab. […] Denn wenn es hierfür bei dem Redenden einer Kunst bedarf, so vor allem der, nicht als Kunst zu erscheinen (nam si qua in his ars est dicendum, ea prima est, ne ars esse videatur)."[290]

– Die Spannung von technischer und philosophischer Rhetorik ist so alt wie die Wissenschaft von der Rede selbst und sie begleitet sie wie ein *basso continuo*. So kann man Walter Jens nur zustimmen, wenn er programmatisch fordert: „[E]s wird Zeit, es wird hohe Zeit, dass die regina artium, die Rhetorik als alte und neue Königin der Wissenschaften, endlich auch in unserem Lande aus ihrem Dornröschenschlummer erwacht!"[291]

2.2.2.2 Theologie

Walter Jens, Rhetorikprofessor in Tübingen, hat auf dem evangelischen Deutschen Pfarrertag 1976 in München den Versammelten die Leviten unter dem Thema gelesen: „Die Kanzelrede – hohe Kunst der Manipulation".[292] Predigt manipuliert – wenn das hartnäckige Vorurteil zutrifft, Inhalt und Form ließen sich unabhängig voneinander bestimmen. Dem entsprächen dann auch zwei ganz verschiedene Disziplinen, die Theologie für den Inhalt und die Rhetorik für die Form – Verpackungsrhetorik nennt man das. In Ersterer sind Theologen Fachleute. Nach allen Regeln erschließen sie den Sinn eines Textes exegetisch, kneten ihn dogmatisch durch und beziehen ihn praktisch-theologisch auf heutige Fragestellungen. Ist diese „eigentliche" theologische Arbeit abgeschlossen, so kommen dann je nach Lust und Laune noch einige Kniffe hinzu, ein Geschichtchen hier, ein kleiner Gag in Ehren dort, und fertig ist die Predigt.

Was schon philosophisch eingewendet wurde, kehrt theologisch noch einmal wieder. Da lautet nun der Einwand: Wo es um letzte Haltungen und Grundeinstellungen geht, kann und darf der Mensch nicht von außen beeinflusst werden, sondern er muss in der Tiefe seines Herzens zur Wahrheit finden können, in der Unvertretbarkeit seines Gewissens, letztlich in seiner Unmittelbarkeit zu Gott. Predigt kann diese Selbstfindung vor Gott zwar von außen anstoßen, was aber wirklich in einem Menschen geschieht, dazu hat allein Gott Zugang. Darum ist Predigt ein Gnadengeschehen, und von Gott zu reden ist eine Gabe Gottes und keine menschlich erlernbare Technik. Die Rhetorik des Glaubens (1.3) hat diese Unvergleichlichkeit der Predigt ja bereits herausgearbeitet. Die Diskussion um die Dialektische Theologie und ihre theologische Ablehnung der Rhetorik hat sie sehr grundsätzlich aufgegriffen: Das Wort Gottes müsse verkündet und nicht bloß verpackt werden.

Die einflussreiche Homiletik von Rudolf Bohren hat diese Position pneumatologisch ausgeweitet: Der Heilige Geist *weht, wo er will* (Joh 3,8); er eröffnet dem Wort den Weg zum Prediger ebenso wie zum Hörer. Damit gelingt es ihm, Einseitigkeiten der dialektisch-theologischen Predigtlehre zu überwinden, die jede Rücksicht auf die menschlichen Bedingungen des Redens und Hörens kategorisch ausschloss. Dennoch – und gerade diese Formulierung ist umso bezeichnender – werden „Heiliger Geist und Rhetorik als Alternative" angesehen.[293] Das freie Wirken des Geistes schließe eine systematische rhetorische Predigtarbeit aus. Selbst einer der Protagonisten der Rehabilitation der Rhetorik, Manfred Josuttis, räumt ein:

> „Das schöpferische Wort des Evangeliums ist nicht abhängig von geschöpflichen Fähigkeiten. Seine spezifische Wirkung, Glauben zu schaffen, resultiert nicht aus der Rechtgläubigkeit oder der Frömmigkeit der Prediger/innen, nicht aus der rhetorischen Artistik der Predigt, nicht aus der perfekten Organisation der Kommuni-

2. Rhetorik als Bezugswissenschaft der Homiletik 127

kationsbedingungen. Das alles wird nützlich und notwendig sein, wenn man individual- und sozialpsychologische Effekte erzielen will. Damit die energetische Potenz der Verkündigung das schafft, was in dieser und in der anderen Welt den Menschen zum Heil dient, ist nur eines erforderlich, dies aber unbedingt: Der Geist Gottes, oder wie es die orthodoxe Theologie des Ostens formuliert hat: die ungeschaffenen Energien Gottes müssen das Sprachgeschehen erfüllen."[294]

Auf der anderen Seite – am entschiedensten bei Gert Otto – hat sich die Gegenbewegung gegen die Dialektische Theologie kraftvoll eben dieser menschlichen Seite des Predigens zugewendet und programmatisch eine empirische Homiletik gefordert – freilich um den Preis, dass die theologischen Kategorien des Predigens oft recht vage blieben oder ganz ausfielen.

Bei dieser Alternative geht es um keine bloß theoretischen Spitzfindigkeiten. Die Gegenwart gehört sicher nicht zu den glaubensstarken Zeiten, und der mangelnde Sinn für das Übernatürliche kann Prediger regelrecht in Versuchung führen, sich mit einem „communications manager" der Kirche zu verwechseln, der sie und ihre Anliegen und Interessen möglichst wirkungsvoll verkauft. Diese Versuchung ist übrigens alles andere als neu. Selbst das „goldene Zeitalter" der Kirchenväter, die Zeit zwischen dem Konzil von Nizäa (325) und dem von Chalkedon (451), sah nicht wenige christliche Kunstredner, denen das Spiel mit Worten mehr am Herzen lag als die Bekehrung der Heiden.[295] Die großen Prediger dagegen traten damals (und zu allen Zeiten) als Hirten auf, die alles dafür taten, die Herzen der Menschen zu Gott zu bewegen. So heißt es vom hl. Petrus Chrysologus, er sei

> „so leidenschaftlich beim Sprechen gewesen, dass ihm aufgrund seines übergroßen Feuers bisweilen die Stimme versagte, wie es bei seiner Predigt über die blutflüssige Frau (vgl. Mt 9,20–22) geschah. Das erschütterte die Ravennaten, und sie vergossen Unmengen von Tränen und ließen den Ort von zahllosen Ausrufen und Gebeten widerhallen. Daraufhin dankte er selbst Gott dafür, dass dieser das, was die Predigt (durch ihn) verloren hatte, zu einem Gewinn an Liebe hatte werden lassen."[296]

Doch es gibt auch die umgekehrte Versuchung. Da wird das Vertrauen auf den Heiligen Geist zum Vorwand für den Mangel an eigenem Bemühen, an Sorgfalt und Vorbereitung: „Zwischen Evangelium und Predigt rufe ich den Geist an, und dann spreche ich, was er mir eingibt." Doch das ist ein Lehrbuchbeispiel für falsches Vertrauen auf Gott, die *spes temeraria* (verwegene Hoffnung), die von Gott Hilfe erwartet, ohne ihrerseits alles in der eigenen Macht Stehende zu tun. Da ist man nicht besser als der Faulpelz von Schüler, der vor der Prüfung betet, dass doch just die eine Frage gestellt werden möge, die er gelernt hat. Dieser Schüler hat wenigstens das eine gelernt, nämlich sein Unwissen durch einen Schwall von

Worten zu verdecken. Und ebenso wird ein verwegen hoffender Prediger – zumindest wenn er über langjährige Erfahrung verfügt – zumeist alles andere als ums Wort verlegen sein. Aber was sind das dann für Worte? Floskeln, Gemeinplätze, Redundanzen und Klischees. Er beschwört anstatt zu überzeugen und ersetzt Gründe durch Erregung. Letztlich zeigt er einen Mangel an Demut: Der Kitzel fürs Ego ist eben viel größer, wenn man sich als Sprachrohr Gottes versteht, ja als Pfingsten in Person. Wie bescheiden macht dagegen das Wissen darum, wie unzureichend die eigenen Ausdrucksmittel angesichts der größten aller Aufgaben sind: Menschen zu Gott zu führen. Nebenbei ein kleiner Tipp zur Abhilfe: Man lege sich in großen Lettern Heinz Erhardts Spruch auf den Ambo: „Es ist schwerer, den Mund zu halten als eine Rede."

Was ist theologisch auf diesen Einwand zu sagen, der Heilige Geist und die Rhetorik seien inkompatibel? Zum einen zeichnet eine christliche Rhetorik tatsächlich der Vorrang der *sapientia* vor der *eloquentia* aus.[297] Der Prediger muss zuerst und vor allem selbst in der Gnade Gottes stehen, ja sich darin bewegen wie der Fisch im unendlichen Meer Gottes. Er muss in Glaube, Hoffnung und Liebe wachsen. Darum kennt die Predigtgeschichte aller Jahrhunderte immer wieder den Typus des heiligen Predigers, der in einfachen und gerade darin so zu Herzen gehenden Worten die Menschen tief erschüttert. Vom hl. Franziskus berichtet sein Biograf Tommaso da Celano:

> „Wenn Franziskus, der Prediger des Evangeliums, zu Ungebildeten sprach, gebrauchte er einfache und anschauliche Ausdrücke, wusste er doch wohl, dass Tugend notwendiger ist als Worte. Gegenüber geistlichen und gebildeteren Leuten brachte er aus seinem Herzen jedoch tiefe Worte hervor, die Leben spendeten. Mit wenigen Worten erklärte er das, was unerklärlich ist, und da er es mit feurigen Bewegungen und Gesten verband, zog er alle hinauf zu himmlischen Höhen. Dabei gebrauchte er jedoch keinen bestimmten Redeaufbau, denn er gab seinen Reden keine feste Ordnung, waren sie doch nicht von ihm selbst ersonnen [sc. vielmehr vom Heiligen Geist]. Christus, die wahre Macht und Weisheit, *gab seinem Wort den Klang von Macht* (Ps 67,34). Ein gebildeter und beredter Arzt sagte einmal: ‚Während ich die Predigten anderer Wort für Wort behalte, gelingt mit das allein nicht bei dem, was Franziskus in seiner Begeisterung sagt. Wenn ich dann einige seiner Worte zu erinnern suche, habe ich den Eindruck, es sind nicht mehr diejenigen, die zuvor *von seinen Lippen geflossen sind* (Hld 4,11)'."[298]

Und der hl. Bonaventura schreibt über Franziskus, dass er voll des Heiligen Geistes gepredigt habe:

> „Sein Wort war wie ein loderndes Feuer, das das Innerste des Herzens durchdringt und den Geist mit Bewunderung erfüllt. Er stellte keine elegante Redekunst zur Schau, sondern besaß den Duft und den Anhauch der göttlichen Offenbarung. Als

er einmal vor dem Papst und den Kardinälen predigen sollte, hatte er auf Anregung des Kardinals von Ostia eine mit aller Sorgfalt vorbereitete Rede auswendig gelernt. Doch als er in ihrer Mitte stand und diese erbaulichen Worte vortragen sollte, vergaß er alles und konnte nicht einmal einen einzigen Satz vorbringen. Demütig und ehrlich gestand er seine Verlegenheit ein und rief die Gnade des Heiligen Geistes an. Sogleich strömten die Worte so reichlich aus ihm hervor, so wirksam zur Rührung und Bewegung der Herzen dieser hochgestellten Persönlichkeiten, dass man klar sah, dass nicht er es war, der sprach, sondern der Heilige Geist. – Was er von anderen mit Worten verlangte, zeigte er zuvor selbst mit Taten. Darum fürchtete er keine Kritik und verkündigte mit äußerstem Mut die Wahrheit."[299]

Ergreifend ist schließlich die Überlieferung vom hl. Johannes, dem Apostel und Evangelisten. Am Ende seines Lebens mussten ihn zwei Jünger links und rechts stützen, und er konnte auch seine hohe Theologie des fleischgewordenen Wortes nicht mehr vortragen. Stattdessen habe er immer nur eines gesagt: „Meine Kinder, liebt einander!" „Willst du uns nicht mehr sagen?", fragten ihn die Gläubigen. Er aber bekräftigte nur sein einfaches Wort: „Nein, das eine genügt!"[300]

Gut gesagt

Viele Verkündiger des Wortes Gottes gibt es in der Kirche. Das war zu allen Zeiten so, und auch noch heute ist es so. Wie kommt es aber, dass sich auf die Ermahnungen und das laute Rufen so vieler Männer hin so wenige bekehren? In einer großen Stadt treten doch in der Fastenzeit jeden Tag zwanzig oder dreißig oder sogar vierzig Redner auf. Wenn aber die Fastenzeit vorüber ist, kann man so gut wie keine Veränderung im Verhalten der Bewohner dieser Stadt wahrnehmen: dieselben Laster, dieselben Sünden, dieselbe Gleichgültigkeit, dieselbe Sittenverderbnis. Ich kann dafür keinen anderen Grund finden, als dass meistens belesene, elegante und blumige Predigten gehalten werden, denen jedoch Seele, Leben, Feuer, mit einem Wort die Liebe fehlt. Sie allein kann die Worte des Redners lebendig machen und zum Glühen bringen und die Herzen der Hörer entflammen und verwandeln. Ich will damit nicht etwa behaupten, dass es viele Prediger an stimmlichem und körperlichem Einsatz fehlen lassen, denn auch Kanonen, die nicht mit einer Eisen- oder Steinkugel geladen sind, machen großen Lärm, aber ohne irgendeine Wirkung hervorzubringen. Was den Predigern fehlt, ist eine große Liebe zu Gott und zum Heil der Seelen, und zwar keine vorgetäuschte, sondern eine echte, keine, die man sich abnötigt, sondern eine, die wie von selbst aus der Quelle des Herzens hervorströmt. Der hl. Petrus hatte nicht Rhetorik studiert, er kannte sich nur darin aus, wie man ein Boot steuert, Netze repariert und auswirft. Doch als der Heilige Geist in Feuerzungen auf ihn herabkam und ihn mit der glühendsten Liebe erfüllte, da begann er sofort mitten in Jerusalem so machtvoll, so glühend, so wirksam zu predigen, dass er mit einer einzigen Predigt viele tausend Menschen bekehrte, so dass sie Buße taten und den Glauben annahmen. Und man liest nichts davon, dass er bei seinen Predigten laut geschrien oder sich durch übermäßigen Körpereinsatz erschöpft habe. Der hl. Bonaventura sagt über den hl. Franziskus, dass dieser weder besonders gelehrt gewesen sei noch sich dem Studium der Rhetorik gewidmet habe, doch wenn er vor dem Volk Predigten gehalten habe, dann habe man ihm zugehört wie einem Engel vom Himmel. „Denn sein Wort war wie brennendes Feuer, welches ins Innerste des Herzens dringt." Und in der Chronik des Franziskanerordens wird berichtet, dass er sich einmal nach dem Essen plötzlich mit einigen Worten an das Volk gewandt habe, woraufhin solch eine Bewegung der Bekehrung unter dem Volk entstand, dass man hätte glauben können, es sei Karfreitag. Wie kommt es, dass so wenige Worte eine solche Bewegung, einen solchen Erfolg herbeiführten? Es liegt daran, dass jener heilige Prediger wie eine glühende Kohle war und sein Wort wie eine brennende Fackel, wie es Jesus Sirach über den Propheten Elias gesagt hat. Uns sind Predigten überliefert vom hl. Vinzenz von Paul, vom hl. Bernardin und anderen. Manche würdigen diese Predigten kaum eines Blickes, weil sie sich so überaus einfach und schlicht ausdrücken. Und doch wissen wir, dass diese Predigten viele Tausende Menschen zu Gott bekehrt haben und dass die Leute scharenweise hingeströmt sind und sie mit der größten Aufmerksamkeit angehört haben. Die einfachen Worte dieser Predigten sind nämlich aus einer glühenden, funkensprühenden Brust hervorgegangen.

Robert Bellarmin, De ascensione mentis in Deum per scalas rerum creaturam. Gradus sextus: Ex consideratione ignis, cap. 4: Ferrum frigidum ignis efficit ardens; gratia Dei efficacia reddit et verba et facta hominis (Opuscula Ascetica, ed. Brehm, tom. I, pp. 120–124)

Ganz ähnlich haben wir in der Predigtgeschichte (2.1.3.2) wiederholt eine Rückbewegung von der „hohen" Predigt hin zur einfachen, lebensnahen Predigt beobachten können – nicht zuletzt bei den beiden Hauptträgern der katholischen Reform, den Jesuiten und den Kapuzinern.[301] Dennoch gibt es auch die andere Gefahr der *spes temeraria,* also die des Quietismus, der einseitig auf Gott vertraut, ohne sich selbst auf der Ebene der Zweitursachen, also der menschlichen *providentia* und *prudentia,* anzustrengen.

Thomas von Aquin kommt im Rahmen seiner Gnadenlehre auch zur Gabe der Rede (Sth II-II q. 177). Ist sie eine „gratia gratis data"?, so fragt er (a. 1). Aber sie kann doch durch die Rhetorik („ars rhetorica") erlernt werden, ist also eine Befähigung aus der Natur, während eine Gnade doch das Natürliche übersteigt? Die Antwort des Thomas bildet wie so oft eine ausgewogene Synthese. Jede Erkenntnis Gottes muss sprachlich weitergegeben werden. Damit diese Weitergabe auch wirksam wird („efficaciter loqui", nicht nur „loqui"), dazu braucht es eine eigene Gnade. Wie jede „gratia gratis data" ist sie nämlich zum Nutzen anderer gegeben. Diese Gnade greift die drei Wirkungen der christlichen Rede nach Augustinus auf: Sie lehrt, bewegt den Affekt, um gerne das Wort Gottes zu hören, und lässt das

2. Rhetorik als Bezugswissenschaft der Homiletik

Gehörte auch lieben und im eigenen Leben erfüllen.[302] „Ad quod quidem efficiendum Spiritus Sanctus utitur lingua hominis quasi quodam instrumento. – Um dies zu bewirken, gebraucht der Heilige Geist die menschliche Sprache wie ein Werkzeug." Was also die Rhetorik in niedrigerer Weise vermag, das bewirkt diese Gnade in höherer als der Natur möglicher Weise. D. h. die Zurückweisung von klugen und gewandten Worten durch Paulus zielt nur auf eine rein menschliche Rede ohne den Beistand des Heiligen Geistes.

Nach Papst Gregor dem Großen stellt gerade das Aussprechen der Heilswahrheit eine eigene Herausforderung an Klarheit und Wahrheit dar, die wiederum eine eigene Gnade mit sich bringt, nämlich auch selbst den Glauben durch das Mitteilen an andere besser zu verstehen. Das ist verständlich. Denn wenn Predigen ein Sprechakt, somit eine Handlung, ist (vgl. Kap. 4), dann teilt sie die Eigenschaft jeder Praxis: Sie ist einerseits mehr als nur in die Tat umgesetztes Denken, andererseits gerät sie im Handeln auch in neuer Weise mit der Wirklichkeit zusammen: Durch Sprache erschließt sich die Welt in neuer Weise – und zwar ganz wesentlich von den Umständen der Kommunikation bedingt (vgl. Kap. 4 im „homiletischen Dreieck").

An das große Erbe der antiken Rhetorik, die zeitweilig als die angesehenste der damaligen Wissenschaften galt, anzuknüpfen lohnt sich, und zwar gerade aus genuin theologischem Interesse. Aus ihrem reichen, stets in enger Verbindung mit der Redepraxis entwickelten Begriffsapparat können wir schöpfen und werden es insbesondere im Praxisteil dieses Buches auch reichlich tun.

2.2.2.3 Pastoral

Die bisherigen Einwände gegen den Gebrauch der Rhetorik in der Predigt waren sehr grundsätzlich. Aber es gibt auch sehr viel handfestere Gründe der Predigtpraxis, die zur Skepsis gegen die Methoden der Rhetorik führten. So meinte schon John Quincy Adams (1767–1848), Rhetorikprofessor in Harvard und später Präsident der Vereinigten Staaten von Amerika, die antike Rhetorik lasse sich ohne Abstriche auf die Lob- und die politische Rede übertragen, dagegen nur mit Abstrichen auf die Gerichtsrede. Kommt man dagegen zur Predigt, versage sie völlig:

> „Die Kanzelberedsamkeit ist für die Wissenschaft der Rhetorik das, was diese westliche Hemisphäre für die Geographie ist. Aristoteles und Quintilian sind so unfähig, ihre Grenzen abzustecken, wie Pausanias und Strabo dazu unfähig sind, uns die Breitengrade der Davisstraße [sc. Meerenge zwischen der kanadischen Baffininsel und Grönland] oder von Kap Horn anzugeben. Bei der Erkundung dieser neuen Weltgegend stellen wir wie Kolumbus bei seiner ersten Reise zu diesem

Erdteil fest, dass unser Kompass uns im Stich lässt. Unsere Magnetnadel zeigt nicht mehr in Richtung des Pols."[303]

„Unser Kompass lässt uns im Stich" – gilt das auch für den Kompass der klassischen Rhetorik (und womöglich auch der christlichen Predigt von zwei Jahrtausenden) angesichts rasant gewandelter Bedingungen der Kommunikation heute? Sind Sprechen und Hören nicht so sehr modern geprägt, dass ihre Vollzüge, Formen und Probleme kaum mit den Instrumenten von gestern gemessen werden können? Zweifellos gibt es einige spezifisch moderne Themen der Kommunikation und der Predigt, für die die klassische Rhetorik und die christliche Predigttradition kein Passepartout bereithalten – einige von ihnen sind uns bereits bei den kulturbedingten Ursachen der Predigtkrise in 1.1.2.1 begegnet. Man kann sie unter den folgenden Stichworten zusammenfassen:
- Die Bedingungen der *Kommunikationsgesellschaft* versetzen die Predigt in eine permanente Marktsituation, in der um Aufmerksamkeit konkurriert wird, diese aber nur selten anhaltend gesichert werden kann (Stichwort „Reizüberflutung").
- Neue Erkenntnisse der *Sprach- und Kommunikationswissenschaften* – mit ihnen werden wir uns in 4.1 noch näher beschäftigen. Das schließt auch empirische Kenntnisse zum faktischen Predigtgeschehen ein (s. o. Exkurs: Empirische Predigtforschung).
- Interessanterweise hat die klassische Rhetorik den *Hörer* eher stiefmütterlich behandelt und sich ihm nur indirekt – nämlich anlässlich der Bildung von Überzeugung und der Erregung von Affekten – genähert. Dagegen bilden die autonomen Prozesse im Hörer heute einen Schwerpunkt jeder Kommunikationstheorie.

Doch auch dieser letzte Einwand kann zum Vorwand für eine schlechte Predigt werden. Tradition besitzt den unbeschreiblichen Charme, Aktualität zu entzaubern. Wer aus dem Vollen des Gestern schöpft, liefert sich nicht mit Haut und Haaren dem Heute aus. Konkret: Heutiges Sprechen ist so unschuldig nicht. Von „herrschaftsfreier Kommunikation" (Jürgen Habermas) sind wir weit entfernt, und der Vorwurf des bloß instrumentellen Gebrauchs der Rede trifft weniger die klassische Rhetorik als den heutigen Kampf um Marktanteile, Auswüchse des *Infotainment*, das „nudging" der Bürger durch allzu wohlmeinende Politiker und die Auswüchse der *political correctness*. So sind heutige Arten der öffentlichen Kommunikation in der genannten Marktsituation auf den Gewinn von Macht und Einfluss zentriert – eine für die Predigt verhängnisvolle Ausrichtung. Da schafft die Orientierung an großen Predigten aller Zeiten ein Gegengewicht. Sie ahmt diese nicht sklavisch nach – der eine spielt einen kleinen Chrysostomus, der andere einen zweiten Pfarrer von Ars –, wohl aber schafft sie die Freiheit, die heute üblichen Sprachspiele und -spielchen zu verlassen und dadurch anzuzeigen:

2. Rhetorik als Bezugswissenschaft der Homiletik 133

Auf der Kanzel wird es ernst. In der Kontinuität mit der Predigt zweier Jahrtausende zu stehen, bewahrt der heutigen geistlichen Rede ihre Würde und ihre Eigenständigkeit. Sie wehrt der Versuchung zur Grenzverwischung, und die Predigt geht nicht über in Animation, Kabarett, Wahlkampfrede oder Statements eines Pressesprechers.

Übung
> Formulieren Sie Ihre Erwartungen an eine rhetorische Gestaltung der Predigt: Was sind Ihre neuralgischen Punkte, bei denen Sie sich etwas von Ihren Einsichten, Orientierungen und Techniken versprechen?

Rhetorik ist ein offenes Wissenschaftssystem. Sie vermag es durchaus, neue Bedingungen der Kommunikation, Einsichten aus angrenzenden Wissenschaften, Ergebnisse empirischer Studien und Wertentwicklungen wie die neuzeitliche Forderung nach Authentizität und Selbstbestimmung mit ihrem entsprechenden Manipulationsverbot aufzunehmen und zu integrieren. Auch ihre theologische Ablehnung beruht auf verkürzten, ja verzeichneten Bildern der Redelehre, wenn sie nicht ohnehin bloß als Projektionsflächen für innertheologische Positionsbestimmungen dient. Umso eindrucksvoller ist die gegenseitige Befruchtung von Predigt und Rhetorik in einer nun bereits zweitausendjährigen Geschichte. Sie darf nicht gewissermaßen sterilisiert werden, sondern sie will neue Früchte eines heutigen Sprechens im Namen Gottes hervorbringen.

Kurz und bündig
> 2.1 Die klassische Rhetorik entwickelte sich zunächst als „primäre Rhetorik" in der Redepraxis von Volksversammlung, Gericht und Feldherrenrede. Mit den Sophisten des 5. Jahrhunderts v. Chr. (bes. Protagoras und Gorgias) beginnt die „sekundäre Rhetorik", d.h. die Entwicklung eines lehrbaren Regelsystems („technische Rhetorik") und in Gegenbewegung dazu die philosophische Rhetorik (Dreigestirn von Sokrates, Plato und Aristoteles), welche die Rede an Wahrheit und Gutheit bindet. Cicero hat deren Einsichten zur Synthese gebracht, für das Abendland klassisch gemacht und damit vor allem über Augustinus auf die christliche Predigt eingewirkt. Diese entwickelte sich aus jüdischer Predigtpraxis (formlose Homilie in der Synagoge, argumentativ-appellative Missionspredigt und Prophetie), assimilierte aber bald auch viele Elemente der Rhetorik.
> 2.2 Widersprochen wird dieser Benutzung der Rhetorik durch die Homiletik aus rhetorischen (Manipulationsverdacht, Postulat der Authentizität und des freien Selbstausdrucks), theologischen (Dialektische Theologie) und pastoralen Gründen (heutige Kommunikationsgesellschaft). Doch diese Gründe weisen eher den Weg, wie diese Assimilation heute fortgeschrieben werden muss.

3. Formen der Predigt und liturgierechtliche Regelungen

3.1 Drei Grundformen der Predigt

Literatur: *Wintzer* 81–91 (Einführendes zur grundlegenden Unterscheidung von Textpredigt und Themapredigt); *Wollbold* 198–205 (Überblick und weitere Literatur).

Wie predigt einer? Das ist die Frage nach der Form der Predigt. Gerne versieht man Prediger mit entsprechenden Etiketten: Der eine predigt ganz biblisch, der andere modern, der dritte von oben herab und der vierte moralinsauer. Doch solche Etiketten sind wie die Aufdrucke auf den Waren im Supermarkt: Was an ihnen in die Augen springt, ist mehr Appell als Aussage. Sie beschreiben das Produkt selbst so ungenau, dass sie mehr für Verwirrung sorgen als Klarheit stiften. Heißt etwa biblisch altmodisch und modern modisch? Sind die Weherufe Jesu zynisch und seine Warnung vor dem Sauerteig der Pharisäer moralinsauer? Gibt es überhaupt – so die Anfrage der Dialektischen Theologie – Predigtformen im Plural, oder verwässert dies bereits die Dringlichkeit, die eine und einzige Heilsbotschaft auszurichten? „Keine Abwechslung in der Predigt. Es muß jeden Sonntag alles und darum jeden Sonntag das gleiche gesagt werden", fordert Eduard Thurneysen provokativ.[304] Ebenso knurrig gab jedoch Martin Doerne schon 1959 zurück: „Dafür weht durch die Predigten auf deutschen Kanzeln nicht selten ein Hauch gespenstischer Monotonie."[305] Man ahnt es schon, die Formfrage ist zur Grundsatzfrage geworden.

Aber das Grundsätzliche schließt die Differenzierung nicht aus. Man könnte auch die Gegenthese zur Dialektischen Theologie aufstellen: Jede Predigt ist einzigartig. Zweifellos. Aber ebenso eindeutig kann man bei jeder Predigt auch Verwandtschaften zu anderen Predigten erkennen, bestimmte wiederkehrende Muster benennen und Grundformen unterscheiden. Wie bei allem Lebendigen steht das Muster nicht gegen das Original, das Gemeinsame nicht gegen das Einzigartige. Wenn wir darum jetzt nach den Grundformen der Predigt fragen, dann nicht, um sie in ein Schema hineinzupressen. Vielmehr kann die Zuordnung zu einer Form genauer erkennen lassen, was wirklich ihre unverwechselbare Physiognomie ist. Predigtformen haben somit eine heuristische Funktion, d. h. sie sind Wahrnehmungshilfen, taugen aber nicht zur Messschnur, die genau einzuhaltende Maßstäbe angibt. Dazu zunächst drei methodische Vorbemerkungen:

1. Dem Respekt vor der Originalität jeder Predigt dient eine erste Feststellung: Man kann **Predigtformen auf ganz unterschiedliche Art und Weise** bestimmen, und was in der einen Weise gleich ist, gehört in der anderen einer ganz anderen Form an.[306] Es zeigt sich, „dass es so gut wie unmöglich ist, die Pluralität der Predigtgestalten und Predigtmöglichkeiten in einer einzigen Typologie zu erfassen, dass vielmehr je nach Erkenntnisinteresse unterschiedliche Typologien

nötig werden."[307] Wie immer bei der Kategorienbildung kann man phänomenologisch-beschreibend oder nomothetisch-begreifend vorgehen, d. h. entweder in der Vielfalt der Predigten gewisse Gemeinsamkeiten einzelner Gruppen ausmachen und sie mit einem Typus benennen[308] oder mittels vorgängiger Kriterien Predigten in Typen einteilen. Ersteres hat den Vorteil der Realitätsnähe, was jedoch durch einen geringen Erkenntniswert erkauft wird. Letzterem gelingt die gedankliche Erfassung dessen, was eine Predigtform ausmacht, es steht aber in der Gefahr, die Vielfalt und die häufig anzutreffende Formverflüssigung und -überlappung zu ignorieren. Dies gilt insbesondere dann, wenn diese Typenbildung dominant wird und andere zu verdrängen sucht.

2. Nennen wir einige solcher möglichen **Ansätze bei der Bestimmung von Predigtformen**:

– *Konfessionell*, also katholisch, anglikanisch, evangelisch oder ostkirchlich. Doch auch innerhalb der Konfessionen gibt es markant unterschiedliche Predigtauffassungen, also z. B. im Anglikanismus *High Church* und *Low Church* oder im Protestantismus evangelikal[309] und landeskirchlich. Daneben gibt es auch konfessionsübergreifende Prägungen, deren bekannteste die pentekostale Predigt ist. Angesichts der herausragenden Bedeutung der Predigt für das Selbstverständnis insbesondere der aus der Reformation hervorgegangenen Konfessionen lassen sich hier bis heute trotz vieler Berührungspunkte doch auch deutliche konfessionelle Besonderheiten erkennen, etwa was das Verhältnis zur Liturgie angeht, die erwartete Dauer, die Beschränkung der Predigt auf Amtsträger, das Verhältnis von Verstand und Gefühl, die theologische Orientierung u. v. a.[310]

– *Kulturell und national*, also z. B. die französische, die süddeutsche oder die indische Predigt.

– *Historisch*, also die Predigt der Väterzeit, des Mittelalters, der Neuzeit und der Moderne – ebenso mit vielen möglichen Untergliederungen.[311] Die Vielfalt ist überwältigend, ja geradezu widersprüchlich, wie Wolfgang Trillhaas aus evangelischer Sicht bemerkt: „Die Homilien der Kirchenväter (die Gestalt des exegetischen Vortrags der alten Kirche!), die exklusiven Predigten der Mystiker vor ihren Klosterkonventen, die groben Volkspredigten der Predigermönche, dann wieder die immensen Predigtleistungen der Reformatoren, Sermon und Textpredigten, die ‚darstellende' Predigt Schleiermachers, die korrekte Predigt der Kirchenleute und die liberalen Predigten – das alles widerstrebt in seiner Vielfältigkeit durchaus dem Prokrustesbett eines Predigtbegriffes."[312]

– Nach dem *Grad der Vorbereitung* und der damit angezielten Art der Kommunikation: spontan oder bis ins Detail ausgearbeitet, frei oder abgelesen, alltagssprachlich, dialektal oder hochsprachlich usw.

– Nach *Hörergruppen und Verkündigungssituationen*, also etwa bei Ludwig Schmidt neben einem Grundtyp die Lehrpredigt (bei Bibelstunden oder besonderen Predigtgottesdiensten), die evangelistische Predigt (als Neuverkündi-

gung des Evangeliums), die Kasualpredigt, die Dialogpredigt, die Predigt durch Laien, die Leserpredigt (in einem schriftlichen Organ), die Predigt im Rundfunk und im Fernsehen und die Kinderpredigt[313], oder bei Manfred Josuttis „nach dem jeweils vorliegenden verschiedenen Verhältnis zwischen Wort, Wahrheit und Wirklichkeit. Daraus ergeben sich für uns vier verschiedene Sprachgattungen: 1. der Sachvortrag; 2. der Willensappell; 3. das Gespräch; 4. das sprachliche Kunstwerk."[314]
- Nach dem *zugrunde liegenden Text* (und ggf. seiner literarischen Gattung im exegetischen Sinn), also z. B. Spruch- und Einzelwortpredigt, Psalm-, Gleichnis-, Wunder-, Motiv- oder Passionspredigt.
- Nach dem *homiletischen Ansatz*, so wie es Hans Werner Dannowski zusammengestellt hat.[315]

Ziel des Predigens	Vertreter
Rettung	Karl Barth
Zukunft	Rudolf Bohren
Zeitansage	Friedrich Mildenberger
Situationsklärung	Ernst Lange
Solidarität	Werner Jetter

Homiletische Ansätze nach Hans Werner Dannowski

- Nach dem *Anlass im Kirchenjahr*, also etwa Advents-, Weihnachts-, Fasten- und Passions-, Oster-, Pfingst-, Heiligen- oder gewöhnliche Sonntagspredigt.
- Nach der *Persönlichkeit des Predigers*.[316]

Versucht man eine Synopse dieser Ordnungsversuche, so fällt auf, dass die Kategorienbildung über die vier Elemente des „homiletischen Dreiecks" – Text, Redner und Hörer sowie der homiletischen Situation – geschieht, wie es in 4.1 dargestellt werden wird.[317] Diese vier Elemente prägen jedes Predigtgeschehen, und je nach ihrer unterschiedlichen Bestimmung kann man auch verschiedene Typen unterscheiden.

a) *Text (Textverwendungstypologien)*: Mit der unterschiedlichen Verwendung des biblischen Textes operieren die klassischen Versuche der Typenbildung – unser eigener, im Anschluss zu entwickelnder Versuch baut ebenfalls darauf auf. Was auch dem Predigtlaien sofort auffällt, ist, ob der vorgegebene Schrifttext oder das vom Prediger gewählte Thema bzw. Anliegen im Vordergrund steht oder nicht (Text- oder thematische Predigt bzw. Lehrpredigt).[318] Doch diese Unterscheidung lässt sich nur selten eindeutig anwenden, denn die Übergänge zwischen Schrift- und Themapredigt sind fließend und viele Prediger zielen gerade ein Mittelding zwischen beidem an. Horst Hirschler hat diese fließenden Übergänge darum noch einmal mithilfe von Zwischentypen zu fassen versucht:

3. Formen der Predigt und liturgierechtliche Regelungen

- Homilie (als Vers-für-Vers-Auslegung),
- gegliederte Textpredigt,
- am Text orientierte Themapredigt,
- erzählende Predigt,
- strukturanaloge Predigt,
- Themapredigt aus Anlass eines Bibeltextes,
- textunabhängige Themapredigt,
- Katechismuspredigt,
- Liedpredigt und
- Predigt als Bibelgespräch.[319]

Die letzten drei Formen verwenden aber bereits zusätzlich andere Kriterien, nämlich einen zugrunde liegenden nichtbiblischen Text (Katechismus oder Kirchenlied) sowie eine ungewöhnliche Sozialform (Gespräch). Da mit dem Text generell der Inhaltsbezug der Predigt angesprochen ist, spielt hier auch der erwähnte konfessionelle Aspekt eine Rolle.

b) *Redner (Predigertypologien)*: Einen außerordentlichen Widerhall hat eine Skizze des vor allem durch seine „Grundformen der Angst" bekannt gewordenen Psychoanalytikers Fritz Riemann (1902–1979, s. u. 4.2) gefunden, nach dem die vier in der Psychoanalyse grundlegenden Persönlichkeitstypen auch entsprechende Predigtstile hervorbringen: die schizoide, depressive, zwanghafte und hysterische Persönlichkeit, oder nach Axel Denecke ohne Rückgriff auf psychoanalytische Neurosenlehre formuliert:

- verantwortungsvoller Prediger der Ordnung,
- wandlungsfähiger Prediger der Freiheit,
- tiefsinniger Prediger der Erkenntnis und
- einfühlsamer Prediger der Liebe.[320]

Doch dies ist nur eine von vielen Möglichkeiten, Predigttypen aus Rednertypen zu erschließen. Alternativen wären die erwähnten kulturellen und nationalen Besonderheiten sowie der markant verschiedene Vorbereitungsgrad von der minutiös vorbereiteten bis zur extemporierten Rede, dem in der Regel auch ein unterschiedliches Sprachniveau entspricht.

Übung

Ich habe an anderer Stelle vier verschiedene Typen von Seelsorgern unterschieden:
- „Mann der Kirche",
- „Gemeinde-Wuseler",
- „Bürgermeister" und
- „Gesellschaftskritiker"[321].

Schreiben Sie diese Typen auf ihre jeweilige Predigtform hin fort!

c) *Hörer (Funktionstypologien)*: Im Blick auf die Rezipienten bieten sich mehrere Kriterien der Unterscheidung entsprechend dem Predigtziel an, also erweckend, bekehrend, bestätigend, tröstend usw. Prominent ist dabei die Anknüpfung an die drei *genera causarum* der Rhetorik, also die drei Redegattungen von Gerichts-, Staats- und Gelegenheitsrede.[322] In mancherlei Hinsicht berührt sich diese Unterscheidung auch mit dem empirisch feststellbaren Unterschied eines persönlich-dialogischen und eines lehrhaft-bezeugenden Predigttyps[323].

d) *Situation (statusbezogene Typologien)*: Schließlich unterscheiden sich Predigten auch in der unmittelbaren Wahrnehmung nach ihren verschiedenen Anlässen und den entsprechenden Situationen der Verkündigung, also z. B. sonntägliche Gemeindepredigt, Festpredigt, Kasualpredigt, Predigt für bestimmte Zielgruppen usw.[324] Die Nähe zur Liturgie bedingt auch die starke Prägung durch das Kirchenjahr. Der Ton macht die Musik, und der Klang der Engel auf den Feldern von Betlehem verlangt auch vom Prediger andere Töne als die Lamentationen des Karfreitags. Pastoraltheologisch bedeutet Situation auch den Moment im Prozess der Evangelisierung: Auf einer weiten Skala erstreckt sich das, was die Hörer gerade geistlich benötigen, zwischen den zwei Grundtypen der Missions- und der Gemeindepredigt – nicht zufällig stießen wir auf diese beiden bereits im Diasporajudentum, im Neuen Testament und in der frühchristlichen Verkündigung (s. o. 2.1.2.2).[325] Die sehr unterschiedliche pastorale Situation der Hörer hilft auch, die historischen Predigtformen der Väterzeit, des Mittelalters, der Neuzeit und der Moderne nicht nur antiquarisch, wie Nietzsche es nannte, aufzulisten, sondern sie als Ausdruck des seelsorglichen Bemühens zu verstehen, dem gerecht zu werden, „quod tempus requirit (was die Gegenwart verlangt)"[326]. Welches Verfahren zur Typologisierung der Predigt ist also zu wählen? Entsprechend unserem praxisorientierten Ansatz[327] liegt es nahe, nicht axiomatisch-normativ Predigtformen aus Prinzipien zu deduzieren, sondern phänomenologisch-beschreibend das Predigen selbst genau wahrzunehmen und dabei bestimmte Muster und Gruppen wiederzuerkennen. Dabei bieten sich Unterscheidungen an, die mit der Predigtarbeit, also ihrer Ausarbeitung zu tun haben. Damit muss eine sinnvolle Typologie multifaktoriell bleiben und die Elemente des homiletischen Dreiecks in signifikanter Art und Weise aufeinander beziehen. So bietet sich eine doppelte Unterscheidung an, die darum insgesamt vier Möglichkeiten ergibt – in der Tabelle die vier Felder:

– Geht die Predigt am Schrifttext entlang oder entwickelt sie ein Thema und bezieht den Schrifttext darauf[328]?
– Ist die Darlegung des Glaubens oder die Herausforderung durch die Lebenswirklichkeit predigtbegründend[329]?

	Schrifttext	Thema
Darlegung des Glaubens	Biblische Predigt (Schriftauslegung)	Themapredigt
Ausgangspunkt: Lebenswirklichkeit	Induktiver Erfahrungsbezug (mystagogische Predigt)	Problemorientierte Predigt

Typologisierung der Predigt

Ein wenig müssen wir dieses Vier-Felder-Schema noch differenzieren. Bei der Darlegung des Glaubens kann man sinnvollerweise noch einmal unterscheiden, ob sie kursorisch in die Breite geht oder punktuell eine Zuspitzung in einem zentralen Anliegen sucht. Mit dieser Untergliederung lassen sich also sechs Predigttypen bilden. Um diese Typologie recht zu verstehen, ist vorweg jedoch noch zweierlei festzuhalten: 1. Sie ist rein deskriptiv, will also die Formen der tatsächlichen Predigten beschreiben. Sie enthält sich jeder Wertung, insbesondere theologischer Zuordnungen, etwa als wäre die biblische Predigt frommer, die mystagogisch-induktive Predigt dagegen lebensnäher. Die alten Kontroversen zwischen Dialektischer Theologie und der empirischen Wende der praktischen Theologie stellen dafür eher eine Altlast an wenig hilfreichen Alternativen dar.[330] Und auch die empirische Predigtforschung warnt inzwischen im Blick auf die Hörererwartungen vor einseitigen Alternativen:

> „Auf der Seite der Erwartungen ist zunächst die enge Verbindung von Bibel- und Lebensbezug hervorzuheben. Damit wird seitens der Gemeindeglieder und Hörer nicht einseitig optiert, sondern miteinander gesprochen, was exemplarisch seit Ernst Lange in der Predigttheorie diskutiert wird. An die Stelle alter Einseitigkeiten und falscher Gegensätze tritt seit Jahren – offenbar mit gewissem Erfolg – in Theologie und Praxis die Betonung der engen, unlösbaren Verbindung."[331]

Gleich welche Form man wählt, es kommt also stets darauf an, wie innerhalb dieser Form die Grundaufgabe *jeder* Predigt, die Vermittlung zwischen Glauben und Leben, gelingt. Diese Aufgabe jeder Predigt stellt sich aber in jedem Typ in besonderer Art und Weise, und genau das ist für die praktische Predigtarbeit entscheidend. Es macht einen Unterschied, ob man etwa einen Bibeltext daraufhin anschaut, wie sich in ihm heutige Fragen wiederfinden, oder ob man gelebtes Leben daraufhin anschaut, in welcher Weise es die Frage nach Gott und seinem Heil aufwirft. Aus diesem Grund ist die folgende Typologie für eine praxisorientierte Homiletik in der Tat relevant.

	Schrifttext	Thema
Glaube: 1. kursorisch	*1. biblisch:* Vers-für-Vers-Auslegung (klassische Homilie) – textimmanent – kontextbezogen	*3. thematisch:* Themapredigt – ableitend – entwickelnd
2. punktuell	*2. Wortereignis*	*4. Erweckungs- und Umkehrpredigt*
Leben	*5. mystagogisch*	*6. problemorientiert*

Sechs Grundtypen der Predigt

3.1.1 Schriftpredigt

3.1.1.1 Die klassische Homilie als Vers-für-Vers-Auslegung

Die erste Form der Predigt ist zugleich ihre älteste. Aus der jüdischen Synagogalpredigt entwickelt sich in den jungen christlichen Gemeinden die eher familiäre und darum schmucklose Homilie (s. o. 2.1.2). Sie stellt sich ganz in den Dienst eines tieferen Verständnisses des gehörten Schriftwortes. Dafür geht sie es Vers für Vers durch und fügt daran Erläuterungen und Transfers in das Leben der Gläubigen an. Origenes (185 – ca. 254) hat diese Form zur Meisterschaft gebracht. Sie stand in der ganzen Väterzeit in Blüte, findet sich aber auch in allen späteren Jahrhunderten. Dabei entwickelten sich zwei alternative Verfahren, nämlich ein textimmanentes und ein kontextbezogenes, je nachdem, ob der Text aus sich selbst heraus oder in Beziehung zu etwas anderem ausgelegt wird. Beide sind auch heute die Grundpfeiler der Schriftpredigt.

1. **Textimmanent** bedeutet ein Verstehen des Textes aus sich selbst. Der Ausleger geht den inneren Zusammenhängen und Verweisen der auszulegenden Perikope nach, bemüht sich um ein genaues Verständnis jedes einzelnen Satzes, klärt dunkle Passagen und schält eine Aussageabsicht heraus – jeweils mit Blick auf die Relevanz für die Gemeinde.

2. **Kontextbezogen** ist jede Vorgehensweise, die den auszulegenden Text von etwas anderem her aufschließt. Was das ist, kann ganz unterschiedlich ausfallen:
– Historische, philologische oder theologische Hintergründe.
– Parallelstellen und Verweise aus der gleichen biblischen Schrift oder aus der Bibel überhaupt. Origenes war ein Meister in diesem Verfahren. Dabei legt ein Vers den anderen aus, ein Schlüsselwort (etwa „hinübergehen", „staunen", „Licht", „Erbarmen" oder „Brunnen") wird aus anderen Worten vertieft und angereichert, Stichwortbezüge (etwa „Nacht" oder „Zorn") verweisen auf andere Perikopen u. v. a.

- Eigens genannt werden muss *das* Verfahren der Schriftauslegung, das bereits das Neue Testament kennt: die Entsprechung zwischen Altem und Neuem Testament: Typologie, Allegorese und heilsgeschichtliche Entwicklung.
- Beziehung oder Kontrastierung mit außerbiblischen Texten und Auffassungen, z. B. außerbiblischen Kulten und Mythen oder mit heutigen Überzeugungen.
- Erschließung von der „Glaubensregel" *(regula fidei),* der *hierarchia veritatum* oder von einzelnen Glaubensaussagen her.
- Konkretisierungen, Aktualisierungen oder Ableitungen von Handlungsmaximen.

Viel Schrift und wenig Leben also? Ganz und gar nicht. Auslegung sucht Verstehen, und Verstehen setzt Bezugnahme des Hörers zum Text voraus – „Horizontverschmelzung" nennt dies die philosophische Hermeneutik: „Es gibt sowenig einen Gegenwartshorizont für sich, wie es historische Horizonte gibt, die man zu gewinnen hätte. Vielmehr ist Verstehen immer der Vorgang der Verschmelzung solcher vermeintlich für sich seiender Horizonte."³³² Einfacher gesagt, will die klassische Homilie Hörer und Redner sich selbst, ihre Welt und ihre Weltdeutungen im Text wiederfinden lassen. Dabei bringt der Abstand zwischen Text und heutiger Welt Sinn hervor. Denn seine Fremdheit und Auslegungsbedürftigkeit garantiert, dass man sich in ihm nicht nur einfach bestätigt fühlt. Sie fordert heraus, sie be-fremdet und pro-voziert. So mag mit keinem Wort vom Heute die Rede sein, und es steht doch von Anfang an in knisternder Spannung zum Text. Darum muss die Schriftpredigt sich auch nicht ständig der Aktualität vergewissern und mehr oder minder gelungene Nutzanwendungen formulieren. Entscheidend ist es, Fremdheit auszuhalten, ja vielleicht überhaupt erst herzustellen, dies aber so zu tun, dass sie eigene Vorurteile in Frage stellt – und auf die eigenen Fragen Antwort gibt.

Praktisch stellt dies hohe Anforderungen an Prediger und Hörer. An den Prediger: dass er selbst sich wirklich mit dem Text auseinandergesetzt hat, dass er an ihm gereift ist und seine Frage zugelassen hat; dass er nun nicht bloß das bereits gehörte Schriftwort noch einmal mit eigenen Worten (und meistens auch Wortkaskaden) wiedergibt oder daran bloß allerlei locker assoziiert; dass er die Horizontverschmelzung nicht bloß beschwört („Das müssen wir unbedingt begreifen …") oder nach dem „Friss Vogel oder stirb"-Prinzip erzwingen will; und vor allem, dass er sich und seine Gemeinde unter das Wort stellt und es nicht als Vehikel für die eigenen Ansichten missbraucht. So ruft die Schriftpredigt nach dem Schriftgelehrten, der *Freude hat an der Weisung des Herrn, über seine Weisung nachsinnt bei Tag und bei Nacht* (Ps 1,2).

Die klassische Homilie setzt auch bei den Hörern einiges voraus. Ohne Glauben, ja ohne Ehrfurcht und Liebe zur Heiligen Schrift werden sie bloß die Fremdheit der Schriftstelle wahrnehmen, ihr Interesse daran wird gering sein und es wird kaum zur Begegnung, geschweige denn Verschmelzung ihres Horizontes mit dem der Heiligen Schrift kommen. Darum hat die Schriftpredigt ihren genuinen Sitz im Leben bei im Glauben geschulten Gemeinden, etwa bei einer Werktagsmesse, einer Gebetsgruppe oder einer Ordensgemeinschaft. Das heißt jedoch nicht, dass die Schriftpredigt nur hier sinnvoll wäre. Bei wenig Schriftkundigen wird man sich aber auf einzelne Punkte konzentrieren müssen, bei denen der Bezug zum Heute geradezu in die Augen springt und bei den Hörern Aha-Effekte auslöst. Doch damit sind wir schon bei der nächsten Form, der Schriftauslegung als Wortereignis.

3.1.1.2 Schriftauslegung als Wortereignis

„Keine Abwechslung in der Predigt. Es muß jeden Sonntag alles und darum jeden Sonntag das gleiche gesagt werden", haben wir Eduard Thurneysen zitiert.[333] „Jeden Sonntag das gleiche", das bedeutet natürlich nicht jeden Sonntag Langeweile. Nein, alles immer wieder auf den einen entscheidenden Punkt hin zuspitzen, es so auf den Punkt zu bringen, dass die vielen Worte zum einen Wort des Heiles werden. Dies lag besonders der reformatorischen Predigt nahe. Sie sollte zum Wortereignis werden, denn die Predigt verkündet das Wort Gottes, dem die Hörer Glauben schenken – und darin Rechtfertigung und Heil erfahren. Darum wurde die Predigt so wichtig, weil niemand sich das Wort Gottes selber sagen kann, sondern „ab extra", aus dem Gegenüber, tritt es auf den Einzelnen zu und reißt ihn aus seiner heillosen Verlorenheit heraus. Darum bestand das Priesteramt für Martin Luther auch in der Predigt.[334]

> Predigt als Ereignis des Wortes Gottes, das liegt auch der calvinistischen Tradition nahe. Der Schweizer reformierte Theologe Karl Barth hat daraus die unaufhebbare Spannung formuliert: „Wir sollen von Gott reden." „Wir sind aber Menschen und können als solche nicht von Gott reden."[335] Anders als Luther geht Barth nicht von der Rechtfertigungslehre aus, sondern von einer Theologie der Offenbarung und des Wortes Gottes. Dieses sieht er in dreifacher Gestalt als inkarniertes Wort, als Schriftwort und als gepredigtes Wort – dies allerdings nicht in einem voneinander getrennten Nacheinander, sondern in einem Ineinander. Damit folgt er dem programmatischen Wort des Schweizer Reformators Heinrich Bullinger (1504–1575) in seiner „Confessio Helvetica Posterior" von 1566: „Praedicatio verbi Dei est verbum Dei. – Die Predigt des Wortes Gottes ist das Wort Gottes."[336] Barth löst diese Spannung also nicht auf, sondern macht sie für das Predigen zum entscheidenden Kriterium (s. o. 2.2.1). Es kann und soll nicht vermitteln wollen zwischen Gott und Mensch, sondern das, was Gott ihm zu sagen hat, ausrichten. Die wichtigste Weiterentwicklung dieses Ansatzes findet sich bei Rudolf Bohren, nach dem es der Heilige Geist ist, der die Predigt zu Gottes Wort werden lässt.[337] Barth wie Bohren haben zweifellos genau die Probleme jedes vermittlungstheologischen Verständnisses der Predigt erkannt. Ihre Auffassung versucht, die kraftvollen Eigenheiten biblischen Redens im Namen Gottes für heute wiederzugewinnen

(s. o. 1.3). Statt einem Reden über etwas, einem Interpretieren, Aktualisieren, Anpassen oder vielleicht gar Zerreden und Verflachen hält es die Zumutung aus, dass Gott hier und heute zu jedem Einzelnen spricht. Da zählen gerade die sperrigen Seiten des Wortes Gottes. Dennoch bleibt die Frage nach dem Wie. Diese Frage von vornherein als unpassend abzulehnen, beantwortet sie noch nicht. Diese Problematik beleuchtet eine kleine Episode, die Wilhelm Stählin über seinen Münsteraner Kollegen Karl Barth wiedergibt: „Einmal, als ich mit meiner Frau bei Barths eingeladen war, sagte er: ‚Ich bin ja immer in der Kirche, aber Ihre Predigten sind schauderhaft; ich möchte jedesmal auf die Bank springen und eine Gegenpredigt halten.' Was denn so schauderhaft sei an meinen Predigten, wollte ich wissen. ‚Sie nehmen immer Rücksicht auf die Gemeinde und wollen die Gemeinde anreden; das geht Sie gar nichts an, wer da ist. Sie sollen objektiv das Wort Gottes verkündigen!' Ich erwiderte, Karl Barth habe doch sicher als Bauernpfarrer in Safenwil anders gepredigt als in einem akademischen Gottesdienst in Münster. Das bestritt er aufs heftigste und behauptete, nein, er habe nie einen Unterschied gemacht. Worauf sich seine Frau einschaltete: ‚Karli, das glaubst' ja selber nicht!'"[338]

Predigt als Wortereignis, das ist aber nicht an die reformatorische Auffassung von der Rechtfertigung „solo verbo" – „sola gratia" – „sola fide" gebunden. Immer wenn die *eine* Aussage aus einem Text herausgestellt wird, ist dieser Predigttyp gewählt. Sie mag mehr intellektuell aus der exegetischen Arbeit an der Perikope herausgefunden worden sein oder mehr existenziell in ihrer meditativen Aneignung. Entscheidend ist immer, dass die Schriftpredigt hier nicht wie bei der klassischen Homilie in die Breite geht und geduldig der Entwicklung des Textes Vers um Vers folgt, sondern in die Tiefe bohrt: Was ist das, was den ganzen Text „im Innersten zusammenhält"?

3.1.2 Themapredigt

Schriftpredigt oder Themapredigt, das ist von inhaltlicher Seite her die wichtigste Alternative. Mit der thematischen Lehrpredigt betreten wir das Feld der Themapredigt. Ein Missverständnis ist gleich zu Beginn auszuräumen. Die Orientierung am Thema bedeutet nicht, dass die Orientierung am Schrifttext zweitrangig wird oder gar ganz zu vernachlässigen sei. Vielmehr stößt dieser eine für die Hörer wichtige Frage an, die nun organisch und im Zusammenhang erörtert wird. Dabei greift die Themapredigt selbstverständlich immer wieder auf einzelne Aussagen der Heiligen Schrift zurück und begründet, erläutert, vertieft und erhellt damit das Gesagte. Analog zur Schriftpredigt kann man auch hier die breite, gewissermaßen enzyklopädische Behandlung von der Zuspitzung auf den einen wesentlichen Punkt unterscheiden: die thematische Lehrpredigt (3.1.2.1) und die Umkehr- und Erweckungspredigt (3.1.2.2).

3.1.2.1 Thematische Lehrpredigt und Katechese

Die thematische Lehrpredigt will also alle wichtigen Aspekte einer Frage im Zusammenhang darlegen, also im *nexus mysteriorum* (Zusammenhang der Heilsgeheimnisse) oder auch der „Hierarchie der Wahrheiten" (UR 11). Wie von selbst geschieht dies beispielsweise in der Festpredigt. Das Weihnachtsevangelium etwa dient dann dazu, das Weihnachtsgeheimnis zu entfalten. „Alle wichtigen Aspekte", so sagen wir, denn selbstverständlich darf man nicht der Versuchung erliegen, hier alles zu sagen, was sonst ein zehnsemestriges Vollstudium der Theologie erfordert. Ebenso ist das Thema hörerorientiert zu entfalten: Maßstab sind nicht die eigenen Kenntnisse, Vorlieben und Zugänge, sondern die Frage: „Was ist die gute Weide, die die Herde Christi nähren kann?"

– Die gewählten Themen können *katechetisch* im engeren Sinn sein, also einzelne Inhalte und Vollzüge aus den vier Hauptstücken der Katechese Glaube (Credo), Moral (Zehn Gebote), Gebet (Vaterunser) und Liturgie (Sakramente).[339]
– Sie können auch einfach *informativ* sein, also etwa Erläuterungen zur biblischen Zeitgeschichte (Wer waren die Pharisäer und worin bestand die Opposition zur Verkündigung Jesu? Was ist Lukas besonders wichtig?) oder zu Liturgie und Kirchenjahr.
– Sie können aber auch von der *Aktualität* bedingt sein, also etwa sozialethische Fragen oder im Leben einer Gemeinde auftretende Probleme, etwa Wortgottesdienst oder Eucharistiefeier am Sonntag.

Ebenfalls analog zur Schriftpredigt kennt die thematische Lehrpredigt zwei Spielarten, die ableitende und die entwickelnde Methode, also Deduktion und Induktion. Man kann etwa die Taufe aus dem Taufbefehl Christi (vgl. Mt 28,19 f.) ableiten, ihre Heilsbedeutung, ihre trinitarische Form, ihre Verbindung mit Glaube und Jüngerschaft und ihre Wirkungen beim Aufbau der Kirche. Man kann aber auch Schritt für Schritt vom Bekannten zum Unbekannten, vom Plausiblen zum Fragwürdigen zu gelangen suchen, die Hörer also mitnehmen auf einem Denkweg, an dessen Ende erst die eigentlichen Kernaussagen des Themas stehen. Deduktion besitzt den Vorzug der Klarheit, Straffheit und inneren Schlüssigkeit, Induktion den des Wissens um Fremdheit und Abstand der Hörer zum Thema, des Respekts vor ihrer Kritikfähigkeit und schlicht einer lebendigen Entwicklung eines Gedankengangs. Man wird beide Wege nicht gegeneinander ausspielen, ja sie sind rhetorisch nicht einmal kontradiktorisch. Häufig wird man am Anfang der Predigt induktiv vorgehen, dann aber einen Inhalt im Zusammenhang deduktiv vorstellen, um zum Ende hin die Hörer wieder induktiv mit dem Thema in ihre Lebenswelt hinein zurückzubegleiten – wie und warum das so ist, werden wir beim Predigtaufbau in 6.1 noch genauer sehen.

3. Formen der Predigt und liturgierechtliche Regelungen 145

Denkanstoß

Die geistliche Vokalmusik hat sich aus der Gregorianik entwickelt. In ihr wird ein Schriftvers knapp-rezitativ (z. B. bei der Psalmodie) oder melismatisch-verziert (vor allem beim Proprium der Messe) vorgetragen. Vor allem bei Letzterem ist entscheidend: Die Vertonung selbst ist bereits Deutung; das Schriftwort selbst beginnt musikalisch zu sprechen. Damit bildet diese Form eine musikalische Analogie zur Schriftpredigt, die jeden Vers zur Entfaltung bringen möchte. In dieser Tradition stehen noch die frühen Passionen und „Historien" etwa von Heinrich Schütz (1585–1672), der z. B. die Passagen des Evangelisten lautmalerisch umkleidet. Dann aber kommt die Evangelienvertonung im Dialog mit Chorälen und persönlichen Betrachtungen in eigenen Arien und Chorstücken auf, die eine Antwort der Gläubigen auf das Schriftwort darstellen sollen – am bekanntesten in den Passionen Johann Sebastian Bachs (1685–1750). Darin könnte man eine Analogie zur thematischen Predigt sehen, die sich – durchaus als Antwort auf das Schriftwort – doch darauf konzentriert, zur Aneignung und Verwirklichung des Gehörten bei den Gläubigen anzuleiten.

3.1.2.2 Erweckungs- und Umkehrpredigt

Auch die Lehrpredigt kann auf einen Punkt zugespitzt werden. Das geht normalerweise einher mit der Verschiebung der dominanten Zielebene (s. u. 5.1): nicht zu belehren, sondern zu bekehren (im weiteren Sinn, also durchaus auch im Sinn von rühren, beeindrucken, motivieren oder zu einem konkreten Tun auffordern, selbst schlicht zu einer Spende). Bekehrung ist konkret, es geht um eine bestimmte Verhaltensänderung, und um diese kreist nun die ganze Predigt. Ihr Thema ist also praktisch: „Was kann uns zu Herzen gehen? Was sollen wir tun?" *Das Wort des Petrus traf sie mitten ins Herz* (vgl. Apg 2,37), diese Reaktion beschreibt genau, worum es der Erweckungs- und Umkehrpredigt geht: Menschen von innen her zu bewegen. Das gilt für die Missionspredigt ebenso wie für das, was im evangelischen Bereich „innere" Mission genannt wird und katholisch in den sogenannten Volksmissionen zur Blüte kam, d. h. die Erweckung einer schläfrigen, verweltlichten, in schlechten Gewohnheiten verhafteten Schar von Getauften („Weck die tote Christenheit aus dem Schlaf der Sicherheit", heißt es im bekannten Lied „Sonne der Gerechtigkeit").

3.1.3 Hörerpredigt

Die Predigt kann von Text oder Thema ausgehen und sie für die Hörer zum Sprechen bringen, sie kann aber auch umgekehrt vom Leben der Hörer, ihren Situationen und Erfahrungen, ihren Fragen und Problemen ausgehen und von hier aus Schrift und Glauben nach Antwort und Deutung befragen. Dieses Verfahren stellt heute den Königsweg von Verkündigung, Katechese, Pastoral und Didaktik dar, ob in der Sakramentenvorbereitung, im korrelativen Religionsunterricht oder in einer begleitenden Seelsorge. So hat es etwa seit den 1960er Jahren auch in der Predigt Einzug gehalten als Gespräch mit dem Hörer über sein Leben, wie es Ernst Lange forderte.[340] Doch welche Überraschung, ausgerechnet bei der Predigt ist diese Idee keineswegs so allbeherrschend wie in den anderen Bereichen kirchlichen Handelns! „Was sagt der Text den Menschen?", das ist immer noch die Lieblingsfrage der Prediger – und offensichtlich auch vieler Hörer. Ob nicht die Predigt für alle Beteiligten zum Refugium geworden ist, in dem die Sache des Glaubens noch im Mittelpunkt steht? „Wonach sucht das Leben der Menschen?", das findet meist eher beim Predigtanfang als „Einstieg" und Zugang zu den Fragen des Textes Berücksichtigung. Dennoch ist die Predigt als Lebensdeutung und -hilfe aus dem Glauben vollkommen legitim – und in manchen Fällen (besonders bei der Kasualpredigt) auch erste Wahl. Auch bei dieser Predigtform kann man zwei Spielarten unterscheiden: die mystagogisch der Lebenserfahrung nachgehende Predigt und die Predigt als gezielte, an einem bestimmten Punkt ansetzende Intervention.[341]

Denkanstoß

Vom Leben der Menschen auszugehen und von hier aus einen Text zu erschließen, ist zweifellos ein induktives Vorgehen. Doch auch bereits bei der thematischen Lehrpredigt (3.1.2.1) begegnete die Möglichkeit eines induktiven Zugangs. Wie unterscheiden sich beide Arten der Induktion, was haben sie gemeinsam und woran lassen sich beide Predigtarten unterscheiden?

3.1.3.1 Mystagogische Predigt

Der mystagogische Ansatz hat sich in der Pastoraltheologie im Anschluss an Karl Rahners Verständnis der Offenheit jedes Menschen auf Transzendenz ausgebildet.[342] Jede Alltagserfahrung, ganz besonders aber die großen existenziellen Erfahrungen sind nur möglich, wenn es Gott gibt und wenn Gott so ist, wie er sich in seinem Sohn geoffenbart hat. Ein theologisch anspruchsvolles, vielleicht gar überfrachtetes Projekt! Doch für die Predigt genügt ein bescheidenerer Ansatz: Jeder Mensch kann in seiner Lebenserfahrung Spuren Gottes, Hinweise auf Transzendenz und Momente der Selbstüberschreitung erkennen. Aufgabe der Predigt ist es, darauf aufmerksam zu machen und solche Erfahrungen in Worte zu kleiden. Sie spricht von ihnen und sensibilisiert dadurch zugleich für die eigentliche christliche Botschaft. Dabei setzt sie gar nicht erst voraus, dass die ganze Offenbarung im Grunde schon „unthematisch" oder „anonym", wie Rahner es ausdrückt, in der Erfahrung gegeben sei. Ebenso wenig geht sie von einer durchgängigen Korrelation zwischen Glauben und Erfahrung aus, d. h. dass der gesamte

3. Formen der Predigt und liturgierechtliche Regelungen 147

Glaube aus Erfahrung erschlossen werden kann, wie dies die Korrelationsdidaktik des Religionsunterrichtes zeitweilig behauptete. Wohl aber fordert sie dazu auf, Erfahrungen aufzuspüren und sie zu benennen, durch die selbst religiös wenig interessierte Menschen doch aufmerksam werden auf die andere Wirklichkeit. Dann, so die Hoffnung, wird ihnen auch die Verkündigung dieser Wirklichkeit nicht wie ein eigentlich bangloser Fremdkörper erscheinen.

Dieser Ansatz ist nicht an ein bestimmtes theologisches Modell gebunden, ja er kann sich sogar auf Philosophen, Psychologen oder Soziologen berufen, für die Transzendenz mehr war als ein Wahn – und das sind erstaunlich viele.[343] Die aufmerksame Lektüre etwa der Dialogphilosophie (Martin Buber, Franz Rosenzweig, Emmanuel Lévinas), des christlichen Existenzialismus (z. B. Gabriel Marcel) und der Handlungsphilosophie (vor allem von Maurice Blondel) kann den Verkünder dabei auf unzählige Phänomene des Menschlichen aufmerksam machen, die in sich Elemente der Selbsttranszendenz beinhalten.

Die mystagogische Predigt beginnt also mit der genauen Beschreibung menschlichen Lebens und Erfahrens in seiner Tiefe. Dabei weist sie auf diejenigen Elemente hin, in denen der Mensch, gleich ob bewusst oder unbewusst, auf Gott hin denkt, fühlt und handelt. Dabei beschreibt die Predigt mehr, als dass sie analysiert; sie erzählt mehr, als dass sie begründet. Mit Vorliebe ist sie narrativ, anschaulich und voraussetzungslos. Die Hörer sollen sich darin wiedererkennen, sollen sagen: „Ja, genau so erlebe ich es." Doch mit der Beschreibung des Menschlichen ist es noch nicht getan. In einer zweiten Phase wird nun eine Botschaft daraufhin verkündet. Biblisches Wort, Lehre, Begriff und Begründung kommen also durchaus zu ihrem Recht. Diese Phase verlangt allerdings viel vom Prediger.

– Nicht selten kann man den *Bruch* regelrecht hören, wenn sie beginnt. Allzu offenkundig war dann das Menschliche nur Vorspiel, vielleicht gar nur Lockmittel, und die Botschaft wird ohne Bezug zu ihm vorgetragen. Damit nimmt man dem Hörer die Chance, die Botschaft lebensvoller, persönlicher und herausfordernder zu hören. Sie bleibt etwas, was man doch längst schon kennt und mit dem man persönlich längst schon abgeschlossen hat.

– Andere Falle: Die Botschaft *reduziert* sich auf das Menschliche. Das kommt tatsächlich häufig vor, und eine gewisse Art von Katechese hat diese Falle gewissermaßen bereits institutionalisiert. Da ist Taufe nichts als die Erfahrung, dass der Täufling einen Namen hat, einmalig ist und seinen eigenen Weg gehen soll. Da ist Eucharistie nichts als Mahlgemeinschaft, bei der man sich Sorgen und Freuden erzählt (dazu ist der Gottesdienst nicht da) und sich schrecklich lieb hat – so sagt man zumindest (bis zum Erweis des Gegenteils). Und da ist eine Grabrede lediglich eine Heiligsprechung des Verstorbenen, von dem doch alle wissen, dass er alles andere als ein Heiliger war.

Trotz solcher Klippen bleibt klar: Die mystagogische Predigt bietet sich besonders bei Kasualien an. Wo Einzelne in einem besonderen Moment ihres Lebens im Mittelpunkt stehen, an einer Schwelle oder einem dichten Augenblick, da sollen sie und ihr Erleben auch den Ausgangspunkt der Predigt bilden. Das kann bei den eigentlichen Sakramenten und Sakramentalien sein – insbesondere Taufe, Firmung, Erstkommunion, Trauung und Beerdigung –, aber auch bei anlassgebundenen Gottesdiensten wie Segnungsfeiern, Einschulungs- oder Schulabgangsfeiern (und überhaupt bei Gottesdiensten mit Kindern und Jugendlichen), Jubiläen und Unglücksfällen u. v. a. Darüber hinaus bietet diese Predigtform sich bei Hörern an, die kirchenfern und ungläubig oder doch glaubensskeptisch eingestellt sind, denn sie bleibt personzentriert und baut so Brücken, macht aufmerksam und verändert behutsam eingefahrene Denkmuster und Vorurteile.

Denkanstoß

Inwiefern könnte eine mystagogische Predigt das Dilemma bei der Traueransprache überwinden: Die Versammelten erwarten, dass vom Leben des Verstorbenen erzählt wird, während es dem Gottesdienst angemessen ist, das Evangelium zu verkünden?

3.1.3.2 Predigt als Intervention

Literatur: *a) Grundlegung: Peter Kohl*, Die Taufpredigt als Intervention. Eine Untersuchung zum homiletischen Ertrag des Interventionsmodells (= STPS 21), Würzburg 1996, 28–49 (Dissertation mit Darstellung und Anwendung des Interventionsmodells seines Lehrers Rolf Zerfaß); *ders.*, Die Taufpredigt als Intervention, in: *Erich Garhammer/Heinz-Günther Schöttler/Gerhard Ulrich* (Hg.), Zwischen Schwellenangst und Schwellenzauber. Kasualpredigt als Schwellenkunde (= Ökumenische Studien zur Predigt 3), München 2002, 103–110 (Kondensat der in der Dissertation gewonnenen Einsichten); *Zerfaß* II,14–44 (erstmalige Nutzung des Modells für die Homiletik); *Wollbold* 202–204 (knappe Einführung). – *b) Implizite Anwendung des Modells: Hans-Martin Gutmann*, Rechtfertigung des Überflüssigen als Aufgabe der Predigt des Evangeliums, in: *Ingrid Schoberth* (Hg.), Wahrnehmung der christlichen Religion (= Heidelberger Studien zur Praktischen Theologie 11) (= FS Christoph Bizer), Berlin 2006, 73–79 (in positiver Anknüpfung an Rolf Zerfaß' Entwicklung einer „Verheißungspredigt", die quer zu einer Leistungsgesellschaft liegt); *Dietmar Hofmann*, Verkündigung des christlichen Glaubens durch geistliche Musik: dargestellt an der Totenliturgie (= Ästhetik – Theologie – Liturgik 23), Berlin 2004 (die Vielfalt musikalischer Formen und Gestaltungsmöglichkeiten als eine andere Form von Intervention).

Nach Rolf Zerfaß ergriff Jesus das Wort gewissermaßen im fremden Haus – etwa bei seiner Salbung durch die Sünderin in Lk 7,36–50 –, er unterbrach den Lebenszusammenhang, die Selbstverständlichkeiten und herrschenden Verhältnisse der Anwesenden und stellte alles ins Licht des Reiches Gottes. Dabei deutete er nicht nur das Faktische, sondern intervenierte im Blick auf das, was sein Kommen möglich machte. Diese Kraft, das Ganze in einen umstürzend neuen Zusammenhang zu stellen, will Zerfaß mit seinem Modell der Predigt als Inter-

3. Formen der Predigt und liturgierechtliche Regelungen

vention verwirklichen, um „den Interventionscharakter der Verkündigung Jesu auch unter den Bedingungen unseres Gottesdienstes durchzuhalten"[344]. Methodisch lehnt er sich dabei weitgehend an die in Sozialarbeit und -pädagogik entwickelten fünf Schritte der Intervention an, denen fünf Phasen der Predigtarbeit entsprechen.

Interventionsphasen	Phasen der Predigtarbeit
(1) Problemerfassung: Problemerkennung, -beschreibung und -strukturierung	(1) Status erheben: Worum geht es eigentlich? Besonders auf die Störungen, die Fragen, das Unausgegorene, auf Unbewusstes und Widerstände achten
(2) Datenerfassung (Informationssammlung): Datenerhebung nach entsprechender Vorausplanung; Datenauswahl und -interpretation zur Problemerstellung	(2) Textexegese und Verstehen/Einfühlen in die Hörer und mich selbst
(3) Methodenkonzeption im Modell (allgemein): Methodenauswahl, Entwicklungen zu Alternativen, Integrationen und Abläufen von Methoden (Einzelfallhilfe, soziale Gruppenarbeit, Gemeinwesenarbeit etc.) sowie gleichzeitige Zuordnung entsprechender Techniken	(3) Bestimmen des Predigtziels und der Disposition. – Hier scheint fruchtbar vor allem die Korrelation von Wertesystem – Prinzipien (welche habe ich?) – Haltung des Predigers (abkanzeln vs. anregen?) – Predigtstruktur, die die Hörer mitnimmt, ernst nimmt, sie zu eigenem Denken anregt – Fachlichkeit in Exegese, Liturgie usw., Sorgfalt dabei
(4) Interventionen, Methodenanwendungen usw.	(4) Akt der Predigt
(5) Auswertung	(5) Predigtgespräch, Auswertung, Feedback

Phasen der Intervention und der Predigtarbeit

Man kann allerdings fragen, ob die Analogie der Reich-Gottes-Verkündigung Jesu zur sozialarbeiterischen Intervention nicht ihre Einmaligkeit untergräbt und damit dem Interventionsmodell gerade wieder seine Spitze nimmt. Ein Beispiel: Eine Sozialarbeiterin, die nach Lösungen für eine Familie sucht, in der eine Heranwachsende durch schweren Alkoholmissbrauch und Kleinkriminalität auffällig geworden ist, wird sich systemtherapeutisch darum bemühen, unheilvolle familiäre Beziehungen, etwa den Teufelskreis von mangelnder Wertschätzung und Überloyalität des Mädchens in ihrer *Peer*-Gruppe aufzudecken und Alternativen vorzuschlagen. Nach gelungener Intervention wird die Familie zusammen mit der Tochter die entstandenen Probleme bewältigen und zu besseren Familienbeziehungen gefunden haben. Die Botschaft Jesu dagegen spricht von einer Wirklichkeit, die alle bestehenden Lebenszusammenhänge relativierte – bis dazu, dass er am Ende nicht *Frieden bringt, sondern das Schwert* (vgl. Mt 10,34).

Die radikalste Intervention ist also nicht eine bestimmte Gesellschaftskritik, die vielleicht mit hohem moralischem Anspruch selbstgerecht daherkommt, sondern das unverdrossene Hineinhalten des *Wortes vom Kreuz* (1 Kor 1,18) in die Selbstverständlichkeiten der Menschen. Diese Predigtform fragt also angesichts bestimmter Hörersituationen (den Redner natürlich mit eingeschlossen!): Was ändert sich daran, wenn man es „sub specie aeternitatis" anschaut? Damit berührt sie sich mit der Buß- und Erweckungspredigt, geht dabei aber vom gelebten Leben aus, seinem Suchen und Sich-Verschließen, und erschließt von daher die Botschaft des Herrn. Dieses gemeinsame Sich-Stellen unter das Wort vom Kreuz macht alle demütig: Wie wenig haben wir noch von dem begriffen, was der Herr uns gebracht hat! Und diese Demut bewahrt auch davor, dass Intervention zur besserwisserischen Einmischung in das Leben anderer wird. Für eine gewisse pseudotherapeutische „Ich meine es doch nur gut mit euch"-Bevormundung dürfte dieses Modell in der Tat etwas anfällig sein, wie aus der folgenden These von Zerfaß hervorgeht: „Indem die Predigt die Plausibilität unserer eingespielten Ordnungsschemata im Umgang mit der Realität aufbricht, ist sie Anwalt der Hörer und Hörerinnen gegen sich selbst, gegen ihre Ängste, ihre Sorgen oder auch die Bewußtlosigkeit, die sie daran hindert, zu tun, was sie eigentlich möchten: den nächsten Schritt zum Leben."[345]

Übung
Formulieren Sie in der Art der verschiedenen Predigttypen die Grundaussage: Weihnachten feiern zu können ist Geschenk Gottes, nicht Leistung des Menschen.

3.1.4 Anlassbezogene Predigtformen

„Grau, teurer Freund, ist alle Theorie,
Und grün des Lebens goldner Baum" (Faust).

Die sechs systematisch entwickelten Predigttypen sollten genügen, um jede nur denkbare Predigt darin einordnen zu können. Doch „des Lebens *goldner* Baum" ist ... *grün*, also so wenig in Schemata zu fassen wie etwas, das gleichzeitig golden und grün ist. So seien jetzt elf weitere Formen ohne Systematisierungsanspruch aufgelistet, die in der Predigtpraxis eine nicht unbedeutende Rolle spielen. Sie alle sind in irgendeiner Weise von einem besonderen Anlass ausgelöst und nehmen von ihm her Gestalt an. Diese elf anlassbezogenen Predigtformen erschöpfen dabei keineswegs die möglichen Anlässe, geben aber doch einen exemplarischen Überblick.

3.1.4.1 Kasualpredigt

Literatur: *a) Grundlegendes: Erich Garhammer/Heinz-Günther Schöttler/Gerhard Ulrich* (Hg.), Zwischen Schwellenangst und Schwellenzauber. Kasualpredigt als Schwellenkunde (= Ökumenische Studien zur Predigt 3), München 2002 (aspektereich und ökumenisch); *Ludwig Mödl*, Die Kasualpredigt im Blick auf kirchlich distanzierte Christen, in: *Ehrenfried Schulz/Hubert Brosseder/Heribert Wahl* (Hg.), Den Menschen nachgehen. Offene Seelsorge als Diakonie in der Gesellschaft (= FS Hans Schilling), St. Ottilien 1987, 215–223 (umsichtig und praxisnah); *ders.*, Die Kasualpredigt als Möglichkeit, distanzierte Christen anzusprechen, in: KlBl 69 (1989) 187–191; *ders.*, Die Kasualpredigt, in: *Hermann Würdinger* (Hg.), Wenn Leben nach Deutung sucht. Ein Werkbuch für Predigt und Katechese, Donauwörth 2004, 11–14; *Wolfgang Raible/Erich Garhammer/Jörg Seip/Bernhard Spielberg,* Wie ein Fremder im eigenen Land (Jer 14,8). Hinführung und praktische Beispiele zu Predigten in Sondersituationen, Stuttgart 2009 (nicht nur Kasualien, sondern überhaupt das Gefühl der Fremdheit als Ausgangspunkt der Predigt, mit Predigtbeispielen zum Kirchenjahr ebenso wie zu den Kasualien). – *b) Einzelne Kasualien: Kristian Fechtner,* Schwellenzeit. Erkundungen zur kulturellen und gottesdienstlichen Praxis des Jahreswechsels (= Praktische Theologie und Kultur 5), Gütersloh 2001 (gründlich und theoretisch tief fundiert zur Silvester- bzw. Neujahrsansprache); *Ludwig Mödl*, Die Taufpredigt, in: *Winfried Haunerland/Eduard Nagel* (Hg.), Den Glauben weitergeben. Werkbuch zur Kindertaufe, Trier 2008, 103–111 (Kasualie Taufe und Verkündigung); *Aimon-Marie Roguet,* Le sermon de mariage, in: MD 50 (1957) 125–129 (Leitlinien zur Trauungspredigt vor 60 Jahren, bleibend gültig!); *Julien Potel,* Souffrir, mourir, ressusciter. Homélies aux obsèques des prêtres, in: MD 164 (1985) 129–149 (Sonderfall Priesterbegräbnis in einer Recherche zu 443 Homilien aus den Jahren 1982–1984 mit großem Problembewusstsein für die christliche Verkündigung angesichts des Todes – selbst von Priestern!).

In einer Kreisstadt machte eine kleine evangelikale Gemeinschaft ein besonderes Angebot. Sie gestaltete die Beerdigung von aus der Kirche Ausgetretenen und Ungetauften, die sich keiner Religionsgemeinschaft verbunden fühlten. Die Gestaltung des Trauergottesdienstes war recht modern, ja geradezu kundenorientiert (einfacher, lockerer Ablauf, der Lieblings-Popsong des Verstorbenen aus der Musikkonserve und ein joviales Zugehen auf die Teilnehmer). Bei der Predigt aber wurde regelrecht „eingeheizt" und das ganze Evangelium von der Rechtfertigung des Sünders dramatisch am Lebenslauf des Verstorbenen exemplifiziert. „Man muss diese einmalige Chance zur Verkündigung konsequent nutzen", hieß es zur Begründung dieses Vorgehens.

Wie geht man verkündigend bei den Kasualien vor? Die mystagogische Predigt (3.1.3.1) handelte bereits von der Kasualpredigt. Das ist die Predigt bei Gottesdiensten, die durch eine lebensgeschichtliche Station veranlasst sind.[346] Aus gutem Grund wird dabei auch im katholischen Raum inzwischen durchgängig eine (kurze) Predigt empfohlen. Denn in der Tat sind hier meistens hauptsächlich Einmal-Kirchgänger versammelt. Sie empfinden Abstand zu Lehre und Praxis der Kirche, sie verfügen oft nur über Rudimente an Glaubenswissen oder liturgischer

Bildung, nicht wenige von ihnen bringen aber gleichzeitig (neben einer gewissen Unsicherheit im Kirchenraum) festliche Erwartung, Bereitschaft zu Rührung und Vertiefung und dadurch nicht selten auch eine erstaunliche Offenheit für ein gutes Wort mit. Und das gute Wort ist eben vor allem eine gute Predigt.[347]

Wie aber predigt man gut bei Kasualien? Die mystagogische Predigt wollte die Situation der Versammelten aufgreifen, sie wahrnehmen, beschreiben und erzählen – und all dies dann auf die Botschaft beziehen. Sie nimmt die Menschen ernst, ohne sie zu vereinnahmen; sie gibt ihrem Erleben Raum, ohne dabei stehenzubleiben; sie baut Brücken zur Botschaft, ohne die Hörer auf die andere Seite zu drängen. Damit berührt sie sich auch mit dem, was über die missionarische Predigt zu sagen sein wird (3.1.4.6). Die Prinzipien der mystagogischen und der missionarischen Predigt brauchen hier nicht wiederholt bzw. vorweggenommen zu werden. Ohnehin entspricht es der Kasualpredigt mehr, behutsam, Schritt für Schritt und in Berührung mit den Hörerreaktionen angemessene Formen zu finden. Ja, „Formen" im Plural, denn so verschieden die Anlässe, die Anwesenden und eben auch die Redner sind, so unterschiedlich kann man auch ansetzen. Die Bandbreite ist groß und reicht vom behutsam-mystagogischen Typ, der die Hörer vorsichtig in den „Vorhof der Heiden" geleitet, bis hin zu einem offensiv-kerygmatischen Typ, der markant die *basics* des Glaubens in den Raum stellt. Gehen wir also gleich zur Pragmatik der Kasualrede über.

– Zunächst etwas Selbstverständliches: Herzen gewinnt man nur, wenn man sie liebt. Ohne *Sympathie* – und das heißt keineswegs, vor Defiziten die Augen zu verschließen – kann niemals ein Funke überspringen. Leichter gesagt als getan: Auf beiden Seiten herrscht oft Unsicherheit, manchmal auch Anspruchsdenken und daraus folgende Konfliktbereitschaft, nicht selten auch innerlich Abwertung und Geringschätzung der anderen Seite. Die Probleme der Pastoral mit Kirchenfernen sind allzu bekannt, doch umso wichtiger ist es, sich in alldem den Weg zu den Herzen nicht selbst zu versperren.

– Sympathie schafft *Interesse:* Wer sind die Hörer, wie geht es ihnen, was bewegt sie in dieser Stunde? Allgemeines psychologisches Wissen etwa zur Situation von Eltern nach der Geburt genügt da nicht, wenn irgend möglich versucht man, sich (auch mithilfe einer vorbereitenden Begegnung wie Taufgespräch oder Kondolenzbesuch) in die Gedanken- und Lebenswelt der konkreten Hörer hineinzuversetzen. Tatsächlich, dieselben Situationen werden von Menschen individuell sehr verschieden erlebt. Und dann, es gibt nicht nur die Hauptbeteiligten, die vielleicht ohnehin zu aufgeregt (Trauung!) oder zu beschäftigt sind (Taufe!), sondern die vielen anwesenden Bekannten und Verwandten, und gerade sie kann und will man erreichen. Schließlich, der Blick des Seelsorgers geht auf den Stand eines Menschen vor Gott: Wie sind in seiner Situation Hinwege zum Glauben möglich?

- Dann gilt die *Askese des Wortes:* der eine Gedanke, konsequent entwickelt – der Stamm des Baumes und nicht tausend Verästelungen. Denn die Hörer bringen wenig an Voraussetzungen mit, an die man anknüpfen könnte. Sie sollen den einen Gedanken mitnehmen können und nicht durch ein Vielerlei bloß verwirrt werden.
- Der eine Gedanke, das heißt *Auswahl*, Mut zum Plakativen, Provokativen, Einseitigen. Keine Fünf-Minuten-Kurzdogmatik („Alles, was Sie über die Taufe wissen sollten und sich nie zu fragen trauten ..."), sondern exemplarisch, anschaulich, lebensnah und zugleich glaubenskräftig und substanziell das herausgreifen, was diese konkreten Menschen wirklich nährt. Treffend wird die dazu passende Verkündigung beschrieben:

    „a) Eine gute Predigt ist buchstäblich gelegentlich, aber nicht wahllos."
    „b) Eine gute Predigt ist zwanglos, aber nicht beliebig."
    „c) Eine gute Predigt ist locker, aber nicht hemdsärmelig."[348]

- Der Prediger hat letztlich keine andere *Autorität* als sich selbst: die Kraft der Rede. So sehr die Leute den Pfarrer als Funktionsträger der Institution Kirche akzeptieren, bei seinem Wort zählt nur, was bei den Hörern ankommt.
- Die Botschaft soll nicht verschwiegen werden, man muss aber bedenken: Die Hörer sind nicht nur kritisch-distant, sie bewerten etwas zumeist auch *pragmatisch*. „Was bringt's?" Vor dieser *down to earth*-Frage darf man sich nicht drücken und stattdessen in höhere Sphären theologischer Spekulation entweichen.

Kurz: Mut zur Kasualpredigt – offensiv, lebensnah, sensibel und selbstbewusst: „Fest steht, dass es auch unter Nichtkirchgängern eine ganze Menge von Personen gibt, die von einer Predigt etwas für sich erwarten, wenn sie diese hören. Auch hier wird Orientierung gewünscht oder auch das angemessene Eingehen auf die Situation erwartet. Wichtig ist dabei die Verständlichkeit der Predigt."[349]

Denkanstoß

Mit Blick auf die längst nicht mehr selbstverständliche ungebrochene Gläubigkeit auch der sogenannten Kerngemeinden wird neuerdings oft vertreten, die sonntägliche Gemeindepredigt nähere sich der Kasualpredigt an. Welche Faktoren sprechen für diese These und in welchen Punkten ist die Grenze zwischen beiden Formen weiterhin deutlich erkennbar?

3.1.4.2 Kinderpredigt

Literatur: *Albert Biesinger,* Predigt in „Familiengottesdiensten". Ein homiletischer Aufschrei, in: ThQ 186 (2006) 298–312 (kritische Ermutigung, Kinder und Jugendliche bei der gottesdienstlichen Verkündigung wahrzunehmen und ernst zu nehmen); *Manfred Entrich,* Ins Wort genommen. Ein Leitfaden für Prediger, Graz-Wien-Köln 1997, 33–39 (eindringliche Mahnung zum Vereinfachen und Präzisieren, beides auch Grundvoraussetzungen der Kinderpredigt); *Walter F. Kedjierski,* Preaching to children, in: Homiletic and pastoral review 104 (2003) H. 3, 68–70; *Wolfgang Nastainczyk,* Kindern predigen. Befunde – Motive – Schwierigkeiten – Möglichkeiten, in: KatBl 105 (1980) 195–203 (überaus gründliche und umsichtige Studie, mit Typologie, Problembewusstsein und Praxisanregung); *Ludwig Schmidt* (Hg.), Kleine Predigt-Typologie. Die Gemeindepraxis, Stuttgart 1964, 317–327 (man ermisst bereits den großen Abstand zur Kinderpastoral vor 50 Jahren).

Jesus stellte die Kinder als Vorbilder dafür hin, wie Erwachsene seine Verkündigung aufnehmen sollen: *Wenn ihr nicht umkehrt und wie die Kinder werdet, könnt ihr nicht in das Himmelreich kommen* (Mt 18,3). *Amen, das sage ich euch: Wer das Reich Gottes nicht so annimmt, wie ein Kind, der wird nicht hineinkommen* (Mk 10,15; Lk 18,17). Kinder – und zwar weit gefasst von Kleinkindern bis zu Jugendlichen – werden in zwei deutlich verschiedenen Predigtsituationen selbst zu Adressaten dieser Verkündigung: in der gewöhnlichen Predigt an alle und in der ausdrücklichen „Kinderpredigt", etwa im Rahmen eines Schul- oder eines Familiengottesdienstes.

1. **Der Blick auf die Kinder in der gewöhnlichen Predigt:** Um Kinder persönlich anzusprechen, genügt es nicht, gelegentlich ein paar nette Worte an sie zu richten. Durchgängig sollen sie den Eindruck haben, als Hörer ernst genommen zu werden. Zu Recht mahnt Albert Biesinger:

„Eine hohe Kunst ist es, so zu predigen, dass alle Lebensalter in der sonntäglichen Eucharistiefeier berührt und angesprochen werden. Die zentrale Herausforderung besteht darin, die Lesungen und das Evangelium in der Predigt so zu kommunizieren, dass Kinder, Jugendliche, junge Eltern, Singles, Großeltern mit ihren jeweiligen Lebenssituationen und kognitiven, emotionalen und handlungsorientierten Rezeptionsmöglichkeiten vom Wort Gottes erreicht und gewürdigt werden. Betrachtet man hingegen die Predigten in den sonntäglichen Eucharistiefeiern aus der Perspektive von Kindern, dann werden Predigten in vielen Gemeinden in einer Qualität realisiert, dass Kinder von vorne herein ausgegrenzt werden."[350]

Aber was heißt das? Sicher nicht, während des gesamten Gottesdienstes oder auch nur bei der Predigt selbst sozusagen die Audiodeskription für Kinder einzuschalten, also das, was im Fernsehen und auf DVDs als zusätzlicher Service für Sehbehinderte angeboten wird: ein fortlaufender Kommentar zu dem, was gerade geschieht. Auch wenn sie ein Fußballspiel anschauen, wollen nicht nur junge Leute nicht, dass der Stürmer nach Ballannahme stehenbleibt und in einem kurzen Kommentar vor einem Mikrofon erklärt, warum er jetzt in Richtung Tor laufen wird. Was aber dann? Zumeist versteht man unter „die Kinder ansprechen" eine „kindgemäße" Verkündigung. Diese Auskunft verschiebt aber nur das Problem, denn was ist kindgemäß? Da sind die entwicklungs- und lernpsychologischen Konstanten[351] ebenso wie ihr Status als „postbaptismale Katechumenen",

3. Formen der Predigt und liturgierechtliche Regelungen

d. h. als Getaufte, die ihren Glauben erst noch allmählich kennenlernen sollen. Da sind aber auch Erwartungen ihrer Eltern, oft aber auch von Teilen der Gemeinde, dass die Kinder beteiligt werden sollen, dass also die Predigt als Gespräch mit ihnen gestaltet werden soll. Entscheidend ist da oft nicht der Verkündigungs-, sondern der Vorführcharakter: Ein Mädchen gibt eine originelle Antwort, und alle lachen. Ein Bub plaudert aus dem Nähkästchen, und alle schmunzeln. Das ist nett, aber es darf nicht zum Selbstzweck werden.

„Kindgemäß" darf also nicht heißen, dass die Kinder für die Erwachsenen in Szene gesetzt werden. Sie nehmen vielmehr gerne an der Erwachsenenwelt teil („Ich will nicht ins Bett! Ich will bei euch bleiben!"), wenn diese nur ihren Wahrnehmungs- und Verarbeitungsmöglichkeiten genügend Nahrung gibt. Da hat es die heutige sehr wortbetonte und zeichenarme Liturgie in der Tat eher schwer, während eine ausgefaltete Ritualität viel mehr zu schauen und zu erleben gibt. Allerdings gehört heute zur katechetischen Bildung (auch der Erwachsenen!) die Bekehrung hin zur Fähigkeit, kontemplativ bei einem Geschehen zu verweilen und nicht ständig und in rascher Folge neue Reize empfangen zu müssen. Das gilt auch für die Predigt. Sie soll anschaulich und konkret sein, soll gelebtes Leben vor Augen führen, soll immer wieder auch erzählen, soll Emotion zeigen und im besten Sinn spannend sein, aber sie soll zu keiner Explosion einer ganzen Kiste von Knallkörpern werden, die erschreckt anstatt anzuregen.

Übung
>Beschreiben Sie mit möglichst vielen Beobachtungen eine brennende Kerze. Vergessen Sie dabei auch das Hören (etwa beim Anzünden), Riechen (etwa ein Nachrußen beim Auslöschen) und Fühlen (wann wird es warm, wenn man die Hand der Flamme nähert?) nicht. Entwickeln Sie daraus eine Predigt im Gespräch mit Kindern, die vor allem der genaueren Wahrnehmung der Kerze dient, um daraus „wie von selbst" deren Symbolgehalt zu erschließen.

2. **Predigt in eigenen Gottesdiensten mit Kindern:** Albert Biesinger erinnert hier an das römische „Direktorium für Kindermessen" von 1973, das der Gestaltung viele Spielräume eröffnet.[352] In der Tat hat die Liturgiereform Gottesdiensten mit Kindern eine besondere Aufmerksamkeit zugewandt. Naturgemäß spielt dabei die Predigt eine besondere Rolle. Diese kann durchaus Gesprächsform annehmen.[353] Doch auch in gewöhnlichen Gottesdiensten, in denen Kinder anwesend sind, rät das Direktorium dazu, diese in kurzen *monitiones* etwa zu Beginn und am Ende der Messe oder bei der Predigt direkt anzusprechen; aber auch eigene Feiern während des Wortgottesdienstes in einem getrennten Raum in der Nähe werden empfohlen.[354] Das bedeutet freilich nicht, dass für die Kinderpredigt grundsätzlich andere Gesetze gelten würden als für die Erwachsenenpredigt. Auch sie hat „ex textu sacro" zu geschehen und zu einem vertieften Verständnis des Glaubens und

einem entsprechenden Leben und zu einer geistlichen Mitfeier des Gottesdienstes hinzuführen. Oft fehlt dagegen der Bezug zur Heiligen Schrift, oder ihr Reichtum verschwindet im Bermudadreieck von Arche Noah, Jung-David und dem kleinen Zachäus auf dem großen Baum. Ja, manchmal trägt man an ihrer Stelle sogar „kindgemäße" Texte vor. Oft verbleibt die Verkündigung auch in allgemeinmenschlichen Weisungen, also etwa dem kleinen Bruder bei den Hausaufgaben zu helfen, gerne auch einmal bei Mama und Papa zu kuscheln, dem Hamster zu Hause pünktlich sein Futter zu geben und die Katze nicht am Schwanz zu ziehen. Was verpasst man damit nicht alles! Gerade Kinder sind bereit zu glauben und die Wunder Gottes wirklich und nicht skeptisch-ironisch gebrochen wahrzunehmen. Wer davon zu ihnen spricht, kann selber im Glauben wachsen und die Wahrheit des Herrenwortes vom Werden wie die Kinder erfahren.

Wie lässt sich die Kinderpredigt gestalten? Da ist zunächst die Grundfrage: Monolog oder Dialog? In der Tat hat sich das Gespräch mit den Kindern als eine beliebte Eigenform der Kinderpredigt ausgebildet. Denke aber keiner, dass er sich damit die eigene Vorbereitung weitgehend sparen kann. Im Gegenteil, sie stellt besondere Anforderungen an die Durchdringung und Elementarisierung der Predigt ebenso wie an das Sich-Rüsten für alle Eventualitäten (von einer allgemeinen Schüchternheit der Kinder, die sich nichts zu sagen trauen, bis hin zu Antworten, die bereits am Anfang der Predigt genau das enthalten, was man erst nach und nach entwickeln wollte). Ein Gespräch wird leicht auch deutlich länger als eine monologische Predigt, und so braucht es eine zielstrebige und konsequente Gesprächsführung. Vor allem aber stellt es hohe Anforderungen an die Gesprächskultur: Die Kinder sollen ja nicht nur Stichwortgeber sein, sie sollen auch nicht bloß ihr Faktenwissen unter Beweis stellen und erst recht nicht Rätselraten spielen, was der Prediger wohl gerade denkt. Nein, sie dürfen nun mit ihrem eigenen Denken, Erleben und Erfahren, mit ihrer eigenen Gläubigkeit und ihrer unverwechselbaren Persönlichkeit zu Wort kommen. Insofern hinterlassen die weithin üblichen Ein-Wort- oder allenfalls Ein-Satz-Antworten einen unbefriedigenden Eindruck. Man kann dagegen bei Einzelnen nachfragen und ermutigen, mehr dazu zu sagen. Man kann offene Fragen stellen, die zum Erzählen und Darstellen einladen. Man kann (zumindest in Gemeinden, in denen die jungen Mitglieder sich gut zu Hause fühlen) auch einige Kinder einladen, am besten von vorne eine Ansicht, ein Erlebnis oder eine Auffassung etwas ausführlicher darzulegen. Warum also nicht etwa einmal drei Kinder die Begebenheit aus dem Leben Jesu wiedergeben lassen, die sie am meisten anspricht? All das zeigt: Wenn Dialog mit den Kindern, dann muss es auch ein echter, respektvoller Dialog sein. Und darum muss es auch nicht in jedem Kinder- und Familiengottesdienst ein Predigtgespräch geben. Junge Menschen sind sehr wohl in der Lage zuzuhören – wenn sie nur das Gehörte auch wirklich anspricht. Konkret wird die Predigt auf folgende Punkte achten müssen:

3. Formen der Predigt und liturgierechtliche Regelungen 157

- *Das Heil veranschaulichen:* Die notwendige Elementarisierung wird noch mehr als bei der Erwachsenenpredigt alles daraufhin vereinfachen, dass den Kindern das Heil in Christus lebhaft und erstrebenswert vor Augen steht.
- *Den Glauben erzählen:* Der narrative Ansatz hilft, scheinbar abstrakte Inhalte nahezubringen, sich mit Personen und Verhaltensweisen zu identifizieren und für eine weitere Beschäftigung damit zu motivieren.[355]
- *Verankerung in der Lebenswelt der Kinder:* Durchgängig wird man darauf achten müssen, dass die Welt des Glaubens als etwas aufscheint, was sich im Erleben der Kinder wiederfindet und was dafür Relevanz entwickelt. Das bedeutet keine Banalisierung oder Verweltlichung des Glaubens, wohl aber den Nachweis seiner lebenserschließenden Kraft.
- *„Mit allen Sinnen und für alle Sinne predigen"*[356]: Kinder denken und erleben konkret, und darum müssen Gedanken eine sinnliche Gestalt annehmen, damit sie sich mit ihnen beschäftigen – sei es in der Phantasie, sei es auch, indem man ihnen z. B. Gegenstände mitbringt. Freilich: Kirche ist kein Kino, und darum gehört zur Sinnlichkeit auch die Askese der Sinne, also still werden, sich sammeln, zuhören, Geduld lernen, ruhig sitzen, ohne andere oder sich selbst abzulenken, und anbeten.

Es gibt auch einige typische Fehler in der Verkündigung an Kinder:
- *Der erste ist die Unterforderung:* Kinder im Erstkommunionalter etwa, mit denen man es häufig zu tun hat, besitzen zumeist bereits ein erstaunlich breites Weltwissen, und sie entwickeln differenzierte Weltdeutungen und Selbstbilder. Was ihnen in der Verkündigung geboten wird, entspricht dagegen oft eher dem Lernstand von Kindergartenkindern. Dahinter steht häufig auch eine ausgesprochene Allergie gegen alles Kognitive in der Verkündigung, das als „verkopft" abgetan wird.
- *Das Diktat der „Mamakirche":* Erwachsene projizieren leicht ihre eigenen Wünsche in Kinder, ihre Sehnsucht nach Harmonie, Unverbildetheit, Natürlichkeit, Spontaneität, Zuwendung und Zuneigung.[357] Gleichzeitig wollen sie ihre Kinder in der Öffentlichkeit auch allgemein beachtet und gelobt sehen. Darum sollen sie an diesen Orten „ganz so bleiben, wie sie sind" – und werden gerade so inszeniert. Das beginnt schon bei der Kinderkleidung, die bunter und legerer ist als die der Erwachsenen, und es endet dabei, dass ihrem Bewegungsdrang keine Grenzen gesetzt werden. Diese Kinderprojektion verbindet sich zudem noch mit einem Frauenklischee: Mütter repräsentieren gegenüber ihrem Kind Annahme und Bejahung, Wärme und Herzlichkeit. Erziehung und Bildung der Kinder in Kindergarten und Schule ebenso wie in der Gemeinde liegen heute weitgehend in Frauenhand. Hier täte Aufklärung über solche Klischees dringend not. Was die Predigt angeht, sollte man sich Rechenschaft geben, wie stark man diese Klischees bedienen will (das ist nicht unmoralisch!) und wie stark man ihnen bewusst gegenarbeiten will,

z. B. durch aggressiv besetzte Themen oder einfach durch Beispiele aus der Welt der Technik.
- *Bildsprache anstelle von Dingsprache:* Ein unausrottbares Vorurteil besteht darin, dass man Kindern alles in Bildern, Vergleichen, Wortspielen, Symbolen und Metaphern nahebringen müsse: „Jesus bringt Licht in die Welt", „Wir wollen jetzt unsere Kommunionkerze entzünden", „sich entflammen lassen" usw. Bild- und Sachebene von Aussagen zu unterscheiden, setzt eine Distanzierungsfähigkeit zum Gesprochenen voraus, die im Alter des konkretanschaulichen Denkens in der Regel noch kaum entwickelt ist. Beim Entzünden der Kommunionkerze nehmen sie darum vielleicht wahr, dass das von ihnen Gebastelte nun seiner Bestimmung übergeben wird, doch den Sprung vom Kerzenlicht zum Glaubenslicht machen sie nicht mit. Fasziniert schauen sie vielmehr, ob der Docht auch wirklich anbrennt oder wieder erlischt oder wer wem zuerst einen Wachsfleck auf die Schuhe tropfen kann ...
- *Entwirklichung der Heilsgeschichte:* „Ich habe euch heute eine spannende Jesusgeschichte mitgebracht." Das klingt nach dem Seelsorger als Kinderfreund, ist es aber nicht. Wer wirklich ihr Freund ist, darf sie nicht um die Wahrheit des Glaubens betrügen. Die Bibel ist kein Märchenbuch, und die Evangelien keine Sammlung von Kurzgeschichten. Wie bei Erwachsenen, so muss der Prediger sich nicht weniger bei Kindern Rechenschaft über den geschichtlichen Gehalt des Berichteten und über die darin enthaltene Glaubenswahrheit geben. Es wäre fatal, wenn das Wirken Gottes in der Geschichte bei den Kindern in denselben Topf geraten würde wie der Weihnachtsmann, den man im Heranwachsen dann als Onkel Alfred oder das Weihnachtsgeschenk schlicht als Online-Bestellung bei Amazon zu entlarven lernt.
- *Renaturalisierung der Offenbarung:* Sehr häufig begeht die Verkündigung und Katechese den Kardinalfehler, anthropologische Korrelate zu Glaubensereignissen und -inhalten zu suchen – und dann die Auslegung darin zu erschöpfen. Das Christliche wird dadurch zum Allgemeinmenschlichen, das Drama der Erlösung zur Freude an der Schöpfung, das *mysterium paschale* zum ewigen Kreislauf der Wiedergeburt. Seltsamerweise meint man, gerade Kindern die Realität des Übernatürlichen nicht zumuten zu dürfen, und dann wird der Durchzug Israels durch das Meer zum mutigen Durchschreiten einer Furt, bei dem man sich eben auch einmal nass machen muss[358], und die Brotvermehrung Jesu zum Wunder des Miteinander-Teilens („Wenn jeder gibt, was er hat, dann werden alle satt").

Denkanstoß

Wer häufiger Familiengottesdienste besucht, in denen eine eigentliche Kinderpredigt gehalten wird und in denen es etwa um katechetische Inhalte geht, wird festgestellt haben, dass sie die Eltern oft mehr anspricht, während die eigentliche

Zielgruppe sich langweilt und bestenfalls gutgezogene Antworten hervorbringt, um Oma und Opa eine Freude zu machen. Woran mag das liegen? An ihrer konkreteren und direkteren Zugangsweise zu einem Thema? Wie findet man einen Ansatzpunkt, um den Kindern den Einstieg ins Zuhören zu erleichtern?

3.1.4.3 Trauerpredigt

Literatur: *Ursula Roth,* Die Beerdigungsansprache. Argumente gegen den Tod im Kontext der modernen Gesellschaft (= PThK 6), Gütersloh 2002 (Beschreibung des kulturellen Kontextes beim Umgang mit dem Tod); *Paolo Sartor,* La morte nella predicazione liturgica. Appunti per una verifica della pratica dell'omelia nelle esequie e nella Messa festiva, in: Ambrosius 79 (2003), 1/2, 175–190 (pastoralliturgische Reflexion zu Chance und Problematik); *Luigi Serenthà,* La predica sulla morte, in: Communio 23/24 (1975) 56–60; *Benjamin Leven,* Keine Lobreden beim Requiem! Der Bischof der irischen Diözese Meath, Michael Smith, erlässt Regeln für die Begräbnisfeier, in: Gottesdienst 47 (2013) 142 („Notbremse" gegen den bloßen Lebenslauf-Nachruf und bloß weltliche Gestaltungselemente und Lesungen).

Die Predigt anlässlich von Sterbeamt, Beerdigung, Verabschiedung oder eines besonderen Gedächtnisgottesdienstes dürfte zu den Anlässen zählen, bei denen die Menschen am besten zuhören und die höchsten Erwartungen haben. Umso größer ist aber auch die Gefahr, Erwartungen zu enttäuschen – oder manchmal auch die Notwendigkeit, sie enttäuschen zu müssen! Denn die Trauerpredigt stößt auf ein beinahe unlösbares Dilemma. Zum einen geht die Erwartung der Teilnehmer beinahe ausschließlich auf eine Gedächtnisrede, die des Verstorbenen in warmen und lobenden Worten gedenkt. Die katholische Liturgie hat dagegen stets genau das vermieden und den Charakter der Predigt als Schriftauslegung und Glaubensverkündigung dagegengestellt.[359] Das gilt auch für die Liturgiereform, die zwar die Homilie beim Sterbeamt ermöglichte, sie aber als Auslegung des heiligen Textes von Schrift und Liturgie, als Einführung ins Paschamysterium Christi und als Stärkung von Glauben und Hoffnung angesichts des Todes verstand.[360] Wie ist das Dilemma zu lösen? Indem Biografie und christliches Bekenntnis aufeinander bezogen werden. Was heißt das?

In einem umsichtigen Beitrag weist Paolo Sator auf die anthropologische Nähe von Sterben und Tod zum Religiösen hin. In einer gewiss zunächst noch sehr diffusen und nicht spezifisch christlich geprägten Art und Weise sind Menschen in Momenten der Trauer offen für das Transzendente: Wo irdisch gesehen ein radikales Ende gesetzt ist, taucht die Frage nach einem Jenseits dieser Grenze auf. Aus diesem Grund gehören die Kulturen der Bewältigung von Tod und Trauer zu einem anthropologischen Grundbestand. Dies gilt auch in stark säkularisierten Gesellschaften, die ein ungebrochenes Bedürfnis nach Riten und Zeichen ebenso wie nach sprachlicher Deutung und Erinnerung aufweisen. Doch ein solcher Anknüpfungspunkt für die christliche Verkündigung erweist sich gleich

in mehrerer Hinsicht doch auch als zwiespältig, denn die Erwartungen gehen in eine deutlich andere Richtung als das, was die kirchliche Liturgie beinhaltet:
- Trauerfeier und Predigt gewinnen bei diesen Erwartungen ausschließlich eine *tröstende Funktion*. Das hängt mit einer Funktionsverschiebung zusammen: Sie sind auf den Trost für die Trauernden ausgerichtet, nicht auf die Fürbitte für den Verstorbenen, wie dies die katholische Liturgie voraussetzt. Doch diese Erwartungen stellen ein neues Tabu auf: Die Trauer darf kein ernstes *memento mori* für die Hinterbliebenen sein, sondern sie muss „bewältigt" werden, d. h. letztlich dem „Das Leben muss weitergehen" dienen.
- Das dominante Muster der Trauerfeier ist derzeit das der *erinnernden Affirmation*. Die Persönlichkeit des Verstorbenen, sein Lebenslauf, seine Beziehungen und seine Bedeutung für die Versammelten soll in einer rundum bestätigenden Art und Weise zu Wort kommen. Darum erwarten Angehörige nicht selten auch stark personalisierte Ausdrucksformen wie Lieblings-Songs, persönliche Texte und die Lesung nichtbiblischer, ja oft nichtchristlicher Texte, das Aufstellen eines Fotos des Verstorbenen (oder gar eine entsprechende *PowerPoint*-Präsentation) und persönliche Zeugnisse oder Darbietungen – übrigens ähnlich wie auch sonst bei den Kasualien.

Angesichts eines solchen Zwiespalts erhält die Predigt eine Schlüsselrolle als das, was die Rhetorik als *genus laudativum* kennt. Behutsam kann sie die Aufmerksamkeit dazu hinlenken, dass bei Gott andere Maßstäbe für Lob und Tadel herrschen als bei den Menschen und dass es darum *besser ist, in die Hände Gottes zu fallen als in die von Menschen* (vgl. Sir 2,18).

Ein Problem eigener Art stellt die sprachliche Beschönigung der Realität des Todes dar. Es ist ein zweischneidiges Schwert: Zum einen spricht die christliche Hoffnung vom Sieg Christi über den Tod und vom ewigen Leben. Darum sind Wendungen wie „heimgerufen", „heimgegangen", „vollendet", „den irdischen Weg zu Ende gehen" oder auch „österliches Geheimnis", „Licht Christi" und „unzerstörbare Hoffnung" legitim, ja unverzichtbar. In einem säkularen Umfeld wird dieses Glaubenszeugnis noch wichtiger denn je. Andererseits dient Sprache der Bewältigung der Wirklichkeit, nicht ihrer Übertönung durch Sprachspiele, die ihren Klang bereits beim Verlassen der Kirche verloren haben werden. Die Brückenfunktion der Predigt zwischen Evangelium und Lebenswelt verlangt auch hier nach Wahrhaftigkeit. Jedes Wort soll vom Mitgefühl gefüllt sein, vom Wissen um den Schmerz und von der Bereitschaft, ihn mitzutragen. Darum wird man immer auch der Trauer selbst, den Fragen, ja auch der Empörung Raum geben – um sie dann aber auch mit dem Evangelium vom Kreuz und der Auferstehung zu vermitteln. So ist es auf der anderen Seite zwar verständlich, aber doch verkürzend, wenn etwa bei tragischen Todesfällen nur Worte der Klage, des Verstummens, ja der Absurdität zugelassen scheinen, wenn die Sinnfrage geradezu programmatisch abgelehnt wird und Gott nur als ohnmächtig Mitleidender erscheint.

3. Formen der Predigt und liturgierechtliche Regelungen

3.1.4.4 Fastenpredigt

Literatur: *a) Pastoral: Domenico Ambrasi,* Art. „Quaresimale", in: Dizionario 1306–1310 (einführend); *Michael Pfeifer,* Vortrag oder Feier? Fastenpredigt – ein katholischer Predigtgottesdienst, in: Gottesdienst 45 (2011), H. 5, 44 (Modellentwurf im Rahmen eines Gottesdienstes). – *b) Historisch: Bernadette Majorana,* Elementi drammatici della predicazione missionaria. Osservazioni su un caso gesuitico tra XVII e XVIII secolo, in: *Giacomo Martina/Ugo Dovere* (Hg.), La predicazione in Italia dopo il Concilio di Trento tra cinquecento e settecento. Atti del X Convegno di Studio dell'Assoziazione Italiana dei Professori di Storia della Chiesa (Napoli 6–9 settembre 1994), Rom 1996, 127–152 (barocke Fastenpredigt für alle Sinne und mit allen theatralischen Mitteln); *Elisa Novi Chavarria,* La predicazione popolare nelle grandi città. I casi di S. Francesco De Geronimo e di p. Gregorio Rocco, in: ebd. 153–176 (zwei sprechende Fallbeispiele); *Stanislao da Campagnola,* La predicazione quaresimale. Gestione, evoluzione, tipologie, in: ebd. 243–280 (Überblick zur Barockzeit); *Paolo Petruzzi,* La predicazione quaresimale di Antonio Valsecchi o.p. (1708–1791), in: ebd. 391–420 (der gesamte Tagungsband stellt eindrucksvoll unter Beweis, wie die Predigt [und dabei besonders ihre beiden großen Formen eines Predigtereignisses, die Fastenpredigt und die Volksmission] zu einem sozialen Ereignis wurde, in dem sich eindrucksvoll eine Vielzahl von Anliegen, Interessen, Methoden, Gruppierungen und Spiritualitäten verband, kurz: die Predigt inkulturierte sich tief und konnte dadurch eine erstaunliche Breitenwirkung und Nachhaltigkeit erreichen); *Louis Châtellier,* La religion des pauvres. Les missions rurales en Europe et la formation du catholicisme moderne, XVIe–XIXe siècle, Paris 1993 (Standardwerk zur Evangelisierung der Landbevölkerung in der Neuzeit durch Volksmissionen).

Die Zeit ist erfüllt, das Reich Gottes ist nahe. Kehrt um und glaubt an das Evangelium! (Mk 1,15), das ist *das* Kerygma Christi. Umkehr, *conversio,* ist darum die Haltung des Christen. Das ist die große Wende im Leben, die in der Taufe sakramental besiegelt wird: *renuntiatio* gegenüber dem Teufel und all seinen Werken (eigentlich der *pompa diaboli,* also das ewige „mehr Schein als Sein" des Widersachers) und *confessio* des Glaubens und eines Lebens nach den Geboten.[361] Doch was einmal geschah, muss immer wieder verwirklicht werden. Der alte Adam hat einen langen Atem. Darum ist Umkehr das Thema Nummer eins der christlichen Verkündigung. Ist es das wirklich? Auch ohne präzise statistische Daten darf man da seine Zweifel haben. Entfaltung ist das Leitwort, das an die Stelle von Bekehrung getreten ist. Annahme, Lebenshilfe und Ermutigung tanzen nun auf allen Predigt-Bällen, und Aschenputtel im Bußgewand ist die peinliche Verwandte, die versteckt und vergessen wird. Umso mehr ruft alles nach der Fastenpredigt. Das ist jene große und ausführliche Predigtform in der vorösterlichen Bußzeit, in der man, einem Johannes dem Täufer gleich, die Gläubigen mit eindringlichen Worten zur Umkehr mahnt.

Im 4. und 5. Jahrhundert war die Fastenpredigt eng mit der Vorbereitung der Katechumenen auf die Taufe an Ostern verbunden, richtete sich aber auch an alle Gläubigen, wobei der Bischof alttestamentliche Bücher auslegte. Leo der Große beschreibt das Ziel der Fastenzeit darin, die eifrigen Gläubigen zum geistlichen Kampf und zum Siegeswillen anzustacheln, die Sünder zur Versöhnung zu führen und die Katechumenen zur Erneuerung durch die Taufe zu geleiten.[362] Im Mittelalter wurde die Fastenpredigt durch die Mendikanten popularisiert und avancierte so über viele Jahrhunderte zur wichtigsten außerliturgischen Predigt überhaupt, beginnend zumeist am Aschermittwoch und endend mit einer Passionspredigt am Karfreitag (mancherorts aber noch bis zum Montag nach dem Weißen Sonntag verlängert).[363] Natürlich war sie überwiegend ein städtisches Phänomen, ja ihre Sponsoren waren nicht selten zivile Behörden oder Bruderschaften. So griffen die Prediger gerne auch Vorfälle und Zustände in der Gesellschaft auf. Thematisch legten die Prediger gerne Zyklen an, wobei sie – darin den Volksmissionen und teilweise den Exerzitienpredigten ähnlich – mit Vorliebe die Inhalte von Umkehr und Buße, Erinnerung an Tod und Gericht, die Passion Jesu, aber auch das moralische Leben und seine zeitgenössischen Versuchungen wählten.[364] Die Reformer des 16. und 17. Jahrhunderts entdeckten zu ihrer Bestürzung, dass viele Menschen selbst die allerersten Grundlagen des Christentums nicht kannten und sich auch in ihrer Lebensführung nicht im Mindesten um ein christliches Verhalten kümmerten. „Euer Indien ist hier!" war darum die Antwort der Jesuitenoberen an junge Ordensmänner, die darauf brannten, in die Missionsländer Asiens und Amerikas aufzubrechen.[365] Sie verstanden: Auch in Europa gilt es zu predigen und dabei nicht bloß zu belehren, sondern zuerst zu bekehren. In diesem Sinn schrieb das Konzil von Trient (s. Anm. 386, 388) außer der regulären Pfarrpredigt an jedem Sonn- und Feiertag die besondere Predigt im Advent und in der Fastenzeit vor, zumindest an drei Tagen in der Woche, oft sogar täglich außer samstags (sonntags ersetzte die Fastenpredigt dann die normale Messpredigt). Auch der Fastenhirtenbrief des Diözesanbischofs ist in diesem Zusammenhang entstanden.[366] Der CIC/1917 c. 1346 § 1 griff diese Bestimmung auf[367], und auch der CIC/1983 c. 767 § 3 gibt darauf ein Echo: „Es wird sehr empfohlen, dass bei ausreichender Beteiligung des Volkes eine Homilie auch in Messen während der Woche gehalten wird, besonders in der Adventszeit und österlichen Bußzeit oder wegen eines Festes oder eines traurigen Anlasses." Damit modifiziert das heutige Kirchenrecht allerdings die bisherige Praxis in zwei bezeichnenden Punkten: 1. Die Advents- und Fastenpredigten werden Messpredigten und damit Teil der gewöhnlichen Verkündigung. Damit ist sowohl der zeitliche Rahmen (nicht deutlich länger als eine gewöhnliche Homilie) als auch der Inhalt (enger an die Schrifttexte des Tages gebunden und kaum im Sinn eines zusammenhängenden Predigtzyklus) vorgegeben. Diese Tatsache legt es nahe, dass auch die Ortsgeistlichkeit und keine eigens eingeladenen besonderen Prediger sie halten. Dahinter ist der nicht immer glückliche Einfluss der Liturgischen Bewegung zu erkennen, die Volksfrömmigkeit, Andachten und nicht strikt liturgische Formen wie einen Predigtgottesdienst zu verdrängen oder in die Messfeier zu integrieren versuchte. 2. Aus einer Vorschrift wird eine Empfehlung – eine der vielen, ja allzu vielen pastoralen Empfehlungen

3. Formen der Predigt und liturgierechtliche Regelungen 163

aus Rom, die nur selten auch umgesetzt werden. So muss man den Eindruck haben, dass hier ein ehrwürdiger Brauch zwar nicht abgeschafft wurde, aber doch stark an Bedeutung verloren hat.

Zum einen mahnte die Fastenpredigt grundsätzlich zur Besinnung, zum anderen griff sie einzelne Themen insbesondere der Moral auf, um so zur Gewissenserforschung anzuregen. Damit erfüllte sie auch die Aufgabe der Gewissensbildung im Blick auf die Osterbeichte. In diesem Punkt ist sie der Missionspredigt im Rahmen der traditionellen Volksmissionen verwandt. Gleichzeitig verband sie sich oft auch mit der Passionspredigt. Im Blick auf den leidenden Herrn wendet sich die Aufmerksamkeit zurück auf jeden Einzelnen: „Sollte der Heiland sein bitteres Leiden für dich umsonst auf sich genommen haben?"

Zur Praxis: Die Fastenpredigt, wenigstens die traditionelle, ist tot. Verschwunden ist zuerst und vor allem der Bußcharakter, das „Bekehret euch!" ohne Wenn und Aber, ohne Knickse und Samthandschuhe gegenüber den Hörern. Verschwunden sind natürlich erst recht ihre barocken Stimulanzien Totenkopf und Richterstuhl, also das *Memento mori* und die Mahnung, an das Jüngste Gericht zu denken. Verschwunden ist inhaltlich die Achse Sünde und Erlösung, um die sich die Verkündigung dreht, und an ihre Stelle ist die von Annahme und Liebe getreten. Verschwunden ist häufig auch die lange Zeit so typisch katholische Verbindung von Moralpredigt und Passion Christi, das „Ich, ich hab es verschuldet" im Blick auf die Wundmale Jesu; verschwunden ist häufig auch der eigene Predigtgottesdienst, der eine Länge etwa von einer Stunde ermöglicht (innerhalb der Messfeier wird manchmal beinahe entschuldigend darauf hingewiesen, wegen der Fastenpredigt „könne es schon einmal ein bisschen länger dauen"); verschwunden ist schließlich der Event-Charakter – der berühmte Kanzelredner, die bewegenden sprachlichen Mittel, die barocke Inszenierung –, der diese Predigt zu etwas Außergewöhnlichem machte.[368] *Opinio communis* ist nun: „Gut, dass es das nicht mehr gibt: Drohbotschaft statt Frohbotschaft! Moral statt Mystik! Vertreibung der Freude aus dem Christentum!" Sagen könnte man freilich auch: „Der Tod der Fastenpredigt hinterlässt eine Lücke, die nicht zu schließen ist. Umkehr ist ein hartes Geschäft, denn *seit den Tagen Johannes' des Täufers bis heute wird dem Himmelreich Gewalt angetan; die Gewalttätigen reißen es an sich* (Mt 11,12). Einer wachsenden Schar von Gläubigen und Hirten geht auf: Das „Weiter so, wir sind auf dem richtigen Weg!" führt nicht mehr weiter. Renaissance der Fastenpredigt wäre also an der Zeit. Freilich, Renaissance ist keine Restauration. Aber wie sieht eine unserer Zeit angemessene Fastenpredigt aus? Zunächst einige Prinzipien zur Erneuerung:

– Fastenpredigt ist *Bußpredigt*, Buße predigen kann man aber heute gewiss nicht durch bloße Einschüchterung, sondern durch Einsicht.

- Fastenpredigt ist *Event* – gerade das macht sie so ungeheuer modern und attraktiv, wenn man nur will. Dabei darf man nicht auf halbem Weg stehenbleiben. Sie darf kein Glaubensvortrag sein, keine Vorlesung im Kirchenraum, auch keine bloß in die Länge gezogene Sonntagspredigt.
- Fastenpredigt ist *Fastenprediger*. Er darf nicht bloß jemand sein, der sich eben hat „breitschlagen" lassen, und er darf auch nicht bloß irgendwelche Glaubensvorträge recyceln. Ob er will oder nicht, er steht in einer Reihe mit Hunderten von Veranstaltungen, und wenn die Leute seinen Namen lesen, sollen sie ausrufen: „Oh, das will ich mir wirklich einmal antun!"

Mancherorts wird die Fastenpredigt in die Eucharistiefeier integriert, ohne dass sie sich dann jedoch wirklich vom Umfang und vom Inhalt in sie einfügt – eine unbefriedigende Lösung. Sie wird dann bloß zu einem zeitlichen Fastenopfer im Gottesdienst: Heute dauert es eben einmal länger.

> Michael Pfeifer schlägt die Ausbildung eines eigenen Predigtgottesdienstes in Anlehnung an die altchristliche Kathedralvesper vor. Die Schriftlesung und Predigt soll darin umrahmt werden von einem Licht- und einem Weihrauchritus sowie abschließenden Fürbitten und Vaterunser. Damit erhalte der Verkündigungsteil „ein eindrucksvolles rituelles Gegengewicht […]. Aus einer thematischen Predigt im akademischen Vortragsstil wird echte Liturgie, wird gottesdienstliche Feier. Die Ausgewogenheit schafft zudem höhere Aufmerksamkeit und lässt die Teilnehmenden in dem Gefühl zurück, statt an einer Rede an einem wirklichen Gottesdienst teilgenommen zu haben."[369] Warum aber diese Skepsis gegenüber einer Predigt als Predigt, die natürlich alles andere als „im akademischen Vortragsstil" gehalten werden muss? Der Eindruck ihrer Depotenzierung drängt sich auf, allein schon von der Dauer, die dann eben doch eher einer etwas ausführlicheren Sonntagspredigt gleichen müsste, sollte der gesamte Gottesdienst nicht zu lange dauern. Doch sie kann für sich sprechen, sie darf für sich Geltung beanspruchen. Wenn schon geistliche Konzerte in der Kirche stattfinden können, ohne dass man ihnen ein liturgisches Gewand gibt, dann doch erst recht Predigten. Etwas anderes ist es dagegen, wenn die Fastenpredigt Bußpredigt im eigentlichen Sinn ist und etwa in einen Bußgottesdienst mit anschließender Einzelbeichte eingebettet ist. Dann drängt das Gehörte zur Umkehr, zum Sündenbekenntnis und zur Zuflucht bei der Barmherzigkeit Gottes. Ansonsten wird man auch aus pastoralen Gründen eher überlegen können, ob man die Fastenpredigt nicht auch einmal bewusst aus dem Binnenraum des Gottesdienstes herausnimmt und sie evangelisierend in die Zwischenräume von Kirche und Welt legt, etwa in eine Krankenhauskapelle, in die Aula einer Schule, in Räume des Landtages, in ein Flüchtlingsheim, in eine Einkaufsmeile usw.

Denkanstoß

Pastoralpraktiker werden vielleicht gegen die Fastenpredigt einwenden: „Da kommt doch eh keiner außer ein paar Hartgesottenen, die sowieso mit Schuhen und Strümpfen in den Himmel kommen. Wen interessiert so was schon?" Doch gerade in der Fastenzeit sind die Menschen sensibel für die „Weniger ist mehr"-Themen (weniger Plastik, weniger CO_2, weniger Fleisch ...), die heute besonders durch die Medien gepusht werden. Wo begegnet man im Alltag diesen Themen und welche Ansatzmöglichkeiten gibt es, diese Sensibilität für eine Predigt zu nutzen, die über den bloßen Lifestyle hinausgeht?

3.1.4.5 Missionspredigt

„Hört zu und begreift: Der Herr, der Schöpfer des Himmels und der Erde, des Meers und von allem in ihnen, ist der einzige wahre Gott. Eure Götter sind nicht lebendig. [...] Gott allein ist gut, er allein gerecht, er hat Erbarmen mit euch. Mich hat er zu euch gesandt, damit ihr eure Irrtümer aufgebt und euch ihm zuwendet. Er hat euch geschaffen. [...] Wenn ihr also an ihn glaubt, wenn ihr seine Gebote haltet, wird er euch auf Erden erhalten und im Himmel belohnen. Wenn nicht, dann erwarten euch zukünftige Strafen."[370]

Mit diesen schlichten und klaren Worten hat Lebwin (gest. ca. 770), ein Schüler des hl. Bonifatius, die Germanen missioniert. Deutlich spiegelt sich darin die Grundstruktur missionarischer Erstverkündigung, wie sie bereits im Neuen Testament und bei den Kirchenvätern entwickelt wurde und wie sie sich in der Taufliturgie wiederfindet: *abrenuntiatio* gegenüber dem Götzendienst und allem religiösen Irrtum und moralischem Fehlverhalten, *confessio* des einen wahren Gottes und Ausblick auf Lohn und Strafe. So sagt es schon der Hebräerbrief: *Wer zu Gott kommen will, muss glauben, dass er ist und dass er denen, die ihn suchen, ihren Lohn geben wird* (Hebr 11,6). Ist eine solche missionarische Predigt heute lebendig?

Für gewöhnlich sieht man einen Dreischritt der Verkündigung: zuerst die Erstevangelisierung an Nichtchristen, dann die Katechese an Taufbewerber und schließlich Homilie für alle Getauften, wobei Letztere als Teil des liturgischen Geschehens in der Versammlung der Gläubigen verstanden ist.

„Der Dienst am Wort steht im Dienst dieses Vorgangs der vollen Bekehrung. Die Erstverkündigung hat zum Glauben zu rufen; die Katechese hat der Bekehrung ein Fundament und dem christlichen Leben eine Grundstruktur zu geben; die ständige Erziehung zum Glauben, vorzüglich die Homilie, hat die ständige Nahrung zu sein, die jeder getaufte Erwachsene zum Leben braucht."[371]

Gibt es solche Formen der Predigt, die eben jener Erstverkündigung an Nichtchristen dienen – wir kennen etwa die programmatischen Missionspredigten des Petrus und des Paulus in der Apostelgeschichte (s. o. 2.1.2.2)? Mehr noch, erhält nicht auch jede gewöhnliche Gemeindepredigt angesichts der Notwendigkeit der Neuevangelisierung einen missionarisch-erstverkündigenden Charakter – ganz besonders bei Kasualien und Gottesdiensten zu besonderen Anlässen? Denn auch bei getauften Gläubigen darf man keineswegs voraussetzen, dass sie immer bereits eine Bekehrung vollzogen und eine umfassende Einführung in den Glauben erhalten haben. So dringend die Missionspredigt also heute ist, so wenig ist sie erforscht. Die Folge davon ist, dass sie nur selten verwirklicht wird, und wenn, dann zeigt der Verkündiger sich oft inhaltlich und methodisch ratlos. Wie äußert sich diese Verlegenheit?

– Am häufigsten dürfte es sein, dass das radikal Andere dieser Situation schlicht *unbeachtet* bleibt. Man tut so, als hätte man Gläubige vor sich, und setzt voraus, dass sie sich zumindest grundlegend zum Glauben bekennen. So spricht man bei der Beerdigung so, als ob alle zumindest „irgendwie" an Auferstehung und ewiges Leben glauben. Allenfalls schwächt man das Glaubensbekenntnis dann auf ein allgemeinmenschlich verträgliches Maß ab, also etwas im Sinn von „Wer geliebt ist, ist nicht tot".

– Wie im Gegenschlag findet sich aber auch der Gestus der *Beschwörung*. Wieder und wieder wird behauptet, dass der christliche Glaube die Wahrheit ist, dass allein in ihm das Heil zu finden ist, und es wird die Freude, Befreiung und der Gewinn von Menschen als Beweis angeführt, die ihn angenommen haben. Überdeutlich ist für die Hörer wahrzunehmen, dass sie gewissermaßen ins Christentum hineingedrängt werden sollen – und umso mehr werden sie sich verschließen und „die Ohren auf Durchzug stellen".

– Andere behelfen sich damit aufzuzeigen, wie angeblich schon *jeder Mensch* die elementaren Glaubenserfahrungen gemacht hat – im Grunde ein Zerrbild der mystagogischen Predigt. Die christliche Neuheit zerrinnt dabei zwischen den Worten. Damit vermittelt sich die Botschaft: Zum Christsein braucht es gar keine eigenen Akte, geschweige denn Umkehr und Neuausrichtung des gesamten Lebens, sondern es ist eine im Grunde weitgehend überflüssige, zumindest aber nicht lebensrelevante Zugabe.

Kritik ist leicht geübt, aber wie predigt man dann missionarisch? Die Antwort ist schlicht: so, dass die Hörer sich zum Glauben motiviert fühlen. Immer wieder muss man darum fragen: Was an meinen Anliegen könnte sie interessieren? Aus welchem Grund? Was haben sie davon? Was müssen sie dafür geben und wie könnten sie dazu motiviert werden?

Ein Aspekt verdient noch besondere Beachtung: Die missionarische Predigt findet häufig (wenn auch nicht immer) außerhalb der Liturgie, nicht selten (wenn auch leider noch nicht häufig genug) auch außerhalb des Gotteshauses oder kirchlicher Räume statt. Denn die Schwelle zum kirchlichen Gottesdienst oder -haus ist hoch. So wird ein evangelisierender Geist Plätze und Gelegenheiten finden, dort von Gott zu sprechen, wo Menschen sich ohne Scheu versammeln, etwa beim Sport, bei Festen oder geselligen Anlässen, in der City oder auf einem Weihnachtsmarkt. Natürlich verlangt das etwas Mut und Erfindungsreich-

3. Formen der Predigt und liturgierechtliche Regelungen

tum – und nicht zuletzt muss man es auch aushalten können, dass sich niemand für einen interessiert oder dass Leute nach den ersten Sätzen weitergehen, sich zu unterhalten beginnen oder sich darüber lustig machen. Beachtung verdienen dabei auch die Erfahrungen der evangelikalen Zeltkirchen und -missionen. Ein solcher Ortswechsel kann aber unverkennbar auch für die Predigt Vorteile haben.
– Am weltlichen Ort genießt sie eine *größere Freiheit:* Ihre Sprache kann alltäglicher sein, aber auch spektakulärer, gelegentlich sogar regelrecht marktschreierisch oder selbst einmal etwas derb, was im Raum des Heiligen unangemessen wäre.
– Eine solche Predigt könnte sich zu einer Domäne von *Laien* entwickeln, durchaus auch von „einfachen" Gläubigen, die die Sprache, das Erleben und die Erfordernisse von ihresgleichen am besten kennen und so am ehesten den Nagel auf den Kopf treffen.
– Schließlich sind auch die *Inhalte variabler und die Form experimenteller* – übrigens ganz wie im Mittelalter, wo die Volkspredigt auch Formen des Dialoges, des Zwischenrufes oder von Unterhaltungselementen einflechten konnte. Auch gibt es beinahe keinen Un-Ort für die Missionspredigt: Warum nicht auch einmal im Zelt, in der Sporthalle, auf dem Weihnachtsmarkt oder auf einer Wandertour?

An dieser Stelle auch ein Gedanke zum geistlichen Wort in den weltlichen Medien.[372] Dass auch dies eine missionarische Areopag-Situation darstellt, ist evident. Aber Paulus hat auf dem Areopag nicht das Wichtigste ausgelassen, nämlich das Kerygma von der Auferstehung, auch wenn er sicher den nur mäßigen Anklang dessen vorhersehen konnte. Allen verkündigen, um wenigstens einige zum Glauben zu führen, das war dabei seine Motivation. Was heißt das für Verkündigungssendungen in den Medien? Auch hier kann und soll der ganze Glaube verkündet werden. Das *depositum fidei* darf nicht zu bloßem Gutmenschentum und unverbindlichen Werten verkommen. Andererseits macht Bekennermut allein noch keinen guten Radioprediger oder „Wort zum Sonntag"-Pfarrer. Das Wie entscheidet alles! Dabei gilt die Devise: „Sympathisch geht alles!" Wer die Hörer nicht auf seine Seite bringt, und sei es nur für Augenblicke, redet bestenfalls in den Wind. Dabei braucht man auch der Provokation des Glaubens, seinem *skandalon* nicht auszuweichen. Aber die Predigt darf dabei keinesfalls abheben, sondern es muss auf Anhieb erkennbar sein, was diese Provokation zur Bewältigung des Alltags beiträgt. Den Hörerinnen und Hörern muss es etwas bringen, gerade auch denen, die „einem von der Kirche" bestenfalls Weltfremdheit und leeres Geschwätz zutrauen. Daraus folgen drei praktische Hinweise:
– Verkündigung in den Medien lebt vom Aha-Effekt, der sogenannten *disclosure*-Erfahrung.
– Ehernes Gesetz ist die *Formattreue,* d. h. ein Reden und Auftreten so, wie es dem Rahmen des Senders entspricht. Alles andere würde nur Befremden aus-

lösen und nur Klischees über Glauben und Kirche bedienen. Das heißt allerdings nicht krampfhafte Nachahmung des affigsten Jugendmoderators, sondern Echtheit ist verlangt. Jeder weiß, dass solche Verkündigungssendungen eine Unterbrechung des Programms sind – sie dürfen nicht bloß als Störung des Programms empfunden werden.

– Besonders wichtig ist die Frage nach dem *Ziel:* Was will und was kann ich erreichen? Weniger (und Elementareres) ist oft mehr. Man versetze sich nur in die Lage eines durchschnittlichen Hörers, der sicher nicht den ganzen Tag vor dem Medium gesessen und den wenigen Minuten entgegengefiebert hat.

3.1.4.6 „Büttenpredigt" und Predigt mit Witz

Literatur: *Franz G. Friemel,* „Grüß Gott, Ihr Schwestern und Ihr Brüder …" Homiletische Anmerkungen zu „Büttenpredigten", in: *Josef Freitag/Claus-Peter März* (Hg.), Christi Spuren im Umbruch der Zeiten (= FS Joachim Wanke), Leipzig 2006, 221–241 (das legitime „delectare" und der Überraschungseffekt, mit Verweis auf den Kapuziner Prokopius von Templin [* 1608]); *Matthias Bernstorf,* Ernst und Leichtigkeit. Wege zu einer unterhaltsamen Kommunikation des Evangeliums (= Studien zur christlichen Publizistik 13), Erlangen 2007 (Versuch, heutige Standards der Unterhaltungskultur zu nutzen); *Volker A. Lehnert,* Humorvoll predigen. Was die Homiletik von Kabarettisten lernen könnte, in: Lebendige Seelsorge 65 (2014) 351–355 (Versuch einer Grenzüberschreitung); *Philipp Müller,* Humor in der Predigt?, in: Pastoralblatt für die Diözesen Aachen, Essen, Hildesheim, Köln, Limburg, Osnabrück 60 (2008) 18–22 (gut fundierte Skizze).

„[…] wer hat nicht schon erlebt, wie eine humorvolle Bemerkung oder Reaktion eine angespannte Situation durch ein ‚erlösendes Lachen' entspannt, oder wie eine gut gewählte Karikatur oder ein treffender Witz eine Sache weit effektiver auf den Punkt bringt als eine ‚richtige' Analyse! Lachen verbindet, Lachen schafft eine positive Lernatmosphäre, Lachen (nicht Gelächter) schafft Aufmerksamkeit für wichtige Dinge auch in Gottesdienst und Predigt."[373]

Fasching scheint (zumindest traditionell) typisch katholisch zu sein, aber die Büttenpredigt ist heute ökumenisch verbreitet. Am sogenannten Faschingssonntag, d. h. am Sonntag vor Aschermittwoch, predigt mancher Pfarrer in Reimen und mit Witz, und zwischendrin gibt es schon einmal lautes Lachen und am Ende Applaus. Freilich, manchem Kirchenmitglied bleibt da gelegentlich das Lachen im Halse stecken: den einen ganz grundsätzlich, denn es kommt zu Auswüchsen (die Eucharistiefeier wird zum „Faschingsgottesdienst" mit Verkleidung sogar des Zelebranten, Karnevals- statt „Gotteslob"-Liedern und dem zur Narrenhalle verwandelten heiligen Raum), den anderen infolge von manchem Fauxpas der konkreten Predigt. Bleiben wir bei Letzterem, denn die Auswüchse von Luftschlangen statt Weihrauch und Narrenkleid statt Messgewand sind schlicht indiskutabel. Umso wertvoller ist echter Humor in der Predigt, und dafür sind – bedauerlicherweise eher trocken angesichts des Themas! – Kriterien zu entwickeln.[374] Denn niemals ist der Geist der Hörer so angeregt wie in einer heiteren Atmosphäre. Doch Lachen ist gefährlich, und da macht das Lachen in der Kirche keine Ausnahme. Was also sind die *dont's* und die *do's*?

1. **Vermeiden sollte man ganz schlicht alles, was Witz in Spott abgleiten lässt:** Beißen soll man niemanden, davor warnt schon Paulus (*Wenn ihr einander beißt und verschlingt, dann gebt acht, dass ihr euch nicht gegenseitig umbringt* [Gal 5,15]). Also niemanden als Person bloßstellen oder beleidigen, weder Einzelne noch ganze Gruppen, erst recht nicht Anwesende. Jeder soll entspannt mitlachen können und nicht verkrampft unter sich schauen müssen. Ebenso wenig passt zur Predigt alles Vulgäre und erst recht nicht die „unterste Schublade". Man soll heiter werden und nicht rot. In der Kirche muss da der Maßstab noch strenger ausfallen als im Privaten. Nun aber im Einzelnen:

– Nicht witzig auftreten wollen, ohne Witz in sich zu haben. Man sollte seiner Persönlichkeit treu bleiben, alles andere wirkt hier nur verkrampft und peinlich. Hier ist für ein Mal die *natura* alles und *ars und exercitium* nichts.
– Witze und Pointen müssen sitzen. Man sollte sie darum vorher wenigstens einmal in einem anderen Rahmen mit Erfolg zum Besten gegeben haben. Sprang der Funke nicht über, ist es einfach nichts damit, und es wird durch Wiederholung nur noch schlechter.
– Witz fesselt – und wird so zu einem der besten Türöffner der Predigt, aber einem der schlechtesten Kellner. Er serviert Inhalte schlecht bis miserabel, weil er viel zu sehr auf sich selbst aufmerksam macht. Darum kann am Anfang der Predigt ein Witz stehen, gelegentlich auch einmal einer am Ende (wenn „der Sack schon gut zugebunden ist"), unterwegs dagegen serviert viel besser der Humor in Form von Ironie, Anspielung und Wortspiel.
– Dennoch muss die Predigt das Niveau halten – auch an Witzigkeit. Heiter zu starten und staubtrocken fortzufahren ist wie Etikettenschwindel.
– Und natürlich das Selbstverständliche: Kein Witz mit einem Bart so alt wie Methusalem!

2. **Zu begrüßen ist dagegen jede Art von Humor, der dem Predigtziel dient:** Aufmerksamkeit und Sympathie gewinnen, „heiße" Themen entspannen, etwas einprägsam auf den Punkt bringen und die Freude der Erlösten zum Ausdruck bringen, für die alles außer Gott nicht mehr ganz so todernst ist. Die Leute hingegen bloß zu unterhalten oder bei ihnen „Punkte zu machen" genügt nicht. Eine Faustregel: Je höher der liturgische Anlass (Mess- und sakramentliche Feier – „paraliturgischer" Gottesdienst – nichtgottesdienstliche Versammlung oder Veranstaltung) und je sakraler der Raum (konsekrierte Kirche mit Allerheiligstem – funktionale Bildungshauskapelle – profaner Raum oder im Freien), umso feiner sollte der Humor sein und umso mehr ist Lächeln und nicht lautes Herausprusten sein Kennzeichen. Fein heißt allerdings nicht unverständlich oder nur für erfah-

rene Thomas-Mann-Leser zu begreifen. Der Humor soll packend sein und nicht in Watte gepackt.

Und die „Büttenpredigt"? Wem das Reimen gegeben ist, der kann sie auch halten. Nur, der Reim allein macht noch keine Büttenpredigt. Viele Exemplare fallen durch eine ausgesprochene Humorlosigkeit auf, ja manche quellen geradezu über vor Ressentiment, Populismus und Freund-Feind-Denken. Darum auch hier eine Faustregel: Bleiben wir beim Menschlich-Allzumenschlichen – und gehen dabei mit gutem Beispiel voran! D. h. erzählen wir reichlich von uns selbst und unseren „liebenswerten Angewohnheiten" und eher sparsam von anderen. Und wenden wir schließlich alles dazu hin, wie es unter den Augen Gottes verwandelt ist – dann wird der Humor zum Glaubenszeugnis.

3.1.4.7 Dialogpredigt

Literatur: *Hans-Wolfgang Heidland*, Das Verkündigungsgespräch, Stuttgart 1969 (Plädoyer für das Predigtgespräch und Vorlage eines praktikablen Modells); *Matthias von Kriegstein*, Predigt als Gespräch. Pastoralpsychologische und didaktische Reflexion von Predigten und Gesprächsgottesdiensten, Stuttgart-Berlin-Köln-Mainz 1979 (durchgängig gesprächshaft konzipierte Gottesdienste als Antwort auf den „Zusammenbruch der heilen homiletischen Welt" [ebd. 36]); *Philipp Müller*, Dialogische Predigt? Notwendigkeit und Grenzen der Hörerorientierung in der Verkündigung, in: Lebendiges Zeugnis 66, Heft 1 (2011) 49–55 (Mittelweg); *Jeremy Thomson*, Preaching as dialogue. Is the sermon a sacred cow?, Cambridge 1996 (erfrischend amerikanisch).

Bereits in 1.2 ist uns die moderne Skepsis gegenüber der monologischen Rede begegnet. So wurden in den 1960er Jahren Möglichkeiten erprobt, die unter dem Stichwort „Dialogpredigt" recht unterschiedliche Alternativen zum Monolog entwickelten: die gleichberechtigte Rede und Gegenrede von zwei Predigern, die Einwürfe zur Predigt seitens eines exemplarischen kritischen Hörers, die Möglichkeit zu Zwischenfragen aus dem Kreis der Hörer oder auch gezielte Fragen an die Versammlung (ein wenig nach Art der Kinderpredigt), eine vorgängige Befragung von Hörern oder von ausgewählten Personen und das Einbringen von deren Aussagen in die Predigt, das Einspielen von Ton- und Videosequenzen usw. Vieles davon ist sehr anregend für die außerliturgische Verkündigung, in der Formen sich verflüssigen und Experimente ihren Platz haben.[375] Im Rahmen des Gottesdienstes haben sie sich aber zumeist nicht durchsetzen können.[376] Karl-Fritz Daiber fasst die Gründe zusammen:

> „Die entwickelten Alternativen erwiesen sich insgesamt als nicht überzeugend. Sie waren aufwendig in der Vorbereitung. Sie konnten die Distanz zwischen den am Gespräch Beteiligten und den nicht unmittelbar Beteiligten nicht überbrücken, sie führten damit zu keiner echten Alternative zur gottesdienstlichen Kanzelrede.

Zugleich waren sie für die Zuhörer nicht selten verwirrend, erforderten höhere Aufmerksamkeit, erzeugten wechselnde Identifikationen mit Sprechern. Sie waren schichtspezifischer als die monologische Rede: diskussionsgewohnte Zuhörer könnten sich mit dem gottesdienstlichen Gespräch eher anfreunden, eher Gewinn daraus ziehen als Zuhörer, für die Diskussionsabläufe ungewohnt waren."[377]

Alles in allem also beinahe ein Kompliment an die klassisch-monologische Predigt: *Summa summarum* war sie bei allen Beteiligten beliebter, universeller und schlicht praktischer (man darf mutmaßen, dass auch die beim Dialog rasch ausufernde zeitliche Länge dabei eine nicht unbeträchtliche Rolle gespielt hat). Und doch, eigentlich schade! Natürlich nicht für die gewöhnliche gottesdienstliche Predigt, für die die Dialogpredigt nie einen ernsthaften Ersatz geboten hat. Wohl aber für die vielen Orte und Situationen der außerliturgischen Predigt, nicht zuletzt in dem so wichtigen Feld der Missionspredigt oder der Verkündigung an Jugendliche. Hier ist der genuine Ort des Predigtexperiments, und gerade verteilte Rollen laden zur Identifikation und Auseinandersetzung ein, lassen Positionen deutlicher herausarbeiten und können Spannung aufbauen. Dialogpredigt – also kein „Requiescat in pace", sondern ein „Coming up to you soon"!

3.1.4.8 Umstürzende Aktualität

Es gibt Augenblicke, da kann man die sorgfältig vorbereitete Predigt unmöglich halten, so als wäre nichts geschehen: der plötzliche Tod eines Menschen, der nun alle beschäftigt; ein schwerer Unfall oder eine Katastrophe, von der Anwesende betroffen sind; Krieg, Terrorismus und Gewaltakte; ein Skandal; aber – Gott sei Dank! – auch einmal freudige Überraschungen: eine Wahl oder Ernennung; eine großzügige Gabe; eine bahnbrechende Entscheidung. Ob Licht oder Schatten, etwas ist also geschehen, und es ruft nach dem Wort. Es ruft so laut, dass man sich nicht damit begnügen kann, in den ausgearbeiteten Text nur eine kleine Passage zur Aktualität einzufügen. Was aber dann? Ohne Wenn und Aber ist das Vorbereitete beiseite zu legen und eine neue Ansprache zu entwerfen, ggf. auch zu extemporieren. Jeder hat Verständnis, wenn nun improvisiert wird. Die persönliche Bewegung spricht besser als jedes noch so geschliffene Wort. Freilich, weniger ist mehr – zerreden wäre zuerst befremdlich, am Ende nur peinlich. Bloß der eigenen Redebegabung zu trauen und darauf zu setzen, man werde das rechte Wort schon finden, ist vermessen; gerade in hochangespannten Situationen kann ein falsches Wort eine Lawine auslösen. Sich auf Floskeln zurückziehen wird dem Ereignis nicht gerecht. Was aber dann? Jesus selbst hat Unglücksfälle angesprochen: den Einsturz eines Turmes oder ein Massaker unter Galiläern beim Opfer (vgl. Lk 13,1–5). Und die alttestamentlichen Propheten griffen ganz selbstverständlich nationale Tragödien ebenso wie

Rettungswunder auf. Ein Doppeltes zeichnet sie aus: Sie benennen das Geschehene und betrachten es mit den Augen Gottes.

Wie geht man also vor[378]? Zunächst gilt es einfach Ausdruck zu geben: erinnern und anerkennen dessen, was geschehen ist; die Opfer würdigen; Gefühlen der Trauer, der Empörung, der Fassungslosigkeit Raum geben. Das soll sensibel und einfühlsam geschehen. Es hilft sehr, wenn man zuvor mit Betroffenen ebenso wie mit gewöhnlichen Gemeindemitgliedern darüber gesprochen hat. So sind wir etwa Politiker gewöhnt, die routiniert Betroffenheit kundtun und doch stets auch schon die eigene Positionierung und das weitere politische Vorgehen im Auge haben. Nein, keine Eigeninteressen – auch nicht die Verzwecklichung für theologische Anliegen! Etwas anderes ist es jedoch, die Ereignisse mit den Augen Gottes anzuschauen, „sub specie aeternitatis", also im Blick auf das ewige Ziel. Hier können die Schriftlesungen des Gottesdienstes überraschend zum Sprechen kommen, und man findet Orientierung und Antwort im Wort Gottes, während alles menschliche Deuten schal bleibt. Da ist man jedoch oft der Einzige, der das Geschehene im Blick auf das ewige Ziel anschaut, und so bleiben manche Redner bei dieser christlichen Deutung seltsam zurückhaltend, sie formulieren gewissermaßen aus der Deckung heraus, so als könne man in einer solchen Stunde die Zumutung des Glaubens nicht klar und verständlich aussprechen. Ganz im Gegenteil, gerade in angespannter Situation sollen die Worte ganz einfach, klar und nachvollziehbar sein. Wohl aber merkt ihnen jeder an, wenn er selbst nicht wirklich daran glaubt, wenn er es aus falsch verstandener Rücksicht im gleichen Atemzug schon wieder zurücknimmt oder wenn er es nach Art der besagten Politiker als Mittel zum Zweck gebraucht. Prüfstein ist die eigene Anteilnahme (nicht unbedingt persönliche Betroffenheit, sondern eben die Sympathie eines Seelsorgers mit den Betroffenen): Je mehr man selbst aufrichtig davon bewegt ist, umso glaubwürdiger wird man darin auch die christliche Botschaft formulieren.

3.1.4.9 Politische Predigt

Kaum etwas polarisiert so sehr wie die politische Predigt, d. h. Positionierungen in aktuellen politischen Auseinandersetzungen.[379] Das heißt nicht, dass sie dadurch *eo ipso* bereits ausgeschlossen ist. Es gibt Situationen, da muss um des Herrn willen Stellung bezogen werden, *ob man es hören will oder nicht* (2 Tim 4,2). Da sind Gut und Böse eindeutig, und die Lage verlangt förmlich nach dem prophetischen Ruf. Doch das ist beileibe nicht bei jeder Aktualität der Fall. Allzu oft verwechselt man die Sache Gottes mit dem „Aufstand der Anständigen", mit Gutmenschentum und dem, was die Meinungsmacher einem anständigen Bürger als einzig denkbar verkaufen. Die politische Predigt wäre dann nichts als verbürgerlichtes Christentum, das mit den Wölfen heult, auch wenn sie im Schafspelz einhergehen. Nein, eine verantwortliche christliche Stellungnahme wird oft sogar gegen Scheinkonsense

3. Formen der Predigt und liturgierechtliche Regelungen

und erdrückende Mehrheitsmeinungen aufstehen. Sie wird lieber Anwalt der kleinen Leute sein als Sprachrohr der Meinungsmacher. Vor allem aber wird sie auf die festen Pfeiler christlicher Lehre bauen, auch wenn diese (etwa bei vielen Fragen des fünften und des sechsten Gebotes) alles andere als auf breite Zustimmung stößt. Also eher Fels in der Strömung als Treibholz. Andererseits muss man nicht alles und jedes kommentieren und kritisieren, denn die Predigt ist kein Politmagazin, die Kanzel keine Rostra und der Prophetendienst kein Kommentar in den Abendnachrichten. Wann also ist politisch zu sprechen und wie?

– Entscheidend ist das *„um des Herrn willen"*. Es muss bei gewissenhafter Prüfung eindeutig sein, dass es in vorliegender Frage um den „status confessionis" geht, um etwas, das für das Heil entscheidend ist. Wenn sich die Hirten der Kirche dieses Anliegen zu eigen gemacht haben, ist dies ein wichtiger Hinweis und zugleich eine Vergewisserung, nicht die eigenen Anschauungen mit denen des Herrn zu verwechseln. Doch bei der Einschätzung irdischer Wirklichkeiten können sie irren oder es kann ihnen umgekehrt der Mut oder schlicht die Aufmerksamkeit fehlen, etwas anzusprechen. Letztlich spricht hier das Gewissen, das sich natürlich gründlich gebildet haben muss. Doch die Gründe, auf die man sich stützt, müssen auf jeden Fall eindeutig und ungezwungen aus Schrift und Lehre der Kirche abgeleitet sein.

– Maßgeblich ist aber auch die *Eindeutigkeit*, mit der das „um des Herrn willen" auf dem Spiel steht. Die große Autorität, die dem Prediger verliehen ist, hat er, um das Wort Gottes zu verkünden, nicht um seine Privatmeinung zu vertreten. Fatal wäre es, würde er seinen persönlichen politischen Standpunkt, seine Prägungen und Empfindlichkeiten oder gar nur die Hoffnung, populistisch bei seiner Hörerschaft mit einem Standpunkt Punkte machen zu können, mit dem Evangelium verwechseln. Es genügt auch nicht, dass „meine Leute" (Gesinnungsfreunde, Gemeinschaften und Gruppierungen, denen jemand sich zugehörig fühlt) ähnlich empfinden und dies vielleicht auch in ihren Organen lautstark kundtun. Der Gottesdienst ist ja keine Parteiversammlung, und wenn sich nur einer der Anwesenden zu Recht skandalisiert, war der Preis zu hoch.

– Etwas anderes ist es, *aktuelles Geschehen als Beispiel* heranzuziehen oder mit seiner Hilfe auf Grundhaltungen wie Neid, Aggression oder Maßlosigkeit hinzuweisen. Dabei ist es nur wichtig, dass die eigene Einschätzung tatsächlich auch leicht nachvollziehbar ist, unabhängig davon, wie jeder Einzelne das Geschehen bewertet.

– Klug ist es, *eigene Stellungnahmen* als solche zu kennzeichnen, also etwa derart: „Ich bin in den letzten Tagen oft gefragt worden: Was halten Sie denn von diesen Geschehnissen? Ich weiß, dass sie ganz unterschiedlich bewertet werden. [Nun kann man diese Einschätzungen ohne Wertung kurz wiedergeben.] Natürlich hat jeder seine politischen Präferenzen, und diese legen einem spontan eine bestimmte Sicht der Dinge nahe. Aber ich habe mich auch gefragt:

Was sage ich dazu als Christ? Erlauben Sie mir, an dieser Stelle darzulegen, zu welcher Überzeugung ich gekommen bin. Ich weiß, diese Ansicht wird nicht allen gefallen. Gerne komme ich dabei mit Ihnen ins Gespräch. Aber ich fühle mich im Gewissen gedrängt zu sprechen, ganz wie die Apostel sagten: Wir können nicht schweigen."

Mit dem letzten Punkt deutet sich schon an, dass oft nicht die Frage ist, *ob* man politisch spricht, sondern *wie*. Aufschlussreich in diesem Zusammenhang ist die Hörerdiskussion einer politischen Predigt im Rahmen der Heidelberger Predigtrezeptionsstudie. Grundsätzlich befürworteten die meisten Teilnehmer nämlich Predigten, die kritisch zum öffentlichen Zeitgeschehen Stellung nehmen. Aber sie kritisierten einige typische Schwachpunkte[380]:

– den fehlenden nachvollziehbaren Bezug zur *Heiligen Schrift* und zum christlichen Glauben, so dass das Ganze eher wie ein politischer Kommentar in den Nachrichten wirkt;
– die pessimistische *Schwarz-Weiß-Malerei,* häufig verbunden mit einer Abwertung anderer;
– die *Vereinnahmung* der Gemeinde für die eigenen Positionen: Auch wenn man eine Mehrheit hinter sich weiß, wird eine Minderheit sich umso mehr ausgeschlossen fühlen, und die Predigt polarisiert.

Wie also politisch predigen? Auf nachvollziehbare Weise aus Schrift und Tradition abgeleitet, differenziert und ohne Polemik sowie in Respekt davor, dass nicht alle einem in dieser Frage folgen werden.

3.1.4.10 Ansage

Am Ende des Gottesdienstes oder auch bei einer Versammlung ist etwas zu verkünden: die Einladung zu einer Veranstaltung, der Hinweis auf eine Ordnung, der Dank an Mitwirkende, die Bitte um eine Spende usw. Im Vordergrund steht die Information, häufig verbunden mit einer Motivation zu Teilnahme und Beachtung. Doch der Ton macht die Musik, und mit der Tonlage lässt sich unaufdringlich auch manches zum Klingen bringen, was das Ganze denn mit Glauben, Kirche und dem persönlichen Leben zu tun hat. Bei angenehmen Dingen wird die Ansage dann zur Werbung für den Glauben, sie zeigt, was das Grundsätzliche mit dem Konkreten zu tun hat. Manchmal gibt es auch Unangenehmes zu vermelden. Vielleicht lässt es einem das Herz in die Hose rutschen. Besser ist es, sich vor Augen zu führen: Ich habe die Chance, die bittere Pille zu versüßen. Wie sang noch Mary Poppins?

„A spoonful of sugar helps the medicine go down. –
In every job that must be done
There is an element of fun

you find the fun and snap!
The job's a game."

So bietet die Ansage von etwas Unangenehmem auch die Chance, die Reaktion darauf zu kanalisieren, ggf. Aggressionen herauszunehmen und um Verständnis zu werben.

Übung
Formulieren Sie die Ansage vor einem Sterbeamt, bei dem Sie auf die kirchliche Ordnung zur Kommunion hinweisen.

3.1.4.11 Kurzpredigt

Predigt kurz und bündig – Anlässe dafür gibt es mehr als genug.[381] Da ist die Zeitnot: Beim besten Willen fehlte die Muße zur Predigtvorbereitung, und sie muss weitgehend aus dem Stand heraus gehalten werden. Oder da ist die beschränkte Zeit für die Predigt selbst, und aus vielen Gründen kann es angeraten sein, sich kurz zu fassen[382]:
– Der Gottesdienst darf eine bestimmte *Dauer* nicht überschreiten, und sei es auch nur aus einem so banalen Grund wie einem verspäteten Beginn oder einem knapp angesetzten nachfolgenden Gottesdienst.
– Da herrschen *Unruhe* und mangelnde Aufnahmebereitschaft im Kirchenschiff – eine Situation, die bei Schulgottesdiensten, Martinsfeiern, Taufen oder auch schlicht bei Eiseskälte in einer zugigen Kirche anzutreffen ist.
– Da sind die knapp bemessenen Rhythmen heutiger *Hörgewohnheiten*: Rasch flammt das Interesse auf, ebenso rasch aber erlischt es auch schon wieder. Starke, dichte Reize zünden, aber die Wissbegier der Leute erschöpft sich auch oft mit dem ersten Reiz. Das kann man beklagen, besser aber tut man daran, angemessene Predigtrhythmen zu entwickeln.
– Da ist schließlich der *liturgische Anlass:* Man entschließt sich, auch am Werktag eine Predigt zu halten, doch sie soll dann auch nicht wesentlich länger dauern als die sogenannte Statio zu Beginn der Messe. Vielleicht predigt ein Gast, und man selbst will nur ein kurzes geistliches Wort zu Beginn oder am Ende des Gottesdienstes hinzufügen. Es mag aber auch eine Menge von Vermeldungen geben, und entsprechend kürzer sollte die eigentliche Predigt ausfallen (fragt sich nur: Sind all diese Vermeldungen wirklich so dringlich, dass sie die Predigt des Wortes Gottes verdrängen können?).

Man merkt es schon, hier soll zur Kurzpredigt motiviert werden. Das ist nicht überflüssig, denn das Fasten des Wortes fällt vielen Gewohnheitspredigern schwer – sei es, dass man sich selbst, die eigene Wichtigkeit und das dementsprechend üppige Wort überschätzt, oder sei es, dass der Geist zwar willig ist (die gute Absicht: „Fasse dich kurz!"), das Fleisch aber schwach (am Ende dauerte es sogar länger als sonst!). Motivation also zur situationsgemäßen Kürze in Absicht und Durchführung. Wie geht das?

Kurzpredigt ist *Single-issue*-Predigt: ein einziger Punkt, und der nur mit dem Notwendigsten ausgestattet. *Freeclimbing* also anstatt Ausstattung wie zu einer Himalajaexpedition. Da darf man auch schon einmal mit der Tür ins Haus fallen, ja, ein kraftvoller, provokativer, sofort Neugier und Spannung weckender erster Satz wirkt wahre Wunder. Alles Weitere entwickelt sich daraus. Doch Vorsicht, das Notwendigste ist nun nicht eine dürre gedankliche Struktur, voll von Abstrakta, theologischem Fachwissen oder gar mit jedem Satz ein völlig neuer Gedanke, als ob man das, dem man sonst einen Abschnitt widmen würde, auf eine Zeile zusammenschrumpfen lassen wollte. Also kein Dinosaurier, aber bloß als Skelett, sondern eine Biene, aber mit Flügeln und Beinen und selbst den Blütenstaub an den Beinen nicht vergessen. Der eine Punkt, das kann die Erläuterung eines Bibelverses sein, die Hauptaussage einer Perikope oder auch ein Sprichwort, das man mit dem Glauben konfrontiert („Hilf dir selbst, dann hilft dir Gott!" oder „Einer trage des anderen Last!"). Das kann eine Episode aus der Vita des Tagesheiligen sein oder eine Alltagsgeschichte aus der Zeit, „als das Glauben noch geholfen hat" (also heute!), oder es kann ein Gedanke sein, etwa ein Glaubenssatz oder auch eine Erläuterung zum historischen Hintergrund der biblischen Lesung. Das Ende schließlich soll so markant sein wie der Anfang, eleganterweise sogar so, dass beide einander entsprechen, z. B. eine Frage am Anfang und die Antwort am Ende. Letzte Frage, beinahe die Gretchenfrage der Kurzpredigt: Mit der Stoppuhr gemessen, wie lange darf sie maximal dauern? Die Antwort lautet schlicht und ergreifend: Immer dreißig Prozent kürzer, als sie beim ersten Versuch dauerte! Dann nämlich ist der Ballast ausgeräumt, und das Entscheidende kommt ungehindert zur Geltung.

Denkanstoß
> Eine wichtige Aufgabe einer höreroriertierten Predigt besteht darin, den Hörerinnen und Hörern mit ihren Erlebnissen, Sorgen und Fragen Stimme zu verleihen. Ob sich jemand redlich darum bemüht oder nur scheinbar auf sie eingeht, erkennt man meistens daran, wie konkret oder bloß klischeehaft er dabei spricht. Wie würde ein Prediger konkret und wie würde einer klischeehaft zum Umgang mit Behinderung, zur Urlaubszeit und zur Sonntagsgestaltung sprechen?

3.2 Liturgie- und kirchenrechtlicher Rahmen

Literatur: *Vincent DeLeers* 195–200 (Zusammenstellung katholischer lehramtlicher Texte zur Predigt); *Egidio Miragoli,* Il termine „omelia" nei documenti della Chiesa, nei libri liturgici e nel Codice, in: Quaderni di diritto ecclesiale 11 (1998) 340–356.

3. Formen der Predigt und liturgierechtliche Regelungen

3.2.1 Vorgaben des II. Vatikanums und der nachkonziliaren Ordnung der Liturgie

3.2.1.1 Predigt vor dem II. Vatikanum

Literatur: *a) Konzil von Trient und nachtridentinische Reform: Matthieu Arnold* (Hg.), Annoncer l'Évangile (XVᵉ–XVIIᵉ siècle). Permanence et mutations de la prédication. Actes du Colloque international à Strasbourg (20–22 novembre 2003), Paris 2006 (äußerst reichhaltiger Sammelband); *Andrew Byrne,* El ministerio de la palabra en el Concilio de Trento, Pamplona 1975 (genaue Studie zum Dekret über die Predigt von 1546, zu dem über das Weihesakrament von 1547–1552 und den Reformdekreten von 1562–1563 [vgl. die praktische Zusammenstellung von deren Wortlaut sowie einige aufschlussreiche Entwürfe und Dokumente im Anhang ebd. 161–185], woraus die enorme Bedeutung von Predigt und Seelsorge für das tridentinische Priesterbild eindrucksvoll hervorgeht); *Antonio Larios,* La reforma de la predicación en Trento. Historia y contenido de un decreto, in: Communio 6 (1973) 223–283 (Entstehungsgeschichte); *Giacomo Martina/Ugo Dovere* (Hg.), La predicazione in Italia dopo il Concilio di Trento tra cinquecento e settecento. Atti del X Convegno di Studio dell'Associazione Italiana dei Professori di Storia della Chiesa (Napoli 6–9 settembre 1994), Rom 1996 (obwohl auf Italien konzentriert, paradigmatisch aufschlussreich); *Gabriele De Rosa,* Prédication et prédicateurs au concile de Trente. De Girolamo Seripando à Francesco Panigarola, in: *Giuseppe Alberigo* (Hg.), Homo religiosus (= FS Jean Delumeau), Paris 1997, 173–179 (prägende Prediger auf dem Konzil von Trient). – *b) Katholische Predigtkultur nach Trient: Stefano Simiz,* La prédication catholique en ville, du concile de Trente au XVIIᵉ siècle, in: *Matthieu Arnold* (Hg.), Annoncer l'Évangile (XVᵉ–XVIIᵉ siècle). Permanence et mutations de la prédication. Actes du Colloque international à Strasbourg (20–22 novembre 2003), Paris 2006, 193–205 (Vielfalt der städtischen Predigt im Überblick).

Zu den „großen Erzählungen" (Jean-François Lyotard) durchschnittlichen katholischen Bewusstseins gehört das in vielen Variationen wiedergegebene Revolutionsdrama namens II. Vatikanum. Vielerlei Missstände, Engführungen und Verkürzungen seien damals aufgebrochen worden, und die Kirche habe infolgedessen einen völlig neuen Kurs nehmen können. Eine dieser Variationen betrifft auch die Predigt, und in dem Maß, wie die Zeit vor dem letzten Konzil in die biografische Ferne rückt, wachsen die Mythen. Danach sei die Predigt vor 1962 vernachlässigt worden, vielerorts sei überhaupt nicht gepredigt worden oder wenn, dann viel über die Hölle und übers sechste Gebot, aber kaum aus der Bibel. Überhaupt sei sie bloß eine Unterbrechung der Liturgie gewesen, die keinen Bezug zur heiligen Feier aufgewiesen habe. Und das kirchliche Amt habe sich vorwiegend über Rechte und Standesprivilegien, aber nicht über die Aufgabe der Verkündigung definiert. Die Fakten sprechen eine andere Sprache. Bereits am Vorabend der Reformation, genauer am 19. Dezember 1516, erließ das V. Laterankonzil (1512–1517) ein ausführliches Dokument „Circa modum praedicandi" (Art und Weise der Predigt)[383], „[i]n unseren heutigen Augen [...] das interessanteste Dekret des Konzils"[384]. Darin mahnte es nicht nur ihre Rechtgläubigkeit an und verlangt darum eine ausdrückliche Predigtprüfung und -erlaubnis durch die Oberen, sondern empfahl auch die Orientierung an den geistlichen Bedürfnissen des einfachen Volkes und warnte vor Mirakelsucht, Pseudoprophetie und Pauschalkritik am Klerus.

> „Wir beauftragen alle, die diese Last tragen und in Zukunft auf sich nehmen, dass sie die evangelische Wahrheit und die Heilige Schrift nach der Erklärung, Auslegung und Kommentierung der Lehrer, die durch die Kirche oder eine lange Gewohnheit gebilligt und bisher zur Lektüre angenommen wurden, predigen und auslegen und das weglassen, was dem eigentlichen Sinn der Wahrheit entgegensteht oder nicht mit ihr übereinstimmt. Vielmehr sollen sie stets zu dem stehen, was den Worten der Heiligen Schrift und den Auslegungen der genannten Lehrer – richtig und gesund verstanden – nicht widerspricht."[385]

Das Konzil von Trient hatte sich die Erneuerung der Seelsorge auf die Fahnen geschrieben, und in ihrem Rahmen verpflichtete es die Bischöfe zum Predigtamt als ihrer vorzüglichen Aufgabe.[386] Sie selbst oder, wenn sie verhindert waren, von ihnen bestellte Prediger sollten regelmäßig predigen.[387] Die Pfarrer wurden zur Sonn- und Festtagspredigt im Hauptgottesdienst verpflichtet, außerdem zur täglichen oder mindestens dreimal wöchentlichen Predigt in Advent und Fastenzeit sowie zur katechetischen Unterweisung der Kinder am Sonntag.[388]

Auf dieser Grundlage entwickelte sich eine breite und hohe katholische Predigtkultur (s. o. 2.1.3.2). Die unzähligen und oft in vielen Auflagen gedruckten Predigtsammlungen, Musterpredigten und Predigtanregungen zeichnen davon ein lebendiges Bild. Selbstverständlich ging dabei die Sonntagspredigt auch von Lesung und vor allem Evangelium aus, legte sie aus und suchte deren Weisungen den Gläubigen nahezubringen. Auch rein quantitativ wurde einfach mehr gepredigt: länger (an Sonntagen im Hochamt bis zu einer Stunde, in der Frühmesse in der Regel kürzer, aber auch durchschnittlich etwa 15 bis 20 Minuten) und häufiger (insbesondere mit den eigenen Predigtgottesdiensten in der Fastenzeit und bei Volksmissionen [s. o. 3.1.4.4 und 5], aber auch die katechetische „Christenlehre" am Sonntagnachmittag nahm meist Formen einer eher kolloquialen Predigt an). Der angeblich unliturgische Charakter der Sonntagspredigt lässt sich kaum behaupten, bedenkt man den sehr viel rituelleren Charakter des Predigtaktes: Predigtlied nach dem Evangelium und kniende Vorbereitung des Predigers, Bekreuzigung, Verlesung der Epistel und des Evangeliums in der Muttersprache, Predigt (und ggf. Vermeldungen), Allgemeines Gebet und abschließende Bekreuzigung.[389] So ist es alles andere als eine Floskel, wenn die „Grundordnung des Römischen Messbuchs" die Kontinuität zu den Weisungen und Initiativen des Tridentinums betont:

> „Da aber der Gebrauch der Volkssprache in der heiligen Liturgie nur ein, wenn auch bedeutsames, Mittel ist, um die in der Feier des Mysteriums enthaltenen katechetischen Elemente wirksamer werden zu lassen, hat das Zweite Vatikanische

Konzil außerdem einige Vorschriften des Tridentinums angemahnt, die nicht überall befolgt worden waren: zum Beispiel die Homilie, die an den Sonn- und Festtagen zu halten ist, und die Möglichkeit, während der heiligen Riten bestimmte Hinweise einzufügen."[390]

Diese einleitenden Überlegungen sind mehr als eine Apologie der „Hermeneutik der Kontinuität und der Reform" (Benedikt XVI.). Sie zeigen, dass die Kirche aller Zeiten um die Bedeutung der Predigt gewusst und sie mit ihren Mitteln zu fördern gesucht hat. Gleichzeitig stand die Predigt zu allen Zeiten in der Gefahr zu verflachen. Prediger scheuten die Mühe und übten ihr Amt nachlässig, unvorbereitet oder selbstgefällig aus, sie nutzten ihre Autorität nicht zum Heil der Seelen, sondern zu ihrem eigenen Ruhm oder Machtgelüste – leider herrscht auch bei dieser Gefahr Kontinuität zwischen der Zeit vor und nach dem letzten Konzil. So ist es eine bleibende Sorge der Kirche, dass die Predigt in ihr gut, in rechter Gesinnung und mit Freude geübt und angehört wird. Dieser Sorge ist auch die Erneuerung der Predigt im Rahmen der Liturgiereform des II. Vatikanums geschuldet, der wir uns nun zuwenden. Bei deren zahllosen Dokumenten (3.2.1.2) unterscheidet man sinnvollerweise einerseits diejenigen, die diese grundlegen, einführen und entsprechende Bestimmungen erlassen oder klären, und andererseits solche, die aufgrund der gemachten Erfahrungen oder auch angesichts von Fehlentwicklungen korrigieren, vertiefen oder Vergessenes ins Gedächtnis rufen.

3.2.1.2 Dokumente der Liturgiereform

Grundlegend für ein katholisches Predigtverständnis ist die Liturgiekonstitution „Sacrosanctum Concilium" des II. Vatikanums. Eines ihrer zentralen Anliegen ist die erneute Wertschätzung des Wortcharakters der Liturgie. Dies ist auf dem Hintergrund seiner generellen Hochschätzung von Wort und Verkündigung zu verstehen (vgl. DV 7–13; 21; 25; GS 58; AG 6), so etwa wenn Bischöfe zuerst und vor allem als Glaubensboten und Hirten[391] und Priester als Verkünder verstanden werden (LG 25 und PO 4).[392] Doch was bedeutet das? Bloß den Wechsel in die Muttersprache um der Verständlichkeit willen? Den Übergang vom einjährigen Sonntags-Lesezyklus zum dreijährigen und die Einführung einer zweiten Lesung, damit „der Tisch des Gotteswortes reicher bereitet werde" (SC 51)? Oder gar das leider nicht seltene Bild eines zerredeten Gottesdienstes, der sich selbst immer wieder kommentiert und der Kraft der Riten nichts zutraut? Um das konziliare Anliegen recht zu verstehen, muss man sich seine Theologie der Liturgie vor Augen führen. Erst in ihrem Rahmen ist auch verständlich, was die Predigt als Teil der Liturgie ist. Halten wir die wichtigsten Punkte fest.

1. **Liturgie ist Vergegenwärtigung des Paschamysteriums** (SC 5 f.; 61; 102–111), also heilschaffende Begegnung mit dem gekreuzigten und auferstan-

denen Herrn. Seine Gegenwart ist zwar am dichtesten, weil substanziell, in der Konsekration von Brot und Wein, die zu Leib und Blut Christi gewandelt werden. Doch der österliche Herr spricht auch zu seinen Jüngern, und ebenso wird seine Gegenwart in der Eucharistie zu einer sprechenden Gegenwart. Dies geschieht zum einen im Geschehen selbst und seinen Beteiligten, da die versammelten Gläubigen zu einer Darstellung der Kirche („manifestatio ecclesiae", SC 41[393]) werden. Zum anderen aber ist Christus gegenwärtig auch im Wort, „da er selbst spricht, wenn die heiligen Schriften in der Kirche gelesen werden. Gegenwärtig ist er schließlich, wenn die Kirche betet und singt, er, der versprochen hat: ‚Wo zwei oder drei versammelt sind in meinem Namen, da bin ich mitten unter ihnen' (Mt 18,20)" (SC 7).[394]

2. **Die Worte des Gottesdienstes erhalten von daher eine doppelte Funktion:** anabatisch als Gebet der Kirche zum Herrn sowie katabatisch als Wort des Herrn an seine Kirche. Diesen Doppelcharakter unterstreicht SC 33. Danach ist die Liturgie zwar vor allem Anbetung, doch birgt sie auch viel Belehrung, insofern „in der Liturgie Gott zu seinem Volk spricht; in ihr verkündet Christus noch immer die Frohe Botschaft. Das Volk aber antwortet mit Gesang und Gebet." Dabei setzt der Gottesdienst zwar den Glauben der Beteiligten voraus – eine keineswegs selbstverständliche Voraussetzung! –, nährt ihn aber auch gleichzeitig. Wichtig ist dabei festzuhalten, dass nicht nur die katabatische, sondern auch die anabatische Bewegung zur Nahrung des Glaubens wird. Man darf also Kult und Ritus nicht gegen Wort und Verkündigung ausspielen. So sagt das Dokument, dass die Priestergebete im Namen des Volkes gesprochen werden und so ausgewählt werden sollen, dass nicht nur beim Lesen, sondern auch beim Beten, Singen und Handeln der Kirche in der Liturgie der Glaube genährt und das Herz zu Gott hin erweckt wird. D. h. der Vollzug der Liturgie stärkt, reinigt und mehrt den Glauben. Diesen Blick auf den Glauben gilt es festzuhalten, um die berühmte Forderung nach der Durchschaubarkeit der Riten (SC 34)[395] recht zu begreifen.

3. **Aufgrund der engen Verbindung von Ritus und Wort wird die Predigt ohne Vorbehalt als Teil der Liturgie angesehen,** genauer als Schriftauslegung:

> „Damit deutlich hervortrete, dass in der Liturgie Ritus und Wort aufs engste miteinander verbunden sind, ist zu beachten:
> 1) Bei den heiligen Feiern soll die Schriftlesung reicher, mannigfaltiger und passender ausgestaltet werden.
> 2) Da die Predigt ein Teil der liturgischen Handlung ist, sollen auch die Rubriken ihr je nach der Eigenart des einzelnen Ritus einen passenden Ort zuweisen. Der Dienst der Predigt soll getreulich und recht erfüllt werden. Schöpfen soll sie vor allem aus dem Quell der Heiligen Schrift und der Liturgie, ist sie doch die Botschaft von den Wundertaten Gottes in der Geschichte des Heils, das heißt im Mysterium Christi, das allezeit in uns zugegen und am Werk ist, vor allem bei der liturgischen Feier" (SC 35).[396]

4. **Dem eigentlichen Predigtakt wendet sich schließlich SC 52 zu:** „Die Homilie, in der im Lauf des liturgischen Jahres aus dem heiligen Text die Geheimnisse des Glaubens und die Richtlinien für das christliche Leben dargelegt werden, wird als Teil der Liturgie (pars ipsius liturgiae) sehr empfohlen."[397] Ganz besonders in den Messen, die an Sonntagen und gebotenen Feiertagen mit dem Volk gefeiert werden, darf man sie nicht ausfallen lassen, es sei denn, es liege ein schwerwiegender Grund vor. Diese Empfehlung der Predigt als Teil der Liturgie wird in der Instruktion „Inter Oecumenici" der Ritenkongregation zur in rechter Weise geordneten Ausführung der Liturgiekonstitution vom 26. September 1964 unter den Nummern 53–55 präzisiert.[398]

– Verpflichtend ist die *Sonn- und Feiertagspredigt* bei Beteiligung des Volkes auch in Konvent-, gesungenen und Pontifikalämtern, an Werktagen besonders in Advent und Fastenzeit und bei besonderen Anlässen mit größerer Volksbeteiligung wird sie empfohlen (Nr. 53).[399]

– Aus der Formulierung von SC 52 leitet „Inter Oecumenici" eine *Definition der eucharistischen Homilie* (d. h. nicht der Predigt im Allgemeinen!) ab: „Nomine homiliae ex textu sacro faciendae intellegitur explicatio aut alicuius aspectus lectionum Sacrae Scripturae aut alterius textus ex Ordinario vel Proprio Missae diei, ratione habita sive mysterii quod celebratur sive peculiarium necessitatum auditorum. – Unter dem Begriff Homilie versteht man die Auslegung eines Aspektes der Schriftlesungen oder eines anderen Textes aus dem Ordinarium oder Proprium der Tagesmesse, die auf den heiligen Text zurückgreift; dabei soll das gefeierte Mysterium und die besonderen Bedürfnisse der Hörer Berücksichtigung finden."[400]

– Dieser enge Bezug zum Fest bzw. zum Kirchenjahr und zum Erlösungsgeheimnis (vgl. SC 102–104) ist auch bei *Predigtreihen* zu beachten (Nr. 55).[401]

Diese Ausführungsbestimmungen waren in der Tat auch bei der Erstellung der „Grundordnung des Römischen Messbuchs" leitend. Maßgeblich ist heute seine „Editio typica tertia" (dritte Auflage) von 2002, zu der eine bereits approbierte und rekognoszierte Vorabpublikation der deutschen Übersetzung vorliegt.[402] Die Nummern 65 und 66 gehen auf die Homilie in der Messfeier ein und wiederholen dabei im Wesentlichen das in der Liturgiekonstitution und in „Inter Oecumenici" Gesagte:

„Die Homilie ist ein Teil der Liturgie und wird nachdrücklich empfohlen: Denn sie ist notwendig, um das christliche Leben zu nähren. Sie soll einen Gesichtspunkt aus den Lesungen der Heiligen Schrift oder aus einem anderen Text des Ordinariums oder des Propriums der Tagesmesse darlegen – unter Berücksichtigung des Mysteriums, das gefeiert wird, und der besonderen Erfordernisse der Hörer. In der Regel hat der zelebrierende Priester selbst die Homilie zu halten, oder sie ist von ihm einem konzelebrierenden Priester zu übertragen, manchmal gegebenenfalls

> auch einem Diakon, niemals jedoch einem Laien. In besonderen Fällen und aus einem gerechten Grund kann die Homilie auch vom Bischof oder von einem Priester gehalten werden, der an der Feier teilnimmt, ohne dass er konzelebrieren kann.
> An Sonntagen und gebotenen Feiertagen ist in allen Messen, die unter Beteiligung des Volkes gefeiert werden, die Homilie zu halten; sie darf nicht ausfallen, außer aus einem schwerwiegenden Grund; für die anderen Tage wird sie empfohlen, besonders an den Wochentagen des Advents, der Fasten- und Osterzeit sowie auch an anderen Festen und zu Anlässen, bei denen das Volk zahlreicher zur Kirche kommt. Es empfiehlt sich, nach der Homilie eine kurze Stille zu halten."

Auch einige einzelne Vorschriften zur Predigt sind zu beachten. Fragen wir dabei auch gleich nach der praktischen Relevanz und möglichen Umsetzung dieser Weisungen.

- Interessant sind zunächst die Bemerkungen zum *Ort der Predigt*. Nach Nr. 136 ist dafür der Priestersitz, der Ambo oder gegebenenfalls ein anderer geeigneter Ort vorgesehen (Nr. 309 spricht beim Ambo als Ort der Homilie nur von einer Kannbestimmung). Insofern dürfte auch die Kanzel nicht ausgeschlossen sein, anders als dies im Allgemeinen verstanden wird.[403]
- Auch wenn die Homilie Teil der Liturgie ist, verlangt sie doch eine *eigene Art zu sprechen* und zu kommunizieren.[404]
- Nach der Homilie (ebenso wie nach den Lesungen) kann ein kurzes *Schweigen* gehalten werden (Nr. 56; ebs. Nr. 66; 136). Dies steht allerdings im Kontext des Bemühens, generell im Gottesdienst Momente des Schweigens (insbesondere nach dem Kommunionempfang) zu wahren. Insofern stellt es eine unglückliche Akzentverschiebung dar, wenn regelmäßig nur nach der Predigt ein (ggf. sogar ausgiebiges) Schweigen gehalten wird, so als wäre nur das Wort des Predigers bedenkenswert, nicht aber das Wort Gottes selbst oder der Empfang des Leibes Christi.
- „Die Homilie hält in der Regel der Hauptzelebrant oder einer der Konzelebranten" (Nr. 213, vgl. Nr. 66). Doch auch der assistierende *Diakon* kann im Auftrag des zelebrierenden Priesters die Homilie halten (Nr. 171 c, vgl. Nr. 94), in begründeten Ausnahmefällen aber auch ein nicht (kon-)zelebrierender Bischof oder Priester. Die Einheit von Liturgie und Verkündigung in der Predigt schließt also in der Regel ein, dass der Prediger auch selbst amtlich die Liturgie (mit-)feiert.[405] Andererseits ist diese Vorschrift flexibel genug, z. B. in einer Pfarrei mit mehreren Sonntagsmessen einem Geistlichen die Predigt zu übertragen, ohne dass er jedes Mal auch selbst (kon-)zelebrieren müsste. Auch wenn dies nicht erwähnt ist, ist es doch sinnvoll, dass er auch in diesem Fall nicht nur zur Predigt erscheint, sondern auch am Gottesdienst teilnimmt. Dadurch können auch unnötige Binationen am Werktag (z. B. bei einem firmenden Bischof) vermieden werden.

3. Formen der Predigt und liturgierechtliche Regelungen

– Ist bei den Lesungen eine *Lang- und eine Kurzfassung* zur Auswahl angegeben, so „ist die Fähigkeit der Gläubigen, eine mehr oder weniger lange Lesung fruchtbar aufzunehmen, zu berücksichtigen sowie ihre Fähigkeit, einen umfangreicheren Text zu hören, der in der Homilie erklärt werden soll" (Nr. 360). Selbstverständlich kann ein Zelebrant oder ein Prediger aber nicht eigenmächtig Lesungen so kürzen oder zusammenstellen, wie sie seinen Vorstellungen oder seiner Predigt entsprechen. Falls ihm also bestimmte Passagen wichtig sind, die nicht entsprechend der Leseordnung vorgetragen werden, kann er diese ohne weiteres in seiner Predigt anführen.

So verbanden sich große Hoffnungen mit der Bekräftigung der Bedeutung der Predigt und ihrer Ausweitung grundsätzlich auf jede liturgische Feier. Gut fasst Papst Paul VI. diese Erwartungen in „Evangelii nuntiandi" zusammen:

> „Damit die versammelte Gemeinde der Gläubigen eine österliche Kirche sei, welche das Fest des mitten unter ihnen anwesenden Herrn feiert, erwartet und empfängt sie sehr viel von dieser Predigt: sie soll einfach sein, klar, direkt, auf die Menschen bezogen, tief in den Lehren des Evangeliums verwurzelt und treu dem Lehramt der Kirche, beseelt von einem gesunden apostolischen Eifer, der aus ihrem besonderen Charakter erwächst, voller Hoffnung, den Glauben stärkend, Frieden und Einheit stiftend. Viele pfarrlichen und andere Gemeinschaften leben und festigen sich dank der Predigt an jedem Sonntag, weil sie diese Eigenschaft aufweist. Fügen wir noch hinzu, daß dank der liturgischen Erneuerung die Feier der Eucharistie nicht der einzige geeignete Ort für die Homilie ist. Sie gehört auch – und das sollte nicht vernachlässigt werden – in die Feier aller Sakramente, ferner in die Wortgottesdienste, zu denen sich die Gläubigen versammeln. Immer wird die Homilie eine bevorzugte Gelegenheit sein, das Wort des Herrn anderen mitzuteilen."[406]

Übung

Ordnungen werden als starr und einengend erlebt, wenn ihr Sinn nicht erschlossen wird. Wie würden Sie auf die folgenden Aussagen von Gläubigen eingehen, die verschiedene Elemente der katholischen Predigtordnung berühren?
– „Warum lassen Sie nicht einen Arzt oder eine Krankenschwester in der Sonntagsmesse predigen, wenn das Evangelium von einer Heilung spricht, oder erfahrene Eltern, wenn das ‚Lasst die Kinder zu mir kommen' dran ist?"
– „Jeden Sonntag Predigt, das ist doch langweilig. Es gibt ja auch nicht jeden Sonntag das gleiche Essen. Und früher gab es doch auch Gottesdienste ohne Predigt."
– „Sie können Interessierten Ihre Gedanken doch auch per E-Mail zuschicken. Dann erreichen Sie diejenigen, die es wirklich wollen, und müssen nicht in viele gelangweilte Gesichter starren!"

– „Sie müssen viel weltlicher predigen. Das, was die Leute wirklich bewegt, Fußball, Popsongs und so. Die Bibel, damit locken Sie doch keinen Hund mehr hinter dem Ofen hervor."

– „Mir wird im Gottesdienst sowieso schon zu viel geredet. Er ist doch Gebet und nicht Gerede, oder?"

Exkurs: „Pars ipsius liturgiae"?

Literatur: *a) Patristische Ursprünge: Jean Leclercq,* Le sermon, acte liturgique, in: MD 8 (1946) 27–37 (wirkungsgeschichtlich für die Auffassung von der Predigt als „pars ipsius liturgiae" bedeutsamer Artikel); *Vincenzo Loi,* La predicazione liturgico-didattica in età patristica, in: Rivista liturgica 57 (1970) 632–640 (Überblick: auch das Aufgreifen der großen rhetorischen Stilmittel diente dem liturgisch-geistlichen Sinn). – *b) Katholisch: Gunda Brüske,* Ein heilshaftes Geschehen. Die Predigt als Teil der Liturgie, in: Gottesdienst 42 (2008) H. 12, 89–91 (liturgiewissenschaftlicher Zugang); *Pacifico Massi,* Omelia, didascalia, kerygma, catechesi, o „Actio liturgica", in: Rivista liturgica 57 (1970) 523–537 (Spezifikum der eucharistischen Homilie und Beziehung zu anderen Predigtformen angesichts ihres liturgischen Charakters; Abgrenzung von der Katechese); *Ludwig Mödl,* Liturgie und Predigt. Die unterschiedliche Symbolgestalt, in: ThPQ 141 (1993) 339–346 (ausgewogener Mittelweg); *ders.,* Die Predigt als Teil der Liturgie – zur Problematik der Predigtsprache, in: *Susanne Göprerich/Elzbieta Kucharska-Dreiss/Peter Meyer* (Hg.), Mit Sprache bewegen (= FS Michael Thiele) (= Theolinguistica 5), Insing 2012, 121–130. – *c) Evangelisch: Karl-Fritz Daiber,* Predigt als religiöse Rede. Homiletische Überlegungen im Anschluss an eine empirische Untersuchung. Mit Exkursen von Wolfgang Lukatis, Peter Ohnesorg und Beate Stierle (= Predigen und hören 3), München 1991, 228–241 („Predigt als Ritual"); *Alexander Deeg* (Hg.), Gottesdienst und Predigt – evangelisch und katholisch (= Evangelisch-Katholische Studien zu Gottesdienst und Predigt 1), Neukirchen/Vluyn-Würzburg 2014 (ökumenische Ortsbestimmung); *Manfred Josuttis,* Gottes Wort im kultischen Ritual – Das Verhältnis von Predigt und Liturgie in der protestantischen Theologie, in: *Garhammer/Schöttler* 168–179 (praktisch-theologischer Zugriff auf das Thema); *Friedemann Oettinger,* Gottesbild und Gottesdienst. Gedanken zur Gottesfrage in der Versammlung des Leibes Christi (= Arbeiten zur Pastoraltheologie 17), Göttingen 1979, 83–94 (kritischer theologischer Zugriff); *Bernd Schröder,* Die Predigt im Gottesdienst, in: *Christian Grethlein/Günter Ruddat* (Hg.), Liturgisches Kompendium, Göttingen 2003, 134–150 (historische und liturgiewissenschaftliche Einführung zum [Nicht-] Zusammenspiel von Predigt und Gottesdienst); *Friedrich Wintzer,* Tendenzen in der Homiletik, in: ThR 52 (1987) 182–211, hier 186–190 (Überblick über Positionen).

„Jede Predigt ist ein Bruch in der Liturgie. Der Priester tritt aus dem sakralen in den profanen Raum, aus der liturgischen in die Tages-Wirklichkeit. Er schließt sich mit uns kurz. Er deutet, er berichtet womöglich aus seiner Lebenswelt, er greift in unsere, er vergleicht."[407]

Die bloße Beobachtung sagt: Die Predigt unterbricht die Liturgie, sie eröffnet eine zweite Ebene, die des Kommentars, der Reflexion, des Brückenschlags zum Leben.

3. Formen der Predigt und liturgierechtliche Regelungen

Sie ist nicht rituell, ihre Rhetorik ist frei und persönlich, die Person des Predigers tritt markant hervor, das Menschliche steht im Vordergrund. Und gerade dieses Andersartige der Predigt soll „Teil der Liturgie selbst (pars ipsius liturgiae)" sein, wie SC 52 wie selbstverständlich und ohne weitere Erläuterung vorträgt? Wird damit die Eigenart der Predigt und ihre Aufgabe im Gottesdienst nicht eher verunklart als exakt umschrieben? Tasten wir uns behutsam und ohne allzu vollmundige Behauptungen in drei Schritten an den Wahrheitsgehalt dieser Aussage heran.

1. Im Kontext der Liturgiekonstitution verlängert diese Aussage ihr Liturgieverständnis: Gottesdienst ist nicht nur Kultakt, Anbetung, *anabasis*, sondern auch Verkündigung, Belehrung, ja Gegenwart Christi in seinem Wort und darin seine *katabasis*. Der Vortrag der biblischen Lesungen will verstanden werden, und dem dient die Predigt. Sie ist also nichts im Grunde Überflüssiges, das eher zufällig im Rahmen des Gottesdienstes stattfindet, sondern sie dient dessen Vollgestalt.

2. Wie in vielen Punkten, so schaute das letzte Konzil mit dieser Aussage auf die Väterzeit, in der die Predigt als Schriftauslegung im Gottesdienst selbstverständlich war.[408] Ja, bald bildeten sich gewisse liturgische Formen der Predigt selbst heraus[409]: a) die Stellung der Messpredigt im Anschluss an das Evangelium (allerdings mit einigen historisch freilich unklaren Ausnahmen, nach denen mancherorts vielleicht bereits *vor* den Lesungen gepredigt wurde); b) ein liturgischer Eingangsgruß wie „Der Friede sei mit euch" – „Und mit deinem Geiste" sowie die Anrede als „Brüder und Schwestern" (das lateinische „fratres" umfasst beide Geschlechter) oder vereinzelt die Bitte um den Segen Gottes, häufiger auch die Aufforderung an die Hörer zum Gebet; c) Aufforderung zum Gebet oder eigentliches Gebet zum Abschluss der Predigt (etwa im berühmten „Conversi ad Dominum" des Augustinus[410]); d) eine Schlussdoxologie.

3. Schließlich kann man einräumen: Gewiss, Predigt ist eine liturgische Form ganz eigener Art. Sie unterscheidet sich deutlich von allen anderen Formen. Doch die Einbettung in die Liturgie verändert auch die geistliche Rede, setzt ihr Maßstäbe und Grenzen:

„Die Homilie darf keine Unterhaltungs-Show sein, sie entspricht nicht der Logik medialer Möglichkeiten, muss aber dem Gottesdienst Eifer und Sinn geben. Sie ist eine besondere Gattung, da es sich um eine Verkündigung im Rahmen einer *liturgischen* Feier handelt; folglich muss sie kurz sein und vermeiden, wie ein Vortrag oder eine Vorlesung zu erscheinen. Der Prediger mag fähig sein, das Interesse der Leute eine Stunde lang wach zu halten, aber auf diese Weise wird sein Wort wichtiger als die Feier des Glaubens. Wenn die Homilie sich zu sehr in die Länge zieht, schadet sie zwei Merkmalen der liturgischen Feier: der Harmonie zwischen ihren Teilen und ihrem Rhythmus. Wenn die Verkündigung im Kontext der Liturgie geschieht, wird sie eingefügt als Teil der Opfergabe, die dem Vater dargebracht wird, und als Vermittlung der Gnade, die Christus in der Feier ausgießt. Ebendieser Kontext verlangt, dass die Verkündigung die Gemeinde und auch den Prediger auf eine Gemeinschaft mit Christus in der Eucharistie hin ausrichtet, die das Leben verwandelt. Das erfordert, dass das Wort des Predigers nicht einen übertriebenen Raum einnimmt, damit der Herr mehr erstrahlt als der Diener."[411]

Doch dieses behutsame Herangehen an die Predigt als Teil der Liturgie bestätigt in gewisser Weise auch wieder den ersten Eindruck: Zumindest im praktischen Vollzug wird man den liturgischen Charakter der Predigt zugleich mit ihrer Andersartigkeit verbinden müssen. Es bleiben dagegen einige Bedenken bestehen, die Predigt undifferenziert als Teil der Liturgie anzusehen:

Die Predigt ist in der Liturgie eher ein Gegenpart, ein Sachwalter des Profanen, der Lebenswelt der Menschen, ihrer Sorgen und Freuden, ihrer Weltverständnisse und Anfragen. Predigt *als* Liturgie betont dagegen einseitig diese als Bezeugung der Heilsgegenwart Christi, die den Gläubigen nur nahegebracht werden soll.

Die eigentliche Operationalisierung dieses hohen Axioms ist in der konstitutiven Bindung an die Auslegung „ex textu sacro" zu suchen. Die Predigt ist danach wesentlich Bewegung vom Schriftwort hin zu den Menschen. Sie ist Auslegung des heiligen Wortes, und als solche muss sie auch erkennbar sein. Allein schon eine thematische Predigt scheint nur schwerlich damit vereinbar.

Eine unbeabsichtigte Nebenfolge dieser Bestimmung war es, dass die nichtliturgische Predigt, aber auch der Predigtgottesdienst (etwa zur Fastenpredigt) weithin verkümmert ist – und dies angesichts des großen Bedarfs an Evangelisierung und Glaubensverkündigung. Damit ist auch die ausführliche, also etwa dreißig bis sechzig Minuten dauernde Predigt (etwa als „Volksmissions"-Predigt) ausgestorben.[412]

Die Liturgiewissenschaftlerin Gunda Brüske hat angeregt, den liturgischen Charakter der Predigt aus den drei Bewegungen des Gottesdienstes abzuleiten, der katabatischen, der diabatischen und der anabatischen, „wenn sie nämlich katabatische Akzente der Lesung fortsetzt, diabatisch einen Prozess der Aneignung initiiert und anabatisch in Bekenntnis, Lobpreis, Fürbitte oder Danksagung ausmündet"[413]. Erstere setzt Christus in seinem Wort gegenwärtig und proklamiert sein Wirken, Zweitere fördert die Aneignung und Zustimmung zum Gehörten und die dritte drückt (etwa in einem meditativen Grundzug) Anbetung, Lobpreis, Dank und Bitte aus. Das ist homiletisch ein durchaus inspirierender Ansatz, doch er gibt noch keine Antwort auf die Frage, wie das Nicht-Rituelle, das Rhetorische, das Subjektive und das Unfertige einer Predigt selbst Liturgie sein kann. Entgrenzt dies nicht den Liturgiebegriff so sehr, dass dann letztlich alles christliche Leben als Liturgie verstanden werden kann?

Unmöglich können hier alle einzelnen Regelungen zur Predigt im Gottesdienst aus den erneuerten liturgischen Büchern wiedergegeben werden.[414] Sie wenden die bereits vorgestellten Prinzipien aber bloß auf die jeweilige Situation an. Für jeden, der für die Vorbereitung und Gestaltung der entsprechenden Gottesdienste verantwortlich ist, ist jedoch eine Konsultation der entsprechenden Weisungen selbstverständlich. Für unsere Zwecke lassen sich daraus einige allgemein interessierende Punkte festhalten:

- Generell besteht bei jeder liturgischen Feier, auch etwa einer einfachen Segnung, die Möglichkeit zu einer *kleinen Ansprache*, bei nicht wenigen Feiern (etwa der Trauung) sogar eine Predigtpflicht.[415] Dass sie dem Gesamt der Feier, den Anwesenden, der Dauer, der Situation und Umständen angemessen sein muss, versteht sich dabei von selbst, ebenso dass es echte Predigt als Schriftauslegung und Verkündigung des christlichen Glaubens bleiben muss und sich nicht etwa in weltliche Lobreden oder in allgemeinmenschliche Weisheiten verflüchtigen darf.
- Immer wieder begegnet die Mahnung, die Predigt als Teil der Liturgie zu verstehen und in ihr *die Heilige Schrift auszulegen*.
- Ebenso wird mehrfach ins Gedächtnis gerufen, dass *Bischof oder Priester* die amtlich bestellten Prediger sind, nicht aber ein Laie, auch nicht ein laisierter Priester.[416] Selbst da, wo eine Laienpredigt möglich ist, stellt sie eine Ausnahme dar, die besonderer Gründe bedarf.
- Schließlich soll die Ermutigung zu einer guten *Predigtausbildung und zu einer beständigen Weiterbildung*[417] nicht unerwähnt bleiben – auch mit praktischen Übungen für die bereits Geweihten[418]!

3.2.2 Regelungen des CIC von 1983

Literatur: *Günter Assenmacher*, Die Predigt im neuen Kirchenrecht, in: ThPQ 132 (1984) 152–160 (Überblick); Kanonisches Recht. Lehrbuch aufgrund des Codex Iuris Canonici. Begründet von Eduard Eichmann, fortgeführt von Klaus Mörsdorf, neu bearbeitet von Winfried Aymans. 2 Bde., Paderborn-München-Wien-Zürich [13]1991–1997, II,146–169 (Kontext der Rechte und Pflichten der Kleriker); *Peter Krämer*, Die Ordnung des Predigtdienstes, in: *Winfried Schulz* (Hg.), Recht als Heilsdienst (= FS Matthäus Kaiser), Paderborn 1989, 115–126 (Einführung zur Predigtbefugnis und zu den Sondersituationen Kindermesse, Gruppenmesse und ökumenischer Gottesdienst); *Christoph Ohly*, Der Dienst am Wort Gottes. Eine rechtssystematische Studie zur Gestalt von Predigt und Katechese im Kanonischen Recht (= MthSt.K 63), St. Ottilien 2008, 517–553 (sowie insgesamt zur Predigt ebd. 450–674; umfassendste und gründlichste Studie zur Thematik; *ders.*, Die Verkündigung in Predigt und Katechese, in: *Stephan Haering/Wilhelm Rees/Heribert Schmitz* (Hg.), Handbuch des katholischen Kirchenrechts. Dritte, vollständig neubearbeitete Auflage, Regensburg 2015, 922–934 (knappe Zusammenfassung der wichtigsten Vorschriften); *Piet Stevens*, La prédication dans le Code du droit canonique, in: RDC 48 (1998) 81–96 (knapper Überblick und Kritik an möglichen Inkonsistenzen). – Literatur zur Laienpredigt s. u., „Exkurs: Laienpredigt".

Das dritte Buch des „Codex Iuris Canonici" behandelt den Verkündigungsdienst, an dessen erster Stelle die „Predigt des Wortes Gottes" steht (cc. 762–772). Darin sind wesentliche Elemente der Liturgie- und der Amtstheologie aus der Konstitution über die heilige Liturgie „Sacrosanctum Concilium" sowie der dogmatischen

Konstitution über die Kirche „Lumen gentium", des Dekrets über die Hirtenaufgabe der Bischöfe „Christus Dominus", des Dekrets über Dienst und Leben der Priester „Presbyterorum ordinis" und des Dekrets über das Laienapostolat „Apostolicam actuositatem" in die rechtliche Ordnung umgesetzt worden. Diese erkennt die grundlegende, kirchenbildende Kraft des Wortes Gottes und darum die vorrangige Pflicht der Amtsträger an, es zu verkünden (c. 762). Dieser Pflicht entspricht das Recht zur Predigt, das allerdings hierarchisch gestaffelt ist:

1. **Bischöfe** dürfen grundsätzlich überall predigen, sofern der Ortsbischof dem nicht *ad casum* widerspricht (c. 763; ähnlich schon CIC/1917 c. 1327). Das „Direktorium für den Hirtendienst der Bischöfe" von 2004 hat diese Pflicht und dieses Recht („ius") noch weiter entfaltet:

> „Der Bischof ist verpflichtet, oft persönlich zu predigen und dabei den Gläubigen an erster Stelle das vorzulegen, was sie glauben und tun müssen zur Ehre Gottes und zu ihrem ewigen Heil. Er verkündet das Geheimnis der Erlösung, das sich in Christus erfüllt hat, so, dass er unseren Herrn als den einzigen Erlöser und als den Mittelpunkt des Lebens der Gläubigen sowie der ganzen menschlichen Geschichte zeigt. Es ist auch Aufgabe des Bischofs, immer und überall die moralischen Grundsätze der gesellschaftlichen Ordnung zu verkünden, und so die authentische Befreiung des Menschen anzukündigen, die durch die Menschwerdung des Wortes in die Welt gebracht wurde. Wenn es die Rechte der menschlichen Person oder das Heil der Seelen erfordern, ist es seine Pflicht, ein in der Offenbarung begründetes Urteil über die konkrete Wirklichkeit des menschlichen Lebens abzugeben: Insbesondere, was den Wert des Lebens anbelangt, die Bedeutung der Freiheit, die Einheit und die Beständigkeit der Familie, die Erzeugung und die Erziehung der Kinder, den Beitrag zum Gemeinwohl und die Arbeit, die Bedeutung der Technik und die Nutzung der materiellen Güter sowie das friedliche und brüderliche Zusammenleben aller Völker. Der Bischof soll es nicht unterlassen, seinen Gläubigen die Lehren und die Hinweise zu übermitteln, die er vom Heiligen Stuhl empfängt.

> Stil der Predigt

> Das Wort Gottes muss mit Autorität verkündet werden, weil es nicht aus den Menschen hervorgeht, sondern von Gott selbst kommt, und mit Kraft, ohne aus opportunistischen Gründen menschlicher Zweckmäßigkeit nachzugeben; gleichzeitig muss versucht werden, es in anziehender Weise vorzustellen und als eine Lehre, die in die Praxis umgesetzt wurde, bevor sie gepredigt wird. Schließlich muss der Bischof darum besorgt sein, dass seine Predigt fest in der Glaubenslehre der Kirche verankert und auf die Schrift gegründet ist; seine Worte sollen von Hirtenliebe durchdrungen sein, und deshalb soll er auf die Auswahl der Themen sowie auf einen angemessenen Stil achten, wobei er sich an den großen Meistern, insbesondere an den Kirchenvätern orientieren soll."[419]

3. Formen der Predigt und liturgierechtliche Regelungen

2. Auch **Priester und Diakone**[420] besitzen die grundsätzliche Predigtbefugnis („facultas"). Das bedeutet freilich nicht, dass sie immer und überall das Wort ergreifen können, sondern nach c. 764 nur mit Erlaubnis des zuständigen Ortsordinarius (bzw. nach c. 765 des Ordensoberen) und im Rahmen partikularrechtlicher Gesetze (c. 764). Damit schlägt das kirchliche Recht einen Mittelweg ein: Die Weihe ordnet auf die Verkündigung hin, diese muss aber wie alles pastorale Wirken im Rahmen der kirchlichen Ordnung geschehen. Der CIC/1917 c.1328 verlangte dagegen vom Priester noch eine ausdrückliche *missio* durch den Bischof, d. h. er setzte voraus, dass die Predigt eigentlich dem Bischof zukomme, er diese aber unter bestimmten Bedingungen an die Priester delegieren könne. Nach neuerer Auffassung dagegen begründet die sakramentale Weihe selbst auch die Hinordnung zur Predigt. So hatte ja bereits „Presbyterorum ordinis" den Priester auf seine primäre Aufgabe der Glaubensverkündigung, Katechese und Predigt hin ausgerichtet:

> „Das Volk Gottes wird an erster Stelle geeint durch das Wort des lebendigen Gottes, das man mit Recht vom Priester verlangt. Da niemand ohne Glaube gerettet werden kann, ist die erste Aufgabe der Priester als Mitarbeiter der Bischöfe allen die frohe Botschaft Gottes zu verkünden, um so in der Erfüllung des Herrenauftrags: ‚Gehet hin in alle Welt, und verkündet das Evangelium allen Geschöpfen' (Mk 16,15), das Gottesvolk zu begründen und zu mehren. Durch das Heilswort wird ja der Glaube, durch den sich die Gemeinde der Gläubigen bildet und heranwächst, im Herzen der Nichtgläubigen geweckt und im Herzen der Gläubigen genährt, wie der Apostel sagt: ‚Der Glaube kommt aus der Predigt, die Predigt aber durch Christi Wort' (Röm 10,17). Die Priester schulden also allen, Anteil zu geben an der Wahrheit des Evangeliums, deren sie sich im Herrn erfreuen" (PO 4).[421]

Diese Hinordnung auf die Predigt hat die „Grundordnung des Römischen Messbuchs" für die eucharistische Homilie noch genauer umrissen:

> „In der Regel hat der zelebrierende Priester selbst die Homilie zu halten, oder sie ist von ihm einem konzelebrierenden Priester zu übertragen, manchmal gegebenenfalls auch einem Diakon, niemals jedoch einem Laien. In besonderen Fällen und aus einem gerechten Grund kann die Homilie auch vom Bischof oder von einem Priester gehalten werden, der an der Feier teilnimmt, ohne dass er konzelebrieren kann. An Sonntagen und gebotenen Feiertagen ist in allen Messen, die unter Beteiligung des Volkes gefeiert werden, die Homilie zu halten; sie darf nicht ausfallen, außer aus einem schwerwiegenden Grund; für die anderen Tage wird sie empfohlen, besonders an den Wochentagen des Advents, der Fasten- und Osterzeit sowie auch an anderen Festen und zu Anlässen, bei denen das Volk zahlreicher zur Kirche kommt. Es empfiehlt sich, nach der Homilie eine kurze Stille zu halten."[422]

3. Erstmals wird in Einzelfällen auch die **Laienpredigt** erlaubt („admitti possunt"), und zwar „wenn das unter bestimmten Umständen notwendig oder in Einzelfällen als nützlich angeraten ist" (c. 766, vgl. AA 6 und c. 759, wo sinnvollerweise das Zeugnis für das Evangelium in Wort und Leben aufgrund von Taufe und Firmung [„evangelici nuntii testes"] von der beauftragten Ausübung des Dienstes am Wort [„exercitium ministerii verbi"] unterschieden wird [vgl. c. 273]). Dies betrifft allerdings niemals die Homilie in der Messfeier, die als Teil der Liturgie den Amtsträgern vorbehalten bleibt (c. 767 § 1, worin auch ihre Definition aus SC 52 zitiert wird: „in eadem per anni liturgici cursum ex textu sacro fidei mysteria et normae vitae christianae exponantur. – In ihr sind das Kirchenjahr hindurch aus dem heiligen Text die Glaubensgeheimnisse und die Normen für das christliche Leben darzulegen").

Noch einmal wird die grundsätzlich seit dem Konzil von Trient vorgetragene (s. o. 3.2.1) und vom II. Vatikanum erneuerte Sonn- und Festtagspredigt vorgeschrieben (c. 768 § 2) und der Verantwortung der Pfarrer und Kirchenrektoren ans Herz gelegt (c. 768 § 4); empfohlen wird die Homilie auch an Werktagen, besonders im Advent und in der Fastenzeit oder bei Festen und beim Totengedenken (c. 768 § 3; s. o. 3.1.4.4 zur Fastenpredigt). Doch auch dem Inhalt der Predigt wendet sich der kirchliche Gesetzgeber zu. Dabei nennt er interessanterweise zuerst die Ehre Gottes und dann das Heil der Menschen: Sie umfasst alles, „was zur Ehre Gottes und zum Heil der Menschen zu glauben und zu tun nötig ist" (c. 768 § 1), daneben aber auch verschiedene sozialethische Kernthemen, näherhin die lehramtlichen Aussagen zur Menschenwürde, zur Familie, zu den Verpflichtungen gegenüber der Gesellschaft sowie „die nach der gottgegebenen Ordnung zu regelnden weltlichen Angelegenheiten" (c. 768 § 2; s. o. 3.1.4.9 zur politischen Predigt). Letzteres ist klug formuliert: Prediger sollen sich nicht in Politik, Kultur und Gesellschaft einmischen, es sei denn, es stehen die gottgegebenen, also naturrechtlichen Grundlagen selbst auf dem Spiel. Positiv formuliert, kann die Predigt auch sehr weltliche Themen aufgreifen, aber nur insofern diese auf das letzte Ziel des Menschen und der Welt bezogen sind. In methodischer Hinsicht ist der Hinweis auf die Hörerorientierung und Aktualität der Predigt in c. 769 sicher nicht überflüssig. Cc. 770–772 fügen noch einige spezielle Vorschriften und Empfehlungen an: Es sind Exerzitien, Volksmissionen und sinnvolle andere außerordentliche Predigtformen in der Pfarrei und anderswo anzusetzen (c. 770), insbesondere für solche Adressaten, die von den gewöhnlichen Predigten nicht erreicht werden, sowie überhaupt die Nichtglaubenden (c. 771 § 1 und 2; s. o. 3.1.4.5 zur Missionspredigt) und die kirchlichen Verkündigungssendungen in Hörfunk und Fernsehen (c. 772 § 2). Innerhalb dieser universalkirchlichen Grundordnung kann und soll der Ortsbischof die Predigttätigkeit im Einzelnen ordnen (und gewiss auch fördern; c. 772 § 1). Selbstverständlich können seine partikularrechtlichen Regelungen diese Grundordnung nicht außer Kraft setzen oder vernachlässigen. Er ist vielmehr verpflichtet, sie durchzusetzen und keine rechtsfreien Räume oder gar Rechtsverachtung („contemptus legis") aufkommen zu lassen.

3.2.3 Einige Nachbesserungen zur Predigt in der Liturgie

Literatur: *Wichtige Quellen:* Instruktion; *Redemptionis Sacramentum* (Original: AAS 96 [2004] 549–601).

Die „Editio typica tertia" des Römischen Messbuchs von 2002 ist bereits ein Beispiel dafür, wie die anfängliche Umsetzung der Liturgiereform behutsam nachgebessert wird, d. h. es tauchen neue Akzente auf, anderes wird wieder deutlicher betont und Einzelnes regelrecht eingeschärft. Dies wird noch deutlicher in zwei Dokumenten von Johannes Paul II., die ausdrücklich die Entwicklung steuern und ordnen wollen, die „Instruktion über einige Fragen der Mitarbeit von Laien am Dienst der Priester"[423] von 1997 sowie die Instruktion *Redemptionis Sacramentum* von 2004[424]. Erstere fasst in einem Kapitel knapp die wichtigsten rechtlichen Regelungen zur Homilie zusammen; es soll daher im vollständigen Wortlaut wiedergegeben werden. Danach gehen wir in einem Exkurs auf die am meisten diskutierte Frage ein, die nach der Laienpredigt. Schließlich sollen einige weitere Punkte und Akzentsetzungen jüngerer päpstlicher Verlautbarungen vorgetragen werden. Zunächst also das Schlüsselkapitel aus der Instruktion von 1997:

> „Die Homilie
> § 1. Die Homilie ist als herausragende Form der Predigt, ‚qua per anni liturgici cursum ex textu sacro fidei mysteria et normae vitae christianae exponuntur', Teil der Liturgie selbst.
> Daher muß die Homilie während der Eucharistiefeier dem geistlichen Amtsträger, Priester oder Diakon, vorbehalten sein. Ausgeschlossen sind Laien, auch wenn sie in irgendwelchen Gemeinschaften oder Vereinigungen Aufgaben als ‚Pastoralassistenten' oder Katecheten erfüllen. Es geht nämlich nicht um eine eventuell bessere Gabe der Darstellung oder ein größeres theologisches Wissen, sondern vielmehr um eine demjenigen vorbehaltene Aufgabe, der mit dem Weihesakrament ausgestattet wurde. Deshalb ist nicht einmal der Diözesanbischof bevollmächtigt, von der Norm des Kanons zu dispensieren.[425] Es handelt sich nämlich nicht um eine bloß disziplinäre Verfügung, sondern um ein Gesetz, das die Aufgaben des Lehrens und Heiligens betrifft, die untereinander eng verbunden sind.
> Man kann daher die gelegentlich geübte Praxis nicht gestatten, wonach die Homilie Seminaristen anvertraut wird, die als Theologiestudenten noch nicht das Weihesakrament empfangen haben. Die Homilie kann nicht als Übung für den künftigen Dienst betrachtet werden.

Jegliche frühere Norm, die Laien die Homilie innerhalb der Messfeier gestattet hatte, ist durch can. 767, § 1 als aufgehoben anzusehen.

§ 2. Erlaubt sind eine kurze Einführung, um ein besseres Verständnis der Liturgie zu fördern, und ausnahmsweise auch ein etwaiges Zeugnis, das, immer in Einklang mit den liturgischen Vorschriften, an besonderen Tagen (Tag des Seminars, Tag der Kranken usw.) in Eucharistiefeiern vorgetragen wird, wenn dies zur Veranschaulichung der vom zelebrierenden Priester regulär gehaltenen Homilie objektiv angebracht erscheint. Diese Einführungen und Zeugnisse dürfen keine Merkmale aufweisen, die zu Verwechslungen mit der Homilie führen könnten.

§ 3. Die Möglichkeit eines ‚Dialogs' in der Homilie kann manchmal vom zelebrierenden Amtsträger in kluger Weise zur Erläuterung eingesetzt werden, ohne dadurch die Predigtpflicht an andere zu delegieren.

§ 4. Die Homilie außerhalb der Meßfeier kann von Laien in Einklang mit dem Recht und unter Beachtung der liturgischen Normen vorgetragen werden.

§ 5. Die Homilie kann keinesfalls Priestern oder Diakonen anvertraut werden, die den geistlichen Stand verloren oder die Ausübung des ‚geistlichen Dienstes' aufgegeben haben."[426]

Exkurs: Laienpredigt

Literatur: Die Sekundärliteratur zur Frage ist Legion. Zu den Rechtsquellen vgl. die Literatur auf Seite 187. *a) Grundlegend zu den kanonischen Vorgaben: Stefan Hünseler,* L'omelia nella celebrazione della Santa Messa, riservata al Vescovo e sacerdote o, con qualche restrizione, al diacono, in: Notitiae 46/9–10 (2009) 573–576; *Heribert Schmitz,* Die Beauftragung zum Predigtdienst. Anmerkungen zum „Schema canonum libri III de Ecclesiae munere docendi", in: AkathKR 149 (1980) 45–63; *ders.,* Erwägungen zur authentischen Interpretation von c. 767 § 1 CIC, in: *Winfried Schulz* (Hg.), Recht als Heilsdienst. Matthäus Kaiser zum 65. Geburtstag gewidmet von seinen Freunden, Kollegen und Schülern (= FS Matthäus Kaiser), Paderborn 1989, 127–143; *Oskar Stoffel,* Die Verkündigung in Predigt und Katechese, in: HbdKathKR 541–547; *Arturo Cattaneo,* Die Institutionalisierung pastoraler Dienste der Laien. Kritische Bemerkungen zu gegenwärtigen Entwicklungen, in: AKathKR 165 (1996) 56–79. – *b) Ausgewählte kontroverse Diskussionsbeiträge: Paul Meisenberg,* Die Laienpredigt – immer noch ein Tabu?, in: StZ Bd. 213 (1995) 691–700; *Otto Semmelroth,* Laienpredigt im Gottesdienst? Theologische Anmerkungen zum Synodenbeschluß über die Verkündigung von Laien, in: StZ Bd. 191 (1973) 147–156; *Ettore Signorile,* La predicazione dei laici e il divieto d'omelia (Pontificia Universitas Lateranensis. Theses ad Doctoratum in Jure Canonico), Rom 1994 (gründliche kanonistische Dissertation); *Anton Zottl,* Prophetie eines Verbots. Führt das Predigtverbot für Laien endlich zu einer Kirche der Laien?, in: StZ 206 (1988) 733–746. – *c) Historisch: Rolf Zerfaß,* Der Streit um die Laienpredigt. Eine pastoralgeschichtliche Untersuchung zum Verständnis des Predigtamtes und zu seiner Entwicklung im 12. und 13. Jahrhundert (= Untersuchungen zur praktischen Theologie 2), Freiburg i. Br. 1974 (grundlegende pastoral- und rechtsgeschichtliche Untersuchung); *Luigi della Torre,* Art. „Laico predicatore: nell'antichità e nel medioevo", in: Dizionario 744–747

3. Formen der Predigt und liturgierechtliche Regelungen 193

(Überblick); zur heutigen Möglichkeit des Zeugnisses und der Predigt von Laien vgl. *Paolo Giglioni*, Art. „Laico predicatore: oggi", in: Dizionario 747–751. – *d) Predigt durch Frauen im evangelischen Raum: Jürgen Seim,* Frauen predigen, in: EvTh 57 (1997) 168–171 (erster Blick auf die evangelische Praxis).

Nach dem II. Vatikanum war eine gewisse Verunsicherung darüber eingetreten, wer denn die Predigt halten dürfe: nur die Kleriker oder auch die Laien? Dem lag eine Spannung in den Texten des Konzils selbst zugrunde. Einerseits machte es die Wortverkündigung zur ersten Aufgabe von Bischöfen und Priestern, andererseits betonte es auch das prophetische Amt aller Gläubigen und ermutigte sie zum Zeugnis des Lebens ebenso wie des Wortes. Gemeint war damit das Zeugnis in der Welt. Sollte es aber nicht auch ihre Berufung zur Predigt einschließen? Diese Frage lag angesichts der Aufwertung der Laien auf dem II. Vatikanum, ihrer Teilhabe am prophetischen Amt und der Hochschätzung des Laienapostolates nahe. Dennoch verwischten sich in der Diskussion um die Laienpredigt bald einige Prinzipien, die dieses Konzil selbst hochgehalten hatte:

* Die Verkündigung des Evangeliums kennt *viele Formen*, die einander ergänzen, gleichzeitig aber deutlich voneinander unterschieden sind. Dies gilt insbesondere vom Zeugnis, zu dem alle Getauften berufen sind, und der Predigt – insbesondere der eucharistischen Homilie –, die als Teil der Liturgie auch an deren besonderen Gesetzen teilhat.

* Ebenso verwischten sich in dieser Frage die Konturen von *Amt und Laien*. Auch die historischen Beispiele der Laienpredigt, die damals in vielen Beiträgen herausgestellt wurden, betrafen nicht die Homilie als Teil der Liturgie, ja waren (insbesondere in den Bußbewegungen des Mittelalters) häufig gerade ausgesprochen außerliturgische Volks- und Bußpredigten.[427]

* In den deutschsprachigen Ländern verschärfte sich diese Entwicklung noch durch die *pastoralen Laienberufe*, die in manchen Bistümern einen regelmäßigen Predigtdienst ausübten. Die Frage nach der Laienpredigt wurde weithin zu einer solchen nach der Laien*theologen*predigt.[428]

An sich ist mit c. 767 § 1 (vgl. 3.2.2) die universalkirchliche Rechtslage klar und eindeutig: Laienpredigt außerhalb der Eucharistiefeier in Einzelfällen ja, in ihr als Homilie nein. Damit sind auch die Versuche zur Erlaubnis der eucharistischen Homilie durch Laien in der Nachkonzilszeit widerrufen. Sie können auch nicht partikularrechtlich kraft eigenen Rechtes durch einen Ortsbischof oder eine Bischofskonferenz aufrechterhalten werden. In der Tat hatte es seitens der westdeutschen (1970) und – deutlich vorsichtiger als Ausnahme bezeichnet – der österreichischen Bischofskonferenz (1971)[429] Einzelfallerlaubnisse auch zur Homilie durch Laien gegeben.[430] Die Würzburger Synode trieb das Anliegen im Dekret „Die Beteiligung der Laien an der Verkündigung" trotz eines Einspruchs des Nuntius voran[431], und die Deutsche Bischofskonferenz erhielt durch ein Reskript der Kleruskongregation vom 20. November 1973[432] die Erlaubnis, im Sinn der Synode für eine vierjährige Zeit eines Experimentes die Laienpredigt auch in der Eucharistiefeier zu ordnen. Dies geschah in den „Richtlinien für die Beteiligung der Laien an der Verkündigung in den Diözesen der Bundesrepublik Deutschland" vom 7. März 1974[433]. Danach konnte der Ortsbischof in besonderen Fällen – wenn kein Priester oder Diakon die Predigt zu halten imstande ist und bei besonderer thematischer Kompetenz eines Laien etwas anlässlich der Aktionen *Misereor* und *Adveniat* oder des Caritas-Sonntages – einen Laien zur Messpredigt beauftragen. Nach der klaren anders lautenden Entscheidung des CIC von 1983 in dieser Frage veröffentlichte die Deutsche Bischofskonferenz am 24. Februar 1988 ein „Pastorales Wort der deutschen Bischöfe zum Beschluss der Laienpredigt"[434] und erließ eine „Ordnung für den Predigtdienst von Laien"[435], wonach eine solche Predigt zu Beginn der Messe als „statio" zu halten ist. Die faktische Entwicklung in den einzelnen Bistümern ging allerdings teilweise in eine deutlich andere Richtung, so dass vor allem hauptamtliche Laientheologen (Pastoral- und Gemeindereferenten und -referentinnen) mancherorts in den regelmäßigen Predigtdienst innerhalb der Messfeier einbezogen sind. Auch einige andere Gewohnheiten gegen die Norm bildeten sich vielerorts aus, so Predigtübungen von Theologiestudenten als eucharistische Homilie, Predigten von laisierten Priestern oder von nichtkatholischen Pfarrern, Predigten von Laien in Kindermessen oder die reguläre und nicht mehr *ad casum* ausgeübte Laienpredigt bei Kasualien.

Gegen all das hat der oberste Gesetzgeber kraftvoll und entschieden reagiert, so insbesondere in „Catechesi tradendae" Nr. 48[436], in der „Instruktion der Kongregation für den Klerus und anderer Kongregationen und Päpstlicher Räte zu einigen Fragen über die Mitarbeit der Laien am Dienst der Priester" vom 15. August 1997 und in der Instruktion *Redemptionis Sacramentum* von 25. März 2004. Darin wird insbesondere die Frage der Homilie von Laien in Einklang mit c. 767 § 1 folgendermaßen geklärt:

* „Es muss daran erinnert werden, dass jedwede frühere Norm, die nichtgeweihten Gläubigen die Homilie innerhalb der Messfeier gestattet hatte, aufgrund der Vorschrift von can. 767 § 1 als aufgehoben anzusehen ist. Diese Praxis ist verworfen und kann deshalb nicht aufgrund irgendeiner Gewohnheit gestattet werden."[437]

* „Falls es nötig ist, dass von einem Laien in der Kirche vor den versammelten Christgläubigen Unterweisungen oder ein Zeugnis über das christliche Leben gegeben werden, ist allgemein vorzuziehen, dass dies außerhalb der Messe geschieht. Aus schwerwiegenden Gründen ist es aber erlaubt, solche Unterweisungen und Zeugnisse zu geben, nachdem der Priester das Schlussgebet gesprochen hat. Dieser Brauch darf jedoch nicht zur Gewohnheit werden. Im Übrigen sollen diese Unterweisungen und Zeugnisse keine Merkmale aufweisen, die zu Verwechslungen mit der Homilie führen könnten, und es ist nicht gestattet, ihretwegen die Homilie ganz zu unterlassen."[438]

Man hat daraus häufig nur das Nein zur Sonntagspredigt herausgelesen. Dennoch bleibt weiterhin das Ja zur Predigt außerhalb der Eucharistiefeier im Einzel-

3. Formen der Predigt und liturgierechtliche Regelungen

fall erhalten: „Wie schon gesagt, ist die Homilie innerhalb der Messe wegen ihrer Bedeutung und Eigenart dem Priester oder Diakon vorbehalten. Was andere Formen der Predigt betrifft, können christgläubige Laien, wenn es aufgrund einer Notlage in bestimmten Umständen erforderlich oder in besonderen Fällen nützlich ist, nach Maßgabe des Rechts zur Predigt in einer Kirche oder in einem Oratorium außerhalb der Messe zugelassen werden. Dies darf aber nur geschehen aufgrund eines Mangels an geistlichen Amtsträgern in bestimmten Gebieten und um diese ersatzweise zu vertreten; man kann aber nicht einen absoluten Ausnahmefall zur Regel machen und man darf dies nicht als authentische Förderung der Laien verstehen. Zudem sollen alle bedenken, dass die Befugnis, dies zu erlauben, und zwar immer *ad actum,* den Ortsordinarien zukommt, nicht aber anderen, auch nicht den Priestern oder den Diakonen."[439]

Das heißt jedoch nicht, dass etwa der Ton seit Johannes Paul II. defensiver, normativer und restriktiver geworden ist. Überblickt man die entsprechenden Dokumente, so überwiegt eine theologische und geistliche Vertiefung der Liturgie und damit auch der Predigt. Nur in diesem Zusammenhang werden auch gewisse notwendig gewordene Korrekturen verständlich.

Benedikt XVI., selbst ein großer Prediger, hat sich in seinen Schreiben wiederholt der Predigt gewidmet. Im Apostolischen Schreiben „Sacramentum Caritatis"[440] weist er der Betrachtung des Wortes Gottes und seiner Auslegung in der Homilie in Nr. 45 und 46 eine große Bedeutung für die Feier der Eucharistie zu. Dabei lädt er zur Qualitätssicherung ein, die für ihn vor allem die intensive Auseinandersetzung mit dem Schriftwort beinhaltet und eine oberflächliche, sich in Allgemeinheiten ergehende oder bloß schlagwortartige Auslegung vermeidet. Angesichts der Sorge um den Glauben bemerkenswert ist auch die Anregung zu thematischen Predigtzyklen zu den vier Hauptstücken der Katechese – das „Homiletische Direktorium" wird sie aufgreifen.

„In Verbindung mit der Bedeutung des Wortes Gottes erhebt sich die Notwendigkeit, die Qualität der Homilie zu verbessern. Sie ist ja ‚Teil der liturgischen Handlung'[441] und hat die Aufgabe, ein tieferes Verstehen und eine umfassendere Wirksamkeit des Wortes Gottes im Leben der Gläubigen zu fördern. Deshalb müssen die geweihten Amtsträger ‚die Predigt sorgfältig vorbereiten, indem sie sich auf eine angemessene Kenntnis der Heiligen Schrift stützen'. Oberflächlich-allgemeine oder abstrakte Predigten sind zu vermeiden. Im Besonderen bitte ich die Prediger, dafür zu sorgen, dass die Homilie das verkündete Wort Gottes in so enge Verbindung mit der sakramentalen Feier und mit dem Leben der Gemeinde bringt, dass das Wort Gottes für die Kirche wirklich Rückhalt und Leben ist. Darum berücksichtige man den katechetischen und den ermahnenden Zweck der Homilie. Es erscheint angebracht, den Gläubigen – ausgehend vom Drei-Jahres-Lektionar – wohlbedacht thematische Homilien zu halten, die im Laufe des liturgischen Jahres die großen Themen des christlichen Glaubens behandeln und dabei auf das zurückgreifen, was vom Lehramt maßgebend vorgeschlagen wird in den „vier Säulen" des Katechismus der Katholischen Kirche und dem später erschienenen Kompendium: dem Glaubensbekenntnis, der Feier des christlichen Mysteriums, dem Leben in Christus und dem christlichen Gebet" (Nr. 46 mit Zitat der Propositio 19 der Bischofssynode).

Die Sprache von Verboten und Einschränkungen gehört nicht gerade zum Süßholz des kirchlichen Lebens. Fragen wir darum nach dem positiven Sinn dieses klaren Neins zur Homilie durch Laien. Zunächst und am wichtigsten: Dieses Nein nimmt nicht die Aufgabe aller Getauften zum christlichen Zeugnis des Lebens und des Wortes zurück, sondern gibt ihm seinen genuinen Platz: in der Welt immer da, wo ein Getaufter steht und wirkt, und in der Kirche als Teil des gemeinsamen Wachstums im Glauben aus der Kraft des Wortes Gottes. Während jedoch dieses Zeugnis der Laien seinen ersten Platz in der Welt hat, ist die eigentlich liturgische Predigt vorrangig Sache der Amtsträger und kann nur ausnahmsweise Laien übertragen werden. Gerade die enge Verschränkung von Ritus und Wort nach „Sacrosanctum Concilium" (SC 56) macht die liturgische Predigt zum Teil der Liturgie (SC 52), zuhöchst bei der eucharistischen Homilie.[442] Hier wird vollmächtig das Wort Gottes ausgelegt, und die Ermächtigung dazu geschieht durch die Weihe. „Presbyterorum ordinis" legt – in thomistischer Tradition – diesen inneren Zusammenhang der gesamten Pastoral, besonders aber der Verkündigung und Predigt mit der Eucharistie nachdrücklich vor:

> „Mit der Eucharistie stehen die übrigen Sakramente im Zusammenhang; auf die Eucharistie sind sie hingeordnet; das gilt auch für die anderen kirchlichen Dienste und für die Apostolatswerke. [...] Darum zeigt sich die Eucharistie als Quelle und Höhepunkt aller Evangelisation: die Katechumenen werden allmählich zur Teilnahme an der Eucharistie vorbereitet, die schon Getauften und Gefirmten durch den Empfang der Eucharistie ganz dem Leib Christi eingegliedert. Die Zusammenkunft zur Feier der Eucharistie, der der Priester vorsteht, ist also die Mitte der Gemeinschaft der Gläubigen. Die Priester leiten darum die Gläubigen an, die göttliche Opfergabe in der Meßfeier Gott dem Vater darzubringen und mit ihr die Hingabe ihres eigenen Lebens zu verbinden. Sie unterweisen sie im Geist Christi des Hirten, ihre Sünden reumütig der Kirche im Sakrament der Buße zu unterwerfen, so daß sie sich ständig mehr zum Herrn bekehren, eingedenk seines Wortes: ‚Tut Buße, denn das Himmelreich ist nahe herbeigekommen' (Mt 4,17). Sie lehren sie ebenso, an den Feiern der heiligen Liturgie so teilzunehmen, daß sie dabei zu einem echten Gebet kommen; sie führen sie zu immer vollkommenerem Gebetsgeist, der sich entsprechend den Gnaden und Erfordernissen eines jeden im ganzen Leben auswirken muß; sie halten alle an, ihre Standespflichten zu erfüllen, und laden die Fortgeschrittenen ein, die evangelischen Räte in einer Weise, die jedem angemessen ist, zu befolgen. So lehren sie die Gläubigen, in

3. Formen der Predigt und liturgierechtliche Regelungen

Lobgesängen und geisterfüllten Liedern dem Herrn in ihren Herzen zu singen und Gott dem Vater immerdar Dank zu sagen für alles im Namen unseres Herrn Jesus Christus" (PO 5).

Das bedeutet nun aber keineswegs die Aufspaltung in eine redende und eine hörende Kirche. Vielmehr wird die liturgische Predigt alle Gläubigen dazu anstoßen und befähigen, an ihren Orten in Kirche und Welt vom Glauben Zeugnis zu geben. Für die hauptamtlichen Laienseelsorger ist es überdies eine Einladung, die außerliturgischen und stärker missionarischen Formen der Verkündigung deutlicher zu entwickeln.

In die gleiche Richtung weist auch das Apostolische Schreiben „Verbum Domini" in den Nummern 52–71[443], geht aber mehr in die Einzelheiten. Festzuhalten daraus sind vor allem folgende Punkte:
- Scharfsichtig führt der Papst gewisse Probleme bei der homiletischen Schriftauslegung auf das Grundproblem zurück, dass wissenschaftliche Exegese und Verkündigung nicht identisch sind. Letztere soll zwar die Ergebnisse der Wissenschaft berücksichtigen, hat aber einen genuin eigenen geistlichen Zugang zum Wort der Schrift, die „lectio divina" (Nr. 35).
- Die Methode der „lectio divina" wird mit den fünf Schritten der *lectio, meditatio, oratio, contemplatio* und *actio* vorgestellt und damit als Weg der Predigtvorbereitung empfohlen (Nr. 87).
- Einmal mehr wird daran erinnert, dass die Predigt die Heilige Schrift auszulegen hat und nicht nur eigene Gedanken verbreiten darf, die bloß locker mit dem Schriftwort zusammenhängen (Nr. 52 und 59).
- Ein eigenes „Homiletisches Direktorium" regt Nr. 60 an.

Ausdrücklich zur Predigt sagt der deutsche Papst:

„Die einzelnen [haben] auch in Bezug auf das Wort Gottes verschiedene Aufgaben und Dienste. Das Wort Gottes zu hören und zu bedenken ist Aufgabe aller Gläubigen, das Wort Gottes auszulegen ist allein Sache jener, die aufgrund der Weihe am Lehramt teilhaben oder aufgrund einer Beauftragung den Dienst der Verkündigung ausüben[444], also die Bischöfe, Priester und Diakone. Von daher wird verständlich, warum dem Thema der Homilie in der Synode solche Aufmerksamkeit geschenkt wurde. Bereits im Nachsynodalen Apostolischen Schreiben *Sacramentum caritatis* habe ich in Erinnerung gerufen: ‚In Verbindung mit der Bedeutung des Wortes Gottes erhebt sich die Notwendigkeit, die Qualität der Homilie zu verbessern. Sie ist ja ‚Teil der liturgischen Handlung' und hat die Aufgabe, ein tieferes Verstehen und eine umfassendere Wirksamkeit des Wortes Gottes im Leben der Gläubigen zu fördern'. Die Homilie ist eine Aktualisierung der Botschaft der Schrift, durch die die Gläubigen bewegt werden, die Gegenwart und Wirksamkeit des Wortes Gottes im Heute des eigenen Lebens zu entdecken. Sie muss zum Verständnis des gefeierten Geheimnisses führen und zur Mission einladen, indem sie die Gemeinde auf das Glaubensbekenntnis, das allgemeine Gebet und die eucharistische Liturgie vorbereitet. Folglich muss jenen, die durch ihren besonderen Dienst mit dem Predigen betraut sind, diese Aufgabe wirklich am Herzen liegen. Zu vermeiden sind allgemein gehaltene und abstrakte Predigten, die die Einfachheit des Wortes Gottes verdunkeln, ebenso wie nutzlose Abschweifungen, bei denen Gefahr besteht, dass sie die Aufmerksamkeit mehr auf den Prediger als auf den Kernpunkt der Botschaft des Evangeliums lenken. Die Gläubigen müssen deutlich erkennen, dass es dem Prediger am Herzen liegt, Christus aufzuzeigen, der im Mittelpunkt einer jeden Predigt stehen muss. Die Prediger müssen daher mit dem heiligen Text vertraut sein und unablässig mit ihm in Kontakt stehen (vgl. DV 25); sie müssen sich in der Betrachtung und im Gebet auf die Predigt vorbereiten, um mit Überzeugung und Leidenschaft zu predigen. Die Synodenversammlung hat dazu aufgerufen, sich folgende Fragen vor Augen zu halten: ‚Was sagen die Lesungen, die verkündigt wurden? Was sagen sie mir persönlich? Was soll ich der Gemeinde sagen, unter Berücksichtigung ihrer konkreten Situation?' Der Prediger muss sich ‚als erster vom Wort Gottes, das er verkündet, befragen lassen', denn – wie der hl. Augustinus sagt – ‚wer das Wort Gottes äußerlich predigt und nicht in sein Innerstes hinein hört, wird zweifellos keine Frucht tragen'. Der Predigt an Sonn- und Feiertagen muss besondere Sorgfalt gewidmet werden; aber auch unter der Woche sollte es in der Messe *cum populo* nicht versäumt werden, dort, wo es möglich ist, kurze, der Situation angemessene Reflexionen anzubieten, um den Gläubigen zu helfen, das gehörte Wort anzunehmen und fruchtbar werden zu lassen" (Nr. 59 mit Zitat aus *Sacramentum Caritatis* Nr. 46 und der Propositio 15 der Bischofssynode sowie aus einer Predigt des Augustinus[445]).

Auch Papst Franziskus sorgt sich um die Qualität der Predigt und gibt für ihre Durchführung in für ihn typisch zupackender Art einige konkrete Hinweise. Er kommt an verschiedenen Stellen in diesem Buch zur Sprache. So kann hier ein Hinweis auf die rechte Sprache genügen:

„Ein anderes Merkmal ist die positive Sprache. Sie sagt nicht so sehr, was man nicht tun darf, sondern zeigt vielmehr, was wir besser machen können. Wenn sie einmal auf etwas Negatives hinweist, dann versucht sie immer, auch einen positiven Wert aufzuzeigen, der anzieht, um nicht bei der Klage, beim Gejammer, bei der Kritik oder bei Gewissensbissen stehen zu bleiben. Außerdem gibt eine positive Verkündigung immer Hoffnung, orientiert auf die Zukunft hin und lässt uns nicht eingeschlossen im Negativen zurück. Wie gut ist es, wenn sich Priester, Diakone und Laien regelmäßig treffen, um gemeinsam Mittel und Wege zu finden, um die Verkündigung attraktiver zu gestalten!"[446]

Zur Erneuerung der Predigt im umfassenden Sinn beitragen will schließlich das „Homiletische Direktorium" von 2014.[447] Zum ersten Mal ist damit ein vatikanisches Dokument ausschließlich der eucharistischen Homilie gewidmet (also nicht dem viel weiteren Feld der Predigt überhaupt!). Es zeichnet sich neben dem Versuch einer Theologie der Predigt durch zweierlei aus: eine Anregung zu Predigtthemen im Kirchenjahr und eine entsprechende Auswahl von Bezügen zum „Katechismus der Katholischen Kirche", so dass die regelmäßige Sonn- und Feiertagspredigt zugleich das Gesamt des Glaubens im Sinn einer katechetischen Predigt erschließt.

Denkanstoß

Man wird die kirchliche Ordnung zur Laienpredigt am besten verstehen, wenn man sich den Sinn jeder Ordnung vor Augen führt, nämlich Verhaltenssicherheit zu schaffen. D.h. in ihrem Rahmen wird ein mutiges Handeln möglich, das sich nicht ängstlich nach links und rechts absichern muss oder das sich darauf beschränkt, bewährte Verhaltensmuster zu imitieren, in diesem Fall also die Laienpredigt nach dem Muster der eucharistischen Homilie zu gestalten. Gerade die missionarische Situation der Erstevangelisierung verlangt nun aber mutige Experimente in der Verkündigung, um eine hörbare Stimme etwa in der Jugendszene, im Vereinsleben, unter Migrantengruppen, in den neuen Medien, beim Sport oder im Urlaub zu verkörpern. Erstevangelisierung ruft gleichzeitig nach der Verkündigung von Gleichen an Gleiche, also etwa nach Jugendlichen, die gleichaltrige Freunde und Bekannte ansprechen. Damit ist sie eine Domäne des Laienapostolates. Sie eröffnet ein weites Feld von neuen Predigtformen für Laien, die in Form und Inhalten weit von der gewohnten liturgischen Predigt entfernt sind – und es auch legitimerweise sein können. Begeben Sie sich daraufhin in Gedanken an verschiedene Orte heutigen Lebens und experimentieren Sie in aller kreativen Lust, wie dort „Predigt" aussehen könnte. Haben Sie dabei auch den Mut zur Grenzüberschreitung, also einer Verkündigung, die Elemente von Entertainment, Kunst oder Tratsch aufgreift.

Kurz und bündig

3.1 Es gibt verschiedene Versuche, in der Vielfalt der Predigten bestimmte Formen bzw. Typen zu erkennen. Hier wird vorgeschlagen, sie nach drei Spannungspolen hin zu unterscheiden:
– Schrift- vs. thematische Predigt,
– kursorisch vs. punktuell und
– Ansatz beim Glauben vs. beim Leben.
Unabhängig davon wurden elf anlassbezogene Predigtformen vorgestellt.
3.2 Zu allen Zeiten hat das liturgische und das kanonische Recht die Bedeutung der Predigt für das Leben der Kirche erkannt, gefördert und dafür verlässliche Ordnungen geschaffen. Das II. Vatikanische Konzil steht in dieser Tradition (bes. des Konzils von Trient), setzt dabei aber einige Akzente, die in der nachkonziliaren Ordnung und im CIC von 1983 festgehalten werden:

- Das Predigtwort wird als Vergegenwärtigung Christi und als Teil der Liturgie verstanden – darum ist es stets auf das in der Liturgie vorgetragene Schriftwort bezogen;
- eine zumindest kurze Predigt wird zum Regelfall aller sakramentlichen Feiern;
- auch den Laien wird aufgrund ihres prophetischen Amtes in besonderen Fällen die Möglichkeit zur Predigt eröffnet – allerdings nicht als eucharistische Homilie.

4. Prediger – Hörer – Schrifttext: das homiletische Dreieck

Die ersten drei Kapitel waren Grundfragen der Predigt gewidmet. Das vierte Kapitel leitet nun über zur eigentlichen Predigtpraxis. Wer ist beim Predigen beteiligt? Natürlich derjenige, der predigt. Nicht weniger aber die Hörer, also diejenigen, mit denen die Prediger kommunizieren. Schließlich der auszulegende Schrifttext, der beide miteinander verbindet: das Wort Gottes, das in der Predigt zum Sprechen kommt und das von den Hörerinnen und Hörern in Glaube, Hoffnung und Liebe aufgenommen werden will.

Gut gesagt
> Um recht zu predigen, thu' vor jeder Predigt drei Blicke, einen auf die Tiefe deines Elends, einen andern auf die Tiefe des menschlichen Elends um dich her, und den dritten auf die göttliche Liebe in Jesus, damit du leer von dir, und voll des Erbarmens gegen deines Gleichen, Gottes Trost in die Menschenherzen legen kannst.
>
> *Johann Michael Sailer*, Rat eines alten an junge Prediger, in: ders., Fortsetzung der Beiträge zur Bildung des Geistlichen, oder zur Pastoraltheologie (= Johann Michael Sailer's sämmtliche Werke. Hg. von Joseph Widmer. Bd. 20), Sulzbach 1839, 100

An einem Ambo in der Kirche finden sich links und rechts dunkle Stellen. Unzählige Prediger haben sie mit vielleicht schweißfeuchten Händen angefasst, sie haben sich dort festgehalten angesichts der Schar der Gläubigen. Warum? Weil Predigen Ohnmacht mit sich bringt: mit seinem Wort für den Herrn einzustehen, ungewiss, was die Hörer damit machen werden. Der Prediger steht wie in einem elektromagnetischen Feld zwischen den Polen des Wortes Gottes und des Volkes Gottes:

> „Der Prediger muss auch ein Ohr *beim Volk* haben, um herauszufinden, was für die Gläubigen zu hören notwendig ist. Ein Prediger ist ein Kontemplativer, der seine Betrachtung auf das Wort Gottes und auch auf das Volk richtet."[448]

4. Prediger – Hörer – Schrifttext: das homiletische Dreieck

Diese Spannung hat die homiletische Literatur im Modell des homiletischen Dreiecks veranschaulicht.[449] Danach entwickelt sich die Predigt in einer spannungsvollen, lebendigen Wechselwirkung zwischen dem Prediger, dem Hörer und dem Text. Das klingt nun freilich ein wenig hausbacken. Bläht es nicht Selbstverständlichkeiten unnötig auf? Nicht, wenn man den springenden Punkt des Modells im Auge behält: Keiner der drei Pole ist unabhängig vom anderen zu bestimmen. Denn in der Predigt kommt es zu Wechselwirkungen zwischen allen dreien, und daraus entsteht etwas Einmaliges: das Sprachereignis der Predigt. Davon versprechen wir uns auch den Erkenntnisgewinn dieses Kapitels: einen Sinn dafür entwickeln, was die Predigt mit allen dreien „macht".

– Der *Schrifttext* verwandelt sich von einem Gegenstand, den man nach allen Regeln der exegetischen Kunst behandeln kann, in das, was er in Wirklichkeit ist: das Wort Gottes im Sinn eines *genitivus subjectivus,* also das Wort, das Gott selbst zu seinem Volk souverän, überraschend und niemals vom Menschen manipulierbar spricht.

– Ebenso verwandelt sich der *Hörer* von einem Objekt der Belehrung, Beschwörung, Beeindruckung oder gar der leeren Beschallung zu einem überaus eigensinnigen Konglomerat von Hörerinnen und Hörern, die sich höchst aktiv selbst etwas beim Hören denken.

– Schließlich verwandelt sich auch das *Ich des Predigers*: Seine ihm institutionell zukommenden Rollen wie Priester, Liturge, Pfarrer, Gemeindevorsteher, Laienseelsorger o. Ä. gehen in den Praxistest – und da kann sich zeigen, dass eine hohe amtliche Autorität nicht von einer entsprechenden Ausstrahlung gedeckt ist.[450] Auch seine Persönlichkeit, sein Charakter und seine psychische Konstitution, seine kommunikativen, spirituellen und theologischen Kompetenzen stehen auf dem Prüfstand. Vor allem aber tritt er nicht als charismatischer Star vor die Gemeinde, der sich von ihr feiern lässt, sondern als Hörer eines Wortes, das allein er groß sein lässt.

Betrachten wir dieses homiletische Dreieck zunächst als Ganzes (4.1). Dafür bieten uns die Sprach- und Kommunikationswissenschaften einige wichtige Einsichten. Danach wenden wir uns den drei einzelnen Polen zu: dem Prediger, dem Hörer und dem Schrifttext (4.2–4.4).

4.1 Kommunikationswissenschaftliche Erkenntnisse zum Predigtgeschehen

Literatur: *Karl Wilhelm Dahm,* Hören und Verstehen. Kommunikationssoziologische Überlegungen zur gegenwärtigen Predigtnot (1970/71), in: Lesebuch 242–252 (erste Überlegungen auf der Grundlage empirischer Forschung); *Wilfried Engemann,* Semiotische Homiletik. Prämissen – Analysen – Konsequenzen, Tübingen-Basel 1993 (Rezeption semiotischer

Zugangsweisen zur Kommunikation und zum Predigtgeschehen); *Henning Luther,* Predigt als Handlung. Überlegungen zur Pragmatik des Predigens, in: Lesebuch 222–239 (grundsätzliche Auseinandersetzung); *Peter Kohl,* Die Taufpredigt als Intervention. Eine Untersuchung zum homiletischen Ertrag des Interventionsmodells (= STPS 21), Würzburg 1996 (Anwendung des Interventionsmodells).

Theologen sind – wie wahrscheinlich der Großteil der Menschheit – gerne Wunschdenker. Das scheint ihnen das Vorrecht zu verleihen, sich nicht der Realität stellen zu müssen, sondern sie über-reden zu können. Wie viele Zeitgenossen überlagern sie das, was ist, mit dem, was sein könnte, sollte, müsste. So kommt es selbstverständlich über ihre Lippen: „Ich verkünde das Evangelium", so als könnte bei ihrer Predigt gar nichts anderes zur Sprache kommen als das reine Wort Gottes. Und das mehr oder weniger andächtige Schweigen der Gläubigen werten sie als Zustimmung. Höchste Zeit also für die nüchterne Selbstprüfung: Was geschieht wirklich beim Vortrag einer Predigt? Dazu sollen einige Modelle der Kommunikation vorgestellt werden. Welche Elemente enthält das Predigtgeschehen? Welche Prozesse spielen sich dabei ab? Was entscheidet über Erfolg und Misserfolg? Zwei recht unterschiedliche Strömungen der Kommunikationswissenschaften sollen dafür knapp und praxisorientiert ins Auge gefasst werden. Sie sind deshalb ausgewählt, weil sie einerseits für ihr Verständnis keine unerreichbaren Fachkenntnisse voraussetzen und andererseits zur Verbesserung der Predigt mehr beitragen als bloß ein wenig heiße Luft:

- *Sprachphilosophische Ansätze* bei Karl Bühlers „Organonmodell" und dem darauf basierenden „Vier-Ohren-Modell" von Friedemann Schulz von Thun (4.1.1) sowie die Sprechakttheorie von John Langshaw Austin und John Searle (4.1.2). Sie zeigen vor allem, dass beim Reden und Hören auf vielen Ebenen etwas geschieht. Das meiste davon hat man in der Regel gar nicht vor Augen, wenn man im Sprechen bloß ein Mitteilen von Inhalten sieht.
- *Kognitionspsychologische Ansätze* auf der Grundlage bahnbrechender Erkenntnisse der Neuropsychologie. Sie führen in die faszinierende Welt des Innenlebens der Sinne, des Fühlens und des Denkens im Gehirn ein und zeigen, wie Impulse von außen aufgenommen und verarbeitet werden und unter welchen Bedingungen man etwas nachhaltig lernen kann.

4.1.1 Karl Bühlers Organonmodell als Ausgangspunkt

Karl Bühler (1879–1963) widmete sich als Mediziner, Psychologe und Philosoph dem Phänomen Sprache. Dabei fragte er nicht danach, was ihre Aussagen bedeuten und inwiefern sie wahr sind, sondern danach, was geschieht, wenn wir sprechen. Damit steht er mitten in einer Hauptrichtung der neueren Sprachphilosophie, die Sprechen als Handeln begreift. „Wörter sind Taten", verkündet Ludwig

Wittgenstein als ihr Programm.⁴⁵¹ Darum kann Sprache nur in Handlungszusammenhängen begriffen werden, und Wahrheit ist gewissermaßen eine spezifische Auswirkung einer Sprachhandlung. Karl Bühler nun beschäftigte sich besonders mit der Sprachentwicklung von Kleinkindern, und an ihnen konnte er *in statu nascendi* die vielfältigen Funktionen des Sprechens beobachten. An diesen Beobachtungen entwickelte er sein „Organonmodell" der Sprache, das in seiner Einfachheit und Evidenz klassisch geworden ist und vielen späteren Ansätzen zum Ausgangspunkt dient. Er selbst hat sein Modell mehrfach weiterentwickelt, es dabei aber nicht grundlegend verändert. Den Begriff „Organon (ὄργανον) – Werkzeug" entnimmt er dem sprachphilosophischen Dialog „Kratylos" des Platon, wo dieser damit die Sprache als „Werkzeug", mit dem ein Mensch einem anderen bestimmte Dinge mitteilt, auffasst.⁴⁵² Sprecher – Hörer – Dinge, diese drei Pole sind auch für Bühler grundlegend: ein „Sender", ein „Empfänger" und Gegenstände und Sachverhalte, auf die sich die Mitteilung bezieht. Diese drei werden durch das „Organon" der Sprache miteinander verbunden. An diesen drei Polen erfüllt das Sprechen eine jeweils eigene Aufgabe:

– Seitens des *Senders* wird es zum Selbstausdruck bzw. Symptom seiner Auffassungen und Befindlichkeiten. „Ich geh mal ein paar Minuten nach draußen, um eine Zigarette zu rauchen", mag bei einer Festlichkeit ausdrücken: „Das lange Herumsitzen und die langweiligen Gespräche öden mich an." Die Predigt ist also immer „meine" Predigt, also ein Bekenntnis von dem, wovon ich überzeugt bin, was ich glaube, was mich bewegt, was mich geprägt hat und was ich bewirken will. Mehr noch, die Predigt bringt meine ganze Persönlichkeit zum Ausdruck, also auch meine Widersprüche und Spannungen, meinen Charakter, meine Grenzen, meine Ecken und Kanten, geistlich gesehen auch meinen Unglauben und meine Verstockung – und all das spricht massiv als Subtext des gesprochenen Wortes mit, wie wir noch in 4.2 zur Person des Predigers erörtern werden.

– Im Blick auf den *Empfänger* wird das Sprechen zum Appell bzw. Signal, sich in einer bestimmten Weise zu verhalten. Der erwähnte Freund des blauen Dunstes fordert mit seinem Satz dazu auf, ihn mehr in die Gespräche einzubeziehen und dabei Themen zu wählen, die ihn interessieren. Selbst eine rein informativ gemeinte Predigt verlangt immer ein bestimmtes Verhalten der Hörerinnen und Hörer, und sei es nur Stille, Aufmerksamkeit, Wohlwollen und die Bereitschaft, das Gesagte geistig zu verarbeiten. Ja, es springt oft geradezu in die Augen, wie weit die Ebene des Inhalts und die des Appells auseinanderklaffen. Da kann der Inhalt der grenzenlosen Barmherzigkeit Gottes in Spannung stehen zu einem ausgesprochenen Machtanspruch des Predigers, der keine andere Meinung als die eigene ertragen will.

– Im Blick auf *Gegenstände und Sachverhalte* erfüllt das Sprechen die Funktion der Darstellung bzw. der Aussage. Eine bestimmte Sicht der Dinge soll vermittelt werden. So teilt der Raucher den Versammelten mit, dass er den Raum nur für einige Minuten verlassen, sie bald aber wieder mit seiner Anwesenheit beglücken wird. Das ist nun endlich die Ebene, die den meisten Predigerinnen und Predigern am geläufigsten ist: der Sach- und Inhaltsbezug, also das Reden über etwas. Doch auch hier kann man sich fragen: Wie sachlich ist das Gesagte eigentlich? Werden vielleicht Inhalte instrumentalisiert, um den anderen bestimmte Meinungen „hineinzudrücken"?

Mithilfe seines Modells hat Bühler später herausgearbeitet, wie Menschen sich sprachlich verständigen und woran dies scheitern kann. Für den Prediger ist dies von höchster Bedeutung, denn er hat in der Regel kaum Instrumente, mit denen er überprüfen kann, ob er sich wirklich verständlich gemacht hat. Bei seinem Monolog kommt es nur selten zu eindeutigen Reaktionen, auch nach dem Gottesdienst erhält er oft wenig Echo, und die Predigt findet keine Fortsetzung in Alltagsgesprächen vor der Kirchentür. Bühler untersuchte nun, wie das psychophysische System von Sender und Empfänger auf die Reize der Außenwelt reagiert. Jeder hat ein grundlegend anderes Bild von der Außenwelt. Mithilfe der Sprache versucht der Sender, dem Empfänger sein Bild zu kommunizieren. Doch dieser nimmt dessen Äußerung auf seine eigene Weise wahr – u. U. ganz anders, als der Sender es verstanden hat. Diese Eigengesetzlichkeit jedes Individuums bei der Reizverarbeitung und dem Aufbau eines Welt-Bildes liegt übrigens auch der neueren Kognitionspsychologie zugrunde, die im Anschluss noch vorgestellt werden wird (4.1.3).

Friedemann Schulz von Thun (* 1944) hat Bühlers Modell popularisiert und ist dabei in den 1980er Jahren zu einer Art „Kommunikations-Papst" geworden.[453] Auch in kirchlichen Gruppen und Kreisen zog man sich gerne an Schulz von Thuns bekannt-beliebten „vier Ohren", dem Selbstoffenbarungs-, dem Appell-, dem Sach- und dem Beziehungs-Ohr. Dabei entsprechen die ersten drei Aspekte einer Sprachhandlung den drei Seiten des „Organons" bei Karl Bühler. Den vierten Aspekt, die Beziehung, hat Schulz von Thun neu hinzugefügt, um die Bedeutung des Sprechens für eine Beziehung ausdrücklicher beachten zu können.

Selbstoffenbarungs-Aspekt	Was sagt jemand über sich selbst?
Appell-Aspekt	Was wünscht jemand vom anderen?
Sach-Aspekt	Worüber spricht er?
Beziehungs-Aspekt	Wie verhält er sich zum anderen?

Welchen Gewinn kann man daraus für das genauere Verständnis der Predigtsituation ziehen[454]? Sie darf nicht auf die Inhaltsseite verkürzt werden, den Sach-Aspekt, also Botschaft, Verkündigung und Lehre. Bei jeder Predigt geschieht auch einiges hinsichtlich der drei anderen Aspekte. Das ist allerdings mehr als bloß ein Kollateralschaden, den man möglichst klein halten sollte. Denn die christliche Predigt ist ja weit mehr als die Mitteilung von Inhalten. Sie ist auch persönliches

Glaubenszeugnis (Selbstoffenbarung), sie möchte auf die Lebensführung der Hörer einwirken (Appell) und sie dient dem Aufbau der christlichen Gemeinde (Beziehung). Wie also gelingen ihr diese drei weiteren Aufgaben und wie macht man vielleicht sogar auf einer Ebene genau das zunichte, was sie auf der anderen Ebene zu erreichen sucht? Wessen Selbstoffenbarung etwa unglaubwürdig wirkt, vor dessen Appellen werden die Hörer in der Regel auch mauern. Oder wo die Beziehung nicht von Vertrauen und Interesse geprägt ist, werden Hörer auch kaum die Motivation aufbringen, die Inhalte der Predigt aufzunehmen.

Die beiden Modelle Bühlers und Schulz von Thuns besitzen den Charme der Einfachheit. Vereinfachung ist die wichtigste Leistung wissenschaftlicher Modelle. Hier macht sie die hochkomplexen Vorgänge der Kommunikation durchschaubar und gibt der Analyse anschauliche Kriterien an die Hand. Freilich blendet sie dadurch zwangsläufig andere Aspekte aus. Nennen wir vier solcher Leerstellen:

1. Eigenartigerweise erscheint die **Sprechsituation** irrelevant. Doch sie geht entscheidend in die Sprachhandlung ein. Die erwähnte Raucherpause kann in einem spannungsvollen Moment des Gesprächs als Verweigerung gedeutet werden, während sie ansonsten vielleicht bloß als sozial akzeptiertes Laster belächelt wird.

2. Ebenso ist die Körpersprache und damit die **nonverbale Kommunikation** noch nicht gewürdigt. Es wäre naiv anzunehmen, dass diese den sprachlichen Ausdruck nur in Gestik und Mimik verstärkt. Im Gegenteil, sie kann ihn sogar konterkarieren. „Es macht riesig Spaß", dieser Satz straft sich selbst Lügen, wenn er von einem müden Lächeln begleitet ist.

3. Die Modelle reduzieren den kommunikativen Fluss auf einen einzigen Moment, auf einen **einzigen Satz**. Weder das Hin und Her von Rede und Gegenrede noch die Einbettung des Satzes in seinen Kontext finden Beachtung.

4. Sender und Empfänger, also die beteiligten Personen, und der **Bezug zu Gegenständen und Sachverhalten** werden auf derselben Ebene behandelt. Dennoch treten sie in der Situation deutlich in unterschiedlicher Weise in Erscheinung: Personen reden zueinander, während man *über* Gegenstände und Sachverhalte spricht. Die Objektivierungsleistung der Sprache, ihre Loslösung von der expressiven hin zur darstellenden Funktion, wie sie Helmuth Plessner eindrucksvoll beschrieben hat (s. o. 1.2), also ihr Weltbezug und ihre Wahrheitsfähigkeit stellen eine eigene Qualität dar.[455] In der Tat werden Bühler und Schulz von Thun aber zumeist nur angeführt, um gegen die Darstellungsseite der Sprache ihre anderen Funktionen ins rechte Licht zu rücken. Dabei steht nichts weniger als die Geistigkeit des Menschen als ζῷον λόγον ἔχον (*zoon logon echon*: ein Lebewesen, welches das Wort/Vernunft besitzt) auf dem Spiel. In der Rede treten Sprecher wie Hörer in eine andere Art des Weltbezuges ein. Im Gesagten erscheint eine Vorstellung von der Welt, die nicht mehr bloß nach Reiz und Reaktion, nach Ursache und Wirkung aufgebaut ist, sondern nach Einsicht, Erkenntnis und

Universalität. Das schöne Wort des Augustinus über sein letztes Gespräch mit seiner Mutter haben wir schon angeführt: „inter nos apud praesentem veritatem – unter uns im Angesicht der Wahrheit"[456]. Im Sprechen kann die Wahrheit selbst in Erscheinung treten. Die christliche Predigt geht sogar noch einmal einen Schritt weiter: Im Menschenwort wird Gottes Wort, Christus selbst, gegenwärtig. Darum sollen Selbstausdruck und Appell nicht den Bezug zum Inhalt überlagern, sondern ihm dienen: *Denn ich hatte mich entschlossen, bei euch nichts zu wissen außer Jesus Christus, und zwar als den Gekreuzigten* (1 Kor 2,2).

Denkanstoß

Darstellung, Selbstausdruck und Appell können auf zwei Weisen wirken: wie jeder andere sinnliche Reiz als Auslöser einer Reaktion (also z.B. durch eine bedrohliche Stimme, ein unterdrücktes Gähnen oder ein Reden „wie ein Wasserfall") oder spezifisch sprachlich, indem sie Bedeutung und Sinn vermitteln (s.o. 1.2). Ersteres wirkt kausal, d.h. es erzeugt bei entsprechender Disposition entsprechende Wirkungen. Zweiteres eröffnet den Freiraum einer geistigen Auseinandersetzung mit dem „Organon", d.h. es wird von allen Beteiligten auf ihre Stimmigkeit innerhalb ihres Sinnhorizontes hin verstanden; je nachdem, was sich aus dieser Prüfung ergibt, fällt auch die Reaktion darauf aus. Beide Weisen entsprechen also der somatischen und der geistigen Seite des Sprechaktes. Inwiefern neigt heutige Kommunikation zu einer Dominanz der somatischen Seite? Wodurch kann man die geistige Seite fördern und die Hörer dadurch in ihrer Freiheit bestärken?

4.1.2 Die Sprechakttheorie von John L. Austin und John Searle

Aus anderen Gründen als Bühler kamen angelsächsische Sprachphilosophen seit den 1950er Jahren zu ähnlichen Schlussfolgerungen. In der Erkenntnistheorie verließen sie die seit der Philosophie Kants und des Deutschen Idealismus vorgegebene Spannung zwischen Sein und Bewusstsein bzw. in der Terminologie Immanuel Kants zwischen „Ding an sich" und „Ding für mich". Die dabei entwickelten Modelle waren ihnen zu spekulativ und zu wenig nachprüfbar. Nicht das Bewusstsein, sondern die Sprache stellt einen empirisch zugänglichen Ort dar, an dem Wahrheitsansprüche überprüft werden können. In diesem Zusammenhang spricht man gerne vom „linguistic turn – Wende zur Sprache" (Richard Rorty) der Philosophie. Ihre Paten sind der amerikanische Pragmatismus mit seinen wichtigsten Vertretern Charles Sanders Peirce (1839–1914) und William James (1842–1910) sowie der österreichische Philosoph Ludwig Wittgenstein (1889–1951); Letzterer versuchte noch in seinem „Tractatus logico-philosophicus" von 1921 eine streng wissenschaftliche positivistische Erkenntnistheorie, entwickelte später aber einen sprachpragmatischen Ansatz, nach dem der Sinn der Worte von ihrem Gebrauch abhängt. Das wichtigste Werk dafür sind seine „Philosophischen

Untersuchungen" von 1953. Dieser Ansatz ist auch für die Theologie und näherhin für die Homiletik bedeutsam geworden, weil Wittgenstein nun anders als früher auch religiöses Sprechen für sinnvoll und wichtig erachtet.[457]

Bei diesen Einsichten setzt die Sprechakttheorie an, die John Langshaw Austin entwickelt und die John Searle ausgebaut hat.[458] Sprechakttheorie bedeutet, dass Sprechen nur als Handeln („Akt") zu verstehen ist. Der sogenannte gesunde Menschenverstand geht zwar mit Goethes „Faust" vom Gegensatz zwischen Worten und Taten aus: „Der Worte sind genug gewechselt, lasst mich auch endlich Taten sehen" (Vorspiel auf dem Theater). Aber selbst bloße Aussagesätze lassen sich durch ein „Ich sage, dass ..." erweitern, also z. B.: „Ich sage, dass es heute regnen wird." Dadurch werden sie zu einem Akt, mit dem sich jemand in der Welt positioniert, in diesem Beispiel etwa, indem er seine Weigerung begründet, an einem Ausflug teilzunehmen. So sind selbst scheinbar rein objektive Aussagen über Sachverhalte gleichzeitig auch subjektive Stellungnahmen. Damit sind sie performativ-propositional: „Indem ein Sprecher etwas, genauer: etwas über etwas aussagt, setzt er zugleich etwas ins Werk."[459] Austins bahnbrechendes Werk „How to do things with words" versucht diese Leistung der Sprache auf drei Ebenen zu rekonstruieren. Danach besteht jeder Sprechakt aus drei Teilakten, einem lokutionären, einem illokutionären und einem perlokutionären, d. h. dem Sprechen selbst, der An-Sprache und der damit verbundenen Handlung. John Searle, um es gleich vorwegzunehmen, hat diesen drei Aspekten noch den vierten der Bezugnahme auf einen Inhalt („propositional") hinzugefügt – ganz ähnlich wie Schulz von Thun gegenüber dem Organonmodell von Karl Bühler.

1. **Lokutionär** (von lat. *locutio* – Akt des Sprechens) ist die reine Äußerung, also das Sprechen als Erzeugung von Lauten, die Handlung des „Etwas-Sagens" („saying something ‚in the full normal sense'"). Darin eingeschlossen ist:
– die Akustik *(phonetischer Akt)* bestimmter charakteristischer Laute, die als Sprache identifiziert werden können;
– die diesen sprachlichen Lauten zugrunde liegende Grammatik *(phatischer Akt)*;
– die Hermeneutik *(rhetischer Akt)* als Bezug der Laute zu Dingen, Geschehnissen und Bedeutungen.

Bei einer Predigt kann man also zunächst lokutionär nach den Mitteln fragen, mit denen ein Prediger seinen Auftritt gestaltet, angefangen von Lautstärke und Sprechtempo über das Sprachniveau bis hin zu den sprachlichen Ausdrucksformen.[460]

2. **Illokutionär** (ein künstlich gebildetes lateinisches Kompositum: *in-locutio* – An-Rede) wendet sich ein Sprecher an seine Hörer, um ihnen mit dem Gesagten etwas aus-zurichten, also etwa sie um etwas zu bitten („doing something *in* saying something", wie Austin sagt). Bei der Predigt wäre hier nach der Absicht des Sprechers zu fragen: Was will er mit ihr ausdrücken (Bühlers Selbstausdruck) und was erwartet er von den Hörern (Bühlers Appell)?

3. **Perlokutionär** (lateinisches Kunstwort: *per-locutio* – durch Reden [etwas bewirken]) gebraucht der Redner das Gesagte als Teil einer Interaktion, also etwa um seinen Hörern Mut zuzusprechen („doing something *by* saying something" – man beachte den Wechsel vom illokutionären „in" zum perlokutionären „by"). Hier würde man bei der Predigt fragen: Welche Wirkung übt sie auf die Versammelten aus?

4. Nach John Searle ist schließlich noch zusätzlich der **propositionale** Aspekt zu nennen, also der Bezug zum Inhalt. Was sagt eine Predigt aus? Ist das Gesagte wahr? Hilft es, sich in der Wirklichkeit zu orientieren?

Mit gutem Grund ist die Sprechakttheorie zu einem Klassiker in der Homiletik avanciert. Denn kaum irgendwo ist die Vielschichtigkeit der Kommunikation so sehr wie bei der Predigt mit Händen zu greifen. Predigt ist alles andere als bloß Mitteilung von Gedanken. Sie ist ein Geschehen, bei dem vieles gleichzeitig geschieht, und das beim Prediger ebenso wie bei jeder Hörerin und jedem Hörer verschieden. Dennoch ist sie nicht das reine Chaos. Akte, Handlungen werden menschlich dadurch, dass sie gerade in ihrer Vielschichtigkeit begreifbar und verantwortbar werden. So bewahrt die Sprechakttheorie bei der Predigtvorbereitung vor einer Blickverengung bloß auf die Botschaften, die man „herüberbringen" will, ebenso wie davor, nach gehaltener Predigt diese einfach „abzuhaken", anstatt sie im Nachhinein nach jedem der vier Aspekte hin auszuwerten.

Neben den genannten Modellen findet sich heute eine große Zahl weiterer kommunikationswissenschaftlicher Modelle und Ansätze. Deren Diskussion sei aber den Fachleuten überlassen. Ihr Erkenntnisgewinn für die Homiletik steht allerdings kaum im Verhältnis zum Aufwand, den man braucht, um ihre oft geradezu esoterische Fachsprache und ihre komplexen Denkmuster zu begreifen.

4.1.3 Kognitionspsychologie

Literatur: *Wilfried Härle,* Hirnforschung und Predigtarbeit. Beobachtungen, Überlegungen und praktische Konsequenzen, in: Praktische Theologie 47 (2012) 108–117; *Marina Klusendick,* Kognitionspsychologie. Einblicke in mentale Prozesse, in: *Gabriele Naderer /Eva Balzer* (Hg.), Qualitative Marktforschung in Theorie und Praxis, Wiesbaden 2007, 105–117 (dort auch weitere Literatur); *Richard G. M. Morris,* Lernen und Gedächtnis. Neurobiologische Mechanismen (= Reihe „Themen" 96), München 2013; *Angela Rinn,* Die kurze Form der Predigt. Interdisziplinäre Erwägungen zu einer Herausforderung für die Homiletik (= Arbeiten zur Pastoraltheologie, Liturgik und Hymnologie 86), Göttingen 2016, 71–112 (Rezeption neurowissenschaftlicher Einsichten für die Homiletik).

Während die vorgenannten Ansätze die Sprachwissenschaft bis in die 1970er Jahre beherrschten, mussten sie in den letzten vier Jahrzehnten die Vorherrschaft aber unverkennbar an kognitionspsychologische Modelle der Kommunikation

4. Prediger – Hörer – Schrifttext: das homiletische Dreieck

abtreten. Diese haben einen enormen Auftrieb erhalten durch die neueren Möglichkeiten der „neuro sciences" (Hirnforschung), neuronale Prozesse im Gehirn nichtinvasiv beobachten und aufzeichnen zu können. Man ist nicht mehr auf Spekulationen angewiesen, sondern kann mit verlässlichen Untersuchungsmethoden Grundfragen wie diese beantworten: Was und wie nimmt ein Mensch mithilfe seiner Sinne eigentlich wahr? Was heißt sich erinnern? Was geschieht beim Denken? Wie gelingen Lernprozesse? Die dabei gewonnenen Erkenntnisse sind zweifellos auch für die Predigtwirkungsforschung von größter Bedeutung. Skizzieren wir darum kurz die Vorgänge im Gehirn bei der Aufnahme von sprachlichen Reizen.

Die grundlegende Einsicht in mentale Prozesse bestätigt und veranschaulicht das alte Axiom der Scholastik: „Quidquid recipitur, ad modum recipientis recipitur. – Alle Wahrnehmung geschieht in der Art und Weise des Wahrnehmenden."[461] Die Aufnahme von Sinneseindrücken, Reizen, Informationen und sprachlichen Gehalten ist ein höchst individueller Prozess. Dabei ruft der Aufnehmende eine Vielzahl eigener Kräfte auf, und dementsprechend ist das, was aus einer Wahrnehmung entsteht, durch und durch subjektiv geprägt. Der wichtigste Filter für von außen Kommendes ist der Abgleich: „Wie passt es zu mir Bekanntem, zu bereits im Gehirn bestehenden Mustern?" D. h. vollkommen Neues und Fremdes kann man gar nicht aufnehmen, man lernt nur durch Vergleich mit Bekanntem. Aber – und das ist die gute Nachricht – man kann auch wirklich hinzulernen, kann Wissen erweitern, Einstellung verändern und Verhalten verbessern. D. h. Predigt hat Chancen, sie ist für die Hörerinnen und Hörer nicht nutzlos! Dass dabei das Neue in der Regel auch dem Bekannten angepasst werden muss – manchmal bis zur Unkenntlichkeit –, ist der Preis dafür, überhaupt etwas aufnehmen zu können. Dieser Filter ist unglaublich komplex und wird dem Einzelnen zumeist auch kaum bewusst. Er besteht aus Einstellungen, Vorerfahrungen, Wahrnehmungs- und Denkmustern, Motivationen und Werten, Lebenszielen und Handlungsroutinen und vielem anderen mehr. Als wäre das noch nicht genug, filtern schließlich auch Emotionen, ob und wie etwas Neues aufgenommen und verarbeitet wird. So bestätigt sich das Wort: „Man sieht nur, was man sehen will." Ein Beispiel: Weiße Margarine auf dem Frühstückstisch würde man wohl intuitiv verschmähen, denn sie hat eben gelb zu sein (auch wenn man im Grunde weiß, dass dies nur durch Farbstoffe erreicht wird, welche die Margarine wie Butter aussehen lassen sollen).

Eigentlich müsste diese Einsicht schon genügen, um Prediger nachdenklich zu machen. Die Vorstellung „Ich habe es den Leuten doch deutlich genug gesagt, da werden sie es schon begriffen haben!" ist mehr als naiv. Er mag von sich sagen: „Heute habe ich mein Thema aber nach allen Regeln der Kunst von A bis Z dargestellt!", diese dagegen empfanden seine Worte ziemlich abgehoben und konnten nichts damit anfangen. Er mag denken: „Heute habe ich mich einmal getraut und von Gericht, Hölle und Teufel gesprochen!", ein Zuhörer aber hat sich vielleicht ausschließlich für die Passage interessiert, bei der er von einem apokalyptischen Kinofilm berichtet hat. „Ach, ins Kino könnten ich und meine Frau auch einmal wieder gehen. Früher waren wir ganz begeisterte Film-Fans, aber seitdem die Kinder da sind …"

Was aber geschieht im Einzelnen bei der Aufnahme fremder Impulse, insbesondere solcher sprachlicher Art? Die Aufnahme und Verarbeitung fremder Reize geschieht auf mehreren Stufen:

1. Die **Sinneswahrnehmung** durch die bekannten fünf Sinne von Auge, Ohr, Nase, Zunge und Hand sowie den inneren Gleichgewichtssinn besteht aus einem komplexen Zerlegen und Zusammensetzen von Informationen („sensorisches Gedächtnis"). Das ist ein Wunder der Natur, denn die Wahrnehmungen aus allen Sinnen werden nicht bloß separat verarbeitet, sondern sie ergänzen sich gegenseitig und bilden einen synthetischen Gesamteindruck.[462] Synästhesie ist also keine Ausnahmeerscheinung, sondern Alltag. Am wichtigsten bei der sensorischen Wahrnehmung ist nun die Tatsache, dass sie mithilfe von Mustern (Klassifikationen) vorgeht, also z. B. einen Baum als Baum wahrnimmt („codiert") und nicht bloß als eine Fülle von mehr oder weniger grünen optischen Pixeln. Insofern trifft die Aussage tatsächlich zu: „Ich sehe einen Baum." Diese Muster sind in der Erinnerung abgespeichert und werden bei analogen Eindrücken aktiviert („entschlüsselt"). Mitaktiviert werden aber zugleich daran gleichsam haftende Assoziationen (Kontexte), so dass ein Sinneseindruck unwillkürlich z. B. auch Gefühle und Wünsche weckt – ein Mechanismus, den sich die Marktpsychologie mit geradezu unverschämtem Geschick zu eigen macht. So verwandelt das Top-Model im Bikini auf der Kühlerhaube der Rennsport-Messeneuheit dieses Auto zu einem Männlichkeitssymbol. Man ordnet etwas oder jemanden augenblicklich in bereits bekannte Schemata ein und beurteilt sie. Anders als allgemein angenommen entstehen Emotionen dabei nicht spontan, sondern sie „sind das Resultat einer kognitiven Bewertung eines Objekts"[463]. Ob Leute von etwas begeistert sind oder es ablehnen, ob es sie interessiert oder langweilt, hängt davon ab, wie sie es kognitiv in Beziehung setzen zu ihren langfristigen Motiven (d. h. ihren tief verwurzelten Antriebskräften). Entsteht dabei eine positive oder negative Beziehung, so regen sich entsprechende Gefühle. Hier ist auch das Einfallstor für gesellschaftlich dominante Vorstellungen, Prägungen durch Erziehung, Erfahrung und Gewohnheiten. „Kleider machen Leute", und darum setzt man sich in der Straßenbahn nur ungern neben einen Mann im „Penner"-Mantel. Dennoch ist der Mensch auch ein Genie im Bilden eines ersten Eindrucks. Mit einem Blick können ihm schwierigste Zusammenhänge vor Augen stehen, etwa die Persönlichkeit eines anderen, seine Absichten und seine Einstellungen. Liebe auf den ersten Blick ist also keineswegs eine Illusion. Im Gesicht des anderen, seiner Figur, seinem Auftreten und seiner Stimme liest man wie in einem offenen Buch.

Allerdings bleiben diese Augenblickseindrücke von wenigen hundert Millisekunden weitgehend unbewusst – und bestimmen darum nur umso wirksamer das Verhalten.[464]

2. Doch damit fängt die aktive Verarbeitung der Wahrnehmung erst an. Denn innerhalb weniger Millisekunden entscheidet sich, welche Informationen relevant sind und in das „**Arbeitsgedächtnis**" (früher auch Kurzzeitgedächtnis genannt) aufgenommen werden. Das erkennt man daran, dass sich nun die Aufmerksamkeit auf die Wahrnehmung richtet und ein Sinnesreiz erst bewusst wahrgenommen wird. Einem Autofahrer werden Kinder, die hinter einem Zaun auf einem Schulhof neben der Straße spielen, kaum auffallen, wohl aber, wenn sie auf dem Bürgersteig wild Fußball spielen und im nächsten Moment auf die Straße rennen könnten. Im Arbeitsgedächtnis wird also aus der ständigen Flut der Eindrücke radikal ausgewählt; maßgeblich dafür ist die Einschätzung der Relevanz. So kommt es zur berühmten „selektiven Wahrnehmung", die alles andere als ein Fehler ist. Denn ohne sie würde man sich und die Welt nicht mehr verstehen und unter der Überfülle von Eindrücken zusammenbrechen. Der Filter des Arbeitsgedächtnisses ist so wirkungsvoll, dass nur dasjenige, was in ihn gelangt, beim Menschen nachhaltig etwas in Denken oder Tun auslösen kann. Jeder, der von einem anderen etwas will, muss also im wahrsten Sinn des Wortes um Aufmerksamkeit betteln. Das ist eine hohe Kunst, denn einerseits muss das entsprechende Anliegen dem Betreffenden vertraut und bekannt erscheinen, andererseits muss es auf den ersten Blick – es geht um Millisekunden! – durch etwas Außergewöhnliches auffallen und jemandem als der Beachtung wert erscheinen.[465]

3. Als wären die Filter des sensorischen Gedächtnisses und des Arbeitsspeichers noch nicht engmaschig genug, kommt nun noch ein dritter Filter hinzu, der des **Langzeitgedächtnisses**. Nur was den Weg in seine heiligen Hallen hinein schafft, kann beim Betreffenden wirklich etwas bewegen. Dann hat er etwas gelernt. Dieser Filter arbeitet nun allerdings etwas anders als die beiden ersten. Wenn es einer Sache gelingt, dass das Arbeitsgedächtnis sich länger und intensiver mit ihr beschäftigt (also sich aktiv damit auseinandersetzt und sich nicht nur „berieseln" lässt), und wenn dies dann auch möglichst mehrfach geschieht (also wiederholt und vertieft wird), dann steigt die Wahrscheinlichkeit, dass etwas langfristig behalten und gelernt wird. Es gilt also,
– die Aufmerksamkeit der Hörer zu gewinnen, und dies möglichst wiederholt;
– Freude an der Sache zu wecken und
– nach der Devise „Übung macht den Meister" das Wichtige ausreichend lange und auch immer einmal wieder zu präsentieren.

Im Langzeitgedächtnis werden Informationen individuell codiert gespeichert, d. h. entsprechend der Bedeutung, die der Betreffende ihnen selbst gibt, und sie werden in das bereits bestehende Ordnungssystem im Gehirn eingebaut, d. h. sie erhalten ihren Platz an einer bestimmten Stelle und damit verknüpft mit bestimm-

ten Inhalten, Gefühlen und Handlungsroutinen. Die Bedeutung dieser neurowissenschaftlichen Erkenntnisse für die Predigt liegt auf der Hand:
- *Sensorisch* muss sie Reize setzen, die auffallen. Das bedeutet nun freilich nicht, sich in allen Farben des Regenbogens zu kleiden und am Ambo eine Show abzuziehen. Der sakrale Raum und die Atmosphäre des Schweigens erleichtern von selbst ein konzentriertes Zuhören. Dennoch verlangen auch die Sinne ihr Recht: Bewegung fällt auf, Variation der Stimme und Dynamik des Redeflusses.
- Entscheidend aber ist der zweite Schritt: Das *Arbeitsgedächtnis* soll dem Gehörten die Aufmerksamkeit zuwenden. Dann steht es im Vordergrund des Bewusstseins. Hier liegt die Herausforderung für den Redner, der allein durch das Wort die Spannung halten muss, damit die Hörer nicht abschweifen und bloß ihren eigenen Gedanken nachhängen. Aufmerksamkeit aber wird da geschaffen, wo jemand merkt: „Tua res agitur. – Es geht um dich." Darum die unerbittliche Frage an jeden Teil der Predigt: Wie kann das die Leute interessieren?
- Und schließlich das *Langzeitgedächtnis:* Wie gelingt es, aktive Auseinandersetzung zu stimulieren, also Nachdenken, Übertragen, Anwenden, Probleme lösen, Kritik üben usw.? Das kann und darf man den Hörern nicht abnehmen, wohl aber kann und soll man ihnen dafür Steilvorlagen liefern.

Endlich auf die Gefahr hin, redundant zu werden: Keine Scheu vor Wiederholungen (natürlich in anderer Form und nie als Langweiler), und zwar in derselben Predigt ebenso wie bei der nächsten Gelegenheit! Grundwahrheiten des Glaubens müssen immer wieder angesprochen werden, sonst geraten sie in Vergessenheit, d. h. sie verlieren sich aus dem Langzeitgedächtnis. Schließlich eine besonders schwere Aufgabe, der sich der christliche Verkündiger aber gewissermaßen hauptamtlich zu widmen hat: Die μετάνοια *(metanoia)*, die Umkehr, wörtlich das Um-denken, ist hirnphysiologisch das Unwahrscheinlichste, was es gibt. Normalerweise wird der neue Wein dagegen in die alten Schläuche der Denk-, Fühl- und Handlungsschemata gegossen. Wenn die Leute dem Prediger gelegentlich preisgeben, wie sie seine Worte verstanden haben, kann er manchmal nur die Hände über dem Kopf zusammenschlagen: „Wie dieser Dickschädel einen klar geäußerten Gedanken nur so verdrehen kann!" Nun, es mag ihn trösten: Genauso geht es auch in seinem eigenen Schädel zu. Eine grundlegende Neuorganisation der inneren Welt kann nur da geschehen, wo jemand durch Schlüsselerlebnisse oder Gedankenblitze mit einem Mal alles in einem neuen Licht sieht und auch dazu motiviert ist, seine Schemata neu zu organisieren. Diese Motivation kann aus der Frustration mit dem Bestehenden erwachsen oder aus der Verlockung durch das Andere – am besten natürlich aus beidem. Ob der Verkünder dazu beitragen kann? Wenn es um das Heil geht, kann man sich die Latte nicht hoch genug legen!

Übung

Erzählen Sie die letzte Predigt, die Ihnen im Gedächtnis geblieben ist, wenn möglich in ihren einzelnen logischen Schritten bzw. Aussagen nach. An welchen Punkten stellen Sie dabei Gedächtnislücken fest? Können Sie sich die Ursachen dafür vorstellen, also infolge von Schwächen beim Inhalt oder beim Vortrag?

4.2 Prediger

Literatur: *Axel Denecke,* Persönlich predigen, Gütersloh 1979 (vier Predigerprofile im Anschluss an Riemann); *Ottmar Fuchs,* Sprechen in Gegensätzen. Meinung und Gegenmeinung in kirchlicher Rede, München 1978 (Grundlegung des Axioms in seiner Dissertation); *ders.,* Die lebendige Predigt, München 1978 (Untersuchung der Wertungsstrukturen in der Predigt zu Lk 6,20–26); *Wilfried Engemann,* Persönlichkeitsstruktur und Predigt. Homiletik aus transaktionsanalytischer Sicht, Berlin ²1992; *Fritz Riemann,* Die Persönlichkeit des Predigers aus tiefenpsychologischer Sicht, in: *Richard Riess* (Hg.), Perspektiven der Pastoralpsychologie, Göttingen 1974, 152–166 (viel zitierter Klassiker); *Richard Riess,* Zur pastoralpsychologischen Problematik des Predigers, in: Lesebuch 154–176 (breiter Forschungsüberblick mit Einordnung des Ansatzes von Riemann); *Friedrich Wintzer,* Tendenzen in der Homiletik, in: ThR 52 (1987) 182–211, hier 186–190 (Literaturüberblick); *Rolf Zerfass/Franz Kamphaus* (Hg.) (in Zusammenarbeit mit dem Comenius-Institut), Die Kompetenz des Predigers im Spannungsfeld zwischen Rolle und Person, Münster 1979 (ökumenisch).

Gut gesagt

Wir hatten es aufgeschoben, dies nach Kräften noch etwas ausführlicher zu behandeln, für den Fall, dass uns nach der Lesung noch Zeit und Kraft dafür bliebe. Wenn ich nun sage, dass ich noch reden kann, dann sagt ihr womöglich, dass ihr nicht mehr zuhören könnt. Vielleicht sagt ihr aber auch begierig: „Wir können noch zuhören." Es ist also wohl besser, wenn ich meine eigene Schwäche eingestehe, dass ich müde bin und nicht mehr weiterreden kann, als dass ich euch, die ihr schon gesättigt seid, noch weiter etwas einflöße, was ihr nicht mehr gut verdauen könnt.

Augustinus, Tractatus in Ioannem 19,20 (CCL 36,202,2–8)

Schrifttext, Hörer und Prediger verbinden sich im Akt der Predigt zu einem Ereignis, das auf jeden dieser drei zurückwirkt. Wenden wir uns nun den drei einzelnen Polen des homiletischen Dreiecks zu und beginnen mit der Person des Predigers. Die meisten Gläubigen zeigen erstaunlich viel Sympathie für ihre Prediger.[466] Doch Matthias Matussek spricht für viele, wenn er bemerkt, dass Geduld und Verständnis auch Grenzen haben:

„Die Predigt also. Sie ist Glückssache. Bisweilen gerate ich in Predigten, die eine beleidigende Unterforderung sind. Und dann heißt es, den eigenen Hochmut zu erkennen und den Menschen zu sehen, der da predigt und sich Mühe gibt, das Netz auszuwerfen. Aber bisweilen gibt es auch Routiniers, die sich so ganz empörend überhaupt keine Mühe geben."⁴⁶⁷

Meisterprediger erwarten die meisten also nicht, wohl aber Männer und Frauen Gottes, denen etwas an den Hörern liegt. Beinahe wie im Echo auf Matussek zeichnet Papst Franziskus darum die *conditio sine qua non* des Predigers:

> „Dieser mütterlich-kirchliche Bereich, in dem sich der Dialog des Herrn mit seinem Volk abspielt, muss durch die herzliche Nähe des Predigers, die Wärme des Tons seiner Stimme, die Milde des Stils seiner Sätze und die Freude seiner Gesten gefördert und gepflegt werden. Auch in den Fällen, wo die Predigt sich als etwas langweilig herausstellt, wird sie, wenn dieser mütterlich-kirchliche Geist gegeben ist, immer fruchtbar sein, so wie die langweiligen Ratschläge einer Mutter mit der Zeit im Herzen der Kinder Frucht bringen."⁴⁶⁸

Auf die Persönlichkeit also kommt es an: „Da vorne gibt einer sein Bestes, und er tut es uns zuliebe." Im Christentum hat die Glaubwürdigkeit des Predigers eine Schlüsselstellung erhalten, wie bereits Augustinus darlegte (s. o. 2.1.3.1). Doch so wahr das ist, so wenig aussagekräftig ist es noch. Denn das bedeutet nicht: Je engagierter einer am Ambo ist, umso wirkungsvoller ist er. Er mag mit den Armen fuchteln, die Stimme erheben, den Körper aufbäumen und niedersinken lassen, die Gemeinde kann es doch kalt lassen. Er mag engagiert sein, tief überzeugt von seiner Sache, und die Leute fühlen sich davon nur provoziert. Ja, dieselbe Persönlichkeit mag an einem Ort beliebt sein und anderswo verhasst. Lassen sich dann überhaupt mehr als bloße Allerweltsweisheiten zur Person des Predigers sagen? Spontan würden die meisten Hörer von ihm wohl verlangen: Weniger Worte und mehr Gehalt, weniger Leerformeln und mehr gelebter Glaube! Wer möchte, mag jetzt dieses Buch zuklappen und diesen Wunsch beherzigen – sicher zum Nutzen aller. Dennoch gibt das homiletische Dreieck mit den drei Funktionen der Rede nach Karl Bühler – Darstellung, Appell und Selbstausdruck – Orientierung: Ein Prediger soll eine intensive Botschaft hörergerecht und authentisch zur Sprache bringen. Wer homiletisch wirkt, ist vom Wort Gottes in den Dienst der Gläubigen genommen und macht dabei oft erstaunliche Erfahrungen mit der eigenen Persönlichkeit. Prediger (4.2), Hörer (4.3) und Schrifttext (4.4) bilden die drei Pole, zwischen denen sich eine Predigt entfaltet.

Beginnen wir also mit dem Prediger bzw. der Predigerin. Ihre Persönlichkeit steht im Dienst am Wort Gottes. Dieser Dienst weist die zwei Seiten einer Medaille auf, Entpersönlichung und Personalisierung. Zum einen nimmt sie die Botschaftsseite derart in Pflicht, dass man tatsächlich von einer Entpersönlichung sprechen kann. Denn nach der biblischen „Rhetorik des Glaubens" (1.3) haben sie nicht eigene Gedanken über das Wort Gottes zu entwickeln, sondern dieses

4. Prediger – Hörer – Schrifttext: das homiletische Dreieck 215

selbst auszurichten. Wer predigt, ist Bote der Botschaft, *keryx* des Kerygmas. Er spricht im Namen Gottes und spricht das aus, was Gott seiner Gemeinde zu sagen hat. Mehr noch, dass er spricht, verdankt er einer Weihe oder einem Auftrag durch die Kirche. Ihr ist das *Wort der Wahrheit* (Ps 119,43; 2 Kor 6,7; Eph 1,13; Jak 1,18) anvertraut, und sie darf darauf vertrauen, dass er es verkündet und nicht verstümmelt: „Niemals sollen sie ihre eigenen Gedanken vortragen, sondern immer Gottes Wort lehren und alle eindringlich zur Umkehr und zur Heiligung bewegen, ob sie nun durch eine vorbildliche Lebensführung Ungläubige für Gott gewinnen oder in der ausdrücklichen Verkündigung den Nichtglaubenden das Geheimnis Christi erschließen; ob sie Christenlehre erteilen, die Lehre der Kirche darlegen oder aktuelle Fragen im Licht Christi zu beantworten suchen" (PO 4). Diese Entpersönlichung der Verkündigung zeigt sich in der Amtlichkeit (bzw. kirchlichen Beauftragung) des Predigers, in der Treue zur kirchlichen Lehre ebenso wie im Respekt für die vorgegebene Ordnung.

– *Amtlichkeit (bzw. kirchliche Beauftragung) des Predigers:* Predigen zu dürfen ist ein großes Privileg, schon rein menschlich gesehen. Da darf jemand vor eine Menge von Menschen treten und die Stimme über eine geraume Zeit erheben, er darf Aufmerksamkeit und Sympathie erwarten und sogar mit einer gewissen Autorität letzte Fragen behandeln, obwohl viele der Zuhörer ihn an Lebenserfahrung, Glaubenskraft und wohl auch Redetalent um Haupteslänge überragen. Dass er das tun darf, verdankt er der Kirche. Er predigt also kraft eines Amtes und einer Sendung, die von den Gläubigen Respekt verlangen dürfen: *Darum danken wir Gott unablässig dafür, dass ihr das Wort Gottes, das ihr durch unsere Verkündigung empfangen habt, nicht als Menschenwort, sondern – was es in Wahrheit ist – als Gottes Wort angenommen habt; und jetzt ist es in euch, den Gläubigen, wirksam* (1 Thess 2,13). Umso selbstverständlicher ist es, dass er sich auch selbst mit dieser anvertrauten Aufgabe identifiziert. Das fällt umso leichter, als die Kirche die Ausgestaltung weitgehend seiner Freiheit und Kreativität überlässt. Kaum etwas ist einschränkend vorgegeben: Thema, Durchführung, Stil und Gestaltung liegen vollkommen in der Hand des Predigers. Predigen zu dürfen wird dadurch geradezu zur Selbstverwirklichung: das entfalten und zur Geltung bringen zu dürfen, was Gott jemandem mitgegeben hat!

– *Treue zur kirchlichen Lehre:* Eigentlich ist es selbstverständlich: Von wem mir ein Auftrag anvertraut wurde, dem bin ich Treue schuldig. *Wer ist denn der treue und kluge Verwalter, den der Herr einsetzen wird, damit er seinem Gesinde zur rechten Zeit die Nahrung zuteilt?* (Lk 12,42). „Praedicatio Dei praeter ecclesiam inanis est. – An der Kirche vorbei ist die Verkündigung Gottes unnütz", bemerkt Augustinus darum lapidar.[469] Und doch kommt es beim Inhalt der Verkündigung zu einem eigenartigen Phänomen. Wie schon in 1.1.2.2 beschrieben, zeigten evangelische Pfarrer und Pfarrerinnen in Bayern ein (wohl nicht auf sie begrenztes) Selbstverständnis, das sich eher unter Kirchen- und Gottesdienstfernen als unter ihren Kirchgängern fand: Sie gaben der Authentizität den Vorrang vor der Lehrtreue, sie wollten sich als eigenständige Persönlichkeiten abgrenzen von den Erwartungen ihrer Kirche und nahmen sich dafür auch die Freiheit, kirchliche Lehren wie den Sühnetod Jesu oder die leibhafte Auferstehung zu leugnen. Darin zeigt sich bereits etwas von der anderen Seite der Medaille, dem Wunsch nach Personalisierung. Die Aufgabe wird es dabei jedoch sein, nicht die eigene Persönlichkeit auf Kosten der Lehre zu profilieren, sondern gerade an ihr und in ihr persönlich markant zu werden. Doch dazu gleich mehr.

Gut gesagt
>Denke ich über die Buße Maria Magdalenas nach, so will ich lieber weinen als etwas darüber sagen. Denn wessen Herz, mag es noch so sehr aus Stein sein, wird nicht von ihren Tränen zum Vorbild zur Buße erweicht? Denn sie bedachte, was sie getan hatte, und wollte sich nicht mäßigen bei dem, was sie zu tun hatte.
>
>*Gregor der Große*, Homilia 33 in Evangelia (Sancti Gregorii Papae I. cognomento magni, XL homiliarum in evangelia libri duo. Editio nova, Ingolstadt 1822, 271)

– *Respekt für die vorgegebene Ordnung:* Da in 2.2 bereits diese Ordnung des Predigtdienstes ausführlich vorgestellt wurde, genügt hier der bloße Verweis auf diese Ordnung.

Entpersönlichung um der Treue zum Wort Gottes willen, ja, aber das bedeutet zum anderen eine tiefe Personalisierung, also persönliche Aneignung und Durchdringung der christlichen Botschaft. Ein Prediger ist eine lebendige Person und kein Sprachroboter. Das Wort Gottes wird zu seinem Wort. Er hat es durchbetet und durchknetet, er hat es durchwacht und durchforscht. Nun darf er das Wort Gottes zur Sprache bringen – mit persönlichen Worten innerhalb der gemeinsamen Sprache des Glaubens. Das ist die Personalisierung des Glaubens im Zeugnis des Predigers. Für jedes seiner Worte soll er so einstehen wie ein seliger P. Rupert Mayer, dessen machtvolles Predigtwort in der Münchener Allerheiligenkirche die Nationalsozialisten zum Verstummen bringen wollten. Darauf der Jesuitenpater: „Ich predige weiter!"[470]

>Die Skylla des Subjektivismus und die Charybdis einer unpersönlich-distanten Darstellung eines Inhalts überwindet Philipp Müller in seinem Entwurf der Homiletik aus dem Begriff des Zeugnisses.[471] Darin gelingt es ihm, den Prediger mit all seinen Kräften für das Wovon seines Zeugnisses zu engagieren und ihn dadurch gerade in seinem Allerpersönlichsten doch nicht in seiner Subjektivität einzuschließen. Zum einen kann er ihn im Anschluss an Karl Barth als „theologische Existenz" bezeichnen. „Ausschlaggebend für die kirchlich-theologische Existenz des Predigers und Lehrers ist die Bindung an das Wort Gottes, das ihn voll und

4. Prediger – Hörer – Schrifttext: das homiletische Dreieck

> ganz in Anspruch nehmen muss."[472] Zum anderen bedeutet dies keine innere Distanziertheit. Müller sieht diese theologische Existenz vielmehr in den vier Faktoren Lebenserfahrung, Spiritualität, kirchliche Tradition und Theologie verwirklicht. „Jemand wird eine umso stärkere und glaubwürdigere theologische bzw. christliche Existenz sein, je intensiver sich die einzelnen Komponenten korrelativ durchdringen. […] Für den Predigtvorgang bedeutet dieses Modell: Der Prediger ist dann ein glaubwürdiger Zeuge und eine theologische Existenz, wenn er die Lebensrelevanz des christlichen Glaubens entdeckt hat und die genannten Komponenten in einem stetigen und unabschließbaren korrelativen Bezug zueinander stehen lässt."[473]

Mit persönlichen Worten innerhalb der gemeinsamen Sprache des Glaubens, das klingt nun freilich wie eine Zauberformel: auf dem Papier wunderbar, beinahe wie das Alchemistenrezept zur Herstellung von Gold, aber wenn man es dann ausprobiert, beginnen die Schwierigkeiten erst. Darum die Frage: Den gemeinsamen Glauben persönlich zur Sprache zu bringen, wie geht das? Vergleichsweise leicht fällt es anzugeben: Wie geht es nicht? Da sind die beiden Vereinseitigungen[474]:
– Zum einen darf man nicht die eigene Persönlichkeit auf Kosten der Lehre profilieren, sondern soll versuchen, gerade an ihr und in ihr persönlich markant zu werden.
– Zum anderen darf man sich nicht hinter Lehre und Ordnung der Kirche (oder auch nur einfach hinter den bloßen Fakten, wie sie etwa das Evangelium oder die Liturgie vorgeben) verstecken bzw. sie bloß unbeteiligt wiedergeben.

Eine erste positive Antwort könnte phänomenologisch geschehen: In welchen Funktionen tritt das Predigt-Ich faktisch in Erscheinung? Klaus Müller hat fünf solcher Formen, das eigene Ich in der Predigt hervortreten zu lassen, ausgemacht[475]:
– *konfessorisch*, indem es sich einen Glaubenssatz ganz zu eigen macht oder dem Glauben der Kirche einen persönlichen Ausdruck gibt,
– *biografisch*, indem es selbst Erlebtes erzählt,
– *repräsentativ*, indem es für die Kirche und ihren Glauben eintritt,
– *exemplarisch*, indem es sich ins Suchen und Fragen der Menschen hineinstellt und daraus eigene Einsichten anbietet,
– *fiktiv*, indem es in Form von Gedankenexperimenten Mögliches erschließt.

Man könnte diese fünf Funktionen auch auf die klassischen drei Ebenen der Existenz von Seelsorgern zurückführen: Mensch (2, 4 und 5), Christ (1) und Amt bzw. kirchliche Sendung (3).[476] Diese Liste ist allerdings kaum erschöpfend, sondern sie motiviert dazu, weitere Funktionen des Ichs auf diesen drei Ebenen ausfindig zu machen:

- *Mensch:* affektiv betroffen, sozial oder politisch engagiert, staatsbürgerlich verantwortlich, in Beziehungen lebend, am Alltagsleben teilnehmend und es beobachtend usw.
- *Christ:* als Schwester oder Bruder im Glauben Gemeinschaft anbietend, aus der Glaubenerfahrung im Lebenslauf mit ihren Entwicklungen, ihren Höhepunkten und Irrwegen redend, um Last und Verheißung des Christseins in einer bestimmten Situation, Herausforderung oder Anfechtung wissend usw.
- *Amt/Sendung:* Glauben und Moral lehrend, mit einer Autorität von Gott und der Kirche ausgestattet auftretend, Leitung und Korrektur ausübend, über wichtige Elemente des kirchlichen oder gemeindlichen Lebens informierend, Einzelne in die Gemeinde integrierend usw.

Systematischer müsste an dieser Stelle von den Kompetenzen des Predigers die Rede sein.[477] Erfahrungsgemäß schüchtern umfassende Kompetenzprofile mit siebzehn perfekt fremdländisch formulierten *Items* die Adressaten jedoch eher ein, als sie zur Arbeit daran zu motivieren. Darum sollen diese Kompetenzen hier erst bei den einzelnen Schritten der Predigtarbeit beobachtet werden. Dieser Aufgabe sind die Kapitel 5 bis 9 gewidmet, und wer sie aus der Perspektive des (angehenden oder erfahrenen) Predigers liest, wird sich wie von selbst jeweils die Frage stellen: Und was heißt das für mich? Vier übergreifende Kompetenzen hat Klaus Müller dafür herausgearbeitet, die uns in den weiteren Kapiteln im Einzelnen noch begegnen werden.

- *Thematisch* darf man von einer guten Predigt nicht nur verlangen, exegetisch und dogmatisch begründet zu sein (das auch, es muss leider betont werden!).[478] Ebenso wichtig ist es, einen eindeutigen Zielsatz formulieren zu können. „Tut man das nicht, begibt man sich in größte Gefahr, im Verlauf der Ausarbeitung der Predigt, ohne daß man es selbst so recht merkt, das ursprünglich intendierte Ziel zu wechseln."[479]
- *Methodisch* sind daraufhin die Argumentationsformen den Zielen und Inhalten angemessen zu wählen. Müller nennt dafür die drei Grundformen der rationalen Argumentation (zwingend), der Plausibilitätsargumentation (werbende Gründe) und der moralisch-ethischen Argumentation (beschwörend).[480]
- Die *institutionelle Kompetenz* weiß darum, wie stark der gottesdienstliche Rahmen, die Vorerfahrungen auf der gleichen Kanzel, das bisherige gespannte Hinhören oder gelangweilte Wegdösen, auch das Image der Kirche und ihrer Amtsträger das Hören bestimmen.[481] Wiederum zeigt die empirische Predigtforschung, dass es weniger das individuelle Hörererlebnis, sondern die generelle Einschätzung von Predigt und gottesdienstlichem Ritual ist, die für die Rezipienten über den Wert einer Predigt entscheidet.
- Die *personale Kompetenz* schließlich hat ihr Zentrum in der persönlichen Erfahrung des Predigers.[482] Nicht dass er ein ständiger Ich-Sager sein soll. Narziss verdient nicht den Deutschen Predigtpreis. Aber selbst bei den

objektivsten Aussagen oder bei bloßen Informationen soll er als Persönlichkeit mit Geschichte und Lebenserfahrung hervortreten.
Wie erlebt man sich selbst beim Predigen? Oder noch genauer: Wie drückt man die eigene Persönlichkeit verantwortlich in der Predigt aus? Der bekannte Psychoanalytiker Fritz Riemann (1902–1979) hat auf der Grundlage von Carl Gustav Jungs Typenlehre eine kleine, aber markante Skizze entworfen, die auf ein erstaunlich breites Echo bei den Homiletikern gestoßen ist – wohl nicht nur wegen des bekannten Namens (Riemanns „Grundformen der Angst" waren eines der größten Erfolgsbücher der Psychologie), sondern auch wegen der einprägsamen, erhellenden Typisierung.[483]

	schizoid	*depressiv*	*zwanghaft*	*hysterisch*
Typ	intellektuell klarer Freidenker	einfühlsamer Seelsorger	verlässliche Autorität	mitreißender Star
Fokus	Erkenntnis	Liebe	Ordnung	Freiheit
Angst vor …	Ich-Verlust	Isolierung	Wandel	Bindung

Fritz Riemann: Vier Predigertypen

Nach Riemann gibt es vier Grundtypen der Persönlichkeit: schizoid, depressiv, zwanghaft und hysterisch. Für den Laien hören sich diese vier Typen jedoch eher wie ein Kompendium pathologischer Persönlichkeitsstörungen an, und leider ist es auch nicht ganz auszuschließen, dass eine solche allgemeine Pathologisierung dabei zumindest billigend in Kauf genommen wurde. Erst recht wirken diese Bezeichnungen im Arsenal von Theologinnen und Theologen wie Geschütze, mit denen sie etwa einen Verkünder, der seinen Hörern auch unangenehme Wahrheiten nicht erspart, als „zwanghaft" abtun können oder auch ihren Neid auf einen traumhaft gut predigenden Kollegen scheinbar wissenschaftlich bemänteln können: „Ach, der ist eben ein äußerst hysterischer Typ." Auf jeden Fall sind diese vier Begriffe alles andere als bloß fachchinesisches Klappern, ohne das es offensichtlich auch im psychologischen Handwerk nicht geht.[484] Umso dankbarer kann man dem in 3.1 bereits erwähnten Axel Denecke sein, der das Gemeinte ohne Rückgriff auf psychoanalytische Neurosenlehre und viel wertschätzender so formuliert hat:
– tiefsinniger Prediger der *Erkenntnis*,
– einfühlsamer Prediger der *Liebe*,
– verantwortungsvoller Prediger der *Ordnung*,
– wandlungsfähiger Prediger der *Freiheit*.[485]

Diese vier Typen beschreiben somit Grundeinstellungen im Umgang mit sich selbst und der Umwelt. Jeder Typ besitzt seine eigenen Stärken und sein unterscheidendes Profil („Typ"), er zentriert sein Verhalten auf eine bestimmte Leitorientierung („Fokus"), kennt aber auch eine typische „Angst vor …":

- *Tiefsinniger Prediger der Erkenntnis:* Beim ersten Typ gelingt es dem Verstand, sich vom Gefühl zu trennen und damit die Welt aus einem gewissen Abstand heraus objektiv zu betrachten. Dadurch schafft er geistige Klarheit, kann die Dinge gut auf den Begriff bringen, analysieren und Zusammenhänge aufzeigen, vermeidet es gleichzeitig aber, zu persönlich zu werden, Gefühl zu zeigen oder einen Blick in sein Herz zu gewähren.
- *Einfühlsamer Prediger der Liebe:* Nicht Abstand, sondern Nähe, Einfühlung und Anteilnahme kennzeichnen den zweiten Typ, das weit geöffnete Herz ist sein Erkennungszeichen. Leicht baut er Beziehung auf und intensiviert sie. Doch alles, was ihn von der Gemeinschaft trennen könnte, wodurch er sich unbeliebt machen würde oder wofür ihm die kalte Schulter gezeigt würde, verunsichert ihn und er kann darauf mit heftiger Enttäuschung und Antipathie reagieren.
- *Verantwortungsvoller Prediger der Ordnung:* Ordnung, Regeln und Verlässlichkeit, Hierarchie und Autorität geben dem dritten Persönlichkeitstyp Halt, und diese will er auch anderen mitteilen (eine heute seltener gewordene und gerade deshalb umso wertvollere Haltung!). Wo diese Ordnungen anerkannt sind, gibt er sein Bestes und ist zu erstaunlichen Leistungen fähig, die breite Anerkennung finden. Schwer tut er sich dagegen dort, wo seine Schemata ihm keine Orientierung mehr zu geben vermögen oder wo er sie in gewandelten Verhältnissen neu anwenden muss.
- *Wandlungsfähiger Prediger der Freiheit:* Den vierten Typ erkennt man noch in einer Menge von Tausenden, denn er besitzt die natürliche Begabung, sich in den Mittelpunkt zu spielen. Er entwickelt magische Kräfte und zieht mit seiner Persönlichkeit, ihrem Auftreten, ihren Ansichten und ungewöhnlichen Zugangsweisen zu einem Thema andere an (oder sorgt auch schon einmal dafür, dass Einzelne sich über seinen Stil aufregen). Das „Man" ist ihm fern, das „Ich" sein Lebenselixier. Wo sich Leute ihm zuwenden, geht er rasch und intensiv auf sie ein – schafft damit aber nicht selten auch enttäuschte Erwartungen, denn ebenso rasch kann er sich auch wieder von ihnen ab- und anderen zuwenden.

Eine Typologie wie diese kann den Facettenreichtum und die vielen (manchmal auch ungehobenen) Möglichkeiten einer Persönlichkeit kaum erfassen. Wohl aber lässt sich mit ihrer Hilfe der Fokus eines Charakters, eines Selbstverständnisses oder eines Auftretens besser wahrnehmen. Fokus bedeutet aber nicht: dies und nichts anderes. Er darf nicht als Ausrede dienen: „Ich bin eben so, ich predige eben theologisch/ganz aus dem Bauch heraus usw., das müssen die Leute schon aushalten!" Im Gegenteil, eine reife Persönlichkeit wird auch dem eigenen Fokus entferntere Elemente zu integrieren versuchen. Damit wirkt ein Prediger besonders authentisch, wenn er, von Haus aus etwa ein „einfühlsamer Prediger der Liebe", an den entscheidenden Punkten sein Ja ein Ja und sein Nein ein Nein sein lässt (vgl. Mt 5,37) oder wenn er, ein „wandlungsfähiger Prediger der Freiheit", davon erzählt, wie wichtig für ihn Treue ist. Wer auf diese Weise auch das integriert, was ihm zunächst wenig liegt, ist schließlich vor der alten Versuchung der *invidia clericalis*, dem Neid auf den Kollegen, gefeit. Er freut sich vielmehr daran, dass die Predigtlandschaft keine Monokultur ist und die vielen Prediger auch bei den vielen Menschen viele verschiedene Früchte hervorbringen können.

Übung
Eine Persönlichkeit lässt sich nicht in Schubladen pressen. Auch die Riemann'schen Typen beschreiben eher Persönlichkeitsschwerpunkte als exklusive Eigenschaften. Wie könnten sich bei Ihnen Elemente aller vier Typen bei einer Trauerpredigt äußern?

4.3 Hörer

Literatur: *Heye Heyen*, Wie kommt das Heil zum Hörer, in: *Gottfried Bitter/Heye Heyen* (Hg.), Wort und Hörer. Beispiele homiletischer Perspektiven (= Homiletische Perspektiven 5), Berlin-Münster 2007, 97–110 (Untersuchung der faktischen Mechanismen in elf Predigten aus dem Internet); *Hanneke Schaap-Jonker*, Ohne den Hörer geht es nicht. Über die Rolle des Hörers und seiner psychischen Struktur im Predigtgeschehen, in: ebd. 30–43 (Zusammenfassung einer empirischen Dissertation zu den fünf Stufen des Hörprozesses; mit reichlicher Literatur).

Gut gesagt
Nach Aussage des katholischen Glaubens kann man die Werke des Vaters und die Werke des Sohnes nicht voneinander trennen. Das ist es, was ich euch, meine Lieben, wenn es mir gelingt, vermitteln will, jedoch entsprechend dem Wort des Herrn: Wer es fassen kann, der fasse es (Mt 19,12). Wer es aber nicht fassen kann, der laste das nicht mir an, sondern seiner eigenen Begriffsstutzigkeit und wende sich an den, der das Herz öffnet, um in es einzugießen, was er schenken will. Ein Letztes: Wenn aber jemand deswegen nicht begriffen hat, weil ich mich nicht so ausgedrückt habe, wie es hätte ausgedrückt werden müssen, dann sehe er dies der menschlichen Schwachheit nach und wende sich in demütiger Bitte an die göttliche Güte. Wir haben nämlich in uns Christus als Lehrer. Was all das angeht, was ihr mittels eurer Ohren und meines Mundes nicht begreifen könnt, da wendet euch innerlich an Christus, der zugleich mich lehrt, was ich sagen soll, und an euch, so wie es ihm gefällt, austeilt. Er weiß, was er geben will und wem er es geben will, und er wird dem, der ihn bittet, zu Hilfe kommen und dem, der anklopft, öffnen. Wenn er aber vielleicht nicht geben will, dann glaube niemand, Gott lasse ihn im Stich. Vielleicht wartet er nur damit, etwas zu geben, doch er lässt niemanden hungrig bleiben. Denn wenn er nicht sogleich gibt, dann zeigt er

dadurch nicht dem Bittenden seine Verachtung, sondern er prüft ihn nur. Passt also auf und seid aufmerksam, was ich sagen will, wenn es mir vielleicht auch nicht gelingen wird.

Augustinus, Tractatus in Ioannem 20,3 (CCL 36, 204,1–17)

An den Hörern vorbeizureden ist das am schnellsten wirkende Gift der Predigt. Darum muss sie durchgängig hörer- und situationsbezogen bleiben und darf nicht nach einem hübschen, aus dem Leben gegriffenen Einstieg ebenso rasch wie definitiv in den theologischen Wolken verschwinden. Doch was erwarten Hörer? Ist es die „Rede mit dem Hörer über sein Leben im Licht der Verheißung", wie es Günter Lange mit seiner Spandauer „Ladenkirche" programmatisch verwirklichen wollte (vgl. 1.2.2.2 und 1.5.2.1)? Oder ist es gerade keine (oft nur vorgebliche) Weltklugheit, sondern die gute und feste Nahrung des Evangeliums, aber eben verständlich und verwirklichbar dargelegt? Dank der empirischen Predigtforschung wissen wir inzwischen recht viel über die „schweigende Mehrheit" (Osmund Schreuder), nämlich die Hörer. „Die Hörer erwarten in hohem Maße eine sprachlich verständliche, lebendige und gedanklich klare Predigt."[486] Lebendig heißt dabei, „dass lebenspraktische Orientierung vor allem die Lebensnähe der Predigten meint. Hier sollen Predigten ihre Relevanz ohne moralisch-ethischen Zeigefinger erweisen – eine Erwartung, die häufig nicht erfüllt wird."[487] Die homiletische Literatur geht weiter und kondensiert – leider aber wiederum ohne empirische Vergewisserung – fünf Hörererwartungen[488]:

– *Rettung* (Karl Barth[489]), also Heil und Erlösung persönlich für sich zu begreifen, besonders in schwierigen Lebenssituationen;
– *Zukunft eröffnen* (Rudolf Bohren[490]), also Wege im Weglosen zu sehen und gangbare Schritte auf ihnen zu weisen;
– *kritische Zeitansage* (Friedrich Mildenberger[491]), also Orientierung eines wachen Zeitgenossen, der die Zeichen der Zeit zu deuten versteht;
– *Situationsklärung* (Ernst Lange[492]) im Sinn der von ihm so genannten „homiletischen Situation" im Leben der Menschen, die nach Klärung und Hilfe im Predigtwort ruft;
– *Solidarität* (Werner Jetter[493]), also das Mitgehen und Mitleiden eines Menschen und Christen, der keine einfachen Antworten parat hält, sondern um komplexe Lebenslagen weiß und darin das Evangelium wiederzufinden versteht.

Fragen zu beantworten, die keiner stellt, oder Hörererwartungen aufgreifen und mit dem Evangelium ins Gespräch bringen, zwischen diesen Alternativen steht und fällt somit der Erfolg der Predigt.

> Nach einer VELKD-Umfrage „ist die Einstellung der Gemeindemitglieder zur Kirche (und zur Predigt) um so positiver, je eher diese zur Erreichung eigener, für wichtig gehaltener Werte dient. Ist damit die Predigt nicht vor das Problem gestellt,

‚erwartungskonform' zu reden? ‚Das Evangelium streicht menschliche Erwartungen nicht einfach durch, sondern enthüllt ihre Ambivalenz. Es geht ja ein auf die Suche des Menschen nach Lebenssinn und will sie nicht ohne Antwort lassen, aber es widerspricht den Tendenzen zur Selbstrechtfertigung, der Flucht vor der Verantwortung und der Verabsolutierung gesellschaftlicher Ideologien.'"[494]

Der italienische Theologe und Seelsorger Chino Biscontin weist nun allerdings auf das Problem hin, dass viele Gläubige im Gottesdienst Harmonie, Wärme und Geborgenheit suchen und Prediger sich bemühen, darauf in einer vor allem affirmativen, Wärme und Annahme betonenden Weise einzugehen.[495] Dies hängt gewiss vor allem an der Vertrautheit des regelmäßigen Miteinanders innerhalb einer Gemeinde, wie es schon die große Predigtuntersuchung „Predigen und hören" festgestellt hatte:

„Prediger und Hörer treten sich nicht als Fremde gegenüber, sie kommunizieren in einem vertrauten Sprachraum. Auch wenn die Institution der Predigt nicht von allen Hörern in gleichem Maße unproblematisiert anerkannt wird, bleibt die Predigt als Rede eine mögliche Form der Verständigung. Dies ist nicht zuletzt darauf zurückzuführen, dass die Person des Predigers in hohem Maß auch dann Vertrauen genießt, wenn die Institution von Predigt, Gottesdienst und Kirche nicht eindeutig bejaht werden können."[496]

Doch Vertrautheit, verbunden mit Harmonieerwartungen, ist ein „mixed blessing". Wie soll man dann schwierige Themen ansprechen, ohne sie zu verharmlosen oder zu beschönigen[497]?

„Der" Hörer sind aber die vielen verschiedenen Hörer. Jeder hört auf seine Weise. Helmut Schwier und Sieghard Goll haben vier deutlich verschiedene Teilgruppen in der Hörerschaft unterschieden:

„Unternimmt man nun eine Untergliederung der Teilnehmer nach ihrer Teilhabe an Gemeinde und Gottesdienst, den Momenten persönlichen Glaubens, den Momenten der Predigten im Gottesdienst, so ergibt sich in aufsteigender Reihung in vier Gruppen gegliedert annähernd folgendes Bild:
(1) Die erste Gruppe sieht sich als eher skeptisch, ist zurückhaltender, eher rational bestimmt; hat einen höheren Bildungsgrad als alle anderen Gruppen, ist nur verhalten optimistisch; Männer sind stärker vertreten; ist vom Alter her im Mittel etwas jünger, die Beteiligung in Gemeinde und Gottesdienst ist deutlich schwächer, verhalten ist auch der Ausdruck der Glaubensüberzeugung; die Evangelien und die Predigt im Gottesdienst sind wichtig, die Wahrnehmung der Predigten im Gottesdienst ist nur verhalten positiv.
(2) Die zweite Gruppe ist in Gemeinde und Gottesdienst beteiligt, tendenziell etwas älter, gemischt in der Unterteilung Männer/Frauen, Bildungsgrad und Einschätzung rational/emotional; die Momente des Glaubens drücken sie deutlich aus,

die Predigten im Gottesdienst nehmen sie zwar positiver als die erste Gruppe, dennoch etwas verhalten auf.
(3) In der dritten Gruppe sind die Frauen stärker vertreten, sie ist wie die zweite tendenziell etwas älter, sieht sich als optimistisch, ist in Gemeinde und Gottesdienst integriert, drückt eine starke Glaubenshaltung aus, Predigt im Gottesdienst ist sehr wichtig, deren Wahrnehmung ist bereits ausgeprägt positiv.
(4) Die vierte Gruppe: Frauen sind stärker vertreten; tendenziell ist sie etwas jünger, der Bildungsgrad ist im Mittel etwas geringer, sie ist eher emotional bestimmt, die Lebenshaltung ist deutlich optimistisch; sie ist in Gemeinde und Gottesdienst zu Hause, überzeugt vom Glauben; von den Predigten im Gottesdienst wird diese Gruppe sehr angesprochen."[498]

Eine fünfte Gruppe müsste man hinzufügen – und sie gleich auch wieder differenzieren: die Nichtteilnehmer von Gottesdiensten, sei es kirchendistanzierte Mitglieder, seien es Ausgetretene oder seien es Konfessionslose oder Angehörige anderer Religionen.[499] Vor allem bei Kasualien begegnet ihnen der Prediger, und manchmal machen sie ihrem Unbehagen und der gefühlten Distanz zur Welt des Glaubens auch heftig Luft. Ihre Kritik geht den Seelsorgern dann nach, zumal sie oft auch persönlich verletzend auf sie wirkt, und es fällt ihnen schwer, produktiv darauf einzugehen. Dazu kommt der Abstand kirchenferner Kritiker zur genannten Harmonie zwischen dem Prediger und seinen vertrauten Gemeindemitgliedern.

Ihr mangelndes Interesse an Gottesdienst und Predigt ist aber nichts, womit die Pastoral sich abfinden kann. Wie könnte deren Aufmerksamkeit geweckt werden? Wie könnten weiterführende Interaktionen initiiert werden? Bräuchte es dafür ganz eigene Formen evangelisierender Gottesdienste („Thomasmessen", Segnungsgottesdienste ...), nichtliturgischer Versammlungen („Kirche im Kino", „Taufe am Wildbach" ...)? Viele Experimente in diesem Bereich erregen mehr die Aufmerksamkeit der innerkirchlichen Fachöffentlichkeit, als dass sie nachhaltige Evangelisierung bewirken. Bezeichnenderweise wissen wir von dieser fünften Gruppe aus der Empirik sehr wenig, denn aus pragmatischen Gründen beschränken sich die meisten Studien auf diejenigen, die wenigstens von Zeit zu Zeit einen Gottesdienst besuchen. Anzeichen aus anderen Studien weisen auf ihre deutlich größere Distanz zur Predigt und Bereitschaft zur Fundamentalkritik hin.[500] Doch Distanz ist nicht Desinteresse. Wie kann es der Predigt gelingen, Sympathie und Interesse bei diesen Hörern zu wecken?

Gibt es „den" Hörer also überhaupt nicht? Gott sei Dank, jeder ist ein Individuum und hört so, wie er geprägt ist. Die neueren Homiletiken greifen allesamt die aktive, eigenständige Rezeption des Hörers als Konstitutivum der Predigt auf. Doch jeder Hörer hat auch teil an bestimmten sozialen Prägungen. Wie immer spielen die großen soziologischen Variablen wie Alter, Geschlecht und Bildung

4. Prediger – Hörer – Schrifttext: das homiletische Dreieck 225

eine große Rolle. Der Akademiker, von vielen als idealer Predigthörer ersehnt, ist auch der mit Abstand kritischste:

> „Die Befunde zu beiden Quartilen [sc. 25 %-Gruppen aller Befragten] zusammenfassend lässt sich das Viertel, das die dargebotenen Predigten besonders kritisch sieht, beschreiben als akademisch geprägt, in den Kirchengemeinden engagiert, mit hohen Erwartungen an Gottesdienst und Predigt, aber kritisch gegenüber der durchschnittlich wahrgenommenen Predigtpraxis; die Predigtgestaltung wird – mit Ausnahme der sprachlichen Aspekte – von diesen Hörern eher als unzureichend erlebt und die Impulse als mangelhaft; eine stärker erkennbare lebenspraktische Orientierung, vor allem aber eine deutlichere biblisch-theologische Auslegung zählen für sie zu den notwendigen Forderungen an eine Predigt in ihrem Sinn."[501]

Dazu kommt die religiöse Einstellung und Praxis: Kirchen- und Gottesdienstdistanzierte beurteilen Predigten in der Regel deutlich kritischer. Nicht selten teilen sie auch Grundannahmen des Glaubens nicht, und insofern fehlen ihnen für eine gewöhnliche Gemeindepredigt auch Grundvoraussetzungen. Eine gelegentliche Teilnahme, etwa aus Anlass eines Jahramtes für einen Angehörigen, wird infolgedessen die Distanz eher noch einmal verstärken. Umgekehrt weisen aber auch die regelmäßigen Teilnehmer eines bestimmten Gottesdienstes eine besondere Prägung auf, nämlich ein bestimmtes Gemeindeprofil. Predigtgewohnheiten, die manchmal bereits über Jahrzehnte aufgebaut wurden, sowie eine geteilte Beurteilung der dort regelmäßig wirkenden Prediger bestimmen stark die Erwartungen – bis hin zur Dauer und zum Ansatz (biblisch, lebensnah, kindgemäß usw.).[502]

Eine Hörererwartung ist schließlich unverkennbar: Bevormundung nein, Anregung ja![503] Wenn die katholische Liturgie nach der Predigt eine kurze Zeit des Schweigens und der persönlichen Besinnung empfiehlt, dann steht dahinter die Auffassung, dass sich die Hörer in einem aktiven Aneignungsprozess befinden und sich nicht nur als *tabula rasa* bestimmte Inhalte haben einschreiben lassen. Doch der Verzicht auf Bevormundung steht nicht im Gegensatz zu einer Klarheit des Zeugnisses. Ein Prediger kann und soll die Lehre der Kirche unverkürzt vortragen, und es ist selbstverständlich, dass er auf ihrer Grundlage auch Stellung bezieht und konkrete Anwendungen vornimmt. Doch der Ton macht die Musik. Jesus selbst hat seine Hörer stets ernst genommen. Er wusste, welch weiten Weg sie zu gehen hatten. Er war bereit selbst zu ermüdenden Jüngernachfragen und, wie das Johannesevangelium hervorhebt, zur Auseinandersetzung mit den typischen Missverständnissen der Menschen. Kurz: Klarheit, gepaart mit Respekt, schließt Bevormundung aus.[504]

Hören muss man lernen – auch das Predigthören. Als Teil der Liturgie verlangt dies vom Hörer nicht wenig: die Fähigkeit zur geistlichen Wahrnehmung. Die gesprochenen Worte sollen zur geistlichen Nahrung werden, sie sollen nicht bloß zur intellektuellen Auseinandersetzung, zur Selbstbestätigung, zum Seelenfrieden oder zur Unterhaltung dienen. Romano Guardini hat das berühmte Wort von der Liturgiefähigkeit des Menschen geprägt[505], und dieses Wort gilt auch für die Predigtfähigkeit der Gläubigen. Hier gilt das „Radio Eriwan"-Gesetz: „Im Prinzip ja, aber ..." „Aber" wie soll das gehen, die Predigt geistlich zu hören? Entsprechend der drei Pole des Bühler'schen Organonmodells (vgl. 4.1.1) lassen sich drei Hörerkompetenzen benennen:

- *Vertrauensvorschuss gegenüber dem Prediger:* Das ist „jene[r] Vorschuss an Sympathie, ohne den es kein Verstehen gibt", von dem Joseph Ratzinger zu Beginn seiner Jesus-Trilogie spricht.[506] Vertrauen ist nicht kritiklos oder gar autoritätsgläubig. Doch wenn man dem Prediger nicht wenigstens grundsätzlich zutraut, etwas zu sagen zu haben, was die Auseinandersetzung lohnt, werden seine Aussagen auf einem unsichtbaren Wellenbrecher zurückprallen. Geistlich bedeutet dies, selbst rhetorisch oder kommunikativ schwache Prediger doch als Verkünder *an Christi statt* (2 Kor 5,20) anzunehmen und sich zu fragen: „Was sagt mir Gott darin?"
- *Aktives Hören und Verarbeiten des Inhalts:* Angelpunkt der Erkenntnisse der „neuro sciences" war es, dass Lernen durch Anknüpfen an Bekanntes geschieht. Dies kann zwar von außen methodisch angeregt werden, ist aber stets eine aktive Leistung des Lernenden. Sich von einer Predigt „berieseln" zu lassen, ist darum wie Dauerregen auf einem Ostfriesennerz: Alles perlt an der Ölhaut ab. Beim Hören geht es vielmehr darum, sich selbst Gedanken zu machen, sich anregen zu lassen und persönliche Konsequenzen zu ziehen. Predigthören ist Simultanübersetzung im Kopf. Aktives Verarbeiten setzt sich nach dem Gottesdienst fort, wenn man sich mit anderen Teilnehmern oder mit Bekannten darüber unterhält oder auch interessanten Aspekten weiter nachgeht, z. B. indem man selbst in den Schrifttexten nachliest. Gelegentlich wird man auch auf den Prediger selbst zugehen und gezielte Nachfragen äußern oder Kritikpunkte aufstellen.
- *„Applicatio" auf das eigene Leben des Hörers:* Unabhängig davon, wie ausgeprägt die Appellfunktion der Rede ist, beginnt ein Hörer von sich aus, das Gesagte ins eigene Leben zu verlängern. Von der Pfingstpredigt des Petrus heißt es, sie *traf sie mitten ins Herz* (Apg 2,37), und ebenso geschieht es idealerweise bei der Predigt: *Rede, Herr; denn dein Diener hört!* (1 Sam 3,9). So fragt man sich: „Was will Gott mir damit sagen? Wo kann ich selbst etwas damit anfangen?"

Eindrucksvoll haben die Kommunikations- und die Neurowissenschaften nachgewiesen, wie aktiv und individuell das Hören vor sich geht (s. o. 4.1.3). Das gelingt nur, wenn der Hörer sich mit all seinen Kräften darauf einlässt. Andernfalls bleibt es dabei, dass akustische Wellen sein Ohr treffen – und im nächsten Augenblick auch schon wieder verklungen sind. Vom äußerlichen Vernehmen zum innerlichen Verstehen, das also ist die Aufgabe des Hörers, und dies ist letztlich eine Gnade Gottes:

„Der Heilige Geist wirkt jedoch innerlich, damit die äußerlich angewendete Arznei etwas ausrichte. Ohne diese innere Gnade, mit der Gott den Geist leitet und antreibt, hilft dem Menschen alle Verkündigung der Wahrheit nichts, auch wenn Gott selbst, eines ihm ergebenen Geschöpfes sich bedienend, in irgendeiner menschlichen Gestalt zu den Sinnen des Menschen redete, sei es zu denen des Leibes oder zu den ganz ähnlichen, wie sie im Schlafe wach sind."[507]

Übung

Wenn gottesdiensterfahrene Gläubige vor einer Kirchentüre stehen, sind sie sich relativ sicher, was sie drinnen erwartet (was nicht mehr oder weniger böse Überraschungen ausschließt ...): nicht nur die Architektur einer Kirche, sondern auch die Verhaltensregeln darin (angefangen beim Nehmen des Weihwassers bis hin zum „nicht einfach ab durch die Mitte bis zum Altar stürmen"). Versetzen Sie sich in die Lage von jemandem, der schon lange nicht mehr oder noch nie eine Kirchenschwelle überschritten hat: Welche inneren Widerstände, aber auch Ängste (etwa sich falsch zu verhalten) hat diese Person? Und warum spielen diese Gefühle auch beim Predigthören noch eine Rolle?

4.4 Schrifttext

Literatur: *Axel Deneke,* Die Texte sind offen! Ein Plädoyer für eine eisegetische Predigt, in: ZGDP 16 (1998), H. 4, 21–23 (leidenschaftlich einseitiges Plädoyer dafür, dass Predigt die biblischen Texte ins Leben weiterschreiben soll); *Wilfried Engemann,* „Unser Text sagt ..." Hermeneutischer Versuch zur Interpretation und Überwindung des „Texttods" der Predigt, in: ZThK 93 (1996) 450–480; *ders.,* Semiotische Homiletik. Prämissen – Analysen – Konsequenzen, Tübingen-Basel 1993 (zwei Versuche, die Predigt nicht textfixiert sein zu lassen); *Werner Jetter,* Die Predigt und ihr Text. Beobachtungen und Bemerkungen zu einem elementaren Problem evangelischer Theologie und Kirche, in: Monatsschrift für Pastoraltheologie 54 (1965) 406–453 (grundlegender Überblick); *Philipp Müller,* Zwischen den Zeilen lesen und aufmerken. Was verdeutlicht eine sorgfältige Exegese?, in: LS 50 (1999) 15–19 (sorgfältige und gleichzeitig hörerbezogene Schriftauslegung).

Gut gesagt

Die Worte unseres Herrn Jesu Christi – vor allem die, welche der Evangelist Johannes anführt, der an der Brust des Herrn geruht hat, und das nicht ohne Grund, sondern um die Geheimnisse seiner tieferen Weisheit zu trinken und das, was er liebend getrunken hatte, dann verkündigend wieder von sich zu geben – diese Worte also sind so geheimnisvoll und tief an Einsicht, dass sie die Menschen mit verdorbenem Herzen verwirren und die Menschen mit unverdorbenem Herzen sich abmühen müssen, sie zu verstehen.

Augustinus, Tractatus in Ioannem 20,1 (CCL 36,202,1–11)

Trotz aller Hörerorietierung – die meisten Prediger verstehen sich als Textausleger. So zeigte sich in der evangelischen bayerischen Gottesdienstuntersuchung von 2005: „Ausgangspunkt für die Predigt ist in der Regel nicht ein Ereignis in der Welt oder in der Gemeinde, auch nicht ein bestimmtes Thema, sondern der vorgeschriebene Predigttext, und das wird als positiv bewertet."[508] Das bedeutet freilich nicht, dass Prediger nicht gleichzeitig alles daransetzen, diesen Text in die Lebenswelt der Hörerschaft zu übersetzen, wie die gleiche Untersuchung belegt.[509] An erster Stelle aber steht meistens die Begegnung mit dem Schrifttext. Benedikt XVI. hat dafür den bereits im Mittelalter entwickelten Dreischritt von *lectio, meditatio* und *contemplatio* in Erinnerung gerufen:

> „In den Dokumenten, die die Synode vorbereitet und begleitet haben, wurden verschiedene Methoden der fruchtbaren und gläubigen Annäherung an die Heilige Schrift erwähnt. Die größte Aufmerksamkeit wurde jedoch der *lectio divina* gewidmet, die wirklich ‚dem Gläubigen den Schatz des Wortes Gottes erschließen, ihn aber auch zur Begegnung mit Christus, dem lebendigen göttlichen Wort, führen kann'. Ich möchte hier kurz ihre grundlegenden Schritte in Erinnerung rufen: Sie beginnt mit der Lesung *(lectio)* des Textes, die die Frage nach einer authentischen Erkenntnis seines Inhalts auslöst: Was sagt der biblische Text in sich? Ohne diesen Augenblick besteht die Gefahr, dass wir den Text nur zum Vorwand nehmen, um niemals aus unseren eigenen Gedanken herauszukommen. Dann folgt die Betrachtung *(meditatio)*, in der sich die Frage stellt: Was sagt uns der biblische Text? Hier muss sich jeder persönlich, aber auch als Gemeinschaft berühren und in Frage stellen lassen, denn es geht nicht darum, über Worte nachzudenken, die in der Vergangenheit gesprochen wurden, sondern über Worte, die in der Gegenwart gesprochen werden. Danach gelangt man zum Augenblick des Gebets *(oratio)*, das die Frage voraussetzt: Was sagen wir dem Herrn als Antwort auf sein Wort? Das Gebet als Bitte, Fürbitte, Dank und Lobpreis ist die erste Art und Weise, in der das Wort uns verwandelt. Schließlich endet die *lectio divina* mit der Kontemplation *(contemplatio)*, in der wir als Geschenk Gottes seine Sichtweise annehmen in der Beurteilung der Wirklichkeit und uns fragen: *Welche Bekehrung des Geistes, des Herzens und des Lebens verlangt der Herr von uns?* Der hl. Paulus sagt im Brief an die Römer: ‚Gleicht euch nicht dieser Welt an, sondern wandelt euch und erneuert euer Denken, damit ihr prüfen und erkennen könnt, was der Wille Gottes ist: was ihm gefällt, was gut und vollkommen ist' (12,2). Die Kontemplation ist nämlich darauf ausgerichtet, in uns eine weisheitliche Sicht der Wirklichkeit zu erzeugen, die Gott entspricht, und in uns den „Geist Christi" (1 Kor 2,16) heranzubilden. Das Wort Gottes zeigt sich hier als Kriterium zur Unterscheidung: ‚Denn lebendig ist das Wort Gottes, kraftvoll und schärfer als jedes zweischneidige Schwert; es dringt durch bis zur Scheidung von Seele und Geist, von Gelenk und Mark; es richtet über die Regungen und Gedanken des Herzens' (Hebr 4,12). Außerdem ist es gut, daran zu erinnern, dass die *lectio divina* in ihrer Dynamik nicht abgeschlossen ist, solange

sie nicht zur Tat *(actio)* gelangt, die das Leben des Gläubigen anspornt, sich in Liebe zum Geschenk für die anderen zu machen."⁵¹⁰

Nach allem Gesagten kann es darum nicht heißen: Je mehr Textnähe, umso weniger Situationsbezug, vielmehr wächst beides miteinander. So sind Skylla und Charybdis der Vereinseitigung zu umsegeln:

1. Einerseits scheint die Predigt oft einen geradezu *antiintellektuellen* Touch anzunehmen. Es ist auffällig, dass viele Prediger auf der Kanzel alle Exegese zu vergessen scheinen.⁵¹¹ Nur schlecht studiert? Nur Anwendungsfall der allgemein üblichen Beschimpfung des Kopfes im Glauben („zu verkopft"): „Das Mäuslein Frederick, das für den Winter Wärmestrahlen sammelt, wird dann zum eigentlichen Kerygmaträger des Advent; Jesaja gibt nur mehr das Stichwort."⁵¹²

2. Umgekehrt wäre es aber ebenso unzutreffend, das lineare Modell „Von der Exegese zur Predigt"⁵¹³ zum Maßstab zu erheben. So wie der Bibeltext aus dem Glauben der Kirche entstanden ist, so kann das Hinhören auf die Menschen den Text gerade erst wirklich verstehen lassen. Sie sind eigenständige Hörer des Wortes.

3. Entscheidend ist es darum, dieses Hinhören der Gemeinschaft der Gläubigen mit dem eigenen gläubigen Herzen fortzusetzen, sprich: das Schriftwort zu betrachten, dabei auch überraschende und vielleicht gar nicht in die eigenen Denkschemata passende Aspekte zu entdecken und so im Wort den Anruf Gottes zu vernehmen. Denn wer kein Hörer des Wortes ist, kann auch nicht sein Prediger sein.

Gut gesagt

Robert Bellarmin: Wie man eine Predigt verfasst (entstanden nach 1613)
1. Das Ziel des christlichen Predigers muss darin bestehen, das von der göttlichen Lehre treu zu vermitteln, was das Volk wissen muss oder zumindest wissen sollte, und zugleich auch dazu zu bewegen, die Tugenden zu erwerben und die Laster zu fliehen.
2. Deshalb muss sich der, der eine Predigt halten will, zuallererst einmal auf ein Ziel festlegen, worauf er seine ganze Rede und deren einzelne Teile ausrichtet. So soll er sich z. B. sagen: „Das heutige Evangelium mahnt zur Umkehr. Ich will mir deshalb mit Gottes Hilfe Mühe geben, in den Seelen der Hörer die Sehnsucht nach wahrer Umkehr zu erwecken. Deshalb will ich Gründe, Nutzanwendungen, Beispiele und andere Elemente, die zur Erreichung dieses Ziels beitragen, sammeln." In gleicher Weise sollte er die einzelnen Teile seiner Predigt durchgehen und darauf achten, ob sie wirklich dazu beitragen, das festgelegte Ziel zu erreichen. Daher predigen nämlich viele nicht nur ganz umsonst, sondern sie gefährden sogar das Seelenheil ihrer Zuhörer, insofern sie sich nämlich gar kein Ziel festlegen, außer eine Stunde damit herumzubringen, zu reden und die Hörer – teils mit geistreichen Sentenzen, teils mit einer breiten Palette von Themen und

Worten – zu ergötzen. Da sich jene Prediger nicht das wahre Ziel zum Ziel gesetzt haben, erreichen sie es auch nicht, auch wenn sie sich mächtig abmühen und schwitzen.

3. Zum Lehren – das eine Ziel des Predigers – reicht es nicht, zu den einzelnen Worten aus dem Evangelium etwas zu sagen oder aus einzelnen Worten einige persönliche Gedanken, wie sie es nennen, zutage zu fördern, wie es einige tun, die nicht das Wort Gottes, sondern ihre eigenen Worte verkündigen. Nein, man muss den echten ursprünglichen und wörtlichen Sinn herausfinden und davon ausgehend Glaubenslehren untermauern und Gebote der Lebensführung vorlegen sowie in knapper Weise das lehren, was der Heilige Geist durch diese Worte gelehrt haben will. Das nämlich heißt, das Volk wirklich zu weiden und im Wort Gottes zu unterweisen. Welche Väter aber für die Schriftauslegung zu konsultieren sind, kann man meiner Auflistung entnehmen. Unter den neueren Autoren dürften meiner Ansicht nach Cornelius Jansenius und Adam Sasbout hervorragen.

4. Zur Anregung des Tugendeifers – das zweite Ziel des Predigers – reicht es nicht, in Zorn gegen die Sünder auszubrechen und zu toben. Denn unnützes Geschrei erschreckt manchmal die einfacheren Geister, und die Gebildeteren machen sich darüber lustig, mit Sicherheit aber bringt es weder bei den einen noch bei den anderen dauerhafte Früchte. Man muss vielmehr zuerst bei den Hörern mit fundierten Gründen den Verstand überzeugen, so dass sie gezwungen sind zuzugeben, dass man tatsächlich so leben muss, wie es der Prediger sagt. Und anschließend muss man dann als Zweites mit einer Fülle von wirkungsvollen Worten und verschiedenen Ausrufen die Hörer antreiben, das auch ernsthaft zu wollen, wovon sie erkannt haben, dass sie es eigentlich wollen müssten. Die genannten fundierten überzeugenden Begründungen sind dabei aus der Heiligen Schrift abzuleiten, von den Ursachen und Wirkungen der Dinge, um die es geht, und vor allem aus Beispielen und passenden Gleichnissen. Um derartige Gründe und Beispiele zu finden, sind besonders hilfreich die Ausführungen des hl. Johannes Chrysostomus über die Briefe des hl. Paulus und seine Predigten an das antiochenische Volk; die Predigten des hl. Basilius über das Fasten und die folgenden Predigten; die Predigten des hl. Augustinus über die Psalmen, die Predigten über die Worte des Herrn und über die Worte des Apostels und andere seiner Predigten; die Dialoge des hl. Gregor und alle Kirchengeschichten und vor allem die Lebensbeschreibungen von Heiligen, welche Athanasius, Sulpicius, Hieronymus, Palladius, Theodoret, Beda und andere verfasst haben.

5. Wer will, dass seine Predigten etwas nützen, der braucht unabdingbar drei Dinge: Eifer für Gott bzw. den Geist und die Glut der Liebe, Weisheit und Beredsamkeit. Diese drei wurden durch die Feuerzungen versinnbildet, die über den Aposteln erschienen, als sie von Gott zu den ersten Predigern des Evangeliums erwählt wurden. Dabei bedeutete die Glut des Feuers den Eifer, der Glanz die Weisheit und die Zungenform die Beredsamkeit. Beredsamkeit ohne Liebe und Weisheit ist eine klingende Schelle (1 Kor 13,1) und hohle Geschwätzigkeit.

4. Prediger – Hörer – Schrifttext: das homiletische Dreieck

Weisheit und Beredsamkeit ohne Liebe ist eine bloß menschliche und tote Sache. Liebe ohne Weisheit und Beredsamkeit ist wie ein starker, aber unbewaffneter Mann.

6. Am meisten muss der christliche Prediger nach Eifer für Gott bzw. dem Geist der Liebe streben. Um ihn in sich zu nähren, gibt es kein besseres Mittel als das beharrliche Gebet und beständiges und ernsthaftes Denken an das Himmlische.

7. Zur Weisheit, die der Prediger braucht, ist dreierlei erforderlich. Erstens: Er muss die Heilige Schrift kennen. Darum sollte der Geistliche täglich etwas aus der Heiligen Schrift lesen, um sich mit ihr ganz vertraut zu machen, und dabei muss er auch die Väterkommentare zu Rate ziehen. Zweitens: Er muss wissen, wie in den einzelnen Fragen die Lehre der Kirche lautet. Die Lehre des hl. Thomas und die des Katechismus von Trient sind auf diesem Gebiet vollkommen zuverlässig. Es handeln nämlich diejenigen nicht richtig, die dem Volk bloße Ansichten von Theologen über bestimmte Glaubensinhalte vortragen. Denn es wäre schon viel erreicht, wenn das Volk allein das, was gesicherte Lehre ist, voll verstehen und erfassen könnte. Drittens ist erforderlich eine vielseitige Bildung, um aus Geschichtswerken und Büchern der Väter einen reichen Schatz an Beispielen und Begründungen zur Hand zu haben.

8. Die christliche Beredsamkeit, ja überhaupt jede echte Beredsamkeit verlangt, dass die Kunstfertigkeit die Natur vervollkommnet und ihr Schliff verleiht, nicht aber dass sie sie zerstört oder verdirbt. Dies ist der Punkt, wo normalerweise die meisten Fehler gemacht werden. Die Kunstfertigkeit soll also die Natur reinigen, denn bei manchen ist das Sprechen und die Vortragsweise infolge ihrer Bildung oder aus anderen Gründen mit Mängeln behaftet. So gebrauchen sie beispielsweise unpassende bzw. eher unsaubere Worte oder verworrene Sätze, oder sie werfen den Kopf ungebührlich herum, gestikulieren mit der Linken oder begehen auf andere Weise Fehler beim Vortrag. Diese schlechten Angewohnheiten kann man leicht feststellen und vermeiden, und das muss man auch. Wiederum darf aber auch die Kunstfertigkeit, wie wir gesagt haben, nicht die Natur zerstören. Will man aber einige Fehler hinnehmen, so ist es auf jeden Fall weniger schlimm, die Natur nicht zu korrigieren, als sie zu zerstören. Die Natur zerstören diejenigen, die beim Predigen entweder in eine ungewöhnliche Sprechweise verfallen, so dass sie eher zu deklamieren oder zu singen als zu sprechen scheinen, oder die dichterische oder besonders gekünstelte Worte gebrauchen oder doch zumindest so meisterhaft gedrechselte Sätze, dass alle begreifen, dass er sich bei der Abfassung der Rede schrecklich viel Mühe gegeben hat. Solche Dinge rauben dem Prediger nämlich fast alle Autorität.

9. Will man diesen Fehler vermeiden, so muss man sich vor Augen halten, dass man zwar von einem erhöhten Platz aus und zu vielen, dennoch aber eigentlich zu einzelnen Menschen sprechen und mit ihnen so umgehen muss, wie mit jedem von ihnen allein. Denn wer mit irgendeinem einzelnen Menschen spricht, um ihn von etwas zu überzeugen, wird sicher nicht erst einmal mit vielen schmückenden

Beiwörtern anfangen, mit einem dichterischen Satzbau, ungewöhnlicher Sprechweise oder Bewegungen der Hände und des Kopfes, sondern ganz einfach wie es unter Menschen üblich ist: zuerst mit einem ruhigen Körper, einer gemäßigten Stimme und in einfachen Sätzen sprechen. Anschließend dann, wenn es für etwas zu kämpfen oder etwas zu tadeln gilt, erhebt er die Stimme, vermehrt die Worte, bringt Bewegung in den Körper, ruft laut aus usw., um durch die veränderte Stimme und durch die Bewegungen Gefühle zu wecken, nicht jedoch durch theatralisches Auftreten und irgendwelche Tricks. Nur ein einziger Unterschied soll zwischen der Rede eines Predigers an das Volk und dem gewöhnlichen Gespräch unter vier Augen bestehen: Der Prediger muss, um leicht verstanden zu werden, lauter sprechen, aber auch wegen der Achtung vor der Menge bedächtiger und überlegter. Denn die Menge verdient Achtung.

10. Drei Predigtarten sind bei den heiligen Vätern üblich: Die einen legen in der Predigt die Heilige Schrift der Reihe nach aus und erklären dabei sorgfältig Satz für Satz. Diese Art findet sich in den Predigten des hl. Augustinus über das Johannesevangelium, des hl. Basilius über das Sechstagewerk, des hl. Chrysostomus über das Buch Genesis. Diese haben kein anderes Ziel als zu lehren und lassen Affekte nur beiläufig und kurz einfließen. Andere konzentrieren sich ganz auf die Behandlung der Hauptpunkte (des Christentums), wie die Predigten des hl. Chrysostomus an das Volk von Antiochia, die Predigten des hl. Basilius über verschiedene Themen und sehr viele Predigten des hl. Augustinus, des hl. Leo des Großen und anderer Väter. Diese zielen hauptsächlich darauf, durch Gefühle zu bewegen. Andere schließlich legen teils die Heilige Schrift aus, teils gehen sie davon ab, um das Streben nach bestimmten Tugenden nahezulegen oder dazu aufzufordern, sich überzeugt von bestimmten Lastern abzukehren. Dies leistet in hervorragender Weise der hl. Chrysostomus in den Homilien über die Briefe des Apostels Paulus und, wenn auch kürzer, in denen über das Matthäusevangelium, das Johannesevangelium und die Apostelgeschichte. Ebenso verfährt auch der hl. Augustinus in den Predigten über die Psalmen, ab dem dreißigsten. Diese drei Arten sind nützlich und verdienen, häufig konsultiert zu werden. Einige haben noch eine vierte Art hinzugefügt, indem sie scholastische Fragestellungen in der Predigt behandeln, und wieder andere eine fünfte, indem sie mit ausgesuchten Worten und rhetorischen Schnörkeln entweder die Evangelienberichte nacherzählen oder sich über die Schandtaten der Pharisäer auslassen, über Spitzfindigkeiten diskutieren oder über anderes dieser Art mit alberner Künstelei, viel Mühe und ganz ohne Nutzen sprechen.

Es gibt hervorragende Bücher über kirchliche Beredsamkeit bzw. die Abfassung von Predigten von Augustinus Valerius, dem Kardinal aus Verona, Didacus von Stella, Ludwig von Granada, Alphons Zorilla und anderen, wo man detaillierte Regeln hinsichtlich der einzelnen Teile der Predigt finden kann.

Robertus Bellarminus, De ratione formandae concionis, in: Opera oratoria postuma adiunctis documentis variis ad gubernium animarum spectantibus. Hg. von Sebastian Tromp. Bd. 1, Rom 1942, 145–149

4. Prediger – Hörer – Schrifttext: das homiletische Dreieck

Kurz und bündig

4.1 Bühler, Schulz von Thun, Austin und Searle haben die Aufmerksamkeit auf die verschiedenen Ebenen sprachlicher Kommunikation gelenkt. Sie teilt nicht nur Inhalte mit, sondern drückt auch aus, wie ein Sprecher gesehen werden will oder was er von seinen Hörern will. Dabei geschieht vieles unbeabsichtigt, ja manches unbewusst oder in Spannung zur eigentlichen Mitteilung. Über welche Stufen und wie gefiltert diese Kommunikation den Hörer erreicht, erkunden die Neurowissenschaften: Sinneswahrnehmung, Arbeits- und Langzeitgedächtnis.

4.2 Aus diesen Erkenntnissen heraus spricht man vom „homiletischen Dreieck": Prediger, Hörer und Schrifttext bilden drei eigenständige Pole, in deren Wechselwirkung eine Predigt sich ereignet.

B. PRAXIS: SCHRITTE DER PREDIGTARBEIT

In vier Kapiteln haben wir die Grundlagen der Predigt erarbeitet. Bereits das vierte Kapitel hat eine Brücke geschlagen zur praktischen Anleitung. Denn vor der Einzelarbeit an der Predigt gilt es zu klären, was bei der Predigt geschieht und wie dabei die drei Pole Prediger, Hörer und Schrifttext beteiligt sind. Nun aber geht es an die einzelnen „Schritte der Predigtarbeit". Insgesamt sind es sechs[514]:
– *Intellectio:* die Klärung des *status*, also der Kernfrage.
– *Inventio:* das geistige Ausschwärmen in alle Richtungen, um Ideen zu finden.
– *Dispositio:* das Strukturieren, Gliedern und nicht zuletzt Auswählen und Streichen des Gefundenen.
– *Elocutio:* das Ausformulieren in einer ansprechenden Form.
– *Memoria:* das Verinnerlichen der Predigt mit dem Ziel der freien Rede.
– *Actio:* das Halten der Predigt mit allem, was zu einem optimalen Verlauf beiträgt.

Will man diese Schritte verinnerlichen, so helfen die Bremer Stadtmusikanten, also Hahn, Katze, Hund und Esel, nebst Räuberhaus und Gesang.
– Der Hahn schreit nach allen Seiten nur den einzigen Ruf „Kikeriki" (Kernfrage).
– Die Katze streunt durch alle Gärten, sie stöbert und räubert überall und kennt keine Zäune (Ideen finden).
– Der Hund schnappt nach den besten Stücken und lässt sie nicht mehr los (Strukturierung).
– Der Esel lässt sich mit den drei Gefährten und dem, was sie mitgebracht haben, beladen (Ausformulierung).
– Das Räuberhaus ist das neue Domizil der vier, die sich darin heimisch fühlen (Verinnerlichung).
– Und der Gesang ist nun auch nicht mehr schwer zu raten – wie bei den glorreichen vier kommt es vor allem darauf an, dass er seine Wirkung nicht verfehlt …

Denkanstoß
Entwickeln Sie für sich einen persönlichen Ritus für den Beginn Ihrer Predigtarbeit. Vielleicht enthält er manche äußeren Vorbereitungen wie das Freiräumen des Schreibtischs, das Abstellen des Telefons, ein Gang durch die frische Luft und das Bereitlegen der notwendigen Texte und Utensilien. Vielleicht enthält er aber auch eine geistliche Vorbereitung, etwa die Anrufung des Heiligen Geistes, eine Vergegenwärtigung der homiletischen Situation und eine Begegnung mit dem

Schrifttext – und zwar eine wirkliche Begegnung, nicht bloß ein rasches „Ach so, wieder dieses Evangelium!", bei dem sich blitzartig bestimmte Deutungen einstellen. Vielleicht besteht diese Begegnung auch in einer Schriftbetrachtung, in der man sich fragt: Was sagt das Wort Gottes mir persönlich?

5. *Status*-Frage und inhaltliche Füllung

Vor die eigentliche Ausarbeitung der Rede tritt die Beschäftigung mit dem Kern der Rede, der *status*-Frage oder der Hauptfrage. Dabei erlauben wir uns eine kleine Ungenauigkeit, die von den klassischen Rhetoriklehrern dick mit Rotstift angestrichen worden wäre: In einem einzigen Kapitel vereinen wir die bei ihnen säuberlich voneinander getrennten Arbeitsschritte der Klärung des *status* bzw. der Redeabsicht (*intellectio* in 5.1) und des Findens von Gedanken (*inventio* in 5.2). Doch die Predigtpraxis zeigt, dass beide Schritte zwar theoretisch auseinandergehalten werden müssen, praktisch aber in der Regel nur gleichzeitig bearbeitet werden können. Denn erst indem man Ideen zur Predigt entwickelt und sie probehalber auf die Hörerschaft bezieht, wird einem klar, was genau das Ziel sein kann und soll. So entwickeln sich *intellectio* und *inventio* in wechselseitiger Abhängigkeit.[515] Das bedeutet freilich nicht, dass beide Schritte nicht klar unterschiedene Aufgaben und Vorgehensweisen besitzen. Darum lassen sie sich durchaus getrennt in den beiden Teilkapiteln 5.1 und 5.2 abhandeln.

5.1 Der *status quaestionis* – Worum geht es in der Predigt?

Alles beginnt mit der Einsicht – je nach Lage lust- oder sorgenvoll: „Nächsten Sonntag bin ich dran." Der Termin steht fest, und so fällt den Prediger im gleichen Augenblick wie ein Wachhund die Frage an: „Aber worüber soll ich predigen?" Das ist die Frage nach der Kernfrage, dem *status quaestionis* oder einfach *status* (griech. στάσις/*stasis*). Mit einem Satz soll er sich Rechenschaft geben, was er sagen will. „Na ja, wenn's weiter nichts ist: Ich will über die Wunder Jesu predigen." Das ist eine thematische Auskunft, aber noch kein *status*. Dieser klärt, unter welchem Aspekt dieses Thema behandelt werden soll: die „Hauptfrage"[516]. Denn sollen die Hörer im Glauben an die Wunder bestärkt werden, sollen sie exegetische Details zum σημεῖον *(semeion)*-Begriff erhalten, soll das Verhältnis von Glaube und Naturwissenschaft exemplarisch an der Wunderfrage gelöst werden oder soll das Vertrauen ins Bittgebet und seine Erhörung gestärkt werden? Selbstverständlich ist der *status* nicht willkürlich zu bestimmen, sondern in einer doppelten Verantwortung, und zwar der gegenüber dem auszulegenden Schrifttext und der gegenüber den Hörern. Der Schrifttext gibt eine „Hauptbotschaft" vor, wie Papst Franziskus es nennt:

5. *Status*-Frage und inhaltliche Füllung

> „Aber das Ziel ist nicht, alle kleinen Details eines Textes zu verstehen. Das Wichtigste ist zu entdecken, was die *Hauptbotschaft* ist, die dem Text Struktur und Einheit verleiht. Wenn der Prediger diese Anstrengung nicht unternimmt, dann ist es möglich, dass auch seine Predigt keine Einheit und Ordnung hat; seine Rede wird nur eine Summe verschiedener unzusammenhängender Ideen sein, die nicht imstande sind, die anderen zu bewegen. Die zentrale Botschaft ist die, welche der Autor an erster Stelle übermitteln wollte, was einschließt, nicht nur den Gedanken zu erkennen, sondern auch die Wirkung, die jener Autor erzielen wollte. Wenn ein Text geschrieben wurde, um zu trösten, sollte er nicht verwendet werden, um Fehler zu korrigieren; wenn er geschrieben wurde, um zu ermahnen, sollte er nicht verwendet werden, um zu unterweisen; wenn er geschrieben wurde, um etwas über Gott zu lehren, sollte er nicht verwendet werden, um verschiedene theologische Meinungen zu erklären; wenn er geschrieben wurde, um zum Lobpreis oder zur Missionsarbeit anzuregen, lasst ihn uns nicht verwenden, um über die letzten Neuigkeiten zu informieren."[517]

Doch die exegetische Bestimmung der Hauptbotschaft gibt dem *status* nur einen Rahmen vor. Dieser fragt ja danach, was der Prediger hier und heute sagen will: Was ist die Botschaft des Textes für diese konkrete Gemeinde? Was ist die geistliche Nahrung, die sie benötigen? Dies klipp und klar in einem möglichst einfachen Satz zu bestimmen, kostet Mühe. Doch je genauer die Kernfrage bestimmt ist, umso gezielter geht die eigentliche Predigtarbeit vonstatten. Unterlässt man dies, so wird man in mehr als der Hälfte der Fälle in das Muster zurückfallen, was man als Schüler bestens gelernt hat: Bei einer Klassenarbeit alles Mögliche zu schreiben, was einem irgendwie zu einem Thema einfällt – der Lehrer wird dann schon das herausziehen, was stimmt. Doch die Hörer sind keine Lehrer, und statt des Rotstifts kommt eine viel tödlichere Waffe zum Einsatz: der Kirchenschlaf! Nein, wer vor anderen auftritt und das Wort ergreift, muss vom ersten Augenblick erkennen lassen: „Ich habe euch etwas zu sagen, und das ist Folgendes: ..."

– Was das ist, muss er *in einem möglichst einfachen Satz formulieren* können. Am besten schreibt man sich ihn ganz oben und in roter Farbe auf das Konzeptpapier.
– Mehr noch, dieser Satz darf nicht bloß einen Inhalt beschreiben, sondern muss eine *Absicht* kundtun: „Ich will von euch Folgendes: ..." Also nicht bloß: „Die Taufe gibt Kraft, ein Leben lang mit Gott zu leben", sondern: „Ich will die Hörer aus einem Leben herausziehen, das sie genauso gut führen würden, wenn sie nicht getauft wären." Denn die Predigt ist keine Vorlesung. Mit Gottes Hilfe will sie bei den Hörern etwas erreichen. Dabei ist das „mit Gottes Hilfe" jedoch keine bloße fromme Floskel. Nein, nicht *ich* will und kann etwas erreichen. Dann lägen Manipulation, Bevormundung, Machtgefälle und das Missverständnis der Machbarkeit von Kommunikation nahe. Gerade die neuere Homiletik hat eindringlich davor gewarnt und rezeptions-

ästhetisch die aktiven Prozesse des Verstehens und der Aneignung durch jeden Einzelnen (etwa im Axiom des „offenen Kunstwerks" in 1.5.2.1) als konstitutiv für die Predigt erkannt. Predigt ist Angebot, ist Buffet und nicht „Vorkauen" der Speisen.
- Mehr noch: Eine solche Formulierung muss auf die *konkreten Hörer* hin gewählt werden, nicht bloß auf die Sache hin, also etwa die zugrunde liegende Evangelienperikope. Was sind ihre Fragen, Anschauungen, Bedürfnisse? Was brauchen sie und wogegen sträuben sie sich? Wofür bringen sie Interesse auf oder was lässt sie einfach kalt?
- Und noch einmal mehr: Das, was die Predigt erreichen will, ist nicht schon allgemein bekannt und bejaht, es ist kein „kalter Kaffee" – andernfalls würde man nur die Zeit aller Beteiligten vergeuden. Das haben schon die antiken Redelehrer gewusst und, die Auseinandersetzung vor Gericht oder auf der politischen Bühne vor Augen, pointiert von der „Kampflage" einer Rede gesprochen.[518] Der Redner setzt sich für etwas ein, was andere bestreiten oder zumindest ignorieren – man erinnert sich an die spannungsvolle Aussage des Protagoras, von jeder Sache gebe es stets zwei gegensätzliche Auffassungen (s. o. 2.1.1.2). Im Christentum wird diese Spannung noch radikalisiert: Es geht um nichts weniger als um ewiges Heil und Verderben – hier denken wir an die „radikale Rhetorik" der Bibel, von der George A. Kennedy sprach (s. o. 1.3.1).

Diesen einen entscheidenden Satz zu formulieren, das ist Aufgabe des ersten Schrittes der Predigtarbeit, die Formulierung des *status quaestionis,* der Problemstellung. Dieser Schritt heißt *intellectio,* also die Klärung der Kern- oder Hauptfrage der Predigt. Ich muss also bestimmen, wofür ich eigentlich einstehe. Das ist meine *causa*, mein Anliegen, nicht bloß meine *res*, meine Sache bzw. mein Inhalt. Das ist ein äußerst aktives, Position einnehmendes Geschehen. Es gibt mir die Souveränität, nicht nur einfach meinen Stoff zu repetieren („die Fortsetzung des Evangeliums mit anderen Mitteln"), sondern meine persönliche Antwort als Hörer des Wortes zu geben. Ich muss zupacken und festhalten – und das heißt immer auch, alles andere liegen zu lassen. Dazu dient die Konzentration auf den einzigen Satz der Hauptfrage.

Die *intellectio* soll also den *status quaestionis* bestimmen. Hier geht es ums Ganze der Predigt (der Hahn der Bremer Stadtmusikanten, der in alle Richtungen seinen einen und einzigen Ruf schreit: „Kikeriki!"), noch nicht um die weiteren einzelnen fünf Schritte ihrer Vorbereitung (die eigentlichen fünf *partes artis*, nämlich *inventio, dispositio, elocutio, memoria* und *actio*). Die *intellectio* umfasst selbst wiederum fünf Elemente, die am Ende alle in die Formulierung der Hauptfrage einfließen:
- Die Grundentscheidung: von der Darstellung zur Überzeugung übergehen *(ars persuadendi)*,
- die eigentliche Bestimmung des *status quaestionis,*

– die Bestimmung des Konkretheitsgrades,
– die dominante Kommunikationsebene und
– der Vertretbarkeitsgrad.

5.1.1 Die Grundentscheidung: von der Darstellung zur Überzeugung übergehen *(ars persuadendi)*

Theologen sind ausgebildete Akademiker. Durch Schule und Studium ebenso wie durch das Vorbild von Berufskollegen haben sie über Jahre und Jahrzehnte gelernt: Auf den Inhalt kommt es an. Das, was ich zu sagen habe, muss von der Sache her stimmen. Das trifft zu, aber es reicht nicht. Es ist, als würde der Prediger bloß in das Lektionar schauen, dabei aber niemals zu den Leuten aufblicken – allenfalls um zu überprüfen, ob sie sich nicht inzwischen vielleicht schon heimlich, still und leise auf und davon gemacht haben. Aber Rhetorik ist *ars persuadendi*, Kunst der Überzeugung, und darum sucht sie den Kontakt, die Begegnung, das Gespräch und die Auseinandersetzung mit den Hörern. Zwischen ihnen muss sich etwas ereignen, sonst ist die Predigt die Luft nicht wert, die sie verbraucht. In Kapitel 4 haben wir darum vom homiletischen Dreieck von Text, Redner und Hörer gesprochen, und dieses Dreieck darf keinesfalls auf die bloße Linie Text–Redner reduziert werden. Ein Prediger fragt also nicht einfach (etwa im Sinn der „Hauptbotschaft", von der Papst Franziskus spricht): Was ist die zentrale Aussage des Evangeliums, des Festes oder des Predigtanlasses? Vielmehr trägt er seine eigene Position im Blick auf die konkrete Situation der Hörer vor: „Ich bin überzeugt und will diese konkreten Menschen überzeugen." Sache und Person, Objektivität der Lehre und Subjektivität von Prediger und Hörern sollen miteinander verschmelzen. Das ist wohl der gefährlichste Moment der ganzen Predigtvorbereitung. Hier lauert die Skylla des Subjektivismus, der Manipulation, der Selbstdarstellung oder des Populismus oder die Charybdis einer fehlenden Konkretheit. Hier werden also Weichen gestellt. Nun würde die Notwendigkeit einer solchen Profilierung der Hauptfrage kaum jemand grundsätzlich in Frage stellen. In der Praxis aber hält man sich interessanterweise mit bemerkenswerter Hartnäckigkeit kaum jemals daran: Mehrere Themen werden zu einem Kuchen verbacken, weder wird eine Überzeugung des Predigers erkennbar noch konkrete Erwartungen an die Hörer, überhaupt wirkt das Ganze nicht wie eine Kommunikation, sondern eher wie ein Monolog vor Unbeteiligten. Darum tut man gut daran, sich über die folgenden Fragen jedes Mal Rechenschaft zu geben:
– Will ich mit meinen Hörern in Kontakt treten?
– Was liegt mir an ihnen?
– Empfinde ich Sympathie für sie?
– Was weiß ich von ihnen – im Allgemeinen und darüber, was sie hier und heute bewegt?

Überzeugen heißt, eine Sache angesichts ihrer Strittigkeit darzustellen. Am Beginn der Redevorbereitung steht deshalb die Frage: Wo ist das Gefälle? Wo gibt es Widerstand? Was bringt es, wenn die Sache so ist und nicht anders? Wenn irgendwo, dann gilt dies für die christliche Verkündigung. Sie deckt eine Wirklichkeit auf angesichts ihrer Bestreitung. Glaube und Unglaube sind die zwei Möglichkeiten, sich zu ihr zu verhalten.

Gut gesagt

Der Präsentationstrainer Tony Robbins, ein Star in Kreisen der Unternehmensberater, gibt Ratschläge für Reden. Die ersten beiden lauten:
1. Mach deine Hausaufgaben!
Das Erste, wenn ich einen Vortrag vorbereite, ist: Du musst dein Publikum kennen und wissen, was seine tiefsten Bedürfnisse, seine innersten Wünsche und seine wichtigsten Anliegen sind. Das ist wichtiger als alles andere. Du musst deine Botschaft gut herausarbeiten und absolut sicherstellen, dass sie bei denen, mit denen du sprichst, ins Schwarze trifft. Darum mache ich also normalerweise im Vorhinein viel meine Hausaufgaben und habe ein Team von Leuten, die ebenfalls ihre Hausaufgaben machen. Erst wenn du ihre Bedürfnisse kennst, kannst du ihnen etwas geben.
2. Respektiere dein Publikum!
Es reicht nicht, dein Publikum zu kennen, du musst ihm auch aufrichtig Respekt entgegenbringen. Du kannst auf einen Menschen keinen Einfluss ausüben, wenn du dich zum Richter über ihn aufschwingst. Wenn ich mich also hinsetze und die einzelnen Folien meiner Präsentation vorbereite, dann frage ich mich: Wer sitzt in diesem Publikum? Was respektiere ich an ihnen, was schätze ich an ihnen? Das stellt eine Verbindung zwischen ihnen und mir her, die ich – und sie – fühlen können!
Fortune (November 17, 2014), 49

5.1.2 Die eigentliche Bestimmung des *status quaestionis*

Die antike Rhetorik hat die Statusfrage anhand der gerichtlichen *causa* geklärt.[519] Das erscheint zunächst der Predigt sehr fern und wenig hilfreich bei der Klärung des Ziels einer Predigt. Doch die Situation eines Strafprozesses ist sehr leicht nachzuvollziehen und darum ausgezeichnet geeignet, auch in jeder anderen Redesituation zu erkennen, worauf es ankommt. Auch führt die gerichtliche Auseinandersetzung geradezu überdeutlich vor Augen, was wir bereits hervorhoben: Jede Rede hat eine „Kampflage", denn sie exponiert sich für ein Anliegen, das nicht selbstverständlich ist und das sich darum angesichts seiner Bestreitung behaupten muss. Zunächst also das Gerichtsparadigma, das anhand einer Anklage auf Mord durchgespielt werden soll. Dabei kann sich die Rede von Anklage oder Verteidigung auf vier verschiedene Fragestellungen richten:

5. *Status*-Frage und inhaltliche Füllung 241

– Das *Ob* – die Feststellung eines Tatbestandes *(status coniecturae):* Hat der Angeklagte die Tat begangen oder nicht? Hatte er dafür ein Motiv? Konnte er es überhaupt tun?
– Das *Was* – die sachlich richtige und gesetzentsprechende Bezeichnung eines Tatbestandes *(status finitionis):* War seine Tat Notwehr, Vermeidung von etwas Schlimmerem, fahrlässige Tötung oder Mord?
– Das *Wie* – die Beurteilung eines Tatbestandes *(status qualitatis),* seine Rechtmäßigkeit und Berechtigung: Handelt es sich um Nötigung oder Erpressung? Gibt es mildernde Umstände? Wie ist die Tat rechtlich einzuordnen? Wie wurde in Präzedenzfällen entschieden?
– Das *Wer* – die Frage nach der Zuständigkeit eines Gerichtes bzw. einer beurteilenden Instanz *(status translationis):* Sind das Gericht und die ernannten Richter die vom Gesetz her vorgesehenen? Sind die Richter befangen? Sind die Verfahrensregeln eingehalten worden?

Es ist leicht vorstellbar, wie grundlegend anders Staatsanwaltschaft oder Verteidigung vorgehen, je nachdem sie einen dieser *status* wählen. Alles Weitere wird von ihm abhängen, also etwa, welche Argumente, Beweisstücke oder Zeugen sie vorbringen und woraufhin sie ihr Plädoyer halten werden. Was aber hat das mit der Predigt zu tun? Spielen wir es am Beispiel einer Osterpredigt durch und geben dann erst jeweils einige allgemeine Hinweise zum entsprechenden *status:*

– Das Ob – *status coniecturae:* Ist Jesus wirklich von den Toten auferstanden? Lebt derselbe Leib, der am Kreuz gestorben ist, nun verklärt und unsterblich?
– Das Was – *status finitionis:* Ist die Auferstehung Jesu bloß eine Rückkehr ins irdische Leben wie bei Lazarus? Oder um welche Art von neuem Leben handelt es sich? Wie sind Leib und Seele, wie Gottheit und Menschheit darin beteiligt?
– Das Wie – *status qualitatis:* Was bedeutet Ostern für die Schöpfung, für die Menschheit, für die Kirche, für den einzelnen Gläubigen? Worin hat sich der Lauf der Welt dadurch verändert? Wie ist Ostern für uns erfahrbar?
– Das Wer – *status translationis:* Sind die Anfragen an die Auferstehung Jesu unter Berufung auf die Naturwissenschaft, auf den Materialismus oder auf den „gesunden Menschenverstand" („Tot ist tot!") berechtigt oder fehlen ihnen nicht entscheidende Voraussetzungen dafür, sich dem Ostergeheimnis überhaupt angemessen nähern zu können?

Man sieht, der kleine Umweg vor das Strafgericht hat sich gelohnt. Markant verschiedene Predigtansätze zeichnen sich ab, und genau auf diese scharfen Konturen der Alternativen kommt es an. Denn in dieser frühen Phase der Predigtvorbereitung gilt es zu wählen, und da können die verschiedenen Wege nicht eindeutig genug ausgeschildert sein. Nennen wir die vier *status* noch einmal grundsätzlich im Blick auf die Predigt:

1. **Status coniecturae** (Ob): Ich will etwas behaupten oder bestreiten – einen Glaubenssatz wie die Gottessohnschaft Jesu oder eine Glaubenstatsache wie die Wirklichkeit eines Wunders. Das kann sich aber auch auf ethische Normen beziehen, also z. B. das Verbot von Abtreibung oder aktiver Euthanasie oder das Sonntagsgebot oder die Pflicht, sich um die alten Eltern zu kümmern. Dieser *status* ist sehr scharf, er zielt auf das *to be or not to be,* das Entweder-oder, das *The winner takes it all* (ABBA). Typischerweise redet er in Gegensätzen (Fleisch und Geist, Himmel und Erde, Diesseits und Jenseits, Gut und Böse usw.). Für einmal ist hier Schwarz-Weiß-Zeichnung unerlässlich. Zwischentöne, Differenzierung und Milderung der eigenen Position sind nur insofern sinnvoll, als sie die Behauptung oder Bestreitung an sich unterstützen bzw. sie vor Überdehnung bewahren. Wichtig ist, nicht schleichend zu einem anderen *status* überzugehen, sondern sich auf den *status coniecturae* zu konzentrieren. Eine solche schleichende *status*-Verschiebung würde bei der Osterpredigt etwa geschehen, wenn man zuerst die Wirklichkeit des leeren Grabes darlegte, dann aber dazu überginge, deren Bedeutung für die Leiblichkeit, die Sakramente und die ganzmenschliche eheliche Liebe auszuführen. Ein Beispiel: In der schon angeführten Untersuchung zu kanadischen Ostersonntagspredigten von 2006 fiel David Haskell auf, dass selbst liberal eingestellte Pfarrer, die die weltliche Kultur und ihre dissidenten Auffassungen gegenüber Glaubenswahrheiten wertschätzen, dennoch die Positionen von Dan Brown, den „Jesuspapieren" und dem „Judasevangelium", die die Auferstehung leugnen, allesamt mit klaren Worten ablehnten. Den Grund dafür sieht Haskell in der „binären Struktur" der Osterpredigt, „die eine negative Kraft (Tod/ Gebrochenheit) gegen eine positive setzt (neues Leben/Heilung). Damit die Geistlichen behaupten können, dass die Auferstehung Jesu (oder auch das Mitleid unter Menschen, die Hoffnung usw.) die Probleme der Welt lösen kann, müssen sie zunächst klarmachen, dass die Welt gebrochen ist. Bestimmte Nachrichten, Filme oder Fernsehprogramme beschaffen dann passende Beispiele zum Beleg dieser strengen Behauptung."[520] „Binäre Struktur" heißt hier aber nichts anderes als *status coniecturae*. Wo es um Glaube oder Leugnung der Auferstehung Jesu geht, gibt es nur Ja oder Nein. Ein bisschen Ostern gibt es nicht.

2. **Status finitionis** (Was): Ich will das Wesen eines Sachverhalts klären oder den Sinn einer Geschichte, die Bedeutung einer Person oder ihres Auftrags herausarbeiten, also etwa: Was ist die Taufe? Warum ließ Jesus sich von Johannes taufen? Welchen Platz hat Johannes in der Heilsgeschichte? Bei ethischer Predigt würde es hier um die Erschließung des Sinns bestimmter Haltungen und Gebote gehen. Hierher würde etwa auch eine „Theologie des Leibes" von Johannes Paul II. gehören, welche die Bedeutung menschlicher Sexualität und die daraus folgenden Tugenden und Normen begreiflich machen wollte.

3. **Status qualitatis** (Wie): Ich will eine Sache einordnen, also etwa die Gestalt Jesu als Mittelpunkt der Heilsgeschichte, als Erfüllung der menschlichen Sehn-

sucht oder als zweite Person der Dreifaltigkeit. Bei moralischen Sachverhalten gehört hierher auch die Untersuchung von konkreten Umständen und der Transfer in bestimmte typische Situationen, z. B. ob eine Notlüge zur Abwendung von Gefahr für Leib und Leben erlaubt ist. Dieser *status* ist nicht immer leicht vom *status finitionis* zu unterscheiden. Darum hilft hier die Prüffrage: Will ich eine Sache in sich klären *(= status finitionis)* oder will ich sie in einen größeren Zusammenhang stellen *(= status qualitatis)*?

4. **Status translationis** (Wer): Das Christentum steht beständig unter der kritischen Aufmerksamkeit der Öffentlichkeit, und es gibt kaum jemand, der sich nicht ein Urteil über dieses und jenes vom Apfel des Adam bis zum Zölibat des Weltpriesters erlaubte. Die öffentliche Meinung gibt bestimmte Auffassungen vor, die dann in Umfragen zumeist Rekordwerte von bis zu 80 % Zustimmung verzeichnen können. Aber besitzt sie überhaupt die Voraussetzung dafür, Wirklichkeiten des Glaubens beurteilen zu können? *Der geisterfüllte Mensch urteilt über alles, ihn aber vermag niemand zu beurteilen* (1 Kor 2,15), sagt darum schon Paulus. Angesichts der Macht des Man tut ein Prediger gut daran, dem forschen Auftreten von Ansichten, die „man" so hat, den Boden unter den Füßen wegzuziehen. Bei der Gerichtsrede wurde in diesem Fall die Zuständigkeit des Gerichtshofs bestritten. Ein Prediger wird natürlich nicht in eine Publikumsbeschimpfung ausbrechen. Wohl aber kennt die Heilige Schrift die Situation der Verstockung – *hören, aber nicht verstehen; sehen sollt ihr, sehen, aber nicht erkennen* (Mk 13,14 und Apg 28,26 in Zitat von Jes 6,9). Nach dem Johannesevangelium trifft Christus immer wieder auf grundlegende Missverständnisse, weil seine Hörer eben noch irdisch und nicht himmlisch sind. Falsche Selbstgewissheit, schlechte Gewohnheiten, Dominanz des „Man", solche und ähnliche Kräfte können die Hörer dazu bringen, dass sie zuerst aufgeweckt werden müssen, um das Gehörte nicht von vornherein misszuverstehen.[521] Ist in diesem Fall nicht jede Predigt von vornherein aussichtslos? Keineswegs! Wohl aber wird man alle Kraft darauf verwenden, Vorurteile, Blockaden, Ängste, Sturheit oder Pharisäismus aufzubrechen. Das ist natürlich riskant, und wenn es misslingt, brechen ganze Tsunami-Wellen über dem Prediger zusammen. Doch für das Predigen gibt es keine Rundum-sorglos-Versicherung, und wenn man nur in reiner Absicht und mit der notwendigen Klugheit vorgegangen ist, darf man sich dann auch in eine Reihe von Propheten wie Elia, Amos und Jeremia stellen, die Ablehnung erfahren haben.

5.1.3 Zwei Konkretheitsgrade

Der eigentliche *status* ist nun bestimmt. Doch innerhalb jedes *status* kann man nun entweder allgemein-grundsätzlich *(quaestio infinita)* oder konkret-individuell *(quaestio finita)* sprechen.[522] Auch dies muss man von vornherein klären, und angesichts der Vorliebe der Theologen fürs Grundsätzliche und ihrer Scheu vor dem Konkreten ist dieser Schritt kaum zu überschätzen.

- *Quaestio infinita* (das abstrakt-generell-theoretische Thema, z. B. „an nubere decet – Soll man heiraten?"): Natürlich bleibt das Grundsätzliche, Allgemeine, immer und überall Gültige weiterhin ein Lieblingsort des Theologen. Denn die Heilige Schrift handelt von Geschehnissen, die universale Bedeutung besitzen und alle angehen. Doch gerade weil dies Theologen so nahe liegt, übersehen sie gerne auch einen Stolperstein: Sie setzen die universale Bedeutung einfach voraus, ohne sie zu begründen. Es genügt ihnen schon, dass Jesus etwas gesagt hat, und daraus schließen sie, dass alle Hörer dies als Weisung annehmen. Unterbleibt aber dieser Nachweis der Universalisierbarkeit, gleicht die Predigt einem Scheckbuch voll ungedeckter Schecks. Fehlende Beweise werden durch den beschwörenden Ton in der Stimme oder durch Gefühlsduselei ersetzt – sicher kein überzeugender Ersatz!

- *Quaestio finita* (der konkret-individuell-praktische Einzelfall, z. B. „an nubere Iuliam Thomae decet – Soll Thomas Julia heiraten?"): Das ist die Gretchenfrage für jeden Einzelnen: Was kann ich in bestimmten Fällen tun? Was gibt mir dann Orientierung und Halt? Wichtig für den Prediger ist: Der Einzelfall darf nicht nur ein Garderobenhaken sein, an den er seine allgemeinen Ausführungen hängt, also ein „Aufhänger" im buchstäblichen Sinn. Er darf das gelebte Leben nicht bloß zum Vorwand nehmen, um den Hörern seine allgemeinen Weisheiten „hineinzudrücken". Verhängnisvoll wäre es, wenn er bloß Klischees und weltfremde Beispiele zur Konkretion lieferte. Besser wählt er Beispiele aus eigener Anschauung, die ihn beschäftigen und vielleicht sogar aufwühlen, als bloß zum hundertundersten Mal die Musterfamilie mit zwei Kindern beim zwanglosen Plausch am Sonntagstisch vorzuführen – so etwas gibt es vielleicht in der Zeitschrift der Bausparkasse, aber im gelebten Leben kommt Kevin mal wieder zu spät, Lena hat eine Stinklaune und Vater und Mutter haben sich vielleicht längst getrennt.

Welchen Unterschied macht der Sprung vom Allgemeinen ins Konkrete! Aus dieser Erfahrung heraus schrieb der frisch verlobte Theodor Fontane an seine Braut Emilie Rouanet-Kummer: „Wie bin ich Dir gegenüber doch ein andrer Mensch geworden! Jedes Liebeswort machte mich sonst lachen, und jetzt les ich die zärtlichsten Stellen Deiner Briefe oft zwanzigfach und klammre mich an sie […]"[523]

5.1.4 Die dominante Kommunikationsebene

Nun ist zu bestimmen, welche Seelenkraft der Hörer vorwiegend angesprochen werden soll: Kopf, Herz oder Hand, also Verstand, Gefühl oder Tat.[524] Seit Aristoteles unterscheidet man nämlich drei dominante Absichten, denen jeweils verschiedene Sprechakte zugeordnet werden können:

- *docere* (kognitiv): zeigen, aufweisen, lehren, verständlich machen usw.
- *movere* (affektiv): berühren, aufwühlen, trösten, bestärken, Werthaltungen befestigen usw.
- *flectere* (pragmatisch): zur Umkehr rufen, Hilfen zur Verwirklichung geben usw.

„Dominant" heißt keineswegs „ausschließlich", so als müsste etwa ein idealer Lehrvortrag sich vom ersten Atemzug bis zum erlösenden letzten Satz in der staubtrockenen Luft der reinen Vernunft aufhalten oder als müsste ein Ansprechen der Gefühle möglichst vollkommen dem Klischee entsprechen: „fromm, aber dumm". Wohl aber werden die jeweils beiden anderen Zielebenen der dominanten Absicht instrumentell zugeordnet, also z. B. indem der Lehrvortrag die Motivation der Hörer durch gelegentlichen Humor nährt oder indem er durch eine zu Herzen gehende Geschichte einen komplexen Zusammenhang intuitiv erfassen lässt.

5.1.5 Der Vertretbarkeitsgrad[525]

Das Wort von der „Kampflage" mag manch einem Leser übel aufgestoßen sein: „Ich bin doch kein Hassprediger!" Gewiss, und doch stößt nicht jede Hauptfrage auf die gleiche Akzeptanz beim Publikum. Darum gilt es, diese bzw. den Vertretbarkeitsgrad bei den Hörern im Voraus einzuschätzen, je nachdem, inwieweit die eigene Überzeugung der des Publikums entspricht oder widerspricht:
- Das *honestum genus* trifft zu bei einem „Vertretbarkeitsgrad eines Partei-Gegenstandes, der dem Rechtsempfinden (oder über den juristischen Bereich hinaus verallgemeinert: dem allgemeinen Wert- und Wahrheitsempfinden) des Publikums voll und ganz entspricht"[526]. In Kulturen wie der spätantiken[527] oder der afroamerikanischen, die eine aktive Interaktion zwischen Gemeinde und Prediger kennen, würden die Hörer vielleicht ausrufen: „Oh, yes!"[528] – Biblisch denkt man hier etwa an die Abschiedsrede des Paulus in Milet (Apg 20,17–38): *Und alle brachen in lautes Weinen aus, fielen Paulus um den Hals und küssten ihn* (Apg 20,37).
- Beim *anceps (oder dubium) genus* wird eine Fragestellung als ernsthafte akzeptiert, also z. B. wie das Christentum den Islam sieht oder ob man als Christ bedenkenlos Fleisch essen kann. Die Antwort fällt nicht von vornherein eindeutig aus, aber die Frage überhaupt aufzuwerfen ist alles andere als überflüssig. Hier würde man vielleicht später dem Prediger anerkennend sagen: „How interesting!" – Dafür könnte man die Unterweisung im Gesetz durch Esra als Beispiel anführen (Neh 8,1–12): *Das ganze Volk lauschte auf das Buch des Gesetzes* (Neh 8,3).
- Das *admirabile genus* erstaunt, befremdet oder schockiert sogar das Publikum, weil es in seiner überwiegenden Mehrheit vom Gegenteil überzeugt ist oder

die vorgetragene Ansicht gar nicht ernst nimmt – etwa wie bei Jeremias Drohreden, auf die hin der Priester Paschhur den Propheten schlagen und in den Block spannen ließ (Jer 19,1–20,6, hier 20,1–6). Manchmal trifft auch schon die Person des Predigers auf Vorurteile und Ablehnung, gleich was er vorträgt. Bei diesem *genus* passte das Lieblingswort gehobener britischer Internatsschülerinnen des 19. Jahrhunderts: „Shocking!"

– Im *humile genus* geht es um etwas, was für eine Bagatellsache gehalten wird und was das Publikum für nicht der Erörterung wert erachtet, also etwa exegetische Details zu einer Perikope, deren genaue Auslegung die Hörer ohnehin kaum interessiert. Dennoch darüber zu sprechen stellt höchste Anforderungen, da man ständig gegen den Wind kreuzen muss. Die Leute halten das Ganze für „nicht der Rede wert", und ein Amerikaner würde wohl ausrufen: „So what?" – ganz wie die Athener nach der Areopagrede des Paulus (Apg 17,16–34): *Darüber wollen wir dich ein andermal hören* (Apg 17,32).

– Beim *obscurum genus* bereitet die Kompliziertheit dem Publikum Schwierigkeiten und beeinträchtigt die Motivation, so bei allen spezialwissenschaftlichen Fragen (etwa der systematischen Theologie, der Exegese oder auch der Kirchen-Innenpolitik!). Es kann jedoch eine durchaus reizvolle und wichtige Aufgabe sein, die Dinge so zu vereinfachen und zu veranschaulichen, dass sie für Laien durchschaubar, interessant und wichtig werden – hier erinnert man sich an die Einschätzung der Paulusbriefe in 2 Petr 3,16: *In ihnen ist manches schwer zu verstehen.* Joan Hickson alias Miss Marple würde sagen: „I see, oh I see!"

Es gibt auch verschiedene andere Methoden, um das Predigtthema bzw. den Kernsatz zu bestimmen.[529]

> 1. Der Dreischritt von Kern-, Überzeugungs- und Zielsatz, also die Hauptbotschaft des Schrifttextes, das Profil der eigenen Überzeugung angesichts dieser Hauptbotschaft und die Bestimmung des mit der Predigt zu Erreichenden (Vorsicht, die Grenze zur Manipulation und Bevormundung der Hörer ist rasch überschritten!).
>
> 2. Vorbehalte gegen eine solche Formulierung des Zielsatzes erhebt Rolf Zerfaß, weil es die Hörer bevormunde und zu bloßen Objekten einer Zielerreichung herabwürdige.[530] Stattdessen schlägt er vor, sich unter den vier Stichworten Ziel, Widerstände, Botschaft und Mahnung der eigenen Absichten gegenüber den Hörern zu vergewissern. Das Ziel beschreibt das Grundanliegen der eigenen Seelsorge („Was wünsche ich mir, dass es geschieht?"); die Widerstände benennen (oft unbewusste) Probleme der Hörer durch andere Einstellungen, Gewohnheiten oder Einflüsse („Warum denken die Hörer in der Sache nicht so wie ich?"); die (frohe) Botschaft umschreibt den persönlichen Gewinn, den man seinen Hörern wünscht („Welche Haltungen, Handlungen, Einstellungen usw. wünsche ich meinen Hörern und mir?"); „Mahnung/Rat/Hilfe" gibt dazu konkrete Verwirklichungen an, die aus der eigenen Erfahrung gedeckt sind („Was kann helfen, in dieser Sache einen Schritt weiterzukommen?").

3. Einen ganz anderen Weg geht Heribert Arens[531]: Er orientiert die Predigtarbeit an den Phasen der Kreativität: Präparations-, Frustrations-, Illuminations- und Verifikationsphase, also Hinwendung zu einem Thema, vergebliches Suchen, plötzliche Eingebung und kritische Überprüfung und Ausarbeitung. Diese Beschreibung ist sehr realitätsnah und fruchtbar, liegt aber auf einer anderen Ebene als die eigentliche *intellectio* und *inventio* und tritt ergänzend zu ihnen hinzu, ohne die beschriebenen Schritte dabei zu ersetzen. Verwandt damit ist die Technik des Sprechdenkens, d. h. man spricht halblaut die Gedanken zu einem Thema, die einem gerade kommen, vor sich hin, hört sich selber zu und entwickelt daraus allmählich immer klarer die eigentliche Predigt.

Gut gesagt
Genie ist ein Prozent Inspiration und neunundneunzig Prozent Transpiration.
Thomas A. Edison (1847–1931) in einem Zeitungsinterview

„‚Wie bekommt man Einfälle?', fragt Charlie Chaplin, der Mann, der durch seine originellen Einfälle berühmt geworden ist. Er gibt drei Hinweise:
– Ausdauer (,indem man bis an die Grenzen des Wahnsinns beharrlich bleibt. Man muß die Fähigkeit haben, über lange Zeit Seelenqualen zu ertragen ...')
– Intensität des Suchens
– kritisches Auswahlvermögen."[532]

Gut gesagt
He can best be described as one of those orators who, before they get up, do not know what they are going to say; when they are speaking, do not know what they are saying; and, when they have sat down, do not know what they have said. – Er lässt sich am besten beschreiben als einer von den Rednern, die, bevor sie aufstehen, nicht wissen, was sie sagen werden, während sie reden, nicht wissen, was sie sagen, und wenn sie sich wieder setzen, nicht wissen, was sie gesagt haben.
Winston Churchill (1874–1965) über Lord Charles Beresford (Webster 1884)

Nach der möglichst eindeutigen Bestimmung des Predigtkerns geht es nun daran, um ihn herum Gedanken zu finden, die dann zu Bausteinen für die eigentliche Predigt werden. Treffende, zündende, sprechende und ansprechende Gedanken zu finden ist aber weder bloße Begabungs- noch Zufallssache. Es verlangt vielmehr Lust am Suchen – oft auch an ungewohnten oder abenteuerlichen Gedankenorten –, verbunden freilich mit Chaplins goldenen drei: Ausdauer, Intensität und Selbstkritik.

5.2 *Inventio* – Einige wichtige inhaltliche Elemente der Predigt

Die Gedankensammlung der Predigt beginnt nicht erst, wenn die Predigt ansteht. Das ganze Leben, mit wachem Geist und offenen Augen erfahren, ist eine einzige Predigtvorbereitung. Denn der Prediger muss eine Schatztruhe sein, aus der er *Neues und Altes hervorholt* (vgl. Mt 13,52). Allem voran ist hier die Vertiefung des Glaubens gemeint, und das bedeutet nicht zuletzt des Glaubenswissens. In allen Fragen von Bedeutung für die Gläubigen muss er bewandert sein, er soll die Lehre zuverlässig kennen und mit einfachen und verständlichen Worten formulieren können. Die Seele der Theologie ist die Heilige Schrift. Darum muss er mit ihr vertraut sein, muss ihre Worte kennen und sie bei Bedarf dem Gedanken oder dem Wortlaut nach auch zitieren können.[533] Ebenso soll er mit wachen Augen, unbestechlichem Geist und mitfühlendem Herzen durch die Welt gehen, er soll das Leben beobachten, beschreiben und nicht zuletzt durchbeten.

So ist Predigt kein Monolith, eher eine Krone mit vielen funkelnden Diamanten. Das gilt nicht nur von Wissen und Erfahrung des Predigers, sondern auch von seiner sprachlichen Kompetenz bzw. Ausdrucksfähigkeit. Denn jede Predigt vereinigt verschiedenartige sprachliche Elemente zu einer komplexen Verbindung. Sie ist aus einer ganzen Reihe von Elementarteilchen zusammengesetzt, unter denen die bedeutsamsten sind: Auslegung, Definition, Appell, Lobpreis, Erzählung und Biografie. Die Kunst besteht nicht nur darin, dazu Ansprechendes zu finden, sondern es dann auch in ein bruchloses Ganzes einzufügen. Ansonsten geschieht das, was die Chemie bei instabilen Verbindungen beobachtet: Sie zerfallen in ihre Bestandteile, und das manchmal in Bruchteilen einer Sekunde. Skizzieren wir darum diese bedeutsamsten Elementarteilchen!

5.2.1 Auslegung

Prominent am Anfang muss die Auslegung des biblischen Wortes stehen. In gewisser Hinsicht ist sie ja *das* Thema der Verkündigung schlechthin. Dementsprechend ist die Literatur zur Predigt des Wortes Gottes auch Legion. Aber es ist wie bei der Erkundung des Gelobten Landes unter Josua (vgl. Num 13,32 f.): Riesen sind im Land, und vor ihnen schreckt man zurück. Lieber steckt man den Kopf in den Wüstensand, als entschlossen den Jordan der biblischen Predigt zu überschreiten. Riesen, das sind die Riesenthemen der Auslegung wie Exegese, Hermeneutik und Rezeptionsgeschichte. Getreu unserem Grundsatz einer praxisorientierten Homiletik versuchen wir an dieser Stelle aber nicht auf diese Riesen zu starren, sondern bei den einfachen Wie-Fragen zu verweilen: Welche Rolle spielt exegetisch-theologische Reflexion bei der Schriftauslegung in der Predigt?

Manche erklären die Predigt schlichtweg zur theologiefreien Zone. Exegese und Theologie seien nur unnötiger begrifflicher Ballast, ein von Professoren verpasster Maulkorb für das „Reden, wie einem der Schnabel gewachsen ist". Natürlich gibt es theologische Wortungetüme, elfenbeinerne Begriffstürme und ein Zerreden des Glaubens. Aber man soll das Kind Theologie nicht mit dem Bade ihres Zerrbildes ausschütten. Gerade der mündige, selbstdenkende Gläubige verlangt nach dem Verstehen; ein blinder Glaube allein genügt ihm nicht. Wohl aber muss die verkündigende Theologie durch die enge Pforte passen: Was nützt sie den Gläubigen? Da zählen nicht die fachinternen Diskussionen, sondern der Ertrag für das Verstehen; nicht die Fachbegriffe, sondern deren auch Laien verständliche Umschreibung. Vieles wird man an der engen Pforte also zurücklassen müssen, aber was man dann an Theologie mitnimmt, das ist bei der Vermittlung des Glaubens Goldes wert.

Dieses *placet iuxta modum* (Ja mit Auflagen) zur Theologie in der Predigt bestätigt sich auch empirisch. Angesichts einer theologisch anspruchsvollen Osterpredigt waren die Hörerreaktionen in der „Heidelberger Umfrage zur Predigtrezeption" von Schwier und Gall gespalten. Während sich viele Hörer zunächst von den in der Predigt angesprochenen Zweifeln an der Wirklichkeit der Auferstehung bewegt zeigten, hätten sie sich

> „hierauf eine einfache und einprägsame Antwort gewünscht [...]. Die verschiedenen Antwortversuche innerhalb der weiteren Lektionen samt der impliziten Kritik an zu einfachen Wirklichkeits- und Faktizitätskonstrukten konnten viele Hörer nicht nachvollziehen. Sie erschlossen sich als nicht relevant für ihre Lebensbereiche und Erfahrungen. Die in der Predigt gehörten theologischen und geistigen Anregungen wurden zwar als mehr oder weniger akademisch interessant, aber nicht als klärend wahrgenommen. Die durchaus erwarteten theologisch anspruchsvollen Predigten sollen also weniger einem akademischen als einem mit den Lebensfragen verbundenen Anspruch genügen."[534]

Freunden einer theologisch anspruchsvollen Predigt mag es zum Trost sein, dass auch das Pendant, die „volksnahe Osterpredigt" mit einem rhetorischen Feuerwerk, in der Heidelberger Untersuchung nicht einhellig angenommen wurde: „Ob diese Predigt samt ihrer Sprache ganz der eigenen Sprache und Welt entsprach, kurz und herzhaft war oder ob sie unklar, schwammig und nicht zu Herzen gehend wirkte, liegt auch hier in der Deutungshoheit der Hörerinnen und Hörer."[535]

Gut gesagt
> Man hat sich innerkirchlich angewöhnt, über die katholische Kirche zu reden wie über einen schwierigen Absatzmarkt, also in Kategorien von Unternehmensberatern und Marketingexperten. Und je schlapper die Gesamtlage ist, desto schriller wirken die Reparaturversuche, ganz besonders, wenn sie diskutiert werden in den geschichtsschweren Mauern des Vatikan. Hier zeugt jeder Stein, jede Statue von

den Tagen glaubensgewisser Größe, von der triumphalen Selbstverständlichkeit des Christentums. Es konnte keinen würdevolleren Rahmen geben für die Konferenz, zu der der damalige Chef des Vatikan-Radios, Pater Gemmingen, eingeladen hatte, als den Campo Santo im Campo Teutonico, dem deutschen Pilgerfriedhof im Schatten des Petersdoms. Zusammengekommen waren Journalisten, Professoren, Autoren, die diskutieren sollten, wie der Glaube heute zu vermitteln sei. Miteingeladen war ein Werbeprofi, der eine Powerpoint-Präsentation vorbereitet hatte über die Lage der katholischen Kirche.

Es war ein älterer Managertyp im Dreireiher, der dort vortrug, der Einzige, der konservativ dunkel gekleidet war bei hochsommerlichen Temperaturen. Doch er war der Mann der Zukunft. Er legte eine Folie nach der anderen auf den Leuchttisch und machte uns klar, wie sehr wir und das Paket, das von uns Katholiken vertreten wurde, von vorgestern waren. Er zeigte Torten und Kurven und Prozentbalken, und alle ergaben den gleichen Befund: Es sieht schlecht, sehr schlecht aus.

Das läge gar nicht unbedingt an dem Inhalt, den die Kirche zu verkaufen habe, meinte der Mann, sondern an der Form und am Stil. Und damit meinte er nicht die Renaissancegiebel und barocken Verzückungen Roms. Er meinte die Botschaft.

Viele der Gleichnisse des Neuen Testaments seien schlicht unverständlich, und sie seien in einer Sprache abgefasst, die heute niemand mehr spreche. Er schob eine Weile seine Folien hin und her und warf mit Begriffen wie „Zielgruppenorientiertheit" und „Erwartungshorizont" und „Produktplatzierung" um sich. Mir fielen die Augen zu. Weil es sich anhörte, wie sich auch draußen alles anhört. Schwellen tieferlegen. Modern werden. Vorkauen. Ich opponierte schließlich. Etwa so: Warum sollen wir irgendwelche Schwellen tieferlegen? Muss die Kirche jedem Couch Potato hinterherlaufen und sich klein machen?

Warum müssen wir unbedingt Klampfengottesdienste feiern und dazu banalsten Gefühlskitsch und Andachtsplattitüden von uns geben, nur weil irgendeiner dachte, das sei die Sprache der Jugend (was sie in der Regel aber gerade nicht ist!)? Warum „Willkommen sind alle, die der Sonne entgegensehen, / und alle, die auf trübes Wetter stehn", wenn es doch Lieder wie „Freut euch ihr Christen alle" gibt? Auch dass es gerade die Fremdheit eines Evangeliums ist, die uns herausfordert und fasziniert, mochte unserem Werbefachmann nicht einleuchten. [...]

Was noch mal war eigentlich so falsch am Messelesen, Taufen, Beichteabnehmen, an Predigten, an Seelsorgegesprächen? Vor lauter Ratlosigkeit darüber, dass man einen Glauben vertritt, der 2000 Jahre alt ist, möchte man ihn so aussehen lassen, als sei er vorgestern von drei Soziologiestudenten im Internet-Cafe „Bible Corner" designt worden.

Matthias Matussek, Das katholische Abenteuer. Eine Provokation, München-Hamburg ⁵2011, 205–207

5.2.2 Definition

Unablässig steht der Prediger vor der Aufgabe, Unbekanntes, wenig Vertrautes, Abstraktes und Fremdartiges zu erklären. Das ist wenig erstaunlich bei einer Offenbarungsreligion, für die das Einst in all seiner Fremdheit entscheidend ist für das Jetzt. Im Kern ist das eine definitorische Aufgabe: Eine unbekannte Sache oder ein fremdartiger Begriff wird durch Bekanntes kurz so beschrieben, dass die Hörer davon eine ausreichend klare und eindeutige Vorstellung erhalten. (Das war jetzt schon selbst eine Definition der Definition!) Leichter gesagt als getan, etwas kurz, klar und eindeutig zu klären, und das auch noch bei den großen Begriffen des Glaubens wie Schöpfung, Erlösung, Gnade und Heiligkeit. Aber es ist unerlässlich, wenn der Glaube kein Fremdkörper bleiben soll. Kurz, klar und eindeutig, das ist die goldene Regel der Definition, und wer sich an sie hält, muss nicht erst das volle „Collegium logicum" (Mephisto im „Faust") absolvieren. Einige Hinweise auf mögliche Klippen genügen für die Praxis:

– Zuerst der Zauberspruch: *„Definitio sit clara, definito clarior.* – Die Definition soll klar sein und klarer als das, was man definiert." Also keine dunklen, verschwommenen oder metaphorischen Wörter gebrauchen, nicht „herumeiern" oder das Wesentliche verschleiern (z. B. Sünde bloß als „Fehler und Probleme, die im Leben nicht ausbleiben").

– *Definieren nicht mit Zeigen verwechseln* (also z. B. nicht „Der Vater im Gleichnis vom verlorenen Sohn, das ist Barmherzigkeit"). Auf konkrete Beispiele oder Einzelfälle zu verweisen dient der Vorbereitung oder Sicherung einer Definition, kann sie aber nicht ersetzen.

– *Nicht ins Schwadronieren geraten.* Alle nicht notwendigen Details sind zu vermeiden: nichts im nächsten Satz gleich wieder relativieren oder verkomplizieren; überhaupt soll man nicht alles sagen wollen, sondern nur das, was zur Klärung unbedingt notwendig ist.

– *Nicht bloß negativ abgrenzen,* also z. B. „Heiligkeit ist nichts Abgehobenes", sondern es direkt umschreiben, also etwa „Heilig werden kann man auch als Straßenkehrer oder Google-Programmierer".

5.2.3 Appell

Für die Moralpredigt müsste man eine Vermisstenanzeige aufgeben – sie kommt weithin einfach nicht mehr vor.[536] Nicht dass Prediger nicht gerne ihren Hörern mit dem erhobenen Zeigefinger kämen. Doch an die Stelle der Moralpredigt sind manchmal pseudoethische Maximen getreten. Damit gemeint sind ethische Mahnungen, die entweder viel zu allgemein und unverbindlich bleiben oder die bloß Abwesende schelten, den Anwesenden dagegen das beruhigende Gefühl verleihen, zu den Guten zu gehören. Der Grund für solche Ersatzhandlungen? Appelle sind heikel. Nichts scheuen die Menschen so sehr, wie „missioniert" zu werden, wie es gerne genannt wird. Gemeint ist ein Drängen und Stoßen in eine Richtung, die sie nicht von sich aus bejahen. Wenn ihnen das schon bei Überzeugungen und Inhalten widerstrebt, wie viel mehr dann bei moralischen Appellen, also Aufforderungen zu einem bestimmten Tun und Lebenswandel. Und doch, nichts ist dem Christentum mehr auf den Leib geschrieben als gerade dies: der dringende, durch nichts zu verschiebende Appell zur Umkehr und zu *Früchten, die eure Umkehr zeigen* (Lk 3,8). Glaube ruft nach Werken – und bei den Werken sagt man heute spontan: „Das muss ich mit mir selbst ausmachen!" Verwahrten sich nicht schon Sokrates und Platon gegen die manipulative Rhetorik der Sophisten (s. o. 2.1.1.3), und stellte nicht Kant die Freiheit und Selbstbestimmung des Einzelnen in den Mittelpunkt seiner Kritik an der Redekunst (s. o. 2.2.1)? Also ein Christentum der Tat ja, aber bitte nur mit Allerweltsmoral, fade gewürzt mit Gemeinplätzen und Floskeln („ein Stück weit ganz konkret sich solidarisch darauf einlassen ..."). Ein auswegloses Dilemma? Sicher nicht, wenn man bedenkt, in welcher Unzahl von Internet-Foren die Leute Rat suchen vom Aalgericht bis zur erfolgreichen Zygotenbildung. Die Voraussetzung ist einfach – oder besser gesagt doppelt: Menschen erkennen für sich ein Problem, und der Appell stellt eine plausible, nachvollziehbare Handlungsempfehlung zu seiner Lösung dar. Der Schlüssel dazu liegt im Wörtchen „kann", das vor dem Wörtchen „muss" steht: Ein guter Appell stellt die Dringlichkeit des Problems dar, gibt den Menschen aber das Selbstvertrauen dafür, die Lösung auch verwirklichen zu können. Kontraproduktiv wird ein Appell also nicht durch die Dringlichkeit – Jesus selbst spricht vom καιρός *(kairos)* (Mk 1,15), dem Hier und Heute, das um keinen Preis der Welt verpasst werden darf, und er warnt davor, am Ende vor verschlossenen Türen zu stehen, ja davor, in die *äußerste Finsternis hinausgeworfen* zu werden (Mt 8,12; 22,13; 25,30). Auch heutige Impfkampagnen, Krebsvorsorge-Screenings und CO_2-Reduktions-Initiativen arbeiten unverhüllt mit Drohbotschaften. Für sie steht eben etwas Wichtiges auf dem Spiel, die Gesundheit oder das unbeeinflusste Klima. Sollte das für den Glauben nicht der Fall sein? Kontraproduktiv wird der Appell erst dadurch, dass das Problem die Hörer gleichgültig lässt und/oder dass die Lösung ihnen aufoktroyiert erscheint. Anders solche Kampagnen. Sie alle stellen klar: „Wenn alles so weitergeht wie bisher, geht bald nichts mehr weiter!" Und: „Anders leben ist besser – und es ist kein Unding!" So darf beim ethischen Appell hinter allen noch so dunklen Wolken nicht die Sonne vergessen werden:

> „Ein anderes Merkmal ist die positive Sprache. Sie sagt nicht so sehr, was man nicht tun darf, sondern zeigt vielmehr, was wir besser machen können. Wenn sie einmal auf etwas Negatives hinweist, dann versucht sie immer, auch einen positiven Wert aufzuzeigen, der anzieht, um nicht bei der Klage, beim Gejammer, bei der Kritik oder bei Gewissensbissen stehen zu bleiben. Außerdem gibt eine posi-

tive Verkündigung immer Hoffnung, orientiert auf die Zukunft hin und lässt uns nicht eingeschlossen im Negativen zurück."[537]

5.2.4 Lobpreis

Aus noch ungeklärter Ursache hat sich in die Predigt (zumindest nördlich der Alpen) eine vornehme Distanz eingeschlichen, und ihr erstes Opfer ist der hymnische Ton. Doch dieser ist der Erstgeborene der Erlösung. Aus dem *Amen. Halleluja* (Offb 19,4) entspringen Lob, Preis, Dank, Bitte und Anbetung. Die Ausrufung der *großen Taten* Gottes, *der euch aus der Finsternis in sein wunderbares Licht gerufen hat* (1 Petr 2,9), ist der Urquell der Liturgie. Wie sollte dann die Predigt, „pars ipsius liturgiae" (s. o. 3.2.1.2), nicht auch wesentlich Lobpreis sein? Also sprachliche Verherrlichung dessen, was der Gottesdienst feiert? Seltsam, wie schwer man sich damit tut – viel schwerer als mit dem viel heikleren Appell. Dabei rufen Anfang und Schluss der Predigt förmlich danach. Doch Lobpreis in der Predigt, wie geht das? Weniger als sonst helfen hier Tipps und Kniffe weiter, ebenso wenig hohe doxologische Theologie. Viel mehr dagegen die schlichte Feststellung Jesu: *Wovon das Herz voll ist, davon spricht der Mund* (Mt 12,34). Wer glaubend, meditierend und inmitten der Kirche feiernd die Geheimnisse der Erlösung verinnerlicht hat, der wird auch immer besser zu einer Sprache des Lobes Gottes finden, die passend, angemessen, ehrlich und zugleich ansteckend ist. Einmal wird die Sprache dann feierlich-dogmatisch ausfallen und dann wieder innig-mystisch, einmal wird sie auf die liturgische Gebetssprache der Kirche zurückgreifen, vielleicht sogar aus der Liturgie des Tages zitieren, und dann wieder zu einem ganz persönlichen Bekenntnis werden.

Übung
Lesen Sie einige Festtagspräfationen und machen Sie darin die Passagen aus, in denen der Festinhalt verherrlicht wird. Schreiben Sie diese Zeilen weiter, indem Sie
a) den sprachlichen Duktus aufgreifen und fortsetzen und indem Sie
b) ihn in eine eigene, zeitgenössische Sprache transponieren, ohne den hymnischen Charakter selbst zu parodieren.

5.2.5 Erzählung[538]

„Sagen lassen sich die Menschen nichts, aber erzählen lassen sie sich alles."[539] Erzählen besitzt für manche Prediger einen unverwechselbaren Glanz. Es ist spannend, lebensnah, schöpft aus Erfahrungen, ist nicht „begrifflich-verkopft", bevormundet nicht, lässt viele Deutungen und Assoziationen zu und es kommt der Vorliebe der Bibel fürs Narrative nahe. Ganz nebenbei baut eine gute

Geschichte Beziehung zu den Hörern auf, entspannt diese, schafft Identifikation und vermittelt unterhaltsam Informationen. Was gibt es Schöneres auf Erden? Ausgerechnet die empirische Predigtforschung gießt etwas Wasser in den Wein. Die Auswertung einer durchgängig narrativen Predigt des bekannten Homiletikers Wilfried Engemann über einen im Ausland lebenden Hausbesitzer, der keine Miete verlangt und nur verspricht, eines Tages zu Besuch zu kommen, um die Mieter kennenzulernen, ergab:

> „Die narrative Predigt hat deutlich polarisiert. Sie wurde mit ausgesprochen hoher Zustimmung als auch mit ebenso hoher Ablehnung gehört. Die Ablehnung hat sich stark mit einer Ablehnung gegen die Gattung verbunden; gleichzeitig wurde ein erkennbarer Bezug zum Bibeltext und insgesamt eine theologisch ausgearbeitete Botschaft gefordert, und zwar auch von denjenigen, die die sprachliche Gestaltung der Erzählung gelungen fanden. Im Gegensatz dazu sahen diejenigen, die hier sehr positiv angesprochen wurden, solche Defizite nicht und hoben ihrerseits hervor, dass die Predigt alltagsnah, leicht verständlich und mit großer Nachwirkung die biblische Botschaft erschlossen habe."[540]

Ein Problem war das „Liebes-Jesuskind-Syndrom", bekannt aus dem Religionsstundenwitz: „Was ist braun, hat einen buschigen Schwanz und klettert auf Bäume?" „Eigentlich würde ich sagen, ein Eichhörnchen, aber wie ich den Laden hier kenne, ist es bestimmt das liebe Jesulein!" Hörer ahnen oft schon nach wenigen Sätzen, auf welche fromme Pointe die Geschichte hinausläuft, ja nicht selten recht gezwungen darauf hingebogen wird. So braucht man in Engemanns Erzählung kein Fachtheologe zu sein, um bei seiner Predigt am drittletzten Sonntag des Kirchenjahres bald den wiederkommenden Herrn hinter diesem etwas befremdlichen Hausbesitzer zu vermuten. Das zeigt, Erzählen in der Predigt verlangt zuerst und vor allem – eine gute Erzählung. Theologen produzieren dagegen gerne Allegorien, und mithilfe ihrer einzelnen Elemente wollen sie theologische Inhalte transportieren. Das gibt dem Ganzen etwas Gekünsteltes, oft fehlt die Spannung und nicht zuletzt wirken sie in entscheidenden Punkten oft ausgedacht und realitätsfern. Man kann szenisch oder beschreibend erzählen, also anschaulich und in direkter Rede, mit dramatischem Aufbau und mit spannungserzeugenden Elementen (z. B. Verwicklungen, Scheinlösungen oder Wechsel ins Präsens auf dem Höhepunkt der Geschichte), oder man kann beschreibend erzählen, also summarisch, reflektiert und deutend („Abraham verließ sich allein auf den Anruf Gottes und zog fort aus seiner angestammten Heimat in Ur in Chaldäa"). Die Erzählung in der Predigt darf zwar nicht verzweckt, wohl aber muss sie auf das Gesamtziel ausgerichtet werden. Aus diesem Grund darf sie sich nicht verselbständigen. Dieser ihrer Einbindung ins Gesamt der Predigt können etwa interpretierend-reflexive Passagen dienen, die selbst bei einer noch so dramatischen Schilderung in der Regel nicht fehlen dürfen. Grundsätzlich kann man zwei narrative Vorgehens-

5. *Status*-Frage und inhaltliche Füllung 255

weisen unterscheiden, die *eher* dem beschreibenden und *eher* dem szenischen Erzählen zuzuordnen sind:

– In-Erinnerung-Rufen einer *bekannten* Geschichte, also etwa einer biblischen Erzählung („So trat der kleine David ohne Rüstung und Schwert vor den Riesen Goliat und besiegte ihn in der Kraft Gottes") oder einer bekannten Episode aus dem Leben eines Heiligen wie die Mantelteilung des hl. Martin. In diesem Fall hat die Erzählung innerhalb der Rede keine Eigenbedeutung, sondern sie dient als Argument und belegt etwas zuvor Behauptetes. Dementsprechend knapp fällt die Erinnerung aus, eher Anekdote als Roman, vielleicht nur ein bis zwei Sätze, ohne Ausschmückung und Details, wohl aber sympathisch-gewinnend.

– Entfalten einer *unbekannten* Geschichte oder grundlegende Neuerzählung einer bekannten Geschichte. Nun muss die Erzählung einen Spannungsbogen erhalten, der selbst wie eine Rede vier Phasen enthält: Exposition der handelnden Personen – Aufbau des Konfliktes bzw. der Spannung – retardierendes Element – Lösung. Innerhalb der Predigt kann eine Geschichte nur eine Kurz-Geschichte sein, da sie in der Regel ja nur ein Element im größeren Ganzen darstellt. Kürze mit Spannung, Prägnanz mit Lebendigkeit zu verbinden ist eine hohe Kunst. Weder darf die Erzählung vom ersten Satz an die „Moral von der Geschicht'" wie ein *Sandwich Man* vor sich hertragen, noch darf sie dahinmäandern und mehr verwundern als nützen.

Kürze mit Würze also. So hat sich für Predigt und Religionsunterricht eine eigene Gattung entwickelt, die Moralgeschichte – nicht jeder liebt, aber jeder eines gewissen Alters kennt etwa die von Willi Hoffsümmer gesammelten Kurzgeschichten. Die Literaturwissenschaft spricht von der Parabel – dafür stehen Johann Peter Hebels (1760–1826) Klassiker „Schatzkästlein des Rheinischen Hausfreundes" oder Bertolt Brechts (1898–1956) „Geschichten vom Herrn Keuner" Pate. Daneben gibt es aus dem Leben gegriffene Beispielgeschichten, seien sie selbst erlebt (oder erflunkert?!), bei anderen aufgeschnappt oder irgendwo gelesen.

Letzte Frage: heilige oder profane Geschichten, also aus Bibel, Heiligen- und Kirchengeschichte oder aus dem Leben gegriffen? Auch ein profaner Stoff muss der Erschließung der heiligen Botschaft dienen, er darf sie darum nicht überlagern oder gar verdrängen. Umso mehr sollen Prediger Sammler von im besten Sinn erbaulichen Geschichten sein, also davon, wie Menschen ihr Christsein auch unter Schwierigkeiten oder bei bestimmten Herausforderungen bewährt haben. Das mögen unscheinbare (und darum zumeist unterschätzte) Zeitgenossen namens „Hinz und Kunz" sein, das Mädchen von nebenan oder der alte Mann, der jeden Tag um 17 Uhr mit seinem Hund Gassi geht, ebenso wie die bekannten – und nicht zu vergessen die vielen weithin unbekannten – Heiligen der Kirche. Zu Unrecht ist die Heiligenpredigt, ein Musterbeispiel narrativer Theologie, ins Hintertreffen geraten. Eine kleine hagiografische Bibliothek, regelmäßig gelesen, versorgt einen mit einem reichen Schatz an Heiligengeschichten. In der Tat sind die Viten, *passiones* und Legenden der Heiligen ja Urgestein christlichen Erzählens, und alle Jahrhunderte haben an diesem Schatz weitergeschrieben. Freilich hat die Hagiografie in den letzten Jahrzehnten heftige Bewegungen erlebt. Der Anspruch der historischen Verbürgtheit hat dem Legendarischen weithin den Garaus gemacht, und der Wunsch danach, menschliche, natürliche Heilige zu haben, hat alles Übernatürliche an ihnen zum bloß Vorbildhaften verkümmern lassen. Die konfessionelle Auseinandersetzung hat die Heiligenverehrung generell unter Verdacht gesetzt, und eine verengte Christozentrik hat ihr Eigenleben weithin beschnitten. So fragt sich: Wie kann ich von den Heiligen erzählen? Die schönsten Geschichten sind ja oft diejenigen, die dem Historiker am meisten Bauchschmerzen bereiten. Sollte aber nur darum Franziskus vor seinen Vögeln verstummen und Laurentius seinen Rost abgeben?

5.2.6 Biografie

Der Sonderfall des Erzählens, die Wiedergabe einer Lebensgeschichte oder einzelner Episoden daraus, ist so wichtig, dass er eigens behandelt werden muss. Erstaunlich oft verlangt eine Ansprache ja biografische Elemente, wenn nicht sogar eine durchgehende Biografie.
- Spontan fällt einem die *Traueransprache* ein: Wie verhält sich darin die Erzählung des Lebenslaufes zur Glaubensverkündigung?
- Ähnlich gelagert ist die *Kasualpredigt* zu Taufe, Trauung und Ehejubiläum. Der Bezug zum gelebten Leben der Hauptpersonen ist unerlässlich, wenn man nicht den Eindruck erwecken will, bloß ein Programm herunterzuspulen.
- Leider recht vernachlässigt ist die *Heiligenpredigt,* seit den Kirchenvätern eines der wichtigsten Genera der Predigt. Auch bei Heiligenfesten greift man stattdessen ein Wort, ein Element der Persönlichkeit oder allenfalls eine Episode aus seinem Leben heraus, um darauf einige Einsichten kundzutun, die des Heiligen gar nicht bedurft hätten. Manchmal reicht es auch nur zur Floskel im Theologenslang: Da wird Sankt Martin der, „der sich radikal dem Nächsten zugewendet hat", oder der hl. Laurentius zu einem, der die Option für die Armen vorgelebt hat. Verräterisch dafür sind adverbiale Wendungen wie „radikal", „ganz", „in besonderer Weise", „vorbildlich" oder „bis zuletzt". In diesem Sinn ist der Heilige jemand, der das, was ohnehin gilt, nur in größerer Intensität verwirklicht hat. Dadurch wird sein Leben aber letztlich belanglos, und so wird es denn auch entsprechend lieblos behandelt.[541]

So unterschiedlich diese Anlässe zum biografischen Erzählen sind, so vereint sie homiletisch doch die folgende Aufgabe: Der Lebenslauf (oder auch die besondere Lebenserfahrung wie Geburt und Elternschaft für die jungen Taufeltern) soll so wiedergegeben werden, dass allein das Evangelium ihm einen letzten Sinn geben kann. Anders gesagt, Biografie und Evangelium sind als zwei Seiten derselben Medaille aufzuweisen. Beim Heiligen erscheint dies verhältnismäßig einfach. Der Märtyrer etwa ist einer, der das Paradox des Weizenkorns, das *in die Erde fällt und stirbt* (Joh 12,24), verwirklicht hat. Doch dasselbe gilt auch bei der Trauer- und Kasualansprache, nur dass hier das Element der Spannung noch offener zutage tritt. Wie sehr wird etwa einer, der sein Leben lang Beruf, Karriere, Haus, Familie und öffentliches Wirken aufgebaut hat, in seiner letzten, langen und demütigenden Krankheit die Vergänglichkeit alles Irdischen schmerzlich erlebt und darum gerungen haben, einen Sinn in seinem Sterben zu sehen.

5.3 Hilfen beim Finden von Gedanken *(loci)*

„Gemeinplätze" haben keinen guten Ruf. Sie riechen nach Allerweltsweisheiten, Floskeln und nichtssagendem Geschwätz. Da sind sie leider auf den Hund gekommen, denn in der Rhetorik gelten sie als die Paradeplätze für gute Ideen, zündende Funken und verlässliche Einfälle:

> „Deshalb ist es erlaubt, ‚Stelle' *(locus)* als ‚Sitz eines Arguments' *(argumentum)* zu definieren. ‚Argument' aber als ein ‚Mittel, das einer strittigen Stelle Glaubwürdigkeit verschafft'. Von den ‚Stellen' aber, in denen die Argumente eingeschlossen sind, stecken die einen in dem Gegenstande selbst *(in eo ipso)*, um den es geht, die anderen werden von außen *(extrinsecus)* herangeholt."[542]

Worum geht es bei diesen Orten bzw. Stellen? Um die schlichte Frage: Wo, also an welchen Orten, sucht man am besten nach Gedanken für die Rede? Das ist wie die Frage: „Wohin gehen wir denn heute Abend aus?" Um nicht zu Hause Trübsal zu blasen und als Couchpotato zu versauern und bloß die Fliegen an der Decke zu zählen, dafür muss man sich in Bewegung setzen, muss man gezielt bestimmte Orte aufsuchen, an denen die Wahrscheinlichkeit am höchsten ist, auf andere Gedanken zu kommen, wie man so treffend sagt. Nun gibt es zweierlei Arten von solchen Orten: die Allerweltsplätze und die besonderen Orte.
– Die *Allerweltsplätze (loci communes)* sind die Lieblingsplätze der Südländer. Auf dem Marktplatz wird mit der Flöte aufgespielt, und da kann man tanzen (vgl. Mt 11,16 f.; Lk 7,32). *Loci communes* sind also Gedanken, die nicht an bestimmte Themen gebunden sind, sondern universell einsetzbar bleiben, z. B. Persönlichkeit, Biografie oder das Gefälle von Gut und Böse.
– Doch besondere Menschen suchen lieber gezielt *besondere Orte* auf: die Konzerthalle, das Museum für Vor- und Frühgeschichte, das Originalsprachenkino. Das macht der rationale Nordeuropäer so (und sei es auch nur, um sich bei kalter Witterung nicht auf dem Marktplatz die Beine in den Bauch zu stehen).

Bei der Predigt sind die *loci theologici,* die „theologischen Orte", nun einmal allerdings nicht im Sinn der Fundamentaltheologie als Begründungsbereiche zu verstehen (z. B. Bibel, Kirchenväter, Lehramt, Vernunft usw.), sondern als typische Vorgehensweise theologischer Argumentation in der Predigt.

Was heißt das für den Prediger? Zunächst gilt das Wort Jesu: *Wer nicht mit mir sammelt, der zerstreut* (Lk 11,23). Dieses Wort lässt sich über die große Frage jedes Predigers stellen: Wie finde ich Stoff? Es fordert ihn auf, zu sammeln, und es weist ihn darauf hin, recht zu sammeln, nämlich *mit mir* und nicht *gegen mich* (ebd.). D. h. alles ist erlaubt, wenn es nur im Sinne Jesu ist und seiner Verkündigung dient. Eine Welteroberung ganz eigener Art: nicht mit Feuer und Schwert, sondern mit Esprit und Kreativität. So weit, so gut, aber können wir nicht endlich die einzelnen Orte aufsuchen und fragen, wie man sie angemessen nutzt? Solche Orte sind etwa typische Lebenserfahrungen, existenzielle Grundhaltungen, aktuelle Ereignisse und Geschehnisse aus den „Vermischten Meldungen", Kunst und Kultur, Entwicklungen in der Gemeinde, aber auch theologische Grundthemen – durchaus auch aus der Theologie des Alten Testamentes[543] –, einzelne Züge biblischer Theologie, Liturgie und Mystagogie, kirchliche Lehre und Leben, Spiritualität u. v. a. Die sechs wichtigsten Themengebiete der Predigt haben wir bereits behandelt: Auslegung, Definition, Appell, Lobpreis, Erzählung und Biografie. Doch erschöpfend lassen sich die *loci* der Predigt nicht behandeln. Warum? Weil jeder dieser Orte eine gründliche inhaltliche Auseinandersetzung in Theologie, Philosophie und manchen anderen Zugangsweisen voraussetzt, die hier unmöglich geleistet werden kann. Homiletik als praktisch-theologische Disziplin macht diese Disziplinen und Zugangsweisen nicht obsolet. Wohl aber kann man an dieser Stelle einige typische homiletisch-praktische *loci* angeben, also Suchorte für Argumente, die bestimmte Denk- und Sprachformen der Predigt umfassen *(loci homiletici):*

– *Gegensatz:* Gott und Welt, Himmel und Erde, Wir und Ihr, Gesetz und Evangelium, Sünde und Gnade, alter und neuer Mensch usw.
– *Entwicklung:* Altes und Neues Testament, Verheißung und Erfüllung, Stufen des Lebenslaufes, geistliche Entwicklung usw.
– *Wort und Bedeutung:* Fremdheit, Provokation, Verschlüsselung, historische Einbettung und philologische Bedeutung des biblischen Wortes und seine Entdeckung, Aneignung, Entschlüsselung, Übertragung und Aktualisierung.
– *Identität:* Entwicklung eines Wir-Bewusstseins der Gemeinde anhand von bestimmten Leitworten der Schrift, von Überzeugungen, Verhaltensweisen, Ethos, liturgischem Tun usw.
– *Gebet:* Anrufung, Lobpreis, Dank, Bitte und Hinführung zum inneren Mitvollzug der Liturgie.

Wenigstens ein *locus* der Predigt soll aber abschließend zumindest in einem Exkurs entfaltet werden, der in der neueren Literatur viel Aufmerksamkeit erhalten hat: die Literatur.

Exkurs: Predigt und Literatur

Literatur: *a) Homiletische Essays: Ursula Baltz-Otto,* Theologie und Poesie. Annäherungen an einen komplexen Problemzusammenhang zwischen Theologie und Literaturwissenschaft, Frankfurt a. M. 1983; *Erich Garhammer* (Hg.), Literatur im Fluss. Brücken zwischen Poesie und Religion, Regensburg 2014; *ders./Georg Langenhorst* (Hg.), Schreiben ist Totenerweckung. Theologie und Literatur, Würzburg 2005; *Jörg Seip,* Einander die Wahrheit hinüberreichen. Kriteriologische Verhältnisbestimmung von Literatur und Verkündigung (= SThPS 48), Würzburg 2002. – *b) Eigene literarische Versuche: Andreas Wollbold,* Der Einbruch, Augsburg 2012; *ders.,* Felapton oder Das letzte Glück, Freiburg i. Br. 2017; *ders.,* Rom im Futur. Ein Erinnerungsbuch aus dem Germanikum, Würzburg 2004.

Das Zitat ist beinahe so alt wie die Sprache selbst. Wer redet, greift gerne auf Geredetes zurück: „Du hast doch gestern noch gesagt …", „Es steht aber doch geschrieben: …" Ein solcher Rückgriff kann viele Funktionen erfüllen: Vergewisserung, Illustration, treffender Ausdruck, Beleg und Argument, aber auch ästhetische Stilisierung und Selbstpositionierung in einer bestimmten Geisteswelt und Kultur. Die Rhetorik kannte das Zitat in allen Redeteilen, besonders aber in der Beweisführung. Dort lieferte es die sogenannten nichttechnischen Beweise, d. h. solche, die nicht erst durch die Kunst der Formulierung überzeugende Kraft entwickeln. Für das Christentum als Schrift- und Offenbarungsreligion mit einem Kanon heiliger Schriften und einer festen, formulierten Lehre und autoritativen Lehrern der Kirche ist das Zitat sogar das Herzstück jeder Argumentation. Doch neben den autoritativen Texten kann es auch auf alles von Menschen je Geäußerte zurückgreifen, angefangen vom Alltagsgespräch zwischen Tür und Angel („Na, dann mal Hals- und Beinbruch!") bis hin zum geflügelten Wort des Dichterfürsten aus Weimar („Der Worte sind genug gewechselt, lasst uns nun endlich Taten sehn!"). Zur Verwendung biblischer Worte und Äußerungen der kirchlichen Lehre haben wir bereits andernorts Kriterien aufgestellt. Hier nun, bei nichtautoritativen Texten, muss man genauer hinschauen, welche Funktion sie im Ganzen einer Rede haben sollen – und welche sie faktisch haben.

Grundsätzlich stellt jedes Zitat einen Bezug zu einer anderen Rede her, es nimmt also Bezug auf einen Bezug, es tritt auch in dessen Kontext ein und nimmt dazu Stellung. Andererseits ist dieser Bezug zu partiell: Unvermeidlicherweise greift das Zitat ein Wort aus dem Zusammenhang heraus. Es ist Text ohne Kontext. Das kann bis dahin führen, dass der Sinn eines Wortes in sein Gegenteil verkehrt wird. *Wir haben ein Gesetz, und nach diesem Gesetz muss er sterben* (Joh 19,7), dieser Ruf ist ein mahnendes Beispiel dafür, wie die Berufung auf ein Wort zur tödlichen Waffe werden kann, ganz im Gegensatz zu seiner eigentlichen Absicht. Bezug auf einen Bezug, was kann das nun bei literarischen Texten einschließen? Wo liegen die Chancen und wo die latenten Gefahren? Und wie verwendet man Literatur ganz praktisch?

1. **Chancen.** Am einfachsten ist die Frage beim bescheidenen Anspruch der Illustration zu beantworten. Ein Dichter hat etwas treffend formuliert, ein einprägsames Bild gefunden, ein Wort geprägt, das Allgemeingut geworden ist. „Frühling

lässt sein blaues Band / Wieder flattern durch die Lüfte" (Eduard Mörike) sagt mehr über die schönste Jahreszeit als ein ausführlicher Wetterbericht. Oder Heinrich Heines Wort von seinem langen Krankenlager als „Matratzengruft" versteht jeder ohne viel Erläuterung.

Anspruchsvoller, aber auch ertragreicher ist die Verwendung der Literatur im Rahmen der *elocutio,* also als Ausdruck des Stilwillens. Denn wer sie verwendet, kann nicht beim Rest der Predigt einen Stilbruch begehen.

Die größten Chancen liegen dort, wo die Literatur den eigentlichen Gedankengang trägt, sei es motivierend, sei es erläuternd oder gar begründend. Das erkennt man daran, dass die Hörer auf das Vorgetragene mit einem Urteil reagieren: „Ja, genauso geht es mir auch!", „Das sehe ich genauso!" oder „Wie kann man nur so etwas behaupten!" Nun wird ein substanzieller Teil der Predigt, ja vielleicht sogar ihr Gesamt, sich damit auseinandersetzen. Dadurch eröffnen sich neue Perspektiven, werden die Hörer zur Auseinandersetzung angeregt und erhält die Predigt eine kulturelle Weite und denkerische Tiefe. Doch wo viel auf dem Spiel steht, kann auch viel verloren gehen. Wo darum Chancen sind, sind Risiken unvermeidlich.

2. **Wo liegen die latenten Gefahren?** Pioniere sind oft Enthusiasten. Und Vorreiter der Verwendung von Literatur in Predigt (und Theologie) sehen zumeist vor allem die Chancen. Gefahren sehen sie, wenn überhaupt, dann vor allem bei den anderen, die unreflektiert Literatur nur einfach ausbeuten. Dennoch gibt es einige Risikopunkte:

* *Die Verwechslung der Literatur mit autoritativen Quellen:* Auch ein Literaturnobelpreisträger hat nicht schon aus diesem Grund auch mit allem recht, was er sagt. Kunst kann irren und sie kann auch böse sein – wir erinnern uns an die Mahnung der philosophischen Rhetorik seit Sokrates, dass alles Reden an das Wahre und das Gute gebunden bleibt. Auch dadurch sind der Autonomie der Kunst Grenzen gesetzt, selbst wenn dies nicht immer verstanden wird. Das Christliche ist nicht dem Urteil der Kunst unterworfen, wohl aber kann diese ihm helfen, sich über sich selbst aufzuklären, sich tiefer zu verstehen, blinde Flecken zu entdecken, Menschen und Situationen genauer wahrzunehmen und mit Denken und Kultur einer Zeit in Dialog zu treten. Darum hat Literatur für die Predigt nur so viel zu sagen, als das darin Ausgesagte den Christen überzeugt. Insofern ist das Wort von der Fremdprophetie nur sehr reflektiert zu gebrauchen, da Propheten ihre Autorität aus der Sendung von Gott haben, wie wir in 1.3 darlegten.

Gut gesagt

Ein Grund, warum Dichter und Romanautoren in unseren Tagen eine Sehnsucht nach der Apokalypse haben, nach dem Ende der alten Welt und dem Beginn der neuen, ist sicherlich ihr Empfinden, dass erst dann Sprache erneuert werden kann, wenn das Alte zerstört und neu begonnen wird. Dinge zerfallen, aber Wörter gewinnen ihren Wert zurück.

Walker Percy, Ach, Sie sind katholisch? Essays zu einer Weise, die Welt zu sehen, Würzburg 1999, 15

* *Die Verwendung als (hoch-)kulturelles Signal:* Wer mit Künstlernamen so vertraut ist wie andere nur mit Bundesligastars, signalisiert damit Bildung, genauer die Zugehörigkeit zu einem hochkulturellen Milieu, zumeist auch verbunden mit der unausrottbaren menschlichen Untugend, sich von anderen unterscheiden zu wollen – der Soziologe Pierre Bourdieu hat hier von den „feinen Unterschieden" gesprochen. Hier erinnert man sich an das Bemühen der Kirchenväter – und dann in immer wiederkehrenden Wellen im Hochmittelalter, in der Renaissance, dem Barock bis zur Moderne – um die Balance zwischen der *eruditio veterum*, also dem Bildungskanon der heidnischen Antike, und dem Evangelium. Dabei ergab sich die Lösung dieser Spannung stets in einer grundsätzlichen Autarkie des eigentlichen Glaubensinhaltes, darauf gründend aber auch einer Offenheit, Integrationsbereitschaft und Transformationsfähigkeit gegenüber außerchristlicher Bildung. Diesen Standards ist auch die Predigt verpflichtet.

* *Die Verwendung als theologisches Signal:* Die eben genannte Demonstration von Bildung mag man noch als menschlich-allzumenschlich bloß belächeln. Doch Literatur kann auch Signale theologischer und kirchenpolitischer Art setzen. Seit dem II. Vatikanum ist die Spannung von Kirche und Welt bzw. von Glaubenslehre und öffentlicher Meinung hochsymbolisch aufgeladen. Die meisten innerkirchlichen Dispute beziehen sich auf diese Spannung. Umgekehrt bezieht Literatur immer auch Position, manchmal ist dies sogar ihr Hauptzweck wie in der *littérature engagée*. In den frühen Romanen und Erzählungen von Heinrich Böll etwa sollte sie eine Art Gegenöffentlichkeit zur etablierten Kirchlichkeit darstellen. Viel häufiger aber sind Positionen, die entweder ohne Bezug zum Christentum entwickelt wurden oder die davon einen nicht lehrgebundenen Gebrauch machen. Das lohnt oft die Auseinandersetzung, aber diese muss selbstbewusst geführt werden, eingedenk des Wortes: *Der geisterfüllte Mensch urteilt über alles, ihn aber vermag niemand zu beurteilen* (1 Kor 2,15).

3. **Wie verwendet man Literatur praktisch?** Da ist zunächst eine Aporie. Die Predigt verwendet Literatur, sie macht von ihr Gebrauch und ordnet sie ihren Zwecken unter. Das kann nicht anders sein, wenn die Predigt ihren geistlichen Sinn behalten will. Andererseits sperrt sich Literatur gegen die bloße Verwertbarkeit. Die Autonomie der Kunst steht auf dem Spiel.[544] Muss man in dieser Aporie untergehen? Gewiss nicht, wohl aber verlangt sie den verantwortlichen, reflektierten Gebrauch. Zunächst einmal sucht jeder Literat auch Leser, und wer Lesern etwas in die Hand gibt, kann und will auch, dass sie es hand-haben. Die vollkommene Autonomie der Kunst schließt den Rezipienten aus oder macht ihn allenfalls zum passiven Bewunderer – eine ganz und gar anachronistische Vorstellung. Was er aber verlangen darf, ist, dass der Leser sein Werk würdigt, also ihm gerecht zu werden trachtet. Das gilt auch für den Prediger. Jede Verwendung von Literatur ist ihm erlaubt, wenn sie dadurch nur nicht ihrer eigenen Aussagekraft beraubt wird. So setzt der geistliche Sinn der Predigt einerseits jeder Selbstzwecklichkeit des Zitats oder gar dem selbstverliebten Verweilen dabei Grenzen. Umgekehrt muss

man sich dann allerdings auch fragen, ob eine solche Dienstbarmachung von Literatur dieser noch gerecht wird oder ob sie diese nicht im Grunde zur *ancilla homiliae*, zum Knecht der Predigt entwürdigt. Unter dieser Grundregel lassen sich nun auch einige pragmatischen Regeln aufstellen.

* *Länge:* Die Länge der Predigt ebenso wie ihr geistlicher Charakter lassen in der Regel nur recht knappe literarische Anknüpfungen zu, soll die Liturgie nicht zur Literatur verfremdet werden. Das hängt natürlich auch davon ab, ob das Zitat nur ein untergeordnetes Element darstellt oder ob die ganze Predigt darauf aufbaut. Auch wird die Mündlichkeit normalerweise aus der Vielschichtigkeit eines Zitates nur einen Aspekt herausgreifen – wenn es nur ein auch wirklich im Text enthaltener Aspekt ist. Auf jeden Fall braucht es einiges an Übung und geschulter Wahrnehmung der eigenen Stimme, um ein Zitat so vortragen zu können, dass es auch ohne Anführungsstriche als Zitat gehört und verstanden wird. Und je länger das Zitat, desto verwirrender für den Hörer.

* *Zitat oder Paraphrase?* Außer bei knappen lyrischen Texten und bei äußerst verknappter Kurzprosa wie einer Parabel, einem Apophthegma oder einer Sentenz wird man normalerweise Inhalte nur paraphrasieren können und dann nur einen entscheidenden Satz oder Abschnitt wörtlich anführen. Bei Erzählungen wird man darum gänzlich paraphrasieren, allenfalls den springenden Punkt mit einem markanten Zitat herausheben. Der mündliche Vortrag, verbunden mit dem nichtwissenschaftlichen Charakter der Predigt, gibt allerdings auch beim Zitieren eine gewisse Freiheit, solange das Wort nicht grundlegend verändert oder gar verfälscht wird. Ohnehin verfließen die Übergänge zwischen Zitat oder Paraphrase in der Mündlichkeit, gibt es hier doch nur einige recht rudimentäre Mittel, eine wörtliche Wiedergabe zu kennzeichnen: Sprechpause, Veränderung der Stimme, Angabe der Quelle („in der Bergpredigt" oder „in Genesis 1,24") oder ausdrückliche Erwähnung des Zitatcharakters („wie Paulus wörtlich im Römerbrief hervorhebt").

* *Einordnung:* Literatur ist sperrig, sie kann kaum bruchlos in einen Redefluss eingefügt werden. Dennoch muss für alle nachvollziehbar bleiben, warum man sie überhaupt anführt. Was ist der Vergleichspunkt mit dem Anliegen der Predigt? Ihn gilt es herauszuarbeiten, und das heißt auch, von allem anderen abzusehen. Mehr noch, wenn von einzelnen Punkten auffällige Signale ausgehen, wenn sie etwas verrätseln, provozieren oder in Frage stellen, werden die Anwesenden dadurch rasch auf ganz andere Wege geführt, als der Predigtfluss es voraussetzt. Manchmal ist das ja durchaus im Sinn einer mündigen, eigenständigen Rezeption, häufiger aber lenkt es einfach ab.

* *Auswahl:* Ob man überhaupt etwas Literarisches verwendet, hängt am Gewinn für das Predigtziel. Er muss erheblich sein und dem Aufwand entsprechen. Dann aber kann sein Einsatz eine ganze Predigt verwandeln. So wird man sich Rechenschaft geben, wofür man es verwenden will: einfach nur zur Illustration, als Motivation, als Verfremdung und Einführung eines neuen, ungewohnten

Blickes, als Sprachrohr heutigen Denkens, Empfindens und Erlebens, als säkulare Prophetie und Provokation, als (vielleicht unbewusster) Ausdruck christlicher Haltungen oder ... Dabei muss das Sprachniveau so sein, dass es auch etwas unaufmerksamen Hörern beim einmaligen Hören verständlich ist. So wird man häufig Formen den Vorzug geben, die von vornherein den Charakter von Gebrauchskunst oder von populären Formen haben, etwa Parabeln, Redensarten, Spruchweisheiten und Liedern. Apropos Lied: Die reiche deutschsprachige Tradition des Kirchenliedes lädt geradezu zum Zitieren ein, ja zur leider nur wenig praktizierten Form der Liedpredigt.

Kurz und bündig

5.1 Die *intellectio* (Kernfrage) bestimmt den *status quaestionis* einer Predigt: Worum geht es ihr als Ganzer? Das schließt fünf Elemente ein:
– Die Grundentscheidung: von der Darstellung zur Überzeugung übergehen *(ars persuadendi)*,
– die eigentliche Bestimmung des *status quaestionis*,
– die Bestimmung des Konkretheitsgrades,
– die dominante Kommunikationsebene und
– der Vertretbarkeitsgrad.
Am Ende soll die Formulierung eines (einzigen) Zielsatzes stehen.
5.2 Die *inventio* (inhaltliche Füllung) wird zunächst von der Wahl bestimmter Einzelthemen (Schrift-, biografische, narrative oder ethische Predigt) bestimmt.
5.3 Die Theorie der *loci* („Suchorte") hilft dabei, gezielt Gedanken zu finden. Dabei gibt es allgemeine Suchorte *(loci communes)* und spezifisch christliche *(loci homiletici)*.

6. DISPOSITIO: Gliederung der Predigt

An Predigtideen, an möglichen Gedanken und Inhalten, an biblischem Wissen und theologischer Kenntnis, an Geschichten, Zitaten, Argumenten und Worten fehlt es nun nicht. Die *inventio* ist abgeschlossen. Man könnte drei Stunden lang predigen. Nur – das geht nicht. Die Fülle des Gefundenen muss nun durch ein doppeltes Sieb gegossen werden:
– *Was davon geht definitiv in die Predigt ein?* Intuitiv entwickelt man Vorlieben: Manche Ideen gefallen einem sehr gut, andere führen ein Aschenputtel-Dasein. An Einzelnes hat man eine „ungeordnete Anhänglichkeit", wie die geistlichen Lehrer es nennen, d. h. man möchte es auf jeden Fall verwenden, allerdings aus Motiven, die selbstsüchtig sind: Es weist mich als vielbelesenen Intellektuellen aus, als humorvollen Entertainer, als galanten Charmeur ... Oder auch die ungeordnete Abstoßreaktion: Im Prinzip wäre es ja wichtig, aber das wird

nicht allen gefallen, und wenn ich schon etwas wegfallen lassen muss, dann doch auf jeden Fall dieses ...
– *Wo, an welcher Stelle findet es seinen Platz?* Die klassische Rhetorik geht davon aus, dass man bereits die Ideensuche den verschiedenen Redeteilen zuordnet. Und auch die real existierenden Prediger ordnen ihre Geistesblitze pfeilschnell den verschiedenen Himmelsrichtungen ihrer Predigt zu: Diese Geschichte eignet sich wunderbar zum Einstieg, jene bibeltheologische Einsicht passt genau zu meiner Argumentation, und das ist ein Zitat, mit dem man das Ganze markant abschließen könnte. Eine solche assoziative Zuordnung bewährt sich manchmal auch noch nach längerem Nachdenken, aber eben doch nicht immer. Vielfach beruht sie auf Klischees, nicht selten auch einfach auf Denkfaulheit oder mangelnder Phantasie. Könnte die Geschichte nicht meine Argumentation überhaupt erst begreiflich machen? Ist die Bibeltheologie nicht etwas, was nur den Horizont für meine eigentlichen Überlegungen abgibt? So könnte sie gleich eingangs stehen – oder vielleicht doch eher als Ausblick am Ende? Und das Zitat, wirft es nicht noch einmal ganz neue Fragen auf und würde darum überall sonst besser stehen denn als letztes Wort? Ja, es könnte sich zu einer Art Standardverfahren der Predigtvorbereitung entwickeln, die bereits bestimmten Stellen zugeordneten Gedankenblöcke und Abschnitte versuchsweise hin und her zu schieben (oder letztlich dann vielleicht doch ganz zu streichen oder zu ersetzen), bis ein optimaler Gedankenfluss erreicht ist.

Die *dispositio* hat die Ideen der *inventio* also nun zu ordnen – eine, wie man sieht, oft unterschätzte Aufgabe. Das erste und das zweite Sieb kommen dabei gleichzeitig zum Einsatz. Das Was und das Wo sind nicht unabhängig voneinander zu lösen. Denn das Was löst sich nicht nach dem „Die guten ins Töpfchen, die schlechten ins Kröpfchen" (schon wieder Aschenputtel!). Es geht überhaupt nicht um eine Bewertung der gefundenen Ideen an sich, sondern um ihren Nutzen im Rahmen der Rede. Wer hier unter Trennungsangst leidet, mag sich einen Ideenkasten anlegen und sich damit beruhigen: „Aufgeschoben ist nicht aufgehoben. Das nächste Mal kommt diese Idee vielleicht dann doch noch zum Einsatz." Die *dispositio* umfasst aber selbst wieder zwei Aufgaben: den Aufbau des Gesamten und die Ordnung der einzelnen Abschnitte. Der Aufbau wird in den Modellen der Redestruktur diskutiert (6.1), bei der Detailgliederung (6.2) lassen sich zwei verschiedene Vorgehensweisen unterscheiden:
– gewissermaßen *mathematisch* (6.2.1): die lineare, die spannungshafte und die enzyklopädische (einfacher: die Eins, die Zwei oder die Drei) und
– gewissermaßen *literarisch* (6.2.2): die natürliche und die künstliche Ordnung.
Natürlich gehen 6.1 und 6.2 in der praktischen Predigtarbeit oft ineinander über. Dennoch tut man gut daran, beide Aufgaben gedanklich auseinanderzuhalten.

6. DISPOSITIO: Gliederung der Predigt

Exkurs: Dauer der Predigt

Gut gesagt

Zu viel des Guten

„Er betete mich in eine gute Stimmung hinein", berichtete George Whitefield von einem gewissen Prediger, „aber leider hörte er nicht auf, sondern betete fort, bis er mich wieder hinausgebetet hatte."

Gerd Heinz-Mohr, Lachen macht selig. Theologenanekdoten, München-Zürich ²1985, 103

Ja, Paulus predigte außer Konkurrenz. Er konnte bis nach Mitternacht predigen, und als der junge Eutychus darüber einschlief und aus dem offenen Fenster im dritten Stock fiel, *lief [Paulus] hinab, warf sich über ihn, umfasste ihn und sagte: Beunruhigt euch nicht: Er lebt!* (Apg 20,10). So werden die Folgen einer allzu langen Predigt für ihn sogar zum Erweis von Gnade und Macht. Dieses Merkmal des Völkerapostels hat sich offensichtlich tief ins christliche Gedächtnis eingegraben. So erinnert sich die apokryphe Literatur in der „Passio sancti Pauli Apostoli" an den Fenstersturz des Patroklus, gewissermaßen der romanhafte Zwillingsbruder des Eutychus und Mundschenk des Kaisers Nero, der ebenfalls bei der sich in die Länge ziehenden Predigt des Paulus „durch den Neid des hinterhältigen Teufels" einschlief, aus dem Fenster fiel, starb, dann aber wieder vom Apostel auferweckt wurde, vor Nero erschien und dort vom allmächtigen König Christus Zeugnis ablegte – was ihm nur eine Ohrfeige vom verunsicherten Kaiser eintrug.[545] Eine bessere Zuhörerin war nach den „Paulus- und Theklaakten" die junge Thekla, die dem Paulus drei Tage und drei Nächte lang regungslos lauschte und dabei gläubig wurde.[546]

Nicht jeder ist Paulus, leider. Darum ist die Länge der Predigt für gewöhnliche Sterbliche auch ein Thema, ein unliebsames zumal, und zwar für Prediger wie Hörer gleichermaßen. Erstere geben ihr Bestes, ringen um Himmel und Hölle – und da schaut einer in den Bänken auf die Uhr und schüttelt den Kopf, der andere unterdrückt nur mühsam ein Gähnen und der Dritte beschimpft ihn nach dem Gottesdienst als „Kirchen-Leerer". In der Tat gehen die Hörererwartungen in ökumenischer Eintracht auf Kürze und Prägnanz – bei einer gewöhnlichen Sonntagspredigt im evangelischen Raum etwa eine Viertelstunde[547], im katholischen etwa zehn Minuten. Luthers wie gewohnt etwas derber Spruch „Mach 's Maul auf, tu's weit auf, hör bald auf!" ist Gemeingut geworden und dürfte keine langjährigen Konsensgespräche erfordern.[548] Natürlich gibt es auch eine gefühlte Länge, und die variiert je nach Lebendigkeit der Predigt sowie Anlass, Gewohnheit und äußeren Umständen – das war wohl das Geheimnis des Paulus. Diese Erkenntnis wird uns inzwischen auch durch die Kognitionsforschung bestätigt: Starke positive oder negative Emotionen und körperliche Anregung (z. B. Fieber) beeinflussen die Zeitwahrnehmung massiv – die nicht enden wollende Schrecksekunde etwa ist geradezu sprichwörtlich geworden. Denn die Zeitwahrnehmung ist offensichtlich an das Körperempfinden und dadurch vermittelt auch an das der Affekte gekoppelt.[549]

Dennoch gibt diese Erkenntnis der genannten Dauer zwar Elastizität, stellt aber keinen Freibrief zum Filibuster dar. Ohnehin ist die Predigt nur Teil des Gottesdienstes und hat sich in das Gesamt einzuordnen. Diese notwendige Begrenzung stellt hohe Anforderungen an einen straffen Aufbau, klare Gedankenführung und nicht zuletzt an eine rigorose Askese des Streichens und Weglassens – am besten auch noch einmal in einer letzten Phase vor der Predigt (oder auch nachdem man die Predigt das erste Mal gehalten hat und auswertet, wie die einzelnen Phasen die Menschen angesprochen haben oder nicht). Aber auch Predigten zu besonderen Anlässen wie Festgottesdiensten oder bei Gastpredigern[550] sollten sich nicht hauptsächlich durch eine besondere Länge auszeichnen.

6.1 Makrostruktur

Literatur: *Peter Bukowski,* Predigt wahrnehmen. Homiletische Perspektiven, Neukirchen-Vluyn 1990, 6–25; *Dannowski* 140–145; *Johannes Engels,* Art. „Partes orationis", in: HWRh 6, 666–679; *Manfred Josuttis,* Rhetorik und Theologie in der Predigtarbeit. Homiletische Studien, München 1985, 187–200 („Über den Predigtaufbau": einige neuere Aufbausysteme); *Wollbold* 214–219.

Predigt ist Monolog. Das ist ihre Stärke und Schwäche. Sie darf es sich erlauben, Gedanken behutsam zu entwickeln, sorgsam zu unterscheiden, kunstvoll zu unterstreichen. Aber sie weiß nicht, was davon ankommt. So ist es für die sprachliche Gestaltung notwendig, die Stärke nicht zu verscherzen und die Schwäche nicht zu übersehen, mit einem Wort: Menschen anzureden und nicht vor sich hinzureden. Wie also ist eine Predigt aufzubauen[551] und wie kann sie die Gefahr vermeiden, dass Menschen abschalten oder gar überhaupt nicht hineinkommen?

Denkanstoß
Jeder Kirchgänger hat im Lauf seines Lebens Hunderte von Predigten und oft Dutzende von Predigern erlebt. Prüfen Sie selbst, welche Typen Ihnen dabei begegnet sind und welchen Aufbau diese meist für ihre Predigten gewählt haben.

6.1.1 Klassischer Redeaufbau

Die Predigt sei wie ein Baum, diesen treffenden Vergleich hat die mittelalterliche Homiletik gewählt. An den Anfang sei wie eine Wurzel der auszulegende Vers *(thema)* gestellt, die *introductio* (Einleitung) sei wie ein Stamm und die Äste seien den Hauptpunkten *(divisio)* zu vergleichen, die den Vers zumeist in drei bis vier Aspekte verzweigen lassen.[552] Mithilfe des „Reactoscope"-Verfahrens kann die empirische Predigtforschung inzwischen sekundengenau angeben, wie sich Hörer im Verlauf einer Predigt angesprochen fühlen.[553] Dabei fällt auf, dass in der

Regel innerhalb von etwa einer Minute – manchmal sogar noch rascher – ein bestimmtes Niveau von Sich-angesprochen-Fühlen erreicht wird.[554] Danach wird es (mit deutlichen, aber nicht dramatischen Schwankungen) gehalten. Ist das Niveau insgesamt hoch, so kann es sich in den letzten Minuten noch einmal steigern und sehr hoch enden.

6.1.1.1 Exordium: „Aller Anfang ... "

Literatur: *Manfred Josuttis,* Über den Predigtanfang, in: PTh 53 (1964) 474–492; *Klaus Schöpsdau,* Art. „Exordium", in: HWRh 3, 136–141.

Gut gesagt

> Aller Anfang ist schwer. Das bekommt besonders zu spüren, wer in jeder Woche einen neuen Beginn seiner Sonntagspredigt erfinden muß. Aller Anfang ist schwer, weil er so entscheidend ist. Für den Prediger und für den Predigthörer. Denn durch den Beginn ist das Folgende determiniert.
>
> *Josuttis* 166

„Exordium est oratio animum auditoris ideonee comparans ad reliquam dictionem. – Das Exordium ist eine Äußerung, die den Geist des Hörers in geeigneter Weise auf den restlichen Vortrag vorbereitet."[555] Der Redeanfang *(exordium, prooemium, principium)* ist von kaum zu überschätzender Bedeutung. Erinnern wir uns an die Kognitionspsychologie: In den ersten Augenblicken fallen grundlegende Entscheidungen der Einschätzung, Sympathie, Motivation und Nachhaltigkeit. So soll der Anfang „den Geist des Hörers [...] vorbereiten". Das ist Düngung des Ackerbodens, Pflügen und Eggen, aber noch keine Aussaat. Drei Aufgaben kommen dem Anfang darum zu:

– *Aufmerksamkeit schaffen (,,attentum parare"):* Die Hörer fühlen sich in ihren Interessen und Bedürfnissen angesprochen, ihr Arbeitsgedächtnis beginnt, das Gehörte aufzunehmen, und sie fühlen sich angeregt, gespannt und neugierig.
– *Aufnahmebereitschaft erhöhen (,,docilem parare"):* Den Hörern gelingt es, das Gehörte an vertraute Kognitionen anzuknüpfen, d. h. sie können schlicht etwas damit anfangen, und auch das Thema interessiert sie.
– *Wohlwollen begünstigen (,,benevolum parare"):* Der Prediger ist den Hörern sympathisch – sympathisch allerdings im weitesten Sinn: Er meint es gut mit ihnen, er strahlt Autorität aus, er entwickelt ein gewinnendes Auftreten oder er besitzt geistliche Tiefe. So können er und sein Wort bei ihnen auf fruchtbaren Boden fallen. Einen Großteil dessen kann man nicht machen, sondern nur so an sich arbeiten, dass Wohlwollen leichter entstehen kann.

Drei Aufgaben also, die es in sich haben. Wie macht man das? Die Alten empfahlen eine eigene „Exordialtopik", d. h. auf die spezifischen Zwecke des Redeanfangs zugeschnittene Suchformeln. Sie gliederten sie in *loci a persona* und *loci a re*, also in Formeln, die von der Person oder von der Sache ausgehen.[556]

1. **Loci a persona:** Damit ist keineswegs nur die eigene Person gemeint, die in ein günstiges Licht gerückt wird, sondern ebenso die der Zuhörer. Man kennt das von den Showmastern: „Was für ein wunderbares Publikum seid ihr! Wie toll, dass ihr alle heute gekommen seid! Ein unvergesslicher Abend! So etwas hat es noch nie gegeben." Und die Polit-Stars schieben gleich noch die Beschimpfung des abwesenden politischen Gegners nach: „N. N. von der anderen Partei hat sich doch tatsächlich dieser Tage im ‚Morgenmagazin' nicht entblödet zu sagen …" So kennen wir's, aber … so wollen wir's in der Predigt auf keinen Fall. Denn das ist leeres Geklingel und Parteiengeist, Platzhirschgehabe und Pfauenstolz. Grundsätzlich gilt: Lob nur für das, was auch Lob verdient.

– Einfach ist es beim *Lob der Zuhörer*. Es schadet nur, wenn es nach billigem Populismus riecht. Also: nie zu oft und nie zu nichtig. Dass also Leute überhaupt in den Gottesdienst kommen, darüber darf man auch einmal seine Freude ausdrücken („Ich freue mich einfach immer wieder, dass Sie alle die wahren Trendsetter sind und in die Kirche kommen, nicht so wie die Ewiggestrigen mit ihren Sprüchen: ‚Gott finde ich sonntags auch im Wald!', ‚Sonntags will ich doch einmal ausschlafen!' und ‚Die Leute gehen sowieso nur in die Kirche, um ihre neuen Kleider vorzuführen!'"). Eine gewisse Anerkennung für ein aufmerksames Publikum darf schon einmal sein („Ihr Pfarrer hat mir gesagt: ‚Die Predigt hier in St. N. musst du schon sehr gut vorbereiten. Die Leute hören nämlich wirklich zu!'"). Doch auf das rechte Maß kommt es an, sonst wirkt es unecht und riecht nach Schleimerei. Elegant ist darum das Lob, das einem nur scheinbar nebenbei entfährt – weshalb man es übrigens auf keinen Fall ablesen sollte! Augustinus verteidigt anlässlich des Evangeliums von der Hochzeit zu Kana die Würde der Ehe gegen die leibfeindlichen Manichäer, nach denen der Teufel die Verbindung von Mann und Frau geschaffen habe. Dabei erinnert er an das berühmte Scheidungsgespräch Jesu aus Mt 19,3–6: „Als der Herr im Evangelium gefragt wird, ob der Mann seine Frau aus jedem beliebigen Grund entlassen dürfe, antwortet er, es sei nicht erlaubt, außer bei Unzucht. Bei dieser Antwort fällt auch sein Wort, wenn ihr euch daran erinnert: ‚Was Gott verbunden hat, das darf der Mensch nicht trennen.' Wer nun gut im katholischen Glauben gebildet ist, weiß daraus bereits, dass Gott die Ehe geschaffen hat. Und wie die Verbindung von Gott stammt, so die Scheidung vom Teufel."[557] „[W]enn ihr euch daran erinnert" und „Wer nun gut im katholischen Glauben gebildet ist", damit lässt Augustinus seine Hörer sich ganz nebenbei über ihre Bibelkenntnis freuen, und das ist ihm gleichsam das Schmiermittel, um seinen Satz gut zu platzieren: „Und wie die Verbindung von Gott stammt, so die Scheidung vom Teufel." Überschwang verdient das Lob der Hörer deshalb nur dann, wenn etwas wirklich Außergewöhnliches wahrnehmbar ist („Ich bin überwältigt. Heute ist Primiztag, aber seit Stunden gießt es in Strömen. Und doch ist der Platz hier rings um den Freialtar schwarz mit Leuten. Wenn das kein Glaubenszeugnis ist!"). Und der Tadel für die anderen, die Abwesenden, die Andersdenkenden? Aus dem katholischen Bewusstsein ist es heute geradezu klinisch rein verbannt („Denken wir nicht, wir wären besser als die anderen!"), und dennoch ist es das Salz in der Suppe. Also eine Prise und keine Überdosis des Gefühls, den anderen eine Nasenlänge voraus zu sein. Wer seinen Hörern nicht Superiorität vermittelt[558], wer ihnen nicht zeigt, dass sie mit dem Gesagten besser fahren als ohne es, hat den Glauben an die eigene Relevanz verloren und sollte darum seine Rede gleich mit dem Amen beschließen.

– Noch mehr Vorsicht verlangt das *Lob der eigenen Person*. „Eigenlob stinkt", warnt das Sprichwort unmissverständlich. Zu allzu plakativer Selbstwerbung ist vielleicht ohnehin kaum ein Prediger versucht. Umso verbreiteter sind implizite Aufplusterungen: Da lässt man ganz beiläufig fallen, dass man neulich (es war beim Fassbieranstich) intensiv mit dem Ministerpräsidenten verhandelte, und ganz offenkundig habe dieser daraufhin seine gesamte Politik überdacht. Oder man glänzt durch umfassende Kenntnisse der zeitgenössischen Lyrik oder der neuesten Trends der Rapperszene in der Bronx. Oder man zeigt sich nachsichtig damit, dass die Hörer einem in Sachen theologischer Bildung natürlich das Wasser nicht reichen können. All das ist schlicht peinlich, und durch regelmäßigen Gebrauch wird es auch nicht besser. Darum ziert in der Regel eher Bescheidenheit, am besten noch mit etwas Selbstironie gewürzt („Jetzt haben Sie sich schon extra viel Zeit für den Festgottesdienst genommen, und dann lädt der Pfarrer noch eigens einen Festprediger ein. Und der wird doch sicher sagen: Meine weite Anreise muss sich auch lohnen. Also gibt's heute einmal eine XXL-Predigt"). Doch das passt für besondere Situationen. Abgesehen davon sind bei der Predigt die *loci a persona* etwas zwiespältig. Denn der Prediger soll ja *nicht sich selber predigen, sondern Jesus Christus, und zwar als Gekreuzigten* (vgl. 1 Kor 2,2). Seine Rede ist Teil der Liturgie und damit etwas Objektives, das Persönliche Überschreitendes. Darum sollte der Verkünder hauptsächlich durch eine überzeugende, gewinnende Persönlichkeit, verbunden mit echter Sachkompetenz und ansprechender Rhetorik, wirken.[559]

2. **Loci a re:** Der Redeanfang ist so gut, wie er auf das Anliegen der Predigt hinlenkt. Tut er das nicht, wird er nur zum unnötigen Aufenthalt, schlimmstenfalls gar so, als würde er ein schwer verdauliches Gericht kredenzen, das dann im weiteren Verlauf der Rede verheerende Wirkungen für deren Aufnahme nach sich zieht. Nein, aller Anfang muss leicht verdaulich sein wie ein Frühlingssalat, bevor die Hauptspeise gereicht wird, und appetitanregend wie ein Aperitif, nicht aber betäubend wie ein hochprozentiger Doppelkorn. Das ist auch der Grund,

warum man sich hier nicht zu sehr verausgaben sollte. Der Anfang darf einen leichten, nicht zu geschliffenen, beinahe extemporierten Eindruck erwecken, und manche gewieften Römer empfahlen sogar, bei den ersten Sätzen bewusst stockend und nachdenklich zu reden, als suche man noch nach dem rechten Ausdruck.[560] Da lässt wohl doch etwas zu sehr der ein bisschen zum Schauspielern neigende Mittelmeertypus grüßen. Der wahre Kern dessen? Das *exordium* soll jedes Gefälle zwischen Redner und Hörer dämpfen, und da hilft es, wenn Ersterer sich in die Reihe der Suchenden und Fragenden stellt und nicht allzu allwissend und geschliffen daherkommt.

All das ist ein bisschen viel auf einmal. Wollte man alles bei jeder Rede aufgreifen, würde allein das *exordium* jedes Mal wohl länger dauern als eine normale Predigt insgesamt. Aber das Vorgestellte sind eben Suchformeln zum Aussuchen, ein bisschen wie der Mega-Store, der nicht damit wirbt: „Hier nehmen Sie alles mit!", sondern: „Hier finden Sie mit Sicherheit das Passende!" Das Passende, das *aptum,* das ist die Zauberformel. Die Gestaltung der Redeeröffnung soll passen. Nur, passen wozu? Da sind wir wieder bei der ciceronianischen Definition des *exordium*: Es soll „auf den restlichen Vortrag vorbereite[n]". Es taugt so viel, wie es das Weitere unterstützt und nicht behindert oder gar verdrängt. Es ist funktional und kein Selbstzweck. Sein Patron ist der hl. Johannes der Täufer: *Er muss wachsen, ich aber muss kleiner werden* (Joh 3,30).

Was passt zur Rede? Alles, was ihrer Absicht dient, oder, wie Friedrich Andreas Hallbauer es ausdrückte: „Wovon nimmt man aber das exordium? Ich antworte, wovon du willst, wenn es sich nur zu dem *themate,* und zum Endzweck der Rede schicket."[561] Gar manches ist erlaubt, wenn es nur zweckdienlich ist. Hier schlägt die Stunde der Kreativität. Gerade Aufmerksamkeit erreicht man dadurch, dass etwas Neues, Unerwartetes, Interessantes am Anfang steht. Das ist aber auch die Gefahr. All das ist nämlich eitel und möchte Hauptfigur sein, nicht bloß Stichwortgeber. Darum gibt Quintilian nicht weniger als sieben Prüffragen zur Angemessenheit einer Redeeröffnung an: „quid, apud quem, pro quo, contra quem, quo tempore, quo loco, quo rerum statu, qua vulgi fama dicendum sit (was, vor wem, für wen, gegen wen, zu welcher Zeit, an welchem Ort, bei welchem Stand der Dinge und unter welcher öffentlichen Meinung er [der Redner] reden muß)."[562] Will man darauf Antwort finden, so kommt einem die genaue Bestimmung des *status* entgegen, genauer seines Vertretbarkeitsgrades.

– Beim *honestum genus,* also bei Wertschätzung und Sympathie seitens der Hörer und einer weitgehenden Übereinstimmung mit deren Auffassungen, kann das *exordium* ganz entfallen. Besonders da, wo man einander durch regelmäßige Gottesdienste vertraut ist, dürfte diese Lage eine Standardsituation darstellen. Ja, das berühmte *medias in res*[563] kann sogar die beste Selbstempfehlung sein: „Ich habe etwas so Wichtiges zu sagen, das kann nicht warten." Man denkt hier etwa an den berühmten ersten Marathonläufer, den

unbekannten griechischen Soldaten nach der gleichnamigen Schlacht von 490 v. Chr., der auf dem Marktplatz von Sparta nur noch ruft: „Sieg!" und dann niedersinkt.
- Beim *anceps (oder dubium) genus,* also bei einer als ernsthaft anerkannten Fragestellung, ist das Interesse und die Aufnahmebereitschaft für die Sache bereits gegeben. Hier rät die Rhetorik zu ein wenig Empfehlung der eigenen Person (*benevolum parare* bzw. die *captatio benevolentiae*), denn die Hörer stehen ja noch nicht sicher auf seiner Seite. Zumindest was die Predigt angeht, dürfte dies jedoch kein guter Rat sein. Wichtiger ist es sicher, die Bedeutsamkeit der Sache selbst herauszustellen und die Hörer dadurch bereit zu machen, sich näher mit ihr zu beschäftigen. So würde die Einleitung der Predigt also dem *docilem parare* dienen. („Ich weiß, in dieser Frage haben die meisten bereits eine klare Meinung. Aber ich weiß auch, jeder von Ihnen ist sich auch bewusst: Diese Frage hat so viele Seiten, dass Vorurteile, Schlagworte und rasch dahingeworfene Meinungen ihr kaum gerecht werden. Nehmen wir uns darum Zeit und gehen der Sache auf den Grund.")
- Beim *admirabile genus,* also der Außenseitermeinung, rät die Rhetorik zur *insinuatio,* also gewissermaßen zum Eintritt durch die Hintertür: Man fällt nicht mit der Tür des eigenen Themas ins Haus der Predigt, sondern beginnt mit etwas, was allgemein akzeptiert ist. Wir haben die *insinuatio* bereits ganz am Anfang einmal vorgestellt.[564] Aber das ist für eine Predigt ein zwiespältiger Rat, denn umso schwächer erscheint den Hörern dann, was man eigentlich zu sagen hat. Besser dürfte es hier sein, ggf. den *status translationis* zu wählen und nachzuweisen, dass die Voraussetzungen fehlen, um sich von dieser Sache wirklich ein Bild zu machen.
- Beim *humile genus,* also bei einer scheinbaren Bagatellsache, die kaum der Rede wert ist, geht es vor allem um die Weckung von Aufmerksamkeit, also das *attentum parare*. Es fragt sich: Was daran ist interessant? Wo wird es für die Hörer relevant? Was verändert sich für sie, wenn sie darauf eingehen? („Was liegt denn schon daran, ob jemand die Feuerbestattung oder die Erdbestattung wählt? Das ist doch gleich. Tot ist eben tot. Aber nein, der tote Leib hat eine große Zukunft: Wir glauben an die Auferstehung des Leibes. Das steht auf dem Spiel, wenn wir nach der Form des Begräbnisses fragen.")[565]
- Das *obscurum genus* schließlich, bei dem das Verständnis schwierig werden dürfte, verlangt offensichtlich nach dem *docilem parare*. Die Einleitung soll das Vertrauen ausstrahlen, dass jeder Anwesende den Ausführungen folgen kann und dies mit Gewinn tun wird. Also nicht unbedingt das Signal setzen: Nun gibt's Theologie *ad usum Delphini,* frei nach dem Physiklehrer Bömmel im Film „Die Feuerzangenbowle" bei der Erklärung der Dampfmaschine: „Jetzt stelle mer uns mol janz dumm." Dem Kölner Original im Film nimmt man das ab, doch ansonsten gilt: Die Leute für dumm verkaufen war noch nie

eine gute Werbung. Besser ist es, Kompetenz auszustrahlen und die Hörer kompetent zu machen („An dieser Stelle sind ein paar theologische Fachbegriffe nicht zu ersparen. Doch sie sind kein Hexeneinmaleins, sondern einfach die Sprache aller Gläubigen, auf klare Begriffe gebracht"). So tritt man wie ein versierter Höhlenforscher auf, dem sich die Touristen gerne auf dem Weg in die Unterwelt anvertrauen. Denn sie wissen: Mit ihm werden wir wahre Wunderwelten erleben und am Ende wieder heil ans Tageslicht gelangen.

Die Abhängigkeit der Einleitung vom *corpus* der Rede hat übrigens auch zur Folge, dass ein Prediger seine Einleitung erst am Ende, also nach der Konzeption der gesamten Predigt, gestaltet oder zumindest ihr die endgültige Form gibt.[566] Das macht freilich kaum jemand, sondern die meisten beginnen schlicht mit dem Anfang und bauen dann Schritt für Schritt die weitere Predigt daran an. So normal das auch scheint, so verhängnisvoll ist es, und infolgedessen kommt es nicht selten zu eigenartigen Brüchen. Ein Beispiel: Bei der eben schon einmal erwähnten Predigt über Erd- und Feuerbestattung hat es sich ergeben, dass das Redecorpus ein bisschen angriffig, gelegentlich sogar offen provokativ ist. Das kann seine guten Gründe haben, etwa wenn man den breiten Konsens („Das soll jeder selber entscheiden, das geht die Kirche nichts an!") herausfordern will. Doch im *exordium* erzählt man nun zuvor ergreifend, welche Szenen sich beim Herablassen des Sarges in die Erde abspielen können. Dadurch wird die Thematik affektiv auf eigene Momente der Trauer gelenkt; sie erhält eine existenziell-persönliche Wendung. Wenn man dann kurz darauf markig-angriffig wird, dann werden nicht wenige dies als unangemessen, unsensibel und verletzend empfinden und allein schon aus diesem Grund Redner und Anliegen heftig ablehnen.[567]

Es gibt viele Möglichkeiten, die Zuhörer für sich einzunehmen und für sein Anliegen zu gewinnen. Der Duden nennt acht Formen[568]:

„1. Sprechen Sie Gemeinsamkeiten an, die verbinden und solidarisieren.   *Identifikation weckt Interesse*

2. Erwähnen Sie besondere Verdienste, Erfahrungen und Vorhaben verdienter Personen.   *Würdigung weckt Wohlwollen*

3. Zeigen Sie Verständnis für Frauen, Männer, Kinder, Jugendliche, Senioren, Randgruppen, Besonderheiten und Eigenheiten.   *Akzeptanz durch Aktualität*

4. Schlagen Sie Brücken zur Politik, Umwelt, Region, Religion, Kultur, zum Sport, Tierschutz, Wetter etc.   *Zustimmung durch Stimmung*

5. Stellen Sie Beziehungen zu aktuellen Ereignissen und Vorhaben her.   *Aktualität bettet die Predigt ein*

6. Berücksichtigen Sie die Vergangenheit, Gegenwart und Zukunft.   *Perspektiven schaffen Weite*

7. Bringen Sie Gleichnisse und erzählen Sie passende Anekdoten.	*Lebensweltnähe überzeugt durch Relevanz*
8. Bauen Sie philosophische, technische, gesundheitliche, modische, finanzielle und fiskalische Hinweise ein, die Ihre Aussagen und Forderungen untermauern und von den Zuhörern als unterhaltsam und hilfreich empfunden werden."	*Informiertheit verleiht Glaubwürdigkeit*

Abschließend noch einige Einzelfragen:

1. **Wie lange darf die Einleitung sein?** Null bis zwei Minuten bei einer Zehn-Minuten-Predigt. Also manchmal überhaupt kein *exordium*, sondern *medias in res*. Ansonsten aber – noch einmal sei der Zeigefinger des Oberlehrers erhoben – knapp und strikt auf den eigentlichen Hauptteil konzentriert und ohne Verliebtheit in die vielleicht doch viel netteren, kreativeren Gedanken des Anfangs.

2. Bleiben die drei Funktionen von *attentum, docilem* und *benevolum parare* auf das **exordium** beschränkt? Nein, auch im weiteren Verlauf der Predigt kann man immer wieder exordiale Elemente verwenden, z. B. bei einer schwierigen oder anstößigen Passage eine erneute *captatio benevolentiae*. Das geschieht dann allerdings gewissermaßen nebenbei, um den eigentlichen Gedankenfluss nicht zu unterbrechen.

3. Wie vermeidet man es, gleich schon am Anfang „**sein ganzes Pulver zu verschießen**", d. h. sich emotional zu verausgaben, anstatt im Lauf der gesamten Predigt eine Balance von Affektivität und Rationalität zu halten? In der Tat ist das *exordium* eher emotional, denn die drei Funktionen betreffen ja allesamt die Affektivität der Hörer. Hier muss der Funke überspringen. Dasselbe gilt noch einmal mehr für den Redeschluss, die *peroratio*, wie wir in 6.1.1.4 noch sehen werden. Er gipfelt alles auf und bewegt dazu, etwas auch wirklich anzupacken – dazu braucht es oft den starken Eindruck, das große Gefühl. Die beiden mittleren Teile der Rede dagegen, die *narratio* und die *argumentatio,* sind eher rational (was nicht heißt, dass sie nicht mit begleitenden Gefühlen gleichsam geölt sind – aber eben dosiert, so wie man Öl in einen Salat gibt, ohne ihn darin ertrinken zu lassen).

4. Ist ein *exordium* **in jedem Fall notwendig**? Nein, es kann sogar die beste Eröffnung sein, unvermittelt *medias in res* zu stürzen, sich „gar nicht erst in Vorreden aufzuhalten" und damit die Dringlichkeit der Sache unter Beweis zu stellen. Gerade bei vertrauten, auf den Prediger eingespielten Gemeinden mag man sich schon einen guten Ruf erarbeitet haben. Dann lächeln einen die Gläubigen an, sie sind erwartungsfroh gestimmt und sind auf das gespannt, was man heute zu sagen hat.

6.1.1.2 Narratio: die „Katze aus dem Sack"

Literatur: *Johannes Engels,* Art. „Partes orationis", in: HWRh 6, 666–679; *Kim Fedderson u. a.,* Art. „Dispositio", in: HWRh 2, 831–866; *Heinrich F. Plett,* Einführung in die rhetorische Textanalyse, Hamburg ⁹2001.

Auf das *exordium* folgt die *narratio*, und damit tritt die Rede in ihren Hauptteil ein. Nach klassischer Lehre soll die *narratio* den Standpunkt des Redners darlegen: „Narratio est rei factae aut ut factae utilis ad persuadendum expositio. – Die Erzählung ist die Darstellung eines Ereignisses oder eines Gegenstandes, der wie ein Ereignis wiedergegeben wird, insofern sie der Überzeugung dient."[569] Erzählung im engeren Sinn kann dies nur sein, wo es um ein Geschehen und seine Deutung geht, also etwa vor dem Strafgericht die eigene Fassung des Tathergangs und bei der Predigt das in der biblischen Lesung beschriebene Geschehnis. Doch nicht immer hat man etwas zu erzählen. Oft geht es um Überzeugungen, Sachverhalte, Lehren oder Anschauungen. Wie kann dann noch von einer Erzählung die Rede sein? Elegant umsegelt Quintilians Definition diese Schwierigkeit: Auch nichtnarrative Sachverhalte werden in der *narratio* „ut res facta" dargelegt, also ähnlich, wie man eine Geschichte erzählt, um jemanden über ein Ereignis in Kenntnis zu setzen: anschaulich, klar, knapp und überzeugend. Der andere soll sich ein Bild von der Sache machen. Panorama also und keine Detailaufnahmen. Enthält die biblische Lesung also etwa eine Lehrrede oder hält man eine thematische Predigt z. B. über die Taufe, so gibt man hier deren große Linien wieder. Es geht noch nicht darum, kritisch darüber nachzudenken, Hintergründe zu beleuchten, die Sache in größere Zusammenhänge einzuordnen, die eigene Auffassung zu begründen und Einwände zu entkräften. Das ist erst die Aufgabe des nächsten Redeteils, der *argumentatio* (πίστις/*pistis*), d. h. der Begründung des in der *narratio* (πρόθεσις/*prothesis*) dargelegten Standpunkts mit verschiedenen Argumenten.[570] Beide zusammen machen das *corpus* der Rede aus, ihren Hauptteil und damit die eigentliche Auseinandersetzung mit ihrer Hauptfrage. So formuliert man in der *narratio* seine These, seine Überzeugung, sein Anliegen, noch bevor Argumente dafür geliefert werden. Statement und noch keine Diskussion: „So ist das meiner Meinung nach!", noch nicht: „Aus diesem Grund ist das so." Aber das ist leichter gesagt als getan, zumindest bei der Predigt. Denn da geht die *narratio* in der Schriftlesung ja in mancherlei Hinsicht der Predigt voraus. Allerdings nicht in jeder Hinsicht, denn nun soll die gehörte Perikope noch einmal beleuchtet werden, „insofern sie der Überzeugung dient". Oft wird man das bereits Gehörte nur noch einmal mit wenigen Worten ins Gedächtnis rufen müssen. Jetzt endlich kommt das bei allen Predigern beliebte „Im heutigen Evangelium haben wir gehört" zu seinem Recht, also etwa beim Gleichnis vom barmherzigen Samariter als kurze Erinnerung – jedoch eben gerade nicht als Wiederholung des Evangeliums, sondern als Präsentation dessen, worauf es dem Prediger ankommt: „Zwei

6. DISPOSITIO: Gliederung der Predigt 275

respektable Personen gehen an der Not des unter die Räuber Gefallenen vorüber, als wäre nichts geschehen. Nur der Samariter, der *outcast,* nimmt sich seiner an."
Narratio und *argumentatio,* beide verhalten sich wie Model und Manager, wie Laufsteg und Vermarktung.

– Die *narratio* ist superschlank, attraktiv und trägt nichts Überflüssiges. So können sich aller Augen allein auf das richten, was das Model präsentiert. Es springt ins Auge, mit einem Blick offenbart sich die Kreation. Das dauert nicht lange: Einmal den Laufsteg hinab und einmal hinauf, ein bisschen die Glieder hierhin und dahin gewendet, damit Schnitt, Farbe und Clou von allen Seiten zu bestaunen sind, und schon ist die Präsentation beendet. Kurz, klar und glaubwürdig soll sie sein, so verlangten es die Rhetoriker, und so machen es auch die Models vor. Das, was der „Modeschöpfer" Prediger sich ausgedacht hat, soll nun allen so vor Augen stehen, dass sie ausrufen: „Ja, das ist es!" Wir kennen das etwa von der Predigt des Petrus am Pfingsttag. Er erzählt die Ereignisse der Heilsgeschichte und lässt sie in der Auferstehung Jesu kulminieren, und die Hörer sind *mitten ins Herz getroffen* (vgl. Apg 2,37).

– Die *argumentatio* dagegen gleicht den Verhandlungen des Modemachers mit den Kunden. Er setzt auf die Wirkung des Auftritts seines Models. Nun aber muss er sich mit ihnen an den Verhandlungstisch setzen. Sie sollen ihm die Kreation im wahrsten Sinn des Wortes abkaufen, und da gibt es eben eine Menge Pro und Contra zu erwägen; das kann sich etwas länger hinziehen. An seiner Geschicklichkeit hängt es, dass am Ende das Pro den Ausschlag gibt. Wie das gelingt, dazu im Abschnitt 6.1.1.3 mehr.

Zurück zur *narratio.* Die Laufstege von Mailand und Paris haben schon ein wenig die Stirn runzeln lassen. Die Präsentation überteuerter Kollektionen überlässt man gerne der Halbwelt der Mode. Aber eine seriöse Rede? Da erscheinen die Ratschläge der Rhetorik wie das, was die Franzosen einen „ami de cour" nennen, einen Freund bei Hofe: elegant, überfeinert und mit allen Wassern gewaschen, aber so unzuverlässig, dass er einen bei der ersten Schwierigkeit im Stich lässt. Und Schwierigkeiten in der Anwendung dieses Redeteils auf die Predigt gibt es gleich mehrere. Denkt man sie jedoch durch, begreift man, dass es sich ganz im Gegenteil um das handelt, was die Italiener einen „amico per la pelle" nennen, einen Freund durch dick und dünn. Denn wer die *narratio* richtig gestaltet, ist bereits halb im Ziel.

1. Die erste Schwierigkeit ist auch die grundsätzlichste: **Ist nicht bereits die Schriftlesung vor der Predigt die *narratio*?** Hier gibt die Zielbestimmung der *narratio* eine Antwort: Sie soll sein „utilis ad persuadendum – insofern sie der Überzeugung dient"[571]. Das „Im heutigen Evangelium haben wir gehört" darf keine Repetition, kein „Habt ihr alle schön aufgepasst?" eines pedantischen Schullehrers sein. Es darf eben nicht stillschweigend voraussetzen, dass die Leute sowieso nicht zugehört haben. Es ist keine Inhaltsangabe oder bloß das Evangelium in heutigem Deutsch. Es stutzt das Gehörte auch nicht zum Ohrenschmeich-

ler zusammen – davor warnt schon der zweite Timotheusbrief (vgl. 2 Tim 4,3) –, indem es alles Übernatürliche, Anstößige und Herausfordernde daran in eine gemütliche Allerweltsmoral zurücknimmt („Jesus zeigt uns bei der wunderbaren Brotvermehrung, wie gut wir es auf der Erde hätten, wenn jeder dem anderen ein bisschen abgeben würde"). Nein, hier wird das Evangelium perspektivisch gewendet, es wird genau auf denjenigen Punkt hin wiedergegeben, um den sich die Predigt dreht. Kurz: Man erzählt es so, dass es die eigene Überzeugung widerspiegelt. Damit wird aber auch schon die ganze Spannung offenkundig, zu einem eben vorgetragenen Evangelium zu sprechen. Denn natürlich muss diese Überzeugung selbst wieder das Evangelium treu auslegen. Das macht ja etwa solche allerweltsmoralischen Auslegungen besonders peinlich, dass jedermann eben etwas ganz anderes gehört hat. Die *narratio* muss die Augen für das, was im Schriftwort steckt, öffnen und nicht die Blicke auf etwas ganz anderes lenken.

Übung

Die verschiedenen Fassungen derselben Perikope in den Evangelien kann man als *narratio* innerhalb der „Rede" des jeweiligen Evangelisten auffassen. Stellen Sie aus den Texten zur Taufe Jesu heraus, wie darin die Überzeugung des Evangelisten zum Vorschein kommt.

2. Die zweite Schwierigkeit knüpft an das „utilis ad persuadendum – insofern sie der Überzeugung dient" an. **Was heißt Darlegung im Gegensatz zur Begründung?** Ist das bloße Behauptung, Phrasendreschen und kecke Thesen aufstellen? Ideologie pur? „Ich sage jetzt mal einfach ...", weil ich sowieso davon ausgehe, dass das bloß meine Privatmeinung ist, auch wenn ich sie seltsamerweise dennoch den Hörern zumute? Das Gegenteil ist der Fall. Nur wo ich in der *narratio* erst einmal ein Ereignis oder eine Sache an sich und *sine glossa* wiedergebe, wo ich also meine Sicht der Dinge offenbare, bleibe ich objektiv und sachbezogen. Denn damit stelle ich mich ja der Kritik der Hörer, die mir bei ideologischer Verzerrung sofort entgegnen könnten: „Nein, so kann man das beim besten Willen nicht sehen." In einem tiefgründigen Wort lädt Jesus selbst ein: *Seht, was ihr hört!* (Mk 4,24 in wörtlicher Übersetzung). Natürlich ist diese Sicht der Dinge meine persönliche. Es ist nicht die einzig mögliche. Mit dieser Sicht exponiert man sich, und das verlangt Mut und Entschiedenheit. Aber dass man die Dinge überhaupt so sehen kann, das muss für alle nachvollziehbar sein, sonst wird es niemanden überzeugen. Aristoteles hatte in einer genialen Formulierung die Aufgabe der gesamten Rhetorik darauf konzentriert, das πιθανόν *(pithanon),* also das Überzeugung Stiftende einer Sache herauszustellen.[572]

Das ist philosophisch und geistlich von höchster Bedeutung. Am Anfang steht die „Schau der Gestalt", die Kontemplation, die „adaequatio mentis ad rem" (Angleichung des Geistes an die Wirklichkeit) und nicht deren Überlagerung durch eigene Interessen, Ansichten und Absichten. So fließt in die *narratio* nicht zuletzt das ein, was sich mir in der betenden Betrachtung eines Evangeliums oder einer Glaubenswahrheit gezeigt hat. Der Ruf „Zurück zu den Sachen", der die phänomenologische Bewegung ausgezeichnet hat (Edmund Husserl, Max Scheler, Edith Stein u. a.), wird hier zu einer regelrechten Bekehrung: Nicht mein Ich und das, was es alles im Kopf hat, ist das Maß aller Dinge, sondern die Wirklichkeit möglichst unverfälscht anzuschauen, führt zur Wahrheit. Man kann diese Bekehrung kaum überschätzen. Denn unsere durchschnittliche Kultur hegt und pflegt genau das Gegenteil: Alle Dinge, ja selbst Personen werden für gewöhnlich bloß zum Anlass für Assoziationen eigener Vorstellungen, Bedürfnisse oder Wünsche. Das sieht dann beim Prediger so aus, dass er das Evangelium nur zum Anlass nimmt, das zu sagen, was er sowieso immer schon einmal loswerden wollte.

3. Auch die dritte Schwierigkeit liegt auf der Hand: **Sind *narratio* und *argumentatio* nicht so eng miteinander verbunden, dass sie im Aufbau der Rede ineinander übergehen?** Das gilt insbesondere, wenn man mehrere Punkte der Begründung vorsieht. Bei jedem von ihnen wird man doch zunächst im Sinn der *narratio* die Sache darstellen und unmittelbar danach die Gründe dafür anführen. Also etwa: „Die Taufe befreit von der Erbsünde, sie macht zu Kindern Gottes, sie gliedert in die Kirche ein und sie verleiht die drei göttlichen Tugenden von Glaube, Hoffnung und Liebe. Beginnen wir mit der Befreiung von der Erbsünde ..." Und nun wird man diesen Glaubenssatz zu begründen suchen, bevor man zum zweiten Punkt, der Gotteskindschaft, übergeht, von ihr ebenso zunächst erzählt und sie dann begründet. Doch das kurze Beispiel zeigt schon: Am Anfang steht der Überblick, also die Darlegung des Gesamten, welches dann in einzelne Abschnitte aufgeteilt wird. Und es zeigt weiterhin: Gewiss kann die *narratio* in einem einzigen Satz bestehen, der zugleich die Aufgabe der Gliederung übernimmt.[573] Aber wäre es bei diesem Beispiel nicht besser, die gemeinten Sachverhalte zunächst einfach anschaulich zu machen, bevor man sie begründet? Bevor man bei der Erbsünde also in die Tiefen des Römerbriefes abtaucht, sollte ein lebendiges Bild dessen gemalt werden, was Erbsünde ist und wie sie sich zeigt – eindrucksvolles Anschauungsmaterial dafür liegt bekanntlich in Hülle und Fülle auf der Straße. Die Kognitionspsychologie zeigte, dass Lernen in Anknüpfen an Bekanntem besteht, und gerade solche Bilder malt die *narratio*, dass die Hörer Aha-Erlebnisse haben und sich in ihnen wiedererkennen. Was also ist der Unterschied zwischen *narratio* und *argumentatio*? Die eine erzählt ein Ereignis, die andere lotet seine Hintergründe aus. Die eine zeigt etwas, die andere analysiert es. Die eine will Vorstellungen hervorrufen, die andere Nachdenken auslösen. So kann man also durchaus die einzelnen Teile der *argumentatio* jeweils mit einer *narratio* eröffnen. Dennoch sind beide auch dann gedanklich klar zu unterscheiden.

4. Die vierte Schwierigkeit ergibt sich unweigerlich aus der eleganten Lösung des Quintilian: **Man soll nichtnarrative Sachverhalte „ut res facta" (wie ein Ereignis) darstellen.** Nun, leichter gesagt als getan. Wie soll das gehen? Abstrakte Sachverhalte wie Glaubenssätze erweisen sich doch als äußerst sperrig gegenüber einer narrativen Verflüssigung. Doch das ist auch gar nicht gemeint. Es geht um das Sosein einer Sache, seine Faktizität, seine Gestalt, also um Beschreibung und noch nicht Analyse. Aus Begriffen sollen Anschauungen werden, d. h. die Leute sollen sich einfach unter der Sache etwas vorstellen können. Ein Beispiel: „Die Taufe befreit von der Erbsünde. Ja, es gibt nicht nur den Dreck, der sich auf Gesicht und Händen festsetzt. Es gibt auch einen Schmutz der Seele. Also all diese Bosheit, dieses Sein-wollen-wie-Gott, dieser Fluch der bösen Tat. Wie ein dunkler Schatten begleitet das die Menschheit von Anfang an. Doch damit ist nun auf einen Schlag Schluss. Ein bisschen Wasser und der Name des dreifaltigen Gottes, das genügt."

5. Nach dem *exordium* ist in der *narratio* klar anzugeben, was die eigene These ist, wovon man handelt, ggf. auch wie der weitere Gedankengang der *argumentatio* aufgebaut ist. Doch ist dies nicht bei einer Predigtart undenkbar, die heute recht verbreitet ist: **die entwickelnde Predigt**? Schritt für Schritt will sie allmählich zur These hinführen. Dadurch steht diese eher am Ende oder zumindest in einem deutlich späteren Teil der Rede. Die entwickelnde Predigt ist typisch für Theologie und Verkündigung seit den 1950er Jahren – Joseph Ratzinger war berühmt dafür. Davon versprach man sich, dass der moderne Mensch „dort abgeholt wird, wo er steht", und nur nach und nach zu einer Glaubenswahrheit hingeführt wird. Eine induktive Methode also. Sie wirkt wie ein virtueller Dialog mit dem kritischen Hörer. Nicht die Autorität des Predigers, dessen Wort man als dem eines Mannes der Kirche Gehorsam schuldet, sondern die Stringenz der Gedankenführung überzeugt. Das steht im Einklang mit einer gewissen Auflösung der strengen Redeordnung in Teilen der neueren Rhetorik.

> „Aber es mehren sich die Vorwürfe von Sterilität und sturem Schematismus. Als Reaktion darauf erfolgt u. a. die Preisgabe der strengen Gliederung nach den *partes orationis* im freien Aufsatz und in wichtigen Redegattungen. Das klassische Schema der *partes orationis* wird unter dem Einfluß verschiedener Schulrichtungen der Neuen Rhetorik schließlich sogar ganz aufgegeben. Gegenüber dem Postulat der Vollständigkeit der Redeteile, ihrer angemessenen Gewichtung und einer bestimmten natürlichen Reihenfolge tritt jetzt die Beschäftigung mit einzelnen *partes orationis*, den Argumentationsstrukturen und mit rhetorischen Figuren in den Vordergrund. Mit diesen Entwicklungen vergleichbar fällt auch in vielen zeitgenössischen Schauspielen das Gliederungsschema der klassischen Akte weg. Statt dessen treten improvisatorische Elemente, Montage- und Collagetechniken hervor. Falls man noch Akte, Szenen, Teile usw. unterscheidet, fehlt ihnen ihre klassische Qualität im Sinne einer bestimmten Reihenfolge sowie der Einheit der

6. DISPOSITIO: Gliederung der Predigt

Handlung nach Zeit und Raum. Auch in der Musik finden statt der überlieferten strengen Gliederungsprinzipien nach Akten oder Sätzen oft neuartige Dispositionsformen nach Szenen, Abschnitten, Reihen, den Vorgaben der Chaostheorie oder der Computeralgorithmen Anwendung. In einigen modernen Rhetoriktheorien (z. B. bei H. F. Plett) wird allerdings auch weiterhin der an sich evidente Gedanke hervorgehoben, daß eine vom Hörer klar erkennbare Form der Disposition der Rede mit Rücksicht auf ihre Verständlichkeit und zur Erreichung des Persuasionszieles unverzichtbar bleibe."[574]

Auch die zeitgenössische Homiletik ist gekennzeichnet von der Auflösung der festen Form. „Neue Homiletik" bzw. amerikanisch „new homiletics", „dramaturgische Homiletik" und Predigt als Inszenierung[575], „Predigt als offenes Kunstwerk"[576] (im Anschluss an ein Axiom Umberto Ecos und die Forderungen der Rezeptionsästhetik) und generell die Hörerorientierung sind die Stichworte (s. o. 1.5.2.1). Unverkennbar steht dahinter der autoritätskritische Impetus, für den die Predigt nicht mehr vollmächtige Lehre der Wahrheit, sondern Spiel mit Bedeutungen ist. Theologisch könnte man das hinterfragen, aber auch methodisch tun sich dabei einige Klippen auf, die auch generell für die entwickelnde Predigt gelten:
- Der Verzicht auf die *narratio* der eigenen These lässt die Hörer lange rätseln, worauf der Prediger überhaupt hinauswill. Die inhaltliche *Klarheit* bleibt rasch auf der Strecke.
- Der eher fließende Gedankengang wird *schwerer nachvollziehbar*. Darunter leidet auch die Überzeugungskraft. Hörer schätzen dagegen auch heute noch den klaren Aufbau, die überschaubare und nachvollziehbare, ja leicht zu behaltende Gedankenführung und den gezielten, aber begrenzten Einsatz sprachlicher Mittel. Eindrucksvoll geht dies aus dem Echo auf eine anspruchsvolle Textpredigt zu 1 Thess 5,1–11 hervor: „Der Einschätzung zu großer Komplexität korrespondierte die Erwartung, in der Menge überschaubare und inhaltlich behaltbare Sprachbilder und Gedankengänge präsentiert zu bekommen. Die in dieser Predigt vorliegende Verschränkung verschiedener Sprachformen gehört möglicherweise ebenfalls in diesen (kritisierten) Bereich, obwohl es dazu in den Gruppengesprächen keine direkten Äußerungen gab. Der Einschätzung der zu späten theologischen Auslegung korrespondiert die Auffassung, dass der gesamte erste Hauptteil nur als Einleitung anzusehen sei, bevor es zum Eigentlichen, der Textauslegung, kommt. Im Hintergrund beider Einschätzungen stehen konventionelle Erwartungen, die auf klar strukturierte Textauslegungen und auf behaltbare und lebensweltlich relevante Applikationen hinauslaufen. Dass Predigthörer von einer Predigt etwas möglichst Konkretes – sei es ein Gedanke, ein Bild, ein Vergleich, eine Geschichte – behalten und in die Woche mitnehmen wollen, ist eine in der gesamten Hörergruppe Grötzingen/Mannheim stark vertretene Position."[577]

– Die *starke Position* am Anfang der Predigt wird oft Haltungen eingeräumt, die dem Glauben fern sind, also Einwänden, Zweifeln oder einem Leben und Denken, als ob es Gott nicht gäbe, also z. B.: „Für einen naturwissenschaftlich Denkenden ist der Wunderglaube lächerlich." Dadurch wird ihnen Selbstverständlichkeit, ja Prominenz zuerkannt, während der Glaube zum „Ja, aber" wird („Naturwissenschaften erklären die Welt, aber der Glaube weist noch auf eine andere Ebene hin"). Das schwächt die eigene Argumentation erheblich. Zudem erscheint die Darstellung der Gegenposition oft anschaulich und markant – sie ist den Hörern ja aus ihrer Umwelt bestens vertraut –, während die des Glaubens u. U. eher abstrakt und wenig vorstellbar entwickelt wird. All das hat zur Folge, dass am Ende im Gedächtnis vor allem die Gegenposition haften bleibt und die Predigt paradoxerweise diese sogar noch verstärkt. So denkt der Hörer vielleicht am Ende: „Naturwissenschaften haben immer recht, und der Glaube kann froh sein, wenn ihm eine fromme Nische bleibt."

Will man also die entwickelnde Methode wählen, dann muss die *narratio* eine Schlüsselrolle erhalten: Sie soll das Problematische an Positionen erheben, damit die These des Glaubens mit Spannung als Lösung erwartet wird.

6. Die homiletische Methode der **Vers-für-Vers-Auslegung** (oder zumindest der Kernpunkte des Schrifttextes, die zur Gliederung der Predigt dienen) scheint vollends die Unterscheidung von *narratio* und *argumentatio* zu sprengen. Doch der Schein trügt. Nirgendwo ist sie vielmehr so hilfreich wie hier. Denn man zitiert zunächst wörtlich den Vers und gibt ihn dann mit eigenen Worten so wieder, wie man ihn auffasst. Dann erörtert man diese Auffassung und gibt entsprechende Gründe in der Kommentierung des Verses. So wiederholt sich das Wechselspiel von *narratio* und *argumentatio* bei jedem auszulegenden Vers.

In der *narratio* sollte das Predigtziel, das Anliegen, *expressis verbis* genannt werden. Sie lässt die Katze aus dem Sack. An dieser Stelle sollte der Hörer unmissverständlich wissen, worum es dem Redner geht. Fragen wir abschließend pragmatisch: Wie geht das? Die *narratio* entwirft kein Monumentalgemälde, sondern eine Skizze. Knapp soll sie sein, klar und glaubwürdig – „ut brevis, ut dilucida, ut veri similis sit"[578]. Dabei stellt die Glaubwürdigkeit das eigentliche Ziel dar: „Ja, so kann man das wirklich sehen!", sollen die Hörer sagen können. Kürze und Klarheit dienen der Glaubwürdigkeit. Denn Verständlichkeit und Vorstellbarkeit sind notwendige Bedingungen, damit die Hörer sich selbst ein Bild von der Sache machen können. Und die Linien müssen so gezogen sein, dass jeder ihnen voraussetzungslos folgen kann. Dazu darf es nicht zu viele Details enthalten, sonst sieht man vor lauter Bäumen den Wald nicht mehr. So viel wie nötig, lautet die Devise. Nicht Vollständigkeit anzielen, sondern nur das Notwendige bieten.

1. **Kürze:** „In der Beschränkung zeigt sich der Meister." „Was lasse ich weg?", diese Frage ist mindestens ebenso wichtig wie die: „Was bringe ich?" Will man

etwa beim Gleichnis vom verlorenen Sohn dessen Verlorenheit in der Trennung vom Vater herausstellen, so wird man den älteren Sohn nun gar nicht mehr erwähnen. Auch die Freude der Heimkehr bildet allenfalls das Ende der *narratio*. Bei sehr komplexen oder sehr voraussetzungsvollen Sachverhalten kann man die *narratio* auch in mehrere Teile aufgliedern und sie jeweils zusammenfassen („Sankt Martin hatte also schon vor seiner Taufe ein bewegtes Leben. Und nachdem er die Taufe empfing, hatte er nun ein geruhsames Leben? Mitnichten!"). Oder man kann Details in narrative Teile der *argumentatio* hinübernehmen, wo man dann ausführlicher ins Einzelne gehen kann. Andererseits muss auch alles Erwähnung finden, was für die Glaubwürdigkeit notwendig ist. So kann man etwa am Dreikönigsfest erwähnen, welche enorme Bedeutung die Astronomie in der alten Welt besaß. Dadurch werden die Sterndeuter aus dem Osten aus bloßen Träumern zu den Gelehrten und Philosophen ihrer Zeit und ihre weite Reise zum Ausdruck einer geistigen Suche, die für die Wahrheit alles andere preiszugeben bereit ist. Ein kleines Notabene: Erzählerische Passagen können auch selbst Teil der *argumentatio* werden. Denn nichts überzeugt so sehr wie eine spannende Geschichte. Dabei kann sie durchaus ausgeschmückt werden und vielleicht sogar den größten Teil einer Predigt einnehmen, etwa bei einer Heiligenpredigt oder bei einer Traueransprache. Doch dieser Gebrauch des Erzählens ist ein anderer als bei der *narratio*.

2. **Klarheit:** Ihr dient am meisten der nachvollziehbare Erzählfaden, also die Spannung einer Geschichte oder die innere Logik einer Sache. Anstatt also etwa die verschiedenen Wirkungen der Taufe einfach aufzuzählen, kann man mit der Verlorenheit des Menschen in der Erbsünde beginnen und daraus die verwandelnde Nähe Gottes (Gotteskindschaft) und seiner Gaben (theologische Tugenden) in der Gemeinschaft der Gläubigen (Aufnahme in die Kirche) durch die Taufe entwickeln. Daneben helfen Anschaulichkeit und eine ansprechende Gestaltung. Doch gerade Fachtheologen bleiben eben gerne abstrakt und unterschätzen darum die sorgfältige Ausgestaltung dieses Redeteils. Auch sollte die Darlegung zwar warm und sympathisch vorgetragen sein, aber doch sachbezogen bleiben und noch keine Affektstürme hervorrufen wollen.[579] Die *narratio* will zwar überzeugen, aber doch dadurch, dass die gezeigte Sache überzeugt, nicht die Leidenschaft des Redners. Auch sind Nebengedanken, Lieblingsideen oder spontane Einfälle strikt auszuscheiden. Vor allem Aspekte, die rasch alle Aufmerksamkeit auf sich ziehen würden, bleiben unerwähnt. Bei der skizzierten Taufpredigt etwa an dieser Stelle das Los der ungetauft gestorbenen Kinder zu erwähnen, mag zwar von der Erbsündenlehre her naheliegen, homiletisch aber wäre es glatter Selbstmord.

Übung
Entwickeln Sie eine *narratio* zu den Evangelien vom verlorenen Sohn (Lk 15,11–31), von der Taufe des Herrn (Mt 3,13–17; Mk 1,9–11; Lk 3,21–22) und von den Seligpreisungen (Mt 5,3–12) sowie zu den Glaubensaussagen von den Wir-

kungen der Firmung, der Jungfräulichkeit Mariens und zur Sozialpflichtigkeit des Eigentums. Beachten Sie, dass Sie dabei jeweils zunächst ein Predigtziel zu formulieren haben, auf das hin Sie dann das Evangelium oder die Glaubensaussage darlegen.

6.1.1.3 Argumentatio: begründen statt beschwören

Literatur: *Ekkehard Eggs,* Art. „Argumentation", in: HWRh 1, 914–991; *Josef Kopperschmidt,* Methodik der Argumentationsanalyse (= problemata 119), Stuttgart-Bad Cannstatt 1989; *Walter F. Veith,* Art. „Argumentatio", in: HWRh 1, 904–914.

Argumentatio (Begründung bzw. Beweisführung) ist nicht „Argumentation" im gängigen Wortsinn. Denn das klingt nach Vorlesung, nach rauchenden Köpfen und gescheiten bis obergescheiten Begründungen, am Ende dann wohl immer auch ein bisschen nach Besserwisserei und Akademikergehabe. Das tut so, als wäre alles bisher nur Geplänkel, Süßholzgeraspel, Vorspiel, als müsste der Prediger jetzt endlich eine ernste Miene aufsetzen, damit auch dem Träumer in der letzten Bank unmissverständlich klar wird: Jetzt wird's ernst. Jetzt geht's zur Sache. Nein, wie jede monologische Rede doch auch Gespräch mit dem Hörer mit dem Ziel der Überzeugung ist, so auch die *argumentatio*: Sie dient der Überzeugung, näherhin der Glaubwürdigkeit des in der *narratio* Vorgetragenen.[580] Damit bildet sie in der Tat „das Herzstück jeder Rede, denn hier werden die Beweise vorgetragen, die die Glaubwürdigkeit, die *fides,* des Arguments liefern sollen"[581]. Sie ist gut, wenn die Hörer ihr zustimmen, und nicht schon allein dann, wenn sie logisch schlüssig ist. Das ist der Unterschied von Rhetorik und Logik. Darum ist Walter F. Veith vollkommen recht zu geben, wenn er die *argumentatio* „von ihrem Inhalt, den argumenta (griech. πίστεις/*písteis),* den materiellen Beweisen, streng unterschieden" wissen will.[582] „Wie unterscheidet sich die Beweisführung von den Beweisen? Die Beweise unterstützen das eigene Anliegen, während die Beweisführung eine Aussage ist, durch welche die Beweise in Worten erklärt werden."[583] In unserem Zusammenhang haben wir die eigentlichen Beweise, also das Finden der Inhalte, bereits in der *inventio* behandelt. An dieser Stelle geht es nun um die Gestaltung der Beweisführung, also ihre Ausformulierung und ihre Funktion im Gesamt der Rede. Diese Aufgabe hat nun allerdings in der Tat etwas Philosophisches an sich:

> „Die Argumentatio ist eine komplexe sprachliche Handlung, die durch begründende Rede überzeugen, d. h. beim Hörer oder Publikum freiwillige Einstellungsveränderungen bewirken will. Sprecher und Hörer, Proponent und Opponent, Rhetor und Publikum sind immer schon Teil einer politischen Gemeinschaft, für deren Mitglieder eine bestimmte Menge von Vorstellungen, Annahmen und Meinungen gemeinsam ist. Jede Argumentatio weist notwendig eine aporetische Grundstruk-

6. DISPOSITIO: Gliederung der Predigt 283

tur auf, insofern sie einen Konsens intendiert, ihr aber ein momentaner Dissens (oder zumindest ein Sich-noch-nicht-Entschieden-Haben) vorausgeht. Argumentatio setzt die ‚Möglichkeit des Andersseins' voraus und greift deshalb nur bei Gegenständen oder Handlungen, die auch anders sein oder interpretiert werden könn(t)en."[584]

Einfacher gesagt, geht es der *argumentatio* nicht ums Rechthaben, sondern um Zustimmung. Das ist der wahre Kern dessen, was bereits der Sophist Protagoras erkannte: Der Rede geht es nicht um das Wahre, sondern um das Wahrscheinliche, also um das, was den Zuhörern glaubwürdig erscheinen kann (s. o. 2.1.1.2).

Bekanntlich griff Aristoteles diese Einsicht auf, wenn er den Kern der rhetorischen Gedankenarbeit in das Finden des Überzeugenden (πιθανόν) an jeder Sache verlegte; folgerichtig sah er in der Art und Weise, innerhalb einer Rede Schlussfolgerungen zu präsentieren, eine eigene Art des Beweises, nämlich das Enthymem bzw. den verkürzten Schluss (s. o. 2.1.1.3). Und die neuere philosophische Erkenntnistheorie hat sich weithin von der Forderung nach unwiderlegbarer Gewissheit getrennt und an ihre Stelle etwa pragmatische, konsenstheoretische, hermeneutische oder prozessorientierte Wahrheitsauffassungen gesetzt. Diese neueren Ansätze weisen also selbst wieder in recht verschiedene Richtungen: der hermeneutische Zirkel von Vorverständnis und Verstehen bzw. Wahrheit als zulässige Interpretation bei Hans Georg Gadamer, die Universalpragmatik beim frühen Jürgen Habermas (herrschaftsfreier Diskurs als „transzendentale Bedingung der gesellschaftlichen Kommunikation überhaupt"[585]) oder die Argumentation als Voraussetzung sozialer Verständigung bei Josef Kopperschmidt.[586] Manche von ihnen verabschieden sich ganz davon, dass die *argumentatio* die Wahrheit einer Sache herausarbeiten soll, und setzen an ihre Stelle die nicht erzwungene Zustimmung aller Beteiligten. Doch eine so weitgehende erkenntnistheoretische Voraussetzung ist hier nicht eingeschlossen. So unterschiedlich diese Ansätze nämlich sind, so weisen sie doch alle – unbeschadet des Wahrheitsanspruchs – auf das soziale Element der Erkenntnis hin: Sie ist Verständigung innerhalb einer Gemeinschaft, die bestimmte Auffassungen, Werte und Entscheidungen teilt, über andere jedoch noch uneins ist. Insofern gilt das Wort von Eggs, dass die *argumentatio* „einen Konsens intendiert, ihr aber ein momentaner Dissens (oder zumindest ein Sich-noch-nicht-Entschieden-Haben) vorausgeht"[587].

Aber ist das alles nicht meilenweit von der christlichen Predigt entfernt? Mitnichten. In vier Punkten führen diese Überlegungen sogar in Kernprobleme der christlichen Überzeugungsarbeit ein. Diese offenbaren die Besonderheit der christlichen *argumentatio* und grenzen sie deutlich von einem bloßen Rechthaben ab.

1. Da ist zunächst das Ziel, die **Glaubwürdigkeit** (πίστις bzw. *fides*). Dass die Rhetorik hier ganz unschuldig zum Wort „Glaube" greift, das einen christlichen Schlüsselbegriff darstellt, ist für die Predigt keine bloß äußerliche Übereinstim-

mung.⁵⁸⁸ Vielmehr beschreibt die Situation der Rede – der Redner wirbt für seine Sicht der Dinge – genau die Situation der Glaubensverkündigung: Der Verkünder bezeugt die Sicht der Wirklichkeit, wie sie sich aus der Offenbarung ergibt. Augustinus hat zwei Arten unterschieden, zur Erkenntnis zu gelangen: entweder durch eigene Anschauung und Überlegung oder durch die Glaubwürdigkeit eines anderen, der man *auctoritas* zuspricht.⁵⁸⁹ Weil die Offenbarung uns nur durch das Zeugnis der Apostel bzw. der Kirche zugänglich ist, beruht der Glaube darauf, auf sie zu hören. Die Verkündigung muss darlegen, warum man dies in zuverlässiger Weise tun kann und soll. Konkret: Die Predigt geht vom Schrifttext aus, verstanden aus dem *Credo* der Kirche. Sie setzt sich das Ziel, dessen Aussage den Hörern nahezulegen, so dass sie sie übernehmen und ihr Leben daran ausrichten können.

2. Wer eine Wahrheit von einem anderen annehmen soll, verlangt nach **Zeugnissen.** Auch hier stimmt die Sprache der Rhetorik mit einem Schlüsselbegriff des Christentums überein: Diese Zeugnisse sind die *martyria* (μαρτυρία), die *testimonia*. Die Beglaubigung des Glaubens geschieht durch das Zeugnis, zuhöchst die Hingabe des Lebens. Damit spielt in der Predigt das subjektive Element, das Lebenszeugnis des Verkünders sowie derer, von denen er redet, eine zentrale Rolle.

3. Der Glaube des Einzelnen wird von der **Glaubensgemeinschaft der Kirche** *(communitas fidelium)* getragen. In der Auseinandersetzung mit ihr entsteht er, nährt er sich, wächst und reift.⁵⁹⁰ Darum steht jede Predigt vor Gläubigen in der Spannung des Dissenses im Konsens, also gemeinsam geteilter Überzeugungen und Praktiken (Konsens), denen „aber ein momentaner Dissens (oder zumindest ein Sich-noch-nicht-Entschieden-Haben) vorausgeht"⁵⁹¹. Wenn die Predigt nur ohnehin schon Selbstverständliches wiederholen würde, wäre sie überflüssig. Wenn sie umgekehrt nicht auf einen Grundkonsens bauen könnte, bliebe sie rein konfrontativ; die Fronten würden sich bloß verhärten. Paulus hat dies schmerzlich auf dem Areopag erleben müssen: *Als sie von der Auferstehung der Toten hörten, spotteten die einen, andere aber sagten: Darüber wollen wir dich ein andermal hören* (Apg 17,32); das „ein andermal" meint den Sankt-Nimmerleins-Tag und damit den Abbruch der Kommunikation mit dem Apostel. Entscheidend für die Begründung in der Predigt ist es aber nun, sich möglichst genau über diesen Dissens im Konsens Rechenschaft zu geben. Auch diesem Punkt sind wir in anderer Weise bereits begegnet, nämlich beim Vertretbarkeitsgrad im Rahmen der *status*-Frage (s. o. 5.1). Dabei sind auch die Dissense innerhalb der Hörerschaft, also die möglicherweise sehr unterschiedlichen Auffassungen der Hörer, einzubeziehen. Dieser Dissens im Konsens reicht von der völligen Bejahung des kirchlichen Glaubens, der nur noch eine weitere inhaltliche Füllung oder eine größere Entschiedenheit im Tun verlangt, bis hin zur Fundamentalverweigerung gegenüber seinen tragenden Fundamenten wie Gottesbild, Erlösungsverständnis oder ethischen Konsequenzen. Ein Sonderfall ist die Missionspredigt (3.1.4.5) – allerdings steht man in der Gegenwart fast jedes Mal zumindest bei einzelnen

Anwesenden vor der Aufgabe der Erstevangelisierung. Gibt es da überhaupt einen Konsens, auf den man sich beziehen kann? Sehr wohl, aber er beruht in diesem Fall nicht auf der Theologie, sondern auf der Philosophie bzw. auf gemeinsamen Ansichten im Menschenbild, in der Weltauffassung, in Grundwerten, in existenziellen Aufgaben oder in gemeinsamer Betroffenheit über ein Geschehen. Das ist ja auch der Grund, warum die evangelisierende Predigt eine Vorliebe für ein induktives Vorgehen wie bei der mystagogischen Predigt (s. o. 3.1.3.1) entwickelt hat. Je weniger selbstverständlich der Glaube ist, umso mehr müssen also allgemein einsichtige Gründe zu Hilfe genommen werden.

Das ist nun wiederum keineswegs ungefährlich. Denn man setzt dann leicht die Scheinkonsense heutigen Lebens an die Stelle der Glaubensaussagen, anstatt sie in deren Dienst zu nehmen.[592] Man könnte etwa rasch eine Liste mit hundert populären Irrtümern über Glauben und Leben aufstellen. Sie drücken das aus, was „man" so sagt, also etwa: „Jesus kann doch nicht wollen, dass ich leide", „Hauptsache gesund!", „Gott ist die Liebe und sonst gar nichts" oder „Ich darf meine Gefühle doch nicht missachten". Wenn ein Seelsorger ihnen begegnet (vielleicht auch im eigenen Kopf!), verschlägt es ihm oft die Sprache. Er weiß nicht, was er darauf antworten soll. Dabei sind diese Sätze denkerisch allesamt schwach. Aber sie benötigen auch gar keine Begründung, solange sie nur von einer dominanten Mehrheit vertreten werden. Die Versuchung besteht nun darin, die *argumentatio* an diese Scheinkonsense anzupassen und bei der Auslegung des Evangeliums etwa einen Jesus zu zeichnen, der mit dem Wortlaut der Schrift nicht mehr das Geringste zu tun hat. Das wäre genau jene Verweltlichung des Glaubens, vor der Papst Benedikt XVI. in seiner prophetischen Freiburger Konzerthausrede von 2012 gewarnt hat.[593] Keine Anpassung also, wohl aber Auseinandersetzung damit: die Aufdeckung des Fragwürdigen daran, die Einführung von Alternativen, die Unterscheidung des Fünkchens Wahrheit vom populären Irrtum usw.

Kommen wir noch zur Pragmatik der *argumentatio*. Das Wichtigste, nämlich das Finden guter Argumente, wurde bereits bei den *loci* (s. o. 5.3) ausführlich behandelt. An dieser Stelle kann es nur noch darum gehen, sie in rechter Weise in das Gesamt der Rede einzufügen. Angesichts ihrer Bedeutung, ihres Umfangs und ihres eher rationalen Charakters zeichnet die *argumentatio* mehr als alle anderen Teile etwas gewissermaßen technisch Erlernbares aus. So stellen sich einige Detailfragen.

1. **Wie wird der Übergang von der *narratio* zur *argumentatio* gestaltet?**
Angesichts der Kürze heutiger Predigten wird man oft schlicht mit der *argumentatio* beginnen. Dennoch legen sich manchmal vorweg zwei Punkte nahe:
– Die knappe und klare *Angabe des Ziels* der folgenden Ausführung, also etwa: „Wie also erweist sich Jesus bei der Stillung des Seesturms als Herr über alle Gewalten der Natur und des Menschen?"

- Die *Gliederung* des weiteren Gedankengangs. Die Rhetorik wollte darin bisweilen einen eigenen Redeteil erkennen, die *partitio* und die *divisio*[594].
- Gelegentlich rät man an dieser Stelle auch zu einem kleinen *Exkurs*, einer (scheinbaren) Abschweifung[595]: etwa eine kleine Geschichte, die Wiedergabe einer Begebenheit oder etwas Persönliches. Er wirkt als Puffer für das Folgende und gibt den Hörern Gelegenheit, sich angesichts des tendenziell lehrhaften Charakters der Begründung eher wie Gesprächspartner statt wie kleine, unwissende Schüler vorzukommen.

2. **Wie baut man die *argumentatio* auf?** Klassisch werden verschiedene Verfahren nahegelegt:
- Die Unterscheidung einer positiven Beweisführung, der *probatio* bzw. *confirmatio*, von einer anschließenden Widerlegung der möglichen Gegenargumente (*confutatio* oder *reprobatio*).[596] Dass beides notwendig ist, leuchtet ein. Denn wer sich mit einer Auffassung exponiert, braucht dafür Gründe und muss mögliche Einwände entkräften. Dabei sind die einzelnen Begründungen sprachlich deutlich voneinander zu unterscheiden und nachvollziehbar zu gliedern („Durch drei Hinweise unterstreicht unser Evangelium von der Heilung der Schwiegermutter des Petrus die Göttlichkeit Jesu: die Heftigkeit des Fiebers, die Plötzlichkeit der Heilung und ihre Mühelosigkeit. Zuerst also das heftige Fieber, eigentlich genauer ein Fieberglühen wie von Feuer …"). Wenn es sich von der Sache her anbietet und Argument und Gegenargument wie zwei Seiten einer Medaille sind, wird man jedem positiven Argument gleich die Widerlegung des komplementären Gegenargumentes folgen lassen. Gelegentlich wird man zunächst den Stier der Gegenargumente bei den Hörnern packen wollen, bevor man seine eigene Sache belegt. Das gilt besonders dann, wenn die andere Seite scheinbar die besseren Karten hat und wenn die Hörer deren Auffassungen wohl weithin teilen. Aber Vorsicht, von dieser umgekehrten Reihenfolge kann das Signal ausgehen: Ich erkenne die Herrschaft der Gegenmeinung an. So mache ich sie noch zusätzlich stark, anstatt zunächst einmal souverän die eigene Überzeugung zu unterstreichen.
- Die Unterscheidung von sogenannten *kunstvollen (artificiales) und kunstlosen (inartificiales) Beweisen*. Erstere sind eigene Gedanken, hängen also in ihrer Beweiskraft von der eigenen „Kunst"-Fertigkeit ab; Zweitere bestehen in Zitaten oder Verweisen auf autoritative Texte, in der Predigt also vor allem in Worten aus Bibel und Liturgie. Bei solchen Worten kommt aber viel darauf an, sie an der richtigen Stelle in den Gedankengang einzufügen. Einfach nur Bibelstelle um Bibelstelle anzuführen, um die eigene Bibelfestigkeit unter Beweis zu stellen, ermüdet eher, als dass es überzeugt.
- Einen klugen Hinweis gibt *Aristoteles*, auch wenn er später wenig Beachtung gefunden hat: „In Aristoteles' Kategorisierung wird die ethische und emotionale Basis vor der der Belehrung in der rhetorischen Argumentatio noch sehr

6. DISPOSITIO: Gliederung der Predigt

deutlich: ‚Von den Überzeugungsmitteln, die durch die Rede zustande gebracht werden, gibt es drei Arten: Sie sind nämlich entweder im Charakter des Redners begründet oder darin, den Hörer in eine gewisse Stimmung zu versetzen, oder schließlich in der Rede selbst, d. h. durch Beweisen oder scheinbares Beweisen.'"[597] (1) Persönlichkeit und Charakter des Redners, also seine persönliche Glaubwürdigkeit und Ausstrahlung, sind gerade für die christliche Rede als Zeugnis sehr wichtig. Unsere Zeit liebt das Authentische, Persönliche, selbst Durchlebte und Durchlittene ganz besonders. Hier darf man also durchaus von sich erzählen und es zur Bekräftigung einer Ansicht anführen. (2) Die „Hörer in eine gewisse Stimmung zu versetzen", das erstaunt ein wenig für einen Vertreter der philosophischen Rhetorik, und doch ist es ganz bezeichnend für die Vermittlerrolle des Aristoteles, der den zutreffenden Einsichten der sophistischen Redekunst Rechnung tragen wollte. Denn natürlich lassen sich Menschen nicht allein durch Argumente überzeugen. Gefühle spielen eine mindestens ebenso wichtige Rolle, und auch das gilt heute mehr denn je – die Kognitionspsychologie hat dies eindrucksvoll nachgewiesen (s. o. 4.1.3). (3) Schließlich die Begründung aus der Sache selbst, also durch das, was wir im engeren Sinn Argumente nennen.

3. **Wie ist die *argumentatio* stilistisch zu gestalten?** Ohne hier auf die *elocutio* vorgreifen zu wollen, lässt sich nach dem Gesagten bereits ein doppeltes Kriterium aufstellen:

– Die Angemessenheit der *Sache (aptum):* Muss man ausführlich werden oder reicht eine kurze Erinnerung, vielleicht sogar eine Anspielung? Muss man in die Tiefe gehen oder reicht eine freche Bemerkung? Ist der Ton ernst gestimmt, nachdenklich, differenzierend oder belehrend, oder darf man hier humorvoll, launig, ja sogar ein bisschen kraftmeierisch auftreten? Wie viel Argument ist nötig – und wie viele? Weniger, dafür gut ausgeführt, ist oft besser als mehr. Zu den wichtigsten Tugenden der Begründung gehört zweifellos die Klarheit *(perspicuitas)*. Alles kommt ja darauf an, dass die Hörer sich die Gründe aneignen, ja sie so sehr verinnerlichen können, dass sie diese demnächst selbst vertreten können. Eine besondere Aufmerksamkeit verdient die Gestaltung der Widerlegung (*confutatio* oder *reprobatio*). Ist manchmal ein Frontalangriff notwendig, um die scheinbare Übermacht der Gegenargumente (auch im Sinn der genannten Scheinkonsense) zu brechen, so wird doch häufig ein eher verständnisvoller, einfühlsamer Umgang mit ihnen angemessener sein. Denn zumindest einige Hörer teilen ja diese Sichtweise, und sie werden sich kaum vom Gegenteil überzeugen lassen, wenn sie sich wie Dummköpfe behandelt fühlen.

– Die Entsprechung zur Welt der *Hörer:* Wenn das *exordium* unter die drei Aufgaben das *docilem parare*, die Lernbereitschaft zählte, dann lässt sich jetzt ganz unverblümt sagen: Die Hörer sollen etwas lernen, und zwar nachhaltig, und das gehört zum Schwierigsten, was man mit einer Rede leisten kann. So steht von den drei Funktionen der Rede (*docere, movere* und *flectere* bzw. Kopf, Herz und Hand oder rationale, affektive und pragmatische Funktion, s. o. 5.1) nun normalerweise erstere im Vordergrund. Das heißt allerdings nicht, dass mit der *argumentatio* die Trockenzeit der Rede ausbricht, in deren Verlauf alles Lebendige verdorrt und verkümmert. Die Frische des Redeanfangs, die Lebendigkeit der Erzählung, längst sind sie vergessen. Nun geht es um abstrakte und ferne Inhalte. Oder? Im Gegenteil, die Argumente sollen ankommen, und das gelingt nur, wenn die Hörer sich jetzt intensiv mit ihnen beschäftigen. Was nützen die besten Frachter, wenn die Häfen fehlen, um die Waren an Land zu bringen? Nur das zählt, was die Hörer am Ende aus den Worten für sich herausnehmen. Dafür müssen die Argumente nicht nur in sich stimmig sein, sondern auch interessant, spannend, herausfordernd und stets geerdet, d. h. dem nahe, womit die Leute sich auch selbst beschäftigen. Hier darf noch einmal an die Mündlichkeit der Rede erinnert werden. Nichts, was verklungen ist, kann man nochmals nachlesen; nichts, wo die Aufmerksamkeit gerade abgelenkt war, kann man kompensieren; nichts Unverstandenes kann man durch Nachfragen klären. Selbst ans Zuhören gewöhnte Hörer wie Studenten oder selbst im Denken geschulte Akademiker benötigen geradezu überdeutliche Gliederungen eines Gedankengangs, eine eher einfache Syntax, vorstellbare, nachvollziehbare Inhalte und eine in behutsamen Schritten sich vollziehende Vorgehensweise. Klarheit, Einfachheit, Anschaulichkeit, darin drückt sich also der Respekt vor dem Hörer aus.

Allein vom Umfang her dauert die *argumentatio* in der Regel ebenso lange wie der gesamte Rest der Predigt. Denn nun geht es ja nicht bloß um Affirmation, die idealerweise in einem Satz geleistet werden kann, sondern um Begründung und Widerlegung, und das verlangt Differenzierung, Abfolge von Gedanken und somit eine gewisse Gründlichkeit und Dauer. Andererseits steckt darin auch ihre größte Gefahr: langatmig oder gar langweilig zu werden, die Hörer abschalten zu lassen und mit den eigenen Gedanken schlicht abzuheben. Das ist wohl der eigentliche Grund für den eben erwähnten Exkurs: Bevor etwas allzu abstrakt wird, schiebt man ein kleines „Schmankerl" ein. Es wirkt so wie ein kurzes Musikstück bei einem Festakt: auflockernd, stimmungshebend und entspannend.

6.1.1.4 Peroratio: „den Sack zubinden"

Literatur: *Josuttis* 201–215 („Über den Predigtschluß"); *Irmgard Männlein-Robert*, Art. „Peroratio", in: HWRh 6, 778–789.

Gut gesagt

Aller Anfang ist schwer. Aber der Schluß wohl nicht minder, denn obwohl alles einmal ein Ende haben muß, tut bekanntlich Scheiden weh. Bisweilen auch blo-

6. DISPOSITIO: Gliederung der Predigt

ßes Ent-Scheiden. Vom schwierigen Anfang nun zum schweren Ende bzw. zur diffizilen Ent-Scheidung zu gelangen erfordert in der Regel die Überwindung bzw. Überbrückung einer gewissen Strecke; und wenn man sich nicht unbedingt hinter dem Unsinn der Redensart verstecken möchte, daß der Weg das Ziel ist, stellt man rasch fest, daß es auch der Mittelteil an Komplexität in sich hat, weil er eben nicht das Ziel ist, sondern erst dorthin führt. Bisweilen kommt es auch vor, daß einer mit der Tür ins Haus fällt und mit dem Anfang schon das Ende vorwegnimmt, sodaß er sich dasselbe ebenso sparen kann wie den Mittelteil. Zumindest unter Gesichtspunkten der Spannung und Dramaturgie.

Brinkmann 145

„Ende gut, alles gut." Der Redeschluss *(peroratio, conclusio* oder Epilog) ist wie ein Schlussverkauf: Er braucht die Erregung, den großen Affekt, und er wirkt durch Kürze *(brevitas).* Die Verknappung intensiviert alles wie von selbst. „Alles muss raus!", das heißt, hier noch einmal alles zu geben, und das gleich in dreifacher Hinsicht[598]:

1. **Zusammenfassung** *(recapitulatio, enumeratio):* Knapp, klar und affirmativ werden noch einmal die Hauptpunkte genannt. Differenzierte, diskutierte und drehte und wendete die *argumentatio* eben noch jeden einzelnen Punkt, so wird er nun sozusagen mit vollen Händen ausgegeben. Diese Punkte müssen zuvor bereits deutlich in Erscheinung getreten sein, sonst verwirren sie nur, und der Hörer meint, er habe Wesentliches verpasst. Entscheidend ist die prägnante Formulierung *(varietas)*, denn auf diese Weise haften sie am besten im Gedächtnis. Bloß die Hauptpunkte wie vom Stichwortzettel vorzulesen, wirkt dagegen pedantisch. Wirkungsvoll dagegen ist es, sie mit einem treffenden Bild oder Vergleich zu veranschaulichen. Bekannt ist etwa der Vergleich der Hauptstücke des Christentums mit einem Haus: „Beim Hausbau legt man zuerst das Fundament, dann zieht man die Wände hoch und deckt es am Ende mit einem Dach ab; dazu braucht man auch einige Werkzeuge. Auch in der Seele soll ein Gebäude des Heils entstehen. Dazu braucht man das Fundament des Glaubens, die Mauern der Hoffnung, das Dach der Liebe sowie Werkzeuge, nämlich die heiligen Sakramente."[599]

2. **Affektive Motivation:** Wie das *exordium,* so ist die *peroratio* vorwiegend affektiv. Das *movere* und das *flectere* kommen nun voll zu ihrem Recht, während das *docere* sich mit der einprägsamen Zusammenfassung begnügen muss.[600] Denn mit dem Redeschluss verabschiedet man sich sozusagen, und nun will man dem anderen das ans Herz legen, was einem selbst am Herzen liegt. *Denn wovon das Herz voll ist, davon spricht der Mund* (Mt 12,34). Wenn überhaupt, dann darf hier Leidenschaft sprechen, die Stimme sich erheben, Erregung spürbar sein. „[...] at hic, si usquam, totos eloquentiae aperire fontes licet. – Und hier, wenn überhaupt jemals, darf man dann alle Quellen der Beredsamkeit öffnen."[601] Leidenschaft, das ist zum einen die Liebe zur eigenen Sache. Nun darf erkennbar

werden, wie sehr man mit Leib und Seele hinter ihr steht. Zum anderen ist es die Ablehnung dessen, was ihr entgegensteht. Zorn und Entrüstung *(indignatio)*, Erregung von Mitgefühl *(conquestio)*, aber auch Ironie und Geringschätzung (einer Sache, nicht von Personen!) haben hier ihren Platz. Christlich gewendet ist dies die eindringliche Aufforderung zu etwas hin oder von etwas weg (die Konkretisierung bzw. „Anwendung" auf das Leben) sowie die Erhebung der Herzen zu Gott (die Vorwegnahme des bald darauf folgenden „Sursum corda" der Präfation), vielleicht sogar in einer Art gebetshaftem Schluss.[602] Dazu kann man die Gemeinde auch unmittelbar ansprechen oder an sie appellieren („Liebe Brüder und Schwestern, beinahe gemütlich sitzen wir hier in unserer schönen Kirche, denn die Heizung funktioniert einwandfrei. Und heute Morgen haben wir vielleicht schon lecker gefrühstückt. Ein prächtiger Sonntag! Wenn da nicht ein paar Milliarden Menschen wären, die von Christus und der Auferstehung noch nie etwas gehört haben. Ein warmes Plätzchen und ein leckeres Frühstück am Sonntag sei auch ihnen gegönnt. Aber eben auch das Licht des Glaubens. Denn ihre Seele soll nicht leer ausgehen. Ob wir dafür nicht jeden Tag ein kleines Gebet sprechen könnten? Uns kostet es nur einen Moment der Aufmerksamkeit – und irgendwo in China gehen vielleicht jemandem die Augen auf"). Auf diese Weise entspricht diese Zweiheit der Gliederung der *argumentatio* in *probatio* und *confutatio*. Gefühl zeigen also, jedoch nicht als Selbstzweck: Die Hörer sollen ja selbst bewegt werden und nicht der Prediger.[603]

3. **Bereitschaft zur Tat:** Die christliche Predigt ist im Letzten immer Umkehrpredigt, Drängen zur *metanoia*, Anerkennung der Herrschaft Christi über das eigene Leben. Ihre Grundspannung ist die zwischen Botschaft und Leben. Darum soll allerspätestens die *peroratio* erkennen lassen, wie das Bedachte im Leben Relevanz erhält und wie man es dort umsetzen kann.[604] Anwendung, Praxis, Lebensnähe also. Hüten muss man sich allerdings davor, hier noch einmal neue Themen anzuschneiden, und sei es auch nur durch kleine Seitenhiebe, Anspielungen oder ein „Ceterum censeo". Die Wendung zur Praxis muss auf der Hand liegen und sich wie von selbst ergeben, andernfalls gehört sie in die eigentliche Auseinandersetzung mit dem Thema, also die *argumentatio*.

Wie die *peroratio* dem *exordium* entspricht, so der letzte Satz dem ersten. Er ist der Satz, der nachklingen wird. Es lohnt darum, an ihm zu feilen und die Predigt nicht mit einem Allerweltssatz zu beenden. Da kann auch einmal der Korken knallen – die Spannung der Rede entlädt sich, und die Hörer halten danach Prickeln pur in Händen. Dagegen mögen die Hörer Predigten nicht, die kein Ende finden oder, schlimmer noch, die wie ein Flugzeug wiederholt zur Landung ansetzen, dann aber wieder hochgezogen werden. Ganz beliebt bei Predigern, aber nicht bei Hörern ist andererseits auch, was physikalisch eigentlich gar nicht möglich ist: Das Flugzeug fällt ohne Vorwarnung einfach aus der Luft, und der Hörer fühlt sich wie ein Regentropfen, der auf dem Asphalt zerschellt. Unverkennbar sollte also mit den letzten vier oder fünf Sätzen das Ende angezeigt und dies dann auch eingehalten werden.[605] Der letzte Satz – sein Charakter, seine Stimmung ebenso wie sein Inhalt – soll eine Art Etikett der ganzen Rede sein. Auf einen Blick soll darauf sichtbar werden, worum es in ihr ging und wie sie dies durchführte. Sinnvollerweise wird man den letzten Satz auf den Stichwortzettel schreiben und bei den letzten Sätzen zielstrebig auf ihn hinsteuern.

Eröffnung – Hauptteil – Schluss, dieses klassische Aufbauschema behält seine Berechtigung. Denn wenn *narratio* und *argumentatio* komplementär sind und nicht selten auch ineinander verschränkt werden, dann machen sie gemeinsam die inhaltliche Auseinandersetzung mit dem Thema als Hauptteil aus. Eröffnung und Schluss dagegen bereiten auf sie vor und geleiten aus ihr hinaus. Der Hauptteil ist eher kognitiv, die Rahmenteile dagegen sind eher affektiv bestimmt. Das Ganze aber soll so fein ineinandergefügt sein, dass man die einzelnen Teile zwar erkennt, aber die Übergänge zwischen ihnen wie von selbst vollzieht und nicht jeweils wie vor einem tiefen Graben steht.

6.1.2 Alternative: Predigt als Lernprozess

Literatur: *Heribert Arens,* Die Predigt als Lernprozess, München 1972 (grundlegende Dissertation); *Brinkmann,* Homiletik 146–148; *Peter Bukowski,* Predigt wahrnehmen. Homiletische Perspektiven, Neukirchen-Vluyn 1990, 26–35; *Dannowski* 142–144; *Rolf Heue/Reinhold Lindner,* Aufbau der Predigt, in: *Arbeitsgemeinschaft Missionarische Dienste* (Hg.), Studienbriefe, P 2, Stuttgart 1975 (Überblick über Aufbaumodelle); *Wollbold* 220–222.

Das Viererschema der Rhetorik für den Redeaufbau ist aus gutem Grund klassisch geworden, denn es ist der Erfahrung abgelauscht. Weil aber das Leben bunt ist, ist auch ein entsprechendes Schema nicht rigoros zu nehmen, sondern es lässt viel Spielraum für Variationen und spezifische Ansätze. Die latente Rhetorikfeindlichkeit der Dialektischen Theologie ließ den Aufbau gerne von der Struktur des auszulegenden Textes her bestimmt sein. Das dramaturgische Predigen neigt zur freien Form, oft auch zum Fragment. Das induktive Vorgehen verändert die Auffassung vom Predigtaufbau grundlegend. „Darüber hinaus läßt Predigt als offenes Kunstwerk nach Predigtweisen und Sprachgestalten fragen, die sich von der üblichen diskursiven Predigt unterscheiden."[606] Eine Zeitlang zu besonderer Prominenz ist dabei das lernpsychologische Schema gelangt.[607] Es ist mehr als ein Gliederungsmuster. Denn inhaltlich versteht es die Predigt als Problemlösen.[608] Das ist nicht ganz unproblematisch, weil in der Regel eben ein Schrifttext oder ein Thema, vielleicht auch eine zu deutende Hörersituation, aber keineswegs immer ein Hörerproblem den Ausgangspunkt bestimmt. Doch umso herausfordernder ist es, sich ihrem Anspruch zu stellen. Ihr zufolge ist das Hören einer Predigt „ein Umlernen bzw. ein Weiterlernen"[609], und so soll die Botschaft als

Lösungsvorschlag für ein echtes Problem der Hörer formuliert werden. „Am Ende soll der Hörer andere Einstellungen haben, mehr wissen, Dinge mit neuen Augen sehen, Sicherheit wiedergefunden haben, kurz: Er soll sich anders verhalten."[610] Was den eigentlichen Predigtaufbau angeht, so lässt er sich leicht mit dem klassischen Redeaufbau parallelisieren.[611]

Klassische Rhetorik	Lernpsychologie
Eröffnung (exordium)	1. Motivierung
Erzählung (narratio)	2. Problem und Problemabgrenzung
Aufteilung (diversio et partitio)	3. Versuch und Irrtum
Begründung (argumentatio)	4. Lösungsvorschlag
Bekräftigung (peroratio/conclusio)	5. Lösungsverstärkung

1. Die *Motivierung* hat hier die Aufgabe, den Hörer dazu zu bringen, sich mit einem bestimmten Problem zu identifizieren: „Ja, das ist etwas, das wollte ich immer schon einmal wissen/das macht mir echt zu schaffen/da weiß ich auch nicht recht, wie ich mich verhalten soll."

2. Daraufhin kann nun das eigentliche *Problem* benannt werden und gleichzeitig eine *Problemabgrenzung* vorgenommen werden: Inwiefern und unter welchem Aspekt will der Prediger auf das (manchmal eher diffus wahrgenommene) Problem der Hörer eingehen?

3. *Versuch und Irrtum* („trial and error") aktiviert die Problemlösungskompetenz der Hörer: Sie selbst oder Menschen in ihrem Umfeld haben bereits Lösungen entwickelt. Doch wie sind diese zu würdigen und zu beurteilen? Was sind ihre Stärken und was ihre Schwächen, so dass sie keine definitive Lösung bieten? Wichtig ist hier, dass der Akzent auf „Versuch" und weniger auf „Irrtum" liegt, denn ansonsten fühlen sich die Hörer mit ihren Bemühungen wie „Klein Dummchen" behandelt. Umso kritischer werden sie auf das reagieren, was nun folgt:

4. Der eigene *Lösungsvorschlag* ist keine Welterlösung, sondern ein möglichst präziser Vorschlag auf das im zweiten Schritt präzise abgegrenzte Problem, also etwa nicht ein Traktat über das Gebet in Geschichte und Gegenwart, sondern ein Vorschlag, wie man mit Trockenheit im Gebet umgehen kann.

5. Die *Lösungsverstärkung* konkretisiert den Vorschlag, am besten durch Anregungen, wie die Hörer ihn selbst ausprobieren können.

Bei der Predigtvorbereitung wird man zunächst das Problem benennen (Teil 2) und daraufhin die eigene Lösung entwickeln (Teil 4). Dann kann man auch nach anderen, real existierenden Lösungsversuchen Ausschau halten (Teil 3). Erst am Ende wird die Predigt gerahmt, also mit Motivation (Teil 1) und Lösungsverstärkung (Teil 5).

6.2 Eins, zwei oder drei – die Mikrostruktur

6.2.1 Ein wenig Mathematik der Rede

Nicht nur das Gesamt der Predigt benötigt eine Struktur, einen Aufbau, eine der Sache gemäße Dynamik. Auch jeder einzelne Abschnitt des Redeaufbaus, ja jeder einzelne Gedanke oder, musikalisch gesprochen, jede Phrase verlangt ihren eigenen Spannungsbogen. Nur dann reiht man nicht Satz an Satz, Gedanke an Gedanken, sondern es kommt zu einer inneren Entwicklung, bei der sich eines aus dem anderen ergibt. Fehlt dieser Spannungsbogen, fällt es den Hörern schwer, bei der Rede mitzugehen, und sie steigen bei der nächsten Gelegenheit aus. Ähnlich wie in der Musik hat der Aufbau von Spannung mit Mathematik zu tun, also mit Zahlenverhältnissen. Und wie die klassische Harmonik diese auf die drei Möglichkeiten von Tonika, Subdominante und Dominante zurückführt, so kennt die klassische Rhetorik die Zurückführung aller Binnenstrukturen einer Rede auf die Zahl Zwei oder die Zahl Drei. Wieso nicht auch die Eins, möchte man fragen. Eine gute Frage, denn faktisch werden viele Reden leider allein auf die Eins gegründet und sind darum rein linear. D. h. man hat eine bestimmte These, und die wird eben zur Sprache gebracht. Hat man mehrere Argumente dafür, so reiht man sie einfach aneinander. „Viel hilft viel", hofft man. Ein solches lineares Vorgehen erkennt man am leichtesten bei narrativen Passagen. Sie reihen bloß Fakt an Fakt: „Und dann ... und dann ... und dann ..." Doch das ist wie Schäfchenzählen – irgendwann schläft dabei selbst der wachste Zuhörer ein. Denn es passiert nichts. Es kommt keinerlei Spannung auf. Spannung aber ist das Geheimnis aller Kommunikation. „Opa, ich hab ein Geheimnis. Das darf ich niemand sagen. Aber dir verrate ich es. Komm, ich flüstere es dir ins Ohr." Was war das Geheimnis des fünfjährigen Enkels? Vielleicht dass Mama Schokoladeneis gekauft hat. Das kommt vor, und an sich würde das Faktum Opa sicher nicht aus dem bequemen Sessel reißen. Aber wenn der Enkel es so ankündigt, wer könnte da so herzlos sein zu erwidern: „Ach was, deine Mama wird mal wieder einkaufen gewesen sein!" Nein, dieser Fünfjährige kann wirklich schon reden; er weiß, wie man's macht. Alltägliches macht er zu Einmaligem, das Eis, das in fünftausend Filialen des Discounters mit Werbung angepriesen wird, macht er zum Geheimnis, und was die ganze Republik mit einem Mausklick wissen könnte, das lässt er nur Opa wissen – ganz leise und so, dass niemand anderes es hören kann. Aus einer einzelnen Mitteilung („Mama hat Schokoeis gekauft") macht der Enkel *die* Spannung („Opa und ich gegen den Rest der Welt") – welcher Großvater würde bei so viel Charme nicht schneller dahinschmelzen als das Eis in der Sonne?

Man sieht: Aus eins mach zwei, das muss schon sein. Auf jeden Fall. Darunter geht es nicht. Die bloße Eins ist tabu. Anders gesagt, die innere Spannung einer Aussage muss erkannt und daraufhin die Rede entwickelt werden. Ein Beispiel: Man möchte den Hörern die Taufe als Begründung der Gotteskindschaft nahebringen. Man kann sich fragen: Was macht diesen Satz interessanter als dass in Shanghai eine Mülltonne umgefallen ist (ist sie nicht, die Chinesen sind Fanatiker der öffentlichen Ordnung)? Vielleicht der Unterschied zwischen einem Leben als Kind Gottes und dem Leben eines vaterlosen Gesellen? Oder der Unterschied zwischen den vielen Versuchen der Menschen, Schutz und Sicherheit zu finden, und der Zusage Gottes: „Ich bin dein Vater"? Daraus lässt sich etwas machen.

Zwei verschiedene Personen, Dinge, Aspekte oder Seiten werden in ihrer Verschiedenheit nebeneinandergestellt. Das gibt beiden Kontur, das klärt, es grenzt ab. Gleichzeitig bezieht man beide aber auch aufeinander. Das ist wichtig für die Zweiergliederung: Sie kann den Gegensatz betonen, aber auch ihre gegenseitige Angewiesenheit.

– *Gegensatz:* Das ist Herakles am Scheideweg, das ist Konkurrenz, das ist *The winner takes it all.* Das gibt es, gerade im Christentum. Das Christentum ist ja zutiefst Alternative: mit Gott oder ohne ihn. *Tertium non datur.* Es gibt also Predigten, da muss man die Spannung ohne Mittelweg aushalten und Farbe bekennen: Da geht's lang! Denn es gibt Wirklichkeiten, die gibt es nur ganz oder gar nicht. Die Liebe etwa: „Ihr könnt nicht bloß auf Probe lieben."[612] „Ich liebe dich, aber ich liebe genauso deine beste Freundin", das geht nicht, und ebenso wenig: „Ich liebe dich heute, aber was morgen ist, wer weiß das schon."
– *Angewiesenheit:* Spannung muss allerdings nicht Gegensatz heißen. Sie kann auch zwei einander ergänzende Pole umfassen (etwa Natur und Gnade), zwei Aspekte einer Wirklichkeit (Gottheit und Menschheit Jesu), zwei Stufen (Taufe und Firmung) oder zwei Voraussetzungen (Glaube und Werke). Bei einer Zweiergliederung stehen beide jedoch noch unverbunden nebeneinander. Nicht ihr Zusammenhang, ihre Synthese oder eben auch Alternative ist das Thema, sondern die beiden Punkte stehen markant nebeneinander. Darum müssen die beiden auch deutlich voneinander verschieden sein, sonst wiederholt man sich nur und baut eine Scheinspannung auf.

Jetzt waren wir aber erst bei der Zwei. Was ist mit der Drei? Damit tut sich dem Redner nun eine echte Alternative auf: Entweder bleibt er bei der Zwei stehen; das hält die Spannung und löst sie nicht auf. Und die Drei? Ihre Leistung ist damit schon mitgesagt. Die Dreiergliederung baut eine Spannung auf *und löst sie wieder*. Vorsicht, damit ist nicht These – Antithese – Synthese gemeint. Dieser dialektische Dreischritt ist durch Hegel berühmt (und nach ihm oft vergröbert) geworden, aber er ist eigentlich recht phantasielos. Das eine negiert keineswegs immer das andere. Dies vorausgesetzt zu haben war die fatalste philosophische Entwicklung des 19. Jahrhunderts. Herr und Knecht hieß dann zwangsläufig Klassenkampf, proletarische Revolution und Vernichtungskampf – das hat der Linkshegelianer Marx schon ganz recht gesehen. Nur dass dieser dialektische Dreischritt mit der Wirklichkeit wenig zu tun hat. Äpfel, Bananen, Obstsalat – das ist eine schmackhafte Synthese, ohne dass es zwischen Äpfeln und Bananen zum blutigen Klassenkampf kommt. Darum denkt man bei der Dreiergliederung besser an die drei Punkte zur Meditation, die seit dem Exerzitienbuch des hl. Ignatius von Loyola populär geworden sind: Ein Betrachtungsstoff, etwa eine Evangelienperikope aus dem Leben Jesu, wird auf drei Punkte aufgeteilt, die man nacheinander meditiert. Haben wir damit nicht wieder die langweilige Aufzählung von mehrerem hintereinander? Nicht, wenn man die Pointe der Dreiergliederung beachtet und den dritten Punkt als Auflösung der Spannung der ersten beiden darstellt. Das ist nun freilich leichter gesagt als getan. Veranschaulichen wir die Aufgabe anhand unseres Beispiels, der Taufe als Begründung der Gotteskindschaft.

Punkt 1: Leben in der „vaterlosen Gesellschaft".
Punkt 2: Leben mit Gott, dem Vater.
Punkt 3: Wie verändert sich das Leben in dieser Gesellschaft, wenn ich es mit Gott, dem Vater, lebe?

Grundsätzlich kann man jede Rede, jeden Redeteil, ja jeden einzelnen Gedanken auf die Zwei oder auf die Drei hin aufbauen. Dem entspricht die Betonung der Spannung oder der Vollständigkeit. So sucht die Zweiergliederung Antithese, Dialektik oder Opposition, die Dreiergliederung dagegen Vermittlung oder Überbietung in einem Dritten.[613]

Was ist mit den Zahlen über drei? Sind nicht auch Vierer-, Fünfer- und noch weitere Gliederungen denkbar? Selbstverständlich! Und doch sind die Zwei und die Drei so elementar, dass man die höheren Zahlen auf sie zurückführen kann. Andernfalls zerfällt die innere Einheit der Punkte, sie werden zu einem bloßen Sammelsurium von Gedanken ohne roten Faden. Wieder das Beispiel der Taufe: Es sollen etwa die einzelnen Zeichenhandlungen der Taufliturgie erläutert werden. Damit die Anwesenden nicht vor lauter Zeichen die Liturgie nicht mehr verstehen, kann man ihnen etwa durch die Zweiergliederung helfen: vorbereitende Zeichen vor dem sakramentalen Übergießen mit Wasser und ausdeutende Riten danach.

6.2.2 Natürliche und künstliche Ordnung

Die Binnenstruktur der Rede ist nicht willkürlich, sondern sachbezogen. Sie soll dem Thema entsprechen und es möglichst vollkommen zum Ausdruck bringen. Damit hängt ein weiterer Aspekt zusammen: der Unterschied zwischen natürlicher und künstlicher Ordnung. Wie bei der Zweier- und Dreiergliederung betrifft er die Struktur der Redeteile ebenso wie die der einzelnen Gedanken. Die natürliche Ordnung *(ordo naturalis*[614]*)* bezeichnet

> „die von Natur gegebene oder durch Gewöhnung als von Natur gegeben angesehene Ordnung. So gilt die den Geboten der *ars* entsprechende Abfolge *exordium*

– *narratio* – *argumentatio* – *peroratio* [...] bei manchen Theoretikern als *ordo naturalis*."[615]

Doch die natürliche Ordnung schließt auch z. B. die richtige zeitliche Reihenfolge bei einer Erzählung ein oder die Steigerung vom Weniger zum Mehr. Sie betrifft nicht nur das Gesamt der Rede, sondern auch ihre Teile, ja einen einzelnen Abschnitt oder bloßen Satz. Dies kann in kurzer Form (Endstellung des starken Gliedes) oder in längerer Form (Anfangsstellung eines starken und Endstellung des stärksten Gliedes, dazwischen schwächere Glieder) geschehen. Ein Beispiel für Ersteres wäre etwa zu Weihnachten: „Da liegt das Kind in der Krippe – ein armseliger Säugling, von Hirten bewundert, von Engeln besungen und gegeben von Gottvater zum Heil der Welt." Ein Beispiel für Zweiteres wäre die Ablehnung der Abtreibung mit verschiedenen Argumenten, die hier nur stichwortartig gegeben sind:
– Abtreibung ist Ausdruck einer „Kultur des Todes" (Johannes Paul II.).
– Sie schafft langfristig seelische Schäden.
– Sie ist ein Grund für die geringe Zahl der Geburten hierzulande.
– Sie lässt adoptionswillige Eltern vergebens hoffen.
– Abtreibung ist Tötung ungeborenen Lebens.

Was entspricht dem Wesen einer Sache im Sinn des *ordo naturalis*? Wie sieht eine naheliegende Beschreibung dieser Sache aus? Bei einer Erzählung ist dies etwa die chronologische Reihenfolge. Man gibt sie entlang ihres zeitlichen Ablaufes wieder: Zuerst ... und dann ... schließlich ... Genauso gut kann man sie auch aus der Sichtweise der Beteiligten wiedergeben: „Für Johannes den Täufer war es ein Tag wie jeder andere ... Für Jesus ging es um etwas Einzigartiges: Aller Welt würde offenbar, dass er der Sohn Gottes ist ..." Bei argumentativen Passagen legt sich die logische Gedankenfolge nahe, damit jeder Gedankenschritt sich als vernünftig erweist. Bei Beschreibungen folgt man etwa der sinnlichen Wahrnehmung, also z. B. von oben nach unten, von außen nach innen, vom Auffälligsten zum Verborgensten.

Diese Art zu ordnen hat den Vorzug der Vertrautheit. Die Menschen kennen sie, sie folgen ihr mühelos, sie sind es so gewohnt. Damit ist aber auch schon die Kehrseite der Medaille genannt: Langeweile, Klischee, Déjà-vu-Effekte, verbrauchte Sichtweisen. Der *ordo naturalis* ist wie die immer gleiche Frisur, seitdem man die Wirren der Pubertät endgültig hinter sich gelassen hat: hohe Wiedererkennbarkeit, aber geringe Auffälligkeit. Kurz: Gruftie-Verdacht. So schaut man sich denn doch gelegentlich nach etwas Neuem, Ungewohntem, An-Stößigem um. Das ist die künstliche Ordnung *(ordo artificialis*[616]*)*. Sie weicht absichtlich von der natürlichen Ordnung ab. Das tut sie nicht aus purer Lust an der Revolution, sondern aufgrund besonderer Gründe und Umstände. Dies gilt besonders bei einem ungünstigen Vertretbarkeitsgrad (s. o. 5.1). Da hat der Red-

6. DISPOSITIO: Gliederung der Predigt 297

ner nur Außenseiterchancen, er beginnt sozusagen bereits mit Torerückstand, und so muss er selber einiges aufbieten, um ihn wettzumachen. Da kommt ihm der neue, ungewohnte Blick, die Verfremdung, auch der Überraschungseffekt bestens zupass. So kann er etwa die Eröffnung wegfallen lassen, kann eine Erzählung unterbrechen oder sie so gliedern, dass sie bereits teilweise seine Interpretation wiedergibt.[617] Die Erzählung kann aber auch von hinten aufgezäumt werden, also von ihrem Ausgang her aufgerollt werden. Die weit aufgerissenen Augen des Bartimäus, die zum ersten Mal die Welt in großen Zügen in sich hineinstürzen lassen, machen neugierig: Was für ein Wunder ist an ihm geschehen? Ja, bei der künstlichen Ordnung schlägt die Stunde der Künstler. Der Kreativität sind keine Grenzen gesetzt – außer der einen, die aber umso unerbittlicher ist: Jede neue Ordnung muss der Sache besser dienen als die natürliche Ordnung. Sonst lenkt es ab, befremdet nur, und der da vorne gilt in Zukunft bloß noch als Spinner.

Denkanstoß

Führen Sie sich die Handlungsführung von Romanen, Erzählungen oder Filmen, die Sie gut kennen, vor Augen. Wo greifen diese auf die natürliche, wo auf die künstliche Ordnung zurück? Warum ist diese Unterscheidung für den Kriminalroman bzw. -film so wichtig?

Kurz und bündig

6.1 Die Gesamtstruktur einer Predigt ist entscheidend für ihre Klarheit und Verständlichkeit. „Goldstandard" dafür ist die klassische Redestruktur mit vier Teilen:
– *exordium* (Eröffnung mit den drei Aufgaben des *attentum, docilem et benevolum parare*);
– *narratio* (Erzählung bzw. Darlegung eines Sachverhaltes);
– *argumentatio* (Durchdringung des Erzählten bzw. Dargelegten mit Gründen und Entkräftung möglicher Einwände);
– *peroratio* (Redeschluss mit Zusammenfassung, Impuls zur Umsetzung und affektiver Motivation).

Ähnlich gliedert auch das lernpsychologische Schema. Es ist allerdings konzentriert auf ein zu lösendes Problem und nicht auf ein auszulegendes Schriftwort oder Thema.

6.2 Die Detailgliederung einzelner Predigtteile kennt zwei hauptsächliche Verfahren:
– die spannungsbildende *Zweier-* und die umfassend-abschließende *Dreierstruktur*;
– die *natürliche*, d.h. sich von der Sache her anbietende Ordnung (z.B. bei Erzählungen die Chronologie oder bei Beschreibungen zunächst das Wesen und dann die Akzidentien) und die *künstliche*, d.h. vom Prediger gegen die Hörgewohnheiten gesetzte Ordnung, die Aufmerksamkeit, Neugier und Auseinandersetzung provoziert.

7. ELOCUTIO: Gedanken sprachlich ausformen

Literatur: *Dannowski; Peter Düsterfeld*, Predigt und Kompetenz, Düsseldorf 1978; *Mildenberger* (Sprache als zentrales Problem der protestantischen Homiletik).

Gut gesagt

Zwischen dem geschriebenen und dem gesprochenen Wort herrscht derselbe Unterschied wie zwischen Leserschaft und Hörerschaft. Jene bildet eine abstrakte Gemeinde, diese eine höchst konkrete und gefährliche Versammlung. Der einsame Leser schützt sich gegen den Autor durch prüfendes Mißtrauen, der Hörer durch lauernde Ungeduld.

Franz Werfel, Zwischen Oben und Unten. Prosa. Tagebücher. Aphorismen. Literarische Nachträge, München-Wien 1975, 41

Rhetorik, für viele ist das „geschwollen daherreden": „Gesichtserker" statt Nase, „Lenz" statt Frühling und „Bleibe" statt Haus. Oder unfreiwillige Komik wie der poetischste aller Vergleiche (in der „Siebenten Scene" von Schillers „Kabale und Liebe"): „Die Limonade ist matt wie deine Seele." Also warum einfach, wenn's auch kompliziert geht? Nun, diese Beispiele waren Gedankenfiguren, nämlich Ironie. Gewiss hätte man stattdessen auch sagen können: Rhetorik ist mit dem Vorurteil der bloßen Verkomplizierung der Sprache ohne nennenswerten Erkenntnisgewinn behaftet. Aber hätte es nicht spätestens bei „nennenswert" die ersten Gähner gegeben?

Das Anliegen der *elocutio* ist der Ausdruck. Das, was jemand sagen will, soll in möglichst wirkungsvollem Gewand erscheinen. Die Sprache als Form des Gedankens also? Das ist längst nicht alles. Die Suche nach der angemessenen Form wirkt auch auf den Gedanken zurück. Heinrich Kleist behauptet in seinem berühmten Text „Über die allmähliche Verfertigung der Gedanken beim Reden"[618] genau dies: Wer um die Sprache ringt, klärt auch sein Denken. Klassisch drückt dies Augustinus anhand des Problems der Zeit aus: „Was ist also ‚Zeit'? Wenn mich niemand danach fragt, weiß ich es; will ich es einem Fragenden erklären, weiß ich es nicht."[619]

Übung

Nicht nur bei philosophischen Grundproblemen wie dem der Zeit macht sich dieses Nicht-erklären-Können bemerkbar, sondern auch bei Alltagsaufgaben. Wie also würden Sie einem Fremden den Weg vom Ort, an dem Sie sich gerade befinden, zum Bahnhof erklären?

Jeder kann reden. Jeder kann darum auch irgendwie seine Gedanken äußern. Aber dieses „irgendwie" ist auch schon das Problem. Denn es ist mit Sicherheit

7. ELOCUTIO: Gedanken sprachlich ausformen

nicht die beste Form, wie die Gedanken bei den anderen auch ankommen. Die Authentizitätsverliebtheit, die wir in 2.2.2.1 als typisch deutschen Feind der Rhetorik kennengelernt haben, spielt uns auch bei der sprachlichen Form einen Streich. Sie suggeriert: Je mehr man redet wie jedermann, umso besser kann der Redner auch kommunizieren. Doch schon die Eltern eines kranken Kleinkindes wissen es besser. „Es tut mir so weh!", stöhnt es. „Ja, wo denn?" „Hier, da, überall. Oh, es tut mir so weh!" Nein, der Wille zur Sprache ist der Wille zur Verständigung und nicht nur zum Ausdruck meiner selbst. Deshalb braucht es an dieser Stelle der Predigtvorbereitung, bei der dritten *pars artis,* nämlich der *elocutio,* eine Grundentscheidung: Bei allem, was ich sage, will ich so lange alternative Formulierungen erkunden, bis ich die beste Form gefunden habe, mich verständlich zu machen. „Polissez et repolissez! – Schleifen und nochmals schleifen!", gab der Theoretiker der Poesie, Nicolas Boileau (1636–1711), den Dichtern mit auf den Weg.[620] Also gerade nicht unnötige Verkomplizierung, sondern Klärung, Durchdringung und Steigerung der Attraktivität. Ein Land der tausend Möglichkeiten tut sich auf. Darum zuerst ein Blick auf die Landkarte: 1. Wohin weisen die großen Himmelsrichtungen? 2. Dann auch die Erkundung des Feldes im Einzelnen: Welche gedanklichen und sprachlichen Mittel gibt es?[621]

7.1 Sprachrichtigkeit, Klarheit und Schönheit

Drei Orientierungen für die Sprachlichkeit einer Rede gibt die Rhetorik: Sprachrichtigkeit *(latinitas),* Klarheit *(perspicuitas)* und Schönheit *(ornatus),* und zwar in einzelnen Wörtern ebenso wie in ganzen Sätzen bzw. Absätzen.

1. **Sprachrichtigkeit:** In einer der baltischen Republiken saß beim sonntäglichen Hochamt über lange Jahre immer eine Sprachlehrerin unter der Kanzel. Wenn ein neuer Kaplan seinen Dienst antrat, kam sie nach dem Gottesdienst in die Sakristei und listete ihm in aller Freundlichkeit seine Dialektausdrücke und grammatischen Fehler auf, die nicht den Regeln der Hochsprache gehorchten. Wer öffentlich spricht, stellt sich also unter den Anspruch der gemeinsamen Sprache, der Sprachrichtigkeit *(latinitas).* Dazu gehört auch der Respekt für ihre Regeln – nicht als später Reflex auf einen allzu gestrengen Deutschlehrer, sondern als Respekt vor den Zuhörern, die beim Zuhören nicht in Rätselraten verfallen sollen. Zugegeben, nirgendwo hat es so viele Auswüchse gegeben wie in der Diktatur des Dudens. In allen Sprachen gab es Phasen steriler Klassizität, in der die Forderung nach Sprachrichtigkeit alles Reden in eine permanente Klassenarbeit verwandelte. Alle Sprachentwicklung, alle Regionalität und jeder persönliche Ausdruck wurden auf sein Millimeterpapier gelegt und kritisiert. Für die christliche Predigt gilt immer noch die befreiende Forderung des Augustinus: „Nicht wie die Gelehrten reden: eher wie die Ungelehrten" – und deshalb um der Verständlichkeit willen

auch einmal einen grammatischen Fehler machen.[622] Und unsere Zeit fällt ohnehin eher in das gegenteilige Extrem, die Vernachlässigung der Sprache. Sie zeigt sich vor allem in einer Unsicherheit der Form: Sprachebenen der mündlichen und der schriftlichen Sprache, eines gehobenen Stils und der Umgangssprache, unglückliche Übernahmen aus anderen Sprachen, insbesondere dem Englischen, und der enorme Einfluss der Sprachverknappung aus den elektronischen Kommunikationsmitteln lassen selbst Akademiker am laufenden Band Fehler produzieren. Dazu kommt in der Predigt die Verquickung zwischen dem liturgischen Ort und seinen Anforderungen an das Sprechen und dem Wunsch, alltagsnahe zu sein. Das bedeutet nun wiederum keine Aufforderung zu Förmlichkeit und Gespreiztheit. Man muss wissen, welche Sprachebene man wählt, und sie dann auch durchhalten: informell oder formell, kolloquial oder feierlich, familiär oder gepflegt. Doch selbst wer die Einfachheit wählt, ist dadurch nicht davon entbunden, genau auf seine Sprache zu achten, also etwa die treffendsten Verben, Nomen und Adjektive zu wählen oder klar strukturiert zu reden.

2. **Klarheit:** „Bei der Sprache kommt alles auf Klarheit an", meinte schon Konfuzius (ca. 551–478 v. Chr.).[623] Ein Feuerwerk lässt nicht die ganze Feuerwerkskiste auf einmal explodieren. Das führt eher zu einem apokalyptischen Inferno als zu verzauberten Bildern am Nachthimmel. Die Kiste explodieren zu lassen, das ist die Versuchung eifriger Prediger. Vielleicht sitzt ihnen ja die Angst im Nacken, dass die nackte Botschaft keinen Hund hinter dem Ofen mehr hervorlocken könne. Jedenfalls muss jeder Halbsatz mit Bildern, Beispielen und Basteleien aus Popkultur, salopper Sprache und gerade gestern erst Erlebtem aufgepeppt werden, als wäre man ein Makler, der eine Bruchbude als Traumvilla anbietet. Darum hier das große Verkehrsschild: Vorfahrt beachten! Vorfahrt nämlich für Verständlichkeit, Klarheit und damit eine schlanke, durchschaubare und nachvollziehbare Gedankenführung: „Sprache ist das Gewand des Gedankens."[624] Die Hörer wissen Phantasie und sprachliche Einfälle sehr wohl zu schätzen, aber es darf nicht auf Kosten der Klarheit gehen. Dies war auch das Echo auf eine ansonsten am besten aufgenommene Predigt in der Heidelberger Rezeptionsstudie (zu Mt 15,21–28, der kanaanäischen Frau), bei der es zu regelrechten Einbrüchen in Aufmerksamkeit und Zustimmung infolge der sprachlichen Gestalt kam: „Die Überfülle von Beispielen, die Dominanz der Fußballwelt und der Versuch, das Ich-bin-Wort Jesu in lockerer Weise zu erläutern, haben die Hörer insgesamt nicht überzeugt […]. Der schnelle Wechsel der Bildwelten hat viele gestört, aber deren Angesprochenwerden insgesamt nicht verhindert."[625]

Andererseits meint Klarheit keine aseptische Sterilität. Ganz im Gegenteil, Aufmerksamkeit und Hörbereitschaft wachsen spürbar, wenn Konkretes anstelle von Klischees, Persönliches anstelle von Allgemeinem und sprachlich Ansprechendes anstelle von Worthülsen geboten wird. So waren bei einer an sich recht ablehnend beurteilten Predigt in der Heidelberger Studie drei deut-

7. ELOCUTIO: Gedanken sprachlich ausformen

liche Ausschläge der Hörergunst nach oben zu verzeichnen. Diese Höhepunkte zeichneten sich

> „vor allem durch sprachliche Stärken und Nähe zu den Hörern aus. Die kleine Sequenz über ‚sehenswerte Kirchenfenster' war als eigene Urlaubserfahrung gekennzeichnet und wurde als Szene so anschaulich beschrieben, dass die Hörer zu folgen bereit waren. Dem entspricht auch die Fortsetzung (‚Kraft alter Worte'): Sie ist konkret, meist als Ich-Rede gestaltet und nennt existentielle Situationen, in denen biblische Worte Lebenshilfe leisten. [...] Durch die Kombination der beiden Aspekte – Plausibilität bei den Hörern und sprachlich korrekte Gestaltung – gelingt hier die Kommunikation und wird nicht bloß als allgemein richtige Aussage gehört."[626]

Gut gesagt

> Language is not an abstract construction of the learned, or of dictionary makers, but it is something arising out of the work, needs, ties, joys, affections, tastes, of long generations of humanity, and has its bases broad and low, close to the ground. – Sprache ist kein abstraktes Produkt der Gebildeten, der Verfasser von Wörterbüchern, sondern sie ist etwas, das aus der Arbeit, den Bedürfnissen, den Bindungen, den Freuden, den Zuneigungen, den Geschmäckern von vielen Generationen von Menschen entstanden ist, und ihre Fundamente sind ausgedehnt und tiefliegend, nahe am Boden.
>
> *Walt Whitman,* Slang in America, in: The North American Review 141 (1885) 431–435, hier 432

Die Lebendigkeit – die Antike sprach vom Kampf gegen die Langeweile, das *taedium* – wird auch heute von Hörern als ein selbstverständliches Muss jeder Predigt angesehen. So sprach ein Teilnehmer an der Heidelberger Predigtrezeptionsstudie aus, was viele denken: „... ne gute Predigt ist auch, wenn die Gemeinde nicht einschläft dabei."[627] Einen Vorbehalt gibt es dabei freilich. Spontane, frische, zupackende Prediger leisten sich leichter auch einmal die berühmten sprachlichen Entgleisungen. D. h. es kommt bei zumindest einzelnen Hörern etwas anderes an als das, was sie beabsichtigt haben. Fachlich gesprochen, konnotieren sie mit einzelnen Worten und Wendungen etwas anderes als der Redner, und diese Konnotationen sind dann affektiv deutlich anders besetzt als bei ihm. Peter Bukowski hat dieses sprachliche Unglück in die Spannung von „Miranda" und „Antimiranda" gefasst: „Als Miranda bezeichnet man positiv empfundene, als Antimiranda negativ empfundene Reizwörter."[628] Von der Kanzel heißt es etwa: „Bei Gott spielt Leistung keine Rolle!", bei den Hörern dagegen kommt dies an als „Nivellierung eines ihnen wichtigen Wertes"[629].

3. **Schönheit:** Hier geht es nicht um Effekthascherei, beileibe nicht. Auch nicht darum, den verhinderten Poeten zu spielen. Erst recht nicht ums „Warum einfach reden, wenn's auch kompliziert geht?" Die gesprochene Rede liebt grundsätzlich

die einfache, schnörkellose, verbale Aussage in kurzen Sätzen und verständlichem Vokabular. Darum kein Theologenchinesisch, keine Bandwurmsätze, kein Nominalstil, kein Reden um den heißen Brei herum und niemals gestelzt, geziert oder affektiert reden. Grundsätzlich nickt da jeder zustimmend, aber gerade die Selbstverständlichkeiten sind alles andere als selbstverständlich. Auch das kleine Einmaleins behält man nur durch Üben, sonst muss man in der Bäckerei den Preis des Zweipfünderbrotes erfragen, wenn der Kilopreis angegeben ist.

Übung

Theologen sind süchtig nach Abstrakta. Am meisten dürsten sie nach ihnen, wo es am konkretesten wird, bei der Gestalt Jesu und bei allem, was an ihm einmalig ist: Zeugung, Geburt, Botschaft, Wunder und natürlich Auferstehung. Übersetzen Sie die folgenden Sätze zurück in eine anschauliche Sprache mit möglichst gefüllten Verben:
– „Das Mythem der Jungfrauengeburt verbürgt der Gemeinde die Je-Anfänglichkeit ihres Gottesverhältnisses."
– „Betlehem steht für die davidische Königshoffung in kritischer Kontinuität zu eschatologischen Vorstellungen des Frühjudentums."
– „Die Reich-Gottes-Botschaft Jesu formuliert in eschatologischen Denkmustern den unbedingten Herrschaftsanspruch der bedingungslosen Liebe Gottes."
– „Der Seewandel Jesu drückt proleptisch und in narrativer Form den Auferstehungsglauben der Jünger aus."
– „Die österliche Bekenntnisformel ‚der Jesus von den Toten auferweckt hat' ist strikt theologisch als Gottesprädikat zu verstehen."

Normalerweise geht beim Übersetzen immer etwas vom Sinn der Aussage verloren. Bei der Übersetzung in anschauliche Sprache geschieht aber meistens das Gegenteil: Sinn und Bedeutung der Sätze werden wiedergewonnen. Der konkreten Sprache gelingt es, die Trennung von Geschehen und Bedeutung rückgängig zu machen, unter der biblische Theologie manchmal leidet: Das Geschehen wird für unwichtig erklärt, z. B. was in der Stunde Mariens von Nazaret oder am Ostermorgen am Grab geschehen ist, weil es in abstrakte allgemeingültige Aussagen überführt wird. An dieser Stelle zeigt sich auch, dass die Predigtarbeit in dem Maß echte theologische Arbeit ist, wie sie sich der Konkretheit der Offenbarung stellt. Entmythologisierung zeigt sich hier auch als ein Problem der sprachlichen Hochrüstung.

7.2 Die Mittel der Rede: Tropen, Sprach- und Gedankenfiguren

Die Sprache der Rede ist ein schier unendliches Feld. Um angesichts ihrer unbegrenzten Möglichkeiten nicht von vornherein zu verzagen, bietet sich eine Unterscheidung an. Wie ein Kirchenmusiker auf jeden Fall Lieder zuverlässig begleiten, aber nicht auf jeden Fall Léon Boëllmanns „Suite gothique" oder Olivier Messiaens „Nativité du Seigneur" zum Vortrag bringen muss, so darf man von jedem Prediger den zuverlässigen sprachlichen Ausdruck seiner Gedanken verlangen. Ob er darüber hinaus mit Worten zu zaubern versteht, das darf sein, muss es aber nicht. Erste Stufe also: homiletische „Liedbegleitung". Was der Organist dabei im vierstimmigen Satz vollbringt, sind für den Prediger vier Forderungen sprachlicher Stimmigkeit.

1. **Verkürzen und verdichten:**
– Die Verkürzung beginnt beim *Satzbau*. Der Hörer liest kein Manuskript, und er besitzt normalerweise auch nicht die luchsäugige Aufmerksamkeit eines Staatsanwalts beim Kreuzverhör, dem nicht die kleinste Kleinigkeit entgeht. Darum spricht man in knappen Sätzen mit möglichst wenigen Nebensätzen.
– Verkürzt werden sollen aber auch die *Gedanken* selbst. Oft brechen sie unter den vielen Assoziationen, Nebengedanken und „Was mir auch noch auf den Nägeln brennt"-Ideen schier zusammen. Jeder Gedanke ist also wie von einem Steinmetz zu bearbeiten, bis die angezielte Form millimetergenau herausgearbeitet ist. Dazu braucht es zuerst fürs Grobe den Meißel und am Ende das Sandpapier für den Feinschliff.
– Die Verdichtung *verhindert Redundanz,* d. h. dasselbe wieder und wieder zu sagen, ohne dass man dabei Einsicht hinzugewinnt.
– Beinahe jedes *Wort* besitzt Synonyme und jede Wendung Alternativen. Was einem als erstes Bestes in den Sinn kommt, ist oft nicht einmal die zweitbeste Lösung. Auch ohne Synonymwörterbuch stößt man rasch auf eine Reihe von Möglichkeiten, die das Gemeinte vielleicht genauer, treffender oder einfach nur witziger und einprägsamer wiedergeben. Am schlimmsten ist es bei Allerweltsausdrücken wie „sagen" und „machen", wie „Mensch" oder „Gesellschaft". Als ob kein himmelweiter Unterschied zwischen „behaupten", „zuflüstern", „raunen" und „anschreien" wäre, als wenn man nicht auch einmal von der „Menschheitsfamilie", der „Völkergemeinschaft" oder der „Krone der Schöpfung" reden könnte.
– Was ist mit *Fremdwörtern und Fachbegriffen*? Nicht wenige Ausdrücke sind längst allgemeinsprachlich geworden und unverzichtbar. Hier wird man nur überprüfen, ob sie sich dabei nicht auch längst abgeschliffen haben und zu Schlagworten oder bloßem Wortgetöse geworden sind. Was der Welt der Politik „Solidarität", „Globalisierung" und „Dialog" sind, sind Kirchenleuten „Partizipation", „Prozess" und „Toleranz". Solche Worte gehören in ein sicheres Endlager und nicht auf die Kanzel!

Nennen wir nach der Verkürzung auch einige Postulate der Verdichtung:
– *Mehr Anschauung, weniger Abstraktion:* Statt „Prozess der Erneuerung" sprechen wir von dem, was wir uns in ihm erhoffen: Bekehrung, Gebet, tätige Nächstenliebe und geistliches Leben.

- *Mehr Verben, weniger Substantive:* Etwa statt „Übertragung in den Alltag" dies: „Stürzen wir uns jetzt einmal ins volle Menschenleben!" Und die Adjektive? Sie sollen so selten sein wie das Pfefferkorn im Essen. Es darf nicht in jedem Bissen enthalten sein, aber wenn man einmal darauf beißt, verändert es den Geschmack kolossal.
- *Mehr treffende Worte, weniger Klischees und Floskeln*[630]*:* Statt beim Aufruf zu einer Sonderkollekte zu sagen: „Setzen wir ein großzügiges Zeichen der Solidarität!", könnte man auch ausrufen: „Liebe Leute, die Not dort ist so groß, da wollen wir heute einmal nicht den Klingelbeutel herumgehen lassen, sondern den Raschelbeutel."

2. **Verlangsamen und vermehren:** Die zweite Stimme ist kontrapunktisch zur ersten. Was man auf der einen Seite an Ballast abgeworfen hat, das gibt nun die Freiheit zum Verweilen, zum Auskosten und zum Vertiefen. „Heute ist euch der Retter geboren", verkünden die Engel den Hirten auf den Feldern. Am Prediger ist es, aus diesem Satz eine ganze Reihe von Sätzen zu machen. Sie sollen den einen Satz nicht verdrängen oder vergessen machen, sondern ihn nach allen Seiten hin ausloten. Vor allem bei Kernaussagen, beim Aufbau einer Stimmung oder bei anspruchsvollen Passagen kann man sich nicht mit wenigen Sätzen begnügen. Der Hörer muss Zeit haben, die Dinge nachzuvollziehen und nach und nach eigenständig zu begreifen oder affektiv darauf einzugehen. Das leistet die *amplificatio*, also die Ausweitung. Ist das Verkürzen und Verdichten wie ein kanalisierter Strom, so bildet das Verlangsamen und Vermehren seine Polderbecken, in denen er gezielt über die Ufer treten kann; dadurch wird er davor bewahrt, sich in einen reißenden Sturzbach zu verwandeln, der alles brutal niederreißt.

3. **Verdeutlichen und veranschaulichen:** „Mehr als Worte sagt ein Lied", heißt es ... natürlich im Lied. Für die Rede gilt abgewandelt: „Mehr als Worte sagt ein Bild." Denken wir an die Propheten, die Meister des dichten Zeichens. Etwa ein Johannes der Täufer: Der Messias steht auf der Tenne, die Schaufel in der Hand (vgl. Mt 3,12). Oder die prophetische Offenbarung des Johannes: eine Frau, bekleidet mit der Sonne, den Mond unter ihren Füßen und einen Kranz von Sternen um das Haupt (vgl. Offb 12,1). Dann natürlich der Meister-Gleichniserzähler Jesus, dem selbst ein Nietzsche (theologisch allerdings eher fragwürdig) attestieren musste:

> „Wenn ich irgend etwas von diesem großen Symbolisten verstehe, so ist es das, daß er nur innere Realitäten als Realitäten, als ‚Wahrheiten' nahm, – daß er den Rest, alles Natürliche, Zeitliche, Räumliche, Historische nur als Zeichen, als Gelegenheit zu Gleichnissen verstand."[631]

Was hilft beim Verdeutlichen und Veranschaulichen?
- *Konkretisieren:* „Jesus hat uns alle lieb", das taugt nicht einmal als Song im Kindergottesdienst. Aber: „Jesus schaut in jedes Herz, in das des Angebers mit

dem 7er BMW, in das des Depressiven auf der Autobahnbrücke, in das des Selbstmordattentäters – und er spricht zu ihnen allen: Ich bin euer Bruder."
- *Verflüssigen:* Die Qualität eines Autos zeigt sich nicht auf dem Parkplatz, sondern bei der Probefahrt. Den Praxistest müssen auch die Ideen und Begriffe bestehen: Wie bewähren sie sich unter bestimmten Umständen? Was helfen sie, um bestimmte Probleme zu bewältigen? D. h. man darf nicht bloß behaupten, sondern soll erzählen, wie Leben geht, wenn man das Gesagte beherzigt.

Übung

Sammeln Sie zu einem Wort (z. B. „Weinstock") alles, was Ihnen einfällt: Verben, Adjektive, Sprichwörter, Bilder, Lieder, Synonyme, Antonyme ... Wählen Sie danach ein einziges der Fundstücke aus. Entwickeln Sie daraus einen roten Faden für eine Dreiminutenpredigt.

7.2.1 Tropen und Wortfiguren

Literatur: Duden 114–124 (allgemeinverständlicher Überblick).

Die erste Stufe, die homiletische „Liedbegleitung", haben wir erklommen. Doch die *gradus ad Parnassum* (Stufen zum Parnass) führen weiter. Für die Rede bieten sich tausendfältige Variationen in Tropen und Wortfiguren an. Jetzt wird's kompliziert, so dürfte die erste Reaktion auf diese beiden Begriffe ausfallen. Vielleicht stellt man sich dabei auch Wissenschaft als eine Ansammlung von Fremdwörtern vor, die nur dazu geschaffen sind, dass die Experten unter sich bleiben können. Nun, Tropen (von griech. τρόπος/*tropos:* Veränderung) ersetzen einzelne Worte, Figuren (von lat. *figura:* Gestaltung) ändern sie auf andere Art und Weise oder gestalten die dahinterstehenden Vorstellungen (Gedankenfiguren in 7.2.2). Das entscheidende Stichwort ist „ändern": Bewusst weicht man vom üblichen Sprachgebrauch ab. Sprachwissenschaftlich bilden Tropen und Figuren also jeweils eine „deviante Spracheinheit", d. h. eine „Abänderung gegenüber der üblichen Linearität (Kombinatorik) der Sprachzeichenfolge. Letztere soll als *degré zéro* durch die primärsprachliche (z. B. standardsprachliche, alltagssprachliche) Norm einer Grammatik vorgegeben sein."[632] Großartig, aber wie war das mit den Elfenbeintürmen der Wissenschaftler? Für gewöhnliche Sterbliche also: Es gibt Gedanken und Formulierungen, die jemandem spontan („linear") kommen, also keine besondere Aufmerksamkeit erfordern wie etwa beim Gruß „Guten Tag" (oder im Bayerischen „Grüß Gott!"). Wer aber dem Gruß eine besondere Bedeutung geben möchte, also etwa seiner besonderen Wiedersehensfreude Ausdruck verleihen will, könnte sagen: „Oh, welcher Glanz in meiner Hütte!" Solche Abweichungen von der Linearität sind in vierfacher Form möglich:

- *Substitution* (Ersetzung von Worten): Das sind die genannten Tropen, die an die Stelle eines gebräuchlichen Wortes ein anderes setzen.

Bei den weiteren drei Formen handelt es sich um „Figuren":

- *Addition* (Hinzufügung bzw. Vermehrung von Worten oder Gedanken): Sie verleiht Bedeutung, umkreist einen Sachverhalt, hebt ihn hervor und lässt einzelne Aspekte besonders hervortreten.
- *Subtraktion* (Weglassung eigentlich notwendiger oder zumindest üblicher Worte oder Gedanken): Sie konzentriert, dramatisiert dadurch auch oft, spielt gleichzeitig den Hörern aber auch den Ball zu, durch die eigene Phantasie zu ergänzen, was das Wort nicht ausdrückt. Das Streichen kann bis zum radikalen Punkt gelangen: „Der Rest ist Schweigen." Dieses Schweigen kann ein äußerst beredtes Schweigen sein. Die Theologie hat die negative Theologie entwickelt, nach der man von Gott keine positiven Wesensaussagen machen kann. So kann die Subtraktion in geistlicher Rede auch aus ehrfürchtigem Schweigen heraus erwachsen.[633]
- *Permutation* (Verwandlung von Worten oder Gedanken): Sie lässt am deutlichsten aufmerken und befreit den Sinn des Gesagten aus seiner scheinbaren Selbstverständlichkeit.

1. **Tropen,** also Ersetzung von gängigen, vielleicht abgegriffenen Worten durch ausgesuchte, genauere oder auch überraschende, provokative, fordern zur Kreativität bei der Wortwahl auf. Natürlich kommt einem in der Regel erst einmal ein bestimmter Ausdruck, eben der gewohnte, übliche, naheliegendste, aber dadurch leicht auch abgegriffene. Das, worin ich wohne, heißt dann eben Haus. Nichts dagegen. Aber auch nicht viel dafür. Schon „Heim", „Zuhause", „Nest", „eigene vier Wände", „Bude" oder auch „Mietskaserne", „Plattenbau" und „Villa" als Synonyme weisen deutlich einen Mehrwert an Bedeutung, Klarheit oder auch Anspielung und Atmosphäre auf. Tropen ersetzen also ein Wort durch ein anderes.[634] Insbesondere sinntragende Schlüsselworte darf man von allen Seiten beleuchten und sich fragen: Wie könnte ich das Gemeinte noch genauer, ansprechender, bedeutungsvoller oder einfach nur interessanter ausdrücken? Die Varianten sind ohne Zahl, also etwa auch gezielt eingesetzte Dialektwörter („Schmarr'n", gerne auch einmal ein bisschen verrückt etwa als Kombination aus Plattdeutsch und Bayerisch: „naarscher Schmarr'n"), antiquierte Wörter („Minne", „Oheim" oder „kalfatern", aber auch gerade noch verständliche Begriffe wie „Fersengeld" und „Fisimatenten"), Anleihen aus anderen Sprachen (eingebürgert wie „dolcefarniente" oder im Deutschen ungewöhnlich wie der italienische Ausruf „macchè!" für „Ach was!"), Neubildungen („Traufe" = Trauung und Taufe, so wie „Brunch" = Breakfast and Lunch) und schicht- oder jugendspezifische Wörter (Vorsicht vor Anbiederung: „chillen" oder „vorglühen" in der Predigt sind mega-out!). All das braucht natürlich Fingerspitzengefühl und ist kein Selbstzweck. Das etwas andere Wort ist aber auf jeden Fall keine bloße Vor-

7. ELOCUTIO: Gedanken sprachlich ausformen

übung fürs Kreuzworträtsel. Wie viel Unheil wäre vermieden worden, hätte man nicht pauschal gesagt: „*Die Juden* haben Jesus ans Kreuz gebracht", sondern vom „Synedrion", von „führenden Schichten in Jerusalem" oder auch von einer „aufgeheizten Menge" gesprochen. Sofort hätte jeder Zuhörer verstanden: „Das sind ja wir! So geht es unter uns Menschen zu. Da können wir nicht mehr mit dem Finger auf die Juden zeigen."

Synonyme sind nur der Anfang.[635] Unter den Tropen gibt es daneben noch eine ganze Reihe von Möglichkeiten, mit Worten besondere Signale zu setzen. Die „Königin der Tropen" ist zumindest für Theologinnen und Theologen zweifellos die Metapher, d. h. ein Wort oder Satz, die etwas anderes durch Bildähnlichkeit konnotieren, also etwa: *Ich bin das Brot des Lebens* (Joh 6,35). Denn das Göttliche ist unsagbar und muss darum letztlich immer in Bildern und Gleichnissen angenähert werden. Papst Franziskus ermutigt darum dazu, in Bildern zu sprechen:

> „Eine der nötigsten Anstrengungen ist zu lernen, in der Predigt Bilder zu verwenden, das heißt, in Bildern zu sprechen. Manchmal gebraucht man Beispiele, um etwas, das man erklären will, verständlicher zu machen, aber oft zielen diese Beispiele allein auf die Vernunft. Die Bilder hingegen helfen, die Botschaft, die man überbringen will, zu schätzen und anzunehmen. Ein anziehendes Bild lässt die Botschaft als etwas empfinden, das vertraut, nahe, möglich ist und mit dem eigenen Leben in Verbindung gebracht wird. Ein gelungenes Bild kann dazu führen, dass die Botschaft, die man vermitteln will, ausgekostet wird; es weckt einen Wunsch und motiviert den Willen im Sinne des Evangeliums. Eine gute Homilie muss, wie mir ein alter Lehrer sagte, ‚eine Idee, ein Gefühl und ein Bild' enthalten."[636]

Die übrigen Tropen sind ein wenig Geschmackssache, weil in unserer nüchternen, schonungslose Direktheit liebenden Sprachkultur weniger gebräuchlich. Das heißt nicht, dass sie deshalb in den Giftschrank gehören – „Giftschrank" war jetzt schon eine solche Trope, nämlich eine Metonymie, d.h. die Ersetzung mit etwas, das in einer realen Beziehung zum Gemeinten steht (z. B. „Die *Kanzel* war seine Heimat" im Nachruf für einen leidenschaftlichen Prediger).[637] Man wird solche Tropen eher dosiert und sehr gezielt einsetzen, weil sie gerade durch ihre Ungebräuchlichkeit mit Sicherheit Aufmerksamkeit erregen. Nennen wir weitere Tropen mit Begriff und Beispiel:
- *Synekdoche/pars pro toto* (ein Teil steht für das Ganze, eine Gattung für die Art oder die Einzahl für die Mehrzahl): „O *Haupt* voll Blut und Wunden!" (für Jesus, den Mann der Schmerzen).
- *Emphase* (aus dem Kontext sich ergebende spezifischere oder generellere Bedeutung eines Wortes als seine übliche): „Das muss man *erlebt* haben" (im Sinn von „durchlitten").
- *Periphrase* (in mehreren Worten etwas sagen, was mit einem zu sagen vermieden werden soll): „das Land, wo Milch und Honig fließen".

- *Antonomasie* (Ersatz für einen Eigennamen): „*Der, der ihn verriet,* gab ihnen ein Zeichen" (Mt 26,48); „der Jünger, *den Jesus liebte*" (Joh 19,26).
- *Hyperbel* (extreme Überbietung des eigentlichen Wortes, so dass es, wörtlich genommen, unglaubwürdig oder unmöglich wäre): „das Herz aus *Stein*", „das *Unmögliche* tun".
- *Litotes* (emphatische Bekräftigung durch Verneinung des Gegenteils): „Mir ist *nicht unbekannt*"; „Bis Himmel und Erde vergehen, wird auch *nicht der kleinste Buchstabe des Gesetzes vergehen*" (Mt 5,18).
- *Ironie* (Worte, die im Kontext das Gegenteil besagen): „Laurentius erduldete das Feuer, und *wir Heiligen* beklagen uns schon, wenn die Innenräume nicht perfekt klimatisiert sind."

2. Und dann sind da die **Figuren**, wie sie beinahe poetisch heißen, und unwillkürlich tauchen die Sprünge und Pirouetten der Eiskunstläufer als Vergleich auf. Manche dieser Figuren kommen einem so selbstverständlich, dass man gar nicht erst lange nach ihnen suchen muss. Andere sind den heutigen Sprachgewohnheiten weithin abhandengekommen oder sie wirken zumindest in einer Vertrautheit und Unmittelbarkeit anzielenden Rede wie der Predigt leicht gekünstelt und affektiert und bleiben ein Fremdkörper. Das ist der Grund, warum an dieser Stelle nicht alle in der Rhetorik und Literaturwissenschaft aufgezählten Figuren im Einzelnen vorgestellt werden sollen – wer will, kann diese leicht mithilfe von Handbüchern und Einführungen kennenlernen, ganz zu schweigen von im Internet zugänglichen Überblicken.[638]

An dieser Stelle genügt ein Hinweis auf diese Möglichkeiten der Sprache. Dabei wählen wir einige wenige Figuren aus, die auch in der einfachen Predigt leicht zu gebrauchen sind. Wenn wir eben von der Wechselwirkung von Sprache und Gedanken sprachen, so begreifen wir nun die große Unterscheidung der sprachlichen Möglichkeiten in Wort-(bzw. Sprach-)Figuren und Gedankenfiguren. Erstere sind besondere Gestaltungen der Formulierung, Zweitere des dahinterstehenden Denkens. Gehen wir beide nacheinander durch und prüfen sie auf ihre homiletische Verwendbarkeit. Was also wären Wort-(bzw. Sprach-)Figuren, die für die Predigt gut geeignet sind?

a) **Addition:** Grundsätzlich kann man dabei entweder Worte einfach wiederholen oder verschiedene Worte oder Wortgruppen häufen. Wortwiederholungen intensivieren, also etwa beim Ausruf des Fußballreporters: „Tor! Tor! Tor!" Eine Predigt, die nicht nur kühl-distanziert informiert, sondern auch bewegt, wird darauf gerne zurückgreifen. Wortwiederholungen können am Anfang *(Anapher)* oder am Ende eines Satzes *(Epipher)* geschehen – das ist zur Meisterschaft gebracht in den Litaneien („O Maria, …"; „Du … Herz Jesu") –, also z. B.: „Asche, das ist das Ende. Asche, das ist das, was bleibt. Asche – kein Feuer mehr, keine Wärme, kein Leben. Asche zu Asche, Staub zu Staub. Das ist der Mensch: ein Atemzug zwischen Nichts und Asche. Dieser Asche aber ruft der Herr zu:

7. ELOCUTIO: Gedanken sprachlich ausformen

Steh auf, Mensch, und erhebe dich wieder aus der Asche!" – So weit die Wortwiederholungen. Was ist nun mit den Worthäufungen?
- Häufung geschieht wohl meistens durch eine *Aufzählung*. Sie verleiht einem auf den ersten Blick schwer durchschaubaren Sachverhalt Struktur, Klarheit und damit Sinn („Weihnachten, Ostern und Pfingsten, das sind die drei großen Feste des Kirchenjahres – das Fest des Vaters, des Sohnes und des Heiligen Geistes"). Regelmäßig wird sie vor allem da auftauchen, wo die Gliederung der Rede angegeben wird (also etwa zu Beginn der *narratio* oder zur Strukturierung zu Beginn der *argumentatio*), ebenso auch in der Zusammenfassung bei der *peroratio*.
- Beliebt ist auch die Häufung durch ein *Epitheton*, also die Hinzufügung eines nicht notwendigen Attributes, etwa „die allerseligste Jungfrau Maria", bis dazu hin, dass ein bekanntes Attribut auch für sich stehen kann („die Allerseligste"). Noch öfter wird man Attribute gebrauchen, um etwas affektiv zu kennzeichnen („der grausame Mord", „das selige Ende").
- Häufungen können aber auch dasselbe in mehreren Wendungen umschreiben, so insbesondere im *Pleonasmus* („die Auferstehung zum Leben") und im *Hendiadyoin* („all seine Gaben und Talente"). Das gibt ihnen Bedeutung und Wichtigkeit (das war jetzt selbst wieder ein Hendiadyoin).

b) **Subtraktion:** Gebräuchlich beim Predigen dürfte nur die *Ellipse* sein, d. h. die Weglassung eines grammatikalischen Satzgliedes, in der Regel des Verbs: „Der ewige Sohn Gottes ein kleines Kind in der Krippe – welches Wunder!"

c) **Permutation:** Sätze lassen sich rhythmisieren durch *Parallelismus* (Gleichordnung) und *Chiasmus* (Über-Kreuz-Ordnung), also etwa: „Die Hirten hörten den Gesang der Engel, sie sahen das Kind, sie brachten ihre Gaben dar", und parallel und chiastisch zugleich: „Hier das Dunkel der Felder von Betlehem, dort an der Krippe im Stall das Licht."

Wortfiguren sind empfindlich wie Meißener Porzellan. Sie müssen zu einem selbst, zum eigenen Sprachstil ebenso wie zum Anlass und dem gesamten Duktus einer Predigt passen. Am besten wird man darum spielerische Leichtigkeit und Lust am Probieren bei der Konzeption der Predigt entwickeln, dann aber doch im lauten Aussprechen prüfen, was geht und was nicht.

7.2.2 Gedankenfiguren

Gedanken-(oder Sinn-)Figuren verändern nicht die Worte selbst, sondern die dahinterstehenden Gedanken. Sprachlich kann sich eine solche Figur dann recht unterschiedlich ausdrücken, auch wenn sich dabei oft bereits bestimmte Sprechgewohnheiten herausgebildet haben. Greifen wir unter den vielen Möglichkeiten sechs der am meisten verbreiteten heraus:

- *Epimone* (Gedankenwiederholung) und *Tautologie* sind keineswegs immer stilistische Schwächen, sondern gerade in der mündlichen Kommunikation unerlässlich. Man sagt dasselbe mit anderen Worten, um den Hörern Zeit zu lassen, es zu begreifen, damit umzugehen und dazu eine Beziehung aufzubauen – gerade bei hohen theologischen Wirklichkeiten eine *conditio sine qua non*: „Gottes Sohn ist Mensch geworden; der Unsichtbare lässt sich berühren, begreifen, bestaunen; der Herr des Kosmos ist ein kleines Bündel Mensch, *in Windeln gewickelt und in einer Krippe liegend*."
- Die *Antithese* ist der Theologen liebstes Kind – jedenfalls hat man oft den Eindruck. Da wird die Undurchschaubarkeit der Wirklichkeit auf letzte Gegensätze zurückgeführt. Das eben angeführte Beispiel einer Tautologie („Gottes Sohn ist Mensch geworden ...") verwendet gleichzeitig auch die Antithese Gott – Mensch und spielt sie durch.
- Kaum weniger lieb ist dem Theologen der *Vergleich* oder narrativ das *Gleichnis*. Beides erschließt etwas durch eine vertraute Analogie aus einem anderen Bereich.[639] Die direkte Verwandtschaft zur Metapher, die ohne ein vergleichendes „Wie" auskommt, ist unverkennbar.
- Schon das Neue Testament kennt kurze, katechismusartige Bekenntnissätze. Eine auf das Bekenntnis gegründete Religion wie das Christentum kommt nicht umhin, immer wieder Komplexes in einfache Leitsätze (*Gnome* bzw. *Sentenz*) zu verdichten. Dabei handelt es sich um die eigentlichen Bekenntnisaussagen – am bekanntesten die zwölf Artikel des Apostolischen Glaubensbekenntnisses – oder auch christliche Lebensweisheiten (*Wovon das Herz voll ist, davon spricht der Mund* [Mt 12,34]; *Wer das Leben gewinnen will, wird es verlieren; wer aber das Leben um meinetwillen verliert, wird es gewinnen* [Mt 10,39]). In der Predigt wird man oft einen Gedankengang durch solche Sentenzen eröffnen, beschließen oder ihn zwischendrin raffen. Gerade wenn sie der Gemeinde vertraut sind, tragen sie auch dazu bei, sich des gemeinsamen Grundes zu versichern.
- Nicht ganz unproblematisch ist die *rhetorische Frage*. Sie fragt, wo die Antwort schon klar ist – oder zumindest sein müsste, und genau da liegt das Problem. Ein Prediger mag hier Scheinselbstverständlichkeiten aufbauen, die von seinen Hörerinnen und Hörern nicht geteilt werden, etwa in der Frage: „Wozu sonst leben wir denn, als um in den Himmel zu kommen?" In diesem Fall werden manche umso heftiger rebellieren, müssen sie doch den Eindruck gewinnen, durch die rhetorische Frage mit ihren echten Fragen nicht ernst genommen, ja mundtot gemacht zu werden. Wo man sich jedoch der gemeinsamen Überzeugung sicher ist, wird sie zu einem wirkungsvollen Mittel zu deren Vergewisserung: „Ist die Kirche etwa nur eine Gemeinschaft von auserlesenen Heiligen und Alleskönnern?"

7. ELOCUTIO: Gedanken sprachlich ausformen

- Die *Personifikation* ist etwas aus der Mode gekommen. Leider! Denn kaum etwas bringt so viel Lebendigkeit, ja Dramatik in einen Gedanken wie das Verfahren, Abstraktes zu handelnden und sprechenden Personen zu machen.[640] Wie wäre es beispielsweise bei einer silbernen Hochzeit, die Ehe selbst erzählen zu lassen, wie sie in diesen fünfundzwanzig Jahren groß und stark geworden ist, wie sie gebangt und wie sie gehofft, was sie genährt und was sie widerstandsfähig gemacht hat?

So weit eine kleine Auswahl der gebräuchlichsten Gedankenfiguren. Dabei könnte man es bewenden lassen. Doch der besondere Gegenstand der Predigt, Gott und sein Walten, hat darüber hinaus auch eine besondere Affinität zu bestimmten Gedankenfiguren entwickelt. Bereits bei den *loci* (s. o. 5.3) haben wir einige für die christliche Predigt typische Suchorte für Ideen hervorgehoben. Dasselbe lässt sich auch hier feststellen. Die spezifische Prägung des christlichen Kerygmas entwickelt eine innere Nähe zu einigen dieser Figuren:

- Vom *Gegensatz* haben wir bereits gesprochen – in einer Erlösungsreligion wie dem Christentum in mancherlei Hinsicht die grundlegendste Denkform, etwa bei der Figur der zwei Wege (vgl. Ps 1) oder auch im christologischen Dualismus: „Gottes Sohn leidet ohnmächtig am Kreuz."
- Christliche Erlösung geschieht in der Heilsgeschichte, sie ist Entwicklung und drückt sich darum in der *Steigerung* aus, am einfachsten in dem Grundsatz *a minori ad maiorem* (vom Geringeren zum Größeren): *Wenn schon ihr, die ihr böse seid, euren Kindern gebt, was gut ist, wie viel mehr wird euer Vater im Himmel denen Gutes geben, die ihn darum bitten* (Mt 7,11).
- Das *Oxymoron*, die Zusammenstellung des Widersprüchlichen gerade um des harten Aufpralls willen, hat Gott selbst uns vorgemacht, von der Rettung Israels in seinem Elend (vgl. Ex 3) und der Erwählung von Gottes Heilsträgern und Propheten angefangen bis hin zur Inkarnation und zum Kreuz Jesu: „Gott ist tot – an einem Tag im Jahr stimmt das, heute: am Karsamstag."

Ein lebendiges Denken sucht eine ausdrucksvolle Sprache. Tabellarische Übersichten über die sprachlichen und gedanklichen Mittel mögen anregen, doch letztlich wird die Situation darüber entscheiden, was sinnvoll und möglich ist und was nicht.[641]

Übung

Untersuchen Sie Werbetexte, journalistische Beiträge und politische Reden Ihrer Wahl auf Tropen, Wort- und Gedankenfiguren.

Kurz und bündig

7.1 Sprachrichtigkeit *(latinitas)*, Klarheit *(perspicuitas)* und Schönheit *(ornatus)* sind die drei Grundanforderungen an jede Rede.

7.2 Mittel der sprachlichen Ausgestaltung gibt es unzählige. Sie zeichnen sich dadurch aus, dass sie in irgendeiner Form die gewohnten Formulierungen verändern. Grundsätzlich unterscheidet man Sprach- und Gedankenfiguren, d. h. Veränderungen in der Formulierung selbst oder bei den dahinterstehenden Gedanken und Vorstellungen. Darunter gibt es einige wie Metapher oder Personifikation, die sich besonders für die Predigt anbieten.

8. MEMORIA: Gedanken verinnerlichen

Literatur: *Albert Damblon,* Frei predigen. Ein Lehr- und Arbeitsbuch, Düsseldorf 1991 (Motivation und Anleitung); *ders.,* Kleine Sprech- und Gesprächserziehung für kirchliche Mitarbeiter, Düsseldorf 1993 (Praxisbuch); *Volker A. Lehnert,* Kein Blatt vor'm Mund. Frei predigen lernen in sieben Schritten, Neukirchen-Vluyn 2006 (Übungsbuch); *Hiltrud Lodes,* Atme richtig! Der Schlüssel zu Gesundheit und Ausgeglichenheit, München 2000 (Atemtechnik und entsprechende Einstellung); *Rolf-D. Wiedenmann,* Der Rhetorik-Trainer. Reden lernen für Gemeinde und Beruf, Haan ²2004 (Redetechnik); *Wollbold* 222–225 (Überblick).

8.1 Nicht auswendig, sondern inwendig lernen

„Ich muss meine Predigt ausformuliert vor mir liegen haben, sonst bleibe ich nur stecken. Ich habe eben kein Elefantengedächtnis." Ablesen scheint leichter und sicherer zu sein, als verinnerlichte Worte frei vorzutragen. Die einen halten es so, die anderen anders:

> „Gespalten sind die Predigenden in der Frage, ob es besser ist, frei zu predigen oder aber eine ausformulierte Vorlage vor sich zu haben. So treffen sie für sich dann auch unterschiedliche Entscheidungen. Auf der einen Seite sind diejenigen, die die freie Rede bevorzugen. Den Hauptvorzug der freien Rede sehen sie darin, dass sie sofort auf die Reaktionen der Hörenden eingehen können: ‚… es muss trotz des Monologes so was stattfinden wie ein innerer Dialog oder an sich 'n stummer Dialog mit den Hörern und Hörerinnen. Also Blickkontakte, Zustimmungen, Nicken, Verwunderung, Stirnfalten, also so was ist wichtig für mich, so was zu merken. Eben während der Predigt.' […] Dabei nehmen manche der frei Predigenden durchaus eine ausformulierte Vorlage mit auf die Kanzel für den Fall, dass sie den Faden verlieren. Für die exakt ausformulierte Vorlage, die dann auch so vorgetragen wird, sprechen für deren Verfechter sprachästhetische Aspekte. Ihnen ist ‚jedes Wort wichtig' […]. Sie können in der freien Rede nicht so präzise und ausgefeilt reden. Sie betonen, dass sie einüben, was sie von ihrem Computerausdruck ablesen, und sie sind anhand von Rückmeldungen davon überzeugt, dass die Hörenden überhaupt nicht registrieren, dass sie ablesen."[642]

8. MEMORIA: Gedanken verinnerlichen 313

Vielfach dürfte Pragmatik vorherrschen: Zumindest die gewissenhaften Prediger bereiten ihren Text Wort für Wort vor und schreiben ihn nieder, bemühen sich dann aber darum, sich vom Blatt zu lösen und in einen von Blickkontakt geprägten Austausch mit den Hörern zu treten. In diesem Sinn plädiert der Mainzer Pastoraltheologe und Homiletiker Philipp Müller zwar einerseits für den Mut zur freien Rede:

> „Zwar scheint die ausformulierte Predigt sprachlich präziser als die freie Predigt zu sein. Doch zeigt die Erfahrung, dass die Hörer dem Inhalt der freien Predigt leichter folgen können als einer ausformulierten Predigt. Der frei gehaltene (Predigt-)Vortrag entspricht dem Rezeptionsvermögen der Hörer eher als die abgelesene Predigt. In seiner Wortwahl greift der Prediger auf seinen aktiven Sprachschatz zurück, und es wird eine künstliche, gestelzte Sprache vermieden. Der Prediger ist im Vortrag freier, seine Gestik und Mimik wirken authentischer. Durch den Blickkontakt mit den Hörern bekommt er ihre Reaktionen leichter mit und kann seine Äußerungen gegebenenfalls nochmals präzisieren. Es entsteht eine ‚sensorische Rückkopplung': Wer die Kommunikation mit dem Hörer sucht, dem wird ein höheres Maß an Aufmerksamkeit entgegengebracht. [...] Schließlich ist die freie Predigt ein Indiz, dass der Predigtaufbau stimmig ist; denn ein Prediger wird die gänzlich frei gesprochene Predigt umso besser behalten und wiedergeben können, je schlüssiger sie aufgebaut ist."[643]

Gleichzeitig erkennt man in ihm den erfahrenen Ausbilder, wenn er einräumt:

> „Manche Prediger fühlen sich durch die freie Predigt trotz mehrerer Versuche in diese Richtung schlichtweg überfordert; ihnen gibt das schriftlich vorliegende Manuskript das nötige Maß an Sicherheit und erleichtert den Hörern das Zuhören. Diese Unsicherheit beim Predigen kann auch mit der Suche nach Rollenidentität zusammenhängen, die sich bei den meisten Predigern erst nach einer gewissen Berufserfahrung stärker ausbildet. Für manche Prediger ist häufig erst nach einigen Jahren der praktischen Tätigkeit der Kairos gekommen, um von der Predigt mit Stichwortzetteln auf die gänzlich frei vorgetragene Predigt umzustellen."[644]

Was also ist zu tun? Jeden nach seiner Fasson selig werden lassen – der eine mit Papiergeraschel und der andere mit verlegenem Hüsteln, wenn er mal wieder steckengeblieben ist? Nein, Predigt ist freie Rede, ohne Wenn und Aber. Denn für jede Form der Ablese-Predigt ist der Preis zu hoch:
- Die Sprache bleibt fast immer *Schriftsprache*, was man manchmal sogar an typischen Versprechern und einem Sich-Verhaspeln im zu komplizierten Satzbau und Ausdruck erkennen kann.
- Der Redner klebt an seinem *Manuskript* und muss die fragenden Blicke, die glühenden Ohren oder die gähnenden Münder seiner Hörer übersehen.
- Fast zwangsläufig werden Sprachrhythmus und Stimmführung *monotoner*; man folgt ihnen schwerer und weniger gern.

- Der Vortrag wirkt *unpersönlicher*, wie abgehoben.
- Vor allem wirft das Ablesen einen unsichtbaren *Graben zu den Hörern* auf: Sie spüren, dass sie keine Partner eines wirklichen Gesprächs sind, sondern bloß etwas Vorformuliertem beiwohnen.

Wir vermeiden dabei das Wort „auswendig lernen" und sprechen (vielleicht etwas arg didaktisch) von inwendig lernen. Denn Auswendiglernen klingt immer ein wenig nach Krippenspiel im Kindergarten, wo die Kleinen mit hochrotem Kopf Worte aus dem Gedächtnis hervorpressen, die sie kaum verstehen. Die freie Rede setzt aber die Verinnerlichung der Gedanken voraus. Man eignet sich das zu Sagende so sehr an, dass es dann wie von selbst aus einem hervorströmt: Denn *wovon das Herz voll ist, davon spricht der Mund* (Mt 12,34). Dabei kommt es nicht auf jedes Komma an, sondern auf den Sinn des Ganzen. So riet man schon in der Antike: „Muss man immer wörtlich auswendig lernen? Wenn es die Zeit erlaubt, ja. Wenn nicht, dann werden wir uns bloß die Sache einprägen und uns dann die ihnen angemessenen Worte spontan einfallen lassen."[645]

Gut gesagt

>Spontane Rede [...] besitzt eine Kraft, ein Vermögen, Interesse zu wecken, und eine Energie, welche kein Grad von Vorbereitung erreichen oder ersetzen kann. Jedoch der Strom, der spontan fließt, ist fast immer flach und fließt immer weiter in demselben Bett. Die Gabe, ohne Vorbereitung gut zu reden, ist selten, diejenige dagegen, fließend Unsinn von sich zu geben, die so oft an deren Stelle tritt, ist zwar nicht wenig verbreitet, ist jedoch nicht so geeignet für die Kanzelberedsamkeit wie für die politische oder die juristische Rede.
>
>*John Quincy Adams*, Lectures on Rhetoric and Oratory. With a New Introduction by J. Jeffery Auer and Jerald L. Banninga. 2 Bde. Bd. 1, New York 1962 (Original Cambridge 1810), 341

Was heißt das praktisch? Frei sprechen heißt nicht, so zu sprechen, „wie einem der Schnabel gewachsen ist". Denn gewachsen sind dem Theologen meistens vor allem Floskeln, Klischees und Lieblingsgedanken, die er, selbst wenn er nachts um halb drei geweckt würde, hervorsprudeln lassen könnte. Darum dispensiert die freie Rede in der Regel nicht von der schriftlichen Vorbereitung: „Niederschreiben befreit den Prediger von der Tyrannei seiner eigenen Klischees."[646] Allerdings muss diese Niederschrift den mündlichen Vortrag vorwegnehmen und kompromisslos die gesprochene Sprache gebrauchen.[647] Um dem Anliegen der Sicherheit beim Reden entgegenzukommen, spricht allerdings nichts grundsätzlich gegen den Stichwortzettel. Er hält jeweils die dominierende Vorstellung fest, so dass er *ein* Zettel bleibt und nicht zu einem Wust von Zetteln auswächst. Entscheidend ist, dass das schriftlich Erfasste nicht schon das Reden selbst wie ein Rollenbuch bestimmt. Augustinus nennt diese Mischung aus guter Vorbereitung

8. MEMORIA: Gedanken verinnerlichen

und Improvisation „eine gewisse sorgfältige Nachlässigkeit (quaedam diligens negligentia)"[648]. Zum Glück gibt es auch zuverlässige mnemotechnische Hilfen, die auch längere Predigten frei vortragen lassen.

- Da wäre zunächst die Gestaltung besagten *Stichwortzettels* zu nennen. Dabei sind auch so schlichte Fragen wie mit Hand schreiben oder Computerausdruck, große oder kleine Schrift, besondere Markierungen oder grafische Veranschaulichungen und großzügige Leerräume zwischen den Stichwörtern keineswegs zu vernachlässigen. Das Geschriebene soll in die Augen springen und nicht die Augen verderben. Am besten arbeitet man im Vorfeld mit Versuch und Irrtum, fertigt sich einige Alternativen an und probiert an Ort und Stelle aus, mit welcher man am besten zurande kommt. Um Konfusionen zu vermeiden, beschreibt man die Zettel nur einseitig und nummeriert sie, wenn es denn überhaupt mehrere Zettel sein müssen.
- Eine elegante Variante des Zettels ist eine *Kopie des zugrunde liegenden Schrifttextes,* die man mit eigenen Stichworten und Gliederungen versieht. Wer optisch veranlagt ist, kann sich auch mit Pfeilen, Ausrufezeichen o. Ä. den Weg durch die Predigt bahnen. Dieses Verfahren hat schon eine große Tradition in der mittelalterlichen Schriftauslegung, nämlich kurze, stichwortartige Interlinearkommentare (d. h. eigene Bemerkungen in den Zeilenzwischenräumen) und ausführlichere Randglossen (auf der hoffentlich großzügig bemessenen freien Fläche rechts und links neben dem Text). Es eignet sich natürlich nur bei Schriftpredigten. Dann aber kann es sogar in Auseinandersetzung mit der Dynamik des Textes dazu helfen, rasch zu einigen zentralen Punkten der Predigt zu gelangen.
- Die eigentliche *Mnemotechnik* besteht im gezielten, professionellen Unterstützen des Gedächtnisses.[649] Aus den reichhaltigen Anregungen, die leicht im Internet oder in Ratgebern zugänglich sind, seien nur zwei besonders nützliche herausgegriffen: 1. Wichtig ist zunächst die klare Struktur der Predigt, die man sich wie ein Tafelbild vor Augen hält. Wer sie verinnerlicht hat, kann leicht auch die einzelnen Inhalte jedes Teils behalten. 2. Das Gedächtnis arbeitet am besten, wenn es mit vertrauten Anschauungen verbunden wird. So stellt man sich etwa die Rede als einen Raum vor und die einzelnen Teile als Tür, Vorraum, Stuhl, Tisch, Fenster und Ausgang. Bei anschaulichen Gegenständen wie einer Begebenheit aus dem Evangelium ist die Visualisierung bereits vorgegeben, und man trägt an ihre verschiedenen Elemente (die Orte, die handelnden Personen oder die Abfolge der Handlung) die Redeteile ein.
- Eine große Hilfe ist es, die Predigt jemandem *probehalber vortragen* zu können.
- Schließlich wird das Verinnerlichen auch zum besten Test auf die *Stimmigkeit* des Ausgearbeiteten. Hat man Schwierigkeiten, sich an eine Passage zu erinnern, oder gerät man dabei ins Stocken, ist das in der Regel ein Indiz dafür,

dass hier auch von der Sache her ein Bruch oder ein Fremdkörper vorliegt oder etwas den Gedankenfluss stört. Häufig kann man dann diese Passage deutlich kürzen oder sogar ganz streichen.

Eine Ausnahme gibt es, da man besser eine ausformulierte Fassung abliest: das Statement bei einer sensiblen, vielleicht bereits konfliktbeladenen Sache. Dabei kommt es auf den Wortlaut an, denn man kann nicht davon ausgehen, dass einem kleinere Ausrutscher verziehen werden, wo das Wohlwollen nicht vorausgesetzt werden kann.

8.2 Predigten aus der Retorte?

Was ist mit eigenen Predigten aus dem Aktenordner, also solchen, die man beim gleichen Anlass früher schon einmal gehalten hat? Und was ist mit fremden Predigten aus Predigtbüchern, -sammlungen und -websites? Zumindest wenn die Zeit zur Vorbereitung knapp ist oder einem beim besten Willen keine Ideen kommen wollen? Das hat es zu allen Zeiten gegeben und ist nichts Anrüchiges. Das ehrenwerte literarische Genus eines Homiliars ist ja nichts anderes als eine Sammlung von vorbildlichen, inhaltsreichen Predigten, die in der Regel auch vorgetragen wurden. Es gibt nur eine *conditio sine qua non*: Die alte oder die fremde Predigt muss hier und heute meine eigene werden. Ich muss mich mit ihr identifizieren können, und zwar in Inhalt und Sprache, und zwar selbstverständlich im Blick auf meine Hörerschaft. Dieses Kriterium wird dann häufig auch wenigstens einzelne Passagen umformulieren, aktualisieren oder auch wegfallen lassen oder doch auch noch einige eigene Punkte hinzufügen lassen – alles in allem also ein gar nicht so anderer Prozess als bei der üblichen Predigtvorbereitung.

Zur Praxis: Fremde Ausarbeitungen vorzutragen ist anspruchsvoll. Nicht umsonst haben Sprecher in Radio und Fernsehen ein langes Training absolviert, und sie präparieren ihre Texte sorgfältig mit Artikulationszeichen. Ein großer Vorleser wie Gert Westphal (1920–2002) brachte eine unverwechselbare Stimme zum Klingen, die ihn zum „Vorleser der Nation" gemacht hat. So wird man ein Hirtenwort für den Vortrag präparieren und sich nicht mit der Aussage begnügen: „Diesmal brauche ich nichts vorzubereiten, denn lesen kann ich ja seit der Grundschulzeit." Am besten liest man es laut und notiert sich Zeichen zur Dynamik des Vortrags in den Text. Es verlangt etwas Demut, einem fremden Text die Stimme zu leihen, ihn lebendig und sympathisch vorzutragen und ihn nicht nur „herunterzuleiern". Nun mag einem das eine oder andere daran nicht gefallen. Wenn es nicht auf das Gewissen schlägt, wird man es in der gleichen Demut vorlesen (und zwar ohne Kommentar!). Hat man grundsätzliche Bedenken, ist zu erwägen, sie dem Verfasser vorzutragen.

8. MEMORIA: Gedanken verinnerlichen

An dieser Stelle auch ein grundsätzlicheres Wort zu diesen sogenannten Hirtenworten oder Kanzelverlautbarungen, sei es in Form von Hirtenbriefen des Diözesanbischofs zur Fastenzeit oder zu besonderen Anlässen oder sei es als kurze Aufrufe zu einer bischöflichen Hilfsaktion oder einer anderen Initiative.[650] Es ist Teil des kanonischen Gehorsams, sie zu verlesen, wo ihre Verlesung angeordnet ist. Das eigentliche Hirtenwort wird seinen Platz in aller Regel nach dem Evangelium an der Stelle der Homilie haben. Wer Gehorsam einfordert, stellt sich selbst unter einen hohen Anspruch. Werden diese Hirtenworte ihm immer gerecht? Wohl kaum. Häufig sind es thematische Vorträge oder Meditationen zu Gegenständen, die den Bischöfen am Herzen liegen oder die gerade anlässlich eines „Jahres der ..." eine Aktion zu erfordern scheinen. Das „ex textu sacro" (SC 52) kommt dabei nicht selten zu kurz oder wirkt wie eine für die Entfaltung des Themas im Grunde überflüssige Einschaltung. Nicht dass man nicht thematisch predigen könnte. Wir haben dazu einige Hinweise in 3.1.2 gegeben. Aber es soll verantwortet und nach den Regeln der Kunst geschehen. Auch der Hörerbezug – ohnehin bei einem Hirtenwort schwierig zu verwirklichen –, die Nähe zu dem, was sie tatsächlich bewegt, sowie die Anpassung an ihre Sprache scheinen manchmal arg vernachlässigt. Vor allem wird oft nicht recht deutlich, warum der Bischof selbst das Wort ergreift. Der ursprüngliche Anlass des Fastenhirtenbriefes, die Verkündigung der Bußordnung und der Aufruf, sie eifrig zu befolgen, oder eine autoritative Stellungnahme zu einer öffentlichen Frage, ist zumeist nicht mehr erkennbar. So ist dieses literarische Genus heute eher ein Beispiel dafür, wie Formen bis zur Unkenntlichkeit abgeschliffen werden; es bräuchte darum eine gründliche Revision.

Übung
> Entwickeln Sie eine mnemotechnische Hilfe zum Aufbau dieser Homiletik in neun Kapiteln, so dass Sie den Gedankengang ohne Blick ins Inhaltsverzeichnis leicht rekonstruieren können (ähnlich den Bremer Stadtmusikanten in 5). Etwa so: „Da ist ein Erdgeschoss und ein Obergeschoss. Das Erdgeschoss baut auf den Fundamenten auf und besteht aus vier Zimmern ..."

Kurz und bündig
> Der Normalfall und nicht bloß das Ideal der Predigt ist die freie Rede. Dabei ist es zweitrangig, ob man sich einer schriftlichen Gedächtnisstütze bedient oder nicht, wenn man nur in die unmittelbare Kommunikation mit den Hörern eintritt. Voraussetzung dafür ist, die eigenen Gedanken verinnerlicht zu haben, so dass man sie souverän und situationsbezogen vortragen kann. Um selbst umfangreichere Reden zuverlässig zu verinnerlichen, gibt es verschiedene Methoden, vor allem die der Lokalisierung der einzelnen Elemente.

9. ACTIO: Das Predigtereignis

Literatur: *a) Zum Halten der Predigt: Karl-Heinrich Bieritz,* Die Homilie, in: *Reinhard Meßner/Eduard Nagel/Rudolf Pacik* (Hg.), Bewahren und Erneuern: Studien zur Meßliturgie (= FS Hans Bernhard Meyer zum 70. Geburtstag) (= Innsbrucker theologische Studien 42), Innsbruck-Wien 1995, 77–91 (nicht alle Einschätzungen überzeugen allerdings in gleicher Weise); Bemerkungen eines Laien zur Predigt und zum Prediger heute, in: IkaZ 11 (1982) 149–153; *Härtner/Eschmann* 141–154; *Thomas Nisslmüller,* Homo audiens. Der Hör-Akt des Glaubens und die akustische Rezeption im Predigtgeschehen, Göttingen 2008; *Wollbold* 222–225. – *b) Zum Ort der Predigt – historisch: Philippe Martin,* La chaire: instrument et espace de la prédication catholique, in: *Matthieu Arnold* (Hg.), Annoncer l'Évangile (XVe– XVIIe siècle). Permanence et mutations de la prédication. Actes du Colloque international à Strasbourg (20–22 novembre 2003), Paris 2006, 397–415. – *c) Liturgieästhetisch: Daiber* 49–52; *Christian Grethlein,* Abriß der Liturgik, Gütersloh 1989, 82–90; *Olivar* 722–743; *Benedikt Kranemann,* Wort – Buch – Verkündigungsort. Zur Ästhetik der Wortverkündigung im Gottesdienst, in: *Martin Klöckener* (Hg.), Liturgia et unitas. Liturgiewissenschaftliche und ökumenische Studien zur Eucharistie und zum gottesdienstlichen Leben in der Schweiz (= FS Bruno Bürki), Freiburg/Schweiz-Genf 2001, 57–72; *Gerhard Langmaak,* Der gottesdienstliche Ort, in: Leiturgia. Bd. 1, Kassel 1954, 365–436; *Gerard Siwek,* Interpretacja homiletyczna miejsc przepowiadania w przestrzeni kościelnej [The places of proclaiming within the church's shapes from a homiletical point of view], in: Analecta Cracoviensia 36 (2004) 293–317; *Peter Poscharsky,* Art. „Kanzel", in: TRE 17, 599–604. – *d) Redeschulen:* Duden; *GSA – German Speakers Association/Nikolaus B. Enkelmann* (Hg.), Die besten Ideen für erfolgreiche Rhetorik. Erfolgreiche Speaker verraten ihre besten Konzepte und geben Impulse für die Praxis, Offenbach 2011 (*pars pro toto* für die unzähligen Ratgeber, Kurse und Programme).

Übung

Variieren Sie den folgenden Satz mit unterschiedlicher Stimme, Betonung und Interaktion mit den Hörern: „Jesus ist von den Toten auferstanden. Er stirbt nicht mehr. Halleluja." Beginnen Sie damit, ihn ohne jede Betonung, mit steif nach unten hängenden Händen und den Blick auf den Boden gerichtet auszusprechen. Arbeiten Sie sich dann nach und nach zu einem lebendigen Vortrag empor, indem Sie zunächst die verbalen und dann auch die nonverbalen Möglichkeiten, ihn auszusprechen, erproben.

Die Lucy der „Peanuts" himmelt Schroeder an, den Klavierspieler. „Morgen ist Valentinstag", erinnert sie ihn.

„Wirst du mir da eine Karte schicken?"
„Ich habe dir nie eine geschickt. Wieso denkst du das?"
„Aus Hoffnung!"

Für sich genommen scheint diese kleine Geschichte wie das ewige Lied der unerwiderten Liebe: verzagt und doch hoffend gegen alle Hoffnung. Wenn da nicht

9. ACTIO: Das Predigtereignis

Lucys Auftreten wäre. Bei „Aus Hoffnung!" schlägt sie so heftig auf Schroeders Klavier, dass er einen Salto mortale macht, und „HOPE!!" ist fettgedruckt und großgeschrieben. Lucy ist keine von den Stillen im Lande, und sie gibt sich mit einer Abfuhr nicht zufrieden.

Gut gesagt

> In der Druckfassung imitierte ich all das (sc. Zusammenziehungen, Umgangssprache usw.) und setzte „don't" und „we've" für „do not" und „we have". Und wo immer ich in meinen Ansprachen die Bedeutung eines Wortes durch den Nachdruck in der Stimme unterstrichen hatte, setzte ich es kursiv. Inzwischen neige ich dazu, dies für einen Fehler zu halten – einen unerwünschten Hybriden zwischen der Sprech- und der Schreibkunst. Ein Redner sollte die Veränderungen der Stimme zur Betonung verwenden, weil sein Medium sich ganz natürlich zu dieser Methode eignet. Ein Schreiber hingegen sollte zu demselben Zweck nicht zur Kursivschreibung greifen. Er besitzt seine eigenen, davon verschiedenen Mittel, die Schlüsselwörter hervorzuheben, und davon sollte er auch Gebrauch machen.
>
> Clives Staples Lewis, Mere Christianity. A revised and enlarged edition, with a new introduction, of the three books „The Case for Christianity", „Christian Behaviour", and „Beyond Personality", New York 1960, 5

Predigt ist *actio*, ist Ereignis. Was für jede Rede zutrifft, das gilt noch verstärkt von der christlichen Predigt: Das Wort Gottes ereignet sich, es wird gegenwärtig und entfaltet seine Wirkung, indem es verkündet wird. Das geht bis dahin, dass man – in einem allerdings eher weiten und vielleicht sogar etwas missverständlichen Sinn – dem verkündigten Wort sakramentale Bedeutung zumessen will. So erinnert Benedikt XVI. in „Verbum Domini" an die Enzyklika „Fides et ratio" von Johannes Paul II.:

> „Er hat dort ‚auf den *sakramentalen* Horizont der Offenbarung und insbesondere auf das Zeichen der Eucharistie verwiesen, wo es die unauflösliche Einheit zwischen der Wirklichkeit und ihrer Bedeutung erlaubt, die Tiefe des Geheimnisses zu erfassen'. Von hier aus verstehen wir, dass am Ursprung der Sakramentalität des Wortes Gottes ganz eigentlich das Geheimnis der Menschwerdung steht: ‚Das Wort ist Fleisch geworden' (Joh 1,14), die Wirklichkeit des offenbarten Geheimnisses gibt sich uns im ‚Fleisch' des Sohnes. Das Wort Gottes wird durch das ‚Zeichen' menschlicher Worte und Gesten für den Glauben wahrnehmbar. Der Glaube erkennt also das Wort Gottes, indem er die Gesten und Worte annimmt, durch die Gott selbst sich uns zeigt. Der sakramentale Horizont der Offenbarung zeigt daher die heilsgeschichtliche Weise an, in der das Wort Gottes in Zeit und Raum eintritt und zum Gesprächspartner des Menschen wird, der aufgerufen ist, sein Geschenk im Glauben anzunehmen.

Die Sakramentalität des Wortes lässt sich so in Analogie zur Realpräsenz Christi unter den Gestalten des konsekrierten Brotes und Weines verstehen. Wenn wir zum Altar gehen und am eucharistischen Mahl teilnehmen, empfangen wir wirklich den Leib und das Blut Christi. Die Verkündigung des Wortes Gottes in der liturgischen Feier geschieht in der Einsicht, dass Christus selbst in ihr gegenwärtig ist und sich uns zuwendet, um aufgenommen zu werden."[651]

In der neueren Predigtlehre ist es vor allem das dramaturgische Predigen im Anschluss an die US-amerikanische „new Homiletic", die Martin Nicol hierzulande bekannt gemacht hat, die mit Nachdruck den Ereignischarakter der Predigt vertritt, ja ihn zum bestimmenden Faktor des Predigens überhaupt macht.[652] Grund genug, sich eingehend mit dem eigentlichen Predigtereignis zu befassen.

Übung

Hundebesitzern wird empfohlen, einmal einen Tag lang kein Wort zum Vierbeiner zu sprechen, sondern allein mit Körpersprache zu kommunizieren. Denn er versteht ja nicht die Bedeutung der Worte, sondern er hört die Stimme und sieht Körperhaltung und Gesten. Oder für die Nicht-Hundefreunde: Schauen Sie einen Stummfilm an und beobachten Sie, wie darin Kommunikation ohne Worte erfolgt. Ebenso kann man eine Predigt einmal ganz ohne Worte halten.

9.1 Predigen praktisch

Gehen wir nun einige Punkte durch, die zu einer guten Gestaltung der Predigt selbst von Bedeutung sind – gleich ob man sie selbst in der Hand hat oder ob man auf unvorhergesehene Zwischenfälle reagieren muss.

9.1.1 Die Voraussetzungen beachten

Zunächst sind einige äußere und innere Bedingungen zu beachten und zu gestalten. Die äußeren Vorbedingungen können die gesamte Predigt bei Redner wie Hörer entscheidend beeinflussen.[653] Wer zweimal dieselbe Predigt an unterschiedlichen Orten gehalten hat, wird gemerkt haben, dass am Ende zwei unterschiedliche Sprechereignisse stattgefunden haben.

1. So ist zunächst auf die **Akustik** des gesamten Raumes und speziell des Ambos (ggf. auch durch eine vorherige Sprechprobe) zu achten.[654] Dazu sollte man auch die eigene Stimmlage, Sprechtempo, Artikulation und Lautstärke kennen und an die Gegebenheiten anzupassen lernen.

2. Eine Rede hört man, gewiss. Aber man sieht sie auch, man fühlt, riecht und schmeckt sie. Wo würde das mehr gelten als an einem so **sinnenfreudigen Ort**

9. ACTIO: Das Predigtereignis 321

wie einer Kirche? So gilt es, auch den nichtakustischen Bedingungen, Reizen oder Störquellen am heiligen Ort einige Aufmerksamkeit zuzuwenden. Welche olfaktorischen Reize etwa gibt es: Ist die Luft frisch oder abgestanden oder gar muffig-miefig (bei den Feuchtigkeitsproblemen mancher Kirchen kein geringes Problem!)? Zieht es oder wird es an manchen Stellen unangenehm kalt? Und weiter: Welches Gesamtbild gibt die Kirche ab? Ist es ein fühlbar heiliger Ort oder eher ein neutraler Versammlungsraum, der bloß durch einige religiöse Zeichen zur Kirche wird? Gibt es Bilder und Verzierungen, welche die Augen beschäftigen können? Im Augenblick der Predigt mag all das die Hörerinnen und Hörer nicht mehr bewusst beschäftigen. Doch es kann ihre Stimmung, Aufmerksamkeit und Motivation deutlich beeinflussen.

Übung

Wenn Sie eine Kirche vor Ihrer Predigt zum ersten Mal betreten, tun Sie das nicht über die Sakristei, sondern durch den gleichen Eingang wie die Kirchenbesucher. Lassen Sie den Raum auf sich wirken, schauen Sie dann erst, wo der Predigtort sich befindet und wo man sich hinsetzen würde, um einen guten Blick auf den Ambo zu haben. Wo haben die Gläubigen etwas im Blickfeld, etwa eine Säule oder eine Statue? Dann erst treten Sie an den Ambo heran und blicken Sie in aller Ruhe in den Kirchenraum.

3. Augenfälligste Veränderung der nachkonziliaren Predigt war der Wechsel des Ortes: **von der Kanzel zum Ambo.** Theologisch hing dies mit dem Verständnis der eucharistischen Homilie als „pars ipsius liturgiae" (SC 35[655]) zusammen; die Einheit der Lesung des Wortes Gottes und seiner Auslegung sollte durch die Identität des Ortes im liturgischen Raum unterstrichen werden.[656] Daneben stieß sich der Wunsch nach *communio* von Priester und Gläubigen, ihrer grundlegenden Gleichheit und ihrem Miteinander in der Liturgie am erhöhten Platz der Kanzel. Man meinte, die Laien würden von hier aus „abgekanzelt"; Predigt sollte dagegen nicht „von oben herab" geschehen, sondern auf Augenhöhe.[657] Anthropologisch verband sich damit zugleich der Wunsch, die Predigt zu einer persönlicheren Begegnung einer *face-to-face*-Beziehung werden zu lassen. Wie bei einer weltlichen Rede sollten Hörer und Redner Blickkontakt haben, sollte der Redner als Person sichtbar im Mittelpunkt stehen.

Exkurs: Die Kanzel

Die Kanzel, monumentale Erscheinung meist in der Mitte des Schiffs historischer Kirchenbauten, hat eine lange Entwicklung hinter sich. Dabei hat sich die feste Einrichtung eines dauerhaften Objektes erst recht spät durchgesetzt. Die altkirchlichen Ambonen waren dagegen längst aus der Übung gekommen. Bis zur Zeit der

Reformation und des Konzils von Trient gab es häufig nur ein einfaches Holzpodest, damit der Prediger etwas erhöht zu den Gläubigen sprechen konnte. Später entwickelte sich daraus eine feste Kanzel aus Holz oder Stein. Sie war Ausdruck der Bedeutung der Predigt, ihrer Verständlichkeit und des Entgegen-Kommens zu den Gläubigen. Der nachtridentinische Aufschwung der Predigt begann auch den Ort der Predigt klarer zu markieren und ihm eine programmatische künstlerische Gestaltung zu geben (Apostel, Evangelisten, Johannes der Täufer, Kirchenlehrer u. v. a.). Nachdem es aber zunächst in jeder Hinsicht eine große Vielfalt gab, griffen im 18. Jahrhundert die päpstlichen Regelungen etwa eines Benedikt XII. (1724–1730), und die Kanzel fand sich nun regulär in der Mitte des Schiffes – jedoch nicht allzu weit vom Chorraum entfernt – auf der Evangelienseite, also vom Haupteingang aus gesehen links. Ausnahmen wurden jedoch auch weiterhin geduldet, etwa in Domkirchen, damit der Prediger dem Bischof auf der Kathedra nicht den Rücken zukehren musste.[658] Nun setzte sich auch häufig rund um die ersten Stufen eine zur Abgrenzung dienende Umrundung durch (aus Stein als „ricinto del pulpito", „balaustra del pulpito", als Metallgitter als „cancelata del pulpito"), und vielerorts fand auch die Wand hinter dem Prediger eine reiche künstlerische Ausgestaltung, ebenso wie der ursprünglich einfache Schalldeckel (regelmäßig mit der Taube des Heiligen Geistes über dem Prediger). So enthält die Idealausstattung der Kanzel Umrundung und Aufgang, „Korb", Rückwand und Schalldeckel. Das Material ist nach Trient zumeist Holz (vorzugsweise Eiche), aber auch das traditionelle Material des Steins bleibt in Gebrauch, gelegentlich verwendet man auch Metall, insbesondere für das Gitter der Abgrenzung.

Wer allerdings einmal eine Kanzel betreten hat, macht überraschende Erfahrungen. Der eingeschränkte Blickkontakt lässt die Gläubigen viel freier, man kann sie nicht durch Blicke bannen. Umgekehrt können diese sich auf das gehörte Wort konzentrieren und sein Gewicht bemessen. Nicht die Beziehung zum Prediger wird ausschlaggebend, sondern seine Botschaft und Lehre. Der erhöhte Ort gibt der Predigt etwas von einer Proklamation, einem *kerygma*.[659] Schließlich staunt man oft über die exzellente Akustik, die bei entsprechend ausgebildeter Stimme sogar ein Reden ohne Mikrofon ermöglicht. Ebenso ist der Ambo mancherorts nur eine oder gar keine Stufe über dem Raum der Gläubigen erhöht, so dass der Prediger vor allem für kleinere Leute und aus den hinteren Bänken nur eingeschränkt sichtbar wird. – Wie auch immer, im Regelfall wird heute der Ambo – sei es kraftvoll-massiv aus Stein oder bloß als portables Lesepult[660] – den Ort der Predigt darstellen. Man steht und sitzt nicht, auch wenn das Sitzen in der Antike die Haltung des Lehrers war und von den Rubriken dem Bischof und sogar dem Priester grundsätzlich erlaubt ist.[661] Nicht nur ein Anfänger tut wie gesagt gut daran, sich außerhalb eines Gottesdienstes und in der leeren Kirche mit ihm vertraut zu machen, sich in alle Richtungen umzusehen, sich mit der Perspektive von hier aus vertraut zu machen und die eigene Stimme zu erproben.

9. ACTIO: Das Predigtereignis

Eine Frage bleibt noch: Ist man in jedem Fall an den Ambo gebunden oder kann man auch freihändig unmittelbar vor den Gläubigen oder etwa vor dem Volksaltar sprechen (etwa bei Kindergottesdiensten, bei einer kleinen Teilnehmerzahl, bei einem Kasualgottesdienst, etwa einer Taufe, oder bei einem zu großen Abstand zu den Gläubigen)? Der angemessene liturgische Ort bleibt der Ambo (oder wie in 3.2.1.1 gesagt vielleicht auch gelegentlich die Kanzel), und das bestimmt den Regelfall. Auch ästhetische Gründe sprechen dafür. Wird der ganze Körper sichtbar – und dies vielleicht noch in wallendem Messgewand und mit weit ausgreifenden Gesten –, so tritt die Leiblichkeit, die Individualität und die Selbstinszenierung in den Vordergrund. Der Ortswechsel von der Seite in die Mitte tut ein Übriges, dem Hang zum selbstverliebten Auftritt nachzugeben. Schließlich dürften es nicht alle Anwesenden schätzen, wenn der Prediger ihnen gewissermaßen „auf die Pelle rückt" und damit die vielleicht wohltuende Distanz verletzt. Doch Ausnahmen – etwa bei Heiserkeit – bestätigen die Regel, und wer um die Gefahren eines Ortes weiß, kann sie auch in kluger Weise vermeiden.[662] Dabei kann er sich sogar auf ein erhabenes Beispiel berufen:

> „Augustinus war ein kleiner, schmächtiger Mann mit einer schwächlichen Stimme, der permanent an Brustschmerzen und Heiserkeit litt und oft von Erkältungen heimgesucht wurde. Immer wieder mahnte er seine Gemeinde, nicht so unruhig zu sein, damit ihn alle verstehen könnten, und einmal ging er sogar vom üblichen Predigtort in der Apsis in die Mitte der Kirche, um von allen gehört zu werden."[663]

4. Die eigene **Kleidung** spricht mit, das steht außer Frage. Der Amtsträger steht in liturgischer Gewandung vor den Gläubigen. Dadurch wird jedem signalisiert: Er redet nicht als Privatperson, sondern als Mann Gottes. Beim Anlegen muss er dieses Gewand auch innerlich überziehen und dadurch das Reden im Namen Gottes auch persönlich übernehmen. Das ist umso wichtiger, als die heutige Predigt meist etwas sehr Persönliches, Subjektives hat:

> „Unter der nur scheinbar gleichen Körperhaltung realisiert der Prediger auf der Kanzel – oder am Ambo – eine andere Rolle, als wenn er liturgisch handelt: Nicht als Priester, sondern als Rhetor steht er vor der Gemeinde, und Haltung wie Gestik und Mimik folgen nicht rituellen, sondern rhetorischen Regeln. [...] Haltung, Gestik, Mimik, Blickverhalten unterscheiden sich erheblich von dem, was sonst im liturgischen Zusammenhang [...] erlaubt, gewohnt, geboten erscheint."[664]

Auch in ihren Bewegungen und der Art ihres Auftritts geben geistliche Redner sich vor allem authentisch, persönlich, spontan. Das hat schon bei den eigentlich liturgischen Gesten (etwa der Orantenhaltung oder dem Ausbreiten der Arme zum „Dominus vobiscum") zu einer so großen subjektiven Vielfalt geführt (so viele Oranten wie Vorbeter), dass man manchmal nicht mehr vom römischen Ritus, sondern geradezu vom „Herrn-N.-N.-Ritus" sprechen muss.

Bei der Predigt fällt dann auch die letzte Beschränkung. Es ist ja auch zu verlockend, zehn Minuten lang nichts anderes zu tun als sich selbst zu inszenieren, während das wallende Gewand wie eine Schar Tänzerinnen jede Bewegung umspielt. Aber nein, es gilt, das Persönliche zum Ausdruck des Amtlichen zu machen; Spontaneität und Natürlichkeit schließen dabei Ernst und Würde keineswegs aus.

5. Und **Laienprediger**, wie halten sie es mit dem Gewand? Getreu dem Prinzip, dass jeder in der Liturgie „nur das, aber auch all das tun [soll]", was ihm […] zukommt" (SC 28), sollte er den Amtsträger nicht optisch nachahmen. In einer Albe oder gar einem „Mantelgewand" ohne Stola aufzutreten ist ästhetisch eine Angleichung an den Priester, von der gerade in diesem heiklen Bereich der Laienpredigt nur abzuraten ist.[665] Jede Form von eigenen Laiengewändern oder auch nur sogenannte Taufschals überzeugen aber ebenso wenig, und nicht wenige Laien sträuben sich instinktiv dagegen. Wenn also Laienpredigt (innerhalb der Grenzen der liturgischen Ordnung), dann bitte auch äußerlich sichtbar als Predigt von *Laien*, etwa so wie die Lektoren der Lesungen und Fürbitten auftreten. Überflüssig zu erwähnen, dass die Kleidung dabei der Würde der Liturgie angemessen sein soll. Räuberzivil ist *out*, gepflegte Straßenkleidung *in*. Das bedeutet allerdings auch kein *overdressing*, als ginge es zum Wiener Opernball. Überhaupt wäre anschließend das Kompliment, jemand sei der bestaussehende Prediger, die attraktivste Predigerin seit langem gewesen, doch wohl eher zweifelhaft ... Insgesamt gilt zur Kleidung – und das trifft nun wieder für Laien wie Amtsträger zu –, dass man sich später nicht allein an die Kleidung erinnern soll, sondern sie soll die Persönlichkeit und vor allem ihre Botschaft zur Geltung bringen.[666]

6. Auch die Person besitzt eine Außenseite, und sie wirkt in Bruchteilen einer Sekunde beim ersten Blick. Die persönliche Ausstrahlung hat mehr mit dem **Aussehen** zu tun, als man das oft wahrhaben will. Dabei gilt Ähnliches wie bei der Kleidung. Die Anwesenden sollen sich später nicht an den Dreitagebart oder glitzernde Ringe und Halsketten, an fettige Haare oder auffälliges Make-up erinnern. Wenn man sich fragt, ob der Prediger einen kleinen Nebenverdienst als Werbeträger für einen Modefriseur einkassiert, ist sicher etwas danebengegangen. Liturgie entpersönlicht, damit die Herzen der Menschen sich zu Gott erheben können und nicht bei der menschlichen Beziehung, bei Sympathie und Antipathie hängen bleiben.[667] Überhaupt sollte man sich eine Vorstellung von der eigenen Person und ihrer Rolle in der Gottesdienstgemeinde machen: Wer kommt und was mag vom Prediger erwartet werden (nicht zuletzt aufgrund von Vorerfahrungen mit Predigern an diesem Ort)? Welche Beziehungen haben sich entwickelt, gibt es Vertrauensvorschuss oder Skepsis? Welches Etikett hängt an einem selbst („verbohrter Fundamentalist", „Oberlangweiler", „Revoluzzer" oder „Frauenversteher")? Was wird einem zugetraut und was nicht?

9.1.2 Das Predigtereignis

Die Predigt ist kein Auftritt wie im Theater, und der Prediger besetzt keine Rolle. Ihm kommt im Rahmen des Gesamten eine liturgische Aufgabe zu, und diese will er zur höheren Ehre Gottes und zum geistlichen Gewinn der Versammelten ausfüllen.

1. Einmal mehr ist es der **erste Augenblick,** der Weichen stellt.[668] Umso wichtiger ist es, den Anfang mit Bedacht und ohne Hast zu gestalten. Lassen wir den Gläubigen Zeit, sich zu setzen – auch innerlich, d. h. für den Beginn bereit zu werden. Das Lektionar der vorausgehenden Lesung sollte man nicht beiseite legen, das wäre eine fatale Botschaft: „So, Schluss mit dem Wort Gottes, jetzt folgt etwas Wichtigeres." Dieser strenge Grundsatz verdient jedoch ein Notabene: Nicht selten hat das schräge Pult nur eine knappe Unterkante, so dass zwar das Buch gehalten wird, nicht aber ein daraufliegender Zettel (den wir ja eigentlich gar nicht benötigen, siehe oben 8.1 zur freien Rede ...!). Ist das Pult breit genug, kann man ihn neben das Lektionar legen. Es dafür schließen zu müssen ist freilich auch nicht gerade das beste Signal. Insbesondere bei einer biblischen Predigt hart am Text kann es dagegen besonders sprechend sein, wenn man das geöffnete Lektionar in die Hand nimmt und so gewissermaßen aus der *lectio* in die *praedicatio* übergeht (ggf. kann man auf der anderen Seite des Lesungsbuches dezent das Predigtkonzept mit Heftklammern befestigen). Überhaupt sollte das Hervorziehen der schriftlichen Notizen nicht zu einem quasiliturgischen Akt werden, sondern eher beiläufig und im wahrsten Sinn des Wortes unter der Hand geschehen. – Nun aber gilt es, die Hörerinnen und Hörer anzuschauen, ruhig, zumeist wohl auch mit einem Panoramablick, der alle erfasst. Der Blickkontakt ist wichtig, weil er signalisiert, dass man auch später immer wieder die Augen der Anwesenden suchen wird. Manche Leute, ja ganze Gemeinden sind es dagegen gewohnt, den Blick zu senken oder ihn schweifen zu lassen. Diese Freiheit soll aber jeder Hörer haben: Er kann den Prediger anschauen, wenn er will, sollte sich aber nicht von ihm angestarrt fühlen.

Gut gesagt
>Erbarme dich
>Herr
>meiner Leere
>Schenk mir
>das Wort
>das eine Welt
>erschafft.
>>*Rose Ausländer,* zit. in: *Nicol* 120

2. Und die **Aufregung,** die – so viel sei verraten – nicht nur Anfänger beschleichen kann? Ein kurzes Stoßgebet, das Wissen darum, dass der in Gottes Händen

ruht, der seinen Willen tut, vielleicht auch ein mehrmaliges tiefes Durchatmen und das Ruhenlassen der Hände auf dem Pult (nicht umklammern!) wirken oft Wunder. Gelegentlich wird man die eigene Spannung auch vor den Gläubigen äußern – je nach Alter und Rolle eher jugendlich-charmant beim Predigtnovizen: „Puh, jetzt bubbert das Herz aber gewaltig!", oder abgeklärt: „Sie können sich vorstellen, dass es bei diesem Anlass nicht leicht fällt, die Stimme zu erheben." Das macht man einmal, aber damit ist es auch genug, sonst kokettiert man und provoziert Mitleidseffekte; auf Dauer geht der Schuss nach hinten los. Man kann auch die Personen im Kirchenschiff anschauen, die einem am gewogensten sind, und sich von ihrem Blick bestärken lassen. Die gegenteilige Strategie verfolgt, wer sich selber am Ambo stark macht: Da umfassen beide Hände das Pult, die Ellenbogen sind abgespreizt, der Oberkörper leicht vornübergebeugt, so dass die Zuhörer ein Gefühl beschleicht, als stünden sie unter dem schiefen Turm von Pisa. Andere ziehen den Rumpf nach hinten zurück, um Distanz zu schaffen und zu signalisieren: „Ihr könnt mir nichts!" All das sind Gesten der Macht, besser: der Selbstermächtigung. Wer im Namen des Herrn der Heere spricht, hat sie nicht nötig. „Ich spreche jetzt dir zuliebe, Herr!", das trägt. Am heftigsten macht sich das Lampenfieber normalerweise kurz vor Beginn bemerkbar. Da ist es wichtig, nicht wie ein nicht zugebundener Luftballon in rasendem Tempo durch die Predigt zu sausen, bis die Kraft erschöpft ist, sondern sich am Anfang gegenseitig Zeit zu lassen und sich für wenige Momente gewissermaßen erst einmal zu beschnuppern. Das steigert auch die Spannung und gibt den ersten Worten Gewicht.

3. **Das erste Wort** der Predigt ist die Anrede. Wie spricht man die Gläubigen an? Wir erinnern uns an den familiären Geist der Homilie, und darum ist in der normalen Gottesdienstgemeinde „Liebe Schwestern und Brüder" wohl am angemessensten.[669] „Liebe Christen" oder gar „Liebe Hörerinnen und Hörer" oder „Sehr geehrte Anwesende" ist dagegen deutlich zu distanziert. Das „Geliebte im Herrn" geht zwar auf älteste Tradition zurück – schon Augustinus redet seine Gläubigen gerne mit „caritas vestra" (etwa: Ihr Lieben) an –, wirkt aber wohl doch ein wenig antiquiert. Der alte Brauch, die Predigt mit einem Kreuzzeichen zu eröffnen und zu beenden, ist aus der Mode gekommen.[670] Es wirkte hier wohl eher ein gewisser Antiritualismus der 60er Jahre mit. Dabei kann das Kreuzzeichen mithelfen, die Predigt zum Gebet, zum geistlichen Ereignis zu machen. Doch noch wichtiger als der Inhalt dieser Worte ist die Art und Weise, sie vorzutragen: In der Wärme, der Sprachmelodie und dem Tempo kündigt sich bereits die Aufnahme der Beziehung zum Auditorium, der Charakter der Predigt und ihre Bewegtheit an. Wer „Liebe Schwestern und Brüder" so ausspricht, als handele es sich um die Ansage der Verspätung der U-Bahn, der hat den Ausruf verdient: „Si tacuisses …"

Wo es sich um eine geprägte Gruppe wie die eines Vereins oder einer Familie handelt oder mehrere solche Gruppen anwesend sind, wird man sie auch ausdrücklich nennen, also z. B. „Liebe Angehörige des Verstorbenen, Herrn N. N.", „Liebe Mitglieder der St.-Sebastianus-Schützenbruderschaft" oder „Liebe Schülerinnen und Schüler der neunten Klasse". Einzelpersonen dagegen sollte man höchstens ausnahmsweise ansprechen, also z. B. den Primizianten bei einer Primizpredigt oder einen Missionar auf Heimaturlaub. Sind Kinder und Jugendliche anwesend, kann man sie eigens nennen. Damit nimmt man sie mit auf die Predigtreise, während sie ansonsten gerne in dieser Zeit abschalten, weil sie meinen, die nächsten zehn Minuten seien nur für Erwachsene. Gelegentlich kann man dies auch etwas ausführlicher tun, etwa mit diesen Worten: „Liebe Kinder! Ich freue mich, dass ihr heute mit dabei seid. Ich weiß nicht, wie gerne ihr in die Kirche geht. Aber ich weiß, Jesus hat euch ganz besonders gern. Die Kinder hat er in die erste Reihe geholt. Das hat er nicht getan wie ein Lehrer, der die schlimmsten Lausebengel nach vorne holt, um sie besser zu überwachen. Das habt ihr ja hoffentlich nicht nötig. Nein, er wollte sie als Erste ansprechen. Denn er wusste: Die Kinder verstehen mich am besten. Sie haben noch nicht den Kopf voll mit festen Vorstellungen vom Leben. Sie wollen noch etwas lernen. Ich halte jetzt eine Predigt. Dabei gebe ich mir Mühe, wie Jesus zu reden. Ihr sollt am meisten etwas davon haben. Ich mache es sicher nicht so gut wie Jesus. Aber wenn ihr wollt, könnt ihr mir nachher ja einmal sagen, was ihr davon behalten habt und wie es euch gefallen hat. So, und jetzt geht's los ..."

4. Mögliche **Störungen** gibt es viele, und man tut gut daran, sich für alle Fälle einen Plan B zurechtzulegen: Zwischenfälle im Kirchenschiff, Unruhe, ungeduldiges Auf-die-Uhr-Schauen oder Schläfrigkeit Einzelner und natürlich unruhige Kinder.

– Gar nicht selten wird es einem Anwesenden *schlecht* (allerdings wirklich nur in ganz seltenen Fällen aufgrund der Predigt ...). Verlässt er das Kirchenschiff, ist ihm die Aufmerksamkeit der Anwesenden für einige Momente gewiss, auch wenn er nichts weniger als dies im Sinn hat. Jedoch so lange zu schweigen, bis er draußen ist, wäre für ihn mit Sicherheit peinlich. Sprechen wir also nach allenfalls kurzer Pause weiter. Fallen jedoch in dieser Zeit Schlüsselsätze, sollte man sie darum wenig später der Sache nach wiederholen. Wird jemand in der Bank (oder im Altarraum) ohnmächtig und benötigt Hilfe, kümmern sich meist Umstehende, Verwandte, Freunde oder Ersthelfer um ihn. Natürlich kann man jetzt nicht weiterpredigen, als hätte man es nicht bemerkt. Vielleicht wird man den Helfern kurz danken und der Hoffnung Ausdruck geben, dass es nichts Schlimmeres damit auf sich hat. Der Plan B kennt die Bitte um ärztliche Hilfe („Ist vielleicht ein Arzt oder Notfallhelfer hier in der Kirche?"); vielleicht muss der Notarzt gerufen werden. Anfangs kann man etwa einfach zum Gebet einladen, etwa des Rosenkranzes. Kommt es zu auffälligen Erste-Hilfe-Maßnahmen, wird man wohl kaum weiterpredigen können, sondern nach einer gewissen Zeit etwa zur Fortsetzung des Gottesdienstes einladen: „Frau N. wird geholfen. Dafür sind wir dankbar. Der Notarzt ist auch schon verständigt und wird bald eintreffen. Ich will jetzt nicht weiterpredigen, denn wir sind zu bewegt davon, ob diese Hilfe es ihr auch bald besser sein lässt. Das Beste, was wir tun können, ist Gebet. Unser Gottesdienst ist Gebet. So können wir, glaube ich, einfach mit diesem Gebet nun auch fortfahren."

- Zum Glück nur selten gibt es regelrechte *Provokateure*, die Predigt und Gottesdienst bewusst unterbrechen wollen. Manchmal sind es Menschen mit einer psychischen Erkrankung, manchmal aber auch Kirchenfeinde. Der Plan B kann das kurze, beruhigende Gespräch mit einer solchen Person beinhalten. Fruchtet es nicht oder ist es angesichts von Aggressivität ohnehin aussichtslos, sollte es einige starke Männer geben, die wissen, dass jetzt ihre Stunde geschlagen hat: höflich, aber bestimmt zuzupacken und den Störer aus der Kirche zu führen. Ist Gefahr im Verzug, ist sofort die Polizei zu verständigen und ggf. die Kirche zu räumen.
- Sehr viel alltäglicher ist *Unruhe* in den Bänken. Generell ist sie ein Symptom mangelnder Motivation und eines weitgehend fehlenden Interesses an Gottesdienst und Predigt. In festen Sonntagsgemeinden wird sie nur untergründig spürbar sein, ist dann aber umso alarmierender. Die Predigt trifft dann offensichtlich nicht einmal im Ansatz den Nerv der Leute. Das nächste Mal muss also alles umgekrempelt werden, damit den Menschen Hören und Sehen vergeht. Das ist nicht leicht, aber tausend Mal besser als auf Dauer gegen Wände zu sprechen. Wenn die Unruhe nur allmählich aufkommt, ist die Predigt einfach zu lang und zu uninteressant. Da muss man das nächste Mal vielleicht nicht alles umkrempeln, wohl aber streng mit sich sein und seinen Entwurf zurechtschneiden, bis ein kompaktes, spannendes Wort entsteht.
- Bei Schüler- und Jugendgottesdiensten, manchmal aber auch bei Kasualgottesdiensten mit Erwachsenen (etwa einer Trauung) kann die *Unruhe* bis jenseits der Schmerzgrenze anwachsen, und im Extremfall ist der Abbruch des Gottesdienstes die *ultima ratio*. Zuvor wird man natürlich (auch mithilfe zuverlässiger Gottesdienstteilnehmer) versuchen, die Anwesenden zu einem angemessenen Verhalten zu bewegen. Die Predigt wird man radikal abkürzen oder überhaupt direkter, frischer und zupackender sprechen. Auf jeden Fall wird man mit allen Verantwortlichen im Nachhinein auswerten, wie es dazu kam und ob und wie es sich bei ähnlichen Anlässen verhindern lässt. Eine Missachtung der Würde der liturgischen Feier und der angemessenen Stille und Sammlung im Kirchenraum darf nicht folgenlos bleiben. Dies einzufordern ist nicht zuletzt Aufgabe des liturgisch Verantwortlichen.
- Manchmal hört man die Engel singen – nur dass die „Engel" für alle außer deren Eltern einfach ein bisschen arg quirlige *Kleinkinder* sind, die dem Redner mit ihren Turnkunststücken, ihren Ausflügen bis in den Altarraum, ihren Kommentaren („Gehn wir jetzt endlich?"), dem mehr oder weniger charman-

ten Anschauen einzelner Anwesender in ihrer Umgebung oder kleineren Unfällen (nebst den akustischen Folgen) die Schau stehlen. Zum Trost geplagter Gottesdienstbesucher sei für einmal ganz politisch inkorrekt gesagt: Ja, es gibt auch regelrecht verzogene Kinder (oder sind es nicht vielmehr ihre Eltern?), deren Erziehung offensichtlich vor allem darin besteht, dass sie das Gefühl haben, stets und überall entzückend, einmalig und immer der absolute Höhepunkt zu sein. Wen wundert es da noch, dass sie bereits in frühen Jahren einen ausgesprochenen Hang zum Alleinunterhalter entwickeln? Gesagt werden muss leider auch: Eine sachliche Lösung der manchmal massiven Störung von Andacht und Sammlung ist leider oft nicht möglich, und wenn der Seelsorger deutlich, vielleicht sogar unwirsch reagiert, kann er im Anschluss an den Gottesdienst am besten schon gleich den Umzugswagen für sich bestellen. Traurig, aber wahr! Darum bleibt nur ein behutsames Vorgehen mit viel Fingerspitzengefühl, verbunden mit dem Vertrauen auf die Selbstregelungskräfte innerhalb der Gemeinde.

– Eine Störung eigener Art ist es, wenn man bei der Verlesung des Evangeliums siedend heiß bemerkt, dass es sich um das *„falsche" Evangelium* (bzw. auch andere Lesungen als die der Predigt zugrunde liegenden) handelt. Es genügt auch schon, dass nur die Kurzfassung des Evangeliums vorgetragen wurde, man sich aber wesentlich auf das Ausgelassene in der Langfassung bezieht. Hat der Vortragende sich geirrt, darf man die entsprechende Lesung oder das Teilstück noch vortragen. Liegt der Irrtum bei einem selbst, so hilft es nichts: Man wird ihn der Gemeinde gestehen. Traut man es sich zu und ist genügend bibelfest, so wird man (kurz und knapp!) eine Auslegung extemporieren. Ist es zu verantworten, darf man wohl aber auch die Verwechslung gestehen, dann doch noch die „falsche" Lesung kurz paraphrasieren und dann die dazu vorbereitete Predigt halten.

„Aller Anfang ist schwer!", möchte man meinen, wenn man diese vielen Tipps liest. Ist er aber nicht. Die meisten Gemeinden bringen viel Wohlwollen für ihre Predigtanfänger auf, und davon darf man sich gerade am Beginn tragen lassen. Also: sich ein Herz fassen, die Anwesenden gern haben, ehrlich lächeln – und los geht's!

Nun ist der Anfang gemacht, aber bis zum letzten Amen ist noch eine Kleinigkeit zu absolvieren: die eigentliche Predigt. Was sind dazu die wichtigsten Hinweise?

1. **Die Akustik berücksichtigen:** Jeder Raum besitzt eine individuelle Akustik. Das ist nicht einfach bloß eine gute oder schlechte Verständlichkeit von Wörtern, sondern sein besonderer Klang. Insofern ist es wenig angemessen, sie nur als zu überwindendes Hindernis anzusehen, etwa mithilfe einer ausgeklügelten Mikrofonanlage. Wer bereit ist, *mit* der Akustik zu sprechen, den belohnt sie damit, dass der Klang seiner Stimme kein Fremdkörper im Raum bleibt. Und wo

das Mikrofon selbstverständlich ist? Nicht wenige Kirchen haben teure Anlagen, deren Programmierung mit einer Marsexpedition konkurrieren könnte – nur dass die Bediener ihr oft nicht gewachsen sind. Bestenfalls ist die Grundeinstellung verlässlich, und kein Knöpfchenverliebter hat an ihr herumgespielt und sie verschlimmbessert. Gelegentliche fachliche Überprüfung und Beratung können da Wunder wirken. Einfach den Mesner zu bitten, die Lautstärke hochzudrehen, weil heute die Stimme etwas belegt ist, ist Holzhammermethode. Auch das beste Mikro verstärkt nur das, was man hineinspricht. Das Klirren der Anlage lässt die Zuhörer ständig befürchten, dass es gleich zum GAU in den Ohren kommt. Zumindest mit den Grundeigenschaften der Verstärkeranlage (Erfassungswinkel, Idealabstand, Klirrpunkt, Raumerfassung usw.) und natürlich mit dem optimalen Umgang damit sollte man sich vertraut machen.

2. Da ist die **Stimme**. Sie ist *das* Medium der Predigt schlechthin, so bedeutsam Auftritt und Körpersprache ansonsten auch sein mögen.[671] Die meisten Erwachsenen können zwar sprechen, aber ihre Stimme nicht zum Klingen bringen. Deren Ausdrucksfähigkeit bleibt reduziert und verharrt fast ständig auf einem Grundton. Moderne Sprechgewohnheiten *switch* – dem Handy sei's gedankt? – offenbar inzwischen nur noch zwischen einem eher unterkühlten Grundton und einem Ton emotionaler Erregtheit, also zwischen Distanz und Spannung. Das ist kümmerlich, und es wird auch nicht besser, wenn sich die moderne Kirchentonart namens *soft* hinzugesellt. Nein, jede menschliche Stimme ist eine Orgel mit vielen Registern, und man kann es lernen, sie bewusst und variantenreich zu ziehen. Dabei ist das Königsregister die Satzmelodie. Sie ist so bedeutsam, dass sich aus ihrer Stilisierung die bekannten neun Töne der Psalmodie entwickelt haben. Sie alle kennen Auftakt *(initium)*, Rezitationston *(tenor)*, ggf. die *flexa* bzw. Beugung für eine Zwischenpause, die *mediatio* in der Mitte eines Verses vor dem Asteriskus (*) und an seinem Ende die meist nach unten fallende Schlusskadenz *(finalis)*. Psalmodie ist also stilisierte Satzmelodie. So lehren die Psalmtöne auch die Bedeutung von Fluss und Dehnung der Silben, ebenso ihre Betonung oder ihre Verflüssigung ins Ganze des Satzes. Und natürlich die Frage nach der Tonhöhe des Grundtons: Man soll ihn auf Dauer ohne Ermüdung oder gar Schädigung der Stimme durchhalten können, und dafür muss er sich organisch aus dem eigenen Körperbau ergeben. Wer hätte nicht schon gestaunt über Riesen, die reden, als wären sie noch nicht in den Stimmbruch gekommen? Beim gregorianischen Choral ist die Psalmodie freilich nur der Anfang, denn daraus haben sich die großen melismatischen Stücke des gregorianischen Propriums entwickelt, die aber doch nichts anderes sind als kunstvoll ausgestalteter Sprechgesang zur Unterstützung des Aussagegehaltes. Unterstützung, das ist das Kriterium auch bei der Rede: Die Sprach- und Satzmelodie trägt das Gesagte, überlagert und verdeckt es aber nicht. Darum ist sparsamer, aber gezielter Gebrauch angesagt. Wer dies beherrscht, dem eröffnen sich ungeahnte

9. ACTIO: Das Predigtereignis

Möglichkeiten: Ohne einen Satz sprachlich zu verändern, kann man ihm durch die Melodie Nachdruck verleihen, ihn relativieren, ihn ironisch brechen, ihn zuckersüß oder gallebitter klingen lassen.[672]

3. Anfänger tun sich fast immer schwer damit, eine überzeugende **öffentliche Stimme** zu entwickeln. Sie ist anders als im privaten Gespräch, aber erkennbar die meine und nicht verfremdet (salbungsvoll bis schneidend). Die Mikrofonanlagen verleiten jedoch dazu, auch in großen Räumen die übliche Wohnzimmerstimme beizubehalten. „Du musst lauter sprechen!", lautet fast immer der Tipp an Anfänger. Aber es handelt sich nicht bloß um die Dezibelzahl. Öffentlich sprechen heißt anders sprechen. Aber wie? Das lässt sich kaum allgemein sagen. Die eigene Persönlichkeit, Größe und Gestalt des Raumes, Zahl der Teilnehmer und Art der gottesdienstlichen Versammlung und natürlich die Art der Predigt spielen eine wichtige Rolle. Letztlich geht es darum, dem Nicht-Privaten, dem Versammlungshaften, dem Rituellen der Liturgie zu entsprechen. Hier bin ich κῆρυξ *(keryx)*, Herold des Evangeliums, Ausrufer Christi, Bekenner vor aller Welt.

4. Freilich schätzen die Menschen eines mehr als alles andere: die **Verständlichkeit**. Recht haben sie, und zweimal recht in den nicht selten komplexen Akustiken unserer Kirchen. Und noch einmal mehr haben die vielen älteren Menschen, Personen mit Hörbehinderungen und natürlich auch die Nicht-Muttersprachler[673] das Recht, keinen Redeschwall wie die Niagarafälle über sich ergießen zu sehen, sondern eher etwas wie die kunstvoll geordneten Bewässerungsanlagen eines Reisfeldes. Konkret:

– Das *Sprechtempo* ist den Verhältnissen anzupassen. Das ist anspruchsvoll, denn es soll ja nicht klingen wie früher eine Single-Schallplatte mit 45 Umdrehungen pro Minute, die man im Langspielplattentempo von 33 U/min anhört. Innerhalb des akustisch Möglichen sollte man dann aber auch wieder variieren: schneller sprechen, um Spannung aufzubauen, langsamer sprechen, um Wichtiges zu betonen, und zwar ganz ohne lauter werden zu müssen.

– *Satzpausen und größere Pausen zwischen Abschnitten* sind unerlässlich, und dies nicht nur wegen des Halls. Die öffentliche Rede braucht Pufferzonen, in denen Hörer das Gesagte aktiv verarbeiten können. Übrigens: Da die Hörer nicht wissen, was der nächste Gedankengang des Predigers ist, kann man damit auch den gefürchteten Blackout überdecken. Wenn er also wirklich einmal kommt (weit seltener als befürchtet!), gilt es, ruhig ein- und auszuatmen und die entstandene Stille so zu gestalten, als wäre die Pause beabsichtigt. Ohnehin sind meistens die Pausen für den Redner gefühlt viel länger, als sie sich anhören.

– Eine *gute Artikulation* hat heute kaum noch jemand gelernt. Sie besteht in mehr als in einer Überbetonung der Endkonsonanten, wie sie in manchen Kirchenchören gepflegt wird. Jeder Laut, jede Silbe soll eindeutig und mühelos identifizierbar sein, ansonsten wird das Zuhören schlagartig anstrengend oder gar zur Qual. Verschluckte Endsilben und Konsonanten, uneindeutige Vokale, hastiges Reden oder einfach Mundfaulheit sind mehr Regel als Ausnahme. Systematische, angeleitete Artikulationsübungen sind darum unerlässlich.[674] Und wie Sänger sich vor dem Auftritt einsingen, so sind Sprech- und Stimmübungen vor Gottesdienst und Predigt von größtem Nutzen.

– Sinnvollerweise wird man in der leeren Kirche einige *Sprechproben* halten und sich von einer Testperson in allen Winkeln des Gotteshauses ein Feedback geben lassen. Eine Faustregel: Schon bei der Probe stelle ich mir vor, ich will mit meinen Worten jemanden in der letzten Reihe erreichen, der gar kein Interesse mitgebracht hat. Das ändert die Einstellung zu den Hörern insgesamt, erleichtert die „gefühlte" Ansprache und lässt den Vortrag intensiver werden.

5. Damit wären wir beim Thema **Stimmbildung**. In den meisten Ausbildungseinrichtungen sind entsprechende Kurse Standard. Reicht das dort Erreichte aus oder handelt es sich um nur ansatzweise wirkungsvolle Pflichtübungen? Entscheidend ist die beständige, jahrelange Übung, unerlässlich dabei das fachliche Echo und die gezielte Arbeit an Fehlern und Schwächen. Das verlangt Demut und Beharrlichkeit. Nirgendwo aber kann man Demut und „Diener aller sein" so problemlos und ideologiefrei lernen wie an dieser Stelle. Umso weniger ist Stimmbildung im seelsorglichen Einsatz selbstverständlich. Es ist schon viel, wenn Gläubige dem Küster zutragen: „Der Neue spricht so leise." Es ist aber entschieden zu wenig, darauf zu reagieren: „Dann sollen die Leute sich doch nach vorn setzen!" Man muss sich die Weiterbildung der Stimme also selbst organisieren. Doch gerade in der Gemeinde findet man leicht auch fachlich ausgebildete Stimmbildner, professionelle Sprecher und Logotherapeuten, die einem gerne behilflich sind. Deren Hinweise helfen rasch und effektiv, ganz abgesehen von den Sympathieeffekten bei den Gemeindemitgliedern, wenn sie erfahren, was der Neue sich um ihretwillen alles antut. Stimmbildung light kann man durch Selbstlernkurse erlangen, zu denen es zahlreiche gute Ratgeber und Online-Kurse gibt. Wie immer bei solchen Kursen muss man sie aber schon systematisch studieren und nicht nur den einen oder anderen Hinweis herauspicken, ansonsten erlernt man u. U. folgenschwere Fehlhaltungen bei der Aussprache. Gut gelernt, sind solche Kurse dagegen wirksame Hilfsmittel, um auch bei belegter Stimme und Heiserkeit gedämpft und doch deutlich genug zu sprechen. Apropos Heiserkeit: Lutschtabletten als „Rachenputzer", Gurgeln mit Salzwasser oder stimmbänderbefeuchtende Lösungen mögen helfen, ersetzen aber nicht die Sprechübung und das Einsprechen vor dem Gottesdienst. Schnäpse (anders als ein Glas Wasser) dagegen sind tabu – das verwehrt schon die Würde des Gottesdienstes, ggf. auch die eucharistische Nüchternheit, aber auch schlicht die Tatsache, dass eine leichte Fahne Leuten in der Nähe alles sagt, nur nicht die Schönheit des Evangeliums.

6. Was ist mit der **Mundart**? Da versteht man das „dem Volk aufs Maul schauen" so, dass an diesem Ort auch die Sprache des Volkes gesprochen wird.

9. ACTIO: Das Predigtereignis

Nur, was ist die Sprache des Volkes? Philippinisch wie die der jungen Frau, die in bemerkenswerter Tapferkeit seit einigen Monaten den Altersdurchschnitt der Sonntagsgemeinde erheblich senkt? Die *lingua franca* Englisch (oder besser jene Form von PC- und Popkultur-Englisch, das jeder heute geradezu unvermeidlicherweise lernt)? Der Dialekt der Alteingesessenen am Ort, den schon ihre Enkel kaum mehr verstehen, geschweige denn reden? Oder einfach ein paar kraftvolle Einsprengsel, welche die ansonsten allzu staatstragend ausgeglichene Rede Franz-Josef-Strauß-haft würzen? Manche marketingbewussten Pastoren meinen, Gottesdienste seien nur mit einem Vorwort attraktiv zu machen, also: „Kinder-", „Familien-", „Rapper-", „Volksmusik-", „Cross-over-" oder eben auch einmal „Mundartgottesdienst". Hinter Letzterem mag auch die Hoffnung stehen, das Wort der Schrift dadurch aus einer erhabenen Unberührbarkeit herauszuholen. Doch wohl nicht nur beim katholischen Gottesdienst verbieten seine Heiligkeit und Würde, seine Öffentlichkeit und Universalität den durchgängigen Gebrauch des Dialekts. Zumindest in der heutigen Welt steht dieser ja für das informelle, familiäre Gespräch unter Nahen. Im Raum der Kirche erscheint er wie eine Grenzüberschreitung. Das hindert freilich nicht, in der Predigt gelegentlich die bilderreiche, handfeste Sprache des Dialekts zur Verdeutlichung und Veranschaulichung zu gebrauchen. In Regionen mit ungebrochenem Gebrauch des Dialekts mag man auch mundartlich predigen. Und dass die eigene Sprache eine regionale Färbung behält, ist heute weithin akzeptiert, ja es wird angesichts eines farblosen Kosmopolitismus wertgeschätzt (kleine Ungerechtigkeit des Weltenlaufs: je norddeutscher, umso akzeptierter!). Das ist jedoch kein Freibrief für offenkundige Aussprachefehler: Vor allem g und ch werden in vielen Dialekten verwechselt (es muss heißen: „heili*ch*", aber „Heili*ge*"), ch und sch („Kir*sch*blüten", aber eine „blühende Kir*che*"), s und sch („*Sch*tein" sagt man, wenn man nicht allzu offenkundig den hanseatischen „Stein" heraushängen lassen will), und ein R ist vielfach bloß ein unbestimmter Rachenlaut („*Röchel*-om" statt „Rom") oder ist überhaupt nicht mehr zu hören (der Advent „wa*r*tet" nicht auf den wiederkommenden Herrn, sondern „w*a*tet" durch den Sumpf der Weihnachtsmärkte). Vorsicht auch vor Überkorrekturen, also dass auf einmal etwa alles „Sch" nur noch als „Ch" klingt.

Gut gesagt

Dem Volk „aufs Maul zu schauen" kann nicht heißen, ihm in der Wortwahl blind nachzueifern. Ein Redner ist kein Chamäleon. Zwar wird er sich sprachlich seinen Zuhörern anpassen, aber nur so weit, wie es seine Persönlichkeit, sein Alter, sein Temperament, seine Stellung usw. zulassen. Das ist eine Frage der Glaubwürdigkeit. Ein älterer, bedächtiger Herr wird nicht ungestraft ausschließlich einen jugendlichen Jargon benutzen: Man wird ihm dies als Anbiederung auslegen. Andererseits sollte derselbe Herr aber steife, allzu bedächtige oder gar schwerfällige Formulierungen meiden und evtl. – gewissermaßen in Anführungszeichen und beiläufig – einzelne jugendsprachliche Wendungen in seine Rede einstreuen, um seinen jungen Zuhörern zu verstehen zu geben, dass ihm auch ihre Sprache und Gedankenwelt durchaus vertraut sind.

Duden 111

7. Nun aber doch noch zur Körpersprache, zu **Gestik und Mimik.** „Read my lips: no new taxes", versprach George Bush sen. im amerikanischen Präsidentschaftswahlkampf 1988, also etwa: „Lest es mir von den Lippen ab: keine neuen Steuern!" Von aller Politik einmal abgesehen, lag er kognitionspsychologisch vollkommen richtig (s. o. 4.1.3). Denn die Wahrnehmung des Menschen besteht nicht „wie ein Schweizer Taschenmesser aus separaten Modulen, die für die unterschiedlichen Sinne zuständig seien. Gemäß dem neueren Bild förderte die Evolution vielmehr die Wechselwirkung aller Sinne: Die sensorischen Regionen des Gehirns sind neuronal vernetzt."[675] Einfacher gesagt, wir verstehen Sprache auch mit den Augen, ja selbst mit dem Tastsinn. Wie schwer fällt es etwa, ein Gespräch am Nachbartisch im Restaurant bei einem entsprechenden Geräuschpegel zu belauschen, wenn man den Sprecher nicht sehen und seine Lippen beobachten kann. So ist Körpersprache also nicht sozusagen ein zweiter Kanal, den man mit dem ersten Kanal der Sprache synchronisieren soll, sondern sie ist Teil des einen, umfassenden Geschehens der Mitteilung durch eine Rede.

Körpersprache ist also Teil der Sprache. Wie lernt man sie dann zu sprechen? Das Fundament ist der Stand. Er sei fest wie der Glaube, also nicht hin und her schwankend wie ein Schilfrohr (vgl. Mt 11,7). Dazu wird man entweder im parallelen Stand die Füße in einem mittleren Abstand (weder breitbeinig noch „Gewehr bei Fuß") nebeneinanderstellen oder das eine Bein durchdrücken (Standbein) und das andere etwas anwinkeln und leicht nach vorne versetzen (Spielbein). Spaziergänge im Altarraum ohne bestimmten Anlass sind wenigstens hierzulande tabu; sie gelten übrigens auch bei weltlichen Rednern zwar als besonders dynamisch, beim Publikum dagegen leicht als selbstverliebt bis affig.[676] Und dann: Wohin mit den Händen – nach italienischer Art alles Gesagte mit einer Art von Gebärdensprache unterstreichen oder sie skandinavisch auf dem Pult ruhen lassen? Und wohin mit den Augen – aufs Konzept und nur nach jedem Abschnitt ein misstrauischer Blick in die Menge, beständig hin und her schweifend *wie ein brüllender Löwe, suchend, wen er verschlinge* (1 Petr 5,8) oder für Momente jeweils auf einzelnen Hörern ruhend? Endlich die Bewegtheit des gesamten Körpers: wie eine Boje bei Windstärke zwölf oder wie der Fels in der Brandung? Hier sind heutige Kommunikationstrainer in ihrem Element, und sie schwören ihre Schützlinge gerne auf todsichere Regeln ein. Am Ende ist man perfekt – aber eher für die Fernsehshow als für die geistliche Rede. Wem's behagt, der mag sich einschlägige Tipps holen und sie beherzigen. Entscheidend aber ist wie beim

9. ACTIO: Das Predigtereignis 335

Kleiderkauf: Nicht die Reklame macht's, sondern die Anprobe. Passt der Tipp zu mir, und zwar im Rahmen der Liturgie? Steht er mir, d. h. entwickelt er Ausstrahlung? Und vor allem: Dient er dem Wort oder lenkt er stattdessen die Aufmerksamkeit auf meine Person?

8. Bei MBA-Absolventen, bei Jahreshauptversammlungen eines DAX-notierten Unternehmens und selbst an der Universität ist sie heute Standard: die **optische Präsentation** eines Vortrags mit *PowerPoint*. Sollte das nicht auch für die Predigt gelten? Mancherorts erlebt man bei Beerdigungen eine Fotoretrospektive aus dem Leben des Verstorbenen, begleitet von seinen Lieblingssongs. Spezialisten der Evangelisierung fragen an: Eröffnet die Multimedialität „starker" Musik, in die Augen springender Bilder und knapper Texte nicht Wege in die Jugendkultur, die die verlorenen jüngeren Generationen wieder in die Kirche führen könnten? Oder sollte nicht zumindest eine dezente Visualisierung des Predigtaufbaus und wichtiger Schlüsselsätze dazu beitragen, dass die Hörer nachhaltig von den Inhalten geprägt werden? Haben diese Spezialisten recht? Zwei Bedenken dagegen wiegen schwer, ein mediendidaktisches und ein liturgiewissenschaftliches. Medien unterstützen das Lernen nur dann, wenn sie angemessen eingesetzt werden. Viel hilft nicht viel. Doch sind massive Medieneinsätze – zudem wenn sie im Gottesdienst geradezu als Tabubruch empfunden werden könnten – der gottesdienstlichen Predigt wirklich angemessen? Aber auch liturgische Bedenken gibt es. Gottesdienst ist elementar, seine Materie ist der Schöpfung entnommen, seine Kunst entstammt dem Handwerk und nicht technischen Kunstwelten (bis hin zur Pfeifenorgel statt dem Synthesizer), und selbst dort, wo eine technische Unterstützung unabdingbar erscheint (akustische Verstärkeranlagen, elektrisches Licht, Fußbodenheizung usw.), sollte sie so wenig wie möglich auf sich selbst aufmerksam machen. Als λογικὴ λατρεία (*logike latreia,* vernunftgemäßer Gottesdienst) ist sein Elementarstes aber das gesprochene Wort. Ist es nicht ein Segen, wenigstens einen Ort auf Erden zu haben, an dem man diesem Wort selbst zutraut, zu den Menschen zu sprechen? Ist die dafür notwendige Konzentration, die Askese der Sinne, auch die Pflege des Wortes, nicht eine heilsame Herausforderung? So wird man alle Kraft und Kreativität in das treffende Wort legen, auf mediale Unterstützung jedoch verzichten. – Aber was ist mit der Zeichen- und Symbolpredigt: „Heute habe ich euch eine Wurzel mitgebracht"? Viele Leute schätzen das, und es bleibt im Gedächtnis haften. Es soll nicht wie die technischen Präsentationsmöglichkeiten grundsätzlich abgelehnt sein. Allerdings wird man sich fragen, ob der Gegenstand der Würde des Gotteshauses und des Gottesdienstes angemessen ist. Ein Einbruch der Profanität, vielleicht sogar Banalität würde die Botschaft aussenden: Auch an diesem heiligen Ort tritt nun die flache Welt der Waren den Siegeszug an. Und schließlich: Wäre es nicht denkbar, z. B. bei einem Bischofswort den Originalton (mit Bild?) einzuspielen? Nein, auch hier steht etwas Elementares im Wege: Der Prediger leiht dem Bischof seine

Stimme, und dieser spricht durch den, der in amtlicher Gemeinschaft des kanonischen Gehorsams ihm gegenüber steht. Dieses wirklich sprechende Verhalten sollte nicht durch eine technische Wiedergabe des Originals ersetzt werden.

9. Zum Schluss das **Amen**, dessen Aussprechen in der Kirche bekanntlich als Urmeter aller Verlässlichkeit gilt: „sicher wie das Amen in der Kirche". Es ist sinnvoll, ein unmissverständliches Zeichen des Predigtendes zu setzen und nicht einfach unvermutet zu verstummen und sich *stante pede* umzudrehen.[677] Das Amen erinnert auch an den liturgischen Charakter der Predigt. Dieser wird noch durch das heute allerdings unüblich gewordene Kreuzzeichen zum Abschluss verstärkt. Ansprechend wäre auch der alte Brauch, sich nun kurz vor den Hörern zu verneigen.

Gut gesagt
1. Fang nie mit dem Anfang an, sondern immer drei Meilen vor dem Anfang!
2. Sprich nicht frei – das macht einen so unruhigen Eindruck.
3. Sprich, wie du schreibst!
4. Fang immer bei den alten Römern an ...
5. Kümmere dich nicht darum, ob die Wellen, die von dir ins Publikum laufen, auch zurückkommen – das sind Kinkerlitzchen.
6. Du musst alles in die Nebensätze legen.
7. Trink den Leuten ab und zu ein Glas Wasser vor – man sieht das gerne.
8. Wenn du einen Witz machst, lach vorher, damit man weiß, wo die Pointe ist.
9. Eine Rede ist, wie könnte es anders sein, ein Monolog.
10. ... viel Statistik ...
11. Kündige den Schluss deiner Rede lange vorher an, damit die Hörer vor Freude nicht einen Schlaganfall bekommen.
12. Du musst dir nicht nur eine Disposition machen, du musst sie den Leuten auch vortragen – das würzt die Rede.
13. Sprich nie unter anderthalb Stunden, sonst lohnt es sich gar nicht erst anzufangen.
14. Wenn einer spricht, müssen die anderen zuhören – das ist deine Gelegenheit. Missbrauche sie.

Kurt Tucholsky, Ratschläge für einen schlechten Redner (zit. bei *Arens*, Kreativität 45 f. [s. Anm. 108])

Übung
Achten Sie auf die Stimmführung des Vorlesers eines guten Hörbuches (gerne auch nur Auszüge, die leicht im Internet zugänglich sind). Wie gestaltet er einzelne Passagen? Wie entwickelt sich die Dynamik, die Tonhöhe, die Variation entsprechend verschiedener Personen und Geschehnisse?

9. ACTIO: Das Predigtereignis

9.2 Predigtkritik oder das Echo in der Kirche

Literatur: *a) Predigtnachgespräch: Klaus Eickhoff,* Die Predigt beurteilen. Gemeinde denkt mit, Wuppertal 1998 (u. a. mit „15 Kennzeichen zum Beurteilen von Predigten" [ebd. 64–208], etwa „Klarheit statt Nebel" und „Konsequenzen – ja! Bedingungen – nein!"); *Georg Lämmlin,* Die kurze Geschichte des Predigtnachgesprächs, in: *Manfred Josuttis/Heinz Schmidt/Stefan Scholpp,* Auf dem Weg zu einer seelsorglichen Kirche: Theologische Bausteine. Christian Möller zum 60. Geburtstag, Göttingen 2000, 37–48 (knapp und informativ zu seinen verschiedenen Formen). – *b) Predigtanalyse: Wöhrle* (Überblick über verschiedene Analyseverfahren).

„Amen" war das letzte Wort, „the rest is silence – der Rest ist Schweigen", wie das letzte Wort des Hamlet bei Shakespeare lautet. Nüchterner sagen die Rubriken: „Es empfiehlt sich, nach der Homilie eine kurze Stille zu halten."[678] Ein beredtes Schweigen. Nun hat der Prediger gesagt, was er sagen wollte (oder eben auch nur konnte). Sein „Amen" klang vielleicht ein bisschen herausfordernd wie das „Howgh. Ich habe gesprochen" des Karl May'schen Winnetou oder das traditionelle „Dixi", den Bierkrug in der Hand, bei der Versammlung einer Cartellbruderschaft. Was denken die Leute jetzt? Hat es ihnen gefallen? Haben sie an etwas Anstoß genommen? Oder hat es sie nur einfach gelangweilt? Nicht einmal der Applaus wie bei Künstlern zeigt nun dem Redner an, auf welchen Boden sein Wort gefallen ist. Nirgendwo ist also die Machtlosigkeit monologischen Redens, von der wir in 1.2 gesprochen haben, so greifbar wie am Ende einer Predigt. Ein Moment der Demut also – und diese Beobachtung zeigt bereits an, wie man am besten mit ihm umgeht: geistlich, betend, mit einer kurzen Bitte um den Heiligen Geist, der allein die Herzen der Hörer bewegt und bewirkt, dass das Wort in ihnen *reiche Frucht bringt, teils dreißigfach, teils sechzigfach, teils hundertfach* (vgl. Mk 4,8). Nun hat man nichts mehr in der Hand, und umso mehr erahnt man etwas vom Geheimnis des Gotteswortes im Menschenwort. *Möge dem Herrn mein Dichten gefallen* (vgl. Ps 104,34), lässt sich als Stoßgebet formulieren. Und dann muss man es gut sein lassen. Weh dem Prediger, der in Gedanken noch den halben weiteren Gottesdienst lang seiner Rede nachhängt, der die Leute anschaut und aus ihrem Gesichtsausdruck herauszurätseln versucht, „was sie denn heute schon wieder an dem, was ich gesagt habe, herumzumäkeln haben". All das ist ungeordnete Selbstliebe und macht das Haus Gottes zur Markthalle der Selbstvermarktung.

Ohnehin gibt es einen Vorgang, der viel wichtiger ist als die Predigtkritik: nämlich die persönliche Aneignung dessen, was jedem Einzelnen persönlich gesagt wurde. Ist es bloß ein Wunschtraum, von den Gläubigen zu erwarten, dass sie sich nach dem Gottesdienst, am Mittagstisch zu Hause oder sogar mitten in der Woche, wenn ihnen ein Gedanke aus der Sonntagspredigt wieder aufgeht, darüber austauschen, sich gegenseitig erinnern oder einander Anregungen zum Verständnis oder zur Umsetzung geben? Die eigentliche Laienpredigt ist ja die *applicatio,* also die zugleich persönliche und gemeinsame Aneignung des Gehörten in der eigenen Lebenswelt. In der Regel geht etwas ja nur dann in das eigene Denken, Fühlen und Verhalten ein, wenn es in die eigene Welt übersetzt sowie in ihr verstanden wird und in sozialen Nahbeziehungen vorkommt. Diese Einsicht ist nicht neu. Der Aufschwung der katholischen Predigt nach dem Konzil von Trient wusste um die Rolle der Laien dabei, dass eine Predigt nicht am Einzelnen „vorbeirauscht".[679] Laien sollten die Predigt nicht bloß hören, sondern sie anderen auch wiedergeben – so etwa zuerst die Anregung der Missionare im Fernen Osten, dass die Neubekehrten ihre Familien und Nachbarn zu erreichen suchen sollten, oder (auf Anregung von Dom Le Nobletz im französischen Douarnenez) die Praxis jener Frauen der Seeleute, die monatelang unterwegs waren und die nun von ihren Frauen den Inhalt des Verpassten systematisch und mit weiblichem Charme vorgetragen bekamen. Das jesuitische Prinzip des „Apostolats des Gleichen durch die Gleichen" verstand, dass Menschen am liebsten auf ihresgleichen hören, und so ließen sie ältere Schüler in den marianischen Kongregationen eine Viertelstunde lang Lesung oder Evangelium kommentieren. Aber auch Volksmissionare auf dem Land bildeten Mädchen dazu aus, ihre Predigten der Bevölkerung zu wiederholen und nahezubringen, und in den Städten bildeten sich Vereine wie die „Compagnie du Saint-Sacrement", die in allen Schichten ein aktives Laienapostolat pflegten und dazu Menschen aus ihren Milieus auch Gedanken aus der Predigt in ihrer Sprache vortrugen.

Dann ist der Gottesdienst aus, und vielleicht kommen Reaktionen. Ein freundliches Wort ist Balsam („Schöne Predigt heute!", „Danke, das hat mir aus dem Herzen gesprochen!", „Gut gebrüllt, Löwe!"). Manchmal sprechen Leute eine bestimmte Passage an, und dabei staunt man nicht selten, wie originell und geradezu eigensinnig sie diese aufgefasst haben. Die Gesetze der Kommunikationspsychologie zeigen ihre Wirkung: Jeder versteht, indem er das Gehörte auf ihm Vertrautes bezieht (und manchmal auch nur das herauszieht, was noch in seinen Dickschädel passt …). Doch einzelne Gläubige haben etwas auch wieder tiefer verstanden als man selbst, und wieder wird man an den Heiligen Geist erinnert, der *weht, wo er will* (Joh 3,8). Auch kommt es schon einmal vor, dass man auf eine Predigt angesprochen wird, die längst zurückliegt und deren Inhalt man beim besten Willen selber nicht mehr angeben könnte. „Aber natürlich, ich weiß noch genau, wie Sie damals gesagt haben: …" Wahrhaftig, *du hörst sein Brausen, weißt aber nicht, woher er kommt und wohin er geht* (Joh 3,8). Freilich, die Kultur des Echos auf eine Predigt ist nicht sehr ausgebildet. Unterm Strich ist das vielleicht sogar besser so, weil der Gewinn doch rasch durch die Gefahr der Eitelkeit aufgezehrt würde. Wie auch immer, meistens sagt vor der Kirchentür keiner etwas zur Predigt, und das selbst an Tagen, an denen man richtig leidenschaftlich

9. ACTIO: Das Predigtereignis   339

geworden ist. Auch diese Enttäuschung kann man nur geistlich tragen. Es ist, als hätte man mit einem riesigen Blumenstrauß bei jemandem vor der Tür gestanden, jedoch nur die Antwort erhalten: „Wir geben nichts." Umso mehr könnte es eine lohnende und wichtige Aufgabe von haupt- und ehrenamtlichen Mitarbeitern sein, zumindest von Zeit zu Zeit ein Echo auf die Predigt zu geben. Und wie macht man das? Getreu dem Spruch fürs Poesiealbum aus Goethes Gedicht „Das Göttliche": „Edel sei der Mensch, / Hilfreich und gut!"

– *Edel* heißt selbstlos. Also nicht etwa loben, um dann bei der eigenen Predigt selbst gelobt zu werden. Oder in Schmeichelei verfallen, weil man genau weiß, dass der Prediger dafür anfällig ist. *Weh euch, wenn euch alle Menschen loben* (Lk 6,26), warnt schon der Herr, auch wenn dieser Satz von einer Kirche, deren höchstes Gut hohe Beliebtheitswerte sind, in die Apokryphen verbannt zu sein scheint.

– *Hilfreich* heißt gezielt, so dass der Prediger begreift, was er richtig oder falsch gemacht hat und wie er es das nächste Mal verbessern kann. Dafür ist in der Regel Detailkritik besser als ein Pauschalurteil. Also: „Du hast richtig spannend angefangen, aber als du dann auf das Evangelium zu sprechen kamst, hatte ich den Eindruck, es ist alles ziemlich abgegriffen", und nicht: „Irgendwie predigst du immer so altmodisch."

– *Gut* ist das Echo, wenn es ermutigt, besser zu werden, also an sich und der eigenen Predigt weiter zu arbeiten. Da kann man sich noch einmal an die berühmten drei Eigenschaften des *exordium* erinnern (s. o. 6.1.1.1): *attentum, docilem* und *benevolum parare*. D. h. wir können in Ruhe über meine Kritik sprechen und der andere hört mir aufmerksam zu und ist nicht gerade durch etwas abgelenkt; der andere traut mir zu, sachlich Kritik zu üben, und will auch darauf eingehen; uns verbindet ein Vertrauen, auf dessen Grundlage überhaupt etwas so Sensibles wie die Beurteilung einer Predigt angesprochen werden kann.

Doch nicht immer beherzigen die Leute solche wohlgesinnten Maximen. Es gibt auch die Hörer, die sich einen Frust von der Seele reden müssen. Das kann verletzend wirken, und manchmal ist es auch genau so gemeint. Vielleicht hat man einen wunden Punkt bei ihnen getroffen, und dann wird ein guter Seelsorger zuerst den bösen Worten Raum geben, damit dann womöglich auch ein Gespräch über das Berührte beginnen kann. Manchmal passte das Gesagte auch nur nicht in die Ideologie eines Hörers. Jeder hört ja nur, was er hören will. Darum muss man nicht jede Emotion gleich persönlich nehmen. Meistens ist es wie bei Gewitterwolken: Darin hat sich gewaltige Spannung aufgebaut, auch wenn die Blitze nach außen geschleudert werden. So wird man Freundlichkeit und Sachlichkeit zu wahren suchen. Doch dies schließt Bestimmtheit nicht aus: *Suaviter in modo, fortiter in re.* Entscheidend ist die Selbstprüfung: Habe ich vielleicht wirklich nur meine Privatmeinung verkündet, möglicherweise auch nur politisiert und die

Kanzel mit dem Stammtisch verwechselt? Habe ich mich im Ton vergriffen und polemisiert oder gar Menschen beleidigt oder für dumm verkauft? Oder habe ich wirklich prophetisch gesprochen und muss nun Prophetenschicksal erdulden (ganz so schlimm wird es meistens dann doch nicht …)? Am Ende steht die Frage: Was lerne ich daraus? Sensibel und sachlich werden, ja, aber sich einschüchtern oder sich gleichschalten lassen, nein!

Die hohe Zeit des Predigtnachgespräches mit interessierten Gottesdienstteilnehmern ist sicher vorbei. Das ist ohnehin ein bisschen so wie die cineastische Nachbesprechung eines spannenden Krimis: letztlich fade und abgehoben. Oft will der wirkliche Dialog nicht recht aufkommen – vielleicht schon schlicht aufgrund der Tatsache, dass sich ohnehin nur diejenigen einfinden, die auch Stammgäste im „Café der einsamen Herzen" sind. Aber die wohl doch etwas zu gekünstelte Form eines Nachgespräches soll nicht das wichtige Anliegen verdecken, Reaktionen auf die Predigt gezielt zu suchen. Das gelingt auf zweierlei Weise:

– *Informell:* Rückmeldungen holen oder bekommen; sie in der nächsten Predigt (natürlich anonym) aufgreifen; wichtig ist aber auch das Nachklingen-Lassen der eigenen Predigt (z. B. unmittelbar danach im Schweigen oder im meditierenden Nachklingen nach der Messe oder beim Vormeditieren der nächsten Predigt).
– *Formell:* gezielte Einzelbesprechung mit Fachleuten, Mentoren und Kollegen; Austausch mit ihnen über Mail usw.; längerfristige Predigtbegleitung; Teilnahme an einem Predigtkurs.

Kurz und bündig

9.1 Zum gelungenen Halten der Predigt gehört die *cura minimorum*, die Sorgfalt bei den Details. Sie betreffen die äußeren Bedingungen der Predigt ebenso wie die eigene Gestaltung des Auftretens in Stimme, Mimik und Gestik.

9.2 Nach der Predigt ist es von hohem Wert, Hörer zum Echo zu ermutigen, sei es informell oder sei es formell etwa in einem Predigtgespräch.

ZUM SCHLUSS

„[I]ch mache jede Woche meine Predigten für den Sonntag. Insofern habe ich eine geistige Arbeit zu tun, eine Auslegung zu finden. […].
Sie schreiben Predigten für vier, fünf Leute?
Warum nicht? (Lacht.) Doch! Ob das nun drei sind oder zwanzig oder tausend. Es muss immer das Wort Gottes für den Menschen da sein."[680]

Predigen ist keine bloße pastorale Aktivität. Es ist eine Existenzform, der Ausdruck dessen, in der eigenen Person das Gotteswort im Menschenwort verkörpern zu dürfen. „Es muss immer das Wort Gottes für den Menschen da sein." Darum

9. ACTIO: Das Predigtereignis

hört der emeritierte Papst Benedikt XVI. nicht auf zu predigen, auch wenn nur der engste Kreis seiner Vertrauten versammelt ist. „Eine Auslegung zu finden" ist unendlich viel mehr als eine Redetechnik. Es ist und bleibt eine Lebensaufgabe, mit der keiner je fertig wird. Doch weil die Aufgabe so groß ist, wird ein Prediger auch mit Sorgfalt und Liebe alle Mittel ergreifen, ihr gut nachzukommen. Darum zum Schluss der Vorschlag einer Predigtordnung: Wie könnte im Normalfall die Predigtvorbereitung aussehen? In dieser Ordnung finden sich noch einmal wichtige Elemente der einzelnen Kapitel wieder, praktisch gewendet.

1. **Weitere Vorbereitung:** Predigtvorbereitung beginnt schon lange vor der eigentlichen Predigtarbeit. Dazu gehören etwa eine realistische Einschätzung der Möglichkeiten von Predigt heute (1.1), die Arbeit an der eigenen Sprache und Kommunikationsfähigkeit (1.2), ein Leitbild dessen, was Predigt ist (1.3) und wie sich ihr Selbstverständnis fassen lässt (1.4) sowie vielleicht wenigstens gelegentlich ein wenig homiletische Fortbildung und theoretische Vertiefung (1.5). Dazu gehört der Wille zur Form und Gestaltung der Rede (2): als Frauen und Männer des Wortes Freude am Ausdruck, an der Formulierung, am treffenden Wort zu entwickeln, die Sprache auf ihre Möglichkeiten hin auszuloten (etwa auch durch gute Lektüren: Gute Prediger sind meistens auch eifrige Leser), wenn möglich auch systematisch eine Ideensammlung anlegen (von Werbesprüchen bis zu Lesefrüchten), ja überhaupt ein Ethos des Wortes zu entwickeln, also „verbo, non vi" (mit dem Wort und nicht mit Gewalt) bei Menschen etwas bewegen zu wollen. Dazu gehört Lust und Erfahrung in der Formenvielfalt (3.1) und Kenntnis der kirchlichen Ordnung des Predigtdienstes (3.2). Schließlich – und damit geht die weitere Vorbereitung allmählich in die nähere über – wird man die Winkel des homiletischen Dreiecks von Prediger, Hörer und Schrifttext möglichst genau kennenlernen (4):

– Was weiß ich von mir, meiner *Persönlichkeit*, meinen leitenden Anliegen, aber auch meinen versteckten Botschaften? Was signalisieren andere mir und was ist in typischen Konflikten an die Oberfläche gespült worden?
– Wie kann ich immer besser das vor Augen haben, was meine *Gemeinde* berührt, was in den Köpfen und Herzen Einzelner vorgeht, was ihnen Sorgen macht und was ihr Lebensglück ausmacht und natürlich: Wie stehen sie alle in Glaube, Hoffnung und Liebe vor Gott da?
– Lebe ich mit der *Heiligen Schrift,* der Liturgie und dem Glauben der Kirche? Was ist meine angemessene Form der *lectio divina,* d. h. der Betrachtung und persönlich-betenden Auseinandersetzung mit der Schrift? Wie kann ich durch geistliche Lesung nach und nach immer besser mit dem vertraut werden, was die Antwort der „Gemeinschaft der Heiligen", an der ich teilhabe, auf das Wort Gottes ist?

2. **Nähere Vorbereitung:** Dann steht eine einzelne Predigt an, also etwa die des kommenden Sonntags. Dafür bietet sich die „5 + 1"-Methode an, nämlich dass

die Vorbereitung jeden Tag ab Dienstag (einmal den Montag als „Pfarrersonntag" ausgenommen) einen Schritt weitergeht. Damit würde man dann das umsetzen, was Papst Benedikt „geistige Arbeit [...] tun, eine Auslegung [...] finden" nennt:
- Besinnungs-*Dienstag:* Erste Begegnung mit den Schrift- und liturgischen Texten des nächsten Sonntages, Meditation/Betrachtung (zumeist wohl vor allem des Evangeliums), intellektuell-theologische Auseinandersetzung damit, Klärungen der homiletischen Situation und daraufhin des *status* (5.1): „Das genau will ich predigen."
- Kreativitäts-*Mittwoch:* Ausschwärmen nach allen Seiten auf der Suche nach Einfällen, Leitideen, Alltagsanknüpfungen, wahren Begebenheiten und phantastischen Geschichten, *nova et vetera* (Neues und Altes) erkunden oder auch aus der eigenen langfristig angelegten Ideensammlung zu schöpfen, vielleicht auch eine erste Zuordnung zu einem Aufbau und einem roten Faden, dabei alles auf Zetteln festhalten (5.2–5.3). Wohl dem, dessen Kreativität im Dauerbetrieb ist und der nun nur noch sichten und einsammeln muss!
- Formulierungs-*Donnerstag:* Das eigentliche Schreiben der Predigt – oder alternativ auf jeden Fall die Ausformulierung und laute Sprechversuche einzelner Passagen und der gesamten Predigt; dabei zunächst eine Grobgliederung entsprechend der Leitidee entwerfen und dann die einzelnen Teile strukturieren und ihnen einzelne Elemente, Gedanken und Formulierungen zuweisen (6); schließlich die sprachliche Gestaltung im Einzelnen (mit einem Sinn für die „etwas andere" Formulierung) (7).
- Korrektur-*Freitag:* Aus einem gewissen Abstand heraus auf das Ganze schauen, und zwar ganz ohne jede Selbstgefälligkeit oder „Passt schon"-Einstellung; korrigieren, kürzen, konzentrieren, verändern, verfeinern ... und Einzelnes verwerfen (7).
- Verinnerlichungs-*Samstag:* Das fertige Produkt wieder zur ganz persönlichen Auslegung machen, es verinnerlichen, seinen Vortrag üben und dabei auf Brüche, holpernde Stellen und Längen achten und es noch einmal schleifen (8).[681]

Und der *Sonntag* (9)? Das Evangelium ist verklungen. Ich trete an den Ambo. Viele Gläubige schauen mich an, andere sind mit sich selbst beschäftigt, einige lassen das alles ohnehin nur wie einen Aprilregen über sich ergehen (von der Vorsehung für die Demut des Predigers zugelassen!). Ich räuspere mich einmal, beinahe verlegen, und dann ...

ABGEKÜRZT ZITIERTE LITERATUR

Alle Abkürzungen folgen: Lexikon für Theologie und Kirche. Begründet von Michael Buchberger. Hg. von Walter Kasper. 3., völlig neu bearbeitete Auflage. Abkürzungsverzeichnis, Freiburg i. Br.-Basel-Rom-Wien 1993.

Aristoteles	Aristoteles, Rhetorik. Übersetzt, mit einer Bibliographie, Erläuterungen und einem Nachwort von Franz Sieveke, München ²1987.
Barth	Karl Barth, Homiletik. Wesen und Vorbereitung der Predigt, Zürich ³1986.
Bieritz	Karl-Heinz Bieritz u. a., Handbuch der Predigt, Berlin 1990.
Brinkmann	Frank Thomas Brinkmann, Praktische Homiletik. Ein Leitfaden zur Predigtvorbereitung, Stuttgart 2000.
Bohren	Rudolf Bohren, Predigtlehre (= Einführung in die evangelische Theologie 4), München ³1974.
Cicero	M. Tullius Cicero, Opera quae supersunt omnia ex recensione Io. Casp. Orelii. Editio altera emendatior. Curaverunt Io. Casp. Orelius et Io. Georg Baiterus. Bd. 1. Libros rhetoricos continens, Zürich-London-Amsterdam 1845.
Daiber	Karl-Fritz Daiber, Predigt als religiöse Rede. Homiletische Überlegungen im Anschluß an eine empirische Untersuchung. Mit Exkursen von Wolfgang Lukatis, Peter Ohnesorg und Beate Stierle (= Predigen und hören 3), München 1991.
Daiber u. a.	Karl-Fritz Daiber/Hans Werner Dannowski/Wolfgang Lukatis/Klaus Meyerbröker/Peter Ohnesorg/Beate Stierle, Predigen und Hören. 2 Bde. Bd. 1: Predigten: Analyse und Grundauswertung. Bd. 2: Kommunikation zwischen Predigern und Hörern: Sozialwissenschaftliche Untersuchungen, München 1980. 1983.
Dannowski	Hans Werner Dannowski, Kompendium der Predigtlehre, Gütersloh 1985.
DeLeers	Stephen Vincent DeLeers, Written Text Becomes Living Word. The Vision and Practice of Sunday Preaching, Collegeville 2004.
Direktorium	Congregazione per il Culto Divino e la Disciplina dei Sacramenti, Direttorio omiletico, Città del Vaticano 2014 (dt.: Kongregation für den Gottesdienst und die Sakramentenordnung, Homiletisches Direktorium [29. Juni 2014]. Hg. vom Sekretariat der Deutschen Bischofskonferenz [= VApS 201], Bonn 2015 [es handelt sich um eine Arbeitsübersetzung]).
Dizionario	Manlio Sodi/Achille M. Triacca, Dizionario di omiletica, Rom 1998.
Duden	Duden. Reden gut und richtig halten! Ratgeber für wirkungsvolles und modernes Reden. 3., neu bearbeitete und ergänzte Auflage, hg. und bearbeitet von der Dudenredaktion in Zusammenarbeit mit Siegfried A. Huth, Mannheim-Leipzig-Wien-Zürich 2004.
Enchiridion	Reiner Kaczynski (Hg.), Enchiridion documentorum instaurationis liturgicae. Bd. 1, Turin 1976.
Engemann	Wilfried Engemann, Einführung in die Homiletik (= UTB für Wissenschaft: Uni-Taschenbücher 2128), Tübingen-Basel ²2011.

Evangelii Gaudium	Apostolisches Schreiben *Evangelii Gaudium* des Heiligen Vaters Papst Franziskus an die Bischöfe, an die Priester und Diakone, an die Personen geweihten Lebens und an die christgläubigen Laien über die Verkündigung des Evangeliums in der Welt von heute (24. November 2013) (= VApS 194), Bonn 2013.
Evangelii nuntiandi	Apostolisches Schreiben „Evangelii nuntiandi" Seiner Heiligkeit Papst Pauls VI. an den Episkopat, den Klerus und alle Gläubigen der Katholischen Kirche über die Evangelisierung in der Welt von heute (8. Dezember 1975) (= VApS 2), Bonn 1975.
Fuhrmann	Manfred Fuhrmann, Die antike Rhetorik. Eine Einführung, Düsseldorf 2007.
Garhammer/Schöttler	Erich Garhammer/Heinz-Günther Schöttler (Hg.), Predigt als offenes Kunstwerk, Homiletik und Rezeptionsästhetik, München 1998.
Grundordnung	Missale Romanum. Editio Typica Tertia 2002. Grundordnung des Römischen Messbuchs. Vorabpublikation zum Deutschen Messbuch (3. Auflage) (12. Juni 2007). Hg. vom Sekretariat der Deutschen Bischofskonferenz (= Arbeitshilfen 215), Bonn 2007.
Härtner/Eschmann	Achim Härtner/Holger Eschmann, Predigen lernen. Ein Lehrbuch für die Praxis. Mit Beiträgen von Rolf Heue und Reinhold Lindner. 2., erweiterte Auflage, Darmstadt 2007.
HWRh	Historisches Wörterbuch der Rhetorik. Hg. von Gert Ueding. Mitbegründet von Walter Jens. In Verbindung mit Wilfried Barner u. a., Tübingen 1992–2015.
Instruktion	Instruktion der Kongregation für den Klerus und anderer Kongregationen und Päpstlicher Räte zu einigen Fragen über die Mitarbeit der Laien am Dienst der Priester vom 15. August 1997. Hg. vom Sekretariat der Deutschen Bischofskonferenz (= VApS 166), Bonn 1997.
Josuttis	Manfred Josuttis, Rhetorik und Theologie in der Predigtarbeit. Homiletische Studien, München 1985.
Kennedy	George A. Kennedy, Classical rhetoric and its christian and secular tradition from ancient to modern times, Chapel Hill 1980.
Kerner	Hanns Kerner, Predigt in einer polyphonen Kultur, Leipzig 2006.
Lausberg	Heinrich Lausberg, Handbuch der literarischen Rhetorik. Eine Grundlegung der Literaturwissenschaft. 2 Bde., München ²1973.
Lange	Ernst Lange, Die verbesserliche Welt. Möglichkeiten christlicher Rede, erprobt an der Geschichte des Propheten Jona, Stuttgart-Berlin 1968.
Leclercq	Jean Leclercq, La liturgie et les paradoxes chrétiens (= Lex orandi 36), Paris 1963.
Lesebuch	Albrecht Beutel/Volker Drehsen/Hans Martin Müller (Hg.), Homiletisches Lesebuch. Texte zur heutigen Predigtlehre, Tübingen 1986.
Longère	Jean Longère, La prédication médiévale (= Collection des études augustiniennes. Série Moyen âge et temps modernes 9), Paris 1983.
Mildenberger	Friedrich Mildenberger, Kleine Predigtlehre, Stuttgart-Berlin-Köln-Mainz 1984.
H. M. Müller	Hans Martin Müller, Homiletik. Eine evangelische Predigtlehre, Berlin-New York 1996.

Abgekürzt zitierte Literatur 345

K. Müller	Klaus Müller, Homiletik. Ein Handbuch für kritische Zeiten, Regensburg 1994.
Ph. Müller	Philipp Müller, Predigt ist Zeugnis. Grundlegung der Homiletik, Freiburg i. Br. 2007.
Nicol	Martin Nicol, Einander ins Bild setzen. Dramaturgische Homiletik, Göttingen ²2005.
Olivar	Alexandre Olivar, La predicación cristiana antigua (= Biblioteca Herder. Sección de teología y filosofía 189), Barcelona 1991.
Porter	Stanley E. Porter (Hg.), Handbook of the Classical Rhetoric in the Hellenistic Period (330 B.C. – A.D. 400), Leiden 1997.
Quintilian	Marcus Fabius Quintilianus, Ausbildung des Redners. Zwölf Bücher. Hg. und übersetzt von Helmut Rahn. 2 Bde. (= Texte zur Forschung 2 und 3), Darmstadt ³1995.
Redemptionis Sacramentum	Instruktion *Redemptionis Sacramentum* über einige Dinge bezüglich der heiligsten Eucharistie, die einzuhalten und zu vermeiden sind (25. März 2004) (= VApS 164), Bonn 2004 (Original in AAS 96 [2004] 549–601).
Rothermundt	Jörg Rothermundt, Der Heilige Geist und die Rhetorik, Gütersloh 1984.
Schwier/Gall	Helmut Schwier/Sieghard Gall, Predigt hören. Befunde und Ergebnisse der Heidelberger Umfrage zur Predigtrezeption (= Heidelberger Studien zur Predigtforschung 1), Berlin 2008.
Thurneysen	Eduard Thurneysen, Die Aufgabe der Predigt, in: ders., Das Wort Gottes und die Kirche. Aufsätze und Vorträge hg. mit Ernst Wolf (= Theologische Bücherei 44), München 1971, 95–106.
Trillhaas I	Wolfgang Trillhaas, Evangelische Predigtlehre, München 1935. ⁵1964.
Trillhaas II	Wolfgang Trillhaas, Einführung in die Predigtlehre, Darmstadt ³1983.
Ueding/Steinbrink	Gert Ueding/Bernd Steinbrink, Grundriß der Rhetorik. Geschichte – Technik – Methode, Stuttgart-Weimar ⁴2005.
Verbum Domini	Nachsynodales Apostolisches Schreiben *Verbum Domini* von Papst Benedikt XVI. über das Wort Gottes im Leben und in der Sendung der Kirche (30. September 2010) (= VApS 187), Bonn 2010.
Webster	The New International Webster's Comprehensive Dictionary of the English Language (2003 Edition), Köln 2004.
Wintzer	Friedrich Wintzer (Hg.), Predigt. Texte zum Verständnis und zur Praxis der Predigt in der Neuzeit, München 1989.
Wöhrle	Stefanie Wöhrle, Predigtanalyse. Methodische Ansätze – homiletische Prämissen – didaktische Konsequenzen (= Homiletische Perspektiven 2), Berlin 2006.
Wollbold	Andreas Wollbold, Handbuch der Gemeindepastoral, Regensburg 2004.
Zerfaß	Rolf Zerfaß, Grundkurs Predigt. 2 Bde., Düsseldorf ⁴1995 (Bd. 1). 1992 (Bd. 2).

ANMERKUNGEN

Vorweg

1 Natürlich, jetzt müsste die berühmte Fußnote eins kommen: „Bei allen männlichen Formen sind selbstverständlich beide Geschlechter mitgemeint." Doch Sprachrichtigkeit ist auf diesem Feld ein gefährliches Terrain, und leicht stolpert man in die Falle: Wie man's macht, macht man's falsch. Wohltuend dagegen ist die niederländische Pragmatik: *„Sowohl – als auch:* Damit werden beide Geschlechter ausdrücklich genannt. [...] Tut man dies aber zu häufig, führt es zu Irritationen" (*Paul Oskamp/Rudolf Geel,* Gut predigen. Ein Grundkurs. Aus dem Niederländischen übersetzt von Klaus Blömer, Gütersloh 2001, 113 f.). So sprechen wir gelegentlich etwa von „Hörerinnen und Hörern", aber eben nicht zu häufig, in dem Wunsch, dass eben immer „selbstverständlich beide Geschlechter mitgemeint" sind und deshalb nicht durchgängig durch „-innen"-Zusätze ausdrücklich genannt werden müssen. – Alle Übersetzungen sind eigene, sofern sie nicht anders belegt sind.

1. Predigt – im Namen Gottes und mit menschlichen Worten

2 *Härtner/Eschmann* 52–59 nennen sechs Stichworte, von denen allerdings nur die ersten drei im eigentlichen Sinn die Ausgangsbedingungen der Predigt umschreiben: „Informationsflut und Veränderung des Verstehens", „Wandel der Normen und Werte" und „Individualisierung und soziale Entfremdung".

3 Zum „triplex munus" im Verhältnis zum Axiom der drei oder vier Grundvollzüge der Pastoral vgl. ausführlicher *Wollbold* 68–93; in der Kontroverse mit der Kritik am Modell und mit alternativen Entwürfen: *ders.,* Grundvollzüge oder dreifaches Amt? Auf der Suche nach einer praktikablen Einteilung der Pastoral, in: Matthias Sellmann (Hg.), Gemeinde ohne Zukunft? Theologische Debatten und praktische Modelle (= Theologie kontrovers), Freiburg i. Br. 2013, 55–64; *ders.,* Kommentar zu den Beiträgen der drei Kollegen (ebd. 122–147); vgl. *Ludwig Schick,* Das dreifache Amt Christi und der Kirche. Zur Entstehung und Entwicklung der Trilogien (= Europäische Hochschulschriften XXIII/171), Frankfurt a. M. 1982 sowie den Überblick zum dreifachen Amt bei *Philipp Müller,* Dem Leben dienen. Das Seelsorgeverständnis von Linus Bopp (1887–1971) im Kontext heutiger Seelsorgekonzeptionen (= Studien zur Theologie und Praxis der Seelsorge 28), Würzburg 1997, 128–147. Das II. Vatikanum hat das dreifache Amt und nicht das von Karl Rahner angestoßene Axiom der Grundvollzüge bzw. Grundfunktionen zum Schlüsselbegriff des pastoralen Handelns gemacht (vgl. grundlegend das dritte und vierte Kapitel von „Lumen gentium").

4 Angesichts des quantitativen Erfolgs der Predigt sei freilich auch der Wermutstropfen, allerdings nur thesenhaft, vorgebracht: „Der statistisch betrachtet spektakuläre Erfolg ist eigentlich ein programmierter Mißerfolg" (*Gerhard Marcel Martin,* Predigt als „offenes Kunstwerk"? Zum Dialog zwischen Homiletik und Rezeptionsästhetik, in: EvTh 44 [1984] 46–58, hier 46).

5 Vgl. *Lori Carrell,* Communication Training for Clergy. Exploring Impact on the Transformative Quality of Sermon Communication, in: Communication Education 58/1 (2009) 15–34, hier 15, für die USA.

6 *Schwier/Gall* 19. „‚Die gute Predigt ist für mich das Entscheidende' (E34). Auch unsere polyphone Kultur hat an dieser evangelischen Grunderwartung offensichtlich nichts Entscheidendes verändert. Die Predigt ist mit hohen Erwartungen besetzt. Die Hörenden wollen etwas mitnehmen. [...] Auch für die meisten interviewten Pfarrerinnen und Pfarrer ist die Predigt das Zentrum des Gottesdienstes. Es ist ihr Handwerk, von dem sie mit Freude berichten. Hier fühlen sie sich kompetent und gut,

und auf keinen Fall wollen sie sich vor der Gemeinde mit ihrer Predigt eine Blöße geben", fasst *Kerner* 8 die Ergebnisse einer Gottesdienstuntersuchung der Evangelisch-Lutherischen Kirche in Bayern von 2005 zusammen.
7   *Paul M. Zulehner/Markus Beranek/Sieghard Gall/Marcus König,* Gottvoll und erlebnisstark. Für eine neue Kultur und Qualität unserer Gottesdienste, Ostfildern 2004, 43. Diese Bedeutung der Predigt hat aber auch Enttäuschung zur Folge: „Erwartung und Wahrnehmung klaffen bei der Predigt weiter auseinander als beim Gottesdienst allgemein. [...] Nur ein Drittel (37 %) hat extrem hohe Erwartungen an die Predigt. Bei der Mehrzahl (63 %) sind die Erwartungen akzentuiert. Im Vordergrund stehen die glaubhafte Darstellung sowie der Bezug zum heutigen Leben. Auch die Form soll stimmen, wenn Kopf und Herz angesprochen werden, die Aussprache natürlich ist und es eine Konzentration auf das Wesentliche gibt" (ebd. 45).
8   Vgl. *Wolfgang Huber/Johannes Friedrich/ Peter Steinacker* (Hg.), Kirche in der Vielfalt der Lebensbezüge. Die vierte EKD-Erhebung über Kirchengliedschaft, Gütersloh 2006, 80 f. und 454 (Frage 17). Gesamtdeutsch stimmten auf einer siebenstufigen Skala mit den Werten sechs oder sieben 65 % der Aussage zu, der Gottesdienst solle „vor allem eine gute Predigt enthalten", nur ein Prozentpunkt hinter der Aussage, er solle „von einer zeitgemäßen Sprache geprägt sein", vier Prozentpunkte dagegen vor der Aussage, er solle „durch eine fröhlich-zuversichtliche Stimmung gekennzeichnet sein" (ebd. 81).
9   Die Umfrage 2007 Jugend und Gottesdienst: „Wir wollen in Eurer Welt vorkommen!" (These 3) (http://www.ejhdh.de/ tanke/JugendundGodi-PraesentationH.pdf [19.3.2016]).
10 *Zulehner u. a.,* Gottvoll 46 (s. Anm. 7).
11 „Die ‚Predigtnot' scheint vor allem darin zu bestehen, daß die Masse des Kirchenvolks gegenüber der Verkündigung wenig ausdrückliche und wenig bewußte Haltungen entwickelt, mit der Folge, daß man auf das Angebot der Verkündigung ziemlich undifferenziert reagiert und davon relativ wenig mitnimmt – trotz aller Mühe, die sich die Prediger mit ihren Predigten machen. So gesehen, hat das Problem seinen Ort nicht so sehr auf, sondern unter der Kanzel" (*Osmund Schreuder,* Die schweigende Mehrheit, in: Lesebuch 253–260, hier 259 f.). Zur Predigtwirkung vgl. *Frank Michael Lütze,* Absicht und Wirkung der Predigt. Eine Untersuchung zur homiletischen Pragmatik (= Arbeiten zur praktischen Theologie 29), Leipzig 2006.
12 *Horst Albrecht,* Antworten und nichts sagen können. Literaturbericht über empirische Untersuchungen zum Predigthören, in: ThPr 17 (1982) 137–145, hier 141; vgl. *Karl-Wilhelm Dahm,* Beruf: Pfarrer. Empirische Aspekte, München 1971, 239–241; *ders.,* Hören und Verstehen. Kommunikationssoziologische Überlegungen zur gegenwärtigen Predigtnot, in: Predigtstudien IV/2, Stuttgart-Berlin 1970.
13 „Wer oft an fremden Orten Predigten hört, versteht das Seufzen über soviel willkürliche Auslegung und lebensfremde Abstraktheit, über die endlosen Banalitäten, Platitüden und Trivialitäten, die einem da über den Weg laufen" (*Werner Schütz,* Probleme der Predigt, Göttingen 1981, 21).
14 Naturgemäß befasst sich eine Homiletik hauptsächlich mit den Anforderungen an die Prediger. Doch ob die Hörerinnen und Hörer aus einer Predigt auch geistlichen Gewinn ziehen, hängt ebenso an ihnen selbst und ihrer Einstellung, welcher Aspekt in 4.3 wenigstens angedeutet wird. Das ist umso wichtiger, als die gängige Meinung und manchmal auch die homiletische Literatur die ganze Last einer guten, ansprechenden Predigt den Predigern aufbürden. Haben diese dann aber den Eindruck, dass ihre Ansprachen nicht wirklich ankommen, fühlen sie sich leicht als Versager oder reagieren mit einer (zumindest unter ihresgleichen ausgesprochenen) Publikumsbeschimpfung. Anzuzielen wäre dagegen eine Haltung, die ihr Bestes geben will, es dann aber gelassen aushält, wenn die eigenen Worte wie beim Sämanngleichnis auf den Weg, auf felsigen Boden oder in die Dornen und nicht in gute Erde fallen (vgl. Mt 13,1–9).
15 *Evangelii Gaudium* Nr. 135. – Hinzuzufügen wäre freilich auch der in der vorangegangenen Fußnote erwähnte Aspekt der Hörereinstellung.

16 *Hans-Christoph Piper*, Predigtanalysen. Kommunikation und Kommunikationsstörungen in der Predigt, Göttingen 1976; zusammengefasst in *ders.*, Die Predigtanalyse, in: *Werner Becher* (Hg.), Seelsorgeausbildung. Theorien. Methoden. Modelle, Göttingen 1976, 91–105; *ders.*, Kommunikation und Kommunikationsstörungen in der Predigt, in: *Wintzer* 235–244; ins Grundsätzliche weitergeführt in *ders.*, Die Predigt als religiöse Kommunikation, in: WPKG 67 (1978) 20–27; vgl. vorbereitend dazu *ders.*, Die Predigtanalyse in der Klinischen Seelsorgeausbildung, in: WzM 25 (1973) 355–365; *ders.*, Einflüsse psychischer Strukturen auf Predigt und Seelsorge, in: EvTh 35 (1975) 60–71; vgl. weitere Literatur im Umfeld Pipers bei *Hermelink*, Bibliographie 180 f. sowie ebd. 181 f. Literatur zur psychologischen Predigtanalyse mithilfe der Transaktionsanalyse und der Typenlehre von Carl Gustav Jung. Zu Pipers Vorgehen vgl. *Wöhrle* 30–48.
17 *Wöhrle* 32; ebd. 363 die Vermutung, „daß Predigten häufig die Problematik der Prediger widerspiegeln".
18 *Piper*, Kommunikation 22 (s. Anm. 16).
19 *Piper*, Predigtanalysen (s. Anm. 16). *Wöhrle* 45 bringt die Vorbehalte auf den Punkt und differenziert: „Bei dieser Analysemethode muss allerdings mitbedacht werden, dass ihr ursprünglicher Ort in KSA-Kursen ist. Da hier nur Theologen bzw. Personen anwesend und an der Analyse beteiligt sind, die im kirchlichen Dienst stehen und während der Ausbildung meist gelernt haben, eigenes Empfinden in Sprache zu fassen, ist fraglich, ob die dargestellten Ergebnisse auch außerhalb dieser Kurse zu erreichen sind und inwieweit die hier geäußerten Eindrücke das widerspiegeln, was bei einer Predigt in einem ‚normalen' Gottesdienst in einer ‚normalen' Gemeinde geschieht. Da es sich aber auch in den Kursen um Kommunikation zwischen Menschen handelt, in denen sämtliche Schwierigkeiten auftreten können, die auch außerhalb solcher Kurse üblich sind, ist es möglich, Erkenntnisse aus diesem Raum auf die gewöhnliche Predigtarbeit zu übertragen." Hinzufügen darf man freilich auch, dass solche Kurse oft ein sehr eigenes Beziehungsverhalten – zumal in den intensiven Ausbildungsgruppen von Theologen – entfalten, durch die das Feedback immer auch ein Ausagieren von Beziehungen und Konflikten innerhalb der Gruppe transportiert. Schließlich kommt gerade bei Theologen gerne hinzu, dass die theologischen Inhalte des Kollegen an den eigenen Überzeugungen gemessen und dementsprechend subtil zerrissen werden können.
20 *Piper*, Predigtanalysen 66 (s. Anm. 16).
21 Vgl. *Hermelink*, Bibliographie 186.
22 Vgl. ebd. 183–186.
23 Vgl. den exzellenten Überblick über die Predigtanalyse, ein wichtiges Teilgebiet der empirischen Homiletik, bei *Wöhrle*. Die Verfasserin gibt einen Überblick über verschiedene homiletische Analyseverfahren in Deutschland seit 1945 und gliedert sie nach folgenden Aspekten: *Psychologie:* Selbstäußerungen des Predigers (nach Fritz Riemanns Persönlichkeitstypologie, in KSA-Kursen und der Transaktionsanalyse); *Sprachwissenschaft:* Signalfunktion von Predigten (Inhaltsanalyse und Sprechakttheorie); *Kommunikationswissenschaft:* Darstellungsfunktion von Predigten (rhetorische, semantische und ideologiekritische Predigtanalyse nach Isolde Meinhard).
24 Vgl. das allerdings kritische Referat von *Albrecht*, Antworten 140 (s. Anm. 12), zu einer Studie von Helmut Barié.
25 „Denn nicht die Predigtcharakteristika bestimmen die Bewertung, sondern die Solidaritätsgefühle des Publikums, das in der Mehrheit a priori auf der Seite des Predigers steht. Dieser befindet sich denn auch keineswegs in einer echten Marktsituation. Er steht nicht auf der Kanzel wie ein Marktschreier oder Straßenhändler, der viele kritisch prüfende Zuhörer durch die Qualität seines Angebots überzeugen muß" (*Schreuder*, Mehrheit 258 [s. Anm. 11]).
26 Vgl. zum Folgenden die präzisen methodischen Hinweise bei *William D. Howden*, „Good Sermon, Preacher": The Effects of Age, Sex, and Education on Hearer Response to Preaching, in: Review of Religious Research 31/2 (December 1989) 196–207, hier 203–206; vgl. *ders.*, How do they hear? An Analysis of Preaching using Herbert C. Kelman's Model of Social Influence Processes (= Ph.D. Dissertation. Princeton Theological Seminary 1986);

ders., Liking the Preacher and Hearing the Word. Paper presented at the annual meeting of the Academy of Homiletics, San Anselmo, California 1985.

27 *Albrecht,* Antworten 143 (s. Anm. 12). Vgl. auch die Diskussion einiger empirischer Studien bei *Dannowski* 92–106, sowie *Élisabeth Gueneley,* Quand la prédication se prête à l'analyse …, in: MD 27 (2001) 109–126; *Jean-Marie Marconot,* Comment ils prêchent. Analyse du langage religieux. 22 sermons de Toussaint, Paris 1976; *John Burke,* One parish reacts to Sunday preaching, in: Homiletic and pastoral review 104 (February 2004), H. 5, 54–57 (Stimmungsbild aus E-Mail-Reaktionen von Predigthörern auf Burkes Fragen nach einer wirksamen Predigt und nach Faktoren ihrer Verbesserung, mit vielen Antworten, die sich eine klare katholische Verkündigung wünschen).

28 Die Predigt ist „Teil eines Rituals, das ein bestimmtes Zustimmungsverhalten institutionalisiert" (*Dannowski* 194).

29 So die präzise Kritik von *Albrecht,* Antworten (s. Anm. 12), im Überblick verschiedener empirischer Predigtforschungen; differenziert kritisch zur Behandlung der Gläubigen als Kunden in manchen Studien, insbesondere in einer Hildesheimer Gottesdienstbesucherstudie, auch *Folkert Fendler,* Sind Gottesdienstbesucher Kunden? Eine Befragung über Einstellungen und Erwartungen gegenüber dem evangelischen Gottesdienst, in: Gottesdienst 48 (2014) 44 f.

30 *Karla J. Bellinger,* Are you talking to me? A study of young listeners' connection with Catholic Sunday preaching, St. Louis (MO) 2012 (Diss. „Aquinas Institute of Theology").

31 Dass die Predigt transformativ sein und Einstellungen und Verhalten der Hörer ändern soll, war etwa die Voraussetzung der Studie von *Carrell,* Communication (s. Anm. 5). Dahinter steht ein (offensichtlich in einem evangelikalen, auf Umkehr ausgerichteten Kontext) entwickeltes Ideal der Predigt, dass sie dramatische, affektiv umwälzende religiöse Umbrüche auslösen soll. Doch genau diese Absicht stieß auf starken Widerstand bei vielen Hörern. So wurde das Predigtziel dahingehend verändert, dass sie zwar verändern, zugleich aber auch das bestehende Glaubensleben bestätigen und vertiefen soll (dieses „Lob" des Bestehenden im Sinn des rhetorischen *genus epideiktikon,* vgl. ebd. 28).

32 Einige Beispiele von „operational definitions" bei *Howden,* „Good Sermon, Preacher" 205 (s. Anm. 26).

33 *Daiber u. a.;* Karl-Fritz Daiber/Hans Werner Dannowski/Wolfgang Lukatis/Ludolf Ulrich, Gemeinden erleben ihre Gottesdienste. Erfahrungsberichte, Gütersloh 1978. Der großangelegten Studie „Predigen und Hören" waren bereits zwei kleinere Untersuchungen vorausgegangen (vgl. *Albrecht,* Antworten 142 f. [s. Anm. 12]). – Vgl. die große ältere Studie über Hörereinstellungen nach dem Vorbild der Marktforschung von 1967 anhand von 2500 (!) Interviews zu 50 evangelischen und katholischen Predigten von *Osmund Schreuder,* Die schweigende Mehrheit, in: Lesebuch 253–260 (zum katholischen Teil der Studie: *Johannes Gerardus Maria Sterk,* Preek en toehoorders, Nimwegen [Instituut voor Toegepaste Sociologie] 1975). Aufschlussreich sind auch einige Ergebnisse einer neueren bayerischen Studie des „Instituts zur Erforschung der religiösen Gegenwartskultur" unter Leitung von Christoph Bochinger (Bayreuth) zu „Rituale, Sinngebung und Lebensgestaltung in der modernen Lebenswelt" von 2005 (*Kerner* 7–27; *ders.,* Die Predigt. Wahrnehmungen zum Gottesdienst aus einer neuen empirischen Untersuchung unter evangelisch Getauften in Bayern. Hg. vom Gottesdienst-Institut der Evangelisch-Lutherischen Kirche in Bayern, Nürnberg 2007; Themenheft: „… und was denken die Leute?", Arbeitsstelle Gottesdienst [Zeitschrift der Gemeinsamen Arbeitsstelle für gottesdienstliche Fragen der Evangelischen Kirche in Deutschland] 21 [2007], H. 3).

34 *Schwier/Gall; Sieghard Gall,* Predigtrezeption. Erwartungen und Wahrnehmung katholischer und evangelischer Hörer, München 2011; vgl. *Helmut Schwier/Sieghard Gall,* Die Heidelberger Umfrage zur Predigtrezeption, in: PrTh 42 (2007) 299–305; *Sieghard Gall,* Reaktionen von HörerInnen auf eine Katholische Morgenfeier, in: LS 50 (1999) 37–41; *ders.,* Wagnis Predigt

– empirische Befunde, in: Die Anregung 57 (2005) 458–463; *ders.,* Wahrnehmungen und Erwartungen von Gottesdienst – eine empirische Untersuchung, in: HlD 59 (2005), 161–172; *Zulehner u. a.,* Gottvoll (s. Anm. 7; Pilotprojekt mit Befragung von Gottesdienstteilnehmern in drei Wiener Stadtpfarreien und Befragung von 142 zumeist kirchlich stark gebundenen Personen in zehn Gruppen mithilfe des „Reactoscope"-Verfahrens und anschließendem Gespräch; zur Predigt ebd. 43–49). Vgl. auch *Stefan Scholpp,* Predigtforschung in Heidelberg, in: Praktische Theologie 36 (2001) 130–138.

35 *Schwier/Gall* 10 f. – Ebenfalls mit dem „Reactoscope"-Verfahren Galls wurde von Marcus König die Untersuchung der Gottesdienstqualität durchgeführt, die auch Aussagen zur Predigtqualität und den entsprechenden Hörererwartungen enthält: *Marcus König,* Wir haben die Herrlichkeit Gottes gesehen. Woran Gläubige in Wien heute die Qualität einer Sonntagsmesse festmachen, Wien 2004; knapp zusammengefasst in: *ders.,* „Wir haben die Herrlichkeit Gottes gesehen". Sonntagsgottesdienste mit neuer Qualität. Einige Ergebnisse des Projektes „Gottesdienstqualität" in Wien, in: HlD 59 (2005) 151–160.

36 *William M. Newman/Stuart A. Wright,* The Effects of Sermons among Lay Catholics: An Exploratory Study, in: Review of Religious Research 22/1 (September 1980) 54–59. Die Forscher zogen aus der Studie die Antworten aus den 537 ausgefüllten Fragebögen der katholischen Laien heraus. Diese können allerdings nicht als repräsentativ gelten, sondern sind mehrheitlich mittleren Alters, gehobener Bildung und leben in Städten oder Vororten. Auch entstammten die vorgegebenen Fragen zur Predigtwirkung einem evangelikalen Selbstverständnis und waren eher abstrakt und binnentheologisch formuliert. Insofern hat die Studie in mehrfacher Hinsicht einen allenfalls explorativen Charakter.

37 *Kenneth I. Pargament/William H. Silverman,* Exploring some Correlates of Sermon Impact on Catholic Parishioners, in: Review of Religious Research 24/1 (September 1982) 33–39; vgl. *Kenneth I. Pargament/ Donald V. DeRosa,* What was the Sermon about? Predicting Memory for Religious Messages from Cognitive Psychology Theory, in: Journal for the Scientific Study of Religion 24 (June 1985) 180–193.

38 *Howden,* „Good Sermon, Preacher" (s. Anm. 26).

39 *David M. Haskell/Kenneth Paradis/Stephanie Burgoyne,* Defending the Faith: Easter Sermon Reaction to Pop Culture Discourses, in: Review of Religious Research 50/2 (2008) 139–156.

40 *Marsha Grace Witten,* All is Forgiven. The Secular Message in American Protestantism, Princeton (New Jersey) 1993, 58 f., zit. bei *Haskell* 143.

41 *Élisabeth Gueneley,* Quand la prédication se prête à l'analyse…, in: MD 227 (2001) 109–126 (mit weiterer frankophoner Literatur).

42 *Simona Borello,* Communicazione e liturgia: per un'analisi linguistica delle omelie (http://www.academia.edu/9557701/ Comunicazione_e_liturgia_per_un_analisi_linguistica_delle_omelie [24.1.2017]); vgl. *Paolo Sator,* La „predicazione mariana", oggi. Dati e interrogativi alla luce di una verifica sul campo, in: Marianum 46 (1994) 245–269 (Untersuchung zu Predigten am 3. Adventssonntag und zum Hochfest der ohne Erbsünde empfangenen Jungfrau und Gottesmutter Maria, dem 8. Dezember); *Gianni Ambrosio/Paolo Sator,* L'omelia senza identità precisa, in: Rivista di pastorale liturgica 188 (1995) 3–10.

43 *Kristian Fechtner,* Schwellenzeit. Erkundungen zur kulturellen und gottesdienstlichen Praxis des Jahreswechsels (= Praktische Theologie und Kultur 5), Gütersloh 2001. Es wurden 145 Predigten und aus 89 Gottesdiensten liturgische Materialien oder Anmerkungen zur Untersuchung eingesandt sowie 152 von den Predigern ausgefüllte Fragebögen ausgewertet.

44 Vgl. *Katja Moscho/Reinhard Schmidt-Rost,* Dem Evangelium auf der Spur. Differenzierung als Aufgabe christlicher Predigt, in: PthI 21 (2001) 74–92.

45 Dem entspricht auch ein machtvoller Trend in den Erwartungen an Kirche, Religion und eben auch Predigt hin zu einer Biografisierung und Individualisierung der Inhalte. Kristian Fechtner bemerkt treffend: „Es sind vornehmlich die biographi-

schen Erfahrungen des einzelnen als Sinnzusammenhang gelebten Lebens, die den Plausibilitätshorizont für das in Predigt und Liturgie zum Ausdruck gebrachte christliche Wirklichkeitsverständnis bilden. Als sinnhaft erlebtes, gelingendes Leben des einzelnen ist es, so die Diktion vieler Predigten, eingebunden in Erfahrungen sozialer und gemeindlicher Nähe, wird es bedroht und bestritten in dissoziierenden gesellschaftlichen Verhältnissen" (*Fechtner*, Schwellenzeit 225).

46 Vgl. die differenzierten, die Rahmenbedingungen der Mediengesellschaft grundsätzlich bejahenden Überlegungen von *Johanna Haberer*, Gottes Korrespondenten. Geistliche Rede in der Mediengesellschaft, Stuttgart 2004. Sie konzentriert sich dabei auf die Erscheinungsweise der Kirche und näherhin kirchlicher Gottesdienstübertragungen im Fernsehen und rät dazu, dass sich Prediger der Arbeitsweise von Journalisten annähern (ebd. 101–152).

47 Geistliche Übungen nr. 153. „Einige meinen, gute Prediger sein zu können, weil sie wissen, was sie sagen müssen, vernachlässigen aber das *Wie*, die konkrete Weise, eine Predigt zu entwickeln. Sie klagen, wenn die anderen ihnen nicht zuhören oder sie nicht schätzen, aber vielleicht haben sie sich nicht bemüht, die geeignete Weise zu finden, die Botschaft zu präsentieren" (*Evangelii Gaudium* Nr. 156).

48 *Evangelii Gaudium* Nr. 145.

49 Auch im Judentum kam es im Lauf des 19. Jahrhunderts wohl infolge der wachsenden Assimilierung zu einem Wandel „from Exegesis to Exposition – von der Exegese zur thematischen Darlegung" (*Marc Saperstein*, Art. „Sermons in Modern Judaism", in: Encyclopaedia of Judaism. Brill Online, 2014). Dieser Vorgang ging langsam und in kleinen Schritten vonstatten. Der Prediger konnte durchaus noch mit einigen exegetischen Bemerkungen zum Text beginnen oder die Predigt durch die Abfolge der Verse der auszulegenden Perikope strukturieren. Doch das eigentliche Thema wird nicht mehr wie im Mittelalter und der frühen Neuzeit durch Auslegungsprobleme beherrscht: keine Diskussion der sprachlichen oder theologischen Probleme einer biblischen Aussage sowie der Lösungen früherer Kommentatoren und Vortrag der eigenen Deutung. „Wo die homiletische Exegese das Gravitationszentrum für frühere Prediger war, wird der Vers nun zum Sprungbrett, das ihn in das zentrale Thema seiner Rede führt" (ebd.).

50 „Erwartung und Wahrnehmung klaffen bei der Predigt weiter auseinander als beim Gottesdienst allgemein. Besonders auffällig ist die Differenz bei folgenden Merkmalen: Kopf und Herz ansprechen (34 Punkte Differenz); Konzentration auf das Wesentliche (32); lebendig mit Geist und Humor (32); natürliche Aussprache (29); glaubhafte Darstellung (29); einprägsame Denkanstöße (26); einsichtige Gliederung (26)" (*Marcus König*, „Wir haben die Herrlichkeit Gottes gesehen". Sonntagsgottesdienste mit neuer Qualität einige Ergebnisse des Projektes „Gottesdienstqualität" in Wien, in: HlD 59 [2005] 151–160, hier 155).

51 S. Anm. 5.

52 *Zerfaß* II,10. Auf eine interessante Folge der Autoritätskrise weisen *Zulehner u. a.*, Gottvoll 48 (s. Anm. 7) hin: „Unterschiedlich zufrieden sind Männer und Frauen. Männer sind deutlich mehr enttäuscht über Gottesdienst (61 %) und Predigt (63 %) als Frauen (Gottesdienst 42 %, Predigt 44 %)." Sie stellen daraufhin die provokante Frage: „Sind die Gottesdienste allgemein und die Predigten besonders zu ‚lieblich', sodass sie für Männer in geringerem Ausmaß ansprechend sind?" (ebd. 49).

53 Vgl. *Kerner*.

54 *Helmuth Plessner*, Die Frage nach der Conditio humana. Aufsätze zur philosophischen Anthropologie, Frankfurt a. M. 1976, 41.

55 *Karl-Fritz Daiber* 203 f.

56 *Platon*, Die großen Dialoge. Übersetzt von Rudolf Rufener. Mit einer Einführung und Erläuterungen von Thomas Alexander Szlezák, München 1991, 196 (griech.: Platonis opera. Recognovit brevique adnotatione critica instrvxit Ioannes Burnet. Bd. 3. Tetralogias V–VII continens, Oxford 1977 [Reprint]. Zu Platons „Gorgias" aus der Sicht der Sophistik vgl. *Otto A. Baumhauer*, Die sophistische Rhetorik. Eine Theorie sprachlicher Kommunikation, Stuttgart 1986, 22–77.

57 447b (*Platon*, Dialoge 196 [s. Anm. 56]).

58 447c (ebd. 197).
59 448d (ebd. 198).
60 449b (ebd. 199).
61 447c–448b (ebd. 197).
62 452e (ebd. 205).
63 Diese aktive, selbstbewusste Einstellung des Hörers zu einer Rede bestätigt sich auch empirisch bei der Predigt: „Unabhängig vom Einzeltatbestand ist beachtenswert, dass Hörer die Predigt und den Prediger ihrer persönlichen Lage entsprechend perzipieren. Der Hörer läßt sich vom Prediger nicht ohne weiteres manipulieren, er nimmt sich vielmehr die Freiheit, als Person den Kommunikationsprozess der Predigt mitzubestimmen" (*Karl-Fritz Daiber u. a.* II,354).
64 Vgl. *Alexandre Olivar,* Art. „Predicazione: Nella chiesa antica", in: Dizionario 1216–1222, hier 1219 f.
65 So konnte Augustinus eine Predigt in einen regelrechten Dialog verwandeln (serm. 306,7 [8] [= PL 38,1403 f.]).
66 Severus von Antiochia (hom. 121 [= PO 29,96–101]) spricht von der Unersättlichkeit der Hörer, die ihn bewegten, noch einmal das Wort zu ergreifen.
67 *Aristoteles,* Rhetorik 1,1 (*Aristoteles,* Rhetorik. Übersetzt, mit einer Bibliographie, Erläuterungen und einem Nachwort von Franz Sieveke, München ²1987).
68 *Augustinus,* Confessiones 9,10,23 (*Augustinus,* Confessiones. Bekenntnisse. Lateinisch und deutsch. Eingeleitet, übersetzt und erläutert von Joseph Bernhart, München ³1966, 462 f.).
69 *„Et per hoc ut complaceant eloquia oris mei, et meditatio cordis mei in conspectu tuo semper:* nam si ab hoc magno delicto non mundabor, in conspectu hominum placebunt eloquia mea, non in conspectu tuo. Superba anima in conspectu hominum vult placere: humilis anima in occulto, ubi Deus videt, vult placere; ut si placuerit hominibus de bono opere, illis gratuletur quibus placet bonum opus, non sibi sufficere debet quia fecit bonum opus: *Gloria nostra,* inquit, *haec est, testimonium conscientiae nostrae* (2 Cor 1,12)" (*Augustinus,* Enarrationes in Psalmos 18,16). Zur Predigt als Dialog mit den Hörern bei Augustinus vgl. *Albert Verwylghen,* Rhétorique et prédication chez Augustin, in: NRTh 120 (1998) 233–248, hier 246; *Hubertus R. Drobner,* Die Predigtkunst Augustins, in: ThGl 94 (2004) 22–32, hier 29; *ders.,* Augustinus als Redner und Prediger in Theorie und Praxis, in: Wort und Dienst 28 (2005) 361–372, hier 369 f. (der zweite Aufsatz stellt eine Umarbeitung des ersten anlässlich eines Vortrags in Bethel dar).

70 Lange 5 und 84; zur „homiletischen Situation" vgl. *ders.,* Zur Theorie und Praxis der Predigtarbeit, in: Predigen als Beruf. Aufsätze zu Homiletik, Liturgie und Pfarramt. Hg. und mit einem Nachwort von Rüdiger Schloz, München 1982, 9–51, bes. 22. Vgl. *Friedrich Wintzer,* Die Predigt als Ermutigung zum Dialog, in: *Wintzer* 208–220; *Matthias von Kriegstein,* Predigt als Gespräch. Pastoralpsychologische und didaktische Reflexion von Predigten und Gesprächsgottesdiensten, Stuttgart u. a. 1979; *Georg Lämmlin,* Die kurze Geschichte des Predigtnachgesprächs, in: *Manfred Josuttis/Heinz Schmidt/Stefan Scholp,* Auf dem Weg zu einer seelsorglichen Kirche: Theologische Bausteine. Christian Möller zum 60. Geburtstag, Göttingen 2000, 37–48, hier 42 f. Die „homiletische Situation" ist gut bei *Henning Schröer,* Von der Genitiv-Theologie zur Adverb-Homiletik. Zu den Tendenzen gegenwärtiger Predigtlehre, in: ThPr 17 (1982) 146–156, hier 147, beschrieben: Ernst Lange „meinte ja nicht nur eine soziologische Feldbeschreibung, sondern eine Situation, die zur Predigt nötigt. [...] Ernst Langes Konzept von dem gegeneinander der Sprache der Tatsachen, die einen mundtot machen, etsi Deus non daretur, zu der Verheißung der Predigt als Anwaltschaft für Text und Hörer, war systematisch noch zu knapp entwickelt: die Rolle von Religion, Gottesdienst als spezifische Situation, der Prediger selbst in Rolle und Person, Spezifizierungen des Genus' Predigt, systematisch theologischer Anschluß an Symbolhermeneutik und Spiritualität."
71 Vgl. dafür programmatisch *Christian Möller,* Seelsorglich predigen. Die parakletische Dimension von Predigt, Seelsorge und Gemeinde. Zweite, durchgesehene und erweiterte Auflage, Göttingen 1990.
72 Vgl. *Cicero,* De inventione rhetorica I,1 (*Cicero* 88). Diese Unterscheidung wurde

1. Predigt – im Namen Gottes und mit menschlichen Worten 353

bei *Augustinus,* De doctrina christiana, aufgegriffen (vgl. *Walter A. Hannam,* „Non intenta in eloquentia sapientia, sed a sapientia non recedente eloquentia". Augustine's „De doctrina christiana": Structure and Philosophical Method, Ann Arbor [Mich.] 1999) und der christlichen Predigtlehre damit für immer ins Stammbuch geschrieben.

73 „Non uobis, dilectissimi, tonantia et poetica uerba proferimus, non aliqua grammaticorum arte composita, nec eloquentia saeculari diserto sermone fucata, sed *praedicamus Christum crucifixum, Iudaeis scandalum, gentibus stultitiam; ipsis uero uocatis iudaeis et graecis Christum Dei uirtutem, et Dei sapientiam.* Hanc stultitiam mundi elegit Deus, ut confundat sapientes; haec informa, ut conterat fortes. Haec est schola, ad quam paruuli spiritu deducuntur, ut discant a caelesti magistro non alta sapere, sed humilibus consentire *(Quodvultdeus,* De accedentibus ad gratiam l. 1, I,3–6.10 [= CCL 60, 441]). Es handelt sich offensichtlich um eine Predigt an die Neugetauften am Ostertag, d. h. nach dem Empfang der Sakramente. Danach ist eine falsche Rhetorik bloß aufgeblähter Stolz, eine wahre Rhetorik spricht dagegen aus der Kraft Gottes, wie der letzte Satz ausführt, und eröffnet eine Schule für die Kinder Gottes.

74 Die wesentlichen Punkte verdanken sich *Kennedy* 120–125.

75 *George A. Kennedy,* A New History of Classical Rhetoric, Princeton 1994, 256; vgl. *ders.,* Historical Survey of Rhetoric, in: *Porter* 3–41, hier 6 f.

76 *Justin,* Dialog mit Tryphon 7,2 f. (BAC 116, 314).

77 *George Alexander Kennedy,* A New History of Classical Rhetoric, Princeton 1994, 257.

78 Der κῆρυξ *(keryx)* ist ursprünglich der Ausrufer einer Siegesbotschaft. Er wurde häufig einfach aus dem Grund dazu bestimmt, weil er eine kräftige, durchdringende Stimme besaß. Insofern sollte man den Begriff zumindest von seinem Ursprung her nicht zu sehr mit Sinngehalten aufladen (vgl. *Engemann* 94).

79 *Laurent Pernot,* Rhetoric in antiquity. Translated by W. E. Higgins, Washington 2005, 204 (Orig.: La Rhétorique dans l'Antiquité [Librairie Générale Française, Reihe „Antiquité"], Paris 2000).

80 Vgl. *Pernot,* Rhetoric 204 f.

81 Der Evangelist Markus gebrauchte eine „radikale christliche Rhetorik (radical Christian rhetoric)" aufgrund von göttlicher Autorität, nicht von Argumenten: „eine Gedankenführung, die lieber auf autoritative Verkündigung als auf rationale Argumente zurückgreift" *(George A. Kennedy,* A New History of Classical Rhetoric, Princeton 1994, 258).

82 *Pernot,* Rhetoric 205.

83 Vgl. *Oswald Bayer,* Gott als Autor. Zu einer poietologischen Theologie, Tübingen 1999.

84 Vgl. *George A. Kennedy,* Historical Survey of Rhetoric, in: *Porter* 3–41, hier 6 f. Auch die Worte aus Spr 16,24 ermutigten zu einer wohlgeformten Rede: *Freundliche Worte sind wie Wabenhonig, süß für den Gaumen, heilsam für den Leib* (vgl. ebd. 6 f.).

85 „Quid autem uidit tunc in scalis ? Adscendentes et descendentes angelos (cf. Gen 28,12–18). Sic est et ecclesia, fratres; angeli Dei, boni praedicatores, praedicantes Christum; hoc est, super Filium hominis adscendunt et descendunt. Quomodo adscendunt, et quomodo descendunt? Ex uno habemus exemplum: audi apostolum Paulum; quod in ipso inuenerimus, hoc de ceteris ueritatis praedicatoribus credamus. Vide Paulum adscendentem: *Scio hominem in Christo ante annos quatuordecim raptum fuisse usque in tertium caelum, siue in corpore, siue extra corpus nescio, Deus scit, et audisse ineffabilia uerba quae non licet homini loqui* (2 Kor 12,24). Adscendentem audistis, descendentem audite. *Non potui loqui uobis quasi spiritalibus, sed quasi carnalibus, quasi paruulis in Christo lac uobis potum dedi, non escam* (1 Kor 3,1 f.). Ecce descendit qui adscenderat. Quaere quo adscenderat. *Vsque in tertium caelum.* Quaere quo descenderit. Vsque ad lac paruulis dandum. Audi quia descendit: *Factus sum paruulus,* inquit, *in medio uestrum, tamquam si nutrix foueat filios suos* (1 Thess 2,7). Videmus enim et nutrices et matres descendere ad paruulos; et si norunt latina uerba dicere, decurtant illa, et quas-

sant quodammodo linguam suam, ut possint de lingua diserta fieri blandimenta puerilia; quia si sic dicant, non audit infans, sed nec proficit infans. Et disertus aliquis pater, si sit tantus orator ut lingua illius fora concrepent, et tribunalia concutiantur, si habeat paruulum filium, cum ad domum redierit, seponit forensem eloquentiam quo ascenderat, et lingua puerili descendit ad paruulum. Audi uno loco ipsum apostolum adscendentem et descendi, in una sententia: *Siue enim, inquit, mente excessimus Deo siue temperantes sumus, uobis* (2 Kor 5,13). Quid est: *mente excessimus, Deo?* Vt illa uideamus *quae non licet homini loqui.* Quid est: *temperantes sumus uobis? Numquid iudicaui me scire inter uos, nisi Iesum Christum, et hunc crucifixum?* (1 Kor 2,2). Si ipse Dominus adscendit et descendit, manifestum est, quia et praedicatores ipsius adscendunt imitatione, descendunt praedicatione" (*Augustinus,* Tractatus in Ioannem 7,23,15–45 [CCL 36]; übersetzt unter Zuhilfenahme von: Des heiligen Kirchenvaters Aurelius Augustinus Vorträge über das Evangelium des hl. Johannes. Übersetzt und mit einer Einleitung versehen von Thomas Specht [= Des heiligen Kirchenvaters Aurelius Augustinus ausgewählte Schriften. Bd. 4–6; Bibliothek der Kirchenväter, 1. Reihe, Band 8, 11 und 19, München 1913–1914]).

86 *Evangelii nuntiandi* Nr. 41, im Selbstzitat einer Ansprache vor dem Laienrat vom 2. Oktober 1974 (AAS 66 [1974] 568).

87 *Augustinus,* De doctrina christiana IV,17,34–26,58, geht allerdings in seiner Abhandlung der drei Stilebenen „submisse", „temperate" und „grande" davon aus, dass alle drei in der Predigt vorkommen können, jedoch am besten in kluger Mischung. Die Vorstellung von der christlichen Rede als „sermo humilis" nach Augustinus mit Blick auf die Inkarnation und Passion Christi stellt dagegen wohl eine unzulässige Vereinfachung dar, die auf den einflussreichen Aufsatz von *Erich Auerbach,* „Sermo humilis", in: *ders.,* Literatursprache und Publikum in der lateinischen Spätantike und im Mittelalter, Bern 1958, 25–63, zurückgeht.

88 „Der Bruch zwischen Evangelium und Kultur ist ohne Zweifel das Drama unserer Zeitepoche, wie es auch das anderer Epochen gewesen ist. Man muss somit alle Anstrengungen machen, um die Kultur, genauer die Kulturen, auf mutige Weise zu evangelisieren. Sie müssen durch die Begegnung mit der Frohbotschaft von innen her erneuert werden" (*Evangelii nuntiandi* Nr. 20).

89 *Maximus Confessor,* Cap. theol. II,20 (*Maximus Confessor,* Capita theologica et oeconomica. Zwei Centurien über die Gotteserkenntnis. Griechisch-deutsch. Übersetzt und kommentiert von Andreas Wollbold. Text erstellt von Kerstin Hajdú [= Fontes christiani 66], Freiburg i. Br. 2016, 177).

90 *Theodor Fontane,* Vor dem Sturm. Roman. Aus dem Winter 1812 auf 13, Stuttgart-Hamburg-München 1983, 40 f.

91 Vgl. *Marie Luise Kaschnitz,* Der Mönch Benda [sic!], in: *Erich Jooß* (Hg.), Das große Buch der Legenden aus unserer Zeit, Freiburg i. Br. 1983, 175–184, hier 184.

92 Die Legenda aurea des Jacobus de Voragine. Aus dem Lateinischen übersetzt von Richard Benz, Darmstadt [10]1984, 970 f.

93 Das christliche Latein hat das in zweierlei Gestalt zugrunde liegende Verb auf eine reiche, dem christlichen Glaubensverständnis sehr angemessene Weise integriert: *praedico,* das in der ersten Silbe auf den *praeco,* den Herold und Ausrufer, Bezug nimmt und damit die öffentliche und wirkmächtige Ansage einschließt, sowie *prae-dico* im Sinn des Vorhersagens eines Ereignisses (vgl. Ausführliches lateinisch-deutsches Handwörterbuch. Ausgearbeitet von Karl Ernst Georges. Band II, Hannover [14]1976, 1839 f., und *Albert Blaise,* Dictionnaire latin-français des auteurs chrétiens, Turnhout 1993, 644, sowie zur Begrifflichkeit des Predigens in der alten Kirche des Westens *Christine Mohrmann,* Praedicare – Tractare – Sermo, in: Etudes sur le latin des chrétiens. Bd. 2, Rom 1961, 63–72 [Wiederabdruck aus: MD 39 <1954> 97–107]).

94 Vgl. *Engemann* 91–93.

95 Vgl. *Egidio Miragoli,* Il termine „omelia" nei documenti della Chiesa, nei libri liturgici e nel Codice, in: Quaderni di diritto ecclesiale 11 (1998) 340–356, wonach der Gebrauch von „Homilie" in kirchlichen Dokumenten schwankt zwischen Predigt

überhaupt und Sonntagsmesspredigt; dabei präsentiert Miragoli auch die wichtigsten liturgischen und Rechtstexte zur Frage.

96 *Alain de Lille,* Summa de arte praedicatoria, in: PL 210, 111–198, hier 111C. Ebd. 111 f. erläutert auch die wichtigsten Begriffe dieser Definition. – Diese „ars praedicandi" des enzyklopädisch Gebildeten aus der Schule von Chartres hatte für die hochmittelalterliche Predigt und Predigttheorie große Bedeutung. „Denn Alanus stellt in seiner Predigttheorie die wichtigsten Richtlinien für die Komposition und den Vortrag der Predigt zusammen; in seinen 47 gleich angefügten Predigtentwürfen setzt er seine Theorie in die Praxis um; seine Predigten sind nach seinen Richtlinien gearbeitet" (*Johann Baptist Schneyer,* Geschichte der katholischen Predigt, Freiburg i. Br. 1969, 116). Vgl. weitere Predigten des Alanus bei *Marie-Thérèse D'Alverny,* Alain de Lille. Textes inédites avec une introduction sur sa vie et ses œuvres, Paris 1965; zur Bedeutung des Werkes vgl. auch *Longère* 197; zur Predigtdefinition des Alanus ebd. 11–17 (im lateinischen Zitat der Definition hat sich bei Longère ein kleiner Fehler eingeschlichen, denn es muss „deserviens" und nicht „deseriens" heißen [ebd. 11]).

97 Von dieser Definition leitet der bedeutende Erforscher der mittelalterlichen Predigt, Jean Longère, seine eigene ab: „Predigen bedeutet, eine öffentliche Rede halten, die auf eine göttliche Offenbarung gegründet ist und im Rahmen einer organisierten Gesellschaft gehalten wird. Sie beabsichtigt das Werden oder die Entwicklung des Glaubens und religiösen Wissens und dementsprechend die Bekehrung oder den geistlichen Fortschritt der Hörer" (*Longère* 12 sowie seine Erläuterung der Definition ebd. 11–17). – Eine Zusammenschau 19 verschiedener Predigtdefinitionen – eigentlich eher Zitate mit Grundauffassungen – gibt *Ulrich Nembach,* Predigen heute. Ein Handbuch, Stuttgart 1996, 124–129.

98 Alain von Lille grenzt die „praedicatio (Predigt)" darum ab von der „doctrina (Lehre)" als wissenschaftlicher Darlegung, „prophetia (Prophetie)" aufgrund einer Enthüllung zukünftiger Geschehnisse und „concionatio (Rede)" als politische Ansprache (ebd. 112A). Festzuhalten ist daraus vor allem, dass die Predigt nicht mit einer bloßen Darlegung der Glaubenslehre verwechselt werden darf.

99 Alain erläutert diese Passage seiner Definition knapp und präzise: „[…] praedicatio debet rationibus esse subnixa, et ab auctoritatibus roborata – Die Predigt soll sich auf Vernunftgründe stützen und von den Autoritäten bekräftigt werden" (ebd. 112B).

100 *Casiano Floristán Samanes/Juan José Tamayo-Acosta* (Hg.), Diccionario abreviado de pastoral, Estella 1988, 368.

101 *Trillhaas II,* IX; vgl. die Erläuterung und Diskussion dieser Definition bei *Härtner/ Eschmann* 17–24. *Nembach,* Predigen 126–129, führt auch die Definitionen und Umschreibungen von Karl-Wilhelm Dahm, Ernst Lange, Gert Otto, Dietrich Stollberg, Klaus Meyer zu Uptrup und Wilhelm Gräb an, die in ähnlicher Weise wie Trillhaas die Übersetzung des Evangeliums in den Verstehenshorizont der Hörer in den Mittelpunkt stellen.

102 *Barth* 30 (ebd. 30–32 die Erläuterung seiner Definition). *Hartmut Genest,* Karl Barth und die Predigt. Darstellung und Deutung von Predigtwerk und Predigtlehre Karl Barths, Neukirchen-Vluyn 1995, 147–152, legt die Barth'sche Doppeldefinition im Sinn seiner zweifachen Bewegung vom Gotteswort zum Menschenwort und umgekehrt aus und diskutiert die neun darin enthaltenen Elemente Offenbarungsmäßigkeit, Kirchlichkeit, Bekenntnismäßigkeit und Amtsmäßigkeit für die erste Bewegung und Geistlichkeit, Gemeindemäßigkeit, Originalität und Biblizität für die zweite Bewegung; ihre Vorläufigkeit steht zwischen beiden Bewegungen. Für die Interpretation der Barth'schen Definition wie überhaupt seiner „Homiletik" sind die Entstehungsumstände zu berücksichtigen. Sie ist aus den Bonner zweisemestrigen „Übungen in der Predigtvorbereitung" 1932/33 entstanden, die lange nur in Mitschriften kursierten und erst 1966 in Buchform von Günther Seyfferth herausgegeben wurden (vgl. *Genest,* Barth 137–161). – Man könnte dieser Definition die von Eduard Thurneysen an die Seite stellen, die auf Seite 71 zitiert werden wird, sowie aus neuerer Zeit die von *Werner Schütz,* Vom Text

zur Predigt, Witten 1968, 10: „Zum Begriff der Predigt gehört, dass sie Verkündigung im Auftrag der Kirche ist, dass sie in der Form der Auslegung eines biblischen Textes geschieht, dass sie sein Anliegen für Menschen unserer Zeit in ihrer Sprache und Begrifflichkeit in den Formen einer freien Rede hörbar und verständlich machen will; aber das alles geschieht in der Erwartung und unter der Verheißung, dass Gott durch solches Tun sein eigenes Wort sprechen will, wann und wo es ihm gefällt." Aus ähnlichen Motiven lehnt *Bohren* 51 jeden Versuch einer Definition ab, weil sie „die Gefahr einer unerlaubten Verengung und Abstraktion in sich" habe. – *Werner Schütz,* Probleme der Predigt, Göttingen 1981, 56, definiert jedoch selbst: „Predigt, so können wir sagen, ist ein im persönlichen Engagement sich vollziehendes, im Auftrag der Kirche geschehendes, an Amt und Bekenntnis gebundenes, in öffentlicher und freier Rede ergehendes Verkünden des in Jesus Christus beschlossenen Heils, ein Ausrufen, das in geschichtlicher Kontinuität steht, an die Auslegung biblischer Texte gewiesen ist und dem Menschen heute in verständlicher Form und mit einer ihn angehenden Lebensrelevanz Orientierung in der Welt und Heil im Leben vermitteln will."

103 „[…] den man mus nicht die buchstaben inn der lateinischen sprachen fragen, wie man sol Deutsch reden, wie diese esel thun, sondern, man mus die mutter jhm hause, die kinder auff der gassen, den gemeinen man auff dem marckt drumb fragen, und den selbigen auff das maul sehen, wie sie reden, und darnach dolmetzschen, so verstehen sie es den und mercken, das man Deutsch mit jn redet. – […] man muss die Mutter im Haus, die Kinder auf den Gassen, den gemeinen Mann auf dem Markt drum fragen und denselben auf das Maul sehen, wie sie reden, und danach dolmetschen; so verstehen sie es denn und merken, dass man deutsch mit ihn' redet" (*Martin Luther,* Sendbrief vom Dolmetschen, in: WA 30/2, 632–646, hier 636, 17–21, über die Prinzipien seiner Bibelübersetzung [und nicht seines Predigens]). Ähnlich bekannt ist seine deftige Leitlinie, die nun tatsächlich vom Predigen handelt: „Mach's Maul auf, tritt kräftig auf, hör bald wieder auf!" (*Martin Luther,* Predigt über Mt. 5 von 1532, in: WA 32, 302, 24–26: „Denn das sind die drey stuck, wie man sagt, so zu einem guten prediger gehoren: zum ersten das er aufftrette, zum andern das er das maul auffthu und etwas sage, zum dritten das er auch konne auffhoren").

104 Bereits der Klassiker der protestantischen Homiletik, Alexander Schweizer, „unterscheidet also zwischen einer Theorie der Homiletik und einer unmittelbaren Anleitung zur Predigt. Zu einem Programm kann eine solche Aufteilung niemals erhoben werden, weil sie die Gefahr einer abstrakten Theorie bzw. einer methodisch nicht genügend durchdachten Predigtanleitung in sich birgt. Lehrbücher der Homiletik, die beiden Anliegen zugleich gerecht werden, sollten die Regel bilden. Daneben wird freilich immer auch Raum für Darstellungen der Homiletik sein, die nach einer der beiden Seiten hin besonders ausgeprägt sind" (*Friedrich Wintzer,* Homiletik als System? Bedeutung und Eigenart von Alexander Schweizer, in: EvTh 25 [1965] 604–614, hier 614).

105 So gibt *Helmut Kuhn,* Plato, in: *Hans Maier/Heinz Rausch/Horst Denzer* (Hg.), Klassiker des politischen Denkens. 2 Bde., Bd. 1. Von Plato bis Hobbes, München ⁶1986, 15–44, hier 26, sehr treffend Platons Verständnis der τέχνη (*techne,* lat. *ars*) wieder, womit das Klischee des angeblichen sokratisch-platonischen Intellektualismus widerlegt ist. Eine Kunstlehre arbeitet an einer auf Grundsätzen basierenden gedanklichen Durchdringung eines Gegenstandes (ἐπιστήμη/*episteme*), tut dies aber gerade im Blick auf die Erfordernisse der Praxis. So liegt bei Plato gerade die innere Einheit von theoretischer und praktischer Vernunft vor. „Für alle diese Künste ist es charakteristisch, dass sie ein Gut hervorbringen oder (was dasselbe besagt) einen Dienst leisten; dass sie ein Wissen in sich tragen, das sich sowohl auf das zu verwirklichende Gut wie auch die Mittel der Verwirklichung bezieht; und schließlich dass sie erlernbar sind" (ebd.).

106 *Carrell,* Communication (s. Anm. 5). Ein Verdienst der Studie besteht darin, dass durch einen sorgfältigen *pretest-/posttest-*Vergleich der Hörereinschätzung nicht nur

die Zufriedenheit der teilnehmenden Prediger an ihrem Weiterbildungskurs gemessen wurde, sondern die Wirkung des im Kurs Gelernten in einer Predigt, die vier Monate nach Abschluss gehalten wurde. Der Kurs wurde von „The Center for Excellence in Congregational Leadership" veranstaltet.

107 Giuseppe de Luca wirft vielen geistlichen Worten dagegen vor, sie seien eine „Qual für die Gläubigen (tormento dei fedeli)" (*Giuseppe de Luca*, La predica tormento dei fedeli, Vicenza ²1994).

108 *Gerhard Ebeling*, Das Wesen des christlichen Glaubens, Tübingen 1959, 9. Vgl. *Heribert Arens/Franz Richardt/Josef Schulte*, Kreativität und Predigtarbeit. Vielseitiger denken, einfallsreicher predigen, München 1974, 13.

109 *Augustinus*, De catechizandis rudibus II,3 (= CCL 46,122): „Nam et mihi prope semper sermo meus displicet. Melioris enim avidus sum [...]". Vgl. *Tommaso Stenico*, L'omelia. Parola e communicazione, Rom 1998, 24.

110 „Ebenso versteht man darunter das *Wort Gottes*, das in den Predigten und in der Lesung geistlicher Bücher nicht wenig dazu beiträgt, dieses Leben der Seele zu nähren" (*Robert Bellarmin*, Ausführliche Erklärung des christlichen Glaubens. Für den heutigen Gebrauch übersetzt und aufbereitet von Andreas Wollbold, Würzburg 2013, 50).

111 *Hans Martin Müller*, Zwei Jahrzehnte Predigtlehre. Evangelische und katholische Entwicklungen und Aufgaben, in: Materialdienst des Konfessionskundlichen Instituts Bensheim 37 (1986), H. 1, 3–7, hier 3.

112 So *Viktor Schurr*, Pastoraltheologie im 20. Jahrhundert, in: *Herbert Vorgrimler/Robert Vander Gucht* (Hg.), Bilanz der Theologie im 20. Jahrhundert. Bd. 3, Freiburg i. Br. 1970, 371–435, hier 385–397, zur Homiletik in beiden Konfessionen (mit vielen Einzelkenntnissen und Literaturhinweisen, aber einseitig einem simplizistischen linearen Fortschrittsmodell verpflichtet und mit fehlender Würdigung der früheren Predigt und Predigtlehre). – Zur Geschichte der Homiletik vgl. *H. M. Müller*; ausführlich zur Wissenschaftsgeschichte in Altertum, Mittelalter und Neuzeit vgl. *Keppler*, Art. „Homiletik", in: WWKL 197–221.

113 Vgl. über die Zeit des Konzils von Trient *Samuele Giombi*, Precettistica e trattatistica sulla retorica sacra in età Tridentina, in: Rivista di storia e letteratura religiosa 34 (1998) 581–612 (ausgezeichneter und reichhaltiger Forschungsüberblick).

114 *Nicol*; *ders.*, Preaching from within. Homiletische Positionslichter aus Nordamerika, in: Pastoraltheologie 86 (1997) 295–309; vgl. *Ralph Kunz*, Inszenierung (Dramaturgie) als Kategorie des Gottesdienstes und der Predigt, in: Verkündigung und Forschung 55 (2010) 49–60; *Frederik G. Immink*, In gesprek met de „New homiletic". Literatuurbericht homiletiek, in: Praktische theologie 28 (2001) 371–393.

115 Vgl. den knappen Überblick über die ältere Literatur und entsprechende Strömungen bei *Schurr*, Pastoraltheologie 388–390 (s. Anm. 112) (katholisch; vgl. ebd. 379–382 zur Pastoraltheologie außerhalb des deutschsprachigen Bereichs) und 396 f. (evangelisch); zum schulbildenden Predigtstil des Erzbischofs von Paris, Jean-Maire Lustiger: *Jean-Baptiste Arnaud*, Une parole prophétique pour un peuple sacerdotal. La prédication de Jean-Marie Lustiger, archevêque de Paris (1981–1990); *Andreas Wollbold*, Jean-Marie Lustiger, serviteur de la Parole, in: Revue Théologique des Bernardins (mars 2015 – hors série: *La Promesse*, de génération en génération. Actes du colloque des 12–20 octobre 2014) 107–119. Zur Homiletik in Frankreich vgl. *Denis Gagnon*, Parutions récentes sur l'homélie, in: MD 227 (2001) 147–161, sowie *Martin Nicol*, In den Spuren von Alexandre Vinet. Neue Wege der französischsprachigen Homiletik, in: International journal of practical theology 2 (1998) 196–207; zur Literaturlage in Italien vgl. *Vincenzo Raffa*, L'omelia, in: Rivista liturgica 86 (1999) 427–435, sowie protestantisch *Ermanno Genre*, Rassegna di omiletica, in: Protestantesimo 54 (1999) 136–141. Über die Vergewisserung der lutherischen Identität in der modernen Gesellschaft Norwegens vgl. *Eberhard Harbsmeier*, Predigt und lutherische Identität. Zu einem skandinavischen Forschungsprojekt über die lutherische Predigttradition in den nordischen Ländern, in: Informationes theologiae Europae 9 (2000) 107–119.

116 Zur Geschichte der evangelischen Predigt und Predigtlehre vgl. den aufschlussreichen Quellenband *Ruth Conrad/Martin Weber,* Protestantische Predigtlehre. Eine Darstellung in Quellen, Stuttgart-Tübingen 2012; *H. M. Müller* 7–170. – Von „Homiletik" spricht man seit dem 17. Jahrhundert, zuvor und noch lange auch danach von „Kanzelberedsamkeit" (oder auch *oratoria sacra*).

117 Anschaulich dargestellt bei *Härtner/Eschmann* 35–52.

118 *Hans Martin Dober,* Evangelische Homiletik. Dargestellt an ihren drei Monumenten Luther, Schleiermacher und Barth mit einer Orientierung in praktischer Absicht (= Homiletische Perspektiven 3), Münster 2007, 106–111. Diesen beiden Funktionen entsprechen die beiden traditionellen Teile evangelischer Predigtlehre als Schriftauslegung in der *explicatio* (Erläuterung des Schrifttextes selbst) und *applicatio* (Anwendung und Übertragung in die Hörerwelt).

119 *Thurneysen* 97 (= 212).

120 Vgl. ebd. 95–106 (= 210–219). Ein Schlüsselwerk der Homiletik der Dialektischen Theologie ist *Barth*; vgl. dazu etwa *Hans Martin Dober,* Evangelische Homiletik. Dargestellt an ihren drei Monumenten Luther, Schleiermacher und Barth mit einer Orientierung in praktischer Absicht (= Homiletische Perspektiven 3), Münster-Berlin 2007; *Axel Deneke,* Gottes Wort als Menschenwort. Karl Barths Predigtpraxis – Quelle seiner Theologie, Hannover 1989). Eine Weiterentwicklung der dialektisch-theologischen Homiletik stellt *Bohren* dar. Seitenlinien sind die Entwürfe von H. Schreiner, L. Fendt und O. Haendler (vgl. *H. M. Müller* 146–156). Auch der Entwurf des lutherischen Systematikers Friedrich Mildenberger, der allerdings kaum auf die zeitgenössische homiletische Diskussion eingeht, neigt aus Gründen der Rechtfertigungslehre zu einem verwandten Entwurf. Anlässlich der Forderung nach einer alltagsnahen, konkreten Sprache der Predigt wendet er ein, dies sei ein Anliegen dessen, „dem daran liegt, damit nun beim Hörer anzukommen. Aber wenn unsere lutherische Tradition recht hat, dann muß doch eher der Hörer bei der Sache ankommen, beim Evangelium. Und das verlangt ein anderes Modell als das der Kommunikationstheorie. Es ist da das Eigengewicht des nachzusprechenden (der Schrift nachzusprechenden) Wortes mit zu bedenken, verbum externum als Wort, in dem der Glaube Fuß fassen kann" (*Mildenberger* 122).

121 An dieser Stelle entstand auch die empirische Predigtforschung (s. o. 1.1.2: Exkurs Empirische Predigtforschung).

122 *Lange* 84 f. Vgl. *ders.,* Zur Aufgabe christlicher Rede, in: *Wintzer* 192–207. Dass Lange damit durchaus in einigen Punkten mit dem späten Karl Barth übereinstimmt, führt *Brinkmann* 45 f. aus. „[...] beide tragen dem Zeugnischarakter der Bibel Rechnung, verstehen die Tätigkeit des Predigers als selbständige bzw. selbständig gewagte (Zeugnis-)Handlung und betonen den Entscheidungsruf für den Glauben sowie das, was ‚den Hörer angeht'. Ein gewichtiger Unterschied freilich besteht zwischen den jeweiligen Begründungen des letztendlichen Gelingens bzw. in der Beurteilung der Machbarkeit solchen Gelingens." Eine differenzierte Einschätzung Langes gibt *Friedrich Wintzer,* Tendenzen in der Homiletik, in: ThR 52 (1987) 182–211, hier 185: „Auch E. Lange hat keine ausführliche Predigtlehre hinterlassen, sondern mit dem Gespür eines wachen Zeitgenossen für Herausforderungen und Defizite in der kirchlichen Praxis die Aufgabe der Predigt ‚zwischen Text und Situation' zu bestimmen versucht. Seine Aufsätze und eigenen Predigtstudien haben ihre Stärke in der lebendigen Bewegtheit des theologischen Denkens im Spannungsbereich von Glaube und Erfahrung. Ihre Schwäche besteht in dem *partiellen* Mangel an genauer Begrifflichkeit." In die biografischen Hintergründe seines Theologie- und Predigtverständnisses führt *Werner Simpfendörfer,* Ernst Lange. Versuch eines Porträts, Berlin 1997, ein.

123 „Wenn zwischenmenschliche Kommunikation transzendiert wird, wenn die Gnade Jesu Christi, die Liebe Gottes und die Gemeinschaft des heiligen Geistes den Raum erfüllen, dann vollzieht sich das Sprachgeschehen der Predigt nicht nur auf dem kognitiven und dem emotionalen Kanal, dann kommt die Anwesenheit göttlicher Atmosphären zur Wirkung" (*Manfred Josuttis,* Einführung in das Leben. Pasto-

raltheologie zwischen Phänomenologie und Spiritualität, Gütersloh 1996, 112).

124 *Gert Otto,* Rhetorische Predigtlehre. Ein Grundriss, Leipzig-Mainz 1999; *ders.,* Predigt als Rede. Über die Wechselwirkungen von Homiletik und Rhetorik, Stuttgart u.a 1976; *ders.,* Predigt als rhetorische Aufgabe, Neukirchen-Vluyn 1987; *ders.,* Homiletik zwischen Theologie und Rhetorik. Ein Problembericht, in: ThPr 24 (1989) 214–227; vgl. auch *Peter Schneider,* Gert Otto. Rhetor und Rhetoriker, in: Praktische Theologie 33 (1998) 4 f.; *Albrecht Grözinger,* Das Verständnis von Rhetorik in der Homiletik: Bemerkungen zum Stand der Diskussion, in: ThPr 14 (1979) 265–274; *Albrecht Grözinger,* Homiletik und Rhetorik, in: Deutsches Pfarrerblatt 87 (1987), H. 1., 8–11; *Siegfried Kreuzer,* Homiletik und Rhetorik am Beispiel der Predigt des Deuteronomiums, in: Deutsches Pfarrerblatt 87 (1987) H. 9, 369–373; *Otto H. Pesch,* Wortverkündigung und Rhetorik. Beobachtungen zur evangelischen Predigt, in: *Friedemann Green (*Hg.), Um der Hoffnung willen. Praktische Theologie mit Leidenschaft (= FS Wolfgang Grünberg) (Kirche in der Stadt 10), Hamburg 2000, 207–217; *James F. Kay,* Reorientation: Homiletics as theologically authorized rhetoric, in: Princeton Theological Seminary: Princeton Seminary bulletin 24 (2003) H. 1, 16–35; *Rebekka A. Klein,* Evangelische Predigtrhetorik. Überlegungen zum hermeneutischen Kontrast von Internität und Externität in der Rede, in: FZPhTh 56 (2009) 212–227; *Rothermundt.*

125 „Die Idee vom ‚offenen Kunstwerk' der Predigt ist fruchtbar. Sie macht aus der scheinbaren Not, daß die vom Prediger intendierte Botschaft ohnehin nicht oder nur erheblich verändert bei den Hörenden ankommt, eine Tugend. Jetzt läßt das offene Kunstwerk Predigt den Hörenden Raum, sich mit ihrem eigenen Erleben im Deutehorizont des Evangeliums zu bewegen. Darüber hinaus läßt Predigt als offenes Kunstwerk nach Predigtweisen und Sprachgestalten fragen, die sich von der übliche diskursiven Predigt unterscheiden. Martin hat mit seinem Hinweis auf die narrative Predigt nur einen Anfang gemacht" (*Martin Nicol,* Grundwissen Praktische Theologie. Ein Arbeitsbuch, Stuttgart 2000, 83; mit dem letzten Satz weist Nicol bereits auf seinen eigenen kraftvollen Ansatz einer dramaturgischen Predigt voraus, die als „performance" Bibelworte zu inszenieren versucht; vgl. auch *Henning Luther,* Spätmodern predigen, in: *ders.,* Frech achtet die Liebe das Kleine. Biblische Texte in Szene setzen, Stuttgart 1991, 10–14).

126 *Gerhard Marcel Martin,* Predigt als „offenes Kunstwerk"? Zum Dialog zwischen Homiletik und Rezeptionsästhetik, in: EvTh 44 (1984) 46–58 (der an Umberto Ecos Rezeptionsästhetik geschulte Ansatz will der „für freie Reaktionen einen offenen Raum" [ebd. 49] bietenden Situation der Predigt gerechter werden als etwa die Forderung einer idealen Kommunikationssituation; die von Martin selbst aufgeworfene Frage der „schädlichsten Uneindeutigkeit" [ebd. 51] wird aber durch den Hinweis auf das freie Wirken der Gnade und der Liebe wohl eher beschönigt als gelöst und die Ablehnung eines Predigtziels [„Skopos"] wirft mehr predigtpragmatische Probleme auf als sie löst); vgl. *Henning Schröer,* Umberto Eco als Predigthelfer? Fragen an Gerhard Marcel Martin, in: EvTh 44 (1984) 58–63 (wertschätzend und kritisch zugleich); *Garhammer/Schöttler* (darin insbesondere die Grundlagenbeiträge: *Erich Garhammer,* „Boomt jetzt die Ästhetik?" Homiletik und Rezeptionsästhetik [ebd. 13–27]; *Karl-Heinrich Bieritz,* Offenheit und Eigensinn. Plädoyer für eine eigensinnige Predigt [ebd- 28–50]; *Gerhard Marcel Martin,* Zwischen Eco und Bibliodrama. Erfahrungen mit einem neuen Predigtansatz [ebd. 51–62]); *Wilfried Engemann,* „Unser Text sagt..." Hermeneutischer Versuch zur Interpretation und Überwindung des „Texttods" der Predigt, in: ZThK 93 (1996) 450–480, hier 478 f.; *ders.,* Semiotische Homiletik. Prämissen – Analysen – Konsequenzen, Tübingen-Basel 1993; *David Plüss,* Gottesdienst als Textinszenierung. Perspektiven einer performativen Ästhetik des Gottesdienstes (= Christentum und Kultur 7), Zürich 2007, 21–28, und hermeneutisch *Ingo Reuter,* Predigt verstehen. Grundlagen einer homiletischen Her-

meneutik (= APrTh 17), Leipzig 2000, 104–116; knapp *K. Müller* 331–339.
127 *Nicol.*
128 *Alexander Schweizer,* Homiletik der evangelisch-protestantischen Kirche systematisch dargestellt, Leipzig 1848 (darin die prinzipielle Homiletik §§ 63–97 [ebd. 115–179], die materielle Homiletik §§ 98–156 [ebd. 180–280] und die formelle Homiletik §§ 157–219 [ebd. 281–405]); vgl. *ders.,* Schleiermachers Wirksamkeit als Prediger, Halle 1834; *ders.,* Die christliche Glaubenslehre nach protestantischen Grundsätzen dargestellt. 2 Bde., Leipzig ²1877. Ein Verzeichnis von Schweizers Veröffentlichungen findet sich in: Theologische Zeitschrift aus der Schweiz 2 (1885) 110–114. Eine konzise Einführung in die leitenden Intentionen Schweizers der „Predigt als kultische Darstellung des gemeinsamen Glaubens und seiner Grundgefühle" bietet *Wolfgang Grünberg,* Homiletik und Rhetorik. Zur Frage einer sachgemäßen Verhältnisbestimmung, Gütersloh 1973, 38–48, hier 38; vgl. *Friedrich Wintzer,* Homiletik als System? Bedeutung und Eigenart von Alexander Schweizer, in: EvTh 25 (1965) 604–614 (Schweizers deutliche Anlehnung an das Axiom der Entwicklung des Glaubens bei Schleiermacher; Diskussion der Zuordnung der Predigt zum Cultus, wobei er „aber das pastorale und halieutische Element in seine Predigtdoktrin mit einschließt" [ebd. 612; dennoch kritisch zu diesem Punkt ebd. 614: „[…] die strenge Unterordnung der Predigt unter den Cultus, überzeugt freilich nicht"]). *Trillhaas I* benutzt die Dreiteilung Schweizers ohne weitere Begründung oder Diskussion als Gliederung seiner Homiletik (vgl. *Trillhaas II*; die verschiedenen Auflagen der Trillhaas'schen Predigtlehre – lange Zeit die einzige im Umkreis der Dialektischen Theologie – seit ihrem ersten Erscheinen 1935 sind ein Spiegel der homiletischen Entwicklung, in der zunehmend doch wieder die phänomenologischen Aspekte der Predigt gewürdigt werden und infolgedessen bezeichnenderweise die Schweizer'sche Dreiteilung später ganz aufgegeben ist [vgl. *Sabine Bobert-Stützel,* Homiletische Wandlungen bei Wolfgang Trillhaas. Zum homiletischen Erbe zwischen dialektischer

Theologie und liberaler Predigt, in: International journal of practical theology 5 (2001) 61–81; *Müller,* Art. „Homiletik" 545 f.]). Der Erlanger Systematiker Friedrich Mildenberger erläutert diesen Aufbau: „Einmal muß bestimmt werden, was Predigt eigentlich ist. […] Weiter ist die Frage nach dem Gegenstand der Predigt zu stellen: Was ist zu predigen? Dann muß auf die Form der Predigt geachtet werden: Wie ist zu predigen? Man kann schließlich, wenn das nicht schon mit dieser Frage beantwortet wurde, was die Predigt eigentlich sei, auch noch nach dem Prediger und seinen Hörern fragen" (*Mildenberger* 15). Zur Rezeption des Schweizer'schen Schemas bei andern Homiletikern vgl. *Grünberg,* Homiletik 39. Auch das Handbuch *H. M. Müller* folgt dieser Einteilung.
129 Vgl. *Franz Graf-Stuhlhofer,* Basis predigen. Grundlagen des christlichen Glaubens in Predigten, dazu eine didaktische Homiletik für Fortgeschrittene, Nürnberg 2010, 175–219.
130 *Schweizer,* Homiletik § 89 (Seite 159). Eine Schlüsselstellung für die theologische Durchdringung der Predigt nimmt für ihn der Prediger ein, der deutlicher als bei Schleiermacher „wesentlich nur Repräsentant der *Kirche* und ihrer Glaubensüberlieferung, weniger aber die individuell begeisterte, religiöse Persönlichkeit" ist (*Grünberg,* Homiletik 47).
131 *Mildenberger* 16 räumt darum auch ein: „So sehr auf den ersten Blick die genannte Dreiteilung einleuchtet, so schwierig ist es dann doch, sie faktisch durchzuhalten. Denn die Frage danach, was die Predigt ist, prinzipielle Homiletik also, muß ja diese Frage so beantworten, dass sie sagt: Das ist ein bestimmter Inhalt in einer bestimmten Form. M.a.W.: Es kann sich allenfalls darum handeln, denselben Gegenstand in unterschiedlichen Aspekten vorzuführen. Das Nacheinander der drei Aspekte ist aber zugleich ein Miteinander, und erst nach und nach kann sich uns das komplexe Phänomen Predigt deutlicher zeigen." Ähnlich kritisiert *Grünberg,* Homiletik 48: „Der homiletische Stoff erscheint damit als *gegeben,* er ist *verfügbar.* Er ist nur jeweils neu zu applizieren. Die Sprachform ist zwar abhängig vom Sprachinhalt, aber die

Umkehrung dieser Abhängigkeit wird nicht bedacht."

132 *Nicol* 25 f. Dezidiert kritisch zur Einteilung Schweizers aufgrund der impliziten Trennung von Inhalt und Form ist auch *Otto*, Homiletik 216 f. Ein eigenständiger, wohl noch zu wenig rezipierter Ansatz zur Überwindung dieser Trennung liegt vor bei *Ph. Müller*.

133 *Franz Kamphaus*, Schwerpunkte der Predigtausbildung, in: Internationale katholische Zeitschrift „Communio" 11 (1982) 113–122. Die konkrete Umsetzung dieser grundsätzlichen Erwägungen in ein homiletisches Ausbildungskonzept hat Kamphaus vorgestellt in: *Franz Kamphaus*, Fachorientiertes Schwerpunktstudium Homiletik, in: Studium Katholische Theologie 6 (1980) 168–172. Eine Konzeption mit anderen Schwerpunkten findet sich in der Mainzer Ausbildung bei *Alfred Mertens*, Fachorientiertes Schwerpunktstudium Homiletik, in: Studium Katholische Theologie 6 (1980) 173–178. Neuere Ausbildungskonzepte und die darin gemachten Erfahrungen beschreiben *Peter Düsterfeld/ Hans B. Kaufmann* (Hg.), Didaktik der Predigt. Materialien zur homiletischen Ausbildung und Fortbildung (hg. im Auftrag der Arbeitsgemeinschaft katholischer Homiletiker), Münster 1975 (Wiedergabe der vielen damaligen Konzeptionen und ihrer oft sehr weitreichenden, radikalen Reformvorschläge); *Maximiliano I. Cappabianca*, Einige Skizzen zu Erfahrungen in der Predigtausbildung, in: Wort und Antwort 37 (1996) 183 f.; *Gebhard Ebner*, Predigtausbildung, in: LS 50 (1999), H. 1, 23–25; *Bernhard Spielberg*, Nicht über Gott reden, sondern in ihm. Ein Blick in die Werkstatt der Predigtausbildung, in: PThI 29 (2009) 60–66. Einen aktuellen breiten Überblick zur evangelischen Predigtausbildung gibt *Peter Meyer/Zentrum für Evangelische Predigtkultur* (Hg.), Predigen lehren. Methoden für die homiletische Aus- und Weiterbildung (= Kirche im Aufbruch 17), Leipzig 2015; vgl. *Hans M. Müller*, Zwei Jahrzehnte Predigtlehre. Evangelische und katholische Entwicklungen und Aufgaben, in: *Konfessionskundliches Institut*, Materialdienst des Konfessionskundlichen Instituts Bensheim 37 (1986), 3–7; *Hans-Günter Heimbrock/Matthias von Kriegstein*, Predigen lernen, Gottesdienst feiern lernen. Neue Wege in der theologischen Ausbildung, Frankfurt a. M. 2001 (Darstellung und Auswertung einer umfassenden liturgisch-homiletischen Ausbildungskonzeption); *Ingo Reuter*, Perspektiven der Predigtdidaktik. Problemstellungen und Perspektiven in neueren Entwürfen zur praktischen Homiletik, in: Praktische Theologie 39 (2004) 206–212. Zu den theologischen, geistlichen, pastoralen und kanonischen Anforderungen an die Predigtausbildung und ihre Umsetzung vgl. aus dem katholischen englischsprachigen Raum *Michael Carragher*, The training of ministers and preaching: Canon 256 §1, in: Angelicum 85/1 (2008) 67–102. Zu den evangelischen Vorgaben der Ausbildung vgl. *Müller*, Homiletik 419–428.

134 *Kamphaus*, Schwerpunkte 122 (s. Anm. 133).

135 Auch für die USA berichtet die „Catholic Association of Teachers of Homiletics", dass weniger als sechs Credits von insgesamt hundert im Theologiestudium für die homiletische Ausbildung vorgesehen seien (www.cat.homiletics.org/whitepaper.htm [27.11.2016]; vgl. *Carrell*, Communication 17 [s. Anm. 5]).

2. Rhetorik als Bezugswissenschaft der Homiletik

136 *Cicero*, De inventione rhetorica II,1–3 (*Cicero* 128 f.). In „De oratore" I,8,33–10,40 wird dieser Kunstmythos jedoch mit Pro und Contra erörtert (ebd. 173–339, hier 178–180); vgl. *Karl Büchner*, Cicero. Bestand und Wandel seiner geistigen Welt, Heidelberg 1964, 50–62.

137 *Thomas Hobbes*, Leviathan I,13 (*Thomas Hobbes*, Leviathan. Parts I and II. With an introduction by Herbert W. Schneider, Indianapolis [IN] [20]1983, 104–109).

138 Das Folgende nach *George A. Kennedy*, Historical Survey of Rhetoric, in: *Porter* 3–41. Vgl. Art. „Peitho", in: Der kleine Pauly 4,591 f.

139 *Gorgias*, Hel. 8–14 (vgl. *Kennedy*, Survey 12). Ähnlich klagt der Jakobusbrief: *So ist auch die Zunge nur ein kleines Körperglied und rühmt sich doch großer Dinge. Und wie*

klein kann ein Feuer sein, das einen großen Wald in Brand steckt. Auch die Zunge ist ein Feuer, eine Welt voll Ungerechtigkeit. Die Zunge ist der Teil, der den ganzen Menschen verdirbt und das Rad des Lebens in Brand setzt; sie selbst aber ist von der Hölle in Brand gesetzt. Denn jede Art von Tieren, auf dem Land und in der Luft, was am Boden kriecht und was im Meer schwimmt, lässt sich zähmen und ist vom Menschen auch gezähmt worden; doch die Zunge kann kein Mensch zähmen, dieses ruhelose Übel, voll von tödlichem Gift* (Jak 3,5–8).

140 Zum Folgenden vgl. *Kennedy,* Survey 7–9; *Megan Foley,* Peitho and Bia, in: Symploke 20 (2012) H. 1–2, 173–181. Foley legt dabei nahe, dass das Verhältnis von *Peitho* und *Ananke* nicht im Sinn des „Und bist du nicht willig, so brauch' ich Gewalt" verstanden werden darf, also zuerst der Versuch, mit Argumenten zu überzeugen, und wenn das nichts hilft, dann mit militärischer Gewalt. Denn Gewalt ist auch die andere Seite der Sprache und damit der Rhetorik. Man wird dies freilich nicht einfach als deren Schattenseite verstehen müssen, sondern als ihr Komplementär, so wie es im Folgenden dargestellt wird.

141 *Jürgen Doll,* Theater im Roten Wien. Vom sozialdemokratischen Agitprop zum dialektischen Theater Jura Soyfers (= Literatur in der Geschichte – Geschichte in der Literatur 43), Wien-Köln-Weimar 1997, 81.

142 So das Gliederungsprinzip bei *Kennedy*.

143 *Platon,* Gorgias 448d9.

144 Nicht selten wird die christliche Predigt von diesen drei Quellorten der Rhetorik deutlich abgehoben, so bei *H. M. Müller* 11 f. Dies verkennt allerdings den paradigmatischen Charakter dieser drei ursprünglichen Redesituationen, die sich durchaus auf ganz andere Situationen übertragen lassen. Andere Homiletiker haben sich daher von dieser Trias inspirieren lassen.

145 „Die neue, auf eine immer reinere Form der Demokratie zustrebende Entwicklung bedingte, daß sich ein neuer Typ des Politikers mehr und mehr Geltung verschaffte, und die Repräsentanten dieses Typs mußten, wenn sie sich im Kampf der Meinungen behaupten wollten, mit neuen, für die Beherrschung von Massen geeigneten Waffen gerüstet sein: mit eben jener Mischung von formalen und sachlichen Gegebenheiten, welche die Redelehrer vermittelten" (*Fuhrmann* 10).

146 *Walter Jens,* Von deutscher Rede, in: *Adam Müller,* Zwölf Reden über die Beredsamkeit und deren Verfall in Deutschland. Mit einem Essay und einem Nachwort von Walter Jens (= Sammlung Insel 28), Frankfurt a. M. 1967, 7–32, hier 9.

147 „In den monarchischen Flächenstaaten Alexanders III. und der ihm folgenden Diadochen verkümmert die politische Rede mangels Redefreiheit zur Bedeutungslosigkeit", resümiert *Jeffrey Walker u. a.,* Art. „Rhetorik", in: HWRh 7, 1423–1740, hier 1441, dagegen den Verfall der Demokratie im Hellenismus.

148 Programmatisch sagt Johann Gottfried Herder (1744–1803) in seinem „42. Brief, das Studium der Theologie betreffend": „Die Beredsamkeit wohnte nur da, wo Republik war, wo Freiheit herrschte, wo öffentliche Beratschlagung die Triebfeder aller Geschäfte war […]" (Sämmtliche Werke [ed. Supham] 11, 36; zit. bei *Grözinger,* Verständnis 271 [s. Seite 113]). Dass das Klischee von Herder als dem Überwinder der (Barock-)Rhetorik in der Literatur differenziert werden muss, weist *Björn Hambsch,* „… ganz andre Beredsamkeit". Transformationen antiker und moderner Rhetorik bei Johann Gottfried Herder (= Rhetorik-Forschungen 17), Tübingen 2007, nach (ebd. 79–126 auch zu Herders Beitrag zu Theorie und Praxis der Predigt; dazu ausführlicher *Martin Kumlehn,* Gott zur Sprache bringen. Studien zum Predigtverständnis Johann Gottfried Herders im Kontext seiner philosophischen Anthropologie [= Praktische Theologie in Geschichte und Gegenwart 4], Tübingen 2009).

149 Auf den Verfall des Interesses an den Debatten des Deutschen Bundestages hat eine Studie der Bertelsmann-Stiftung von 2014 hingewiesen: *Dominik Hierlemann/ Ulrich Sieberer,* Sichtbare Demokratie. Debatten und Fragestunden im Deutschen Bundestag, Gütersloh 2014.

150 Vgl. *Aristoteles* I,1 (1354b).

151 *Härtner/Eschmann* 91–110; *Daiber* 268–270.

2. Rhetorik als Bezugswissenschaft der Homiletik 363

152 Dies ist das bleibende Verdienst des Predigtverständnisses der Dialektischen Theologie innerhalb der protestantischen Homiletik, s. o. 1.5.
153 Unübertroffen ist dieses Selbstverständnis im Ideal der Dominikaner getroffen: „contemplari et contemplata aliis tradere (betrachten und das Betrachtete anderen mitteilen)" (*Thomas von Aquin*, Summa theologiae II-II qu. 188,6, resp.).
154 Dass die Homilie wiederum dazu beitragen soll, bewusster und geistlicher den Gottesdienst mitzufeiern, gerät jedoch gerne aus dem Blick. Gerade ihr Redeschluss würde sich dafür aber anbieten.
155 Zum Folgenden vgl. *Kennedy*, Survey.
156 Der Begriff „Rhetorik (ῥητορική/*rhetorike*)" oder „rhetorische Technik (ῥητορικὴ τέχνη/*rhetorike techne*)" taucht allerdings erstmals im „Gorgias" im Mund des Sokrates auf, und zwar als τέχνη (*techne*), d. h. als Kunst des öffentlichen Redens. Diese Begriffsbildung wird in Platons Gorgias (453a2) diesem selbst zugeschrieben: „[…] was Rhetorik genannt wird" (448d9). Auffällig ist freilich, dass der Ausdruck sich nirgendwo sonst im 5. Jahrhundert findet und auch im 4. Jahrhundert fast nur bei Platon und Aristoteles. So dürfte er von ihnen gebildet worden sein, wohl von vornherein pejorativ, da mit Rhetor auch ein Politiker gemeint ist, der die öffentliche Meinung zu seinen Gunsten beeinflusst. Dieser negative Beigeschmack begleitet die Rhetorik seitdem in der ganzen abendländischen Kultur wie ein dunkler Schatten. – Analog wird im Lateinischen die Bezeichnung „ars rhetorica" oder „ars oratoria" gebraucht (*Fuhrmann* 11).
157 Handlich zusammengestellt sind die Zeugnisse über die Lehre des Protagoras bei: Die Vorsokratiker. Die Fragmente und Quellenberichte übersetzt und eingeleitet von Wilhelm Capelle (= Kröners Taschenbuchausgabe 119), Stuttgart 1968, 323–340. Zur Kritik des Plato am *homo-mensura*-Satz im Rahmen der Sprachphilosophie vgl. *Platon*, Kratylos 385e–386a (Platonis opera. Recognovit brevique adnotatione critica instrvxit Ioannes Burnet. Bd. 1. Tetralogias III continens, Oxford [17]1979 [Reprint]).
158 „Aber der Mensch, das ist kein abstraktes, außer der Welt hockendes Wesen. Der Mensch, das ist die Welt des Menschen, Staat, Sozietät. Dieser Staat, diese Sozietät produzieren die Religion, ein verkehrtes Weltbewußtsein, weil sie eine verkehrte Welt sind. Die Religion ist die allgemeine Theorie dieser Welt, ihr enzyklopädisches Kompendium, ihre Logik in populärer Form, ihr spiritualistischer *Point-d'honneur*, ihr Enthusiasmus, ihre moralische Sanktion, ihre feierliche Ergänzung, ihr allgemeiner Trost- und Rechtfertigungsgrund. Sie ist die phantastische Verwirklichung des menschlichen Wesens, weil das menschliche Wesen keine wahre Wirklichkeit besitzt. Der Kampf gegen die Religion ist also mittelbar der Kampf gegen jene Welt, deren geistiges Aroma die Religion ist" (*Karl Marx*, Zur Kritik der Hegelschen Rechtsphilosophie. Einleitung, in: *ders./Friedrich Engels*, Ausgewählte Werke in sechs Bänden. Bd. 1, Berlin [13]1987, 9–25, hier 9).
159 Vorsokratiker 327–330 (s. Anm. 157). In der Formulierung des Platon wird von Protagoras gesagt, „der Mensch sei der Maßstab aller Dinge, der Seienden, daß sie sind, der nichtseienden, daß sie nicht sind" (ebd. 327 im Zitat von *Platon*, Theaitet 151e).
160 Vorsokratiker 325 f.
161 Vgl. Vorsokratiker 330 f., vgl. Phaidros 51, 267a.
162 Vgl. nach Vorsokratiker 325 (im Zitat von Diogenes Laertius IX,51) die These des Protagoras, „es gäbe von jeder Sache zwei Standpunkte, die einander gegenüberständen".
163 Vgl. dazu *Otto A. Baumhauer*, Die sophistische Rhetorik. Eine Theorie sprachlicher Kommunikation, Stuttgart 1986. Treffend arbeitet Baumhauer die Grundannahme der Sophistik heraus, „daß Reden eine Form des *agón* ist, der Auseinandersetzung zwischen Vertretern widersprüchlicher Standpunkte. Folglich besteht die Aufgabe jedes Redners – ob im Gespräch oder im Gegeneinander von Monologen – darin, den eigenen Standpunkt glaubhaft zu machen und den Gegner zu widerlegen: Das Ziel allen Redens – gleichgültig über welchen Gegenstand – ist das Urteil des Zuhörers (Aristoteles Rhetorica 1358a36–b8), dessen

zustimmendes Urteil zum parteiischen Standpunkt des Redners" (ebd. 200). Diese Bestimmung der Rede hat nach Baumhauer auch die philosophischen Standpunkte der Sophistik ausgelöst, so die Subjektivität aller Erkenntnis, ihre Veränderbarkeit durch Affekte und ihre soziokulturelle Prägung durch die jeweilige Kultur. Daraus folgt die hervorragende Bedeutung der Sprachlichkeit und der Erziehung für die *polis*. Zu den philosophisch-theoretischen Voraussetzungen sophistischer Rhetorik vgl. ebd. 181–197.

164 *Fuhrmann* 8.
165 *Gorgias*, Fragment 23 („Helena"), zit. bei *Ueding/Steinbrink* 18.
166 *Protagoras*, Fragment 1, zit. ebd. 17.
167 „Die antike Rhetorik hat nicht nur formale Fertigkeiten vermittelt, sondern auch Sachkenntnisse. Man könnte diese Kenntnisse auf die Formel ‚Einführung ins öffentliche Leben' bringen; sie bestanden aus Regeln für die Lenkung und Beeinflussung von Menschen, aus elementaren Betrachtungen über Staat und Gesellschaft und zumal aus Grundbegriffen des Straf- und Zivilrechts nebst einer juristischen Auslegungslehre. Auch die nationale Geschichte, bisweilen sogar der Mythos, hatte im Rhetorikunterricht – nicht anders als in der rednerischen Praxis – einen festen Platz: von dorther holte man sich das erforderliche Anschauungsmaterial, die anspornenden oder abschreckenden Beispiele" (*Fuhrmann* 9).
168 Vgl. *Joachim Adamietz*, Art. „Asianismus", in: HWRh 1, 1114–1120; *Albrecht Dihle*, Art. „Attizismus", in: HWRh 1, 1163–1176.
169 Gorgias 503ab (*Platon, Die großen Dialoge*. Übersetzt von Rudolf Rufener. Mit einer Einführung und Erläuterungen von Thomas Alexander Szlezák, München 1991, 289).
170 *Manfred Fuhrmann*, Die Tradition der Rhetorik-Verachtung und das deutsche Bild vom ‚Advokaten' Cicero, in: *Joachim Dyck/Walter Jens/Gert Ueding* (Hg.), Rhetorik. Ein internationales Jahrbuch. Bd. 8. Rhetorik heute II, Tübingen 1989, 43–55, hier 47.
171 Gorgias 448 St.1 A (*Platon, Die großen Dialoge*. Übersetzt von Rudolf Rufener. Mit einer Einführung und Erläuterungen von Thomas Alexander Szlezák, München 1991, 197; s. o. 1.2.2.1).
172 *Ernst Sandvoss*, Soteria. Philosophische Grundlagen der platonischen Gesetzgebung, Göttingen 1971, 93.
173 935 a 1–7, zit. nach ebd. 93.
174 „Der Gorgias-Schüler Isokrates hatte inzwischen in Athen seine Rednerschule gegründet, nachdem er als Verfasser von Gerichtsreden, als Logograph [sc. Redenschreiber], ein Vermögen erworben hatte. Isokrates faßte die pädagogischen Vorstellungen und Praktiken der Sophisten zusammen, beschnitt einerseits Auswüchse sophistischer Rhetorikausbildung, lehnte andererseits den sokratisch-platonischen ‚Erziehungsintellektualismus' ab, vertrat nachdrücklich die Idee von der Erziehung zum Redner als den ganzen Menschen formender Kraft – entwarf ein Erziehungsideal, für das er die Bezeichnung ‚Philosophie' in Anspruch nahm" (*Baumhauer*, Rhetorik 78 [s. Anm. 163], mit einem Begriff von J. H. Kühn).
175 Der „Gryllos", ein verloren gegangenes Frühwerk, vertrat noch Positionen analog zum platonischen „Gorgias". Die „Rhetorik an Alexander", ein gern gelesenes Handbuch aus der zweiten Hälfte des 4. vorchristlichen Jahrhunderts, das lange fälschlich dem Aristoteles zugeschrieben wurde und das vielleicht von Anaximenes stammt, stellt ein Musterbeispiel eines pragmatischen Handbuchs sophistischer Schulrhetorik dar (*Manfred Fuhrmann*, Anaximenis Ars rhetorica quae vulgo fertur Aristotelis ad Alexandrum, Leipzig 1966. München ²2000). – Vgl. *Geoffrey D. Dunn*, Aristotle and the art of preaching, in: Worship 72 (1998) 220–235 (Bezug des heutigen Verständnisses der katholischen Homilie auf die drei Redearten des Aristoteles, Gerichts-, politische und Gelegenheitsbzw. Lobrede, und besondere Nähe der Homilie zu Letzterer in ihrer Konzentration auf das Hier und Jetzt der Liturgie).
176 *Aristoteles* 1,1.
177 *Aristoteles* 1,2.
178 Weitere Einzelerkenntnisse des Aristoteles betreffen etwa die Einteilung der Arbeitsstadien des Redners, die Vertiefung der drei Gattungen (Gerichts-, politische und Fest-/ Gelegenheitsrede), ihre Zuteilung zu drei

Zeitstufen Vergangenheit, Zukunft und Gegenwart und den drei Werten Gerechtigkeit, Nutzen und Ehre; die Zerlegung der Beweisführung in eine positive und eine negative Komponente (Anklage vs. Verteidigung, Mahnung vs. Warnung, Preis vs. Tadel), die Unterscheidung von technischen (d. h. Wahrscheinlichkeit generierende) und nichttechnischen Beweisen (aus autoritativen Dokumenten wie Gesetzestexten) und die Lehre von den *loci*.

179 Vgl. die Sammlung seiner theoretischen Werke zur Rhetorik in *Cicero*. Andere wichtige Namen der römischen Rhetorik sind u. a. Seneca und Quintilian.

180 Packend hat der britische Thriller-Autor Robert Harris (* 1957) den politischen Kampf des *homo novus* in seiner Cicero-Trilogie „Imperium" (München 2006), „Titan (orig.: Lustrum)" (München 2009) und „Diktator" (München 2015) beschrieben. Zum durch die Jahrhunderte gewandelten Bild Ciceros als Redner vgl. *Fuhrmann*, Tradition (s. Anm. 170).

181 *Cicero*, De oratore I,XVIII,83 (*Cicero* 187): „Horum alii, sicut iste ipse Mnesarchus, hos, quos nos oratores vocaremus, nihil esse dicebat nisi quosdam operarios lingua celeri et exercitata; oratorem autem, nisi qui sapiens esset, esse neminem; atque ipsam eloquentiam, quod ex bene dicendi scientia constaret, unam quandam esse virtutem et, qui unam virtutem haberet, omnes habere easque esse inter se aequales et pares; ita, qui esset eloquens, eum virtutes omnes habere atque esse sapientem."

182 *Cicero*, De oratore III,XVI,61 (*Cicero* 305): „discidium illud exstitit quasi linguae et cordis".

183 Vgl. *Folker Siegert*, Homily and Panegyrical Sermon, in: *Porter* 421–443; *Marc Saperstein*, Art. „Sermons in Modern Judaism", in: Encyclopaedia of Judaism (Brill Online 2014. First published 2006 [3. Oktober 2016]). Vgl. den Vergleich zwischen ägyptischer Kultreligion und israelitisch-nachexilischer Buchreligion bei dem Ägyptologen *Siegfried Morenz*, Entstehung und Wesen der Buchreligion, in: *ders.*, Religion und Geschichte des alten Ägypten. Gesammelte Aufsätze. Hg. von Elke Blumenthal und Siegfried Herrmann, Köln-Wien 1975, 383–394; vgl. knapper *ders.*, Entstehung und Wesen der Buchreligion, in: ThLZ 12 (1950) 710–716 (Rekonstruktion der jüdisch-christlichen „Form der Buchreligion als eine[r] Sonderform" [ebd. 711]); *Hans-Joachim Klimkeit u. a.*, Art. „Predigt", in: TRE 27, 225–330, hier 225 f.

184 *Engemann* 88; zu den Anfängen der Predigt aus homiletischer Sicht vgl. *H. M. Müller* 19–28, der allerdings die Missionspredigt der Apostel von dem synagogalen Lehrvortrag und der popularphilosophischen Diatribe abhebt.

185 „Was also tat er an diesem Sabbat? Er hieß das ganze Volk, sich an einem Ort zu versammeln, sich niederzusetzen und mit Ordnung und Ehrfurcht auf die Gesetze zu hören, damit niemand bei etwas unwissend bleibe, was in ihnen enthalten ist. Und tatsächlich kommen sie regelmäßig zusammen, setzen sich zusammen – die Menge normalerweise in Stille, außer wenn einige heilige Worte üblich sind, mit denen sie ihre Zustimmung zum Gelesenen ausdrücken. Dann liest ein anwesender Priester oder einer der Ältesten ihre heiligen Gesetze vor und legt sie einzeln bis zur Abendzeit aus" (*Philo*, Hypothetica 7.12 f., zit. bei *Siegert*, Homily 432 [s. Anm. 183]). Ähnlich charakterisiert die älteste Darstellung einer eucharistischen Feier bei Justin (Apologia I,65–67) die Predigt als Ermahnung (διὰ λόγου νουθεσία/*dia logou nouthesia*).

186 *Paul Rießler*, Altjüdisches Schrifttum außerhalb der Bibel, Augsburg 1928, 213.

187 Vgl. *Siegert*, Homily 435–441 (s. Anm. 183). Die protestantischen Forscher Franz Overbeck (1837–1905) und Otto Dibelius (1880–1967) ebenso wie der Altphilologe *Eduard Norden*, Die antike Kunstprosa vom VI. Jahrhundert vor Christus bis in die Zeit der Renaissance. 2 Bde., Leipzig 1898, haben einen grundsätzlichen Gegensatz zwischen christlicher Predigt und antiker Rhetorik konstruiert und eine ausgesprochen christliche Rhetorikfeindschaft erkennen wollen, etwa in 1 Kor 2,4 f. („Meine Botschaft und Verkündigung war nicht Überredung durch gewandte und kluge Worte, sondern war mit dem Erweis von Geist und Kraft verbunden, damit sich euer Glaube nicht auf Menschenweisheit stützte, sondern auf die Kraft Gottes"). Die spätere

Entwicklung der kunstvollen christlichen Predigt sei in diesem Sinn als Entfernung vom Ursprung und als hellenistische Überfremdung des Christentums zu werten. Doch ist diese Deutung selbst wieder vorurteilsbehaftet und wird dem historischen Befund nicht gerecht (vgl. *Klaus Berger,* Antike Rhetorik und christliche Homiletik, in: *Carsten Colpe/Ludger Honnefelder/ Matthias Lutz-Bachmann* [Hg.], Spätantike und Christentum. Beiträge zur Religions- und Geistesgeschichte der griechisch-römischen Kultur und Zivilisation der Kaiserzeit, Berlin 1992, 173–187).
188 S. o. 2.1.2.1.
189 *Leclercq* 214.
190 Ebd.
191 Ebd. Vgl. PL 65, 855–954.
192 So bereits Philo, vgl. *Siegert,* Homily 442 (s. Anm. 183).
193 *Melito von Sardes,* Peri pascha 1 f. *(Meliton von Sardes,* Vom Passa. Die älteste christliche Osterpredigt. Übersetzt, eingeleitet und kommentiert von Josef Blank [= Sophia. Quellen östlicher Theologie 3], Freiburg i. Br. 1963, 101).
194 Denn „Christusverkündigung *ist* das um sich greifende Heilsereignis, die anbrechende Gottesherrschaft in Person" *(Engemann,* Einführung 95). – Diese enge Verbindung von Lesung und Auslegung hat dann die Liturgiekonstitution des II. Vatikanums die Predigt als „pars ipsius liturgiae (Teil der Liturgie selbst)" bezeichnen lassen (SC 52). Ein bedeutendes Beispiel für diese Art zu predigen war der getaufte Jude und Erzbischof von Paris, Aaron Jean-Marie Lustiger; vgl. *Jean-Baptiste Arnaud,* Une parole prophétique pour un peuple sacerdotal. La prédication de Jean-Marie Lustiger, archevêque de Paris (1981–1990); *Andreas Wollbold,* Jean-Marie Lustiger, serviteur de la Parole, in: Revue Théologique des Bernardins (mars 2015 – hors série: La Promesse, de génération en génération. Actes du colloque des 12–20 octobre 2014) 107–119. – Die jüdische Predigt hat im 19. Jahrhundert ihren strikt schriftauslegenden Charakter allmählich aufgegeben und glich sich dadurch dem Typ einer religiösen Erbauungsrede an, und zwar im sephardischen ebenso wie im ashkenasischen Judentum bzw. in der Predigt des orthodoxen ebenso wie des Reformjudentums (vgl. *Marc Saperstein,* Art. „Sermons in Modern Judaism", in: Encyclopaedia of Judaism [Brill Online 2014; 3. Oktober 2016]).
195 Vgl. *Engemann* 89.
196 Diese Bedeutung spiegelt sich auch in der Fülle von Selbstbezeichnungen für den Akt der Predigt (s. o. 1.4: *kerysso* [ankündigen, proklamieren]/*kerygma, didasko/didaskalia* und *didache, katecho/katechesis* sowie lateinisch *praedicare/praedicatio* [als Übersetzung des *kerysso*, mit der Konnotation einer übernatürlichen Eingebung; absolut oder mit Objekt „Evangelium", „Gott" usw. gebraucht; ab dem 4. Jahrhundert zusätzlich auch „loben, verherrlichen" und als Terminus technicus der amtlichen Predigt, die von der Katechese unterschieden wird], *tractare/tractatus* [ursprünglich die exegetische Schriftauslegung, doch bald auch generell die lehrhafte Predigt]) und ihre Form *(homilia, logos, dialexis,* gelegentlich auch *epithymesis, parainesis, prosclesis, paraclesis* sowie aus den klassischen Redebezeichnungen *enkomion, panegirikon* und *diatribe* sowie lateinisch *sermo* [ab dem 4. Jahrhundert am gebräuchlichsten], *homilia* und *tractatus,* aber auch *increpatio, castigatio, admonitio/commonitio, allocutio, consolatio, dictio, disputatio, exhortatio, verbum facere, dicere/dictare,* Ableitungen von *loqui* usw.), vgl. *Christine Mohrmann,* Praedicare-Tractare-Sermo, in: Etudes sur le latin des chrétiens. Bd. 2: Latin chrétien et médiéval, Rom 1961, 63–72; *Olivar* 487–514; *ders.,* Art. „Predicazione. Nella chiesa antica", in: Dizionario 1216–1222, hier 1216 f.
197 *Leclercq* 208.
198 *Leclercq* 209.
199 *Leclercq* 208.
200 *Leclercq* 209.
201 Vgl. *Balthasar Fischer,* „Nicht wie die Gelehrten reden: eher wie die Ungelehrten". Eine Mahnung Augustins an den christlichen Prediger (De doctr. chr. 4,65), in: IkaZ 11 (1982) 123–129.
202 Vgl. *Wolfgang Speyer,* Art. „Patristik", in: HWRh 6,717–728; *Engemann* 87–95. Vgl. zum Gesamt *Eduard Norden,* Die antike Kunstprosa vom VI. Jahrhundert vor Chr.

2. Rhetorik als Bezugswissenschaft der Homiletik 367

bis in die Zeit der Renaissance. 2 Bde., Leipzig 1898.
203 *Speyer,* Art. „Patristik" 719 f.
204 Zu denken ist hier auch an die Neuübersetzung der Bibel durch Hieronymus im Auftrag von Papst Damasus, die wesentlich von einem Stilwillen getragen war, der dem Vorwurf der sprachlichen Minderwertigkeit der Heiligen Schrift begegnen sollte.
205 Vgl. etwa *Volker Lukas,* Rhetorik und literarischer „Kampf". Tertullians Streitschrift gegen Marcion als Paradigma der Selbstvergewisserung der Orthodoxie gegenüber der Häresie. Eine philologisch-theologische Analyse (= Europäische Hochschulschriften. Reihe XXIII Theologie 859), Frankfurt a. M. 2008; *Geoffrey D. Dunn,* Tertullian's Aduersus Iudaeos. A Rhetorical Analysis (= North American Patristic Society. Patristic Monograph Series 19), Washington (D.C.) 2008; *Robert Dick Sider,* Ancient Rhetoric and the Art of Tertullian, Oxford 1971; *Robert Dick Sider,* On Symmetrical Composition in Tertullian, in: JThS 24 (1973) 405–423; *Antonio Quacquarelli,* L'antitesi retorica, in: VetChr 19 (1982) 223–237.
206 Vgl. *Speyer,* Art. „Patristik" 721.
207 *Jean Leclercq,* L'amour des lettres et le désir de Dieu. Initiation aux auteurs monastiques du Moyen Age, Paris 1957. Vgl. *Edgar Pack,* Sozialgeschichtliche Aspekte des Fehlens einer ‚christlichen' Schule in der römischen Kaiserzeit, in: *Werner Eck* (Hg.), Religion und Gesellschaft in der römischen Kaiserzeit. Kolloquium zu Ehren von Friedrich Vittinghoff (= Kölner historische Abhandlungen 35), Köln 1989, 185–263 (Persistenz der antiken, rhetorisch geprägten Bildung im Christentum); *Basil Studer,* Schola christiana. Die Theologie zwischen Nizäa und Chalzedon, Paderborn 1998 (aspektereicher Überblick zur Theologiegeschichte der Zeit mit durchgängiger Berücksichtigung der kulturellen Aspekte).
208 *Speyer,* Art. „Patristik" 721. Mancherorts entwickelte sich die Predigt zu einem regelrechten *entertainment*; dabei spielte die Interaktion mit dem Publikum, die Zwischenrufe und besonders der Applaus eine große Rolle, nicht zu vergessen aber auch die Musikalität des Vortrags in Ton und Rhythmus; vgl. *Alfred Stuiber,* Art.

„Applaus", in: RAC 2 (1954) 92–103, bes. 99–102 (mit zahlreichen Belegen, aber im Ton eher kritisch gegenüber den neuen Sitten rhetorischen Raffinements: „Eitlen Predigern ist der Beifall ein Königreich wert, ein Ende der Predigt unter Schweigen aber schlimmer als die Hölle" [ebd. 100 nach *Chrysostomus,* In Act. hom. 30,3; dieser „empfindet zwar menschliche Freude über den Beifall, aber Traurigkeit über den geringen Nutzen der Predigt" [ebd. 101]); *Johannes Zellinger,* Der Beifall in der altchristlichen Predigt, in: *Heinrich M. Gietl/Georg Pfeilschifter* (Hg.), Festgabe Alois Knöpfler zur Vollendung des 70. Lebensjahres, gewidmet von seinen Freunden und Schülern, Freiburg i. Br. 1917, 403–415 (mit vielen anschaulichen Belegen, etwa die des Chrysostomus, der den Beifall gesetzlich verbieten lassen wollte, doch „[d]ieser kühne Gedanke entfesselte hellen Applaus" [ebd. 408]; Beifall negativ als Symptom der Rhetorisierung der Predigt im 4. Jahrhundert und dementsprechend Widerstand bei großen Predigern wie Gregor von Nazianz, Chrysostomus, Hieronymus und Augustinus gegen diese Sitte: „Mit der hellenistischen Rhetorik und ihrem ohrenkitzelnden Raffinement wurden auch jene Beifallskundgebungen in die christlichen Gotteshäuser eingeschleppt, womit man die Schauspieler und profanen Kunstredner lohnte" [ebd. 404]); *Alexandre Olivar,* Les réactions émotionelles des fidèles pendant la lecture solennelle de l'Écriture dans l'Église des Pères, in: Mens concordet voci (= FS A. G. Martimort), Paris 1983, 452–455; ders., La predicación cristiana antigua (= Biblioteca Herder. Sección de teología y filosofía 189), Barcelona 1991, 761–814.
209 „Wenn das Synodalschreiben der asiatischen Bischöfe nicht übertreibt, hatte er sich wie ein Gaukler auf der Kanzel benommen […]. Er schlug mit der Hand an die Schenkel und stieß mit seinen Füßen auf das Podium. Männer und Weiber mußten ihm unter Tücherwehen und Schreien und Stampfen Lob und Huldigung bieten. Die in der Kirche ruhig und sittsam sich verhielten, schalt und tadelte er" (*Zellinger,* Beifall 413).
210 Wirkungsgeschichtlich bedeutsam ist das Faktum, dass – u. a. durch den Einfluss des

Mönchtums und einer nun durchgängig von der Heiligen Schrift, der Liturgie und von christlichen Themen bestimmten Bildung – die lateinische Predigt im Ausgang der Väterzeit (anders als die byzantinische) etwa bei Gregor dem Großen nun wieder sehr viel spezifischer christlich geprägt ist und in vielen Aspekten zur ursprünglichen Einfachheit der Homilie zurückkehrt. „Damit treten im späten 5., im 6. und 7. Jahrhundert an die Stelle des profanen Unterrichtswesens nach und nach die immer mehr auf das rein Christliche konzentrierte Klosterschule und die Ausbildung der Kleriker. Dies hat Folgen für die bis dahin geltende, sehr differenzierte christliche Rhetorik. Ein neuer, der veränderten geistigen und kulturellen Lage angepaßter Stil bildet sich. Er ist anspruchsloser und auf die Bedürfnisse eines immer weniger antikgebildeten Publikums zugeschnitten. Ausdruck hierfür ist der *sermo rusticus,* die *rusticitas,* der ‚bäuerliche Stil'. Von einem Bescheidenheitstopos gelangt dieser Ausdruck zur Bezeichnung eines Stils der relativen Kunstlosigkeit, kargen Herbheit und Einfachheit. Dieser Stil der Mönchsaskese, den es ansatzweise auch schon früher gegeben hat, wird seit dem 6. Jh. im lateinischen Westen der Stil der Zukunft. Als seine Repräsentanten sind zu nennen: der heilige Benedikt, Caesarius von Arles, Gregor von Tours, Gregor der Große und viele anonyme Hagiographen" (Speyer, Art. „Patristik" 721 f.). Dabei sollte man allerdings das in der Sache der christlichen Predigt begründete Abrücken von der großen Rhetorik mitbedenken und nicht einen kulturellen Verfall konstatieren.

211 Ep. 22,30 (= CSEL 189–191), vgl. *Carmelo A. Rapisarda,* Ciceronianus es, non christianus. Dove e quando avvenne il sogno di S. Girolamo?, in: Miscellanea di studi di letteratura cristiana antica (1954) 1–18 (Nachweis der Datierung des Traums in der Wüste Chalkis während der Fastenzeit 386 und nicht erst beim ersten Aufenthalt des Hieronymus in Antiochia – übrigens eine schöne Koinzidenz mit der Bekehrung des Redelehrers Augustinus im August des gleichen Jahres).

212 Vgl. *Augustinus,* De doctrina christiana IV,2,3 (= CCL 32,117). Vgl. *Barbara Kur-* *sawe,* Docere – delectare – movere. Die *officia oratoris* bei Augustin in Rhetorik und Gnadenlehre (= Studien zur Geschichte und Kultur des Altertums N.F. 1. Reihe, 15), Paderborn-München-Wien-Zürich 2000; *José Oroz Reta,* La retórica en los sermones de san Agustín (= Colleción Augustinus 11), Madrid 1963, 61–68.

213 Vgl. *Hubertus R. Drobner,* Die Predigtkunst Augustins, in: ThGl 94 (2004) 22–32, hier 27; *ders.,* Augustinus als Redner und Prediger in Theorie und Praxis, in: Wort und Dienst 28 (2005) 361–372, hier 362 (der zweite Aufsatz stellt eine Umarbeitung des ersten anlässlich eines Vortrags in Bethel dar); vgl. aus der reichen Sekundärliteratur *Gert Partoens,* Augustin als Prediger, in: *Volker Henning Drecoll* (Hg.), Augustin Handbuch, Tübingen 2007, 242–247; *Ferdinand Reisinger,* Augustinus – Lehrer und Helfer für die Prediger, in: Der hl. Augustinus als Seelsorger. Hg. vom Kloster Windberg, St. Ottilien 1993, 35–51. – Neben „De doctrina christiana" geben Ansätze einer Predigtlehre auch des Augustinus „De catechizandis rudibus" sowie *Ambrosius,* De officiis, sowie später *Gregor der Große,* Regula pastoralis, *Isidor von Sevilla,* De ecclesiasticis officiis, *Martin von Braga,* De correctione rusticorum, und *Iulianus Pomerius,* De vita contemplativa. Außerdem sind natürlich viele Einsichten zur Kunst der Predigt in den Predigten verschiedener Kirchenväter selbst versteckt.

214 *Drobner,* Augustinus 362 (s. Anm. 213).

215 *Augustinus,* De doctrina christiana (= CCL 32,1–167).

216 So *Grözinger,* Verständnis 265–267 (s. Seite 113), wo er Schleiermachers hermeneutisch-intersubjektives Rhetorikverständnis vom angeblich instrumentellen des Augustinus abhebt; ähnlich, aber knapper *ders.,* Homiletik und Rhetorik, in: Deutsches Pfarrerblatt 87 (1987), H. 1., 8–11, hier 8 f. Zum Gebrauch der Rhetorik bei Augustinus in seiner Redetheorie ebenso wie Rede- bzw. Predigtpraxis vgl. aber die sorgfältige und umfassende Studie von *José Oroz Reta,* La retórica en los sermones de san Agustín (= Colleción Augustinus 11), Madrid 1963. Danach folgt Augustinus einerseits der klassischen (ins-

besondere ciceronianischen) Tradition – aber auch andere Autoren wie Longinus oder auch die Volkspredigt der Kyniker und Stoiker (und überhaupt die einfache Volkssprache und ihre Denkformen) sowie manche stilistischen Eigenheiten der zweiten Sophistik kommen bei ihm zur Geltung –, formiert diese aber aus christlichem Geist neu. Dabei ist vor allem auf den nicht zu überschätzenden Einfluss der Bibel zu verweisen, und zwar nicht nur inhaltlich, sondern auch stilistisch. Gerade sein (aus der philosophischen Rhetorik entlehntes und christlich vertieftes) Axiom „res non verba", also der Vorrang von Wahrheit, Idee und Tugend vor Sprache, Rede und Kommunikation, hat ihn im besten Sinn zu einem rhetorischen Eklektiker gemacht, der das Gute und Hilfreiche aus der Tradition aufgreift, ohne sich an einzelne Schulen und Redesysteme zu verkaufen. Entscheidend ist vielmehr, dass alle Rede zur Seelsorge wird, also zum Dienst am Wachstum der Hörer im christlichen Glauben und Leben (ebd. 325–331).

217 = CCL 32,117.
218 *Augustinus*, De doctrina christiana IV,27 [59] (= CCL 32,163).
219 *Augustinus*, Sermo 51,1 (= PL 38,331).
220 Vgl. *Albert Verwilghen*, Rhétorique et prédication chez Augustin, in: NRTh 120 (1998) 233–248, hier 244.
221 Vgl. *Verwilghen*, Rhétorique 240 (s. Anm. 220), mit dem Beispiel von tract. in Io. Ep. 1,4 (= SChr 75,119): „Was hat er uns Neues verkündigt? Was hat er uns lehren wollen? […] Was hat er uns zeigen wollen? Was hat er uns verkündigen wollen? Hören wir …"
222 *Verwilghen*, Rhétorique 246 f. (s. Anm. 220).
223 *Augustinus*, De catechizandis rudibus XII,17 (= CCL 46,141): „tantum enim valet animi compatientis affectus, ut cum illi afficiuntur nobis loquentibus, et nos illis discentibus, habitemus in invicem; atque ita et illi quae audiunt quasi loquantur in nobis, et nos in illis discamus quodam modo quae docemus."
224 Vgl. *José Oroz Reta*, La retórica en los sermones de san Agustín. Prologo de Antonio Tovar (= Collección Augustinus 11), Madrid 1963, 95–104.
225 *Augustinus*, De doctrina christiana IV,22 [51] (= CCL 32,157).
226 *Augustinus*, De doctrina christiana IV,10 [24] (= CCL 32,132 mit Hinweis auf *Cicero*, Orator XXIII,78 [dort fälschlich mit XXIII,75 angegeben] = *Cicero* 418, vgl. *Augustinus*, De catechizandis rudibus II,3 = CCL 46,122 f.); vgl. *Balthasar Fischer*, „Nicht wie die Gelehrten reden: eher wie die Ungelehrten". Eine Mahnung Augustins an den christlichen Prediger (De doctr. chr. 4,65), in: IkaZ 11 (1982) 123–129.
227 *Augustinus*, De doctrina christiana IV,15 [32] (= CCL 32,138).
228 *Carol Harrison*, The rhetoric of scripture and preaching. Classical decadence or Christian aesthetic?, in: *Robert Dodaro/ George Lawless* (Hg.), Augustine and his critics (= FS Gerald Bonner), New York 2000, 214–230, hier 217.
229 Vgl. *Augustinus*, De doctrina christiana IV,27 [59] (= CCL 32,163 f.).
230 *Augustinus*, Sermo 339,1, zit. nach *Drobner*, Augustinus 364 (s. Anm. 213).
231 „Docere necessitatis est, delectare, suauitatis, flectere, uictoriae" (*Augustinus*, De doctrina christiana IV,12 [27] [= CCL 32,135 im Zitat von *Cicero*, Orator XXI,69 = *Cicero* 417]; vgl. *José Oroz Reta*, La retórica en los sermones de san Agustín [= Collección Augustinus 11], Madrid 1963, 87–94).
232 So in *Joseph Ratzinger/Benedikt XVI.*, Glaube in Schrift und Tradition. Hermeneutik und Theologische Prinzipienlehre. Erster Teilband (= Gesammelte Schriften. Bd. 9), Freiburg i. Br. 2016.
233 „Duae sunt res, quibus nititur omnis tractatio scripturarum, modus inueniendi, quae intellegenda sunt, et modus proferendi, quae intellecta sunt. – Auf zweierlei richtet sich die gesamte Schriftauslegung, nämlich die Art und Weise des Ergründens ihres Sinnes und der Darlegung des dabei Gefundenen" (*Augustinus*, De doctrina christiana I,1 [1] [CCL 32,6]).
234 *Harrison*, Rhetoric 228 f. (s. Anm. 228).
235 Zum Folgenden vgl. *Olivar*, Predicazione 1217 f. (s. Seite 97).
236 Hierzu und im Folgenden für die Weiterentwicklungen der altkirchlichen Predigt vgl. *Pasquato*, „Predicatione: nel medioevo" 1222–1230.

237 *Werner Schütz,* Geschichte der christlichen Predigt, Berlin-New York 1972, 66 f.
238 Hier ist allerdings ein *caveat* angebracht: „Die Predigt der Diözesankleriker: Sie ist uns weniger zugänglich und wird darum unterschätzt, während sie doch das ‚Milieu' des Bischofs beleben konnte und einen Einfluss bis hin zum Pfarrklerus ausüben konnte" (*Pasquato,* „Predicatione: nel medioevo" 1228). „Was die Pfarrgemeinden betrifft, so wurde dort vermutlich regelmäßig gepredigt, sofern sie in Gebieten lagen, die mit einer tatkräftigen Geistlichkeit gut versorgt waren […]. Von diesen Predigten, die sehr schlicht waren, ohne scholastische Methoden auskamen, sich häufig mit ganz konkreten Fragen beschäftigten und nicht unbedingt schriftlich ausgearbeitet waren, haben sich allerdings keine Beispiele erhalten" (*Charles de La Ronciere,* Die Glaubensunterweisung in der römischen Kirche – Predigttätigkeit und Prediger [1280–1450], in: *Michel Mollat du Jourdin/André Vauchez* [Hg.], Geschichte des Christentums. Religion – Politik – Kultur. Bd. 6. Die Zeit der Zerreißproben (1274–1449), Freiburg i. Br. 1991, 349–392 [mit Literatur], hier 358 zu Italien; ein ähnlicher Befund ebd. 355 zu Frankreich).
239 *Philippe Martin,* La chaire: instrument et espace de la prédication catholique, in: *Matthieu Arnold* (Hg.), Annoncer l'Évangile (XVᵉ–XVIIᵉ siècle). Permanence et mutations de la prédication. Actes du Colloque international à Strasbourg (20–22 novembre 2003), Paris 2006, 397–415, hier 399.
240 Vgl. *Benoît (Bernard) Montagnes u. a.,* Architettura e urbanistica degli ordini mendicanti, in: Storia della Chiesa 3 (1978) 3–61.
241 Vgl. *Longère* 171–177.
242 Vgl. *Louis Gougaud,* Muta praedicatio, in: RB 42 (1930) 168–171 (mit ausdrucksstarken Zitaten von Gregor dem Großen bis zu Johannes Gerson zur bildnerischen Ausgestaltung von Kirchen und zur Buchmalerei); *Roberto Rusconi u. a.,* Art. „Predicazione", in: DIP 7 (1969) 513–572, hier 532.
243 *Sebastian Brant,* Das Narrenschiff, Wiesbaden 2004. Mit diesem Schiff fahren über hundert satirisch gezeichnete Narren in das Land Narragonien. Jeder einzelne von ihnen wird mit seiner typischen Narretei geschildert.
244 Dass diese Effekte sich bald zu verselbständigen drohten und die Predigt selbst ins Komische, ja Lächerliche ziehen konnten, liegt auf der Hand. Dennoch hat die Visualisierung der Predigt authentische Wurzeln, die es gerade in einer heutigen Kultur des Visuellen wiederzuentdecken gilt. Eine besondere Rolle spielten dabei die Exerzitien des Ignatius mit ihrem starken Akzent auf der Imagination („Aufbau des Schauplatzes", „Anwendung der Sinne", Anwendung der verschiedenen Seelenkräfte usw.; vgl. *Louis Châtelier,* De l'instruction à la conversion. La prédication en question après le concile de Trente, in: *Arnold,* Annoncer 183–192 [s. Anm. 239], bes. 185 f.).
245 Vgl. *Andreas Wollbold,* Rhetorik und Schriftauslegung in der Predigt des hl. Bernhard von Clairvaux, in: *Christian Schäfer/Martin Thurner* (Hg.), Mittelalterliches Denken. Debatten, Ideen und Gestalten im Kontext, Darmstadt 2007, 75–88.
246 Vgl. *Gian Domenico Gordini,* L'arte di ben predicare di Paolo Segneri, in: *Giacomo Martina/Ugo Dovere* (Hg.), La predicazione in Italia dopo il Concilio di Trento tra cinquecento e settecento. Atti del X Convegno di Studio dell'Assoziazione Italiana dei Professori di Storia della Chiesa (Napoli 6–9 settembre 1994), Rom 1996, 111–126. Segneri hielt zwischen 1665 und 1692 unermüdlich im Kirchenstaat und in Norditalien insgesamt 540 in der Regel achttägige Missionen und besuchte dabei sechzehn Diözesen vollständig und sieben teilweise. Seine Methode baute auf geradezu theatralische Effekte, die die Menschen erschüttern und zur Bekehrung bewegen sollte (Prozessionen, Bußübungen, das Missionskreuz und der Totenkopf als *Memento mori* und natürlich die Predigten, die der ersten Woche der ignatianischen Exerzitien entsprachen und somit Erkenntnis der Sünde, *novissima* und Umkehrruf enthielten); allerdings verband er damit auch die intellektuelle Bildung durch Katechese und die Hinführung zur Nachfolge Jesu, also dem Mittelpunkt der zweiten Exerzitienwoche. Im Sinn des Evangeliums trat er stets apostolisch arm, als Büßer und zu zweit auf, zusammen mit

seinem jesuitischen Mitbruder Jean-Pierre Pinamonti, der gewissermaßen die sanfte Seite der Frohen Botschaft vertrat. Diese gleichzeitig sehr barocke und italienische Methode, wie sie ähnlich auch die Kapuziner übten, konkurrierte jedoch mit der weniger auf Schaueffekte als auf Verinnerlichung und Hinführung zu Gebet und Heilandsliebe konzentrierten Art der Missionen etwa der Lazaristen (Vinzentiner) und Eudisten in Frankreich (vgl. *Louis Châtellier*, La religion des pauvres. Les missions rurales en Europe et la formation du catholicisme moderne, XVIe–XIXe siècle, Paris 1993, 62–74).

247 Vgl. *Johann Baptist Schneyer*, Geschichte der katholischen Predigt, Freiburg i. Br. 1969, 258–266, welche Seiten besonders Bossuet gewidmet sind: „Bossuet gehört zu den Klassikern der Predigt, wenn wir diesen Begriff einmal auf die wenigen ganz großen Prediger unserer Kirche anwenden dürfen, und zwar in doppelter Hinsicht. Bossuet war vor allem ein *ganz überragender Prediger*, unbestritten der bedeutendste der französischen Zunge. Er ist auch ein *Homiletiker von höchstem Rang,* also ein klassischer Lehrer der Predigt" (ebd. 258). Zur Rehabilitation der gleichzeitigen Barockpredigt, die lange Zeit unter den Maßstäben des Klassizismus und Rationalismus als Tiefpunkt der Predigt überhaupt gewertet wurde, vgl. ebd. 267–271.

248 *Drobner*, Augustinus 367 (s. Anm. 213). Ebd 367 f. zum Einfluss des Pietismus und Herders auf diese Auffassung.

249 Vgl. den repräsentativen Überblick über die Positionen protestantischer Homiletiker (Ludwig Hüffl, Alexander Schweizer, August Tholuck, Franz Theremin, Alfred Krauß und Karl Barth) bei *Wolfgang Grünberg*, Homiletik und Rhetorik. Zur Frage einer sachgemäßen Verhältnisbestimmung, Gütersloh 1973; vgl. repräsentative Originaltexte zur Predigtlehre ab Schleiermacher bei *Wintzer*; vgl. *Friedrich Wintzer*, Die Homiletik seit Schleiermacher bis in die Anfänge der ‚dialektischen Theologie' in Grundzügen (= Arbeiten zur Pastoraltheologie 6), Göttingen 1969 (magistrale Einführung in eine facettenreiche Geschichte von Konzeptionen). – Römisch-katholische Homiletik zeichnete sich lange Zeit durch ein recht entspanntes Verhältnis zur Pragmatik aus. Es leuchtet selbst noch in den Überlegungen und Erinnerungen des Ökumenikers Otto Hermann Pesch auf, der beinahe mit etwas Nostalgie als „alter Walberberger" das systematische Predigttraining dieser dominikanischen Ausbildungsstätte in Erinnerung ruft und sogar vor einer Apologie der „Tricks" nicht zurückscheut (*Otto H. Pesch,* Wortverkündigung und Rhetorik. Beobachtungen zur evangelischen Predigt, in: …um der Hoffnung willen. Praktische Theologie mit Leidenschaft [= FS Wolfgang Grünberg] [= Kirche in der Stadt 10], Hamburg 2000, 207–217).

250 Vgl. *Otto*, Predigtlehre (s. Seite 113).

251 Vgl. *Barth* 104 anlässlich seiner Ablehnung von Predigteinleitungen: „Denn was geht da eigentlich im tiefsten Grund vor? Nichts anderes, als daß nach einem *Anknüpfungspunkt,* nach einem Analogon im Menschen gesucht wird, wo das Wort Gottes hineinkommen könne. Man glaubt, daß dieses Türlein zum Innern des Menschen erst gefunden und aufgestoßen werden muß, ehe man die Botschaft zu bringen für nützlich erachtet. Nein, das ist glatte Irrlehre. [...] Wir müssen ganz schlicht an den Menschen herantreten in dem Bewußtsein, daß es von uns aus gesehen kein Ansprechbares, kein Humanum, keine irgendwie verstandene analogia entis, die etwa in Beziehung zum divinum zu setzen wäre, im Menschen gibt [...]." Zu Namen und Positionen der Predigtlehre der Dialektischen Theologie vgl. *H. M. Müller* 133–156; *F. J. van Zyl,* Kerklike verkondiging in dialekties-teologiese perspektief ('n teug uit die ou teologiese velsakke), in: Hervormde Teologiese Studies 55 (1999) 22–47.

252 *Werner Jetter,* Die Predigt und ihr Text. Beobachtungen und Bemerkungen zu einem elementaren Problem evangelischer Theologie und Kirche, in: Monatsschrift für Pastoraltheologie 54 (1965) 406–453, hier 425.

253 *Karl Barth,* Das Wort Gottes und die Theologie, München 1925, 103; vgl. *ders.,* Menschenwort und Gotteswort in der Predigt, in: *Wintzer* 95–116 (Vortrag von 1924); vgl. *Grözinger,* Verständnis 268 (s. Seite 113). Einen gewissen Ausweg aus den daraus entstehenden Dilemmata bietet (im

Anschluss an Rudolf Bohren) der Blick auf das Wirken des Geistes, der unverfügbar und damit auch nicht durch eine Redetechnik domestizierbar ist (was freilich auch gleich wieder ein Zerrbild der Rhetorik wäre), gleichzeitig aber auch die „Schöpfungswirklichkeit nicht überspielt, sondern zu Ehren bringt" (*Rothermundt* 52), wodurch dann wieder alle Grundgesetze sprachlicher Kommunikation in ihrem Recht bleiben. Bleibt nur die wohl typisch katholische Erinnerung daran, dass der Geist nicht formlos und unbegreiflich wirkt, sondern als *spiritus creator* gerade Ordnung, Regel und Form gibt und das Gesetz beim Einzelnen verinnerlicht.

254 *Thurneysen* 101 (= 215); vgl. *ders.*, Predigt als Zeugnis von Gott, in: *Wintzer* 117–121 (Original 1921). Wichtige Vertreter einer Homiletik im Umkreis der Dialektischen Theologie waren neben Thurneysen auch Friedrich Gogarten und *cum grano salis* auch Rudolf Bultmann sowie der frühe Wolfgang Trillhaas (vgl. *Friedrich Wintzer,* Die Homiletik seit Schleiermacher bis in die Anfänge der ‚dialektischen Theologie' in Grundzügen [= Arbeiten zur Pastoraltheologie 6], Göttingen 1969, 197–213). In neuerer Zeit hat vor allem Rudolf Bohren die Ablehnung der Rhetorik fortgesetzt und dabei vier Gründe vorgebracht, die Albrecht Grözinger folgendermaßen zusammengestellt hat: 1. Rhetorik bleibe ein formales Regelsystem aus der heidnischen Antike, „das dem Besonderen der christlichen Verkündigung fremd gegenübersteht"; 2. sie zeichne sich durch die Orientierung an Effizienz im Sinn eines Angebotes von Waren aus; 3. sie bemächtige sich des Wortes Gottes für menschliche Interessen; 4. darum stehe sie im diametralen Gegensatz zur Offenbarung (*Grözinger,* Noch einmal 8). Was für ein Zerrbild!

255 *Kay,* Reorientation 21. Kay bemerkt treffend, dass dieser Ausschluss der Rhetorik selbst rhetorisch geschickt formuliert sei und so innerhalb der langen, bis auf Plato zurückgehenden und sich bei Paulus ebenso wie bei Kant (Kritik der Urteilskraft, in: Werke 5, 430 f.) findenden Tradition der „Rhetorik der Anti-Rhetorik" zu verstehen sei.

256 *Kay,* Reorientation 22. „Nicht die Rhetorik als solche, sondern eine autonome, nicht theologisch bestimmte Rhetorik ist hier zurückgewiesen, die für ihre Redekunst die Macht in Anspruch nimmt, Gott für sein Volk wirklich zu machen" (ebd.). Zur durchaus möglichen Bezugnahme Barths auf die Fragen der Predigtrhetorik vgl. *Grözinger,* Verständnis 268 (s. Seite 113). Nur *en passant* kann hier erwähnt werden, wie antirhetorisch sich letztlich Rudolf Bultmanns Predigtverständnis entwickelte (vgl. ebd. 268 f.).

257 *Kay,* Reorientation 24. Gert Otto, Homiletik zwischen Theologie und Rhetorik. Ein Problembericht, in: ThPr 24 (1989) 214–226, hier 216, spricht allerdings kritisch im Rahmen der Behandlung von Hans Martin Müller von einer „*Deduktion* praktisch-theologischer Fragestellungen aus *systematischen* Oberbegriffen", die faktisch mit einer Trennung der Form vom Inhalt einhergehe.

258 So der Vorwurf bei *Hans-Dieter Bastian,* Vom Wort zu den Worten. Karl Barth und die Aufgaben der Praktischen Theologie, in: EvTh 28 (1968) 25–55, hier 28: „Die Lehre vom Wort konnte es nicht verhindern, ja vielleicht hat sie es sogar gefördert, daß sich nach dem Urteil sehr verschiedener Theologen der Predigtbegriff schwärmerisch übersteigerte, daß die Rede von der Verkündigung fast inhaltsleer geworden ist und die traditionelle Gleichung zwischen Predigt und Gotteswort grundsätzlich zu zerbrechen droht." Die Alternative Bastians scheint aber selbst nicht alternativlos, wenn er behauptet: „Entweder, so sagten wir, die Praktische Theologie folgt der Lehre vom Wort, gewinnt Gewißheit (dogmatisch), aber verliert Wirklichkeit (praktisch), oder sie wendet sich vom axiomatischen Wort ab und den menschlichen Wörtern zu, übernimmt die Verantwortung für deren Macht und Ohnmacht und unterwirft kirchliches Reden und Handeln radikal der empirischen Analyse" (ebd. 29).

259 *Manfred Josuttis,* Homiletik und Rhetorik, in: Pastoraltheologie. Wissenschaft und Praxis 57 (1968) 511–527 (auch in: Lesebuch 290–307, sowie in: *Josuttis* 9–28). *Gert Otto,* Homiletik zwischen Theologie und Rhetorik. Ein Problembericht, in: ThPr

24 (1989) 214–226 (ebd. 214 f. zu Josuttis); *ders.,* Predigt als rhetorische Aufgabe. Homiletische Perspektiven, Neukirchen-Vluyn 1987; *ders.,* Predigtlehre (s. Seite 113); *ders.,* Die Kunst verantwortlich zu reden. Rhetorik, Ästhetik und Ethik, Gütersloh 1994; vgl. *Peter Schneider,* Gert Otto. Rhetor und Rhetoriker, in: Praktische Theologie 33 (1998) 4 f.; *Thomas Erne,* Rhetorik und Religion. Studien zur Praktischen Theologie des Alltags, Gütersloh 2002, 100–110. Den beiden praktischen Theologen folgten (allerdings jeweils mit deutlich eigenen Akzenten) viele evangelische Homiletiker wie Karl Daiber, Albrecht Grözinger, Henning Luther, Hans-Christoph Pieper, Horst Albrecht und Ulrich Nembach. Auf katholischer Seite ist vor allem der Entwurf von *Zerfaß* zu sehen sowie auf der Grundlage sprach- und kommunikationsphilosophischer Ansätze *K. Müller.* – Überblicke zur Diskussion aus protestantischer Sicht geben *Dannowski* 127–134 (stark auf das Contra der Dialektischen Theologie und deren Gegenposition bei Gert Otto u. a. ausgerichtet) sowie *Kay,* Reorientation.
260 *Gert Otto,* Predigt als rhetorische Aufgabe. Homiletische Perspektiven, Neukirchen-Vluyn 1987, 16.
261 *Otto,* Homiletik 222 und 226. Jörg Rothermund hält Otto in seiner Besprechung von *Gert Otto,* Predigt als rhetorische Aufgabe. Homiletische Perspektiven, Neukirchen-Vluyn 1987, in: ThLZ 113 (1988) 547 f., hier 548, vor: „Es ist schade, daß ein Homiletiker, der sich seit zwanzig Jahren für einen rhetorischen Ansatz einsetzt, wichtige rhetorische Fragestellungen unberücksichtigt läßt. Das ist einmal die ganze Frage der individuellen und schichtenspezifischen Sprachbarrieren, dann das Problem der Persönlichkeit des Predigers und schließlich die Aufgaben der Predigtgestaltung (z. B. erzählende und argumentierende Predigt) und des Predigtvortrags (im Gegensatz zur Predigt-Vorlesung). Soziologie, Sozialpsychologie, Tiefenpsychologie, Sprachwissenschaft und Semantik hätten dazu einiges beizutragen und sind in der homiletischen Diskussion auch schon aufgenommen worden. Otto fordert den Dialog über die Mauern der Theologie hinaus. Er führt ihn aber nur mit der Literatur und der Literaturwissenschaft: Die anderen Partner kommen nicht zu Wort." Zum Problem der Mittelschichtorientierung der Predigt vgl. etwa *Horst Albrecht,* Arbeiter und Symbol. Soziale Homiletik im Zeitalter des Fernsehens (= GT.P 38), München 1982; *Werner Welzig* (Hg.), Predigt und soziale Wirklichkeit. Beiträge zur Erforschung der Predigtliteratur (= DAPHNIS 10/1), Amsterdam 1981 (predigtgeschichtlich).
262 *Zerfaß* I,35 f.
263 *Otto,* Homiletik 221.
264 *Tatian,* Rede gegen die Griechen 1 (BAC 116, 573 f.).
265 So kritisiert aus lutherischer Sicht *Ulrich Nembach,* Predigen heute. Ein Handbuch, Stuttgart 1996, 81: „Nun ist es richtig, dass die christliche Gemeinde als eine des allgemeinen Priestertums keine Herrschaft einzelner Mitglieder über andere kennt, aber nicht minder fest steht, dass sie einen Herrn hat. Von ihm handelt die Predigt, so dass ein herrschaftsfreier Dialog zur Wahrheitsfindung im Sinne von Habermas, was die Predigt betrifft, zu kurz gedacht ist, nicht die ganze Wahrheit umschreibt." Für die Einstellung einer lutherischen Homiletik zur Rhetorik wichtig ist der Hinweis, „dass Luther sich der antiken Rhetorik, und hier wiederum vornehmlich Quintilians bedient" (ebd. 80). Vgl. *Henning Schröer,* Von der Genitiv-Theologie zur Adverb-Homiletik. Zu den Tendenzen gegenwärtiger Predigtlehre, in: ThPr 17 (1982) 146–156, hier 150 („Doch Otto ist zu fragen, ob Rhetorik als menschliche und also auch menschenwürdige Basis allen Redens von einem Diskurs-Konzept herkommt, das Wahrheit im Konsens festmacht oder daß er einräumen würde, daß Menschlichkeit nicht so evident ist, wie ein bestimmtes Diskursmodell annimmt"); *Klein,* Predigtrhetorik 215 („Rhetorik impliziert ein pragmatisches Verständnis von Sprache. Sie legt ihr Gewicht auf die Wirksamkeit des Sagens und nicht auf die Bedeutung des Gesagten"). Für *Thomas Erne,* Rhetorik und Religion. Studien zur Praktischen Theologie des Alltags, Gütersloh 2002, 98, gehen Otto (und Josuttis) noch nicht weit genug: „Umfasst das Rhetorische einen horizonthaften, regional

nicht eingrenzbaren Vorgang der Abschirmung und Distanznahme, so bleibt bei Otto und Josuttis die Ablösung einer funktionalen Rhetorik durch Rhetorik als eigenständiger Dimension von Sprache auf halbem Weg stehen, wenn die intime Verbindung von Sprache und Lebenswelt ausschließlich als Problem der Verständigung über bereits formierte, strittige Handlungsalternativen gesehen wird." Vgl. *Jürgen Habermas,* Theorie des kommunikativen Handelns. 2 Bde., Frankfurt a. M. 1988. Kritisch zu Habermas vgl. *William D. Fusfield,* Can Jürgen Habermas' „Begründungsprogramm" Escape Hans Albert's „Münchhausen Trilemma"?, in: *Joachim Dyck/Walter Jens/Gert Ueding* (Hg.), Rhetorik. Ein internationales Jahrbuch. Bd. 8. Rhetorik heute II, Tübingen 1989, 73–82.
266 *Grözinger,* Verständnis 272 (s. Seite 113).
267 *Manfred Fuhrmann,* Die Tradition der Rhetorik-Verachtung und das deutsche Bild vom ‚Advokaten' Cicero, in: *Joachim Dyck/Walter Jens/Gert Ueding* (Hg.), Rhetorik. Ein internationales Jahrbuch. Bd. 8. Rhetorik heute II, Tübingen 1989, 43–55, hier 54. Generell ist der programmatischen Bemerkung der Rhetorik-Lehrerin *Gudrun Fey,* Das Antike an der modernen Rhetorik, Stuttgart 1979, 10, zuzustimmen: „Der Vergleich der antiken mit der heutigen an der Praxis der Rede orientierten Rhetorik wird den Nachweis erbringen, dass die antike Rhetorik in diesem Bereich immer noch die Basis bildet, unabhängig davon, ob sich die Autoren der entsprechenden Lehrbücher direkt auf die Antike beziehen oder so tun, als ob sie neue Weisheiten verkünden."
268 *Bohren* 155. Dieser Einwand hebt natürlich den grundsätzlichen Anspruch einer Ethik der Rede nicht auf, „die Gert Otto mit der Formel ‚verantwortlich reden' entschieden beantwortet und so den Bezug zwischen Ethik und Rhetorik hervorhebt. Hitlers entfesseltes, maßloses Reden sprengt die Grenze der Verantwortlichkeit. Es sprengt auch die Grenze zwischen Wort und gewaltsamer Tat. Wo jede Gegenrede niedergewalzt wird, ist diese Grenze aufgehoben. An dieser Stelle wird die ethische Dimension der Rhetorik sichtbar" (*Schneider,* Otto 5).
269 *Ray,* Reorientation 30, mit Hinweis auf einen kräftigen Pelagianismus in amerikanischen Entwürfen, die inhaltlich an die amerikanische Zivilreligion von Individualismus und Optimismus anknüpfen (Predigen heißt, dass „‚ein guter Mensch gute Argumente für gute Menschen liefert" [ebd.]).
270 *Wolfgang Grünberg,* Homiletik und Rhetorik. Zur Frage einer sachgemäßen Verhältnisbestimmung, Gütersloh 1973, 18. Zu Recht hält er darum auch den bleibenden Ertrag der Dialektischen Theologie auch nach der empirischen Wende der Homiletik fest: „Ging es Ende der sechziger Jahre darum, gegen das steril gewordene – erheblich vulgarisierte – Erbe Barths anzugehen (also z. B. gegen J. Wolff u. a.), so geht es heute darum, an dieses Erbe zu erinnern, um nicht unkritisch einer technischen Kommunikations- oder Informationstheorie zu verfallen (H. D. Bastian)." Vgl. systematisch zu Wort Gottes, Sprache und Homiletik ebd. 138–148.
217 Erstmals in *Gert Otto,* Zur Einführung, in: ThPr 1 (1966) 1–3.
272 *Klein,* Predigtrhetorik 216.
273 In der homiletischen Literatur geht man allerdings oft noch einen Schritt weiter und verbindet dies mit dem problematischen Verständnis einer offenen, prozessualen Wahrheit, so etwa in der Quintessenz der Auseinandersetzung mit der Bedeutung der Rhetorik bei Albrecht Grözinger: „Rhetorik setzt nicht erst ein bei der Frage nach der Vermittlung von Inhalten, sondern ist bereits am Prozeß der Erarbeitung dieser Inhalte beteiligt. Rhetorik widerspricht deshalb jedem Dogmatismus" (*Grözinger,* Verständnis 274 [s. Seite 113]).
274 Wiedergegeben bei *Gaius Iulius Victor,* Ars Rhetorica, in: *Karl Felix Halm* (Hg.), Rhetores Latini minores, Leipzig 1863, 374.
275 *Johann Heinrich Alsted,* Clavis artis Lullianae, Straßburg 1609, 157.
276 *Johann Wolfgang von Goethe,* Faust. Eine Tragödie. Der Tragödie erster Teil: Nacht (= Goethe Werke. Bd. 3, Frankfurt a. M. 1979, 22). Vgl. *Rothermundt* 14 f. zu Goethes „Protest gegen die Herrschaft der Konvention", worin er sich mit Immanuel Kant getroffen habe, „der eine Rede gelten lassen wollte, wenn sie ohne Kunst, aber voll

Nachdruck vorgebracht wird, aus klarer Einsicht in die Sachen, tüchtiger Einbildungskraft und lebhaftem Herzensanteil am Guten. Dazu aber braucht's keine Rhetorik".

277 *Immanuel Kant,* Kritik der Urteilskraft § 53 (Werkausgabe X,266 f.). In einer Fußnote fügt der Königsberger Philosoph noch eine aufschlussreiche persönliche Bemerkung hinzu: „Ich muß gestehen: daß ein schönes Gedicht mir immer ein reines Vergnügen gemacht hat, anstatt daß die Lesung der besten Rede eines römischen Volks- oder jetzigen Parlaments- oder Kanzelredners jederzeit mit dem unangenehmen Gefühl der Mißbilligung einer hinterlistigen Kunst vermengt war, welche die Menschen als Maschinen in wichtigen Dingen zu einem Urteile zu bewegen versteht, das im ruhigen Nachdenken alles Gewicht bei ihnen verlieren muß. Beredtheit und Wohlredenheit (zusammen Rhetorik) gehören zur schönen Kunst; aber Rednerkunst (ars oratoria) ist, als Kunst sich der Schwächen der Menschen zu seinen Absichten zu bedienen (diese mögen immer so gut gemeint, oder auch wirklich gut sein, als sie wollen), gar keiner Achtung würdig. Auch erhob sie sich nur, sowohl in Athen als in Rom, zur höchsten Stufe zu einer Zeit, da der Staat seinem Verderben zueilte und wahre patriotische Denkungsart erloschen war. Wer, bei klarer Einsicht in Sachen, die Sprache nach deren Reichtum und Reinigkeit in seiner Gewalt hat, und, bei einer fruchtbaren zur Darstellung seiner Ideen tüchtigen Einbildungskraft, lebhaften Herzensanteil am wahren Guten nimmt, ist der vir bonus dicendi peritus, der Redner ohne Kunst, aber voll Nachdruck, wie ihn Cicero haben will, ohne doch diesem Ideal selbst immer treu geblieben zu sein." Wie ein Echo darauf erscheint Goethes Diktum aus den „Maximen und Reflexionen": „Die Redekunst ist angewiesen auf alle Vorteile der Poesie, auf alle ihre Rechte; sie bemächtigt sich derselben und mißbraucht sie, um gewisse äußere, sittliche oder unsittliche, Vorteile im bürgerlichen Leben zu erreichen" (*Johann Wolfgang von Goethe,* Gedenkausgabe der Werke, Briefe und Gespräche. Hg. von E. Beutler. Bd. 9, Zürich-Stuttgart ²1962, 565, zit. nach *Fuhr-*

mann, Tradition 49). – Vgl. *Tobia Bezzola,* Die Rhetorik bei Kant, Fichte und Hegel. Ein Beitrag zur Philosophiegeschichte der Rhetorik (= Rhetorik-Forschungen 5), Tübingen 1993; *Peter Lothar Oesterreich,* Das gelehrte Absolute. Metaphysik und Rhetorik bei Kant, Fichte und Schelling, Darmstadt 1997.

278 „In einer schönen Seele ist es also, wo Sinnlichkeit und Vernunft, Pflicht und Neigung harmonisieren, und Grazie ist ihr Ausdruck in der Erscheinung" (*Friedrich Schiller,* Über Anmut und Würde, in: Sämtliche Werke. Bd. 5. Philosophische Schriften und Vermischte Schriften, Stuttgart o.J., 265).

279 Gerade die christliche Verkündigung kennt die Grundbewegung der *conversio* aus den sinnlichen Verstrickungen heraus hin zur Erkenntnis, ja zum Tun der Wahrheit.

280 *Georg Wilhelm Friedrich Hegel,* Vorlesungen über die Ästhetik. 3. Teil [A 2 b: Unterschied gegen die Geschichtsschreibung und Redekunst] (= Werke 15), Frankfurt a. M. 1970, 257–266, hier 265 f.; vgl. *Fuhrmann,* Tradition 49 f.

281 *Hegel,* Vorlesungen 263.

282 Ebd. 224.

283 Ebd. 273.

284 *Ph. Müller;* vgl. knapper *ders.,* Zeuge sein. Persönliche Glaubenserfahrung und pastorales Engagement im kirchlichen Kontext. in: Lebendiges Zeugnis 63 (2008) 49–54; *ders.,* Authentische Verkündigung. Predigt zwischen Hörererwartung und Anspruch des Evangeliums, in: ThPQ 157 (2009) 177–185.

285 *Helmut Kuhn,* Plato, in: *Hans Maier/Heinz Rausch/Horst Denzer* (Hg.), Klassiker des politischen Denkens. 2 Bde., Bd. 1. Von Plato bis Hobbes, München ⁶1986, 15–44, hier 23 f. (mit Zitat von *Plato,* Gesetze 739b, und *Thukydides,* Peloponnesischer Krieg III, 82,4).

286 *Manfred Fuhrmann,* Die Tradition der Rhetorik-Verachtung und das deutsche Bild vom ‚Advokaten' Cicero, in: *Joachim Dyck/Walter Jens/Gert Ueding* (Hg.), Rhetorik. Ein internationales Jahrbuch. Bd. 8. Rhetorik heute II, Tübingen 1989, 43–55, hier 49; vgl. *Adam Müller,* Zwölf Reden über die Beredsamkeit und deren Verfall in Deutschland. Mit einem Essay und einem

Nachwort von Walter Jens (= Sammlung Insel 28), Frankfurt a. M. 1967 (die Reden wurden 1812 in Wien gehalten und 1816 in Leipzig veröffentlicht).
287 Vgl. *Drobner,* Augustinus (s. Anm. 213).
288 *Charles Taylor,* The Ethics of Authenticity, Cambridge (Mass.)-London 1991, bes. 26–29, zu den Quellen und dem Einfluss von Jean Jacques Rousseau (1712–1778).
289 *Fuhrmann,* Tradition 54.
290 *Quintilian* I,11,1–3.
291 *Walter Jens,* Von deutscher Rede, in: *Adam Müller,* Zwölf Reden über die Beredsamkeit und deren Verfall in Deutschland. Mit einem Essay und einem Nachwort von Walter Jens (= Sammlung Insel 28), Frankfurt a. M. 1967, 7–32, hier 32.] Zur Rhetorischen Wissenschaft heute vgl. *Winifred Bryan Horner* (Hg.), The Present State of Scholarship in Historical and Contemporary Rhetoric. Revised Edition, Columbia (MO)-London 1990.
292 *Walter Jens,* Die Kanzelrede – hohe Kunst der Manipulation, in: *Erhard Domay* (Hg.), Manipulation in der Kirche?, Gütersloh 1976, 51–75. Kritisch geht *Hartmut Genest,* Karl Barth und die Predigt. Darstellung und Deutung von Predigtwerk und Predigtlehre Karl Barths, Neukirchen-Vluyn 1995, 231, mit dessen Barth-Kritik ins Gericht: „Hier wird die Kritik zur Karikatur: Neue kritische Argumente werden nicht beigebracht, aber der Ton wird ungemein verschärft. So wird der Vorwurf der ‚verbalen Transsubstantiationslehre', den Bastian bereits stillschweigend zurückgenommen hatte, rhetorisch aufgebauscht wiederholt. Die ‚Dialektiker und ihre Gefolgsleute' werden nicht mehr korrekt zitiert und ihre Texte durch ironische Anführungszeichen diffamiert."
293 *Rothermundt* 31–39, mit der gut nachvollziehbaren Darstellung der Gegenpositionen von Rudolf Bohren, „der pneumatologisch beginnt, von der Rhetorik nichts hält" (vgl. ebd. 36–39), und Gert Otto, „der rhetorisch ansetzt, von der Pneumatologie nichts wissen will" (ebd. 31, vgl. ebd. 31–35).
294 *Manfred Josuttis,* Die Einführung in das Leben. Pastoraltheologie zwischen Phänomenologie und Spiritualität, Gütersloh 1996, 105; vgl. auch *Härtner/Eschmann* 48 f.
295 Vgl. die kritische Einschätzung der Rezeption antiker Rhetorik durch die christlichen Prediger bei *Henri-Irénée Marrou,* Augustinus und das Ende der antiken Bildung, Paderborn ²1995.
296 „adeo vehemens erat in dicendo, ut prae nimio ardore vox illi interdum defecerit, sicut contigit in contione mulieris haemorrhoissae. Unde Ravennates commoti, tot lacrimis, clamoribus et orationibus locum repleverunt, ut postea ipse gratias ageret Deo, quod in lucrum amoris verterit damnum ejusdem sermonis" (Lectio VI der Matutin am Fest des Petrus Chrysologus [5. Dezember] [Breviarium Romanum, ex decreto sacrosancti Concilii Tridentini restitutum. Pars hiemalis, Mecheln 1848, 487]).
297 S. Seite 105 zu *Augustinus,* De doctrina christiana IV,27 [59] (= CCL 32,163).
298 *Tommaso da Celano,* Vita Seconda c. 73 (= Fonti Francescane. Scritti e biografie di san Francesco d'Assisi. Cronache e altre testimonianze del primo secolo francescano. Scritti e biografie di santa Chiara d'Assisi, Padua ³1983, 640).
299 *Bonaventura,* Leggenda maggiore 12,7 f. (= Fonti francescane 940 f., vgl. die Parallelüberlieferung in: Sermo II de S. P. N. Francisco [ebd. 2169 f.]). Ähnlich meint auch Gregor der Große über die schlechten Prediger: „Ohne das Feuer der Liebe entsprang ihre verkehrte Predigt der Kälte des Geistes; darum wohnte sie auch in Wüstenbächen. – Quia enim eorum peruersa praedicatio, amisso igne caritatis, ex frigore mentis conualuit, profecto in torrentium desertis habitauit" (*Gregor der Große,* Moralia in Iob 20,12,6 [CCL 143A,1021,46–48]).
300 „Beatus Ioannes euangelista cum Ephesi moraretur usque ad ultimam senectutem, et uix inter discipulorum manus ad ecclesiam deferretur, nec posset in plura uocem uerba contexere, nihil aliud per singulas solebat proferre collectas, nisi hoc: filioli, diligite alterutrum. Tandem discipuli et fratres qui aderant, taedio affecti, quod eadem semper audirent, dixerunt: Magister, quare semper hoc loqueris? Qui respondit dignam Ioanne sententiam: Quia praeceptum domini est, et si solum fiat, sufficit" (*Hieronymus,* Commentarii in IV epistulas Paulinas: Ad Galatas 3 [= PL 26,462]).

301 Vgl. etwa *Barbara Bauer,* Jesuitische „ars rhetorica" im Zeitalter der Glaubenskämpfe, Frankfurt a. M. 1986. Eine ähnliche Wellenbewegung hat bereits 1848 *Alexander Schweizer,* Homiletik der evangelisch-protestantischen Kirche systematisch dargestellt, Leipzig 1848, 154, für die protestantische Predigt festgestellt: „Hat ein Zeitalter die Rhetorik sehr stark in die Predigt aufgenommen (Reinhard-Schott'sche Periode), so folgte in der Regel die Reaktion, welche in der Homiletik nichts von der Rhetorik wissen will (moderner Evangelismus, z. B. bei Stier, Geck u. a.)." In der protestantischen Homiletik des 19. Jahrhunderts gab es einerseits im Gefolge Schleiermachers den Versuch einer positiven Aufnahme des rhetorischen Erbes bei Heinrich August Schott, Franz Theremin, Alexandre Vinet und Heinrich Bassermann, aber auch ihre Zurückweisung bereits bei Martin Schian und dann eben insbesondere im Umkreis der dialektischen Theologie (vgl. *Josuttis,* Homiletik und Rhetorik 10 f.). „Die Erneuerung unseres Verkündigens bedeutet, dass nur noch nach dem Was, nicht nach dem Wie unserer Verkündigung gefragt wird. Die Frage nach dem Wie darf nur die Frage nach der konkreten Situation sein, in die hinein der Kreuzes-Logos dem Verkünder wie dem Hörenden vernehmbar und verständlich werden soll" (*Julius Schniewind,* Die geistliche Erneuerung des Pfarrerstandes, Berlin ²1949, 7 f.).

302 *Augustinus,* De doctrina christiana IV,12[27 f] (= CCL 32,135 f.).

303 *John Quincy Adams,* Lectures on Rhetoric and Oratory. With a New Introduction by J. Jeffrey Auer and Jerald L. Bannica. 2 Bde. Bd. 1, New York 1962 [Original Cambridge 1810], 322; vgl. seine gesamte 14. Vorlesung „Eloquence of the Pulpit" (ebd. 321–341; vgl. *James F. Kay,* Reorientation: Homiletics as theologically authorized rhetoric, in: Princeton Theological Seminary: Princeton Seminary bulletin 24 [2003] H. 1, 16–35, hier 20). Der weitere Verlauf seiner 14. Vorlesung erweist aber, dass Adams vor allem beim frei formulierten Gebet des Gottesdienstvorstehers, der in manchen Denominationen üblich war, jede Parallele zur klassischen Rhetorik zurückweist, während die eigentliche Predigt bei der Erörterung von Lehrfragen Elemente der Gerichts-, beim Lob Gottes Elemente der Lob- und bei der Moralpredigt Elemente der politischen Rede enthält (ebd. 340).

3. Formen der Predigt und liturgierechtliche Regelungen

304 *Thurneysen* 104 (= 218). Der Aufsatz erschien erstmals 1921. – Es wäre ein Missverständnis der Position der Dialektischen Theologie, wenn man ihr einfach Ignoranz der Vermittlungsfrage unterstellen wollte. Dass das Wort Gottes heutige Menschen erreicht, wird bei ihr aber ganz seiner Lebendigkeit zugeschrieben: „Man könnte auch sagen: je eifriger und geschäftiger geschaufelt wird, um den Kanal auszuheben, durch den die Wasser des göttlichen Wortes rinnen sollten, desto gähnender schaut uns nur die Leere dieses Kanals entgegen; denn kein Schaufeln und Graben und Formen auf unserer Seite zwingt die Offenbarung von der andern Seite herbei. Wo aber Offenbarung, d. h. wieder hervorbrechendes göttliches Wort ist, da gräbt sie sich ihr Bett selber und spottet unserer Kanäle" (ebd. 96 [= 211]).

305 *Martin Doerne,* Art. „Homiletik", in: RGG³ 3,438–440, hier 440.

306 *Härtner/Eschmann* 30–33 unterscheiden
 – die Lehr- (Verstand und Verstehen von Glaubensinhalten ansprechende),
 – die seelsorgliche (Geborgenheit und Trost spendende),
 – die evangelistische (Glauben weckende und ein entsprechendes Leben anstiftende),
 – die prophetische (zum Handeln in gesellschaftlichen Problemlagen herausfordernde),
 – die Dialog- (mit Mitwirkung der Gemeinde),
 – die narrative (Erzählung in den Mittelpunkt stellende) und
 – die Kasualpredigt (anlässlich bestimmter biografischer Wendepunkte).
Diese sehr praxisnahe Einteilung gibt zwar wohl recht gut die vorfindbare evangelische Praxis wieder, hat aber den Nachteil, dass dabei sehr unterschiedliche Bestim-

mungskriterien nebeneinander gestellt werden, so dass die Abgrenzung im Einzelfall schwer fällt und der Erkenntnisgewinn dieser Typisierung eher gering bleibt.

307 *Daiber* 262; ebd. 262–265 auch ein instruktiver (wenn auch natürlich keine Vollständigkeit anstrebender) Überblick über Typologisierungsversuche in der neueren homiletischen Literatur. Problematisch ist seine Kritik an der Textverwendungstypologie, die angeblich „völlig hörerunabhängig organisiert sein" kann (ebd. 266). Das gilt nämlich auch für die von ihm bevorzugte Orientierung an den drei *genera dicendi*. Entscheidend ist es aber, gerade die Interdependenz der verschiedenen Faktoren der Predigt zu berücksichtigen.

308 So *Friedrich Winter,* Die Predigt, in: Handbuch der Praktischen Theologie, bearbeitet von Heinrich Ammer u. a., Bd. 2, Berlin 1974, 197–312, hier 276–302. „Winter unterscheidet Typen unter der Grundfrage von Gesetz und Evangelium, Typen missionarischer und gemeindlicher Verkündigung (missionarische Verkündigung, Sonntagspredigt, Bekanntmachungen, Andachtsrede, Bibelstunde, Gemeindevortrag, freie Festrede). Er spricht von textbedingten Predigttypen, von kirchlich bedingten Predigttypen, von Predigttypen aufgrund unterschiedlicher Zeugen (Theologenzeugnis, Laienzeugnis u. a., Dialogpredigt usw.), von Typen aufgrund unterschiedlicher Kommunikation (Rundfunkpredigt, Lesepredigt), von Predigten unter dem Aspekt des Hörers (Lehrpredigt, berufsspezifisches Zeugnis, Dorf- und Stadtpredigt, Generationspredigt, Freizeitverkündigung, politische Predigt, aktuelle Predigt)" (*Daiber* 262). Ebenso geht auch *Rothermundt* 56–66 weitgehend phänomenbeschreibend vor, auch wenn er eine vorsichtige Ordnung anhand „Textgruppen und Kirchenjahr", den „drei antiken Redeformen" und den „vier menschlichen Grundstrebungen" (nach Fritz Riemann) vornimmt.

309 Vgl. *Helge Stadelmann,* Evangelikale Predigtlehre. Plädoyer und Anleitung für die Auslegungspredigt, Wuppertal 2005.

310 *Hans Martin Müller,* Zwei Jahrzehnte Predigtlehre. Evangelische und katholische Entwicklungen und Aufgaben, in: Materialdienst des Konfessionskundlichen Instituts Bensheim 37 (1986), H. 1, 3–7.

311 In *Wollbold* 198–205 habe ich versucht, historische Schwerpunkte mit möglichen Predigtformen zu verbinden: klassische Homilie, katechetische Lehrpredigt, reformatorisches Wortereignis, mystagogische Predigt und Predigt als Intervention. Doch diese Einteilung wird der Vielfalt der Predigtgeschichte nur in einer ersten Annäherung gerecht. Darum legt sich an dieser Stelle ein bescheidenerer Anspruch nahe, nämlich für die Frage „Wie soll ich predigen?" einige Kriterien an die Hand zu geben.

312 *Trillhaas I*, 11.

313 *Ludwig Schmidt* (Hg.), Kleine Predigt-Typologie. Die Gemeindepraxis, Stuttgart 1964; vgl. katholischerseits *Willi Massa,* Predigttypologie, in: *Bruno Dreher/Norbert Greinacher/Ferdinand Klostermann* (Hg.), Handbuch der Verkündigung. Bd. 2, Freiburg i. Br. 1970, 239–310 (direkte persönliche Ansprache: Missions- und Gemeindepredigt [mit vielen Unterformen]; kirchliche Rede in den Medien). Bereits in der Väterzeit findet sich ein ganzes Spektrum von Predigtformen. *Olivar* 511–514 unterscheidet nach formalen und materialen Kriterien. Formale Predigttypen in der Patristik sind:
– verkündigend/kerygmatisch
– lehrend *(didaskalia)*
– polemisch
– paränetisch-moralisch
– scheltend/anklagend
– enkomiastisch/panegyrisch (einschließlich der Trauerreden).

Material unterscheidet er:
A. Exegetische Auslegung bzw. Homilie:
– in *lectio continua* eines biblischen Buches,
– in Einzelhomilien.
B. Thematische Predigt:
– Katechese,
– Predigt zu liturgischen Zeiten (Fastenzeit …),
– panegyrische Predigt,
– Mahnrede,
– Gelegenheitsrede,
– andere.

Olivar räumt allerdings ein, dass sich formale und materiale sowie innerhalb beider Kategorien die faktischen Predigten oft schlecht in ein einzelnes Muster einordnen lassen; es kommt vielmehr zu vielfachen Überschneidungen, oder innerhalb einer Predigt wird der Typ gewechselt.

314 *Manfred Josuttis*, Homiletik und Rhetorik, in: Rhetorik und Theologie in der Predigtarbeit. Homiletische Studien, München 1985, 9–28, hier 23. „Der Sachvortrag will Wahrheit als vorgegebene Wirklichkeit entfalten. Der Willensappell will Wirklichkeit als aufgegebene Wahrheit verändern. Das Gespräch will Wirklichkeit als Wahrheit gewinnen. Das literarische Kunstwerk, die Dichtung, will Wahrheit als Wirklichkeit vergegenwärtigen" (ebd.). Diese Vierteilung hat zwar durchaus etwas von einem philosophischen Sprach-Spiel, dürfte sich aber wegen mangelnder Trennschärfe und der Zugehörigkeit der meisten Predigten zu den ersten beiden Kategorien, wie Josuttis selbst bemerkt, pragmatisch wenig bewähren. Kritisch fragt darum *Wolfgang Grünberg*, Homiletik und Rhetorik. Zur Frage einer sachgemäßen Verhältnisbestimmung, Gütersloh 1973, 16, an: „Kann man – wie es Josuttis getan hat – ‚Wort, Wahrheit und Wirklichkeit' [...] als jonglierbare Größen benutzen, um daraus unterschiedliche Redegattungen zu entwerfen und *gleichzeitig* das Ineinander von Form und Inhalt der Sprache betonen? Anders gefragt: *Verfügen wir über die Sprache,* deren Ineinander von Form und Inhalt wir erkennen können in der Weise, dass wir Form und Inhalt dann aber doch wieder methodisch zerlegen können und erneut zusammenbringen?"

315 Dannowski 92–106 unter Verweis auf *Karl Barth*, Die Gemeindemäßigkeit der Predigt, in: EvTh 16 (1956) 194–205; vgl. *Bohren* 443–553; *Mildenberger* 17–27. *Werner Jetter*, Elementare Predigt. Begegnung mit dem Vermächtnis des Arbeiterpriesters Henri Perrin, in: ZThK 59 (1962) 346–388, will eine „elementare Predigt" als Grundform entwickeln, die den seiner Ansicht nach fatalen Gegensatz zwischen der Gemeindepredigt vor scheinbar Gleichgesinnten und Missionspredigt an Außenstehende überwindet (ebd. 382–388), und begründet dies mit dramatischen Worten: „Zur heute geforderten theologischen Arbeit scheint mir ein neues Durchdenken der herkömmlichen Unterscheidung zwischen Gemeindepredigt und missionarischer Verkündigung zu gehören. Man kann diese Unterscheidung vielleicht nicht ganz aufgeben, müßte aber ihre Gefahr schärfer sehen, die jeder Sonntag laut hinausschreit. Allzuschnell wird da die Gemeindepredigt zur innerkirchlichen Ziergartenpflege im Kleingärtnerhorizont, und die Welt bekommt ein paar Schnittblumen der Barmherzigkeit in einer Sammeltüte überreicht. Aber das Wort ist für den Acker der Welt bestimmt, den der blutige Schweiß des Beters von Gethsemane getränkt hat" (ebd. 349).

316 S. u. 4.2 zu den vier Predigertypen nach Fritz Riemann.

317 Eine gewisse Analogie besteht auch zu den drei Funktionen der Sprache nach Karl Bühler (s. u. 4.1.1), nach denen man eine vorwiegend aussagebezogene, selbstoffenbarende und appellierende Predigt mit dem dominanten Schwerpunkt beim Text, beim Redner oder beim Hörer erkennen könnte.

318 So *Josuttis* 177–186; *Horst Albrecht,* Predigen, Stuttgart 1985, 59–63 („inhalts- oder hörerzentriert").

319 *Horst Hirschler*, Biblisch predigen, Hannover 1988, 539–549. Vergleichbar ist auch der Ansatz von *Klaus Meyer zu Uptrup*, Gestalthomiletik, Stuttgart 1986, 136–142, der die besprechende, die ansprechende, die evangelistische, die erzählende und die bildhaft betrachtende Predigt unterscheidet. Dabei bedient er sich der unterschiedlichen Anteile der beiden Pole Reflexion und Meditation.

320 *Fritz Riemann*, Die Persönlichkeit des Predigers aus tiefenpsychologischer Sicht, in: *Richard Riess*, Perspektiven der Pastoralpsychologie, Göttingen 1974, 152–166, vgl. *Richard Riess*, Zur pastoralpsychologischen Problematik des Predigers, in: Lesebuch 154–176, ausgefaltet bei *Axel Denecke,* Persönlich predigen, Gütersloh 1979; vgl. *Daiber* 263. – Zur Psychologie des Predigers vgl. auch *Wilfried Engemann,* Persönlichkeitsstruktur und Predigt. Homiletik aus transaktionsanalytischer Sicht, Berlin ²1992; *Hans-Christoph Piper,* Kommunizieren lernen in Seelsorge und Predigt, Göttingen 1981.

321 *Andreas Wollbold,* Als Priester leben. Ein Leitfaden, Regensburg 2010, 42 f.
322 S. o. 2.3.1. *Härtner/Eschmann* 91–110 haben diese drei Redetypen auf drei Erwartungen (Lebenssinn, Orientierung und Entscheidung) und Empfangsbereiche von Hörern (Gefühl, Verstand und Wille) und ihnen entsprechende Redeweisen (gewissmachend, informierend und herausfordernd) bezogen; ähnlich *Daiber* 268–270. Doch damit haben sie den ursprünglichen Sinn der drei *genera dicendi* verändert; eher entspricht ihr Schema den drei dominanten Zielebenen von *movere, docere* und *flectere.*
323 So bei *Karl-Fritz Daiber u. a.* II,246–270.
324 So bei *Rothermundt* 56–66.
325 Vgl. bereits *Friedrich Wintzer,* Praktische Theologie. Unter Mitarbeit von Manfred Josuttis, Dietrich Rössler, Wolfgang Steck (= Neukirchener Arbeitsbücher), Neukirchen-Vluyn 1982, 104: „Das Verb *keryssein* (mit seinen Synonymen) beinhaltet in diesem Zusammenhang die Proklamation von Gottes Versöhnungstat in Jesus Christus, die sowohl in der Missionsrede als auch in der durch Wiederholung gekennzeichneten innergemeindlichen Predigt des Evangeliums erfolgen kann." – Diese Art der Typenbildung weist bereits auf die Statusfrage der Predigt in Kapitel 5 voraus.
326 „Si sapis, eris contentus mensura, quam tibi mensus est Deus. Nam quod amplius est, a malo est. Disce exemplo prophetico praesidere non tam ad imperitandum quam ad factitandum quod tempus requirit" (*Bernhard von Clairvaux,* De consideratione 2,6,9 [S. Bernardi opera. Bd. 3. Tractatus et opuscula. Hg. von Jean Leclercq und Henri M. Rochais, Rom 1963, 416 f.]).
327 „Versteht man unter Homiletik ein handlungsanleitendes Bedenken der Predigtaufgabe, ergibt sich daraus für die Predigttypologie, dass sie handlungsanleitenden Charakter tragen muß. Eine Typologie, die nur beschreibt, ist unzureichend. Aus ihr müssen sich Konsequenzen für die Gestaltung der Predigt entwickeln lassen. [...] Eine Typologie kann dann als relevant gelten, wenn sie den Prediger in die Lage setzt, zwischen Handlungsalternativen im Rahmen der Predigtaufgabe zu unterscheiden" (*Daiber* 265).
328 *Dannowski* 134–140 unter Bezug auf Karl-Fritz Daiber; vgl. *Friedrich Wintzer,* Textpredigt und Themapredigt, in: ders., Praktische Theologie. Unter Mitarbeit von Manfred Josuttis, Dietrich Rössler, Wolfgang Steck, Neukirchen-Vluyn ⁵1997, 86–97 (mit der wichtigen Unterscheidung von Schriftbindung und Textbindung der Predigt).
329 Unverkennbar ist, wie das Verhältnis von Textpredigt und lebensorientierter Predigt den Gegensatz zwischen Dialektischer Theologie und empirisch begründeter Homiletik spiegelt (s. o. 1.1.2).
330 S. o. 2.2.1.
331 *Schwier/Gall* 242. Die enge Verbindung von Schriftauslegung und Lebensbezug stellt eine überwältigend einhellige Hörererwartung dar. „Obwohl durchaus unterschiedliche Verständnisse [sc. des Verhältnisses beider] zugrunde liegen oder vermutet werden können – z. B. ein mehr historisch orientiertes oder ein mehr dogmatisch gefülltes Bibelverständnis –, ist die Überzeugung von der Relevanz des Bibeltextes für die Gegenwart ungebrochen. Daraus speist sich die Erwartung, dass die Predigt Auslegung und Anwendung, *explicatio* und *applicatio,* zu leisten habe" (ebd. 238).
332 Vgl. *Hans Georg Gadamer,* Wahrheit und Methode, Tübingen ²1965, 289.
333 *Thurneysen* 104 (= 218).
334 Einführend zu Luthers Predigt vgl. *Hans Martin Dober,* Evangelische Homiletik. Dargestellt an ihren drei Monumenten Luther, Schleiermacher und Barth mit einer Orientierung in praktischer Absicht (= Homiletische Perspektiven 3), Münster 2007, bes. 21–60.
335 *„Wir sollen als Theologen von Gott reden. Wir sind aber Menschen und können als solche nicht von Gott reden. Wir sollen Beides, unser Sollen und unser Nicht-Können, wissen und eben damit Gott die Ehre geben. Das ist unsere Bedrängnis. Alles Andre ist daneben Kinderspiel"* (*Karl Barth,* Das Wort Gottes als Aufgabe der Theologie, in: Lesebuch 42–58, hier 43). Vgl. *Dober,* Homiletik 120; zu Barth ebd. 106–138, zur dreifachen Gestalt des Gotteswortes ebd. 125–128; vgl. *Hartmut Genest,* Karl Barth und die Predigt. Darstellung und Deutung

von Predigtwerk und Predigtlehre Karl Barths, Neukirchen 1995.
336 Zit. in *Dober,* Homiletik 131. Die „Confessio Helvetica Posterior" fordert allerdings auch eine „fromme Beredsamkeit" für die Predigt (vgl. *Ray,* Reorientation 32).
337 *Bohren,* bes. 65–88; vgl. zu Bohrens Predigtverständnis *Jantine Marike Nierop,* Die Gestalt der Predigt im Kraftfeld des Geistes. Eine Studie zu Form und Sprache der Predigt nach Rudolf Bohrens Predigtlehre (= Homiletische Perspektiven 4), Münster 2008; zum Selbstverständnis der Homiletik im Umfeld der Dialektischen Theologie und ihrer bleibenden Bedeutung im Sinn der Überschreitung der Faktizität der Welt vgl. auch *Gustav A. Krieg,* Die Rede vom Ende der Rede. Frühe Dialektische Theologie und prinzipielle Homiletik, in: ZThK 94 (1997) 224–252.
338 *Wilhelm Stählin,* Via Vitae. Lebenserinnerungen, Kassel 1968, 221; vgl. *Wollbold* 201. Stählin belegt die Geringschätzung der Wie-Frage zumindest bei Schülern Barths, die „für alle Fragen und Aufgaben der kirchlichen Praxis […] immun zu sein schienen" (ebd. 220). Zwischen Stählin und Barth herrschte jedoch auch generell eine gewisse „Fremdheit", und diese „machte sich manchmal in einem (nicht immer gutmütigen) Humor Luft, mit dem wir uns einen *modus vivendi* schufen" (ebd. 220 f.). – Vgl. zur Konzeption selbst *Barth.*
339 Vgl. *Heiner Kücherer,* Katechismuspredigt. Analysen und Rekonstruktionen ihrer Gestaltwerdung (= Predigt in Forschung und Lehre 2), Waltrop 2005; *Ludwig Mödl,* Predigt als Unterweisung. Von der Aktualität der Katechetischen Predigt, in: *Philipp Müller/Hubert Windisch* (Hg.), Seelsorge in der Kraft des Heiligen Geistes (= FS Paul Wehrle), Freiburg 2005, 109–118.
340 *Lange* 84. Vgl. auch *Werner Jetter,* Die Predigt als Gespräch mit dem Hörer, in: Lesebuch 206–221.
341 Die parochiale Gemeindepredigt wird hier nicht als eigene Form dargestellt, weil sie die Grundform darstellt, auf die sich die gesamten Überlegungen beziehen.
342 Literatur bei *Andreas Wollbold,* Therese von Lisieux. Eine mystagogische Deutung ihrer Biographie (= Studien zur systematischen und spirituellen Theologie 11), Würzburg 1994. ²2002; vgl. auch *Ehrenfried Schulz,* Predigt als Mystagogie. Gott den Dreieinigen – denken, feiern, verkünden, in: *Lothar Bily/KarlBopp/Norbert Wolff* (Hg.), JAHWE – ein Gott für die Menschen (= FS Heribert Wahl), München 2002, 346–357; *ders.,* Verkündigung und Trinität. Weisen unsere Predigten (noch) in Gottes Geheimnis ein?, in: *Anselm Bilgri/ Bernhard Kirchgessner* (Hg.), Liturgia semper reformanda (= FS Karl Schlemmer), Freiburg i. Br. 1997, 251–260.
343 Vgl. die homiletisch-praktisch geradezu maieutische Unterscheidung von kleinen, mittleren und großen Transzendenzen (eigentlich genauer: Prozessen der Transzendierung nach etwas unmittelbar Gegebenen) bei *Alfred Schütz/Thomas Luckmann,* Strukturen der Lebenswelt. Bd. 2. Frankfurt a. M. 1984. ²1990, 39–177; vgl. *Thomas Luckmann,* Die unsichtbare Religion. Frankfurt a. M. 1991. 164–183; *Hubert Knoblauch,* Populäre Religion. Auf dem Weg in eine spirituelle Gesellschaft, Frankfurt a. M.- New York 2009, 56–69.
In den kleinen Transzendenzen wird alltäglich die Grenze des Hier und Jetzt überschritten, etwa indem jemandem bei einem bestimmten Geruch Erinnerungen aus der Kindheit aufsteigen.
In den mittleren Transzendenzen erhält eine Situation Sinn und Tiefe durch etwas, das größer ist als sie.
In den großen Transzendenzen stoßen Menschen auf außeralltägliche Wirklichkeiten und fühlen sich davon in ihrer Ganzheit angerührt oder angesprochen, also etwa tiefe spirituelle Erlebnisse, Sinnerfahrungen oder somatisch-affektive Verwandlungen.
344 *Zerfaß* II,23 (sowie insgesamt ebd. II,14–44).
345 *Zerfaß* II,52 f.
346 Vgl. *Dannowski* 84–88 (Literatur!).
347 Die Teilnehmer und Teilnehmerinnen solcher Gottesdienste sind von Alter, Herkunft, sozialer Position, Familienstand und vor allem Religiosität her zumeist deutlich anders als die sonntägliche Gottesdienstgemeinde. Manche von ihnen kommen durchaus mit religiösen Erwartungen, also nicht nur aus gesellschaftlicher Konvention oder um einem Familienfest eine besondere

Note zu geben. Untersuchungen deuten darauf hin, dass sich bei ihnen eine deutlich eigene Kasualfrömmigkeit ausgebildet hat: „Hier wird über die Schwelle der Konfessionen hinweg ein neuer Modus der Kirchenmitgliedschaft deutlich, der auch als ‚Kasualienfrömmigkeit' beschrieben wurde [...]. Er steht für eine alltagspraktische Kirchendistanz, die zu besonderen Zeiten in eine selbstverständliche Ritualpraxis mündet" (*Erich Garhammer u. a.* [Hg.], Zwischen Schwellenangst und Schwellenzauber. Kasualpredigt als Schwellenkunde, München 2002, 11; als einseitige Schuldzuschreibung erscheint allerdings die Konsequenz, dass die praktizierenden Gläubigen und die pastoral Verantwortlichen es nur an genügend Wertschätzung dieser Kasualfrömmigkeit fehlen lassen: „Was für einen Großteil der Menschen normaler Ausdruck ihrer Kirchlichkeit ist, befremdet vor allem diejenigen, deren Verständnis von Kirche sich am Ideal hochengagierter Gemeindefrömmigkeit orientiert, also auch einige der Hauptberuflichen" [ebd.]).

348 *Garhammer,* Schwellenangst 16 f.
349 *Kerner* 19.
350 *Albert Biesinger,* Predigt in „Familiengottesdiensten". Ein homiletischer Aufschrei, in: ThQ 186 (2006) 298–312, hier 298. Ähnlich *Alois Schwarz,* Praxis der Predigterarbeitung. Neue Homiletik, Graz 1986, 53: „Eine Möglichkeit, Kinder in die Predigt einzubeziehen, besteht darin, dass der Prediger in einem Teil der Ausführungen kindgemäß veranschaulicht, was er den Erwachsenen schon gesagt hat oder sagen will; dass die Predigt gleichsam einen Teil für die Kinder enthält. Manchmal wird es vielleicht umgekehrt sein, je nachdem, wie viele Kinder den Gottesdienst mitfeiern. Die Predigt ist dann auf die Kinder abgestimmt, mit einem Hinweis für die Erwachsenen."
351 Vgl. *Biesinger,* Predigt 303 f.
352 Ebd. 299–302.
353 *Kongregation für den Gottesdienst,* Directorium de Missis cum pueris, 1. November 1973: AAS 66 (1974) 30–46, Nr. 22 (Enchiridion 3136) und Nr. 48 (Enchiridion 3162).
354 Ebd. Nr. 17 (Enchiridion 3131).
355 Dies gilt auch für die Erwachsenenpredigt, vgl. *Ludwig Mödl,* Erzählen in der Predigt, in: Lebendige Katechese, Beiheft zu LS 16 (1994) 49–52.
356 *Biesinger,* Predigt 308 f.
357 Vgl. *Maria Bethlenfalvay,* Les visages de l'enfant dans la littérature française du XIXe siècle. Esquisse d'une typologie, Genf 1979, 19–52.
358 Vgl. *Van Uden,* Auszug aus Ägypten, in: *Paul Oskamp/Rudolf Geel,* Gut Predigen. Ein Grundkurs, Gütersloh 2001, 75 f., zit. bei *Biesinger,* Familiengottesdienst 307.
359 Vgl. *Winfried Haunerland,* Nicht nur „Auferstehungsgottesdienst". Zur Eucharistiefeier als Teil der Begräbnisliturgie, in: *Albert Gerhards/Benedikt Kranemann* (Hg.), Christliche Begräbnisliturgie und säkulare Gesellschaft (= Erfurter Theologische Schriften 30), Leipzig 2002, 100–119.
360 S. u. 3.2.1. In Antwort auf eine Anfrage bestätigte die Ritenkongregation, dass auch bei Sterbeämtern eine Homilie nach dem Evangelium möglich ist. Sie müsse jedoch eine Lobrede auf den Verstorbenen vermeiden und nach SC 52 Schrift und Liturgie („„ex textu sacro") auslegen; dabei habe sie den österlichen Charakter des christlichen Sterbens (SC 81) zu beachten und im Blick darauf Glauben und Hoffnung zu nähren (Notitiae 2 [1966] 30; Enchiridion 65).
361 S. u. 3.1.4.5 die beiden Elemente der Missionspredigt nach Lebwin.
362 „Siue enim illam partem populi cogitemus quae dudum certamina euangelici agonis ingressa, per spiritalis stadii cursum indesinenter tendit ad palmam, siue illam quae letalium conscia peccatorum, per reconciliationis auxilium festinat ad ueniam, siue illam quae sancti Spritus regenerand baptismate, uetustate Adam exui et Christi cupit nouitate uestiri, apte et utiliter omnibus dicitur: *Parate uiam Domini, rectas facite semitas eius*" (*Leo der Große,* Tractatus 45,1, mit Zitat von Lk 3,4 [= CCL 138A, 263]).
363 Vgl. zum Folgenden auch *Domenico Ambrasi,* Art. „Quaresimale", in: Dizionario 1306–1310.
364 Zur Volksmission grundlegend *Louis Châtellier,* La religion des pauvres. Les missions rurales en Europe et la formation du catholicisme moderne, XVIe–XIXe siècle, Paris 1993 (mit vielen überraschenden Einsichten: eine Bewegung bereits vor den

großen Missionsorden von Jesuiten und Kapuzinern; anfängliche Zweiteilung in eine Bewegung zur Rückgewinnung der Protestanten und in eine später dominante, die das katholische Volk vor allem auf dem Land und in den unteren Schichten christlich zu prägen versuchte; dabei Hochschätzung dieses Volkes und Vertrauen, dass es auf Dauer zu einem wichtigen Träger der christlichen Überlieferung werden kann; Höhepunkt im 18. Jahrhundert in Verbindung mit der katholischen Aufklärung und einer Transformation der Frömmigkeit hin zu einer auf persönlicher Frömmigkeit und liebevoll gepflegten Traditionen gebauten Katholizität, die den Weg zur Erneuerung der Volksfrömmigkeit im 19. Jahrhundert bahnte).

365 Marc Venard, „Vos Indes sont ici." Missions lointaines et (ou) missions intérieurs dans le catholicisme français de la première moitié du XVIIe siècle, in: Les Réveils missionaires en France du Moyen Âge à nos jours (XIIe–XXe siècle) (= Actes du colloque de Lyon [mai 1980]). Préface de Guy Duboscq et André Latreille, Paris 1984, 83–89; vgl. *Louis Châtelier,* De l'instruction à la conversion. La prédication en question après le concile de Trente, in: *Matthieu Arnold* (Hg.), Annoncer l'Évangile (XVe–XVIIe siècle). Permanence et mutations de la prédication. Actes du Colloque international à Strasbourg (20–22 novembre 2003), Paris 2006, 183–192, bes. 184–186.

366 Vgl. *Harald Lang,* Textsorte Hirtenbrief. Linguistische Untersuchungen zur Pragmatik der bischöflichen Schreiben, Freiburg i. Br. 1978.

367 „Curent locorum Ordinarii ut tempore Quadragesimae, itemque, si id expedire visum fuerit, tempore Adventus, in ecclesiis cathedralibus et paroecialibus sacrae conciones frequentius ad fideles habeantur. – Die Ortsordinarien sollen dafür sorgen, dass in der Fasten- und, wenn sinnvoll, auch in der Adventszeit in den Dom- und den Pfarrkirchen häufiger Predigten für die Gläubigen gehalten werden." C. 1346 § 2 fügt die Vorschrift an, dass die Mitglieder des Domkapitels daran teilzunehmen haben. Die Adventspredigt wurde allerdings bei weitem nicht so populär. In Italien kam es eine Zeitlang zu besonderen Predigtzyklen im Marienmonat Mai, die allerdings nicht durchgehend marianisch ausgerichtet waren, sondern gerne auch Zeitprobleme aufgriffen.

368 Kultur und Politik dagegen lassen sich den besonderen *gusto* der kraftvollen, manchmal sogar derben Bußrede nicht entgehen, besonders natürlich im immer noch ein wenig barocken Bayern mit seinem politischen Aschermittwoch und den Fastenpredigten vor vielen Politikern auf dem Münchener Nockherberg mit seinem „Derblecken" der Prominenz (1992 bis 2010 durch den „Bruder Barnabas").

369 *Michael Pfeifer,* Vortrag oder Feier? Fastenpredigt – ein katholischer Predigtgottesdienst, in: Gottesdienst 45 (2011), H. 5, 44.

370 Vita S. Lebwini 12 (= PL 132,889); vgl. *Ottorino Pasquato,* Art. „Predicatione: nel medioevo", in: Dizionario 1222–1230, hier 1223.

371 Kongregation für den Klerus, Allgemeines Direktorium für die Katechese (15. August 1997) (= VApS 130), Bonn 1997, Nr. 57.

372 *Christoph D. Müller,* Die Radiopredigt als Herausforderung zu einer pluralen Hermeneutik, in: *Reiner Preul/Reinhard Schmidt-Rost,* Kirche und Medien (= Veröffentlichungen der Wissenschaftlichen Gesellschaft für Theologie 16), Gütersloh 2000, 136–155 (Radiopredigt als „ein besonders signifikanter Ort für die Entdeckung von zentralen Aufgaben und Problemzusammenhängen" der Predigt überhaupt [ebd. 137]); *Rolf Schieder,* Religiöse Rede im Radio, in: ebd. 122–135; *Klaus Nientiedt,* Die neuen Medien: Hilfe für die Kirche? Zu einer Homiletiker-Tagung in Ludwigshafen, in: HerKorr 38 (1984) 531–534. – Kirchliche Verkündigungskanäle haben natürlich ein ganz andere Herrschaft und Hörbereitschaft, infolgedessen man sich dort – unbeschadet aller Eigengesetzlichkeit des Mediums – eher an der herkömmlichen Predigt orientieren kann.

373 *Härtner/Eschmann* 230 („erlösendes Lachen" spielt auf den Titel eines Buches von *Peter L. Berger,* Erlösendes Lachen. Das Komische in der menschlichen Erfahrung, Berlin-New York ^{2}2014, an); vgl. den gesamten Abschnitt *Härtner/Eschmann* 228–231: „Humorvoll predigen: Lachen ist gesund – auch für die Predigt!"

374 Vgl. *Britto M. Berchmans,* Art. „Umorismo", in: Dizionario 1640–1643.
375 Unverkennbar steht hinter diesen Experimenten allerdings auch die Überzeugung, es gebe keine festen Wahrheiten: „Christliche Wahrheit will, wie sie im Streit der theologischen Generationen und Schulen nicht feststeht, in der Diskussion, im Streitgespräch zwischen den verschiedenen Vertretern der verschiedenen Glaubens-Interpretationen auch am Sonntagmorgen im Gottesdienst allererst ermittelt werden. Wo die Diskussion und die Notwendigkeit der Diskussion nicht eingesehen und eingefordert wird, da droht der Kirche die Gefahr einer monologischen Verkümmerung" (*Manfred Josuttis,* Homiletik und Rhetorik, in: *Josuttis* 24). Diese sehr grundsätzliche (aber selbst wiederum alles andere als feststehende) Überzeugung hat wohl die Versuche nicht selten auch ideologisch überfrachtet.
376 Anders in den USA, wo insbesondere bei den Freikirchen das altkirchlich-dialogische Element seit langem lebendig ist und die Gemeinde durch Zwischenrufe und Anfeuerung ins Predigtgeschehen eingreift. Das amerikanische Judentum greift neuerdings mancherorts den sogenannten Bibliolog auf, d. h. ein Predigen zusammen mit der Gemeinde, wobei einzelne Gestalten einer Perikope (z. B. Mose, Aaron, Miriam bei der vom Exodus) einzelnen Gemeindemitgliedern zugewiesen werden (vgl. *Ursula Pohl-Patalong,* Predigt als Bibliolog, in: *dies./Frank Muchlinsky* [Hg.], Predigen im Plural, Hamburg 2001, 258–268).
377 *Daiber* 201 f.
378 Gute Hinweise zum Ansprechen von Situationen und Ereignissen gibt *Peter Bukowski,* Predigt wahrnehmen. Homiletische Perspektiven, Neukirchen-Vluyn 1990, 87–93.
379 Vgl. *Helmut Schwier* (Hg.), Ethische und politische Predigt. Beiträge zu einer homiletischen Herausforderung (= 5. Internationales Bugenhagen-Symposium im Atelier Sprache in Braunschweig), Leipzig 2015.
380 *Schwier/Gall* 184–187.
381 Zur Kurzpredigt vgl. *Angela Rinn,* Die kurze Form der Predigt. Interdisziplinäre Erwägungen zu einer Herausforderung für die Homiletik (= Arbeiten zur Pastoraltheologie, Liturgik und Hymnologie 86), Göttingen 2016.
382 Um nicht missverstanden zu werden, vorweg die Maxime: Die Kurzpredigt braucht keineswegs weniger Zeit zur Vorbereitung als eine Predigt von gewöhnlicher Dauer. Wohl aber soll man bei mangelnder Vorbereitungszeit auch nur eine kurze Predigt halten. Letzteres gelingt, wenn man bereits eine gewisse Erfahrung in Kurzpredigten gewonnen hat und es versteht, aus wenigen Strichen konzentriert zu reden.
383 COD 634–638.
384 *Giuseppe Alberigo,* Geschichte der Konzilien. Vom Nicaenum bis zum Vaticanum II, Düsseldorf 1993, 328.
385 COD 636. Auf der gleichen Linie einer Predigt, die echten geistlichen Nutzen verspricht und Verunsicherung oder Fachsimpelei zu vermeiden hat, liegt dann auch das Konzil von Trient bei seiner Mahnung zur Volkspredigt über das Fegefeuer: „Von den volkstümlichen Predigten vor dem ungebildeten Volk aber sollen die eher schwierigen und spitzfindigen Fragen, die zur Erbauung nichts beitragen und aus denen meist kein Zuwachs an Frömmigkeit entsteht, ausgeschlossen werden. Desgleichen sollen sie [sc. die Hirten] nicht zulassen, daß Unsicheres bzw. was am Schein der Falschheit krankt, unters Volk gebracht und behandelt wird. Das aber, was zu einer gewissen Neugierde oder zum Aberglauben gehört oder nach schändlichem Gewinn schmeckt, sollen sie als Ärgernis und Anstoß für die Gläubigen verbieten" (DH 1820: 25. Sitzung: „Dekret über den Reinigungsort" [3. Dezember 1563]).
386 „Praedicationis munus, quod episcoporum praecipuum est, cupiens sancta synodus, quo frequentius possit, ad fidelium salutem exerceri: [...] mandat, ut in ecclesia sua ipsi per se, aut, si legitime impediti fuerint, per eos, quos ad praedicationis munus assument, in aliis autem ecclesiis per parochos [...] saltem omnibus dominicis et solemnibus diebus festis, tempore autem ieiuniorum, quadragesimae et adventus Domini quotidie vel saltem tribus in hebdomada diebus, si ita oportere duxerint, sacras scripturas divinamque legem annuntient, et alias quotiescumque id opportune fieri posse iudicaverint" (24. Sitzung: „Decre-

tum de reformatione" [11. November 1563] can. 4 [COD 739]). Ähnlich bestimmt bereits die 5. Sitzung (17. Juni 1546): „Decretum secundum: super lectione et praedicatione" Nrr. 9–17 (COD 645 f.) die Predigtpflicht der Pfarrseelsorger an den Sonn- und hohen Feiertagen als Minimum (Nr. 11). In Nr. 11 wird der Predigt auch ein doppeltes Ziel zugewiesen: Sie soll den Gläubigen den Weg zum Heil aufweisen und dazu ermuntern, ihn auch zu gehen: „[…] pro sua et earum capacitate pascant salutaribus verbis, docendo ea, quae scire omnibus necessarium ad salutem, annuntiandoque eis cum brevitate et facilitate sermonis vitia, quae eos declinare, et virtutes, quae sectari oporteat, ut poenam aeternam evadere et coelestem gloriam consequi valeant." Die Predigt soll also dazu beitragen, dass möglichst viele in den Himmel kommen.

387 „Quia vero christianae rei publicae non minus necessaria est praedicatio evangelii quam lectio, et hoc est praecipuum episcoporum munus: statuit et decrevit eadem sancta synodus, omnes episcopos, archiepiscopos, primates et omnes alios ecclesiarum praelatos teneri per seipsos, si legitime impediti non fuerint, ad praedicandum sanctum Iesu Christi evangelium. Si vero contigerit, episcopos et alios praedictos legitimo detineri impedimento, iuxta formam generalis concilii viros idoneos assumere teneantur ad huiusmodi praedicationis officium salubriter exequendum" (5. Sitzung [17. Juni 1546]: „Decretum secundum: super lectione et praedicatione" Nr. 9 f. [COD 645]).

388 „Iidem etiam saltem dominicis et aliis festivis diebus, pueros in singulis parochiis fidei rudimenta, et oboedientiam erga Deum et parentes diligenter ab iis, ad quos spectabit, doceri curabunt […]" (24. Sitzung: „Decretum de reformatione" [11. November 1563] can. 4 [COD 739]).

389 Vgl. *Philipp Hartmann*, Repertorium Rituum. Übersichtliche Zusammenstellung der wichtigsten Ritualvorschriften für die priesterlichen Funktionen, Paderborn [13]1916, 380–382. Gerne wird für den unliturgischen Charakter der alten Predigt auch die Tatsache angeführt, dass der Priester zur Predigt das Messgewand ablegte. Dies rührt aber daher, dass er sich ja auf die Kanzel begab und damit den Altarraum verließ; ansonsten behielt er die Kasel an. Ebenso ist die Tatsache, dass bei einer hl. Messe vor ausgesetztem Allerheiligsten dieses mit einem Tuch verhüllt wurde, so zu verstehen, dass auf diese Weise die geschuldete Anbetung und das damit verbundene Knien dem Zuhören im Sitzen weichen konnte.

390 Grundordnung Nr. 13.

391 „Unter den hauptsächlichen Aufgaben der Bischöfe ragt die Verkündigung des Evangeliums heraus. Die Bischöfe sind nämlich Herolde des Glaubens, die neue Jünger zu Christus führen, und authentische, das heißt mit der Autorität Christi versehene Lehrer, die dem ihnen anvertrauten Volk den Glauben verkündigen, der geglaubt und auf die Sitten angewandt werden soll, und sie erklären ihn im Licht des Heiligen Geistes, indem sie aus dem Schatz der Offenbarung Neues und Altes vorbringen (vgl. Mt 13,52), lassen ihn so Früchte tragen und halten die ihrer Herde drohenden Irrtümer wachsam fern (vgl. 2 Tim 4,1–4)" (LG 25, übersetzt in DH 4149). Zur Predigtpflicht der Bischöfe s. Seite 188.

392 Diese vorrangige Aufgabe der Wortverkündigung greift auch der CIC/1983 auf und gießt sie in eine rechtliche Form. Nach c. 762 wird das Volk Gottes vor allem durch das Wort Gottes zusammengeführt, und aus diesem Grund macht die Verkündigung auch eine hervorragende Aufgabe der Amtsträger aus. Nach cc. 763–765 besitzen daher die Bischöfe das Recht, überall zu predigen, und die Priester und Diakone können predigen mit Erlaubnis des Ortsordinarius (bzw. in Ordenskirchen mit Erlaubnis des zuständigen Oberen) und im Rahmen einschlägiger Gesetze und Regelungen (s. Seite 189).

393 Vgl. *Winfried Haunerland/Otto Mittermeier/Monika Selle/Wolfgang Steck (Hg.)*, Manifestatio Ecclesiae. Studien zu Pontifikale und bischöflicher Liturgie (= FS Reiner Kaczynski) (= StPLi 17), Regensburg 2004.

394 Ähnlich sagt Paul VI. in seiner Enzyklika „Mysterium Fidei" (1964), Nr. 36: „Wir wissen alle wohl, daß es nicht nur eine einzige Weise gibt, in der Christus seiner Kirche gegenwärtig ist. Es ist nützlich, die

beglückende Tatsache, die die Konstitution über die heilige Liturgie kurz dargelegt hat [30], etwas weiter auszuführen. Gegenwärtig ist Christus seiner Kirche, wenn sie betet, da er selbst es ist, der ‚für uns betet und in uns betet, zu dem wir beten; er betet für uns als unser Priester, er betet in uns als unser Haupt, und wir beten zu ihm als unserem Gott' (*Augustinus,* Enarrationes in Psalmos 85,1 [= PL 37,1081]). Er selbst hat ja versprochen: ‚Wo zwei oder drei in meinem Namen versammelt sind, da bin ich mitten unter ihnen' (Mt 18,20). Gegenwärtig ist er in seiner Kirche, wenn sie Werke der Barmherzigkeit ausübt, nicht nur weil wir, wenn wir einem seiner geringsten Brüder Gutes tun, dieses Christus selbst tun, sondern auch weil Christus es ist, der durch die Kirche diese Werke tut, indem er beständig dem Menschen mit seiner göttlichen Liebe zu Hilfe kommt. Gegenwärtig ist er seiner Kirche, die auf der Pilgerfahrt ist und zum Hafen des ewigen Lebens zu gelangen strebt, da er selbst durch den Glauben in unseren Herzen wohnt und in ihr die Liebe ausgießt durch den Heiligen Geist, den er uns gibt" (Enyklika Seiner Heiligkeit Paul VI. *Mysterium Fidei* über die Lehre und den Kult der Heiligen Eucharistie an die Ehrwürdigen Brüder, die Patriarchen, die Erzbischöfe, Bischöfe und die übrigen Ortsordinarien, die mit dem Apostolischen Stuhl in Frieden und Gemeinschaft leben, an den Klerus und die Christgläubigen des ganzen katholischen Erdkreises [3. September 1965], in: AAS 57 [1965] 755–766, hier zitiert nach: http://w2.vatican.va/content/paul-vi/de/encyclicals/documents/hf_pvi_enc_03091965_mysterium.html [19.8.2015]).

395 „Die Riten mögen den Glanz edler Einfachheit an sich tragen (nobili simplicitate fulgeant) und knapp, durchschaubar (brevitate perspicui) und frei von unnötigen Wiederholungen sein. Sie seien der Fassungskraft der Gläubigen angepaßt und sollen im allgemeinen nicht vieler Erklärungen bedürfen" (SC 34). Das Verständnis von Ritus und sakraler Ästhetik, das darin zum Ausdruck kommt, bedarf allerdings heute dringend einer *relecture*. Die Theozentrik der Liturgie braucht mindestens ebenso sehr eine sinnliche Gestalt, die Menschenmaß und Menschengeist überschreitet und deren Sinngehalt niemand je ausschöpfen kann. Der Gottesdienst ist keine Schule und die Riten keine Illustrationen. Der Selbst-Verständlichkeit der Riten traut die Konstitution selbst offensichtlich nicht so recht, wenn sie unmittelbar darauf vorschlägt: „In den Riten selbst sollen, wo es notwendig ist, kurze Hinweise vorgesehen werden; sie sollen vom Priester oder von dem, der für diesen Dienst zuständig ist, jedoch nur im geeigneten Augenblick, nach vorgeschriebenem Text oder in freier Anlehnung an ihn gesprochen werden" (SC 35).

396 Auch SC 24 geht von der Predigt als Schriftauslegung aus, wenn es dort von der Heiligen Schrift heißt: „Aus ihr werden nämlich Lesungen vorgetragen und in der Homilie ausgedeutet (explicantur) […]".

397 „Homilia, qua per anni liturgici cursum ex textu sacro fidei mysteria et normae vitae christianae exponuntur, ut pars ipsius liturgiae valde commendatur." Dies wird in der „Grundordnung des Römischen Messbuchs" aufgegriffen: „Sie [sc. die Homilie] soll einen Gesichtspunkt aus den Lesungen der Heiligen Schrift oder aus einem anderen Text des Ordinariums oder des Propriums der Tagesmesse darlegen – unter Berücksichtigung des Mysteriums, das gefeiert wird, und der besonderen Erfordernisse der Hörer" (Grundordnung Nr. 65).

398 Enchiridion 251–253.

399 S. Anm. 360 zur Homilie bei Sterbeämtern (vgl. Notitiae 2 [1966] 30; Enchiridion 65; vgl. „Ordo Missae" Nr. 338 sowie Grundordnung Nr. 382, wo von einer „brevis homilia" die Rede ist [Enchiridion 1733]).

400 Vgl. CIC cc. 768 f. zu den Inhalten der Predigt.

401 In einer Antwort auf eine Anfrage stellte die Ritenkongregation klar, dass solche Predigtreihen – die Kongregation geht davon aus, dass diese „Schemata" von der kirchlichen Obrigkeit im Sinn von einer Reihe von Predigtthemen angeordnet werden – mit den liturgischen Zeiten und Festen bzw. dem Heilsgeheimnis verbunden sein müssen (Notitiae 1 [1965] 250; Enchiridion 65). Solche Predigtreihen, die vom Diözesanbischof vorgegeben werden, regt

auch die Instruktion *Redemptionis Sacramentum* Nr. 122 an: „Weil sie Teil der Liturgie, des Höhepunktes und der Quelle des gesamten Lebens der Kirche ist, ragt die Homilie unter allen Formen der Predigt hervor und fasst sie in einem gewissen Sinn zusammen. Der Bischof soll zusehen, dass er die katholische Wahrheit in ihrer Gänze darlegt, mit einer verständlichen, vertrauten und den Fähigkeiten aller Anwesenden angepassten Sprache; er soll sich dabei – unbeschadet besonderer pastoraler Gründe – auf die Texte der Tagesliturgie stützen. Mit Hilfe eines wirklichen Jahresplanes soll er dafür sorgen, die ganze katholische Wahrheit darzulegen"; vgl. *Ludwig Mödl,* Homilie und Predigt – ein Unterschied?, in: KlBl 71 (1991) 35–36.

402 Grundordnung.

403 Der „Ordo Missae" Nr. 97 und 272 vom 6. April 1969 sah als Ort noch nur Ambo oder Sitz vor (Enchiridion 1492 und 1667). Die Gläubigen sitzen zur Predigt. Der Prediger steht, wobei der Bischof, wenn er vom Sitz aus predigt, entsprechend einer Antwort der Gottesdienstkongregation nach altkirchlichem Brauch auch selbst sitzen kann (Notitiae 10 [1974] 80; Enchiridion 1492).

404 So im Rundbrief „Eucharistiae Participationem" der Gottedienstkongregation vom 27. April 1973 (Enchiridion 3053). Die Instruktion „Eucharisticum Mysterium" vom 25. Mai 1967 erinnert an das Gebot der klaren Aussprache und Verständlichkeit bei Lesungen, Gebeten und eben auch der Predigt (Enchiridion 918). Vgl. *Redemptionis Sacramentum* Nr. 122: „Der Bischof soll zusehen, dass er die katholische Wahrheit in ihrer Gänze darlegt, mit einer verständlichen, vertrauten und den Fähigkeiten aller Anwesenden angepassten Sprache; er soll sich dabei – unbeschadet besonderer pastoraler Gründe – auf die Texte der Tagesliturgie stützen."

405 „Die Homilie, die während der Feier der heiligen Messe gehalten wird und Teil der Liturgie selbst ist, ,wird in der Regel vom zelebrierenden Priester gehalten oder von ihm einem konzelebrierenden Priester oder manchmal, wenn dies angebracht erscheint, auch einem Diakon übertragen, niemals aber einem Laien. In besonderen Fällen kann die Homilie aus einem gerechten Grund auch von einem Bischof oder einem Priester gehalten werden, der an der Feier teilnimmt, ohne konzelebrieren zu können'" (*Redemptionis Sacramentum* Nr. 64 mit Zitat aus: Grundordnung Nr. 66).

406 *Evangelii Nuntiandi* Nr. 43, vgl. auch Nrr. 75–76. 78–79.

407 *Matthias Matussek,* Das katholische Abenteuer. Eine Provokation, München-Hamburg ⁵2011, 183.

408 Vgl. *Jean Leclercq,* Le sermon, acte liturgique, in: MD 8 (1946) 27–46; *Vincenzo Loi,* La predicazione liturgico-didattica in età patristica, in: Rivista liturgica 57 (1970) 632–640; *Join-Lambert Arnaud,* Du sermon à l'homélie. Nouvelles questions théologiques et pastorales, in: NRTh 126 (2004) 68–85.

409 Vgl. *Olivar* 515–527.

410 Vgl. *Klaus Gamber,* „Conversi ad dominum." Die Hinwendung von Priester und Volk nach Osten bei der Messfeier im 4. und 5. Jahrhundert, in: RQ 67 (1972) 49–64; *Uwe Michael Lang,* Conversi ad Dominum. Zu Geschichte und Theologie der christlichen Gebetsrichtung. Mit einem Geleitwort von Joseph Cardinal Ratzinger (= Neue Kriterien 5), Einsiedeln-Freiburg i. Br. ²2003.

411 *Evangelii Gaudium* Nr. 138.

412 Dass dies auch mit heutigen Hörgewohnheiten zu tun hat, sei nicht verschwiegen. Als das „Homiletische Direktorium" 2015 vorgestellt wurde, berichtete Kardinal Robert Sarah, dass zwanzig Minuten Predigt in westlichen Ländern als zu lange, in Afrika dagegen als zu kurz empfunden würden: „La lunghezza di un'omelia penso dipenda dalla cultura in cui ci si trova. E' chiaro che in Occidente superare 20 minuti sembra troppo, ma in Africa 20 minuti non bastano, perché la gente viene da lontano per ascoltare la Parola di Dio" (http://it.radiovaticana.va/news/2015/02/10/direttorio_omiletico_laiuto_per_le_omelie_dei_sacerdoti_/1122575 [6.10.2016]) – Es hindert jedoch nichts, dass man solche langen Predigten auch etwa mit Musik und Kunst durchsetzt.

413 *Gunda Brüske,* Ein heilshaftes Geschehen. Die Predigt als Teil der Liturgie, in: Gottesdienst 42 (2008) H. 12, 89–91, hier 91.

414 Vgl. aber die vielen Verweise in Enchiridion 1090 zum Stichwort „Homilia" und ebd. 1166 f. zum Stichwort „Praedicatio".
415 Vgl. auch *Redemptionis Sacramentum* Nr. 125a: „Die Homilie darf in Messen an Sonntagen und vorgeschriebenen Feiertagen, an denen das Volk teilnimmt, nicht ausfallen, ebenso wenig in der Trauungsmesse und in anderen Messen zu besonderen Anlässen entsprechend den Rubriken. Die Predigt ist, auch in Form einer kurzen Homilie, an den Werktagen des Advents, der Fastenzeit und der Osterzeit empfohlen, damit das österliche Geheimnis Christi, das in der Eucharistie bezeichnet und vorgestellt wird, von allen mit lebendigem Glauben und Hingabe gefeiert wird."
416 Vgl. die Anweisung der Glaubenskongregation vom 13. Januar 1971 (Enchiridion 2252); ebs. *Redemptionis Sacramentum* Nr. 168: „Einem ‚Kleriker, der nach Maßgabe des Rechts den klerikalen Stand verliert, [...] ist verboten, die Weihegewalt auszuüben'. Daher ist es ihm, mit Ausnahme nur des im Recht festgelegten Falles, unter keinem Vorwand erlaubt, Sakramente zu feiern, und den Christgläubigen ist es nicht gestattet, wegen einer Zelebration auf ihn zurückzukommen, wenn kein gerechter Grund vorliegt, der dies gemäß der Norm von can. 1335 erlaubt. Außerdem dürfen diese Männer weder die Homilie halten noch irgendein Amt oder irgendeine Aufgabe in der Feier der heiligen Liturgie übernehmen, damit unter den Christgläubigen keine Verwirrung entsteht und die Wahrheit nicht verdunkelt wird."
417 Grundlegend dafür die ist „Ratio fundamentalis institutionis sacerdotalis" Nr. 94 (Enchiridion 2017). Ähnlich heißt es ist *Redemptionis Sacramentum* Nr. 68: „Der Diözesanbischof soll gewissenhaft über die Homilie wachen, auch indem er unter den geistlichen Amtsträgern Normen, Richtlinien und Arbeitshilfen verbreitet und Zusammenkünfte und andere Initiativen fördert, damit sie oft Gelegenheit haben, sich näher mit der Eigenart der Homilie zu befassen und Hilfe für ihre Vorbereitung finden."
418 So in einem Rundbrief der Kleruskongregation an die Vorsitzenden der Bischofskonferenzen vom 4. November 1969 (Enchiridion 1992).
419 *Kongregation für die Bischöfe,* Direktorium für den Hirtendienst der Bischöfe (22. Februar 2004) (= VApS 173), Bonn 2004, Nr. 120 f. (vgl. Nrr. 119–122).
420 Vgl. *Mauro Rivella,* La riserva dell'omelia ai ministri ordinati. Senso e estensione del disposto del can. 767 § 1, in: Quaderni di diritto ecclesiale 11 (1998) 370–381 (kundiger Überblick über die geltende Rechtslage). Die heutige Gesetzgebung spiegelt in vielerlei Hinsicht die Praxis der alten Kirche wider, vgl. *Olivar* 528–588.
421 Ähnlich erkennt c. 761 der Predigt und Katechese einen Primat unter den verschiedenen Aufgaben der Evangelisierung zu: „Bei der Verkündigung der christlichen Lehre sollen die verschiedenen zur Verfügung stehenden Mittel angewendet werden, besonders die Predigt und die katechetische Unterweisung, die ja immer den ersten Platz einnehmen; aber auch die Darlegung der Lehre in Schulen und Akademien, auf Konferenzen und Versammlungen jedweder Art wie auch ihre Verbreitung durch öffentliche Erklärungen der rechtmäßigen Autorität zu bestimmten Anlässen in der Presse und in anderen sozialen Kommunikationsmitteln."
422 Grundordnung Nr. 66. Das Dokument „Pastorale Einführung in das Meßlektionar gemäß der Zweiten Authentischen Ausgabe des Ordo lectionum Missae (1981)", in: Die Messfeier – Dokumentensammlung, Auswahl für die Praxis (11. Auflage). Hg. vom Sekretariat der Deutschen Bischofskonferenz (= Arbeitshilfen 77), Bonn 2009, Nr. 24, sagt lapidar: „In der Regel soll sie der Zelebrant halten."
423 Instruktion.
424 *Redemptionis Sacramentum.*
425 So lautete die Antwort der „Pontificia commissione per l'interpretazione autentica del codice di diritto canonico" (PCCICAI) vom 28. Mai 1987 (AAS 79 [1987] 1249) auf die Frage, ob der Diözesanbischof von der Norm von c. 761 § 1 dispensieren könne: „Negative."
426 Instruktion Art. 3. Die Instruktion trägt den Titel „Ecclesiae de mysterio" (Original in: AAS 89 [1997] 852–877).
427 Viele Literaturhinweise zur Diskussion im Umfeld der Würzburger Synode finden sich in *Karl Lehmann,* Die Beteiligung der

Laien an der Verkündigung. Einleitung, in: GSyn I,153–169.

428 Im Protestantismus ist aufgrund der Überzeugung vom allgemeinen Priestertum aller Gläubigen der Vorbehalt der Predigt für ordinierte Pfarrer und Pfarrerinnen immer wieder hinterfragt worden. Doch auch praktische Gründe führten zum Dienst eines ehrenamtlichen Predigthelfers („Prädikant/-in"), den ausgewählte Gemeindemitglieder (also keine Pfarrer und Theologen, jedoch mit Ausbildung und in manchen Landeskirchen mit einer Ordination) in der öffentlichen Verkündigung versehen. Damit sind manche Hoffnungen verbunden:
- die Beteiligung von Menschen aus der Mitte der Gemeinde an der Verkündigung;
- die Bereicherung durch ihren besonderen Hintergrund in außerkirchlichen beruflichen und Lebenserfahrungen;
- die Ermöglichung der Verkündigung auch in scheinbaren Randfeldern der Kategorialseelsorge wie in Krankenhäusern und Altersheimen;
- die authentische Verkörperung des allgemeinen Priestertums.

Doch wenig überraschend bleiben bei diesem Dienst doch viele Fragen offen, die durch seine Aufwertung in den letzten Jahren nur noch verstärkt wurden, vgl. *Albert Stein*, Bemerkungen zum Recht und zur praktischen Bedeutung des Predigthelferamtes in der Evangelischen Kirche im Rheinland, in: *Karl-Hermann Kästner/Knut W. Nörr/Klaus Schlaich* (Hg.), Festschrift für Martin Heckel zum siebzigsten Geburtstag, Tübingen 1999, 295–305 (Geschichte, Bestandsaufnahme und Ausblick); *Reiner Marquard*, Der Lektoren- und Prädikantendienst unter veränderter „religiöser Straßenverkehrsordnung", in: Deutsches Pfarrerblatt (6/2000) 307–309 (Plädoyer gegen die Prädikanten als bloße Lückenbüßer und für deren Aufwertung und Rechtssicherheit beim Predigen); *ders,* Glauben leben, Kirche gestalten, Gottesdienst feiern. Ein theologischer Leitfaden für das Ehrenamt, Stuttgart 2004, 39–44 (sowie „Ehrenamtliche Verkündigung – Von der Freiheit des Evangeliums" [ebd. 23–38]); *Reinhard Brand*, Zur öffentlichen Wortverkündigung in der evangelischen Kirche, in: Deutsches Pfarrerblatt (6/2000) 310–312 (gegen bloße Pragmatik Bedeutung des Wesens der Predigt und kirchlicher Vorgaben zum Prediger); *Marcel Schütz*, Perspektiven zum Pfarr-, Lektoren- und Prädikantendienst in dienstgemeinschaftlicher Verhältnisbestimmung, in: Deutsches Pfarrerblatt (9/2006) 471–474 (Kriterium: „Kein Amt ohne Qualifikation, kein Amt in Privatmission" [ebd. 472]); *ders.,* Verkündigung und Reformprozess – Ordination, Berufung und Beauftragung zu Wort und Sakrament im Ehrenamt, in: Deutsches Pfarrerblatt (6/2007) 308–312 (Stellungnahme in der Frage der Ordination Ehrenamtlicher und der Laienpredigt).

429 Zur weiteren Entwicklung in Österreich vgl. *Christoph Ohly,* Die Verkündigung in Predigt und Katechese, in: *Stephan Haering/Wilhelm Rees/Heribert Schmitz* (Hg.), Handbuch des katholischen Kirchenrechts. Dritte, vollständig neubearbeitete Auflage, Regensburg 2015, 922–934, hier 928. Die österreichische Bischofskonferenz bekräftigte diese Normen von 1971 nach dem Erscheinen des CIC von 1983 am 25. Januar 1984 noch einmal und fügte nur hinzu, dass die Erlaubnis auf jeden Fall vom Bischof erteilt werden müsse. 1992 fasste sie die Materie noch einmal neu: Dekret der Österreichischen Bischofskonferenz vom 6. November 1992 über die Ordnung des Predigtdienstes von Laien (can. 766), in: AKathKR 163 (1994) 507–508. Der aktuelle Stand findet sich in: Decretum Generale über die Ordnung des Predigtdienstes von Laien (Canon 766), ABl 2002/33, in: Österreichisches Archiv für Recht und Religion 49/3 (2002) 511–512.

430 Vgl. die ausführliche Darstellung der kanonischen Entwicklung der Laienpredigt nach dem II. Vatikanum in der umfassenden Habilitationsschrift von *Christoph Ohly,* Der Dienst am Wort Gottes. Eine rechtssystematische Studie zur Gestalt von Predigt und Katechese im Kanonischen Recht (= MthSt.K 63), St. Ottilien 2008, 517–553 (sowie insgesamt zur Predigt ebd. 450–674); *ders.,* Verkündigung; vgl. Kanonisches Recht. Lehrbuch aufgrund des Codex Iuris Canonici. Begründet von Eduard Eichmann, fortgeführt von Klaus Mörsdorf, neu bearbeitet von Winfried Aymans.

2 Bde., Paderborn-München-Wien-Zürich [13]1991–1997, 57–84; dicht zusammengefasst ist die Rechtsentwicklung (allerdings ohne Berücksichtigung der Schweiz) bei *Reiner Kaczynski,* Art. „Conferenze episcopali di lingua tedesca", in: Dizionario 317–320, bes. 318–320. – Zur historischen Entwicklung der Frage der Laienpredigt vgl. *Luigi della Torre,* Art. „Laico predicatore: nell'antichità e nel medioevo", in: Dizionario 744–747; zur heutigen Möglichkeit des Zeugnisses und der Predigt von Laien vgl. *Paolo Giglioni,* Art. „Laico predicatore: oggi", in: Dizionario 747–751. – *Schweizer Bischofskonferenz,* Beauftragte Laien im kirchlichen Dienst vom Januar 2005 (= Dokumente der Schweizer Bischöfe 12), Freiburg i.d. Schw. 2005 (2. Teil II,1), geht offensichtlich im Gegensatz zu c. 767 § 1 von der Homilie durch Laien aus. Vgl. *Adrian Loretan,* Liturgische Leitungsdienste der Laien. Zur Situation in der Schweiz, in: *Sabine Demel/Libero Gerosa/ Peter Krämer/Ludger Müller* (Hg.), Im Dienst der Gemeinde. Wirklichkeit und Zukunftsgestalt der kirchlichen Ämter (= Kirchenrechtliche Bibliothek 5), Münster 2002, 163–186.

431 GSyn I,165–178 sowie das Dokument zum Inkrafttreten des Synodenbeschlusses „Die Beteiligung der Laien an der Verkündigung" GSyn I,179–182 (zur Homilie durch Laien in besonderen Fällen 1.4.1). Eine kundige und detailreiche Darstellung der Diskussion bei der Würzburger Synode findet sich bei *Lehmann,* Beteiligung, sowie im Rückblick *Rüdiger Althaus,* Die Rezeption des Codex Iuris Canonici von 1983 in der Bundesrepublik Deutschland unter besonderer Berücksichtigung der Voten der Gemeinsamen Synode der Bistümer in der Bundesrepublik Deutschland (= Paderborner theologische Studien 28), Paderborn-München-Wien-Zürich 2000, 729–759.

432 GSyn I,182–185. Dort auch die Verlängerung dieser zunächst auf vier Jahre begrenzten Sonderregelung aus den Jahren 1977 und 1982. – In Wirklichkeit hatten die römischen Dokumente zur Liturgiereform von Anfang an klargestellt, dass die Homilie vom geweihten Amtsträger zu halten ist. So hieß es zuletzt am Vorabend der Würzburger Synode in einer Instruktion von 1970: „Der Wortgottesdienst ist mit besonderer Sorgfalt zu feiern. Es ist niemals gestattet, das Wort Gottes durch andere Lesungen religiöser oder profaner, alter oder moderner Schriftsteller zu ersetzen. Ziel der Homilie ist es, das Wort Gottes, das den Gläubigen verkündet wird, zu erklären und für das Verständnis unserer Zeit zu erschließen. Sie ist deshalb Aufgabe des Priesters; die Gläubigen sollen von Stellungnahmen, Dialogen und dergleichen Abstand nehmen. Es ist nicht gestattet, nur eine Schriftlesung vorzutragen" (III. Instruktion „Liturgicae instaurationes" zur ordnungsgemäßen Durchführung der Liturgiekonstitution. Hg. von der Kongregation für den Gottesdienst und die Sakramentenordnung, 5. September 1970, in: AAS 62 [1970] 692–704; hier zitiert nach: Nachkonziliare Dokumentation 31, Trier 1972, Nr. 2a).

433 AKathKR 143 (1974) 147 f.

434 Amtsblatt für das Erzbistum Köln 157 (1988) 92–94; Liturgische Einführung zur Ordnung des Predigtdienstes von Laien vom 24.2.1988, in: Amtsblatt für das Erzbistum Köln 157 (1988) 94.

435 AKathKR 157 (1988) 192 f.

436 „Dies gilt um so mehr von der Katechese, die bei einer liturgischen Feier und vor allem bei der Eucharistie gehalten wird: indem die Predigt die besondere Eigenart und den Eigenrhythmus dieser Feier beachtet, setzt sie den Weg der in der Katechese gebotenen Glaubensunterweisung fort und führt ihn zu seinem natürlichen Höhepunkt. Zugleich drängt sie die Jünger des Herrn dazu, ihren geistlichen Weg in der Wahrheit, Anbetung und Danksagung jeden Tag wieder neu aufzunehmen. In diesem Sinn kann man sagen, daß auch die katechetische Pädagogik im Gesamtzusammenhang des liturgischen Jahres ihre Quelle und ihre Vollendung in der Eucharistie findet. Die Predigt, die sich auf die biblischen Texte konzentriert, soll es auf ihre Weise ermöglichen, daß die Gläubigen mit der Gesamtheit der Glaubensgeheimnisse und der Normen des christlichen Lebens vertraut werden. Der Predigt muß man große Aufmerksamkeit schenken: sie soll nicht zu lang, aber auch nicht zu kurz sein, immer sorgfältig vorbereitet, wesentlich und kon-

kret, und den geweihten Amtsträgern vorbehalten bleiben. Eine solche Predigt soll in jeder Eucharistiefeier an Sonn- und Feiertagen stattfinden, aber auch bei Tauffeiern, Bußgottesdiensten, Hochzeiten und Beerdigungen. Dies ist eines der positiven Ergebnisse der liturgischen Erneuerung" (Apostolisches Schreiben *Catechesi Tradendae* Seiner Heiligkeit Johannes Paul II. an die Bischöfe, die Priester und Gläubigen der ganzen Kirche über die Katechese in unserer Zeit [16. Oktober 1979] [= VApS 12], Bonn 1979, Nr. 48).

437 *Redemptionis Sacramentum* Nr. 65. Ebd. Nr. 66 verbietet dies auch für homiletische Übungen, vgl. ebd. Nrr. 64. 66–68:
„64. Die Homilie, die während der Feier der heiligen Messe gehalten wird und Teil der Liturgie selbst ist, wird in der Regel vom zelebrierenden Priester gehalten oder von ihm [sic!] einem konzelebrierenden Priester oder manchmal, wenn dies angebracht erscheint, auch einem Diakon übertragen, niemals aber einem Laien. In besonderen Fällen kann die Homilie aus einem gerechten Grund auch von einem Bischof oder einem Priester gehalten werden, der an der Feier teilnimmt, ohne konzelebrieren zu können.
65. [...]
66. Das Verbot der Zulassung von Laien zur Predigt innerhalb der Messfeier gilt auch für die Alumnen der Seminare, für Studenten der theologischen Disziplinen und für jene, die als sogenannte ‚Pastoralassistenten' eingesetzt sind, sowie für jedwede Art, Gruppe, Gemeinschaft oder Vereinigung von Laien.
67. Man muss besonders dafür Sorge tragen, dass die Homilie streng auf die Heilsmysterien Bezug nimmt, während des liturgischen Jahres die Geheimnisse des Glaubens und die Grundsätze des christlichen Lebens aus den biblischen Lesungen und den liturgischen Texten darlegt und die Texte des Ordinarium und des Proprium der Messe oder eines anderen Ritus der Kirche erklärt. Es ist klar, dass alle Auslegungen der Heiligen Schrift auf Christus als dem [sic!] höchsten Angelpunkt der Heilsökonomie bezogen werden müssen; dabei soll aber auch der besondere Kontext der liturgischen Feier beachtet werden. In der Homilie ist dafür Sorge zu tragen, dass das Licht Christi auf die Ereignisse des Lebens strahle. Dies soll aber in der Weise geschehen, dass der authentische und wahre Sinn des Wortes Gottes nicht entleert wird, indem zum Beispiel nur über Themen des politischen oder weltlichen Lebens gesprochen oder aus Kenntnissen wie aus einer Quelle geschöpft wird, die von pseudoreligiösen Bewegungen unserer Zeit herkommen.
68. Der Diözesanbischof soll gewissenhaft über die Homilie wachen, auch indem er unter den geistlichen Amtsträgern Normen, Richtlinien und Arbeitshilfen verbreitet und Zusammenkünfte und andere Initiativen fördert, damit sie oft Gelegenheit haben, sich näher mit der Eigenart der Homilie zu befassen und Hilfe für ihre Vorbereitung finden."

438 *Redemptionis Sacramentum* Nr. 74.
439 *Redemptionis Sacramentum* Nr. 161. – Das Predigtverbot schließt auch laisierte Priester ein: „Einem ‚Kleriker, der nach Maßgabe des Rechts den klerikalen Stand verliert, [...] ist verboten, die Weihegewalt auszuüben'. Daher ist es ihm, mit Ausnahme nur des im Recht festgelegten Falles, unter keinem Vorwand erlaubt, Sakramente zu feiern, und den Christgläubigen ist es nicht gestattet, wegen einer Zelebration auf ihn zurückzukommen, wenn kein gerechter Grund vorliegt, der dies gemäß der Norm von can. 1335 erlaubt. Außerdem dürfen diese Männer weder die Homilie halten noch irgendein Amt oder irgendeine Aufgabe in der Feier der heiligen Liturgie übernehmen, damit unter den Christgläubigen keine Verwirrung entsteht und die Wahrheit nicht verdunkelt wird" (*Redemptionis Sacramentum* Nr. 168).
440 Nachsynodales Apostolisches Schreiben *Sacramentum Caritatis* Seiner Heiligkeit Papst Benedikt XVI. an die Bischöfe, den Klerus, die Personen gottgeweihten Lebens und an die christgläubigen Laien über die Eucharistie, Quelle und Höhepunkt von Leben und Sendung der Kirche (= VApS 177) (22. Februar 2007). 2., korrigierte Auflage. Hg. vom Sekretariat der Deutschen Bischofskonferenz, Bonn 2007.
441 Grundordnung Nr. 29; vgl. SC 7.33.52.
442 „An beiden Tischen wird die Kirche geistlich genährt – an dem einen mehr, indem sie

unterwiesen wird, an dem anderen vor allem, indem sie geheiligt wird. In der Feier des Wortes Gottes wird der göttliche Bund verkündet, in der Feier der Eucharistie der neue und ewige Bund erneuert. Hier wird die Heilsgeschichte in vernehmbaren Worten ausgerufen, dort wird dieselbe Heilsgeschichte unter den sakramentalen Zeichen der Liturgie vollzogen. Es ist gut, sich vor Augen zu halten: Das Wort Gottes, das die Kirche im Gottesdienst liest und verkündet, zielt geradezu darauf ab, zur Eucharistie, dem Opfer des Bundes und dem Gastmahl der Gnade, hinzuführen. Daher ist die Feier der Messe, in der das Wort verkündet und gehört und die Eucharistie dargebracht und empfangen wird, ein einziger gottesdienstlicher Akt. In ihm wird Gott das Opfer des Lobes dargebracht und den Menschen die Fülle der Erlösung geschenkt" (Pastorale Einführung in das Meßlektionar gemäß der Zweiten Authentischen Ausgabe des Ordo lectionum Missae [1981], in: Die Messfeier – Dokumentensammlung, Auswahl für die Praxis [11. Aufl.]. Hg. vom Sekretariat der Deutschen Bischofskonferenz [= Arbeitshilfen 77], Bonn 2009, Nr. 10). Die Verbindung zwischen Wortgottesdienst und Eucharistiefeier hebt bereits die Instruktion „Eucharisticum mysterium" von 1967 hervor: „Die Seelsorger sollen daher ‚die Gläubigen mit Eifer belehren, an der ganzen Messe teilzunehmen', indem sie die enge Beziehung zwischen dem Wortgottesdienst und der Feier des Herrenmahls aufzeigen, so daß die Gläubigen klar erkennen, daß diese beiden Teile einen einzigen Kultakt ausmachen" (Instruktion *Eucharisticum mysterium* über Feier und Verehrung des Geheimnisses der Eucharistie, hrsg. v. d. Kongregation für den Gottesdienst und die Sakramentenordnung [= Ritenkongregation], 25. Mai 1967, in: AAS 59 [1967] 539–573; hier zitiert nach: Nachkonziliare Dokumentation 6, Trier 1967, Nr. 10). Ebenso heißt es wenige Jahre später: „Der Wortgottesdienst bereitet die Eucharistiefeier vor. Er führt zu ihr hin und bildet mit ihr einen einzigen Kultakt" (III. Instruktion *Liturgicae instaurationes* zur ordnungsgemäßen Durchführung der Liturgiekonstitution, hg. von der Kongregation für den Gottesdienst und die Sakramentenordnung, 5. September 1970, in:

AAS 62 [1970] 692–704; hier zitiert nach: Nachkonziliare Dokumentation 31, Trier 1972, Nr. 2b).
443 *Verbum Domini.*
444 Meßlektionar, Pastorale Einführung 8 (s. Anm. 442).
445 „Verbi Dei enim inanis est forinsecus praedicator, qui non est intus auditor" (*Augustinus,* Sermo 179,1 [= PL 38, 966]). An gleicher Stelle tröstet den Bischof von Hippo aber die Gewissheit, dass seine Gemeinde für ihn betet: „Consolatur autem nos, quia ubi periclitamur in ministeriis nostris, adjuvamur orationibus vestris."
446 *Evangelii Gaudium* Nr. 159.
447 Direktorium (es handelt sich um eine Arbeitsübersetzung).

4. Prediger – Hörer – Schrifttext: das homiletische Dreieck

448 *Evangelii Gaudium* Nr. 154.
449 Vgl. etwa *Härtner/Eschmann* 24; *Engemann* 294.
450 Über charismatische Herrschaft und ihre Veralltäglichung vgl. klassisch *Max Weber,* Wirtschaft und Gesellschaft. Grundriß der verstehenden Soziologie. Fünfte, revidierte Auflage, besorgt von Johannes Winckelmann, Tübingen 1980, 140–148, im Rahmen seiner Typen der Herrschaft (ebd. 122–176).
451 *Ludwig Wittgenstein,* Philosophische Untersuchungen § 546 („Worte sind auch Taten") (*Ludwig Wittgenstein,* Philosophische Untersuchungen [= Suhrkamp-Taschenbücher Wissenschaft 203], Frankfurt a. M. 1977, 231).
452 *Platon,* Kratylos 388a (Platonis opera. Recognovit brevique adnotatione critica instrvxit Ioannes Burnet. Bd. 1. Tetralogias III continens, Oxford [17]1979 [Reprint]). Vgl. *Karl Bühler,* Sprachtheorie. Die Darstellungsform der Sprache, Stuttgart-New York 1992; *ders.,* Die Axiomatik der Sprachwissenschaften, Frankfurt a. M. 1969.
453 *Friedemann Schulz von Thun,* Miteinander reden. 3 Bde., Reinbek bei Hamburg 1981. 1989. 1998; *ders.,* Sich verständlich ausdrücken. Lernmaterialien, München [5]2002.
454 Vgl. *K. Müller* 212–221 (und ebd. 236–240 dementsprechend auch die vier „Ohren" der Hörer).

455 Plato selbst versteht das *organon* des Wortes als ein „belehrendes (διδασκαλικόν, *didaskalikon*)", d. h. Bedeutung vermittelndes (*Platon,* Kratylos 388bc [Platonis opera. Recognovit breviqve adnotatione critica instrvxit Ioannes Burnet. Bd. 1. Tetralogias III continens, Oxford [17]1979 <Reprint>]).
456 *Augustinus,* Confessiones 9,10,23 (*Augustinus,* Confessiones. Bekenntnisse. Lateinisch und deutsch. Eingeleitet, übersetzt und erläutert von Joseph Bernhart, München [3]1966, 462 f.).
457 Vgl. *Thomas D. Peterson,* Wittgenstein for preaching. A model for communication, Washington D.C. 1980. Zur Rezeption der Sprechakttheorie in der Homiletik vgl. *Frank Michael Lütze,* Absicht und Wirkung der Predigt. Eine Untersuchung zur homiletischen Pragmatik (= Arbeiten zur praktischen Theologie 29), Leipzig 2006, und bereits früher *Hans Werner Dannowski,* Die Sprechakttheorie in der Homiletik, in: *Peter Düsterfeld/Hans B. Kaufmann* (Hg.), Didaktik der Predigt. Materialien zur homiletischen Ausbildung und Fortbildung, Münster 1975, 163–229 (darin enthalten: *Helmut Scheler* Kritische Kommentierung zum Thema „Sprechakttheorie in der Homiletik", in: ebd. 206–225); *Hans Werner Dannowski,* Kommunikative Kompetenz und homiletische Ausbildung, in: *Reinhard Köster/Hans Oelker* (Hg. in Zusammenarbeit mit der Braunschweiger Lernzielgruppe), Lernende Kirche. Ein Leitfaden zur Neuorientierung kirchlicher Ausbildung, München 1975, 85–93; *Karl-Fritz Daiber u. a.* II,67–91.
458 Vgl. *John L. Austin,* Zur Theorie der Sprechakte, Stuttgart [2]2002 (Originaltitel: „How to Do Things with Words", Erstveröffentlichung 1962 seiner1955 an Harvard gehaltenen Vorlesung); *John R. Searle,* Sprechakte. Ein sprachphilosophisches Essay, Frankfurt a. M. [8]2000. Vgl. dazu *Arens,* Bezeugen und Bekennen; *Henning Luther,* Predigt als Handlung; *Ph. Müller* 329–331. – Wie Bühlers Organonmodell ist überraschenderweise auch die Sprechakttheorie *in nuce* bereits in Platons Kratylos angedeutet, insofern Sokrates dort das Sprechen in die Gruppe der Handlungen einordnet (*Platon,* Kratylos 387b [Platonis opera. Recognovit breviqve adnotatione critica instrvxit Ioannes Burnet. Bd. 1. Tetralogias III continens, Oxford [17]1979 <Reprint>]).
459 *K. Müller* 91. Vgl. *Dannowski* 119–126 (mit weiterführender Literatur).
460 Vgl. dazu *Henning Luther,* Predigt als Handlung. Überlegungen zur Pragmatik des Predigens, in: Lesebuch 222–239.
461 Vgl. etwa *Thomas von Aquin,* Summa Theologiae I, q. 75, a. 5; 3a, q. 5.
462 *Lawrence D. Rosenblum,* Sinfonie der Sinne, in: Spektrum der Wissenschaft (Januar 2014) 24–27; vgl. *Danko Nicoli/ Uta Maria Jürgens,* Sinfonie in Rot, in: Gehirn und Geist (Juni 2011) 58–63.
463 *Marina Klusendick,* Kognitionspsychologie. Einblicke in mentale Prozesse, in: *Gabriele Naderer/Eva Balzer* (Hg.), Qualitative Marktforschung in Theorie und Praxis, Wiesbaden 2007, 105–117, hier 113.
464 Vgl. das kurzweilig zu lesende Buch: *Malcolm Gladwell,* Blink. The Power of Thinking Without Thinking, New York 2005.
465 *Klusendick,* Kognitionspsychologie 110, nennt sechs Faktoren, die Aufmerksamkeit begünstigen: Reizintensität, Bewegung, Farbigkeit, Kontrast zur Umgebung, scharfe und regelmäßige Begrenzung sowie prominente Position im Gesichtsfeld. Sie alle werden beim eigentlichen Predigtereignis wichtig, und der liturgische Kontext der Predigt begünstigt sie ausnahmslos.
466 Vgl. *Kerner* 7–27; *ders.,* Die Predigt. Wahrnehmungen zum Gottesdienst aus einer neuen empirischen Untersuchung unter evangelisch Getauften in Bayern. Hg. vom Gottesdienst-Institut der Evangelisch-Lutherischen Kirche in Bayern, Nürnberg 2007; Themenheft: „… und was denken die Leute?", Arbeitsstelle Gottesdienst: Zeitschrift der Gemeinsamen Arbeitsstelle für gottesdienstliche Fragen der Evangelischen Kirche in Deutschland 21 (2007), H.3.
467 *Matthias Matussek,* Das katholische Abenteuer. Eine Provokation, München-Hamburg [5]2011, 184.
468 *Evangelii Gaudium* Nr. 140. Freilich betrifft die in 1.1.2.2 genannte Autoritätskrise auch eine solche „mütterlich-kirchliche" Haltung des Predigers, denn nur wenige Gläubige werden ihm das Vorrecht einer Mutter zugestehen, ihnen ohne

Umschweife und manchmal eben auch ziemlich „bemutternd" vorzuschreiben, was sie tun und was sie lassen sollen. – Zur Person des Predigers vgl. *Manfred Josuttis,* Der Prediger in der Predigt. Sündiger Mensch oder mündiger Zeuge?, in: *Wilfried Engemann/Frank M. Lutze* (Hg.), Grundfragen der Predigt. Ein Studienbuch, Leipzig 2006, 81–103; *Otto Haendler,* Die Bedeutung des Subjekts für die Predigt, in: *Wilfried Engemann/Frank M. Lütze* (Hg.), Grundfragen der Predigt. Ein Studienbuch, Leipzig 2006, 51–59.
469 *Augustinus,* Enarrationes in Psalmos 72,34 (= CCL 39,1003,23 f.).
470 *Otto Gritschneder,* Ich predige weiter. Pater Rupert Mayer und das Dritte Reich. Eine Dokumentation, Rosenheim 1987.
471 *Ph. Müller.* Das Grundproblem hat Karl-Fritz Daiber in der Alternative eines dogmatisch-bezeugenden und eines persönlich-dialogischen Predigttyps benannt, ohne es letztlich zu lösen (*Daiber u. a.* II,347–350).
472 *Ph. Müller* 310.
473 Ebd. 312. 314.
474 Vgl. dazu ausführlicher die verschiedenen Varianten des „Ich-Typs" und des „Wir-Typs" des Predigers in *Wollbold* 187–191.
475 *K. Müller* 156.
476 Vgl. *Andreas Wollbold,* Als Priester leben. Ein Leitfaden, Regensburg 2010, 57–83.
477 Vgl. dazu etwa den instruktiven Überblick bei *Josuttis* 47–69 („Dimensionen homiletischer Kompetenz"), u. a. auch mit der inspirierenden Unterscheidung, ob Kompetenz hier gattungs- oder berufsspezifisch gemeint sei (ebd. 49–51), also auf den sprachlichen Akt oder auf das Rollenverständnis der Person des Predigers bezogen ist.
478 Vgl. *K. Müller* 154. Ebd. 147 räumt allerdings auch die Hypothek des Kompetenz-Begriffs ein: „Insinuiert er doch, daß die, denen Kompetenz zuerkannt wird, eines didaktisch-technischen Machenkönnens, einer Perfektion fähig und infolgedessen auch mit Privilegien ausgestattet sind."
479 Ebd. 154.
480 Ebd. 191
481 Vgl. ebd. 169 f.
482 Ebd. 163.

483 *Fritz Riemann,* Die Persönlichkeit des Predigers aus tiefenpsychologischer Sicht, in: *Richard Riess* (Hg.), Perspektiven der Pastoralpsychologie, Göttingen 1974, 152–166; vgl. *Wöhrle* 10–29; *Martin Nicol,* Grundwissen Praktische Theologie. Ein Arbeitsbuch, Stuttgart 2000, 89, und Sekundärliteratur zu Riemanns Ansatz bei *Hermelink,* Bibliographie 182. – Sechzehn Typen des Predigers sind *Hans-Christoph Piper,* Predigtanalysen. Kommunikation und Kommunikationsstörungen in der Predigt, Göttingen 1976, nach eigener Auskunft in seinen KSA-Kursen begegnet: der geängstigte, hoffnungslose, dankbare, fordernde, sprachlose, gehorsame, enttäuschte, ausladende, „fertige", überlastete, distanzierte, rhetorische, deprimierte, zudeckende, optimistische und der misstrauische Prediger. Eine solche Diagnose bleibt allerdings problematisch, da ohne objektivierbare Kriteriologie, dafür aber mit klaren eigenen theologischen Vorstellungen von einer angemessenen Predigerpersönlichkeit. Damit taugt sie eher zum Disziplinierungs- und Kontrollinstrument, insbesondere in der Phase der Ausbildung.
484 „Ein Problem bei der Lektüre des Aufsatzes von Fritz Riemann besteht darin, daß er zur Kennzeichnung der Persönlichkeitstypen Begriffe verwendet, die ihren ursprünglichen Ort in der Psychopathologie haben. Insofern kann der Eindruck entstehen, es handele sich bei den Charakterisierungen um Krankheitsbilder" (*Nicol,* Grundwissen 89). Dem kann man freilich entgegenhalten, dass Riemann selbst neutral von „Grundeinstellungen" spricht, d. h. fundamental mit dem Menschsein gegebene Alternativen, die sich im Sinn von Carl Gustav Jung gegenseitig ergänzen sollen (*Riemann,* Persönlichkeit 152 f.).
485 Vgl. *Axel Denecke,* Persönlich predigen, Gütersloh 1979.
486 *Schwier/Gall* 20.
487 *Schwier/Gall* 22, die auf ähnliche Ergebnisse der bayerischen Studie zu „Rituale, Sinngebung und Lebensgestaltung in der modernen Lebenswelt" von 2005 verweisen (*Kerner* 7–27; *ders.,* Die Predigt. Wahrnehmungen zum Gottesdienst aus einer neuen empirischen Untersuchung unter evangelisch Getauften in Bayern. Hg. vom Gottes-

dienst-Institut der Evangelisch-Lutherischen Kirche in Bayern, Nürnberg 2007). Zu den Hörererwartungen nach wie vor anregend ist *Osmund Schreuder,* Die schweigende Mehrheit, in: Lesebuch 23–38.
488 Vgl. *Dannowski* 92–101 und im Anschluss daran *K. Müller* 240–245.
489 *Karl Barth,* Die Gemeindemäßigkeit der Predigt, in: EvTh 16 (1956) 194–205.
490 *Bohren* 443–553.
491 *Mildenberger* 17–27.
492 *Ernst Lange,* Predigen als Beruf. Aufsätze zu Homiletik, Liturgie und Pfarramt, München 1982, 9–51.
493 *Werner Jetter,* Elementare Predigt, in: ZThK 59 (1962) 346–388.
494 *Dannowski* 93 mit Zitat von *Ludolf Ulrich,* Erwartungen an die Predigt. Überlegungen zu Ergebnissen der Gottesdienstumfrage, in: *Manfred Seitz/Lutz Mohaupt* (Hg.), Gottesdienst und öffentliche Meinung. Kommentare und Untersuchungen zur Gottesdienstumfrage der VELKD, Stuttgart u. a. 1977, 121–140, hier 136.
495 *Chino Biscontin,* Omelia e tendenze moraleggianti testuali e ad extra. Limiti di tolleranza, in: *Alceste Catella* (Hg.), L'omelia: un messaggio a rischio, Padua 1996, 120–148, hier 123; ähnlich äußert sich *Simona Borello,* Communicazione e liturgia: per un'analisi linguistica delle omelie (http://www.academia.edu/9557701/Comunicazione_e_liturgia_per_un_analisi_linguistica_delle_omelie [24.1.2017]).
496 *Karl-Fritz Daiber u. a.* II,357.
497 „Prediger sagen nichts grundsätzlich Neues und Hörer erwarten nichts grundsätzlich Neues, sie wissen sich beide im institutionell gesicherten Traditionszusammenhang christlichen Glaubens. Dies gilt grundsätzlich für Hörer in unterschiedlicher Weise, eine grundsätzliche Bestreitung des Sachverhalts kommt jedoch so gut wie nicht vor" (*Karl-Fritz Daiber u. a.* II,355).
498 *Schwier/Gall* 22.
499 Vgl. *Hans-Günter Heimbrock,* „Normalfall" Sonntagsgottesdienst. Ein Panorama zur Sonntagskultur 2013 in evangelischen Gemeinden, in: Bibel und Liturgie 86 (2003) 211–217, hier 212, zur Pluralisierung der Gestaltung und der Partizipationsformen in den evangelischen Sonntagsgottesdiensten.
500 Vgl. *Kerner* 7–27.
501 *Schwier/Gall* 235.
502 Vgl. dazu den aufschlussreichen Vergleich von zwei Gemeinden, in denen die Heidelberger Predigtrezeptionsstudie durchgeführt wurde, bei *Schwier/Gall* 191–195. In beiden Gemeinden fand sich jeweils ein deutlich kritisches Quartil gegenüber den vorgetragenen fremden Predigten, wohl „weil die durchschnittliche Predigterfahrung als Maßstab gilt, dem die aktuell gehörten Predigten nicht genügen" (ebd. 193).
503 „Der Ablehnung einer Bevormundung korrespondiert positiv die Erwartung, durch die Predigt Anstöße zum eigenen Weiterdenken zu erhalten" (*Schwier/Gall* 241).
504 In diesem Sinn wünscht ein Teilnehmer der Heidelberger Predigtrezeptionsstudie, „dass man nach einer guten Predigt ‚fröhlicher und mutiger' aus der Kirche geht" (*Schwier/Gall* 247), und die Autoren der Studie sehen zu Recht in dieser Aussage eine Quintessenz zur Erneuerung der Predigt (ebd. 247 f.).
505 *Romano Guardini,* Der Kultakt und die gegenwärtige Aufgabe der Liturgischen Bildung. Brief an Johannes Wagner, in: *ders.,* Liturgie und liturgische Bildung, Main ²1992, 9–17, hier 15 f. Vgl. dazu auch *Wollbold* 191–193 zum Bereiten des Hörraums; zur eindringlichen Bitte um die Aufmerksamkeit und innere Bereitschaft der Hörer in der alten Kirche vgl. *Olivar* 815–833.
506 „Ich bitte die Leserinnen und Leser nur um jenen Vorschuss an Sympathie, ohne den es kein Verstehen gibt" (*Joseph Ratzinger,* Jesus von Nazareth. Beiträge zur Christologie. Erster Teilband [= Joseph Ratzinger Gesammelte Schriften 6/1], Freiburg i. Br. 2013, 138, bzw. *Joseph Ratzinger/Benedikt XVI.,* Jesus von Nazareth. Erster Teil: Von der Taufe im Jordan bis zur Verklärung, Freiburg i. Br. ²2007, 22).
507 „Spiritus autem sanctus operatur intrinsecus, ut valeat aliquid medicina, quae adhibetur extrinsecus. Alioquin etiamsi deus ipse utens creatura sibi subdita in aliqua specie humana sensus adloquatur humanos, siue istos corporis siue illos, quos istis simillimos habemus in somnis, nec interiore gratia mentem regat atque agat, nihil

prodest homini omnis praedicatio ueritatis" (*Augustinus*, De civitate Dei 15,6 [Sancti Aurelii Augustini episcopi De civitate Dei libri XXII. Recognoverunt Bernardus Dombart et Alfonsus Kalb. Bd. 2, Darmstadt ⁵1981, 66]). – Ähnlich Gregor der Große: „Plerumque uero imber est et cursum non habet, quia praedicatio ad aures uenit, sed cessante interna gratia, ad corda audientium non pertransit. – Zumeist jedoch handelt es sich um Regen, der aber nicht strömt, denn die Predigt gelangt an die Ohren, doch da die innere Gnade aufhört, gelangt sie nicht bis zu den Herzen der Hörer" (*Gregor der Große*, Moralia in Iob 29,23,47 [CCL 143B,1466,20–22]).
508 *Kerner* 9.
509 Ebd. 9 f.
510 *Verbum Domini* Nr. 87.
511 *Zerfaß* II,1.
512 *Zerfaß* II,107.
513 Vgl. differenziert *Franz Kamphaus*, Von der Exegese zur Predigt, Mainz 1968.

5. *Status*-Frage und inhaltliche Füllung

514 Dass die *intellectio* in der Schulrhetorik den eigentlichen fünf *partes artis*, also der *inventio* bis zur *actio*, vorgeschaltet ist und nicht als erster Schritt verstanden wird, ist praktisch nicht von Belang. In der Tat wird man *intellectio* und *inventio* häufig auch miteinander verschränken. Denn oft klärt sich die Kernfrage erst in Auseinandersetzung mit den gefundenen Ideen.
515 *Heinrich von Kleist*, Über die allmähliche Verfertigung der Gedanken beim Reden: Wiedergegeben bei *Heinz Lemmermann*, Lehrbuch der Rhetorik. Redetraining mit Übungen, München ³1986, 66–72. Lemmermann fasst die Technik allerdings so auf, dass man einen Gedanken stichwortartig bereits auf einem Blatt aufgezeichnet hat und nun diese Stichworte immer wieder neu mündlich ausformuliert (ebd. 24–27).
516 *Lausberg* § 79 unter Verweis auf *Quintilian* III,11,27 („summa quaestio") und III,11,2 („summa illa ‚quaestio' in qua causa vertitur"). – Die in der Rhetoriktheorie im Zusammenhang mit der *intellectio* noch angeführte Unterscheidung etwa der drei Komplikationsgrade (*quaestio simplex,*

quaestio coniuncta und quaestio comparativa, vgl. *Lausberg* § 67) und des *genus rationale* vom *genus legale*, d. h. dem Bezug zu Rechtsquellen (*Lausberg* § 136), hat für die Predigt einen eher geringen praktischen Nutzen und kann hier übergangen werden.
517 *Evangelii Gaudium* Nr. 147.
518 *Lausberg* § 82. *Lausberg* § 80 erkennt dahinter den „agonistischen Charakter des Gerichtsprozesses" und verweist auf den Erstbeleg des Wortes (*stasis*, lat. *status*) in der Stellung eines Faustkämpfers.
519 Vgl. *Lausberg* §§ 79–138 und §§ 139–254.
520 *David M. Haskell/Kenneth Paradis/Stephanie Burgoyne*, Defending the Faith: Easter Sermon Reaction to Pop Culture Discourses, in: Review of Religious Research 50/2 (2008) 139–156, hier 153 (s. o. 1.1.2).
521 Die Form der Predigt wird hier oft eine Interventionspredigt sein (s. o. 3.1.3.2). Die gewohnten Denk- und Handlungsmechanismen der Hörer werden in Frage gestellt, eine Intervention von außen bringt eine überraschend neue Sicht auf die Sache.
522 Vgl. *Lausberg* §§ 68–78.
523 Fontanes Briefe in zwei Bänden. Ausgewählt und erläutert von Gotthard Erler. Bd. 1, Berlin-Weimar ²1980, 31 f.
524 Vgl. *Lausberg* §§ 59–65.
525 Vgl. *Lausberg* §§ 64 f.
526 *Lausberg* § 64.
527 Vgl. *Maurice Pontet*, L'exégèse de s. Augustin prédicateur (= Théologie 7), Paris 1945, 40–42, berichtet von heftigen Gefühlsausbrüchen der Hörer des hl. Augustinus: Das Wort „Confiteor" allein konnte sie dazu bewegen, sich heftig an die Brust zu klopfen, die Furcht vor einer Gefahr konnte sie dazu bringen, sich zu Füßen des Bischofs werfen, damit er bei Gott Fürsprache für sie einlege, und die Erwähnung des bösen Feindes bei den Psalmen ließ sie erbleichen, seufzen und weinen.
528 Besonders die afroamerikanische Kultur kennt die häufigen bestätigenden Zurufe aus der Versammlung der Gläubigen wie „Amen", „Oh yes!", „Hallelujah", „Praise the Lord!" usw. Dabei haben diese Ausrufe gleichzeitig die Funktion, den geistlichen Gehalt der Predigt zu verstärken und die Herzen zu Gott zu erheben; vgl. *Cheryl*

Wharry, Amen and Hallelujah preaching. Discourse functions in African American sermons, in: Language in Society 32 (2003) 203–225.
529 Vgl. ausführlicher *Wollbold* 209–213.
530 *Zerfaß* I,87–89. Darin spiegelt sich Zerfaß' durchgängige Orientierung an einer kritischen und nicht bloß instrumentellen Rhetorik.
531 *Heribert Arens/Franz Richardt/Josef Schulte,* Kreativität und Predigtarbeit. Vielseitiger denken. Einfallsreicher predigen, München ³1977.
532 *Franz Kamphaus,* Schwerpunkte der Predigtausbildung, in: IkaZ 11 (1982) 113–122, hier 113, unter Bezug auf *Charlie Chaplin,* Die Geschichte meines Lebens, Frankfurt a. M. 1964, 213.
533 Augustinus, 390 von seinem Bischof zum Priester bestimmt, bat ihn um Aufschub der Weihe, um in dieser Zeit die Heilige Schrift besser studieren zu können, die er dann in Predigt und Seelsorge als Vorratskammer der geistlichen Nahrung gebrauchen konnte. Zeitlebens hörte er lieber das Wort Gottes und meditierte es, als es auszulegen (vgl. *Pontet,* L'exégèse 35 f. [s. Anm. 527]).
534 *Schwier/Gall* 89. Ähnlich gestanden die Hörer auch einer Themapredigt über die Kirche zwar „eine durchdachte theologische Struktur [zu], die aber für die Hörer zu komplex und aufgrund der fehlenden sprachlichen Markierungen nicht nachvollziehbar war" (ebd. 167).
535 Ebd. 105.
536 Als Desiderat benennt sie *Philipp Müller,* Warum ethisch predigen? Moralpredigten ohne moralisierenden Unterton, in: Der Prediger und Katechet 149 (2010) 145–153.
537 *Evangelii Gaudium* Nr. 159.
538 Vgl. *Andreas Egli,* Erzählen in der Predigt. Untersuchungen zu Form und Leistungsfähigkeit erzählender Sprache in der Predigt, Zürich 1995; *Dagmar Kreitzscheck,* Zeitgewinn. Theorie und Praxis der erzählenden Predigt, Leipzig 2004; *Lemmermann,* Lehrbuch 27 f. (s. Anm. 515).
539 Bernhard Brentano, zit. *Walter Benjamin,* Gesammelte Briefe. Bd. 6, Frankfurt a. M. 2000, 301 (auch bei *Zerfaß* II,125).
540 *Schwier/Gall* 45.
541 Ein gewisser Spiegel dieser Vernachlässigung ist die weitgehende Ersetzung der Heiligenvita in den Matutinen des alten Breviers durch eher theologisch-erbauliche Kirchenväterpredigten in der „Liturgia horarum".
542 *Cicero,* Topica § 8 (*M. Tullius Cicero,* Topica. Die Kunst, richtig zu argumentieren. Lateinisch und deutsch. Hg., übersetzt und erläutert von Karl Bayer, Darmstadt 1993, 11; zu den verschiedenen Definitionen in der Geistesgeschichte vgl. ebd. 98–100).
543 Vgl. *Heinz-Günther Schöttler,* Christliche Predigt und Altes Testament. Versuch einer homiletischen Kriteriologie, Ostfildern 2001; *Mildenberger* 96–113.
544 Zum komplexen Thema der Autonomie der Kunst in der Spannung mit Identität und Glaubensbindung der Kirche und Würde und Sakralität der Liturgie vgl. *Ludwig Mödl,* Autonome Kunst und Kirche, in: Klerusblatt 94 (2014) 239–243.

6. DISPOSITIO: Gliederung der Predigt

545 Passio sancti Pauli apostoli 2–4 (= Acta Apostolorum Apocrypha, post Constantinum Tischendorf denuo ediderunt Ricardus Adelbertus Lipsius et Maximilianus Bonnet. Bd. 1 [= AAA], Darmstadt 1959, 25–28). Zur sehr variablen, bisweilen aber auch sehr ausgedehnten Dauer der Predigt in der Väterzeit, ohne dass es allgemeinverbindliche Richtlinien gab, vgl. *Olivar* 670–721.
546 Acta Pauli et Theclae 8 (= AAA 1, 241).
547 So der Konsens unter den befragten evangelischen Predigern Bayerns: „Übereinstimmung herrscht darin, dass die Predigenden einer guten Predigt ein relativ kurzes Zeitmaß zumessen. Dieses schwankt zwischen zehn und zwanzig Minuten, wobei das Gros als Ideal zwischen zwölf und fünfzehn Minuten ansetzt" (*Kerner* 12). Vgl. für die USA *Lori J. Carrell,* The great American sermon survey, Wheaton (IL) 2000, wonach die katholische Predigt deutlich kürzer als die protestantische ist (vgl. *dies.,* Clergy Communication 29).
548 Dieser Ausspruch wird auch in einem der Gruppengespräche der Heidelberger Predigtrezeptionsstudie angeführt (*Schwier/Gall* 240; ebd. 245–247 kommen ebenfalls zur Empfehlung für den [evangelischen]

Sonntagsgottesdienst von 12–15 Minuten, auf jeden Fall nicht länger).
549 Vgl. *Marc Wittmann,* Wie unser Gefühl für die Zeit entsteht, in: Spektrum der Wissenschaft (Oktober 2014) 24–30.
550 Ein besonderes Problem stellen ausländische Gäste dar, deren Ansprache ins Deutsche übersetzt werden muss. Sprechen sie eine Sprache, die die meisten Anwesenden verstehen, kann man sich mit einer vorher ausgeteilten schriftlichen Fassung der Übersetzung begnügen. Ansonsten darf man selbst hohe Gäste bitten, selbst nur etwa Anfang und Schluss ihrer Predigt zu halten und sie dann von einem anderen in deutscher Übersetzung vortragen zu lassen. Auf jeden Fall ist die Gesamtzeit der Predigt zuvor realistisch einzuschätzen und mit dem Prediger zu besprechen.
551 *Zerfaß* II,126. – Nach *Josuttis* 188 kann eine lebendige Predigt einen Aufbau, jedoch nicht im schematischen Sinn eine einheitliche und übersichtliche Gliederung besitzen; im Aufbau spiegelt sich auch die theologische Konzeption, also z. B. die der Korrelation von Botschaft und Erfahrung (ebd. 195)
552 *Ottorino Pasquato,* Art. „Predicazione: nel medioevo", in: Dizionario 1222–1230, hier 1228.
553 Vgl. *Schwier/Gall*; *Sieghard Gall,* Predigtrezeption. Erwartungen und Wahrnehmung katholischer und evangelischer Hörer, München 2011.
554 „Die in der Homiletik häufig geäußerte Vermutung, dass sich schon mit den ersten Sätzen der Zugang zur Predigt erschließt oder verstellt, kann nach unseren Untersuchungen in modifizierter Weise bestätigt werden: In allen dargebotenen Predigten zeichnet sich im Verlauf der beiden ersten Minuten ein oberstes und ein unterstes Quartil des Angesprochenseins sichtbar ab, in einigen Predigten ist die Differenzierung noch feiner; statistisch gesehen hält sich der differenzierte Gesamteindruck bis zum Schluss der Predigt durch" (*Schwier/Gall* 232). Interessanterweise weisen die untersuchten Predigten denkbar unterschiedliche Predigtanfänge auf. „Trotz der rhetorischen Vielfalt der vorliegenden Predigtanfänge stimmen sie darin überein, dass sie in Gestalt und Struktur bereits in den ersten beiden Minuten das Ganze der Predigt sprachlich charakterisieren. Weder werden hier sprachlich oder theologisch falsche Versprechungen gegeben, die im Lauf der Predigt nicht eingehalten werden, noch folgen später außergewöhnliche und unvorhersehbare sprachliche oder theologische Teile, die das bisher Gesagte noch einmal auf den Kopf stellen" (ebd.).
555 *Cicero,* De inventione rhetorica I,XV,20 (*Cicero* 97, vgl. *Klaus Schöpsdau,* Art. „Exordium", in: HWRh 3, 136–141, hier 137).
556 Vgl. *Lausberg* §§ 275–279.
557 „[…] cum idem Dominus dicat in euangelio, interrogatus utrum liceat homini dimittere uxorem suam ex qualibet causa, non licere excepta causa fornicationis. In qua responsione, si meministis, hoc ait: *Quod Deus conjunxit, homo non separet.* Et qui bene eruditi sunt in fide catholica, nouerunt quod Deus fecerit nuptias, et sicut conjunctio a Deo, ita diuortium a diabolo sit" (*Augustinus,* Tractatus in Ioannem IX,2,5–11 [= CCL 36,91]).
558 Vgl. aus sozialwissenschaftlicher Perspektive *Amy Chua/Jed Rubenfeld,* The Triple Package. How Three Unlikely Traits Explain the Rise and Fall of Cultural Groups in America, London 2014.
559 Schon die mittelalterliche *ars praedicandi* stellte die Weckung der Aufmerksamkeit in den Mittelpunkt des Redeanfangs, ja sah bisweilen in ihr deren einzige Aufgabe. „Selbst wo als einzige Aufgabe des Exordiums die Gewinnung des Wohlwollens *(benevolentia)* angegeben ist, zeigt die dafür empfohlene Topik, dass es im Grunde um die Weckung der Aufmerksamkeit geht" (*Schöpsdau,* „Exordium" 138 [s. Anm. 555]).
560 *Quintilian* IV,1,52.
561 *Friedrich Andreas Hallbauer,* Anweisung zur Verbesserten Teutschen Oratorie (1725; ND 1974) 401, 460–461, zit. nach HWRh 3, 139.
562 *Quintilian,* Institutiones IV,1,52, zit. auch in *Schöpsdau,* „Exordium" 137 f. (s. Anm. 555).
563 Vgl. *Meike Rühl,* Art. „Medias-in-res", in: HWRh 5, 1004–1006.
564 S. o. 1.1.1.

6. DISPOSITIO: Gliederung der Predigt

565 Nur *en passant* zum Versuch eines Redners, mit eigenen Worten Gedanken der Hörer (oder auch nur „der Menschen von heute") auszudrücken: Selbst wenn es relativiert wird und das „alle" durch „viele", durch „man" oder durch „Nun wird vielleicht jemand sagen" ersetzt wird, kann es passieren, dass Hörerinnen und Hörer sich nicht ernst genommen fühlen und für sich sagen: „Nein, ich denke da ganz anders!" Darum wird man in der Regel Vorbehalte und Gedanken, die man bei ihnen vermutet, aufgreifen, ohne sie ausdrücklich als Hörergedanken zu kennzeichnen. Anders ist es bei Formulierungen, die klar als gängige Meinungen erkennbar sind und darum nicht als Schau in die Köpfe der Anwesenden verstanden werden.

566 Vgl. *Cicero,* De oratore II,LXXVIII,318 (*Cicero* 283 f.): „Idcirco tota causa pertentata atque perspecta, locis omnibus inventis atque instructis, considerandum est, quo principio sit utendum." Sprachpragmatisch gibt *Josuttis* 167 die beherzigenswerten Hinweise: „Der erste Satz soll auf jeden Fall kurz sein. […] Der erste Satz sollte nach Möglichkeit inhaltlich offen sein."

567 Zu den sechs Fehlformen des *exordium* vgl. *Wollbold* 216 f.

568 Duden 105.

569 *Quintilian* IV,2,31.

570 Vgl. *Aristoteles* III,13,4; *Josef Martin,* Antike Rhetorik (= Handbuch der Altertumswissenschaft. Griechische Grammatik – Lateinische Grammatik – Rhetorik. II/3: Antike Rhetorik. Technik und Methode), München 1974, 54 f.

571 Ursprünglich war es „die (parteiische) Mitteilung des (in der *argumentatio* zu beweisenden) Sachverhalts an den Richter" (*Lausberg* § 289).

572 *Aristoteles* I,1.

573 Weil die *narratio* auf Überzeugung hin gestaltet wird, kann sie bereits *in nuce* Elemente der späteren Begründung enthalten. Das gilt insbesondere, wenn man sie in einzelne Abschnitte aufteilt und jeweils bereits die Begründung anschließt. Wenn also *narratio* und *argumentatio* gedanklich klar zu unterscheiden sind, besteht das Geschick des Redners gerade darin, beide komplementär und vielfach miteinander verschränkt zu entwerfen.

574 *Engels,* „Partes orationis" 677 (s. Seite 274), mit Verweis auf *Heinrich F. Plett,* Einführung in die rhetorische Textanalyse, Hamburg ⁹2001. Vgl. auch *Fedderson u. a.,* „Dispositio" (s. Seite 274).

575 Vgl. *Nicol; ders.,* Dramaturgische Homiletik. Predigtarbeit zwischen Künsten, Kult und Konfessionen, in: *Erich Garhammer/ Ursula Roth/Heinz-Günther Schöttler* (Hg.), Kontrapunkte. Katholische und protestantische Predigtkultur, ÖSP 5, München 2006, 274–287; *Martin Nicol/Alexander Deeg,* Im Wechselschritt zur Kanzel, Praxisbuch Dramaturgische Homiletik (= APTLH 48), Göttingen 2005; vgl. *Albert Biesinger,* Literaturbericht zur Homiletik, in: ThQ 186 (2006) 336–342, hier 336 f.

576 Vgl. *Gerhard Marcel Martin,* Predigt als „offenes Kunstwerk"? Zum Dialog zwischen Homiletik und Rezeptionsästhetik, in: EvTh 44 (1984) 46–58; *Garhammer/ Schöttler.*

577 *Schwier/Gall* 66.

578 Rhetorica ad Herennium 1,9,14 (*Cicero* 6, vgl. *Lausberg* § 294).

579 Je nach Bedeutung des Gegenstandes darf der Affektgebrauch auch variieren, aber doch höchstens maßvoll sein und nicht pathetisch werden (*Lausberg* §§ 330–334).

580 *Narratio* und *argumentatio* sind komplementär, denn beide dienen auf unterschiedliche Weise der Überzeugung der Hörer (vgl. *Quintilian* IV,2,54 und 57). Beide Redeteile wirken wie bei einer guten Führung in einer Bildergalerie zusammen: Zunächst beschreibt der Führer, was es auf einem Bild zu sehen gibt, und schon jetzt erkennen die Besucher, worauf es ihm ankommt. Danach gibt er Hintergründe etwa zu der Entstehungssituation, der Maltechnik oder den künstlerischen Mitteln an, die aber letztlich nur dazu dienen, das Bild selbst – bei der Predigt also das zugrunde liegende Schriftwort oder Thema – besser, tiefer und genauer sehen zu lernen. In diesem Sinn kann Quintilian sogar bereits die *narratio* als ersten Teil der Beweisführung *(probatio)* ansehen: „Oder gibt es einen Unterschied zwischen Beweisführung und Erzählung außer dem, daß die Erzählung eine zusammenhängende Ankündigung der Beweisführung ist, während wiederum die Beweisführung eine der Erzählung entspre-

chende Bekräftigung bildet?" (*Quintilian* IV,2,79, vgl. *Veith,* „Argumentatio" 905; vgl. den Hinweis auf das Zusammenspiel von *intellectus possibilis* und *intellectus agens* nach Thomas von Aquin bei *Wollbold* 219). Redepraktisch hat dies zur Folge, dass *narratio* und *argumentatio* häufig ineinander verschränkt sind, ja ihre Abfolge sich z. B. bei der Vers-für-Vers-Auslegung der klassischen Homilie (s. o. 2.1.1; vgl. *Lausberg* § 292 zur *narratio partilis* mit zwischengeschalteten Argumenten oder Exkursen und § 324,4) bei jedem Vers wiederholt. – Natürlich sind in einem weiteren Sinn auch das *exordium* und die abschließende *peroratio* auf die Aussageabsicht hin zu gestalten und stehen dadurch in einem inneren Zusammenhang mit der *argumentatio*. Dennoch sind sie in ihrem eigenen Ziel ebenso wie in ihren Mitteln deutlich von ihr unterschieden. So wird man häufig den klarsten Einschnitt in einer Rede (auch erkennbar an einer deutlichen Redepause oder einer Veränderung der Stimme) zwischen *exordium* und *narratio* und dann wieder zwischen *argumentatio* und *peroratio* wahrnehmen können.

581 *Veith,* „Argumentatio" 904 f.
582 Ebd. 905.
583 „Quo differt argumentatio ab argumentis? quod argumenta ea sunt, quibus causa adprobatur, argumentatio vero est elocutio, qua argumenta ipsa verbis explicantur" (*C. Chirius Fortunatianus,* Artis rhetoricae libri tres II,23, in: *Karl Halm* [Hg.], Rhetores Latini minores, Leipzig 1863, 79–134, hier 115). Fortunatianus dürfte im 4. Jahrhundert n. Chr. gelebt haben.
584 *Eggs,* „Argumentation" 914.
585 *Veith,* „Argumentatio" 912; zu den genannten philosophischen Ansätzen ebd. 911 f.
586 Vgl. *Josef Kopperschmidt,* Überzeugen. Problemskizze zu den Gesprächschancen zwischen Rhetorik und Argumentationstheorie, in: *Michael Schekker* (Hg.), Theorie der Argumentation (= Tübinger Beiträge zur Linguistik), Tübingen 1977, 203–240, bes. 230.
587 *Eggs,* „Argumentation" 914.
588 In der Tat hat das Denken des Mittelalters diese semantischen Übereinstimmungen erkannt und genutzt, vgl. *James Jerome Murphy,* Rhetoric in the Middle Ages, Berkeley 1974. – Die rhetorische Kultur von *narratio* und *argumentatio* wirkte auf diese Weise prägend sowohl für die Gebetssprache – nach der Anrufung des Namens Gottes folgt die Aufzählung seiner Großtaten und dann erst (etwa laut Wilhelm von Auvergne, vgl. *Veith,* „Argumentatio" 909 f.) die eigentliche Bitte (*petitio*) und die Bekräftigung (*confirmatio*) – wie für die Struktur einer scholastischen *quaestio* (vgl. *Veith,* „Argumentatio" 910).
589 Vgl. *Augustinus,* De ordine 9,26–27 (CCL 29,121–123): Der Glaube stützt sich auf Autorität, denn auch wer dabei nach Einsicht sucht, bleibt doch weiterhin auf die göttliche Autorität angewiesen, die ihm die Wahrheit der Lehre verbürgt. Es wäre somit ein fatales Missverständnis, die Glaubensbindung der Predigt (*fides*) gegen das Bemühen um Glaubwürdigkeit, also um Verstehen und geistiges Durchdringen (*intellectus fidei*) auszuspielen. *Fides* und *ratio* durchdringen sich gegenseitig, und das ist das eigentliche Ziel der *argumentatio*. *John Quincy Adams,* Lectures on Rhetoric and Oratory. With a New Introduction by J. Jeffrey Auer and Jerald L. Bannica. 2 Bde. Bd. 1, New York 1962 (Original Cambridge 1810), 333, meinte dagegen noch, die klassische französische, Gefühle und Devotion anstoßende Predigt eines Bossuet als typisch katholisch, die rational kühl einen Gegenstand vernünftig erschließende englische Predigt als typisch reformatorisch ansehen zu können.
590 Vgl. unsere Überlegungen zur Einheit von Exegese und Verkündigung in den beiden Teilen von „De doctrina christiana" des Augustinus in 2.1.3.1.
591 *Eggs,* „Argumentation" 914.
592 Tiefsinnig hat Jean-Marie Lustiger den Grund dafür in einer Verleugnung des Grundes der Kirche in Israel und einer Heidnisierung des Gottesbildes gesehen. Es fehlt die Bekehrung zum Gott Israels, der eben ganz anders ist als alles, was Menschen sich über ihn ausdenken; vgl. *Jean-Marie Lustiger,* Die Verheißung. Vom Alten zum Neuen Bund, Augsburg 2003.
593 Apostolische Reise Seiner Heiligkeit Papst Benedikt XVI. nach Berlin, Erfurt und Freiburg (22.–25. September 2011). Predigten, Ansprachen und Grußworte. Hg.

6. DISPOSITIO: Gliederung der Predigt

vom Sekretariat der Deutschen Bischofskonferenz (= Verlautbarungen des Apostolischen Stuhls 189), Bonn 2011: Ansprache Seiner Heiligkeit Papst Benedikt XVI. an engagierte Katholiken aus Kirche und Gesellschaft, 145–151.

594 Hier sorgt die unterschiedliche Verwendung dieser Begriffe und der zugrunde liegenden Sachverhalte allerdings für einige Verwirrung. Man kann sie nämlich rhetorisch oder auch logisch auffassen. Zum einen sind *partitio* und *divisio* rhetorische Formen der Gliederung einer Rede. Zum anderen können beide jedoch auch logische Verfahren zur Definition eines Sachverhaltes sein. So fasst sie etwa Ciceros „Topik" auf, der sie als Beweismittel versteht (*Cicero*, Topica § 26 [*M. Tullius Cicero*, Topica. Die Kunst, richtig zu argumentieren. Lateinisch und deutsch. Hg., übersetzt und erläutert von Karl Bayer, Darmstadt 1993]): Indem man die verschiedenen Bestandteile eines Sachverhaltes analysiert, kann man etwa beim Fehlen eines der notwendigen Elemente darauf schließen, dass auch das Ganze nicht gegeben sein kann. Cicero unterscheidet dabei auflistende *(partitiones)* und analysierende *(divisiones)* Definitionen. Erstere zerlegen einen Begriff in seine Bestandteile, Letztere erfassen alle Bestandteile, die unter die Gattung fallen (*Cicero*, Topica § 28). – Um die Verwirrung vollkommen zu machen, verstehen manche die Angabe des Beweiszieles selbst als *divisio* und *partitio* (sie wird auch *propositio* genannt).

595 So *Quintilian* IV,3–5; Rhetorica ad Herennium I,CI,10 (*Cicero* 5); *Cicero*, De inventione rhetorica 1,XVII,23 –25, zur *insinuatio* (*Cicero* 98 f.).

596 Alle weitergehenden Unterteilungen sind für die Predigt als Kurzgattung der Rede kaum von Nutzen.

597 *Veith*, „Argumentatio" 906, nach *Aristoteles* I,2,3.

598 Vgl. *Lausberg* §§ 431–442.

599 *Robert Bellarmin*, Ausführliche Erklärung des christlichen Glaubens. Für den heutigen Gebrauch übersetzt und aufbereitet von Andreas Wollbold, Würzburg 2013, 7 f.

600 Vgl. *Cicero*, Oratoriae partitiones XV,52– XVII,60 (*Cicero* 484–486).

601 *Quintilian* VI,1,51.

602 So sah es bereits die mittelalterliche Predigttheorie, vgl. *Männlein-Robert*, „Peroratio" 779 und 782 (mit weiterer Literatur).

603 Insofern können Elemente einer *peroratio* auch bereits andere Redeteile abschließen, und zwar durchaus auch die *argumentatio* (so *C. Chirius Fortunatianus*, Artis rhetoricae libri tres II,31 [Seite 120], vgl. *Männlein-Robert*, „Peroratio" 781).

604 Während die ersten beiden Aufgaben der *peroratio* klassischer Lehre entsprechen (vgl. *Lausberg* §§ 431–442), wird die im Christentum besonders wichtig.

605 Vgl. *DeLeers* 184.

606 *Martin Nicol*, Grundwissen Praktische Theologie. Ein Arbeitsbuch, Stuttgart 2000, 83.

607 *Daiber u. a.* II, 250 f. gibt im Anschluss an *Rolf Heue/Reinhold Lindner*, Aufbau der Predigt, in: Arbeitsgemeinschaft Missionarische Dienste (Hg.), Studienbriefe, P 2, Stuttgart 1975, 8 ff., einige weitere aufschlussreiche Formen des Predigtaufbaus wieder:
– „sich erweiternde Kreise": ausgehend von einem zentralen Bild, werden in mehrfacher Betrachtung nach und nach verschiedene Aspekte eher locker entfaltet;
– „Perspektive" ist ähnlich, allerdings stärker strukturiert;
– „Entfaltung" in der lehrhaft-kognitiven logisch-argumentativen Entwicklung eines Themas;
– „Dialektik" im berühmten Dreischritt einer These, einer (Gegenargumente würdigenden) Antithese und einer Synthese;
– „Vertiefung" in drei Schritten, einer breit angelegten, allgemein interessierenden Eröffnung, einer Weiterführung durch vertiefende Informationen und schließlich dem Vortrag der eigenen Kernaussage daraufhin;
– „geteilter Kreis" ist diesem ähnlich, ohne jedoch argumentativ vorzugehen und darum einfach behauptend und wertend;
– das „lernpsychologische Schema".

608 Damit hat das Schema allerdings die große Bandbreite von Lernformen aufs Äußerste verengt.

609 *Engemann* 303.

610 *Heribert Arens/Franz Richardt/Josef Schulte*, Kreativität und Predigtarbeit. Viel-

seitiger denken, einfallsreicher predigen, München 1974, 22.
611 *Brinkmann* 153 (vgl. *K. Müller* 190).
612 „Die Endgültigkeit der ehelichen Treue, die heute vielen nicht mehr verständlich erscheinen will, ist ebenfalls ein Ausdruck der unbedingten Würde des Menschen. Man kann nicht nur auf Probe leben, man kann nicht nur auf Probe sterben. Man kann nicht nur auf Probe lieben, nur auf Probe und Zeit einen Menschen annehmen" (Predigten und Ansprachen von Papst Johannes Paul II. bei seinem Pastoralbesuch in Deutschland sowie Begrüßungsworte und Reden, die an den Heiligen Vater gerichtet wurden. 15. bis 19. November 1980. Hg. vom Sekretariat der Deutschen Bischofskonferenz. Offizielle Ausgabe, 3., veränderte Auflage, Bonn o.J., 19 [Predigt zum Thema Ehe und Familie auf dem Butzweiler Hof in Köln am 15. November 1980]).
613 „1. Die zwei- und dreiteiligen Gliederungsschemata eignen sich, wie man leicht erkennen kann, besonders zur Strukturierung eines kürzeren Redebeitrags im Rahmen einer Diskussion, einer Versammlung oder eines Gesprächs.
2. Freilich kann man auf ihnen auf große Reden aufbauen […].
3. Informationsreden, soweit es sich um Vorträge und Referate im strengen Sinne handelt, werden durch diese Schemata nicht ausreichend erfasst. Ihre Form ergibt sich noch stärker aus dem Inhalt. […]
4. Anderseits stecken die zwei- und dreiteiligen Schemata als Binnenstruktur in jeder größeren Rede […]" (Duden 101, wobei ebd. 97–101 sieben verschiedene vorfindbare Strukturtypen entwickelt wurden).
614 Vgl. *Lausberg* §§ 447–451.
615 *Lausberg* § 447.
616 *Lausberg* § 452.
617 *Lausberg* § 292.

7. ELOCUTIO: Gedanken sprachlich ausformen

618 *Heinrich von Kleist,* Über die allmähliche Verfertigung der Gedanken beim Reden: Wiedergegeben bei *Heinz Lemmermann,* Lehrbuch der Rhetorik. Redetraining mit Übungen, München ³1986, 66–72.

619 *Augustinus,* Confessiones 11,14,17 (*Augustinus,* Confessiones. Bekenntnisse. Lateinisch und deutsch. Eingeleitet, übersetzt und erläutert von Joseph Bernhart, München ³1966, 628 f.).
620 *Nicolas Boileau,* L'Art poétique: Chant premier, v. 171–174 (https://fr.wikisource.org/wiki/L%E2%80%99Art_po%C3%A9tique/Chant_I [2.10.2016]). Dieses geflügelte Wort lautet genauer:
„Avant donc que d'écrire, apprenez à penser. Ce que l'on conçoit bien s'énonce clairement, et les mots pour le dire arrivent aisément.
Hâtez-vous lentement, et sans perdre courage, vingt fois sur le métier remettez votre ouvrage,
polissez-le sans cesse, et le repolissez, ajoutez quelquefois, et souvent effacez. –
Bevor man schreibt, muss man denken lernen.
Was man genau begreift, drückt man auch klar aus,
und die Worte kommen einem gewissermaßen wie von selbst.
Wenn es schnell gehen soll, muss man langsam vorgehen und ohne zu verzweifeln zwanzig Mal das Ganze überarbeiten,
es unaufhörlich polieren und wieder polieren und damit gelegentlich etwas hinzufügen, häufig aber etwas streichen."
621 In einer empirisch-sprachwissenschaftlichen Studie beklagt Simona Borello, „die Adjektive sind überaus zahlreich und in vielen Fällen redundant und ästhetisierend" (*Simona Borello,* Communicazione e liturgia: per un'analisi linguistica delle omelie [http://www.academia.edu/9557701/Comunicazione_e_liturgia_per_un_analisi_linguistica_delle_omelie] [24.1.2017] 246).
622 *Balthasar Fischer,* „Nicht wie die Gelehrten reden: eher wie die Ungelehrten". Eine Mahnung Augustins an den christlichen Prediger (De doctr. chr. 4,65), in: IkaZ 11 (1982) 123–129.
623 Webster 1875.
624 *Samuel Johnson* (1709–1784), Life of the Poets (zit. in: Webster 1875): „Language is the dress of thought."
625 *Schwier/Gall* 145.
626 Ebd. 167. Der zweite Höhepunkt spricht das Evangelium als wahren Schatz der Kirche an und überlegt, wie die Kirche konkret

7. ELOCUTIO: Gedanken sprachlich ausformen

wieder zum Leuchten gebracht werden kann – das ist auch eine echte Hörerfrage. Der dritte Höhepunkt glänzt durch die Prägnanz eines Lutherzitates (ebd. 168). – Klarheit wird vor allem durch eine nachvollziehbare Struktur geschaffen. Dazu wird gerne der sogenannte Fünfsatz vorgeschlagen. Danach lassen sich Einleitung und Schluss in jeweils einem Satz, der Hauptteil dagegen in drei Sätzen zusammenfassen. Die drei Sätze des Hauptteils können dann als gedankliche Kette, in der eines sich aus dem anderen ergibt, oder als dialektische Spannung und ihrer Auflösung gestalten (so z. B. bei: Duden. Reden gut und richtig halten! Ratgeber für wirkungsvolles und modernes Reden. 3., neu bearbeitete und ergänzte Auflage, hg. und bearbeitet von der Dudenredaktion in Zusammenarbeit mit Siegfried A. Huth, Mannheim-Leipzig-Wien-Zürich 2004, 102 f.). *Stephan Peters,* In fünf Schritten zu klarer Kommunikation – Ein Rhetorik-Schnellkurs!, in: *GSA,* Ideen 167–182 (s. Seite 318), hier 170–175, entwickelt diesen Fünfsatz noch einmal weiter zu seinem 25-Satz, indem er jedes der fünf Elemente nochmals in fünf Teile untergliedert.

627 *Schwier/Gall* 239.
628 Vgl. *Peter Bukowski,* Predigt wahrnehmen. Homiletische Perspektiven, Neukirchen-Vluyn 1990, 86 (zum Ganzen ebd. 85–87).
629 Ebd.
630 Vgl. aber zur Ehrenrettung der Floskel *Veit Neumann,* Befreiung aus dem Dasein als Mauerblümchen der Predigt. Die Floskel: Sprachwerkzeug zwischen Kreativität und Identität, in: *Maria Elisabeth Aigner/Johann Pock/Hildegard Wustmans* (Hg.), Wie heute predigen? Einblicke in die Predigtwerkstatt, Würzburg 2014, 187–216.
631 *Friedrich Nietzsche,* Der Antichrist 31 [34] (*Friedrich Nietzsche,* Werke in vier Bänden. Hg. und eingeleitet von Gerhard Stenzel. Bd. 4, Erlangen o.J., 456).
632 *Heinrich F. Plett,* Systematische Rhetorik. Konzepte und Analysen (= UTB für Wissenschaft: Uni-Taschenbücher 2127), München 2000, 20.
633 Unter die Gedankenfiguren gerechnet wird eine verwandte Vorgehensweise, die sogenannte *Aposiopese,* also der unvermittelte Satzschluss oder auch das plötzliche Verstummen mitten in der Predigt.
634 Die Fachliteratur unterscheidet gelegentlich Synonyme von den eigentlichen Tropen. Doch diese Differenzierung lässt sich am Einzelbeispiel kaum klar durchführen und führt nur zu Verwirrung und unnötiger Verkomplizierung.
635 Die Diskussion um die Stellung der Tropen im Gesamt der *elocutio* kann man als Praktiker wohl getrost den Fachleuten überlassen: Gehören die Synonyme überhaupt zu den Tropen oder sind sie Teil der sprachlichen Gestaltung der Rede? Und soll man überhaupt Tropen und Figuren voneinander unterscheiden oder sind nicht auch Tropen Wortfiguren (vgl. *Lausberg* § 601)?
636 *Evangelii Gaudium* Nr. 157. – Zur Bildrede vgl. *Gert Theißen,* Zeichensprache des Glaubens. Chancen der Predigt heute, Gütersloh 1994; *ders.,* Predigen in Bildern und Gleichnissen. Metapher, Symbol und Mythos als Poesie des Heiligen, EvTh 66 (2006), 341–356.
637 Man tut sich oft schwer damit, Metonymien zu erkennen, weil diese reale Beziehung zum Gemeinten sehr unterschiedlich aussehen kann. *Lausberg* §§ 565–571 gibt eine hilfreiche Zusammenstellung der wichtigsten dieser Beziehungen, die hier jeweils adaptiert und mit einem Beispiel aus Theologie und Predigt versehen werden:
   – Person-Sache-Beziehung, z. B. Autoren für ihre Werke („Ich habe meinen Thomas von Aquin studiert"), übernatürliche Wesen für ihre Aufgabe („Da habe ich einen guten Schutzengel gehabt" oder überhaupt „Boten" für Engel), Eigentümer statt des Eigentums („Kirschner verliert 2,3 % am Aktienmarkt") oder Werkzeug für seinen Benutzer („sein Wagen stand nie gerne in der Garage"),
   – das Gefäß für den Inhalt („der Kelch des Heiles"),
   – der Grund für die Folge („der bleiche Tod"),
   – das Konkrete für das Abstrakte („die Sünde hat ihn im Griff") und
   – das Symbol für die Sache („es dürfen nicht die Bomben sprechen").
638 Vgl. *Lausberg* §§ 600–910; *Plett,* Rhetorik; *Joachim Richter-Reichhelm,* Compendium

scholare troporum et figurarum. Systematik und Funktion der wichtigsten Tropen und Figuren. Ein Kompendium für Unterricht und Selbststudium (= Schmuckformen literarischer Rhetorik), Frankfurt a. M. 1988; *Wolfram Groddeck*, Reden über Rhetorik. Zu einer Stilistik des Lesens (= Nexus 7), Basel u. a. 1995. Eine anregende Übersicht zur Aktualität der Tropen und Figuren in der Werbung gibt *Konrad Rupp*, Werbesprache im Radio. Untersuchung rhetorischer Figuren in französischen Rundfunk-Werbespots, München 2013.

639 Grundsätzlich denkbar ist auch die Ausweitung eines Vergleiches, der nur ein Element durch ein anderes erschließt, zu einer Allegorie, die ein gesamtes Bildfeld mit mehreren Elementen im Einzelnen durchgeht, so zumindest den älteren Semestern vertraut im neuen geistlichen Lied „Ein Schiff, das sich Gemeinde nennt". Biblisch findet sich die Weiterbildung eines Gleichnisses zur Allegorie etwa im Sämanngleichnis (Mt 13,1–9) und seiner Auslegung (Mt 13,18–23).

640 Nicht ganz identisch damit ist das nun wieder beliebte Predigerverfahren, biblische Personen (insbesondere des auszulegenden Evangeliums) oder Figuren der Vergangenheit sprechen und handeln zu lassen. So häufig es ist, so viele Klippen hat es doch auch. Denn es überlagert immer die reale Person mit den eigenen Phantasien oder auch Aussageabsichten und tut ihr damit möglicherweise Gewalt an. Darum sollte man hier zurückhaltend und verantwortungsvoll bleiben und sie nur das reden und tun lassen, was sich auf eine Paraphrase des Verbürgten beschränkt. Will man darüber hinaus der Phantasie freien Lauf lassen, sollte man dies zumindest zuvor klar markieren und damit die eigene Sicht dieser Person auch wieder relativieren.

641 *K. Müller* 192 erwähnt als besondere sprachliche Mittel der Predigt „Wiederholung, Verdeutlichung, Raffung, Steigerung, Gegensatz, Verzögerung, Überraschung, Wortspiel, Anspielung, Übertreibung, Scheinwiderspruch und was sonst an solchen literarischen Mitteln möglich sein mag. Auch Witz und Humor und nicht zuletzt der [...] Verfremdungseffekt gehören hierher".

8. MEMORIA: Gedanken verinnerlichen

642 *Kerner* 11.
643 *Ph. Müller* 357 f. unter Verweis auf *Zerfaß* I,120.
644 *Ph. Müller* 359. Andererseits: Als Anfänger mit einem ausformulierten Manuskript so zu sprechen, dass es nicht abgelesen ist, ist fast unmöglich.
645 „semper ad verbum ediscendum est? si tempus permiserit; sin minus, res ipsas tenebimus solas, dehinc his verba de tempore accommodabimus" (*C. Chirius Fortunatianus*, Artis rhetoricae libri tres III,14 [Seite 129]; vgl. *Lausberg* §§ 1083–1090).
646 *DeLeers* 158.
647 Ebd. 158 spricht darum vom „anticipated oralizing" als Ziel.
648 *Zerfaß* I,123
649 Die Erfindung der Mnemotechnik wird Simonides von Keos zugeschrieben. Als er im Haus des Skopas von Thessalien speiste, riefen ihn zwei Boten an die Tür. Im gleichen Moment stürzte das Haus ein und begrub den Skopas und seine Verwandten unter sich. Sie waren vom Unglück unkenntlich gemacht und unmöglich zu identifizieren. Simonides aber erinnerte sich genau daran, welchen Platz jeder Einzelne bei Tisch eingenommen hatte, und konnte so den Angehörigen ihren Verunglückten zeigen. Diese traurige Episode diente später zur Illustration der wichtigsten Erinnerungstechnik, nämlich das Gedächtnis durch räumliche Vorstellung und geistige Bilder zu unterstützen (vgl. *Thomas H. Olbricht*, Delivery and Memory, in: *Porter* 159–167, hier 163).
650 Vgl. *Harald Lang*, Textsorte Hirtenbrief. Linguistische Untersuchungen zur Pragmatik der bischöflichen Schreiben; Freiburg i. Br. 1978; *Heinz-Günther Schöttler*, Art. „Hirtenbrief", in: LThK[3] 5, 160 f. – Den Sinn und den Anlass solcher Hirtenbriefe gibt das „Direktorium für den Hirtendienst der Bischöfe" an: „Der Bischof soll die Glaubenslehre auch vortragen, indem er Hirtenbriefe sowie Botschaften verwendet, die er anlässlich besonderer Umstände für das diözesane Leben schreibt und die an die gesamte christliche Gemeinschaft gerichtet sind. Sie sollen in angebrachter Weise in den Kirchen und in den Oratorien vorgele-

sen und auch in gedruckter Form flächendeckend an alle Gläubigen verbreitet werden. Bei der Abfassung der Briefe kann sich der Bischof der Hilfe seiner Mitarbeiter, des Priesterrates und, je nachdem, auch des diözesanen Pastoralrates bedienen, damit sie Themen vorschlagen, die behandelt werden sollen, sowie verbreitete Einwände, die zurückgewiesen werden sollen, oder damit sie auf Probleme hinweisen, welche die Diözese betreffen, und bezüglich derer es angebracht ist, dass der Bischof mit Autorität dazu Stellung nimmt" (*Kongregation für die Bischöfe*, Direktorium für den Hirtendienst der Bischöfe [22. Februar 2004] [= Verlautbarungen des Apostolischen Stuhls 173], Bonn 2004).

9. ACTIO: Das Predigtereignis

651 *Verbum Domini* Nr. 56.
652 *Nicol* 26 f.
653 Viele Anregungen zu diesen Aspekten finden sich bei *Karl-Heinrich Bieritz,* Die Homilie, in: *Reinhard Meßner/Eduard Nagel/ Rudolf Pacik* (Hg.), Bewahren und Erneuern: Studien zur Meßliturgie (= FS Hans Bernhard Meyer zum 70. Geburtstag) (= Innsbrucker theologische Studien 42), Innsbruck-Wien 1995, 77–91. Vgl. auch die Überlegungen zu „Die kleinen Dinge" (Ethik des Predigers, seine Askese, notwendige Selbstprüfung, Umgang mit Erfolg und Misserfolg sowie mit Sympathie und Antipathie, Gebet, Wille zur Klarheit und zur Pünktlichkeit sowie einige Anfängerregeln) von *Trillhaas I* 191–198.
654 Vgl. *Thomas Nisslmüller,* Homo audiens. Der Hör-Akt des Glaubens und die akustische Rezeption im Predigtgeschehen, Göttingen 2008.
655 „Da die Predigt Teil der liturgischen Handlung (pars actionis liturgicae) ist, sollen ihr auch die Rubriken nach der Eigenart des einzelnen Ritus einen passenden Ort zuweisen" (SC 35). Die „Grundordnung des Römischen Messbuchs" kennt nur eine „Kann"-Bestimmung bzgl. des Ambos: „[…] es können dort auch die Homilie gehalten und die Anliegen des Allgemeinen Gebetes gesprochen werden" (Grundordnung Nr. 309).

656 Die häufig geäußerte Vorstellung, in der alten Liturgie stelle die Predigt bloß eine Unterbrechung dar, ist allerdings irrig. Wenn als Indiz dafür angegeben wird, dass der Priester die Kasel ablegt, so hängt das nur damit zusammen, dass er den Altarraum verlässt. Auch wenn er ihn beim sonntäglichen *Asperges* verlässt – zweifellos eine liturgische Handlung zur Vorbereitung des Pfarrgottesdienstes. Erst nach Beendigung dieses Ritus vertauscht er den Chormantel mit der Kasel. Der Ablauf einer Predigt war sogar mit Predigtlied, Kreuzzeichen, Verlesung der deutschen Lesung und des Evangeliums, dem Allgemeinen Gebet und am Ende der Verneigung noch weitaus ritueller als heute.
657 So etwa *Bieritz,* Homilie 77 (s. Anm. 653), über die evangelische Kanzelpredigt. Zur Symbolik des Predigtortes vgl. *Ludwig Mödl,* Die Symbolisierung des katholischen Predigtverständnisses in alten und neuen Predigtorten, in: *Erich Garhammer/ Ursula Roth/Heinz-Günther Schöttler* (Hg.), Kontrapunkte. Katholische und protestantische Predigtkultur, München 2006, 128–134.
658 *Philippe Martin,* La chaire: instrument et espace de la prédication catholique, in: *Arnold,* Annoncer 397–415 (s. Anm. 239).
659 „Si les missionaires avaient été particulièrement attentifs à cette dimension de leur pastorale (sc. die sichtbare Inszenierung), il fallait que les curés puissent disposer des mêmes cadres. La chaire leur redonnait une place prééminente, elle les aidait puisqu'elle les plaçait au-dessus de leur auditoire. De plus, après le sermon, demeurée dans une nef devenue silencieuse, elle était la manifestation monumentale que cet espace était consacré à la Parole de Dieu" (*Martin,* Chaire 400).
660 Die äußere Erscheinung dieses Ortes als stummer Mitwirkender an der Predigt ist nicht zu unterschätzen, also ob der Ambo etwa einen massiven Vorbau besitzt und so wie ein Bollwerk oder wie der Bug eines Schlachtschiffes wirkt, ob der Ort mit Blumen geschmückt ist u.v.a. Die „Grundordnung des Römischen Messbuchs" geht von einem festen Ambo aus: „Normalerweise soll dieser Ort ein feststehendes Ambo sein,

nicht ein einfaches tragbares Lesepult" (Grundordnung Nr. 309).

661 „Es steht nichts entgegen, dass der Bischof nach überliefertem Brauch die Homilie im Sitzen hält" (Notitiae 10 [1974] 80). Das Sitzen auf der *cathedra* oder einem Faldistor ist in der Spätantike Ausdruck seiner Autorität, während das Volk stand. Für dieses war eine lange Predigt also durchaus mit Anstrengung verbunden, wie der stets auf seine Gläubigen achtsame Augustinus häufiger bemerkt (vgl. *Maurice Pontet,* L'exégèse de s. Augustin prédicateur [= Théologie 7], Paris 1945, 37; *Albert Verwilghen,* Rhétorique et prédication chez Augustin, in: NRTh 120 [1998] 233–248, hier 233). Diese Haltung mäßigte gleichzeitig den Ausdruck der Leidenschaft des Redners und machte seine Predigt eher zur familiären Homilie als zu einer Rede auf der Rostra. Augustinus vertieft die Haltung theologisch, indem er den sitzenden Bischof als Sprecher des zur Rechten des Vaters sitzenden erhöhten Herrn versteht (ebd. 38). – Zum Priester vgl. *Balthasar Fischer,* Formen der Verkündigung, in: Der Gottesdienst der Kirche. Bd. 3, Regensburg ²1990, 77–96, hier 91; *Bieritz,* Homilie 80 f. (s. Anm. 653). – In der alten Kirche sprach der Bischof für gewöhnlich von seiner „Exedra" in der Apsis einer Basilika, bisweilen auch von anderen erhöhten Orten aus (*gradini, tribuna* oder *pulpitum*). Das Rund der Apsis verstärkte dabei den Schall der Rede. Manchmal kamen die Prediger mit Rücksicht auf ihre leise Stimme aber den Gläubigen auch näher und predigten dann von einem Pult aus, oder diese suchten einen Platz in seiner Nähe (vgl. *Alexandre Olivar,* Art. „Predicazione: nella chiesa antica", in: Dizionario 1216–1222, hier 1218).

662 Wenn das Stehen einmal aus Gesundheitsgründen schwerfällt, mag man sich ausnahmsweise niedersetzen. Doch selbst bei einem Gottesdienst im kleinen Kreis sollte die Predigt möglichst stehend gehalten werden, um nicht die Liturgie mit Wohnzimmeratmosphäre zu überlagern.

663 *Hubertus R. Drobner,* Augustinus als Redner und Prediger in Theorie und Praxis, in: Wort und Dienst 28 (2005) 361–372, hier 371, mit Verweis auf sermo 359/B,1–2 (= sermo Delbeau 2).

664 *Bieritz,* Homilie 81 (s. Anm. 653). Aus katholischem Verständnis wäre freilich zu differenzieren, dass zumindest bei der eucharistischen Homilie das Persönlich-Subjektive der Predigt *als* Verwirklichung des Priestertums und seiner liturgischen Aufgabe zu verstehen wäre. Aus protestantischer Perspektive neigt *Bieritz,* Homilie 82–85, dazu, Sprache und Auftreten des Predigers aus dem rituellen Zusammenhang zu lösen und die „Diffusion ritueller und rhetorischer Kodes" (ebd. 86) grundsätzlich zu begrüßen, wobei er freilich eine Balance beider verlangt.

665 Selbst wenn man die liturgiegeschichtlich eher fragwürdige Ansicht vertritt, die Albe sei eigentlich nichts anderes als das Taufgewand und komme darum gerade den Laien zu, so ist sie doch faktisch ein optisches Erkennungszeichen für den Klerus – übrigens auch ein Grund, warum man Ministrantengewänder nicht albenähnlich schneidern sollte.

666 Wer in Zivil spricht, dessen Gesicht soll – selbst in einer winterkalten Kirche – gut erkennbar bleiben: also keine Jacke mit Reißverschluss bis zur Nasenspitze und keinen dicken Schal.

667 Wenn irgend möglich, sollte man am Predigttag ausgeruht und frisch sein. Wer sonntags zu predigen hat, für den gilt die eiserne Regel: Samstags rechtzeitig ins Bett! Also weder Spätabendfilm und noch viel weniger das *saturday night fever.* Das gebietet allein schon der Respekt vor der Würde des Tages, dem der Herrn gehört. Leider haben sich Festivitäten und Familienfeiern auf den Samstagabend „eingeschossen", oft mit einschlägigen Konsequenzen selbst bei ansonsten regelmäßigen Kirchgängern. Wenn man daran teilnimmt, ist der rechtzeitige Abschied deutlich vor Mitternacht Zeichen und Zeugnis. Am wenigsten sollte man dem Prediger ansehen (oder der Stimme anmerken), dass er am Abend zuvor ausgiebig gefeiert und dabei dem Alkohol in reichlichem Maß zugesprochen hat – Vorabendaskese ist also angesagt!

668 Wenn man selbst zuvor die biblische Lesung oder das Evangelium vorträgt oder wenn man bereits zuvor im Gottesdienst gesprochen hat, sind die folgenden Bemer-

kungen zu modifizieren. Nun ist das persönliche Erleben ja nicht mehr vom ersten Augenblick der Fühlungnahme mit den Hörern geprägt. Es geht vielmehr darum, von der liturgischen Rolle zur predigenden hinüberzufinden (auch wenn die Predigt „pars ipsius liturgiae" ist).

669 Zu den Gewohnheiten der alten Kirche vgl. *Gerhard Krause,* Anredeformen der christlichen Predigt, in: Praktische Theologie 2 (1967) 118–132 (auch in: *Manfred Weise* [Hg.], Wort und Welt [= FS D. E. Hertzsch], Berlin 1968, 175–188); *Olivar* 879–889.

670 Im evangelischen Raum ist diese Ritualität des Rahmens der Predigt noch heute oft deutlich ausgeprägt, vgl. *Bieritz,* Homilie 85 f. (s. Anm. 653); Agende für evangelisch-lutherische Kirchen und Gemeinden. Bd.1: Der Hauptgottesdienst mit Predigt und heiligem Abendmahl und die sonstigen Predigt- und Abendmahlsgottesdienste. Ausgabe für den Pfarrer, Berlin 1955, 61*f. 63*.

671 An dieser Stelle tut etwas Aufklärung über eines der hartnäckigsten Vorurteile der Kommunikation not, nämlich über die „These, dass unsere Worte nur 7 Prozent unserer Wirkung ausmachen, unsere Stimme aber 38 Prozent und Körpersprache und Mimik satte 55 Prozent. Kommunikationstrainer predigen das seit Jahrzehnten. Würde es stimmen und der Effekt einer Rede wäre zu 93 Prozent von nichtverbalen Faktoren abhängig, wäre es nahezu egal, was wir sagen, wenn wir dabei nur mit sonorer Stimme ein überzeugendes Gesicht machen" (*René Borbunus,* Was Steve Jobs und Cicero gemeinsam haben, in: *GSA, Ideen* 17 [s. Seite 318]). Borbonus klärt auch auf, woher dieses Vorurteil stammt, nämlich aus einer Untersuchung des Psychologen Albert Mehrabian darüber, worauf Menschen achten, wenn jemand anderes ihnen etwas über seine Gefühle und Einstellungen sagt. Doch diese spezielle Fragestellung wurde dann unzulässig auf jede Rede und jedes Gespräch verallgemeinert.

672 Eine prägnante Zusammenfassung aller wichtigen Aspekte zur Ausbildung einer guten Rednerstimme bietet *Arno Fischbacher,* In fünf Schritten zur lebendigen Rednerstimme, in: *GSA,* Ideen 82–96 (s. Seite 318).

673 Dasselbe gilt erst recht umgekehrt für den nichtmuttersprachlichen Prediger. Sich um größtmögliche Verständlichkeit zu bemühen und daran hart zu arbeiten gehört zu den wichtigsten Amtspflichten, und dabei muss man sehr streng mit sich sein. Andernfalls droht man in eine Schein-Verständlichkeit zu fallen, d. h. nach einigen Jahren im Land meint man, die Sprache flüssig zu sprechen, und doch ist die Sprachbeherrschung eher rudimentär und die Aussprache selbst im privaten Gespräch unverständlich.

674 Einige Anregungen für das Selbststudium dazu bei *Lemmermann,* Lehrbuch 13–23 (s. Anm. 618). Eine wirksame Übung ist das Sprechen mit dem Ende eines Flaschenkorkens zwischen den Schneidezähnen. Wer sich trotz dieses Handicaps bemüht, möglichst deutlich zu sprechen, wird langsamer, deutlicher und letztlich sogar inhaltlich präziser (vgl. *Stephan Peters,* In fünf Schritten zu klarer Kommunikation, in: *GSA,* Ideen 167–182 [s. Seite 318], hier 178 f.).

675 *Lawrence D. Rosenblum,* Sinfonie der Sinne, in: Spektrum der Wissenschaft (Januar 2014) 24–27, hier 25.

676 Vgl. *Peters,* Schritten 176 f.

677 Etwas anderes ist es, wenn man mit einer Frage aufhört, und zwar keiner rhetorischen, sondern einer, die die Hörer zum Nachdenken bewegen soll. Hier kann das „Amen" wegfallen oder nach einer kurzen Pause nachdenklich gesprochen werden.

678 Grundordnung Nr. 66.

679 So mit eindrucksvollen Belegen *Louis Châtelier,* De l'instruction à la conversion. La prédication en question après le concile de Trente, in: *Arnold,* Annoncer 183–192 (s. Anm. 239), bes. 186 f.

Zum Schluss

680 *Benedikt XVI.,* Letzte Gespräche. Mit Peter Seewald, München 2016, 31.

681 Ein kleines Notabene: Es ist kein Zeichen von Skrupulanz, wenn dieser Tag sich das eine oder andere Mal als Verzweiflungs-Samstag herausstellt mit dem plötzlichen Gefühl: „Es ist alles Stroh, was ich geschrieben habe" – das soll ja auch Tho-

mas von Aquin am Ende seines Lebens von seinem gesamten Œuvre bekannt haben. Nach ein- bis siebzehn Mal tief Durchatmen wird man sich fragen: Was ist der wahre Kern dieses Gefühls? Nur die Aufregung oder auch ein Gespür für wesentliche Schwächen der Predigt? Je nachdem wird man dann wie beim Brettspiel ein bis vier Felder zurückgehen und alles nochmals gründlich überarbeiten bis überhaupt ganz neu beginnen.